NOUVEAUX ESSAIS
SUR
L'ENTENDEMENT HUMAIN

*Du même auteur
dans la même collection*

DISCOURS DE MÉTAPHYSIQUE ET AUTRES TEXTES.
ESSAIS DE THÉODICÉE.
NOUVEAUX ESSAIS SUR L'ENTENDEMENT HUMAIN.
PRINCIPES DE LA NATURE ET DE LA GRÂCE. MONADOLOGIE ET AUTRES TEXTES.
SYSTÈME NOUVEAU DE LA NATURE ET DE LA COMMUNICATION DES SUBSTANCES ET AUTRES TEXTES (1690-1703).

GOTTFRIED WILHELM LEIBNIZ

NOUVEAUX ESSAIS SUR L'ENTENDEMENT HUMAIN

*Chronologie, bibliographie, introduction
et notes
par*
Jacques Brunschwig

*Publié avec le concours
du Centre National des Lettres*

GF Flammarion

© 1990, GF-FLAMMARION, Paris.
ISBN : 978-2-0807-0582-2

CHRONOLOGIE

1646 : Naissance à Leipzig, le 1er juillet, de Gottfried Wilhelm Leibniz, d'une famille luthérienne d'origine slave, installée en Allemagne depuis plusieurs générations. Son père, Frédéric Leibniz, était jurisconsulte et professeur de morale à l'Université ; sa mère, Catharina Schmuck, était la fille d'un professeur de droit. Leibniz est de 14 ans le cadet de Locke, né le 29 septembre 1632.

1652 : Mort du père de Leibniz.

1652-1672 : *Les années d'apprentissage.*

1652-1661 : Premières études à la Nicolaï-Schule. Lectures étendues dans la bibliothèque paternelle : écrivains et philosophes de l'Antiquité, auteurs scolastiques. Apprentissage du latin et du grec.

1661 : Leibniz entre à l'Université de Leipzig.

1662 : Il suit les cours de Jacob Thomasius, professeur réputé pour sa connaissance de l'histoire de la philosophie. Il commence à lire les philosophes modernes, en particulier Bacon et Hobbes.

1663 : Thèse de baccalauréat sur le problème du principe d'individuation ; Leibniz y adopte une solution nominaliste. Il suit à l'Université d'Iéna les cours d'Erhard Weigel, métaphysicien, juriste et mathématicien. Premières études de logique.

1664 : Mort de la mère de Leibniz (6 février). Leibniz se rend à Brunswick auprès de son oncle, le juriste Johann Strauch. Etudes juridiques.

1666 : Leibniz écrit un traité *De Arte combinatoria* (De l'art combinatoire), où il étudie la méthode des permutations et esquisse une symbolique universelle reposant sur la décomposition des idées en éléments simples. Il soutient à Altdorf, près de Nüremberg, sa thèse de doctorat en droit, *De casibus perplexis in jure* (Des cas difficiles en droit). Il s'affilie à la secte alchimique des Rose-Croix de Nüremberg.

1667 : Il fait la connaissance du baron Jean-Christophe de Boinebourg, ancien conseiller politique de l'Electeur de Mayence. Il écrit une *Nova methodus discendae docendaeque jurisprudentiae* (Nouvelle méthode pour apprendre et pour enseigner la jurisprudence), qu'il présente personnellement à l'Electeur, sur les conseils de Boinebourg. Il est engagé comme collaborateur du juriste Lasser.

1667-1668 : *Confessio naturae contra atheistas* (Témoignage de la nature contre les athées), ouvrage apologétique entrepris dans la perspective d'une réunification des Eglises chrétiennes.

1668 : Travaux politiques : projet de conquête de l'Egypte, destiné à détourner hors d'Europe les armées de Louis XIV.

1669 : Travaux logico-politiques (*Specimen demonstrationum politicarum pro eligendo rege Polonorum, novo scribendi genere ad claram certitudinem exactum*, Echantillon de démonstrations politiques pour l'élection du roi de Pologne, élevé à une claire certitude grâce à une nouvelle manière d'écrire ; Leibniz y démontre scientifiquement la nécessité d'élire un prince allemand, le comte de Neubourg). Travaux logico-théologiques (*Defensio Trinitatis per nova reperta logica*, Défense de la Trinité grâce à de nouvelles découvertes logiques, ouvrage dirigé contre les Sociniens). Travaux philosophiques (*Lettre à Thomasius*, présentant une tentative de conciliation entre les théories physiques des Anciens et celles des Modernes).

1670 : Leibniz devient conseiller à la cour suprême de l'Electorat de Mayence. Travaux politiques (Dissertation sur les moyens d'assurer la sécurité publique, intérieure et extérieure, de l'Allemagne), physiques (*Hypothesis physica nova*, Nouvelle hypothèse physique, dont les deux sections, *Théorie du mouvement abstrait* et *Théorie du mouvement concret*, seront respectivement adressées, l'année suivante, à l'Académie des sciences de Paris et à la Royal Society de Londres), philosophiques (Dissertation sur le style philosophique de Nizolius, publiée comme préface à une réédition de l'*Antibarbarus* de Nizolius, humaniste italien du XVIe siècle ; Leibniz y prend la défense des philosophes anciens et médiévaux).

1670-1671 : A la suite d'une discussion avec quelques amis, Locke forme le projet d'une enquête sur les pouvoirs de l'entendement humain.

1671 : Correspondance entre Leibniz et Arnauld, sur les problèmes de la substance, de l'étendue et de la matière.

1672-1676 : *Les années de voyage.*

1672 (mars) : Leibniz se rend à Paris en mission diplomatique. Echec du projet d'expédition d'Egypte. Il restera à Paris jusqu'en octobre 1676, réserve faite d'un voyage à Londres au début de 1673. Nombreux contacts, avec Arnauld, Malebranche, Huygens en particulier ; étude des manuscrits mathématiques de Pascal ; travaux préparatoires à la découverte du calcul infinitésimal. Décembre : mort de Boinebourg.

1673 (janvier-mars) : voyage à Londres ; entrevues avec le physicien Boyle, les mathématiciens Wren, Pell, Oldenburg (correspondant de Spinoza). Février : mort de l'Electeur de Mayence. Premiers contacts avec Pellisson, au sujet de la réunification des Eglises chrétiennes.

1676 : Découverte du calcul infinitésimal. Leibniz accepte le poste de bibliothécaire à Hanovre que lui propose le duc Jean-Frédéric de Brunswick-Lunebourg ; il quitte Paris pour Hanovre, en passant par Londres, où il rencontre Newton et le mathématicien Collins, et par la Hollande, où il séjourne un mois et rencontre Spinoza.

1676-1716 : *Les années de maturité.*

1677-1679 : Travaux nombreux et divers (politique, dynamique, logique, métaphysique). Leibniz entre en relations avec Bossuet, à propos du projet de réunification des Eglises ; il s'intéresse à la modernisation des mines du Harz. En 1678, il est nommé conseiller aulique à Hanovre.

1680 : Mort de Jean-Frédéric ; son frère, Ernest-Auguste, lui succède.

1682 : Leibniz contribue à la fondation d'une revue scientifique, les *Acta eruditorum* de Leipzig.

1684 : *Nova methodus pro maximis et minimis,* exposé complet du calcul infinitésimal. *Méditations sur la connaissance, la vérité et les idées.*

1685 : Date à laquelle Leibniz déclare être « arrivé à se satisfaire », sa pensée philosophique ayant trouvé son équilibre définitif. Il est nommé historiographe de la maison de Brunswick.

1686 : *Discours de Métaphysique,* exposé d'ensemble, en français, de la philosophie de Leibniz ; dans les années qui suivent, il échange avec Arnauld une importante correspondance sur les thèmes du *Discours. Generales inquisitiones de analysi notionum et veritatum* (Recherches générales sur l'analyse des notions et des vérités). *Systema theologicum,* où Leibniz propose une formule de conciliation sur laquelle les diverses églises pourraient s'entendre. *Brevis demonstratio erroris memorabilis Cartesii* (Brève démonstration d'une erreur mémorable de Descartes), critique des lois cartésiennes du choc des corps, qui sera à l'origine d'un échange de correspondance avec Bayle.

1687-1690 : Voyages en Autriche, Allemagne et Italie, à la recherche de documents pour servir à l'histoire de la maison de Brunswick. Leibniz en profite pour nouer de nombreuses relations d'ordre politique et intellectuel.

1690 : Première édition de l'*Essay concerning human understanding*, de Locke (nouvelles éditions amplifiées et corrigées en 1694, 1697, 1699, 1705). Leibniz met au point sa théorie de l'harmonie préétablie, solution du problème de la communication des substances, et en particulier de l'union de l'âme et du corps.

1691 : Opuscule *Si l'essence du corps consiste dans l'étendue*.

1692 : Leibniz contribue à faire ériger l'Etat de Hanovre en électorat.

1693 : *Codex juris gentium diplomaticus* (Code diplomatique du droit des gens).

1694 : *Sur la réforme de la philosophie première et sur la notion de substance*.

1695 : *Système nouveau de la nature et de la communication des substances*, exposé de la doctrine de l'harmonie préétablie, publié dans le *Journal des Savants*.

1696 : Leibniz devient conseiller secret d'Ernest-Auguste. Il rédige quelques réflexions sur l'*Essay* de Locke.

1697 : Opuscule *Sur l'origine radicale des choses*, exposé du mécanisme métaphysique qui fait du monde existant le meilleur des mondes possibles.

1698 : Mort d'Ernest-Auguste ; son fils, Georges-Louis, lui succède. Opuscule *De ipsa natura sive de vi insita actionibusque creaturarum* (De la nature elle-même, ou de la force immanente et des actions des créatures), où Leibniz montre comment la restauration des idées de nature et de finalité peut avantageusement coexister avec les acquisitions du mécanisme moderne. Dans les années qui suivent, il développe dans plusieurs opuscules ses théories sur l'âme, considérée comme force, vie, spontanéité, et sa doctrine des « petites perceptions ».

1700 : Publication de la traduction française, établie par Pierre Coste, de l'*Essay* de Locke. Fondation de la Société des sciences (plus tard Académie des sciences) de Berlin, dont le plan avait été fourni par Leibniz à l'Electeur de Brandebourg, futur Frédéric Ier de Prusse.

1701 : Début de la publication par Leibniz des documents qu'il avait recueillis sur l'histoire de la maison de Brunswick et sur l'histoire ancienne de l'Allemagne.

1703 : Première rédaction des *Nouveaux Essais*.

1704 (28 octobre) : mort de Locke.

1705 : *Discours de la conformité de la foi et de la raison*, qui servira d'avant-propos à la *Théodicée*.

1706 : Début de la correspondance avec des Bosses, où est abordé en particulier le problème du lien substantiel entre les monades.

1710 : Publication de la *Théodicée,* où Leibniz, en réplique aux arguments de Bayle, cherche à concilier l'existence de la liberté humaine et du mal avec la toute-puissance et la bonté de Dieu.

1711 : Leibniz rencontre Pierre le Grand à Torgau ; il lui soumet un plan de développement politique, économique et scientifique de la Russie.

1712-1714 : Leibniz séjourne à Vienne, comme conseiller particulier de l'empereur Charles VI ; il travaille à nouer une alliance entre l'empereur et le tsar. Il fait la connaissance du prince Eugène de Savoie, à l'intention duquel il écrira vers 1714 deux exposés synthétiques de sa philosophie, la *Monadologie* et les *Principes de la nature et de la grâce fondés en raison.*

1714 (8 juin) : mort de la princesse Sophie, veuve d'Ernest-Auguste et mère de Georges-Louis. 12 août : la mort de la reine Anne laisse le trône d'Angleterre à Georges-Louis de Hanovre, qui régnera sous le nom de Georges Ier ; le nouveau roi refuse d'accéder à la demande de Leibniz, qui avait souhaité le suivre en Angleterre. Leibniz s'installe de nouveau à Hanovre.

1715-1716 : Correspondance avec Clarke, ami de Newton, sur les problèmes de Dieu, de l'espace et du temps

1716 : Leibniz est victime d'un accès de goutte. Il meurt à Hanovre, le 14 novembre. Funérailles misérables.

1717 : Fontenelle prononce son éloge devant l'Académie des sciences de Paris.

1765 : Première édition des *Nouveaux Essais.*

INTRODUCTION

Le dialogue imaginaire de Théophile et de Philalèthe, dans les *Nouveaux Essais*, est le substitut d'un dialogue qui n'eut jamais lieu : celui de Leibniz avec Locke lui-même. Leibniz nous aurait-il confié, tout au long d'un ouvrage qui est le plus étendu de ceux qu'il a laissés, le détail des réactions que suscita dans son esprit la lecture de l'*Essay concerning human understanding*, s'il avait pu, comme il a cherché à le faire, entretenir avec son auteur des relations directes ? Il est probable que non ; nous n'aurions eu dans ce cas entre les mains qu'une correspondance de plus, s'ajoutant à toutes celles que Leibniz a échangées avec Arnauld, avec des Bosses, avec Clarke, avec cent autres. On sait assez que le philosophe de la monade « sans portes ni fenêtres » fut tout le contraire d'un philosophe solitaire ; l'échange épistolaire fut pendant toute sa vie l'un de ses modes d'expression privilégiés. Auprès d'innombrables correspondants, il cherche les informations que sa curiosité n'est jamais lasse de recueillir, les approbations que son génie conciliateur s'enchante toujours de rencontrer, les objections que son assurance et son ingéniosité lui permettent toujours d'utiliser comme autant de stimulations positives pour sa propre pensée. Dans l'immense réseau que sa correspondance jette sur toute l'Europe savante (et même au-delà, grâce aux amis jésuites qu'il a en Chine), Locke est bien le seul qui refuse de se laisser prendre.

Deux étapes dans l'histoire de ce dialogue manqué. La première s'ouvre en 1690, avec la publication de l'*Essay concerning human understanding* ; peut-être même dès 1688, s'il est vrai, ce qui n'est pas certain, que Leibniz eut sous les yeux l'abrégé du livre de Locke qui parut cette année-là, en français, dans la *Bibliothèque universelle* de Jean Le Clerc. Grand lecteur depuis toujours, il ne pouvait manquer de s'intéresser à un ouvrage qui connaissait une rapide fortune, attestée par plusieurs rééditions rapprochées, et qui marquait avec éclat la résurrection d'une tendance philosophique qu'il avait plus d'une fois déjà rencontrée sur son chemin, tant chez les anciens, avec Démocrite et Epicure, que chez les modernes, avec Hobbes et Gassendi. Leibniz parle mal l'anglais ; mais il le lit passablement, bien assez en tout cas pour pouvoir prendre connaissance de l'ouvrage, et y trouver matière à réflexion. Vers 1695, il rédige de courtes remarques, dans lesquelles les thèmes principaux des *Nouveaux Essais* sont esquissés avec précision ; il les fait parvenir à l'un de ses correspondants d'outre-Manche, Thomas Burnett, évêque de Salisbury. Nul doute qu'il n'espère donner ainsi le coup d'envoi à un fructueux échange de lettres avec Locke lui-même ; en juillet 1697, il encourage discrètement Burnett à faire parvenir ce texte sous les yeux de son véritable destinataire : « Vous le pouvez communiquer à qui bon vous semble, et s'il tombe entre ses mains, ou celles de ses amis, tant mieux ; car cela lui donnera occasion de nous instruire, et d'éclaircir la matière. » Devant ces avances, qu'accompagnent les compliments les plus flatteurs, Locke se dérobe. En présence de Burnett, et sachant fort bien que celui-ci s'empressera de la répéter à Leibniz, il laisse échapper une boutade qui ressemble fort à une fin de non-recevoir, autant qu'à la profession de foi d'un insulaire impénitent : « Nous vivons fort paisiblement en bon voisinage avec les Messieurs en Allemagne, car ils ne connaissent pas nos livres, et nous ne lisons pas les leurs. » Peu soucieux d'engager le fer, il cherche des échappatoires, demande des éclaircissements, se plaint de ne pas bien comprendre les objections qu'on lui oppose. Sa véritable pensée, cependant, il l'a déjà confiée à son ami Molyneux, dans une lettre du 10 avril 1697 : « Je dois avouer que le grand nom de M. Leibniz avait fait naître en moi une attente à laquelle son écrit n'a pas répondu. J'en dirai autant de la dissertation des *Acta eruditorum* à laquelle il me renvoie (il s'agit des *Meditationes* de 1684). Je l'ai lue, et j'en ai pensé ce que je vois que vous en pensez vous-même. De là je tire seulement cette conclusion, que les grands hommes eux-mêmes ne peuvent se rendre maîtres de certains sujets sans beaucoup de réflexion, et que les esprits les plus larges n'ont que d'étroits gosiers. » Leibniz ne connaîtra que bien plus tard ce verdict, qui nous étonne, parce que l'étroitesse du gosier est bien la dernière chose que nous songerions à lui reprocher ; dans les années qui suivent, il complète son dossier critique, rédige (sans les envoyer à Burnett, semble-t-il) de nouveaux *Echantillons de remarques* sur les deux premiers livres de l'*Essay*, et suit avec attention les étapes de la polémique qui oppose Locke à l'évêque de Worcester, Edward Stillingfleet. L'affaire en reste là, pour le moment.

Elle rebondit à partir de 1700 : cette année-là, en effet, Pierre Coste publie à Amsterdam la traduction française de l'*Essay*, offrant ainsi à l'influence des idées de Locke un élargissement décisif, et au siècle naissant ce qui sera l'un de ses maîtres-livres. C'est pour Leibniz l'occasion de reprendre plus à fond l'examen de l'ouvrage ; mais cette fois-ci, instruit peut-être par ses déboires passés, il modifie sa tactique, et songe à prendre le public à témoin de son débat avec le philosophe anglais. Non le public des philosophes de métier, dont la langue restait le latin, mais celui de l'Europe cultivée, celui-là même que la traduction Coste pouvait atteindre. A son intention, Leibniz écrira en français ; et, pour donner quelque agrément littéraire à son œuvre, comme pour dispenser le lecteur de se reporter continuellement au texte sur lequel il appuie ses remarques, il disposera le tout sous la forme d'un dialogue, dans lequel l'un des interlocuteurs représentera Locke, lui-même s'incarnant en l'autre. Cette formule de composition semble avoir apporté à Leibniz la clef d'un problème qui a toujours été le sien : celui de trouver, dans une existence prodigieusement accaparée par d'innombrables tâches, le temps nécessaire à la rédaction d'un ouvrage philosophique de longue haleine. Suivant à la trace le texte de Locke, chapitre après chapitre et paragraphe après paragraphe, il fait l'économie de tous les problèmes de mise en forme ; aussi peut-il y travailler de manière discontinue. Aux moments de loisir que lui laissent ses devoirs de courtisan, d'historien, de conseiller politique, il jette ses observations dans les marges de Locke : « J'ai fait ces remarques, dira-t-il plus tard, aux heures perdues, quand j'étais en voyage, ou à Herrenhausen (le château de plaisance de la cour de Hanovre), où je ne pouvais vaquer à des recherches qui demandent plus de besoin. » Commencé pendant l'été 1703, à l'ombre des arbres princiers dont les feuilles fournissaient à de nobles dames l'occasion de vérifier agréablement le principe des indiscernables, ce travail de vacances progresse rapidement ; le gros de l'ouvrage paraît avoir été terminé au début de 1704. Dans la perspective d'une publication prochaine, Leibniz se préoccupe aussitôt d'en faire améliorer le style ; il confie son texte, dans ce dessein, à plusieurs de ces Français cultivés dont la révocation de l'Edit de Nantes avait peuplé l'Allemagne, entre autres Jaquelot, théologien adversaire de Bayle, et Barbeyrac, connu pour ses traductions de Grotius et de Pufendorf.

Sur ces entrefaites, Locke trouve un moyen nouveau, et radical, de se soustraire à la discussion : il meurt, le 28 octobre 1704. Leibniz a souvent répété, par la suite, que cet événement l'avait détourné de publier les *Nouveaux Essais* ; en 1706, par exemple, il écrira à Burnett : « La mort de M. Locke m'a ôté l'envie de publier mes remarques sur ses ouvrages ; j'aime mieux publier maintenant mes pensées indépendamment de celles d'un autre. » Mais il ne semble pas s'être tout de suite rendu compte que la disparition de Locke ôtait à son entreprise son ressort profond ; au début de 1705 encore, il charge un nouveau lecteur, des Vignoles, de réviser son texte. Même après avoir renoncé à le publier, il continue, sur sa lancée, à y travailler de temps à autre : on y trouve mention de la mort de divers personnages qui n'ont disparu qu'après Locke, l'un en 1705, un autre même en 1708. Lui qui a tant commencé de choses dans sa féconde existence, il n'a jamais possédé l'art de les finir ; la formule même des *Nouveaux Essais* en faisait d'ailleurs un travail auquel il n'était pas facile d'apposer le point final, puisqu'une nouvelle lecture pouvait toujours susciter de nouvelles remarques. De ces remarques, il dit à Coste, en 1707, qu'elles sont achevées ; mais à Burnett, en 1709, qu'elles le sont presque. L'entreprise se perd dans les sables ; le cœur, dirait-on, n'y est plus. La publication des lettres de Locke à Molyneux, en 1708, révèle à Leibniz le jugement peu flatteur dont il avait été autrefois l'objet ; cette posthume flèche du Parthe n'était pas pour lui rendre courage. Quelques années plus tard, il commentera ce jugement avec une sérénité désabusée : « Je ne m'en étonne pas : nous étions un peu trop différents en principes, et ce que j'avançais lui paraissait des paradoxes. » Ainsi se termine cette histoire, mélancolique comme celle d'un rendez-vous manqué. Les *Nouveaux Essais* regagnent l'ombre, et s'ajoutent à la masse des écrits que Leibniz laissera impubliés. Ils n'en sortiront qu'en 1765, près de cinquante ans après sa mort, dans l'édition que donne Raspe des *Œuvres philosophiques latines et françaises de feu M. Leibniz*. Au dialogue mort-né des vivants répond désormais, par-delà deux tombes, le toujours vivant dialogue des morts.

Si l'on pouvait comprendre dans toutes ses dimensions, avec toutes ses causes et toutes ses conséquences, cette relation singulière entre deux philosophes qui se portèrent l'un à l'autre une si inégale attention, on aurait sans doute en main les clefs d'une juste compréhension des *Nouveaux Essais*. Les plus visibles de ces conséquences touchent à la forme extérieure de l'ouvrage. Leibniz avait cherché, indéniablement, le dialogue avec un homme ; mais il s'est contenté, en fait, de dialoguer avec un livre. A cela tient, sans doute, la minceur du vêtement concret qu'il jette autour du débat philosophique. Ses interlocuteurs, esquissés sans grande conviction, n'ont pratiquement pas d'existence dramatique ; on chercherait en vain, dans leurs entretiens, la vivacité tour à tour ironique et âpre qui emporte le dialogue platonicien, ou le noble mouvement d'élévation en commun qui soulève le dialogue malebranchiste. Leibniz croit si peu à ses personnages qu'après avoir présenté Théophile, le porte-parole de ses propres idées, comme distinct de lui-même, il oublie cet artifice dès le premier chapitre, où Théophile s'attribue l'une des découvertes mathématiques de Leibniz ; et dans toute la suite de l'ouvrage, Théophile se donnera comme l'auteur des opuscules dont il s'était d'abord présenté comme l'enthousiaste lecteur. Mais c'est du côté de Philalèthe, surtout, que le dialogue boite sans remède : singulier dialogue, en effet, et bien propre à scandaliser les mânes de Platon, que celui dans lequel l'un des interlocuteurs ne se voit confier d'autres paroles que celles qui sont déjà immobilisées dans un livre. S'il est vrai, comme le pensait Platon, que la supériorité de l'interlocuteur vivant à l'égard du texte écrit réside en ceci que le premier, à la différence du second, est capable de répondre aux questions qu'on lui pose, cette supériorité n'est pas de celles dont Philalèthe pourrait se targuer. S'il n'est pas muet, il est presque sourd ; les discours de Théophile n'éveillent que rarement une réaction de sa part ; le plus souvent, il laisse passer sans sourciller les approbations comme les critiques, et se contente d'enchaîner sur le paragraphe qui suit. Il n'est, en somme, que le nom qu'appose Leibniz sur les passages de Locke qu'il choisit de commenter. Leibniz ne se borne cependant pas à découper le texte de Coste en petits morceaux, et c'est une très instructive expérience que d'observer le détail des transformations qu'il lui fait subir avant de le placer dans la bouche de Philalèthe, s'appesantissant sur certains passages, en résumant d'autres à grands traits, sautant ici un paragraphe, modifiant là une expression pour en infléchir insensiblement la portée : jamais il ne transcrit passivement son modèle. Mais l'extraordinaire activité qu'il déploie, à l'insu de son lecteur et peut-être même à son propre insu, dans ce travail d'assimilation de l'autre à soi (par lequel il aménage subtilement la pensée de son interlocuteur, de manière à la rendre traitable au sein de son propre univers de pensée) n'en rend que plus frappante, par contraste, l'absence presque complète de tout travail d'accommodation de soi à l'autre : l'attention qu'il porte à Locke ne semble pas aller jusqu'au souci de ressaisir, dans sa vie propre et dans sa logique autonome, la pensée de son antagoniste, ni jusqu'au pouvoir d'imaginer quelles pourraient être, devant les déclarations de Théophile, les réponses d'un sectateur de Locke en chair et en os. En acceptant de dialoguer avec un livre plutôt qu'avec un homme, Leibniz avait fait de nécessité vertu ; mais il y trouvait peut-être son compte, parce qu'il est plus facile de traiter comme un moyen un livre qu'un homme.

Pour quelle fin ce moyen ? D'abord, tout simplement, celle d'écrire un autre livre, un livre long, riche, foisonnant, le livre qu'un homme de génie acquiert, en cinquante ans, le droit et le pouvoir d'écrire en quelques mois. Avant toute tentative pour mesurer l'enjeu philosophique de la confrontation entre Leibniz et Locke, il faut commencer par voir, dans les *Nouveaux Essais* (dont le titre au pluriel s'oppose significativement au singulier de l'*Essay*), l'expression surabondante et comme euphorique d'une pensée qui donne le sentiment d'avoir enfin trouvé l'occasion d'épancher sans contrainte le trop-plein de son énergie. Par l'ampleur et la liberté de sa démarche, le livre de Locke avait tout ce qu'il fallait pour provoquer cette sorte de saignée intellectuelle. Il avait, bien sûr, pour objet final de limiter les ambitions de l'entendement humain, « naturellement actif et plein de feu » ; il voulait freiner l'élan qui le porte au-delà de ses vraies compétences, discipliner l'espèce de folie qui est comme sa condition originelle et son risque permanent, et fonder la tolérance pratique sur la prudence spéculative. Mais il ne pouvait fixer les frontières du domaine qu'il entendait borner qu'en le mesurant dans toutes ses dimensions, et en explorant autant qu'il le fallait ses domaines limitrophes. Aussi touchait-il, ne fût-ce que par le biais des idées qui nous les représentent, du langage auquel nous confions la fonction d'en parler, et des connaissances que nous pouvons espérer en acquérir, à l'ensemble des objets qui constituaient la thématique philosophique de l'époque : la matière et la pensée, le sensible et l'intelligible, l'espace et le temps, la substance et la relation, l'infini et la liberté, le monde et Dieu. Leibniz y trouvait, sans difficulté ni artifice, le fil d'Ariane d'une vaste reconnaissance dans le labyrinthe philosophique. En outre, Locke avait choisi de donner à son ouvrage un tour aisé, presque mondain, en tout cas fort éloigné de toute raideur scolaire ; il ne s'interdisait ni les digressions ni les anecdotes ; comme tous ceux qui se proposent de définir limitativement le champ du raisonnable, il évoquait volontiers les innombrables figures de la déraison. Leibniz suit son guide, il le dépasse même, dans cette capricieuse carrière ; son énorme érudition lui fournit à tout moment des illustrations, des souvenirs, tout un bric-à-brac d'exemples pittoresques qui évoque celui des cabinets de curiosités où les collectionneurs du temps se plaisaient à entasser, à côté des instruments de la science, les raretés de la nature et les fantaisies de l'artifice. On respire plus d'une fois, dans ce livre détendu, l'air vif de je ne sais quelle école buissonnière.

Cette prolifération généreuse ne doit cependant pas masquer l'essentiel. Leibniz avait prévu de publier son livre, non sous sa propre signature, mais sous celle de « l'auteur du système de l'harmonie préétablie » ; c'était en désigner l'une des caractéristiques capitales. De tous les auteurs que Leibniz a lus, et Dieu sait s'ils sont nombreux, Locke se distingue d'abord par la date tardive à laquelle il s'est présenté dans son horizon. Les autres sont, si l'on ose dire, arrivés avant la fermeture ; par influence directe ou indirecte, positive ou négative, ils ont tous contribué, d'une manière ou d'une autre, à la genèse du système, et chacun d'eux pourrait marquer, dans l'édifice leibnizien, la pierre qui sans eux ne serait pas tout à fait ce qu'elle est. Lorsque Locke apparaît, en revanche, le système est clos. Les *Nouveaux Essais* s'y adossent ; ils n'en sont pas proprement l'exposé. Locke rend précisément à Leibniz le service de venir provoquer sa pensée à un moment où elle n'a plus à se conquérir sur elle-même ; assurée de la vérité de ses principes, elle n'a plus à se préoccuper que d'en éprouver la fécondité. On remarquera l'insistance avec laquelle Leibniz marque bien souvent le statut dérivatif des affirmations qu'il porte ; il se dispense, en règle générale, d'en donner la démonstration complète, car il n'écrit pas pour les techniciens et se contente de « faire des remarques » ; mais il signale que cette démonstration est possible, et qu'il ne tiendrait qu'à lui de la fournir. Ainsi, de même que la périphérie d'une sphère désigne implicitement le centre invisible auquel une loi identique lie chacun de ses points, de même la multiplicité des applications et des effets doit rendre indirectement témoignage de la puissance des principes dont ils émanent. Il faut lire les *Nouveaux Essais* comme une sorte d'épreuve par les conséquences : la pensée leibnizienne s'y donne à elle-même la preuve de son pouvoir d'agrandir sans limites l'étendue de sa juridiction.

Par les caractères mêmes de sa philosophie, Locke lui fournissait l'occasion privilégiée d'une semblable épreuve. Le spectacle qu'il offrait à Leibniz n'était pas, en effet, celui d'un système strictement opposable au sien propre ; il eût fallu, pour que ce fût le cas, que chacun d'eux donnât des réponses différentes à des questions identiques, dans leur nature comme dans leur ordre. En apparence, sans doute, Locke et Leibniz font entendre les voix alternées de deux philosophies antithétiques : l'un affirme qu'il n'existe pas de principes innés dans l'esprit de l'homme, et l'autre soutient que l'esprit est inné à lui-même ; l'un nie que l'âme pense toujours, et l'autre affirme qu'elle le fait ; l'un tient l'idée de substance pour la plus stérile, l'autre pour la plus féconde qui soit ; on pourrait allonger sans peine le catalogue de ces thèses affrontées. Mais il faut résister à la tentation de voir, dans l'empirisme de l'un et le rationalisme de l'autre, les éléments décorativement symétriques d'une garniture pour dessus de cheminée. En réalité, le contraste entre l'inépuisable discours de Leibniz sur Locke et le silence obstiné de Locke sur Leibniz est le signe du décalage des plans sur lesquels se situent leurs pensées.

La question fondamentale que se pose Locke est celle de l'évaluation critique des pouvoirs de la connaissance ; le problème de l'origine des idées, qui suscite de sa part la solution empiriste où l'on veut souvent voir le tout de sa pensée, est une question préjudicielle, encore que d'une importance évidemment capitale, par rapport à la détermination de la certitude et de l'étendue des connaissances que l'entendement acquiert au moyen de ces idées. La nature de cette enquête implique que l'entendement s'interdise de se placer à quelque point de vue d'où il pourrait s'apparaître à lui-même comme un objet parmi d'autres, au sein d'une nature dans laquelle il pourrait, comme par-dessus sa propre épaule, se voir agir et pâtir. Non qu'il s'enferme dans la solitude initiale du sujet cartésien : c'est l'entendement du genre humain que Locke prend pour objet de son enquête, et sa critique de l'innéisme n'hésite pas à chercher ses arguments dans les récits des voyageurs. Mais s'il s'autorise à être historien, ethnographe, linguiste ou psychologue, il s'interdit d'être ce qu'il appelle physicien ; ce qui veut dire, comme il l'explique lui-même, qu'il n'entend pas considérer la nature ou l'essence de l'âme, ni les causes réelles des sensations et des idées dont elle observe en elle-même la présence. La sagesse de Dieu a donné à l'homme des connaissances proportionnées à ses besoins pratiques ; la sagesse de l'homme est de ne pas chercher à se connaître comme Dieu le connaît, et de s'en tenir à ce qui lui est donné, sur le mode unique de la constatation. De cette prudence positiviste, les philosophes du XVIIIe siècle féliciteront l'auteur de l'*Essay*, en disant qu'il fut, après tant d'autres qui firent le roman de l'âme, le premier qui en fit l'histoire.

Si Leibniz a pu dire que « la question de l'origine de nos idées n'est pas préliminaire en philosophie, et qu'il faut avoir fait de grands progrès pour la bien résoudre », c'est évidemment qu'il ne croit ni romanesque ni illégitime une connaissance de l'âme puisée à d'autres sources que l'expérience et l'histoire. Jamais il n'a eu le sentiment, entre l'esprit et l'être, d'un hiatus originel que la démarche première de la philosophie dût être d'assumer et d'approfondir de manière méthodique ; l'esprit lui apparaît comme le sujet d'une activité naturellement lestée de signification objective ; ses raisonnements ne sont pas les jeux gratuits qu'il se joue à lui-même, mais la reconnaissance des relations nécessaires qui sont l'armature même de l'entendement divin ; ses perceptions ne sont pas les mirages qu'éveille en lui un monde qui ne leur ressemble pas, mais l'expression phénoménale des lois qui gouvernent l'ordre de la nature et l'harmonie intelligible des substances. Comme chaque être, mais au degré le plus élevé qui soit possible à une créature, l'esprit humain a originellement liaison avec tout le reste de l'univers, dont il est une expression à la fois partielle et totale. Aussi, pour connaître ses propriétés et ses pouvoirs, n'est-il pas par principe réduit à les recueillir pièce à pièce dans l'expérience réflexive qu'il a de lui-même ; il peut et il doit les saisir comme les attributs de sa propre nature, et appréhender cette nature elle-même comme la conséquence des lois qui régissent les divers niveaux, hiérarchiquement superposés, de l'univers auquel il appartient, lois des êtres possibles et lois des êtres réels, lois des êtres animés et lois des êtres raisonnables. La monade, en un mot, est capable d'un savoir monadologique ; l'esprit a le pouvoir de se connaître comme la pièce d'un système qu'il connaît.

Leibniz ne se juge donc pas en devoir de combattre la pensée de Locke, et il serait inexact de voir dans les *Nouveaux Essais* un barrage édifié, sous le coup d'une angoisse prophétique, devant la marée montante de l'empirisme ; mais il se juge en mesure de l'intégrer. Si les idées de Leibniz sont pour Locke des paradoxes, les idées de Locke sont pour Leibniz des abstractions ; elles sont le fruit de l'inutile mutilation que l'esprit s'inflige à lui-même lorsqu'il fait de ce qui lui apparaît la norme de ce qui est. Réintégrer ce savoir mutilé dans un savoir total, rouvrir sous sa volontaire platitude la dimension d'une profondeur, restituer aux propriétés que l'observation découvre leur enracinement intelligible dans la nature même des choses dont elles sont les propriétés : telles sont, on le verra, les procédures typiques de la stratégie leibnizienne devant les positions de Locke. Pas de plus constante volonté, chez Locke, que de s'en tenir au donné, à l'actuel, au particulier, au multiple ; pas de plus régulier effort, chez Leibniz, que de mettre en lumière, en deçà du donné, l'imperceptible qui en constitue la trame sous-jacente ; en deçà de l'actuel, la puissance qui y réalise sa tendance ; en deçà du particulier, l'universel qui en domine la dispersion ; en deçà du multiple, l'unité qui en gouverne l'apparent désordre. En ce sens, Leibniz trouvait chez Locke le type même de matière qu'appelait la forme de son activité intellectuelle.

Il aurait pu voir, dans les circonstances qui avaient mis sur sa route l'exact adversaire qu'il fallait à son génie, un argument supplémentaire pour son optimisme. Un monde où il n'eût pas rencontré Locke, au moment précis et sous la forme précise où il l'a rencontré, aurait été un monde possible ; mais on se rendra compte, en lisant le fruit de cette rencontre, qu'il n'aurait pas été, de tous les mondes possibles, le meilleur.

Jacques BRUNSCHWIG.

NOTE SUR LE TEXTE

La présente édition diffère légèrement de celle qui a été publiée dans la même collection en 1966. L'orthographe et la ponctuation, qui avaient déjà été modernisées, ont été revues. L'emploi des italiques signale les citations littérales que fait Leibniz du texte de Locke (dans la traduction française de Pierre Coste). Les termes et expressions soulignés par Leibniz sont imprimés en lettres espacées. Il nous a semblé nécessaire de tenir le plus grand compte de la monumentale édition critique publiée par A. Robinet et H. Schepers (voir bibliographie), à laquelle nous renvoyons le lecteur pour tout ce qui concerne les problèmes d'établissement du texte et l'appareil critique (brouillons, copies, révisions, corrections, etc.).

I. *Œuvres philosophiques de Leibniz. Editions de référence.*

J.-E. ERDMANN. *God. Guil. Leibnitii Opera philosophica quae exstant... omnia.* Berlin, 1840.
C. GERHARDT. *Die philosophischen Schriften von G. W. Leibniz.* 7 vol., Berlin, 1875-1890.
G. W. Leibniz Sämtliche Schriften und Briefe, herausgegeben von der preussischen Akademie der Wissenschaften. Darmstadt et Berlin, dates diverses depuis 1923; en cours de publication.
Volume VI, 6 : *Nouveaux essais*, éd. A. Robinet et H. Schepers, Berlin, 1962.
LEIBNIZ, textes inédits publiés par Gaston Grua, P.U.F., 1943, 2 vol.
K. MÜLLER Leibniz-Bibliographie : Die Literatur über Leibniz bis 1980, Francfort, Klostermann, 1984.

II. *Œuvres choisies et œuvres particulières de Leibniz.*

Œuvres philosophiques de Leibniz, publiées par P. JANET. 2 vol., Paris, 1866 ; nouvelle édition, 1900.
Opuscula philosophica selecta. Texte revu par Paul SCHRECKER. Paris, Boivin, 1939.
Opuscules philosophiques choisis, traduits du latin par Paul SCHRECKER. Paris, Hatier-Boivin, 1954.
Œuvres choisies, avec préface, notes, table par questions et table des noms propres, par L. PRENANT. Paris, Garnier, 1940. Nouvelle édition augmentée, Aubier-Montaigne, 1972.
Discours de Métaphysique. Edition... présentée et annotée par Henri LESTIENNE. Paris, Vrin, 2ᵉ édition, 1952.
Lettres de Leibniz à Arnauld, d'après un manuscrit inédit, avec une introduction historique et des notes critiques par Geneviève LEWIS. Paris, Presses Universitaires de France, 1952.
Principes de la nature et de la grâce fondés en raison. Principes de la philosophie ou monadologie, publiés intégralement d'après les manuscrits..., par André ROBINET. Paris, Presses Universitaires de France, 1954.
Correspondance Leibniz-Clarke, présentée d'après les manus-

crits..., par André ROBINET. Paris, Presses Universitaires de France, 1957.
Essais de théodicée. La Monadologie. Préface et notes de Jacques JALABERT. Paris, Editions Montaigne, 1962.

II. *Ouvrages d'initiation à la philosophie de Leibniz.*

André CRESSON. *Leibniz, sa vie, son œuvre, avec un exposé de sa philosophie.* Paris, Presses Universitaires de France, 1946.
Yvon BELAVAL. *Pour connaître la pensée de Leibniz.* Paris, Bordas, 1951. Nouvelle édition, sous le titre *Leibniz, initiation à sa philosophie,* Paris, Vrin, 1962.
André ROBINET. *Leibniz et la racine de l'existence.* Présentation, choix de textes, bibliographie. Paris, Seghers, 1962.
Nicolas RESCHER. *The Philosophy of Leibniz,* Prentice-Hall, Engelwood Cliffs. New Jersey, 1967.

IV. *Etudes sur la philosophie de Leibniz et sur quelques thèmes particuliers.*

Bertrand RUSSELL. *A critical exposition of the philosophy of Leibniz.* Cambridge, University Press, 1900. Traduction française par J. et R.-J. RAY, sous le titre *La Philosophie de Leibniz, exposé critique,* Paris, Alcan, 1908.
Louis COUTURAT. *La logique de Leibniz d'après des documents inédits.* Paris, Alcan, 1901. Réédition photomécanique, Hildesheim, G. Olms, 1961.
Ernst CASSIRER. *Leibniz' System in seinen wissenschaftlichen Grundlagen.* Marburg, 1902. Réédition photomécanique, Hildesheim, G. Olms, 1962.
Martial GUÉROULT. *Dynamique et métaphysique leibniziennes.* Paris, Les Belles-Lettres, 1934. Réed. Aubier-Montaigne, 1967.
Jacques JALABERT. *La Théorie leibnizienne de la substance.* Paris, Presses Universitaires de France, 1947.
Joseph MOREAU. *L'Univers leibnizien.* Paris-Lyon, Vitte, 1956.
Emilienne NAERT. *Mémoire et conscience de soi selon Leibniz.* Paris, Vrin, 1961.
Michel SERRES. *Le système de Leibniz et ses modèles mathématiques.* Paris, P.U.F., 1968.

V. *Etudes et documents sur Leibniz et ses contemporains.*

Paul HAZARD. *La Crise de la conscience européenne, 1680-1715.* Paris, Boivin, 1934-1935 ; Fayard, 1961.
Georges FRIEDMANN. *Leibniz et Spinoza.* Paris, Gallimard, 1946 ; nouvelle édition revue, 1962.

Jean GUITTON. *Pascal et Leibniz, étude sur deux types de penseurs.* Paris, Aubier, 1951.

Malebranche et Leibniz. Relations personnelles, présentées... par André ROBINET. Paris, Vrin, 1955.

Yvon BELAVAL. *Leibniz, critique de Descartes.* Paris, Gallimard, 1960.

Yvon BELAVAL. *Etudes leibniziennes. De Leibniz à Hegel.* Paris, Gallimard, 1976.

NOUVEAUX ESSAIS
SUR
L'ENTENDEMENT

PAR L'AUTEUR DU SYSTÈME
DE L'HARMONIE PRÉÉTABLIE

Nouveaux essais sur l'entendement humain.

PRÉFACE

L'*Essai sur l'Entendement*, donné par un illustre Anglais, étant un des plus beaux et des plus estimés ouvrages de ce temps, j'ai pris la résolution d'y faire des remarques, parce qu'ayant assez médité depuis longtemps sur le même sujet et sur la plupart des matières qui y sont touchées, j'ai cru que ce serait une bonne occasion d'en faire paraître quelque chose sous le titre de *Nouveaux Essais sur l'Entendement* et de procurer une entrée favorable à mes pensées, en les mettant en si bonne compagnie. J'ai cru encore pouvoir profiter du travail d'autrui non seulement pour diminuer le mien (puisque en effet il y a moins de peine à suivre le fil d'un bon auteur qu'à travailler à nouveaux frais en tout), mais encore pour ajouter quelque chose à ce qu'il nous a donné, ce qui est toujours plus facile que de commencer. Il est vrai que je suis souvent d'un autre avis que lui, mais bien loin de disconvenir du mérite de cet écrivain célèbre, je lui rend témoignage en faisant connaître en quoi et pourquoi je m'éloigne de son sentiment, quand je juge nécessaire d'empêcher que son autorité ne prévale sur la raison en quelques points de conséquence.

En effet, quoique l'auteur de l'*Essai* dise mille belles choses où j'applaudis, nos systèmes diffèrent beaucoup. Le sien a plus de rapport à Aristote, et le mien à Platon, quoique nous nous éloignions en bien des choses l'un et l'autre de la doctrine de ces deux anciens. Il est plus populaire, et moi je suis forcé quelquefois d'être un peu plus acroamatique [1] et plus abstrait, ce qui n'est pas un avantage pour moi, surtout écrivant dans une langue vivante. Je crois cependant qu'en faisant parler deux personnes dont l'une expose les sentiments tirés de l'*Essai* de cet auteur, et l'autre y joint mes observations, le parallèle sera plus au gré du lecteur que des remarques toutes sèches dont la lecture aurait été interrompue à tout moment par la nécessité de recourir à son livre pour entendre le mien. Il sera pourtant bon de conférer encore quelquefois nos écrits et de ne juger de ses sentiments que par son propre ouvrage, quoique j'en aie conservé ordinairement les expressions. Il est vrai que la sujétion que donne le discours d'autrui dont on doit suivre le fil, en faisant des remarques, a fait que je n'ai pu songer à attraper les agréments dont le dialogue est susceptible : mais j'espère que la matière réparera le défaut de la façon.

Nos différends sont sur des sujets de quelque importance. Il s'agit de savoir si l'âme en elle-même est vide entièrement comme des tablettes, où l'on n'a encore rien écrit *(tabula rasa)* suivant Aristote et l'auteur de l'*Essai*, et si tout ce qui y est tracé vient uniquement des sens et de l'expérience, ou si l'âme contient originairement les principes de plusieurs notions et doctrines que les objets externes réveillent seulement dans les occasions, comme je le crois avec Platon et même avec l'Ecole et avec tous ceux qui prennent dans cette signification le passage de saint Paul *(Rom.* 2, 15) où il marque que la loi de Dieu est écrite dans les cœurs. Les Stoïciens appelaient ces principes Prolepses, c'est-à-dire des assomptions fondamentales, ou ce qu'on prend pour accordé par avance. Les mathématiciens les appellent Notions communes (κοινὰς ἐννοίας). Les philosophes modernes leur donnent d'autres beaux noms, et Jules Scaliger[2] particulièrement les nommait *Semina aeternitatis,* item *zopyra*[3], comme voulant dire des feux vivants, des traits lumineux, cachés au-dedans de nous, mais que la rencontre des sens fait paraître comme les étincelles que le choc fait sortir du fusil. Et ce n'est pas sans raison qu'on croit que ces éclats marquent quelque chose de divin et d'éternel qui paraît surtout dans les vérités nécessaires. D'où il naît une autre question, savoir si toutes les vérités dépendent de l'expérience, c'est-à-dire de l'induction et des exemples, ou s'il y en a qui ont encore un autre fondement. Car si quelques événements se peuvent prévoir avant toute épreuve qu'on en ait faite, il est manifeste que nous y contribuons quelque chose de notre part. Les sens, quoique nécessaires pour toutes nos connaissances actuelles, ne sont point suffisants pour nous les donner toutes, puisque les sens ne donnent jamais que des exemples, c'est-à-dire des vérités particulières ou individuelles. Or tous les exemples qui confirment une vérité générale, de quelque nombre qu'ils soient, ne suffisent pas pour établir la nécessité universelle de cette même vérité, car il ne suit pas que ce qui est arrivé arrivera toujours de même. Par exemple les Grecs et Romains et tous les autres peuples de la terre ont toujours remarqué qu'avant le décours de 24 heures, le jour se change en nuit, et la nuit en jour. Mais on se serait trompé, si l'on avait cru que la même règle s'observe partout, puisque on a vu le contraire dans le séjour de Nova Zembla[4]. Et celui-là se tromperait encore qui croirait que c'est dans nos climats au moins une vérité nécessaire et éternelle, puisqu'on doit juger que la terre et le soleil même n'existent pas nécessairement, et qu'il y aura peut-être un temps où ce bel astre ne sera plus, au moins dans sa présente forme, ni tout son système. D'où il paraît que les vérités nécessaires, telles qu'on les trouve dans les mathématiques pures et particulièrement dans l'arithmétique et dans la géométrie, doivent avoir des principes dont la preuve ne dépende point des exemples, ni par conséquent du témoignage des sens ; quoique sans les sens on ne se serait jamais avisé d'y penser. C'est ce qu'il faut bien distinguer, et c'est ce qu'Euclide a si bien compris, qu'il démontre souvent par la raison ce qui se voit assez par l'expérience et par les images sensibles. La logique encore avec la métaphysique et la morale, dont l'une forme la théologie et l'autre la jurisprudence, naturelles toutes deux, sont pleines de telles vérités, et par conséquent leur preuve ne peut venir que des principes internes qu'on appelle innés. Il est vrai qu'il ne faut point s'imaginer qu'on puisse lire dans l'âme ces éternelles lois de la raison à livre ouvert, comme l'édit du préteur se lit sur son *album* sans peine et sans recherche ; mais c'est assez qu'on les puisse découvrir en nous à force d'attention, à quoi les occasions sont fournies par les sens, et le succès des expériences sert encore de confirmation à la raison, à peu près comme les épreuves servent dans l'arithmétique pour mieux éviter l'erreur du calcul quand le raisonnement est long. C'est aussi en quoi les connaissances des hommes et celles des bêtes sont différentes : les bêtes sont purement empiriques et ne font que se régler sur les exemples, car, autant qu'on en peut juger, elles n'arrivent jamais à former des propositions nécessaires, au lieu que les hommes sont capables de sciences démonstratives, en quoi la faculté que les bêtes ont de faire des consécutions est quelque chose d'inférieur à la raison qui est dans les hommes. Les consécutions des bêtes sont purement comme celles des simples empiriques, qui prétendent que ce qui est arrivé quelquefois arrivera encore dans un cas où ce qui les frappe est pareil, sans être pour cela capables de juger si les mêmes raisons subsistent. C'est par là qu'il est si aisé aux hommes d'attraper les bêtes, et qu'il est si facile aux simples empiriques de faire des fautes ; de quoi les personnes devenues habiles par l'âge et par l'expérience ne sont pas même exemptes lorsqu'elles se fient trop à leur expérience passée, comme il est arrivé à plusieurs dans les affaires civiles et militaires, parce qu'on ne considère point assez que le monde change et que les hommes deviennent plus habiles en trouvant mille adresses nouvelles, au lieu que les cerfs ou les lièvres de ce temps ne deviennent pas plus rusés que ceux du temps passé. Les consécutions des bêtes ne sont qu'une ombre du raisonnement, c'est-à-dire ce ne sont que connexions d'imagination, et un passage d'une image à une autre, parce que dans une rencontre nouvelle qui paraît semblable à la précédente, on s'attend de nouveau à ce qu'on y trouvait joint autrefois, comme si les choses étaient liées en effet, parce que leurs images le sont dans la mémoire. Il est vrai encore que la raison conseille qu'on s'attende pour l'ordinaire de voir arriver à l'avenir ce qui est conforme à une longue expérience du passé, mais ce n'est pas pour cela une vérité nécessaire et infaillible, et le succès peut cesser quand on s'y attend le moins, lorsque les raisons qui l'ont maintenu changent. C'est pourquoi les plus sages ne s'y fient pas tant qu'ils ne tâchent de pénétrer (s'il est possible) quelque chose de la raison de ce fait pour juger quand il faudra faire des exceptions. Car la raison est seule capable d'établir des règles sûres et de suppléer à ce qui manque à celles qui ne l'étaient point, en y faisant des exceptions ; et de trouver enfin des liaisons certaines dans la force des conséquences nécessaires, ce qui donne souvent le moyen de prévoir l'événement sans avoir besoin d'expérimenter les liaisons sensibles des images, où les bêtes sont réduites. De sorte que ce qui justifie les principes internes des vérités nécessaires distingue encore l'homme de la bête.

Peut-être que notre habile auteur ne s'éloignera pas entièrement de mon sentiment. Car après avoir employé tout son premier livre à rejeter les lumières innées, prises dans un certain sens, il avoue pourtant au commencement du second et dans la suite que les idées qui n'ont point leur origine de la sensation viennent de la réflexion. Or la réflexion n'est autre chose qu'une attention à ce qui est en nous, et les sens ne nous donnent point ce que nous portons déjà avec nous. Cela étant, peut-on nier qu'il y ait beaucoup d'inné en notre esprit, puisque nous sommes innés, à nous-mêmes pour ainsi dire, et qu'il y a en nous : Etre, Unité, Substance, Durée, Changement, Action, Perception, Plaisir, et mille autres objets de nos idées intellectuelles ? Et ces objets étant immédiats et toujours présents à notre entendement (quoiqu'ils ne sauraient être toujours aperçus à cause de nos distractions et de nos besoins), pourquoi s'étonner que nous disions que ces idées nous sont innées avec tout ce qui en dépend ? Je me suis servi aussi de la comparaison d'une pierre de marbre qui a des veines, plutôt que d'une pierre de marbre toute unie, ou des tablettes vides, c'est-à-dire de ce qui s'appelle *tabula rasa* chez les philosophes. Car si l'âme ressemblait à ces tablettes vides, les vérités seraient en nous comme la figure d'Hercule est dans un marbre, quand le marbre est tout à fait indifférent à recevoir ou cette figure ou quelque autre. Mais s'il y avait des veines dans la pierre qui marquassent la figure d'Hercule préférablement à d'autres figures, cette pierre y serait plus déterminée, et Hercule y serait comme inné en quelque façon, quoiqu'il fallût du travail pour découvrir ces veines, et pour les nettoyer par la polissure, en retranchant ce qui les empêche de paraître. C'est ainsi que les idées et les vérités nous sont innées, comme des inclinations, des dispositions, des habitudes ou des virtualités naturelles, et non pas comme des actions, quoique ces virtualités soient toujours accompagnées de quelques actions souvent insensibles qui y répondent.

Il semble que notre habile auteur prétend qu'il n'y a rien de virtuel en nous et même rien dont nous ne nous apercevions toujours actuellement ; mais il ne peut pas prendre cela à la rigueur, autrement son sentiment serait trop paradoxe, puisque encore les habitudes acquises et les provisions de notre mémoire ne sont pas toujours aperçues et même ne viennent pas toujours à notre secours au besoin, quoique souvent nous nous les remettions aisément dans l'esprit à quelque occasion légère qui nous en fait souvenir, comme il ne nous faut que le commencement d'une chanson pour nous ressouvenir du reste. Il limite aussi sa thèse en d'autres endroits, en disant qu'il n'y a rien en nous dont nous ne nous soyons au moins aperçus autrefois. Mais outre que personne ne peut assurer par la seule raison jusqu'où peuvent être allées nos aperceptions passées que nous pouvons avoir oubliées, surtout suivant la réminiscence des Platoniciens qui, toute fabuleuse qu'elle est, n'a rien d'incompatible avec la raison toute nue ; outre cela, dis-je, pourquoi faut-il que tout nous soit acquis par les aperceptions des choses externes, et que rien ne puisse être déterré en nous-mêmes ? Notre âme est-elle donc seule si vide, que sans les images empruntées du dehors, elle ne soit rien ? Ce n'est pas là (je m'assure) un sentiment que notre judicieux auteur puisse approuver. Et où trouvera-t-on des tablettes qui ne soient quelque chose de varié par elles-mêmes ? Verra-t-on jamais un plan parfaitement uni et uniforme ? Pourquoi donc ne pourrions-nous pas fournir aussi à nous-mêmes quelque objet de pensée de notre propre fonds, lorsque nous y voudrons creuser ? Ainsi je suis porté à croire que dans le fond son sentiment sur ce point n'est pas différent du mien ou plutôt du sentiment commun, d'autant qu'il reconnaît deux sources de nos connaissances, les sens et la réflexion.

Je ne sais s'il sera si aisé de l'accorder avec nous et avec les Cartésiens, lorsqu'il soutient que l'esprit ne pense pas toujours et particulièrement qu'il est sans perception quand on dort sans avoir des songes, et il objecte que puisque les corps peuvent être sans mouvement, les âmes pourront bien être aussi sans pensée. Mais ici je réponds un peu autrement qu'on n'a coutume de faire. Car je soutiens que naturellement une substance ne saurait être sans action, et qu'il n'y a même jamais de corps sans mouvement. L'expérience me favorise déjà, et on n'a qu'à consulter le livre de l'illustre M. Boyle[5] contre le repos absolu, pour en être persuadé, mais je crois que la raison y est encore, et c'est une des preuves que j'ai pour détruire les atomes. D'ailleurs il y a mille marques qui font juger qu'il y a à tout moment une infinité de perceptions en nous, mais sans aperception et sans réflexion, c'est-à-dire des changements dans l'âme même dont nous ne nous apercevons pas, parce que ces impressions sont ou trop petites et en trop grand nombre ou trop unies, en sorte qu'elles n'ont rien d'assez distinguant à part, mais jointes à d'autres, elles ne laissent pas de faire leur effet et de se faire sentir au moins confusément dans l'assemblage. C'est ainsi que la coutume fait que nous ne prenons pas garde au mouvement d'un moulin ou à une chute d'eau, quand nous avons habité tout auprès depuis quelque temps. Ce n'est pas que ce mouvement ne frappe toujours nos organes, et qu'il ne se passe encore quelque chose dans l'âme qui y réponde, à cause de l'harmonie de l'âme et du corps ; mais les impressions qui sont dans l'âme et dans le corps, destituées des attraits de la nouveauté, ne sont pas assez fortes pour s'attirer notre attention et notre mémoire, qui ne s'attachent qu'à des objets plus occupants. Toute attention demande de la mémoire, et quand nous ne sommes point avertis pour ainsi dire de prendre garde à quelques-unes de nos propres perceptions présentes, nous les laissons passer sans réflexion et même sans les remarquer. Mais si quelqu'un nous en avertit incontinent et nous fait remarquer par exemple quelque bruit qu'on vient d'entendre, nous nous en souvenons et nous nous apercevons d'en avoir eu tantôt quelque sentiment. Ainsi c'étaient des perceptions dont nous ne nous étions pas aperçus incontinent, l'aperception ne venant dans ce cas d'avertissement qu'après quelque intervalle, pour petit qu'il soit. Et pour juger encore mieux des petites perceptions que nous ne saurions distinguer dans la foule, j'ai coutume de me servir de l'exemple du mugissement ou du bruit de la mer dont on est frappé quand on est au rivage. Pour entendre ce bruit comme l'on fait, il faut bien qu'on entende les parties qui composent ce tout, c'est-à-dire le bruit de chaque vague, quoique chacun de ces petits bruits ne se fasse connaître que dans l'assemblage confus de tous les autres ensemble, et qu'il ne se remarquerait pas si cette vague qui le fait était seule. Car il faut qu'on en soit affecté un peu par le mouvement de cette vague et qu'on ait quelque perception de chacun de ces bruits, quelque petits qu'ils soient ; autrement on n'aurait pas celle de cent mille vagues, puisque cent mille riens ne sauraient faire quelque chose. D'ailleurs, on ne dort jamais si profondément qu'on n'ait quelque sentiment faible et confus, et on ne serait jamais éveillé par le plus grand bruit du monde, si on n'avait quelque perception de son commencement qui est petit, comme on ne romprait jamais une corde par le plus grand effort du monde, si elle n'était tendue et allongée un peu par des moindres efforts, quoique cette petite extension qu'ils font ne paraisse pas.

Ces petites perceptions sont donc de plus grande efficace qu'on ne pense. Ce sont elles qui forment ce je ne sais quoi, ces goûts, ces images des qualités des sens, claires dans l'assemblage, mais confuses dans les parties, ces impressions que les corps environnants font sur nous, et qui enveloppent l'infini, cette liaison que chaque être a avec tout le reste de l'univers. On peut même dire qu'en conséquence de ces petites perceptions le présent est plein de l'avenir et chargé du passé, que tout est conspirant (σύμπνοια πάντα, comme disait Hippocrate) et que dans la moindre des substances, des yeux aussi perçants que ceux de Dieu pourraient lire toute la suite des choses de l'univers.

Quae sint, quae fuerint, quae mox futura trahantur[6].

Ces perceptions insensibles marquent encore et constituent le même individu qui est caractérisé par les traces qu'elles conservent des états précédents de cet individu, en faisant la connexion avec son état présent, qui se peuvent connaître par un esprit supérieur, quand cet individu même ne les sentirait pas, c'est-à-dire lorsque le souvenir exprès n'y serait plus. Mais elles (ces perceptions, dis-je) donnent même le moyen de retrouver le souvenir au besoin par des développements périodiques qui peuvent arriver un jour. C'est pour cela que la mort ne saurait être qu'un sommeil, et même ne saurait en demeurer un, les perceptions cessant seulement à être assez distinguées et se réduisant à un état de confusion dans les animaux qui suspend l'aperception, mais qui ne saurait durer toujours.

C'est aussi par les perceptions insensibles que j'explique cette admirable harmonie préétablie de l'âme et du corps, et même de toutes les Monades ou substances simples, qui supplée à l'influence insoutenable des uns sur les autres, et qui, au jugement de l'auteur du plus beau des Dictionnaires[7], exalte la grandeur des perfections divines au-delà de ce qu'on en a jamais conçu. Après cela j'ajouterais peu de chose, si je disais que ce sont ces petites perceptions qui nous déterminent en bien des rencontres sans qu'on y pense et qui trompent le vulgaire par l'apparence d'une indifférence d'équilibre, comme si nous étions indifférents de tourner par exemple à droite ou à gauche. Il n'est point nécessaire que je fasse aussi remarquer ici, comme j'ai fait dans le livre même, qu'elles causent cette *inquiétude* que je montre consister en quelque chose qui ne diffère de la douleur que comme le petit diffère du grand, et qui fait pourtant souvent notre désir et même notre plaisir, en lui donnant comme un sel qui pique. Ce sont aussi les parties insensibles de nos perceptions sensibles qui font qu'il y a un rapport entre les perceptions des couleurs, des chaleurs et autres qualités sensibles et entre les mouvements dans les corps qui y répondent, au lieu que les Cartésiens, avec notre auteur, tout pénétrant qu'il est, conçoivent les perceptions que nous avons de ces qualités comme arbitraires, c'est-à-dire comme si Dieu les avait données à l'âme suivant son bon plaisir sans avoir égard à aucun rapport essentiel entre les perceptions et leurs objets : sentiment qui me surprend et qui me paraît peu digne de la sagesse de l'auteur des choses, qui ne fait rien sans harmonie et sans raison.

En un mot les perceptions insensibles sont d'un aussi grand usage dans la pneumatique[8] que les corpuscules insensibles le sont dans la physique, et il est également déraisonnable de rejeter les uns et les autres sous prétexte qu'elles sont hors de la portée de nos sens. Rien ne se fait tout d'un coup, et c'est une de mes grandes maximes et des plus vérifiées que la nature ne fait jamais des sauts : ce que j'appelais la loi de la continuité, lorsque j'en parlais autrefois dans les *Nouvelles de la République des lettres*[9], et l'usage de cette loi est très considérable dans la physique. Elle porte qu'on passe toujours du petit au grand et à rebours par le médiocre, dans les degrés comme dans les parties, et que jamais un mouvement ne naît immédiatement du repos ni ne s'y réduit que par un mouvement plus petit, comme on n'achève jamais de parcourir aucune ligne ou longueur avant que d'avoir achevé une ligne plus petite. Quoique jusqu'ici ceux qui ont donné les lois du mouvement n'aient point observé cette loi, croyant qu'un corps peut recevoir en un moment un mouvement contraire au précédent. Et tout cela fait bien juger que les perceptions remarquables viennent par degrés de celles qui sont trop petites pour être remarquées. En juger autrement, c'est peu connaître l'immense subtilité des choses qui enveloppe toujours et partout un infini actuel.

J'ai aussi remarqué qu'en vertu des variations insensibles, deux choses individuelles ne sauraient être parfaitement semblables, et qu'elles doivent toujours différer plus que *numero*[10], ce qui détruit les tablettes vides de l'âme, une âme sans pensée, une substance sans action, le vide de l'espace, les atomes et même des parcelles non actuellement divisées dans la matière, l'uniformité entière dans une partie du temps, du lieu ou de la matière, les globes parfaits du second élément, nés des cubes parfaits originaires, et mille autres fictions des philosophes qui viennent de leurs notions incomplètes, et que la nature des choses ne souffre point, et que notre ignorance et le peu d'attention que nous avons à l'insensible fait passer, mais qu'on ne saurait rendre tolérables, à moins qu'on ne les borne à des abstractions de l'esprit qui proteste de ne point nier ce qu'il met à quartier [11] et qu'il juge ne devoir point entrer dans quelque considération présente. Autrement, si on l'entendait tout de bon, savoir que les choses dont on ne s'aperçoit pas ne sont point dans l'âme ou dans le corps, on manquerait en philosophie comme en politique, en négligeant τὸ μικρόν, les progrès insensibles, au lieu qu'une abstraction n'est pas une erreur, pourvu qu'on sache que ce qu'on dissimule y est. C'est comme les mathématiciens en usent quand ils parlent des lignes parfaites qu'ils nous proposent, des mouvements uniformes et d'autres effets réglés, quoique la matière (c'est-à-dire le mélange des effets de l'infini environnant) fasse toujours quelque exception. C'est pour distinguer les considérations et pour réduire les effets aux raisons autant qu'il nous est possible, et en prévoir quelques suites, qu'on procède ainsi : car plus on est attentif à ne rien négliger des considérations que nous pouvons régler, plus la pratique répond à la théorie. Mais il n'appartient qu'à la suprême raison, à qui rien n'échappe, de comprendre distinctement tout l'infini, toutes les raisons et toutes les suites. Tout ce que nous pouvons sur les infinités, c'est de les connaître confusément, et de savoir au moins distinctement qu'elles y sont ; autrement, nous jugeons fort mal de la beauté et de la grandeur de l'univers, comme aussi nous ne saurions avoir une bonne physique qui explique la nature des choses en général et encore moins une bonne pneumatique qui comprenne la connaissance de Dieu, des âmes et des substances simples en général.

Cette connaissance des perceptions insensibles sert aussi à expliquer pourquoi et comment deux âmes humaines ou autrement d'une même espèce ne sortent jamais parfaitement semblables des mains du Créateur et ont toujours chacune son rapport originaire aux points de vue qu'elles auront dans l'univers. Mais c'est ce qui suit déjà de ce que j'avais remarqué de deux individus, savoir que leur différence est toujours plus que numérique. Il y a encore un autre point de conséquence, où je suis obligé de m'éloigner non seulement des sentiments de notre auteur, mais aussi de ceux de la plupart des modernes, c'est que je crois avec la plupart des anciens que tous les génies, toutes les âmes, toutes les substances simples créées sont toujours jointes à un corps, et qu'il n'y a jamais des âmes qui en soient entièrement séparées. J'en ai des raisons *a priori*, mais on trouvera encore qu'il y a cela d'avantageux dans ce dogme qu'il résout toutes les difficultés philosophiques sur l'état des âmes, sur leur conservation perpétuelle, sur leur immortalité et sur leur opération. La différence d'un de leur état à l'autre, n'étant jamais ou n'ayant jamais été que du plus au moins sensible, du plus parfait au moins parfait, ou à rebours, ce qui rend leur état passé ou à venir aussi explicable que celui d'à présent. On sent assez, en faisant tant soit peu de réflexion, que cela est raisonnable et qu'un saut d'un état à un autre infiniment différent ne saurait être naturel. Je m'étonne qu'en quittant la nature sans sujet, les écoles aient voulu s'enfoncer exprès dans des difficultés très grandes et fournir matière aux triomphes apparents des esprits forts, dont toutes les raisons tombent tout d'un coup par cette explication des choses, où il n'y a pas plus de difficulté à concevoir la conservation des âmes (ou plutôt, selon moi, de l'animal) que celle qu'il y a dans le changement de la chenille en papillon, et dans la conservation de la pensée dans le sommeil, auquel Jésus-Christ a divinement bien comparé la mort [12]. Aussi ai-je déjà dit qu'aucun sommeil ne saurait durer toujours, et il durera moins ou presque point du tout aux âmes raisonnables, qui sont toujours destinées à conserver le personnage qui leur a été donné dans la cité de Dieu, et par conséquent la souvenance : et cela pour être mieux susceptibles des récompenses et des châtiments. Et j'ajoute encore qu'en général aucun dérangement des organes visibles n'est capable de porter les choses à une entière confusion dans l'animal ou de détruire tous les organes et de priver l'âme de tout son corps organique et des restes ineffaçables de toutes les traces précédentes. Mais la facilité qu'on a eue de quitter l'ancienne doctrine des corps subtils joints aux anges (qu'on confondait avec la corporalité des anges mêmes) et l'introduction des prétendues intelligences séparées dans les créatures (à quoi celles qui font rouler les cieux d'Aristote ont contribué beaucoup) et enfin l'opinion mal entendue, où l'on a été, qu'on ne pouvait conserver les âmes des bêtes sans tomber dans la métempsycose ont fait à mon avis qu'on a négligé la manière naturelle d'expliquer la conservation de l'âme. Ce qui a fait bien du tort à la religion naturelle, et a fait croire à plusieurs que notre immortalité n'était qu'une grâce miraculeuse de Dieu, dont encore notre célèbre auteur parle avec quelque doute, comme je dirai tantôt. Mais il serait à souhaiter que tous ceux qui sont de ce sentiment en eussent parlé aussi sagement et d'aussi bonne foi que lui, car il est à craindre que plusieurs qui parlent de l'immortalité par grâce ne le font que pour sauver les apparences, et approchent dans le fond de ces Averroïstes et de quelques mauvais Quiétistes [13] qui s'imaginent une absorption et réunion de l'âme à l'océan de la divinité, notion dont peut-être mon système seul fait bien voir l'impossibilité.

Il semble aussi que nous différons encore par rapport à la Matière en ce que l'auteur juge que le vide est nécessaire pour le mouvement, parce qu'il croit que les petites parties de la matière sont raides. J'avoue que si la matière était composée de telles parties, le mouvement dans le plein serait impossible, comme si une chambre était pleine d'une quantité de petits cailloux sans qu'il y eût la moindre place vide. Mais on n'accorde point cette supposition, dont il ne paraît pas aussi qu'il y ait aucune raison, quoique cet habile auteur aille jusqu'à croire que la raideur ou la cohésion des petites parties fait l'essence du corps. Il faut plutôt concevoir l'espace comme plein d'une matière originairement fluide, susceptible de toutes les divisions et assujettie même actuellement à des divisions et subdivisions à l'infini, mais avec cette différence pourtant, qu'elle est divisible et divisée inégalement en différents endroits à cause des mouvements qui y sont déjà plus ou moins conspirants. Ce qui fait qu'elle a partout un degré de raideur aussi bien que de fluidité et qu'il n'y a aucun corps qui soit dur ou fluide au suprême degré, c'est-à-dire qu'on n'y trouve aucun atome d'une dureté insurmontable ni aucune masse entièrement indifférente à la division. Aussi l'ordre de la nature et particulièrement la loi de la continuité détruit également l'un et l'autre.

J'ai fait voir aussi que la cohésion qui ne serait pas elle-même l'effet de l'impulsion ou du mouvement causerait une traction prise à la rigueur. Car s'il y avait un corps originairement raide, par exemple un atome d'Épicure, qui aurait une partie avancée en forme de crochet (puisqu'on peut se figurer des atomes de toutes sortes de figures), ce crochet poussé tirerait avec lui le reste de cet atome, c'est-à-dire la partie qu'on ne pousse point, et qui ne tombe point dans la ligne de l'impulsion. Cependant notre habile auteur est lui-même contre ces tractions philosophiques, telles que celles qu'on attribuait autrefois à la crainte du vide, et il les réduit aux impulsions, soutenant avec les modernes qu'une partie de la matière n'opère immédiatement sur l'autre qu'en la poussant de près, en quoi je crois qu'ils ont raison, parce qu'autrement il n'y a rien d'intelligible dans l'opération.

Il faut pourtant que je ne dissimule point d'avoir remarqué une manière de rétractation de notre excellent auteur sur ce sujet, dont je ne saurais m'empêcher de louer en cela la modeste sincérité, autant que j'ai admiré son génie pénétrant en d'autres occasions. C'est dans *la réponse à la seconde lettre* de feu M. l'évêque de Worcester[14], imprimée en 1699, p. 408, où, pour justifier le sentiment qu'il avait soutenu contre ce savant prélat, savoir que la matière pourrait penser, il dit entre autres choses : *J'avoue que j'ai dit* (livre 2 de l'*Essai concernant l'entendement*, ch. 8, § II) *que le corps opère par impulsion et non autrement. Aussi était-ce mon sentiment quand je l'écrivis, et encore présentement je ne saurais y concevoir une autre manière d'agir. Mais depuis j'ai été convaincu par le livre incomparable du judicieux M. Newton*[15] *qu'il y a trop de présomption à vouloir limiter la puissance de Dieu par nos conceptions bornées. La gravitation de la matière vers la matière par des voies qui me sont inconcevables est non seulement une démonstration que Dieu peut quand bon lui semble mettre dans les corps des puissances et manières d'agir qui sont au-dessus de ce qui peut être dérivé de notre idée du corps, ou expliqué par ce que nous connaissons de la matière; mais c'est encore une instance incontestable qu'il l'a fait effectivement. C'est pourquoi j'aurai soin que dans la prochaine édition de mon livre ce passage soit redressé.* Je trouve que dans la version française de ce livre, faite sans doute sur les dernières éditions, on l'a mis ainsi dans ce § II : *Il est visible, au moins autant que nous pouvons le concevoir, que c'est par impulsion et non autrement que les corps agissent les uns sur les autres, car il nous est impossible de comprendre que le corps puisse agir sur ce qu'il ne touche point, ce qui est autant que d'imaginer qu'il puisse agir où il n'est pas.*

Je ne puis que louer cette piété modeste de notre célèbre auteur, qui reconnaît que Dieu peut faire au-delà de ce que nous pouvons entendre, et qu'ainsi il peut y avoir des mystères inconcevables dans les articles de la foi : mais je ne voudrais pas qu'on fût obligé de recourir au miracle dans le cours ordinaire de la nature et d'admettre des puissances et opérations absolument inexplicables. Autrement, à la faveur de ce que Dieu peut faire, on donnera trop de licence aux mauvais philosophes, et en admettant ces vertus centripètes ou ces attractions immédiates de loin sans qu'il soit possible de les rendre intelligibles, je ne vois pas ce qui empêcherait nos Scolastiques de dire que tout se fait simplement par les facultés et de soutenir leurs espèces intentionnelles qui vont des objets jusqu'à nous et trouvent moyen d'entrer jusque dans nos âmes. Si cela va bien,

Omnia jam fient, fieri quae posse negabam [16].

De sorte qu'il me semble que notre auteur, tout judicieux qu'il est, va ici un peu trop d'une extrémité à l'autre. Il fait le difficile sur les opérations des âmes quand il s'agit seulement d'admettre ce qui n'est point sensible, et le voilà qui donne aux corps ce qui n'est pas même intelligible, leur accordant des puissances et des actions qui passent tout ce qu'à mon avis un esprit créé saurait faire et entendre, puisqu'il leur accorde l'attraction, et même à des grandes distances sans se borner à aucune sphère d'activité, et cela pour soutenir un sentiment qui n'est pas moins inexplicable, savoir la possibilité de la pensée de la matière dans l'ordre naturel.

La question qu'il agite avec le célèbre prélat qui l'avait attaqué est si la matière peut penser, et comme c'est un point important, même pour le présent ouvrage, je ne puis me dispenser d'y entrer un peu et de prendre connaissance de leur contestation. J'en représenterai la substance sur ce sujet et prendrai la liberté de dire ce que j'en pense. Feu M. l'évêque de Worcester, appréhendant (mais sans en avoir grand sujet à mon avis) que la doctrine des idées de notre auteur ne fût sujette à quelques abus préjudiciables à la foi chrétienne, entreprit d'en examiner quelques endroits dans sa *Vindication de la doctrine de la Trinité*, et ayant rendu justice à cet excellent écrivain, en reconnaissant qu'il juge l'existence de l'Esprit aussi certaine que celle du corps, quoique l'une de ces substances soit aussi peu connue que l'autre, il demande (pp. 241 sqq.) comment la réflexion nous peut assurer de l'existence de l'Esprit, si Dieu peut donner à la matière la faculté de penser suivant le sentiment de notre auteur, liv. 4. chap. 3, puisque ainsi la voie des idées qui doit servir à discerner ce qui peut convenir à l'âme ou au corps deviendrait inutile, au lieu qu'il était dit dans le livre 2 de l'*Essai sur l'Entendement*, chap. 23, § 15, 27, 28, que les opérations de l'âme nous fournissent l'idée de l'esprit et que l'entendement avec la volonté nous rend cette idée aussi intelligible que la nature du corps nous est rendue intelligible par la solidité et par l'impulsion. Voici comment notre auteur y répond dans sa *première lettre* (pp. 65 sqq.) : *Je crois avoir prouvé qu'il y a une substance spirituelle en nous, car nous expérimentons en nous la pensée ; or cette action ou ce mode ne saurait être l'objet de l'idée d'une chose subsistante de soi, et par conséquent ce mode a besoin d'un support ou sujet d'inhésion, et l'idée de ce support fait ce que nous appelons substance... Car puisque l'idée générale de la substance est partout la même, il s'ensuit que la modification qui s'appelle pensée ou pouvoir de penser y étant jointe, cela fait un Esprit sans qu'on ait besoin de considérer quelle autre modification il a encore, c'est-à-dire s'il a de la solidité ou non. Et de l'autre côté la substance qui a la modification qu'on appelle solidité sera matière, soit que la pensée y soit jointe ou non. Mais si par une substance spirituelle vous entendez une substance immatérielle, j'avoue de n'avoir point prouvé qu'il y en ait en nous et qu'on ne peut point le prouver démonstrativement sur mes principes. Quoique ce que j'ai dit sur les systèmes de la matière* (liv. 4, ch. 10, § 16) *en démontrant que Dieu est immatériel, rende probable au suprême degré que la substance qui pense en nous est immatérielle... Cependant j'ai montré* (ajoute l'auteur, p. 68) *que les grands buts de la religion et de la morale sont assurés par l'immortalité de l'âme, sans qu'il soit besoin de supposer son immatérialité.*

Le savant évêque, dans sa *réponse* à cette lettre, pour faire voir que notre auteur a été d'un autre sentiment, lorsqu'il écrivait son second livre de l'*Essai*, en allègue, p. 51, ce passage (pris du même livre, ch. 23, § 15) où il est dit *que, par les idées simples que nous avons déduites des opérations de notre Esprit, nous pouvons former l'idée complexe d'un Esprit. Et que mettant ensemble les idées de pensée, de perception, de liberté et de puissance de mouvoir notre corps, nous avons une notion aussi claire des substances immatérielles que des matérielles.* Il allègue d'autres passages encore pour faire voir que l'auteur opposait l'esprit au corps. Et dit (p. 54) que le but de la religion et de la morale est mieux assuré en prouvant que l'âme est immortelle par sa nature, c'est-à-dire immatérielle. Il allègue encore (p. 70) ce passage, que *toutes les idées que nous avons des espèces particulières et distinctes des substances ne sont autre chose que différentes combinaisons d'idées simples.* Et qu'ainsi l'auteur a cru que l'idée de penser et de vouloir donnait une autre substance différente de celle que donne l'idée de la solidité et de l'impulsion. Et que (§ 17) il marque que ces idées constituent le corps opposé à l'esprit.

M. de Worcester pouvait ajouter que de ce que l'idée générale de substance est dans le corps et dans l'esprit, il ne s'ensuit pas que leurs différences soient des modifications d'une même chose, comme notre auteur vient de le dire dans l'endroit que j'ai rapporté de sa *première lettre*. Il faut bien distinguer entre modifications et attributs. Les facultés d'avoir de la perception et d'agir, l'étendue, la solidité, sont des attributs ou des prédicats perpétuels et principaux, mais la pensée, l'impétuosité, les figures, les mouvements sont des modifications de ces attributs. De plus on doit distinguer entre genre physique (ou plutôt réel) et genre logique ou idéal. Les choses qui sont d'un même genre physique ou qui sont homogènes sont d'une même matière pour ainsi dire, et peuvent souvent être changées l'une dans l'autre par le changement de la modification, comme les cercles et les carrés. Mais deux choses hétérogènes peuvent avoir un genre logique commun, et alors leurs *différences* ne sont pas de simples modifications accidentelles d'un même sujet ou d'une même matière métaphysique ou physique. Ainsi le temps et l'espace sont des choses fort hétérogènes et on aurait tort de s'imaginer je ne sais quel sujet réel commun qui n'eût que la quantité continue en général, et dont les modifications fissent provenir le temps ou l'espace. Cependant leur genre logique commun est la quantité continue. Quelqu'un se moquera peut-être de ces distinctions des philosophes de deux genres, l'un logique seulement, l'autre encore réel, et de deux matières, l'une physique qui est celle des corps, l'autre métaphysique seulement ou générale, comme si quelqu'un disait que deux parties de l'espace sont d'une même matière ou que deux heures sont aussi entre elles d'une même matière. Cependant ces distinctions ne sont pas seulement des termes, mais des choses mêmes et semblent venir bien à propos ici, où leur confusion a fait naître une fausse conséquence. Ces deux genres ont une notion commune, et celle du genre réel est commune aux deux matières, de sorte que leur généalogie sera telle :

GENRE
{
logique seulement, varié par des *différences* simples

réel, dont les différences sont des *modifications,* c'est-à-dire MATIÈRE
{
métaphysique seulement, où il y a homogénéité

physique, où il y a une masse homogène solide.
}
}

Je n'ai pas vu la *seconde lettre* de l'auteur à l'évêque ; la *réponse* que ce prélat y fait ne touche guère au point qui regarde la pensée de la matière. Mais la réplique de notre auteur à cette *seconde réponse* y retourne. *Dieu* (dit-il à peu près dans ces termes, p. 397) *ajoute à l'essence de la matière les qualités et perfection qui lui plaisent, le mouvement simple dans quelques parties, mais dans les plantes la végétation et dans les animaux le sentiment. Ceux qui en demeurent d'accord jusqu'ici se récrient aussitôt qu'on fait encore un pas, pour dire que Dieu peut donner à la matière pensée, raison, volonté, comme si cela détruisait l'essence de la matière. Mais pour le prouver, ils allèguent que la pensée ou raison n'est pas renfermée dans l'essence de la matière, ce qui ne fait rien, puisque le mouvement et la vie n'y sont pas renfermés non plus. Ils allèguent aussi qu'on ne saurait concevoir que la matière pense : mais notre conception n'est pas la mesure du pouvoir de Dieu.* Après cela il cite l'exemple de l'attraction de la matière, p. 99, mais surtout p. 408, où il parle de la gravitation de la matière vers la matière, attribuée à M. Newton dans les termes que j'ai cités ci-dessus, avouant qu'on n'en saurait jamais concevoir le comment. Ce qui est en effet retourner aux qualités occultes, ou, qui plus est, inexplicables. Il ajoute, p. 401, que rien n'est plus propre à favoriser les Sceptiques que de nier ce qu'on n'entend point, et, p. 402, qu'on ne conçoit pas même comment l'âme pense. Il veut, p. 403, que, les deux substances, matérielle et immatérielle, pouvant être conçues dans leur essence nue sans aucune activité, il dépend de Dieu de donner à l'une et à l'autre la puissance de penser. Et on veut se prévaloir de l'aveu de l'adversaire qui avait accordé le sentiment aux bêtes, mais qui ne leur accorderait pas quelque substance immatérielle. On prétend que la liberté, la consciosité (p. 408) et la puissance de faire des abstractions (p. 409) peuvent être données à la matière, non pas comme matière, mais comme enrichie par une puissance divine. Enfin on rapporte, p. 434, la remarque d'un voyageur aussi considérable et judicieux que l'est M. de La Loubère[17], que les païens de l'Orient connaissent l'immortalité de l'âme sans en pouvoir comprendre l'immatérialité.

Sur tout cela je remarquerai, avant que de venir à l'explication de mon opinion, qu'il est sûr que la matière est aussi peu capable de produire machinalement du sentiment que de produire de la raison, comme notre auteur en demeure d'accord ; qu'à la vérité je reconnais qu'il n'est pas permis de nier ce qu'on n'entend pas, mais j'ajoute qu'on a droit de nier (au moins dans l'ordre naturel) ce qui absolument n'est point intelligible ni explicable. Je soutiens aussi que les substances (matérielles ou immatérielles) ne sauraient être conçues dans leur essence nue sans activité, que l'activité est de l'essence de la substance en général ; et qu'enfin la conception des créatures n'est pas la mesure du pouvoir de Dieu, mais que leur conceptivité ou force de concevoir est la mesure du pouvoir de la nature ; tout ce qui est conforme à l'ordre naturel pouvant être conçu ou entendu par quelque créature.

Ceux qui concevront mon système jugeront que je ne saurais me conformer en tout avec l'un ou l'autre de ces deux excellents auteurs, dont la contestation cependant est fort instructive. Mais pour m'expliquer distinctement, il faut considérer avant toutes choses que les modifications qui peuvent venir naturellement ou sans miracle à un même sujet s'y doivent venir des limitations ou variations d'un genre réel ou d'une nature originaire constante et absolue. Car c'est ainsi qu'on distingue chez les philosophes les modes d'un être absolu de cet être même, comme l'on sait que la grandeur, la figure et le mouvement sont manifestement des limitations et des variations de la nature corporelle. Car il est clair comment une étendue bornée donne des figures et que le changement qui s'y fait n'est autre chose que le mouvement. Et toutes les fois qu'on trouve quelque qualité dans un sujet, on doit croire que, si on entendait la nature de ce sujet et de cette qualité, on concevrait comment cette qualité en peut résulter. Ainsi, dans l'ordre de la nature (les miracles mis à part), il n'est pas arbitraire à Dieu de donner indifféremment aux substances telles ou telles qualités, et il ne leur en donnera jamais que celles qui leur seront naturelles, c'est-à-dire qui pourront être dérivées de leur nature comme des modifications explicables. Ainsi on peut juger que la matière n'aura pas naturellement l'attraction mentionnée ci-dessus, et n'ira pas d'elle-même en ligne courbe, parce qu'il n'est pas possible de concevoir comment cela s'y fait, c'est-à-dire de l'expliquer mécaniquement, au lieu que ce qui est naturel doit pouvoir devenir concevable distinctement si l'on était admis dans les secrets des choses. Cette distinction entre ce qui est naturel et explicable et ce qui est inexplicable et miraculeux lève toutes les difficultés : et en la rejetant, on soutiendrait quelque chose de pis que les qualités occultes et on renoncerait en cela à la philosophie et à la raison, en ouvrant des asiles à l'ignorance et à la paresse, par un système sourd qui admet non seulement qu'il y a des qualités que nous n'entendons pas, dont il n'y en a que trop, mais aussi qu'il y en a que le plus grand esprit, si Dieu lui donnait toute l'ouverture possible, ne pourrait pas comprendre, c'est-à-dire qui seraient ou miraculeuses ou sans rime et sans raison ; et cela même serait sans rime et sans raison que Dieu fît des miracles ordinairement, de sorte que cette hypothèse fainéante détruirait également notre philosophie, qui cherche des raisons, et la divine sagesse, qui les fournit.

Pour ce qui est maintenant de la Pensée, il est sûr, et l'auteur le reconnaît plus d'une fois, qu'elle ne saurait être une modification intelligible de la matière, c'est-à-dire que l'être sentant ou pensant n'est pas une chose machinale comme une montre ou comme un moulin, en sorte qu'on pourrait concevoir des grandeurs, figures et mouvements dont la conjonction machinale pût produire quelque chose de pensant et même de sentant dans une masse où il n'y eut rien de tel, qui cesserait aussi de même par le dérèglement de cette machine. Ce n'est donc pas une chose naturelle à la matière de sentir et de penser, et cela ne peut arriver chez elle que de deux façons, dont l'une sera que Dieu y joigne une substance, à qui il soit naturel de penser, et l'autre que Dieu y mette la pensée par miracle. En cela donc je suis entièrement du sentiment des cartésiens, excepté que je l'étends jusqu'aux bêtes et que je crois qu'elles ont du sentiment et des âmes immatérielles (à proprement parler), et aussi peu périssables que les atomes le sont chez Démocrite ou Gassendi, au lieu que les cartésiens, embarrassés sans sujet des âmes des bêtes et ne sachant ce qu'ils en doivent faire si elles se conservent (faute de s'aviser de la conservation de l'animal réduit en petit), ont été forcés de refuser même le sentiment aux bêtes contre toutes les apparences et contre le jugement du genre humain. Mais si quelqu'un disait que Dieu au moins peut ajouter la faculté de penser à la machine préparée, je répondrais que si cela se faisait et si Dieu ajoutait cette faculté à la matière sans y verser en même temps une substance qui fût le sujet d'inhésion de cette même faculté (comme je le conçois), c'est-à-dire sans y ajouter une âme immatérielle, il faudrait que la matière eût été exaltée miraculeusement pour recevoir une puissance dont elle n'est pas capable naturellement : comme quelques scolastiques prétendent que Dieu exalte le feu jusqu'à lui donner la force de brûler immédiatement des esprits séparés des corps, ce qui serait un miracle tout pur. Et c'est assez qu'on ne puisse soutenir que la matière pense sans y mettre une âme impérissable ou bien un miracle, et qu'ainsi l'immortalité de nos âmes suit de ce qui est naturel ; puisqu'on ne saurait soutenir leur extinction que par un miracle, soit en exaltant la matière soit en anéantissant l'âme. Car nous savons bien que la puissance de Dieu pourrait rendre nos âmes mortelles, toutes immatérielles (ou immortelles par la nature seule) qu'elles puissent être, puisqu'il les peut anéantir.

Or cette vérité de l'immatérialité de l'âme est sans doute de conséquence. Car il est infiniment plus avantageux à la religion et à la morale, surtout dans le temps où nous sommes (où bien des gens ne respectent guère la révélation toute seule et les miracles), de montrer que les âmes sont immortelles naturellement, et que ce serait un miracle si elles ne l'étaient pas, que de soutenir que nos âmes doivent mourir naturellement, mais que c'est en vertu d'une grâce miraculeuse fondée dans la seule promesse de Dieu qu'elles ne meurent point. Aussi sait-on depuis longtemps que ceux qui ont voulu détruire la religion naturelle et réduire tout à la révélée, comme si la raison ne nous enseignait rien là-dessus, ont passé pour suspects, et ce n'est pas toujours sans raison. Mais notre auteur n'est point de ce nombre, il soutient la démonstration de l'existence de Dieu, et il attribue à l'immatérialité de l'âme une probabilité dans le suprême degré, qui pourra passer par conséquent pour une certitude morale, de sorte que je m'imagine qu'ayant autant de sincérité que de pénétration, il pourrait bien s'accommoder de la doctrine que je viens d'exposer et qui est fondamentale en toute la philosophie raisonnable, car autrement je ne vois pas comment on pourrait s'empêcher de retomber dans la philosophie fanatique, telle que la *Philosophie mosaïque* de Flud [18], qui sauve tous les phénomènes, en les attribuant à Dieu immédiatement et par miracle, ou barbare, comme celle de certains philosophes et médecins du temps passé, qui se ressentait encore de la barbarie de leur siècle, et qu'aujourd'hui on méprise avec raison, qui sauvaient les apparences en forgeant tout exprès des qualités occultes ou facultés qu'on s'imaginait semblables à des petits démons ou lutins capables de faire sans façon ce qu'on demande, comme si les montres de poche marquaient les heures par une certaine faculté horodéictique sans avoir besoin de roues, ou comme si les moulins brisaient les grains par une faculté fractive sans avoir besoin de rien qui ressemblât aux meules. Pour ce qui est de la difficulté que plusieurs peuples ont eue de concevoir une substance immatérielle, elle cessera aisément (au moins en bonne partie) quand on ne demandera pas des substances séparées de la matière, comme en effet je ne crois pas qu'il y en ait jamais naturellement parmi les créatures.

LIVRE I

DES NOTIONS INNÉES

CHAPITRE I

S'IL Y A DES PRINCIPES INNÉS DANS L'ESPRIT DE L'HOMME

PHILALÈTHE. Ayant repassé la mer après avoir achevé mes affaires en Angleterre, j'ai pensé d'abord à vous rendre visite, Monsieur, pour cultiver notre ancienne amitié, et pour vous entretenir des matières, qui nous tiennent fort à cœur, et où je crois avoir acquis des nouvelles lumières pendant mon séjour à Londres. Lorsque nous demeurions autrefois tout proche l'un de l'autre à Amsterdam, nous prenions beaucoup de plaisir tous deux à faire des recherches sur les principes et sur les moyens de pénétrer dans l'intérieur des choses. Quoique nos sentiments fussent souvent différents, cette diversité augmentait notre satisfaction, lorsque nous en conférions ensemble, sans que la contrariété qu'il y avait quelquefois y mêlât rien de désagréable. Vous étiez pour Descartes et pour les opinions du célèbre auteur de la *Recherche de la Vérité*[19], et moi je trouvais les sentiments de Gassendi[20], éclaircis par M. Bernier[21], plus faciles et plus naturels. Maintenant je me sens extrêmement fortifié par l'excellent ouvrage qu'un illustre Anglais, que j'ai l'honneur de connaître particulièrement, a publié depuis, et qu'on a réimprimé plusieurs fois en Angleterre sous le titre modeste d'*Essai concernant l'Entendement humain*. Et je suis ravi qu'il paraît depuis peu en latin et en français, afin qu'il puisse être d'une utilité plus générale. J'ai fort profité de la lecture de cet ouvrage, et même de la conversation de l'auteur, que j'ai entretenu souvent à Londres et quelquefois à Oates, chez Milady Masham[22], digne fille du célèbre M. Cudworth[23], grand philosophe et théologien anglais, auteur du *Système intellectuel* dont elle a hérité l'esprit de méditation et l'amour des belles connaissances, qui paraît particulièrement par l'amitié qu'elle entretient avec l'auteur de l'*Essai*. Et comme il a été attaqué par quelques docteurs de mérite, j'ai pris plaisir à lire aussi l'apologie qu'une demoiselle fort sage et fort spirituelle a faite pour lui[24], outre celles qu'il a faites lui-même. Cet auteur est assez dans le système de M. Gassendi, qui est dans le fond celui de Démocrite ; il est pour le vide et pour les atomes, il croit que la matière pourrait penser, qu'il n'y a point d'idées innées, que notre esprit est *tabula rasa*, et que nous ne pensons pas toujours : et il paraît d'humeur à approuver la plus grande partie des objections que M. Gassendi a faites à M. Descartes[25]. Il a enrichi et renforcé ce système par mille belles réflexions ; et je ne doute point que maintenant notre parti ne triomphe hautement de ses adversaires, les péripatéticiens et les cartésiens. C'est pourquoi, si vous n'avez pas encore lu ce livre, je vous y invite ; et si vous l'avez lu, je vous supplie de m'en dire votre sentiment.

THÉOPHILE. Je me réjouis de vous voir de retour après une longue absence, heureux dans la conclusion de votre importante affaire, plein de santé, ferme dans l'amitié pour moi, et toujours porté avec une ardeur égale à la recherche des plus importantes vérités. Je n'ai pas moins continué mes méditations dans le même esprit ; et je crois d'avoir profité aussi autant et peut-être plus que vous, si je ne me flatte pas. Aussi en avais-je plus besoin que vous, car vous étiez plus avancé que moi. Vous aviez plus de commerce avec les philosophes spéculatifs, et j'avais plus de penchant vers la morale. Mais j'ai appris de plus en plus combien la morale reçoit d'affermissement des principes solides de la véritable philosophie, c'est pourquoi je les ai étudiés depuis avec plus d'application, et je suis entré dans des méditations assez nouvelles. De sorte que nous aurons de quoi nous donner un plaisir réciproque de longue durée en communiquant l'un à l'autre nos éclaircissements. Mais il faut que je vous dise pour nouvelle, que je ne suis plus cartésien, et que cependant je suis éloigné plus que jamais de votre Gassendi, dont je reconnais d'ailleurs le savoir et le mérite. J'ai été frappé d'un nouveau système, dont j'ai lu quelque chose dans les *Journaux des savants* de Paris, de Leipzig et de Hollande[26], et dans le merveilleux *Dictionnaire* de M. Bayle, article de Rorarius ; et depuis je crois voir une nouvelle face de l'intérieur des choses. Ce système paraît allier Platon avec Démocrite, Aristote avec Descartes, les scolastiques avec les modernes, la théologie et la morale avec la raison. Il semble qu'il prend le meilleur de tous côtés, et que puis après il va plus loin qu'on n'est allé encore. J'y trouve une explication intelligible de l'union de l'âme et du corps, chose dont j'avais désespéré auparavant. Je trouve les vrais principes des choses dans les unités de substance que ce système introduit, et dans leur harmonie préétablie par la substance primitive. J'y trouve une simplicité et une uniformité surprenantes, en sorte qu'on peut dire que c'est partout et toujours la même chose, aux degrés de perfection près. Je vois maintenant ce que Platon entendait, quand il prenait la matière pour un être imparfait et transitoire ; ce qu'Aristote voulait dire par son *entéléchie* ; ce que c'est que la promesse que Démocrite même faisait d'une autre vie, chez Pline[27] ; jusqu'où les sceptiques avaient raison en déclamant contre les sens, comment les animaux sont des automates suivant Descartes, et comment ils ont pourtant des âmes et du sentiment selon l'opinion du genre humain. Comment il faut expliquer raisonnablement ceux qui ont mis vie et perception en toutes choses, comme Cardan[28], Campanella[29], et mieux qu'eux feu Madame la comtesse de Connaway[30] platonicienne, et notre ami feu M. François Mercure van Helmont[31] (quoique d'ailleurs hérissé de paradoxes inintelligibles) avec son ami feu M. Henry Morus[32]. Comment les lois de la nature (dont une bonne partie était ignorée avant ce système) ont leur origine des principes supérieurs à la matière, et que pourtant tout se fait mécaniquement dans la matière, en quoi les auteurs spiritualisants, que je viens de nommer, avaient manqué avec leurs *archées* et même les cartésiens, en croyant que les substances immatérielles changeaient sinon la force, au moins la direction ou détermination des mouvements des corps. Au lieu que l'âme et le corps gardent parfaitement leurs lois, chacun les siennes, selon le nouveau système, et que néanmoins l'un obéit à l'autre autant qu'il le faut. Enfin c'est depuis que j'ai médité ce système que j'ai trouvé comment les âmes des bêtes et leurs sensations ne nuisent point à l'immortalité des âmes humaines, ou plutôt comment rien n'est plus propre à établir notre immortalité naturelle, que de concevoir que toutes les âmes sont impérissables (*morte carent animae*[33]) sans qu'il y ait pourtant des métempsycoses à craindre, puisque non seulement les âmes mais encore les animaux demeurent et demeureront vivants, sentants, agissants; c'est partout comme ici, et toujours et partout comme chez nous, suivant ce que je vous ai déjà dit. Si ce n'est que les états des animaux sont plus ou moins parfaits, et développés, sans qu'on ait jamais besoin d'âmes tout à fait séparées ; pendant que néanmoins nous avons toujours des esprits aussi purs qu'il se peut, nonobstant nos organes qui ne sauraient troubler par aucune influence les lois de notre spontanéité. Je trouve le vide et les atomes exclus bien autrement que par le sophisme des cartésiens fondé dans la prétendue coïncidence de l'idée du corps et de l'étendue. Je vois toutes choses réglées et ornées au-delà de tout ce qu'on a conçu jusqu'ici, la matière organique partout, rien de vide, stérile, négligé, rien de trop uniforme, tout varié, mais avec ordre, et ce qui passe l'imagination, tout l'univers en raccourci, mais d'une vue différente dans chacune de ses parties et même dans chacune de ses unités de substance. Outre cette nouvelle analyse des choses, j'ai mieux compris celle des notions ou idées et des vérités. J'entends ce que c'est qu'idée vraie, claire, distincte, adéquate, si j'ose adopter ce mot. J'entends quelles sont les vérités primitives, et les vrais axiomes, la distinction des vérités nécessaires et de celles de fait, du raisonnement des hommes et des conséculions des bêtes, qui en sont une ombre. Enfin vous serez surpris, Monsieur, d'entendre tout ce que j'ai à vous dire, et surtout de comprendre combien la connaissance des grandeurs et des perfections de Dieu en est relevée. Car je ne saurais dissimuler à vous, pour qui je n'ai eu rien de caché, combien je suis pénétré maintenant d'admiration, et (si nous pouvons oser nous servir de ce terme) d'amour pour cette souveraine source des choses et des beautés, ayant trouvé que celles que ce système découvre passent tout ce qu'on en a conçu jusqu'ici. Vous savez que j'étais allé un peu trop loin ailleurs, et que je commençais à pencher du côté des spinozistes, qui ne laissent qu'une puissance infinie à Dieu, sans reconnaître ni perfection ni sagesse à son égard, et, méprisant la recherche des causes finales, dérivent tout d'une nécessité brute ; mais ces nouvelles lumières m'en ont guéri ; et depuis ce temps-là je prends quelquefois le nom de Théophile. J'ai lu le livre de ce célèbre Anglais, dont vous venez de parler. Je l'estime beaucoup, et j'y ai trouvé de belles choses. Mais il me semble qu'il faut aller plus avant, et qu'il faut même s'écarter de ses sentiments lorsqu'il en a pris qui nous bornent plus qu'il ne faut, et ravalent un peu non seulement la condition de l'homme, mais encore celle de l'univers.

PHILALÈTHE. Vous m'étonnez en effet avec toutes les merveilles dont vous me faites un récit un peu trop avantageux pour que je les puisse croire facilement. Cependant je veux espérer qu'il y aura quelque chose de solide parmi tant de nouveautés dont vous me voulez régaler. En ce cas vous me trouverez fort docile. Vous savez que c'était toujours mon humeur de me rendre à la raison, et que je prenais quelquefois le nom de Philalèthe. C'est pourquoi nous nous servirons maintenant s'il vous plaît de ces deux noms qui ont tant de rapport. Il y a moyen de venir à l'épreuve, car puisque vous avez lu le livre du célèbre Anglais, qui me donne tant de satisfaction, et qu'il traite une bonne partie des matières dont vous venez de parler, et surtout l'analyse de nos idées et connaissances, ce sera le plus court d'en suivre le fil, et de voir ce que vous aurez à remarquer.

THÉOPHILE. J'approuve votre proposition. Voici le livre.

§ 1. PHILALÈTHE. Je l'ai si bien lu que j'en ai retenu jusqu'aux expressions, que j'aurai soin de suivre. Ainsi je n'aurai point besoin de recourir au livre qu'en quelques rencontres, où nous le jugerons nécessaire. Nous parlerons premièrement de l'origine des idées ou Notions (livre 1), puis des différentes sortes d'idées (livre 2), et des mots qui servent à les exprimer (livre 3), enfin des connaissances et vérités qui en résultent (livre 4), et c'est cette dernière partie qui nous occupera le plus.

Quant à l'origine des idées, je crois avec cet auteur et quantité d'habiles gens, qu'il n'y en a point d'innées, non plus que de principes innés. *Et pour réfuter l'erreur de ceux qui en admettent, il suffirait de montrer, comme il paraîtra dans la suite, qu'on n'en a point besoin, et que les hommes peuvent acquérir toutes leurs connaissances sans le secours d'aucune impression innée.*

THÉOPHILE. Vous savez, Philalèthe, que je suis d'un autre sentiment depuis longtemps, que j'ai toujours été, comme je le suis encore, pour l'idée innée de Dieu, que M. Descartes a soutenue, et par conséquent pour d'autres idées innées et qui ne nous sauraient venir des sens. Maintenant je vais encore plus loin, en conformité du nouveau système, et je crois même que toutes les pensées et actions de notre âme viennent de son propre fonds, sans lui pouvoir être données par les sens, comme vous allez voir dans la suite. Mais à présent je mettrai cette recherche à part, et m'accommoderai aux expressions reçues, puisqu'en effet elles sont bonnes et soutenables et qu'on peut dire dans un certain sens que les sens externes sont cause en partie de nos pensées, j'examinerai comment on doit dire à mon avis, encore dans le système commun (parlant de l'action des corps sur l'âme, comme les coperniciens parlent avec les autres hommes du mouvement du soleil, et avec fondement), qu'il y a des idées et des principes qui ne nous viennent point des sens, et que nous trouvons en nous sans les former, quoique les sens nous donnent occasion de nous en apercevoir. Je m'imagine que votre habile auteur a remarqué que sous le nom de principes innés on soutient souvent ses préjugés et qu'on veut s'exempter de la peine des discussions et que cet abus aura animé son zèle contre cette supposition. Il aura voulu combattre la paresse et la manière de penser superficielle de ceux qui, sous le prétexte spécieux d'idées innées et de vérités gravées naturellement dans l'esprit, où nous donnons facilement notre consentement, ne se soucient point de rechercher et d'examiner les sources, les liaisons et la certitude de ces connaissances. En cela je suis entièrement de son avis, et je vais même plus avant. Je voudrais qu'on ne bornât point notre analyse, qu'on donnât les définitions de tous les termes qui en sont capables, et qu'on démontrât ou donnât le moyen de démontrer tous les axiomes qui ne sont point primitifs ; sans distinguer l'opinion que les hommes en ont, et sans se soucier s'ils y donnent leur consentement ou non. Il y aurait en cela plus d'utilité qu'on ne pense. Mais il semble que l'auteur a été porté trop loin d'un autre côté par son zèle, fort louable d'ailleurs. Il n'a pas assez distingué à mon avis l'origine des vérités nécessaires, dont la source est dans l'entendement, d'avec celle des vérités de fait, qu'on tire des expériences des sens, et même des perceptions confuses qui sont en nous. Vous voyez donc, Monsieur, que je n'accorde pas ce que vous mettez en fait, que nous pouvons acquérir toutes nos connaissances sans avoir besoin d'impressions innées. Et la suite fera voir qui de nous a raison.

§ 2. PHILALÈTHE. Nous l'allons voir en effet. Je vous avoue, mon cher Théophile, *qu'il n'y a point d'opinion plus communément reçue que celle qui établit qu'il y a certains principes de la vérité desquels les hommes conviennent généralement ; c'est pourquoi ils sont appelés notions communes,* κοιναὶ ἔννοιαι ; *d'où l'on infère qu'il faut que ces principes-là soient autant d'impressions que nos esprits reçoivent avec l'existence.* § 3. *Mais quand le fait serait certain, qu'il y a des principes dont tout le genre humain demeure d'accord, ce consentement universel ne prouverait point qu'ils sont innés, si l'on peut montrer, comme je le crois, une autre voie par laquelle les hommes ont pu arriver à cette uniformité de sentiment.* § 4. *Mais, ce qui est bien pis, ce consentement universel ne se trouve guère, non pas même par rapport à ces deux célèbres* **principes spéculatifs** *(car nous parlerons par après de ceux de pratique) que* **tout ce qui est, est, et qu'il est impossible qu'une chose soit et ne soit pas en même temps.** *Car il y a une grande partie du genre humain, à qui ces deux propositions, qui passeront sans doute pour* **vérités nécessaires** *et pour des axiomes chez vous, ne sont pas même connues.*

THÉOPHILE. Je ne fonde pas la certitude des principes innés sur le consentement universel, car je vous ai déjà dit, Philalèthe, que mon avis est qu'on doit travailler à pouvoir démontrer tous les axiomes qui ne sont point primitifs. Je vous accorde aussi qu'un consentement fort général, mais qui n'est pas universel, peut venir d'une tradition répandue par tout le genre humain, comme l'usage de la fumée du tabac a été reçu presque par tous les peuples en moins d'un siècle, quoiqu'on ait trouvé quelques insulaires qui, ne connaissant pas même le feu, n'avaient garde de fumer. C'est ainsi que quelques habiles gens, même parmi les théologiens, mais du parti d'Arminius[34], ont cru que la connaissance de la Divinité venait d'une tradition très ancienne et fort générale ; et je veux croire en effet que l'enseignement a confirmé et rectifié cette connaissance. Il paraît pourtant que la nature a contribué à y mener sans la doctrine ; les merveilles de l'univers ont fait penser à un Pouvoir supérieur. On a vu un enfant né sourd et muet marquer de la vénération pour la pleine lune. Et on a trouvé des nations, qu'on ne voyait pas avoir appris autre chose d'autres peuples, craindre des puissances invisibles. Je vous avoue, mon cher Philalèthe, que ce n'est pas encore l'idée de Dieu, telle que nous avons, et que nous demandons ; mais cette idée même ne laisse pas d'être dans le fond de nos âmes, sans y être mise, comme nous verrons. Et les lois éternelles de Dieu y sont en partie gravées d'une manière encore plus lisible, et par une espèce d'instinct. Mais ce sont des principes de pratique dont nous aurons aussi occasion de parler. Il faut avouer cependant que le penchant que nous avons à reconnaître l'idée de Dieu est dans la nature humaine. Et quand on en attribuerait le premier enseignement à la révélation, toujours la facilité que les hommes ont témoignée à recevoir cette doctrine vient du naturel de leurs âmes. Mais nous jugerons dans la suite que la doctrine externe ne fait qu'exciter ici ce qui est en nous. Je conclus qu'un consentement assez général parmi les hommes est un indice, et non pas une démonstration d'un principe inné ; mais que la preuve exacte et décisive de ces principes consiste à faire voir que leur certitude ne vient que de ce qui est en nous. Pour répondre encore à ce que vous dites contre l'approbation générale qu'on donne aux deux grands principes spéculatifs, qui sont pourtant des mieux établis, je puis vous dire que, quand même ils ne seraient pas connus, ils ne laisseraient pas d'être innés, parce qu'on les reconnaît dès qu'on les a entendus : mais j'ajouterai encore que dans le fond tout le monde les connaît et qu'on se sert à tout moment du principe de contradiction (par exemple) sans le regarder distinctement, et il n'y a point de barbare qui, dans une affaire qu'il trouve sérieuse, ne soit choqué de la conduite d'un menteur qui se contredit. Ainsi on emploie ces maximes sans les envisager expressément. Et c'est à peu près comme on a virtuellement dans l'esprit les propositions supprimées dans les enthymèmes[35], qu'on laisse à l'écart non seulement au-dehors, mais encore dans notre pensée.

§ 5. PHILALÈTHE. Ce que vous dites de ces connaissances virtuelles et de ces suppressions intérieures me surprend, *car de dire qu'il y a des vérités imprimées dans l'âme, qu'elle n'aperçoit point, c'est, ce me semble, une véritable contradiction.*

THÉOPHILE. Si vous êtes dans ce préjugé, je ne m'étonne pas que vous rejetiez les connaissances innées. Mais je suis étonné comment il ne vous est pas venu dans la pensée que nous avons une infinité de connaissances dont nous ne nous apercevons pas toujours, pas même lorsque nous en avons besoin. C'est à la mémoire de les garder et à la réminiscence de nous les représenter, comme elle fait souvent au besoin, mais non pas toujours. Cela s'appelle fort bien souvenir *(subvenire)*, car la réminiscence demande quelque aide. Et il faut bien que dans cette multitude de nos connaissances nous soyons déterminés par quelque chose à renouveler l'une plutôt que l'autre, puisqu'il est impossible de penser distinctement, tout à la fois, à tout ce que nous savons.

PHILALÈTHE. En cela je crois que vous avez raison : et cette affirmation trop générale que nous nous apercevons toujours de toutes les vérités qui sont dans notre âme m'est échappée sans que j'y aie donné assez d'attention. Mais vous aurez un peu plus de peine à répondre à ce que je m'en vais vous représenter. C'est que, *si on peut dire de quelque proposition en particulier qu'elle est innée, on pourra soutenir par la même raison que toutes les propositions qui sont raisonnables et que l'esprit pourra jamais regarder comme telles sont déjà imprimées dans l'âme.*

THÉOPHILE. Je vous l'accorde à l'égard des idées pures, que j'oppose aux fantômes des sens, et à l'égard des vérités nécessaires ou de raison, que j'oppose aux vérités de fait. Dans ce sens on doit dire que toute l'arithmétique et toute la géométrie sont innées et sont en nous d'une manière virtuelle, en sorte qu'on les y peut trouver en considérant attentivement et rangeant ce qu'on a déjà dans l'esprit, sans se servir d'aucune vérité apprise par l'expérience ou par la tradition d'autrui, comme Platon l'a montré dans un dialogue[36], où il introduit Socrate menant un enfant à des vérités abstruses par les seules interrogations sans lui rien apprendre. On peut donc se fabriquer ces sciences dans son cabinet et même à yeux clos, sans apprendre par la vue ni même par l'attouchement les vérités dont on y a besoin ; quoiqu'il soit vrai qu'on n'envisagerait pas les idées dont il s'agit si l'on n'avait jamais rien vu ni touché. Car c'est par une admirable économie de la nature que nous ne saurions avoir des pensées abstraites qui n'aient point besoin de quelque chose de sensible, quand ce ne serait que des caractères tels que sont les figures des lettres et les sons ; quoiqu'il n'y ait aucune connexion nécessaire entre tels caractères arbitraires et telles pensées. Et si les traces sensibles n'étaient point requises, l'harmonie préétablie entre l'âme et le corps, dont j'aurai occasion de vous entretenir plus amplement, n'aurait point de lieu. Mais cela n'empêche point que l'esprit ne prenne les vérités nécessaires de chez soi. On voit aussi quelquefois combien il peut aller loin sans aucune aide, par une logique et arithmétique purement naturelles, comme ce garçon suédois qui cultivant la sienne va jusqu'à faire de grands calculs sur-le-champ dans sa tête, sans avoir appris la manière vulgaire de compter ni même à lire et à écrire, si je me souviens bien de ce qu'on m'en a raconté. Il est vrai qu'il ne peut pas venir à bout des problèmes à rebours, tels que ceux qui demandent les extractions de racines. Mais cela n'empêche point qu'il n'eût pu encore les tirer de son fonds par quelque nouveau tour d'esprit. Ainsi cela prouve seulement qu'il y a des degrés dans la difficulté qu'on a de s'apercevoir de ce qui est en nous. Il y a des principes innés qui sont communs et fort aisés à tous, il y a des théorèmes qu'on découvre aussi d'abord et qui composent des sciences naturelles, qui sont plus étendues dans l'un que dans l'autre. Enfin, dans un sens plus ample, qu'il est bon d'employer pour avoir des notions plus compréhensives et plus déterminées, toutes les vérités qu'on peut tirer des connaissances innées primitives se peuvent encore appeler innées, parce que l'esprit les peut tirer de son propre fonds, quoique souvent ce ne soit pas une chose aisée. Mais si quelqu'un donne un autre sens aux paroles, je ne veux point disputer des mots.

PHILALÈTHE. Je vous ai accordé qu'on peut avoir dans l'âme ce qu'on n'y aperçoit pas, car on ne se souvient pas toujours à point nommé de tout ce que l'on sait, mais il faut toujours qu'on l'ait appris, et qu'on l'ait connu autrefois expressément. Ainsi, *si on peut dire qu'une chose est dans l'âme, quoique l'âme ne l'ait pas encore connue, ce ne peut être qu'à cause qu'elle a la capacité ou faculté de la connaître.*

THÉOPHILE. Pourquoi cela ne pourrait-il avoir encore une autre cause, telle que serait celle-ci, que l'âme peut avoir cette chose en elle sans qu'on s'en soit aperçu ? car puisqu'une connaissance acquise y peut être cachée par la mémoire, comme vous en convenez, pourquoi la nature ne pourrait-elle pas y avoir aussi caché quelque connaissance originale ? Faut-il que tout ce qui est naturel à une substance qui se connaît s'y connaisse d'abord actuellement ? Une substance telle que notre âme ne peut et ne doit-elle pas avoir plusieurs propriétés et affections, qu'il est impossible d'envisager toutes d'abord et tout à la fois ? C'était l'opinion des platoniciens que toutes nos connaissances étaient des réminiscences, et qu'ainsi les vérités, que l'âme a apportées avec la naissance de l'homme, et qu'on appelle innées, doivent être des restes d'une connaissance expresse antérieure. Mais cette opinion n'a nul fondement. Et il est aisé de juger que l'âme devait déjà avoir des connaissances innées dans l'état précédent (si la préexistence avait lieu), quelque reculé qu'il pût être, tout comme ici : elles devraient donc aussi venir d'un autre état précédent, où elles seraient enfin innées ou au moins concréées, ou bien il faudrait aller à l'infini et faire les âmes éternelles, en quel cas ces connaissances seraient innées en effet, parce qu'elles n'auraient jamais de commencement dans l'âme ; et si quelqu'un prétendait que chaque état antérieur a eu quelque chose d'un autre plus antérieur, qu'il n'a point laissé aux suivants, on lui répondra qu'il est manifeste que certaines vérités évidentes devraient avoir été de tous ces états. Et de quelque manière qu'on le prenne, il est toujours clair, dans tous les états de l'âme, que les vérités nécessaires sont innées et se prouvent par ce qui est interne, ne pouvant point être établies par les expériences, comme on établit par là les vérités de fait. Pourquoi faudrait-il aussi qu'on ne peut rien posséder dans l'âme dont on ne se fut jamais servi ? Et avoir une chose sans s'en servir, est-ce la même chose que d'avoir seulement la faculté de l'acquérir ? Si cela était, nous ne posséderions jamais que des choses dont nous jouissons : au lieu qu'on sait qu'outre la faculté et l'objet, il faut souvent quelque disposition dans la faculté ou dans l'objet et dans toutes les deux, pour que la faculté s'exerce sur l'objet.

PHILALÈTHE. *A le prendre de cette manière-là, on pourra dire qu'il y a des vérités gravées dans l'âme, que l'âme n'a pourtant jamais connues, et que même elle ne connaîtra jamais. Ce qui me paraît étrange.*

THÉOPHILE. Je n'y vois aucune absurdité, quoique aussi on ne puisse point assurer qu'il y ait de telles vérités. Car des choses plus relevées que celles que nous pouvons connaître dans ce présent train de vie se peuvent développer un jour dans nos âmes, quand elles seront dans un autre état.

PHILALÈTHE. *Mais supposé qu'il y ait des vérités qui puissent être imprimées dans l'entendement, sans qu'il les aperçoive, je ne vois pas comment, par rapport à leur origine, elles peuvent différer des vérités qu'il est seulement capable de connaître.*

THÉOPHILE. L'esprit n'est pas seulement capable de les connaître, mais encore de les trouver en soi, et s'il n'avait que la simple capacité de recevoir les connaissances ou la puissance passive pour cela, aussi indéterminée que celle qu'a la cire de recevoir des figures et la table rase de recevoir des lettres, il ne serait pas la source des vérités nécessaires, comme je viens de montrer qu'il l'est : car il est incontestable que les sens ne suffisent pas pour en faire voir la nécessité, et qu'ainsi l'esprit a une disposition (tant active que passive) pour les tirer lui-même de son fonds ; quoique les sens soient nécessaires pour lui donner de l'occasion et de l'attention pour cela, et pour le porter plutôt aux unes qu'aux autres. Vous voyez donc, Monsieur, que ces personnes, très habiles d'ailleurs, qui sont d'un autre sentiment, paraissent n'avoir pas assez médité sur les suites de la différence qu'il y a entre les vérités nécessaires ou éternelles, et entre les vérités d'expérience, comme je l'ai déjà remarqué, et comme toute notre contestation le montre. La preuve originaire des vérités nécessaires vient du seul entendement, et les autres vérités viennent des expériences ou des observations des sens. Notre esprit est capable de connaître les unes et les autres, mais il est la source des premières, et quelque nombre d'expériences particulières qu'on puisse avoir d'une vérité universelle, on ne saurait s'en assurer pour toujours par l'induction, sans en connaître la nécessité par la raison.

PHILALÈTHE. *Mais n'est-il pas vrai que ci ces mots, être dans l'entendement, emportent quelque chose de positif, ils signifient être aperçu et compris par l'entendement?*

THÉOPHILE. Ils nous signifient tout autre chose : c'est assez que ce qui est dans l'entendement y puisse être trouvé et que les sources ou preuves originaires des vérités dont il s'agit ne soient que dans l'entendement : les sens peuvent insinuer, justifier, et confirmer ces vérités, mais non pas en démontrer la certitude immanquable et perpétuelle.

§ 11. PHILALÈTHE. *Cependant tous ceux qui voudront prendre la peine de réfléchir avec un peu d'attention sur les opérations de l'entendement trouveront que ce consentement que l'esprit donne sans peine à certaines vérités dépend de la faculté de l'esprit humain.*

THÉOPHILE. Fort bien. Mais c'est ce rapport particulier de l'esprit humain à ces vérités qui rend l'exercice de la faculté aisé et naturel à leur égard, et qui fait qu'on les appelle innées. Ce n'est donc pas une faculté nue qui consiste dans la seule possibilité de les entendre : c'est une disposition, une aptitude, une préformation, qui determine notre âme et qui fait qu'elles en peuvent être tirées. Tout comme il y a de la différence entre les figures qu'on donne à la pierre ou au marbre indifféremment et entre celles que ses veines marquent déjà ou sont disposées à marquer si l'ouvrier en profite.

PHILALÈTHE. Mais n'est-il point vrai que les vérités sont postérieures aux idées dont elles naissent ? Or les idées viennent des sens.

THÉOPHILE. Les idées intellectuelles, qui sont la source des vérités nécessaires, ne viennent point des sens : et vous reconnaissez qu'il y a des idées qui sont dues à la réflexion de l'esprit lorsqu'il réfléchit sur soi-même. Au reste il est vrai que la connaissance expresse des vérités est postérieure (*tempore vel natura*[37]) à la connaissance expresse des idées, comme la nature des vérités dépend de la nature des idées, avant qu'on forme expressément les unes et les autres ; et les vérités où entrent les idées qui viennent des sens dépendent des sens, au moins en partie. Mais les idées qui viennent des sens sont confuses, et les vérités qui en dépendent le sont aussi, au moins en partie ; au lieu que les idées intellectuelles et les vérités qui en dépendent sont distinctes, et ni les unes ni les autres n'ont point leur origine des sens, quoiqu'il soit vrai que nous n'y penserions jamais sans les sens.

PHILALÈTHE. Mais selon vous, les nombres ont des idées intellectuelles, et cependant il se trouve que la difficulté y dépend de la formation expresse des idées, par exemple *un homme sait que 18 et 19 sont égaux à 37, avec la même évidence qu'il sait qu'un et deux sont égaux à trois ; mais pourtant un enfant ne connaît pas la première proposition si tôt que la seconde, ce qui vient de ce qu'il n'a pas si tôt formé les idées que les mots 18, 19 et 37 signifient, que celles qui sont exprimées par les mots un, deux, trois.*

THÉOPHILE. Je puis vous accorder que souvent la difficulté qu'il y a dans la formation expresse des vérités dépend de celle qu'il y a dans la formation expresse des idées. Cependant je crois que dans votre exemple, il s'agit de se servir des idées déjà formées. Car ceux qui ont appris à compter jusqu'à 10, et la manière de passer plus avant par une certaine réplication de dizaines, entendent sans peine ce que c'est que 18, 19, 37, savoir une, deux ou trois fois 10, avec 8, ou 9, ou 7 : mais pour en tirer que 18 plus 19 fait 37, il faut bien plus d'attention que pour connaître que 2 plus 1 sont trois, ce qui dans le fond n'est que la définition de trois.

§ 18. PHILALÈTHE. *Ce n'est pas un privilège attaché aux nombres ou aux idées que vous appelez intellectuelles de fournir des propositions auxquelles on acquiesce infailliblement, dès qu'on les entend. On en rencontre aussi dans la physique et dans toutes les autres sciences, et les sens même en fournissent. Par exemple, cette proposition : deux corps ne peuvent pas être en un même lieu à la fois, est une vérité dont on n'est pas autrement persuadé que des maximes suivantes : Il est impossible qu'une chose soit et ne soit pas en même temps ; le blanc n'est pas le rouge ; le carré n'est pas un cercle ; la couleur jaune n'est pas la douceur.*

THÉOPHILE. Il y a de la différence entre ces propositions. La première, qui prononce que la pénétration des corps est impossible, a besoin de preuve. Tous ceux qui croient des condensations et des raréfactions véritables et prises à la rigueur, comme les péripatéticiens et feu Monsieur le chevalier Digby[38], la rejettent en effet ; sans parler des chrétiens, qui croient la plupart que le contraire, savoir la pénétration des dimensions, est possible à Dieu. Mais les autres propositions sont identiques, ou peu s'en faut, et les identiques ou immédiates ne reçoivent point de preuve. Celles qui regardent ce que les sens fournissent, comme celle qui dit que la couleur jaune n'est pas la douceur, ne font qu'appliquer la maxime identique générale à des cas particuliers.

PHILALÈTHE. *Chaque proposition qui est composée de deux différentes idées dont l'une est niée de l'autre, par exemple que le carré n'est pas un cercle, qu'être jaune n'est pas être doux, sera aussi certainement reçue comme indubitable, dès qu'on en comprendra les termes, que cette maxime générale : il est impossible qu'une chose soit et ne soit pas en même temps.*

THÉOPHILE. C'est que l'une (savoir la maxime générale) est le principe, et l'autre (c'est-à-dire la négation d'une idée d'une autre opposée) en est l'application.

PHILALÈTHE. Il me semble plutôt que la maxime dépend de cette négation, *qui en est le fondement ; et qu'il est encore plus aisé d'entendre que ce qui est la même chose n'est pas différent, que la maxime qui rejette les contradictions. Or, à ce compte, il faudra qu'on reçoive pour vérités innées un nombre infini de propositions de cette espèce qui nient une idée de l'autre, sans parler des autres vérités. Ajoutez à cela qu'une proposition ne pouvant être innée, à moins que les idées dont elle est composée ne le soient, il faudra supposer que toutes les idées que nous avons des couleurs, des sons, des goûts, des figures, etc., sont innées.*

THÉOPHILE. Je ne vois pas bien comment ceci : ce qui est la même chose n'est pas différent, soit l'origine du principe de contradiction, et plus aisé ; car il me paraît qu'on se donne plus de liberté en avançant qu'A n'est point B qu'en disant qu'A n'est point non-A. Et la raison qui empêche A d'être B est que B enveloppe non-A. Au reste cette proposition : le doux n'est pas l'amer, n'est point innée, suivant le sens que nous avons donné à ce terme de vérité innée. Car les sentiments du doux et de l'amer viennent des sens externes. Ainsi c'est une conclusion mêlée (*hybrida conclusio*), où l'axiome est appliqué à une vérité sensible. Mais quant à cette proposition : le carré n'est pas un cercle, on peut dire qu'elle est innée, car en l'envisageant, on fait une subsomption ou application du principe de contradiction à ce que l'entendement fournit lui-même, dès qu'on s'aperçoit que ces idées qui sont innées renferment des notions incompatibles.

§ 19. PHILALÈTHE. *Quand vous soutenez que ces propositions particulières et évidentes par elles-mêmes, dont on reconnaît la vérité dès qu'on les entend prononcer (comme que le vert n'est pas le rouge), sont reçues comme des conséquences de ces autres propositions plus générales, qu'on regarde comme autant de principes innés, il semble que vous ne considérez point, Monsieur, que ces propositions particulières sont reçues comme des vérités indubitables de ceux qui n'ont aucune connaissance de ces maximes plus générales.*

THÉOPHILE. J'ai déjà répondu à cela ci-dessus : On se fonde sur ces maximes générales, comme on se fonde sur les majeures, qu'on supprime lorsqu'on raisonne par enthymèmes : car quoique bien souvent on ne pense pas distinctement à ce ce qu'on fait en raisonnant, non plus qu'à ce qu'on fait en marchant et en sautant, il est toujours vrai que la force de la conclusion consiste en partie dans ce qu'on supprime et ne saurait venir d'ailleurs, ce qu'on trouvera quand on voudra la justifier.

§ 20. PHILALÈTHE. *Mais il semble que les idées générales et abstraites sont plus étrangères à notre esprit que les notions et les vérités particulières : donc ces vérités particulières seront plus naturelles à l'esprit que le principe de contradiction, dont vous voulez qu'elles ne soient que l'application.*

THÉOPHILE. Il est vrai que nous commençons plutôt de nous apercevoir des vérités particulières, comme nous commençons par les idées plus composées et plus grossières : mais cela n'empêche point que l'ordre de la nature ne commence par le plus simple, et que la raison des vérités plus particulières ne dépende des plus générales, dont elles ne sont que les exemples. Et quand on veut considérer ce qui est en nous virtuellement et avant toute aperception, on a raison de commencer par le plus simple. Car les principes généraux entrent dans nos pensées, dont ils font l'âme et la liaison. Ils y sont nécessaires comme les muscles et les tendons le sont pour marcher, quoiqu'on n'y pense point. L'esprit s'appuie sur ces principes à tous moments, mais il ne vient pas si aisément à les démêler et à se les représenter distinctement et séparément, parce que cela demande une grande attention à ce qu'il fait, et la plupart des gens peu accoutumés à méditer n'en ont guère. Les Chinois n'ont-ils pas comme nous des sons articulés ? et cependant, s'étant attachés à une autre manière d'écrire, ils ne se sont pas encore avisés de faire un alphabet de ces sons. C'est ainsi qu'on possède bien des choses sans le savoir.

§ 21. PHILALÈTHE. *Si l'esprit acquiesce si promptement à certaines vérités, cela ne peut-il point venir de la considération même de la nature des choses, qui ne lui permet pas d'en juger autrement, plutôt que de ce que ces propositions sont gravées naturellement dans l'esprit ?*

THÉOPHILE. L'un et l'autre est vrai. La nature des choses et la nature de l'esprit y concourent. Et puisque vous opposez la considération de la chose à l'aperception de ce qui est gravé dans l'esprit, cette objection même fait voir, Monsieur, que ceux dont vous prenez le parti n'entendent par les **vérités innées** que ce qu'on approuverait naturellement comme par **instinct** et même sans le connaître que confusément. Il y en a de cette nature et nous aurons sujet d'en parler. Mais ce qu'on appelle la **lumière naturelle** suppose une connaissance distincte, et bien souvent la considération de la nature des choses n'est autre chose que la connaissance de la nature de notre esprit et de ces idées innées, qu'on n'a point besoin de chercher au-dehors. Ainsi j'appelle innées les vérités qui n'ont besoin que de cette considération pour être vérifiées. J'ai déjà répondu, § 5, à l'objection, § 22, qui voulait que lorsqu'on dit que les notions innées sont implicitement dans l'esprit, cela doit signifier seulement qu'il a la faculté de les connaître ; car j'ai fait remarquer qu'outre cela, il a la faculté de les trouver en soi, et la disposition à les approuver quand il y pense comme il faut.

§ 23. PHILALÈTHE. *Il semble donc que vous voulez, Monsieur, que ceux à qui on propose ces maximes générales pour la première fois n'apprennent rien qui leur soit entièrement nouveau. Mais il est clair qu'ils apprennent premièrement les noms, et puis les vérités et même les idées dont ces vérités dépendent.*

THÉOPHILE. Il ne s'agit point ici des noms, qui sont arbitraires en quelque façon, au lieu que les idées et les vérités sont naturelles. Mais quant à ces idées et vérités, vous nous attribuez, Monsieur, une doctrine dont nous sommes fort éloignés, car je demeure d'accord que nous apprenons les idées et les vérités innées, soit en prenant garde à leur source, soit en les vérifiant par l'expérience. Ainsi je ne fais point la supposition que vous dites, comme si, dans le cas dont vous parlez, nous n'apprenions rien de nouveau. Et je ne saurais admettre cette proposition : tout ce qu'on apprend n'est pas inné. Les vérités des nombres sont en nous, et on ne laisse pas de les apprendre, soit en les tirant de leur source lorsqu'on les apprend par raison démonstrative (ce qui fait voir qu'elle sont innées), soit en les éprouvant dans des exemples comme font les arithméticiens vulgaires, qui faute de savoir les raisons n'apprennent leurs règles que par tradition, et tout au plus, avant que de les enseigner, ils les justifient par l'expérience, qu'ils poussent aussi loin qu'ils jugent à propos. Et quelquefois même un fort habile mathématicien, ne sachant point la source de la découverte d'autrui, est obligé de se contenter de cette méthode de l'induction pour l'examiner ; comme fit un célèbre écrivain à Paris, quand j'y étais, qui poussa assez loin l'essai de mon tétragonisme arithmétique [39], en le comparant avec les nombres de Ludolphe [40], croyant y trouver quelque faute : et il eut raison de douter jusqu'à ce qu'on lui en communiquât la démonstration, qui nous dispense de ces essais, qu'on pourrait toujours continuer sans être jamais parfaitement certain. Et c'est cela même, savoir l'imperfection des inductions, qu'on peut encore vérifier par les instances de l'expérience. Car il y a des progressions où l'on peut aller fort loin avant que de remarquer les changements et les lois qui s'y trouvent.

PHILALÈTHE. *Mais ne se peut-il point que non seulement les termes ou paroles dont on se sert, mais encore les idées, nous viennent de dehors ?*

THÉOPHILE. Il faudrait donc que nous fussions nous-mêmes hors de nous, car les idées intellectuelles ou de réflexion sont tirées de notre esprit. Et je voudrais bien savoir comment nous pourrions avoir l'idée de l'être, si nous n'étions des êtres nous-mêmes, et ne trouvions ainsi l'être en nous.

PHILALÈTHE. Mais que dites-vous, Monsieur, à ce défi d'un de mes amis ? *Si quelqu'un, dit-il, peut trouver une proposition dont les idées soient innées, qu'il me la nomme, il ne saurait me faire un plus grand plaisir.*

THÉOPHILE. Je lui nommerais les propositions d'arithmétique et de géométrie, qui sont toutes de cette nature, et en matière des vérités nécessaires, on n'en saurait trouver d'autres.

§ 25. PHILALÈTHE. Cela paraîtra étrange à bien des gens. Peut-on dire que les sciences les plus difficiles et les plus profondes sont innées ?

THÉOPHILE. Leur connaissance actuelle ne l'est point, mais bien ce qu'on peut appeler la connaissance virtuelle, comme la figure tracée par les veines du marbre est dans le marbre, avant qu'on les découvre en travaillant.

PHILALÈTHE. *Mais est-il possible que des enfants recevant des notions qui leur viennent au dehors, et y donnant leur consentement, n'aient aucune connaissance de celles qu'on suppose être innées avec eux et faire comme partie de leur esprit, où elles sont, dit-on, empreintes en caractères ineffaçables, pour servir de fondement ? Si cela était, la nature se serait donné de la peine inutilement, ou du moins elle aurait mal gravé ces caractères, puisqu'ils ne sauraient être aperçus par des yeux qui voient fort bien d'autres choses.*

THÉOPHILE. L'aperception de ce qui est en nous dépend d'une attention et d'un ordre. Or non seulement il est possible, mais il est même convenable que les enfants aient plus d'attention aux notions des sens, parce que l'attention est réglée par le besoin. L'événement cependant fait voir dans la suite que la nature ne s'est point donné inutilement la peine de nous imprimer les connaissances innées, puisque sans elles il n'y aurait aucun moyen de parvenir à la connaissance actuelle des vérités nécessaires dans les sciences démonstratives, et aux raisons des faits ; et nous n'aurions rien au-dessus des bêtes.

§ 26. PHILALÈTHE. *S'il y a des vérités innées, ne faut-il pas qu'il y ait des pensées innées ?*

THÉOPHILE. Point du tout, car les pensées sont des actions, et les connaissances ou les vérités, en tant qu'elles sont en nous, quand même on n'y pense point, sont des habitudes ou des dispositions ; et nous savons bien des choses auxquelles nous ne pensons guère.

PHILALÈTHE. *Il est bien difficile de concevoir qu'une vérité soit dans l'esprit, si l'esprit n'a jamais pensé à cette vérité.*

THÉOPHILE. C'est comme si quelqu'un disait qu'il est difficile de concevoir qu'il y a des veines dans le marbre avant qu'on les découvre. Il semble aussi que cette objection approche un peu trop de la pétition de principe. Tous ceux qui admettent des vérités innées, sans les fonder sur la réminiscence platonicienne, en admettent auxquelles on n'a pas encore pensé. D'ailleurs ce raisonnement prouve trop : car si les vérités sont des pensées, on sera privé non seulement des vérités auxquelles on n'a jamais pensé, mais encore de celles auxquelles on a pensé et auxquelles on ne pense plus actuellement ; et si les vérités ne sont pas des pensées, mais des habitudes et aptitudes, naturelles ou acquises, rien n'empêche qu'il y en ait en nous auxquelles on n'ait jamais pensé ni ne pensera jamais.

§ 27. PHILALÈTHE. *Si les maximes générales étaient innées, elles devraient paraître avec plus d'éclat dans l'esprit de certaines personnes, où cependant nous n'en voyons aucune trace ; je veux parler des enfants, des idiots et des sauvages : car de tous les hommes ce sont ceux qui ont l'esprit le moins altéré et corrompu par la coutume et par l'impression des opinions étrangères.*

THÉOPHILE. Je crois qu'il faut raisonner tout autrement ici. Les maximes innées ne paraissent que par l'attention qu'on leur donne ; mais ces personnes n'en ont guère, ou l'ont pour tout autre chose. Ils ne pensent presque qu'aux besoins du corps ; et il est raisonnable que les pensées pures et détachées soient le prix des soins plus nobles. Il est vrai que les enfants et les sauvages ont l'esprit moins altéré par les coutumes, mais ils l'ont aussi moins élevé par la doctrine, qui donne de l'attention. Ce serait quelque chose de bien peu juste, que les plus vives lumières dussent mieux briller dans les esprits qui les méritent moins et qui sont enveloppés des plus épais nuages. Je ne voudrais donc pas qu'on fît trop d'honneur à l'ignorance et à la barbarie, quand on est aussi savant et aussi habile que vous l'êtes, Philalèthe, aussi bien que votre excellent auteur ; ce serait rabaisser les dons de Dieu. Quelqu'un dira que plus on est ignorant, plus on approche de l'avantage d'un bloc de marbre, ou d'une pièce de bois, qui sont infaillibles et impeccables. Mais par malheur ce n'est pas en cela qu'on y approche ; et tant qu'on est capable de connaissance, on pèche en négligeant de l'acquérir, et on manquera d'autant plus aisément qu'on est moins instruit.

CHAPITRE II

QU'IL N'Y A POINT DE PRINCIPES DE PRATIQUE QUI SOIENT INNÉS

§ 1. PHILALÈTHE. *La morale est une science démonstrative, et cependant elle n'a point de principes innés. Et même il serait bien difficile de produire une règle de morale qui soit d'une nature à être résolue par un consentement aussi général et aussi prompt que cette maxime : ce qui est, est.*

THÉOPHILE. Il est absolument impossible qu'il y ait des vérités de raison aussi évidentes que les identiques ou immédiates. Et quoiqu'on puisse dire véritablement que la morale a des principes indémontrables et qu'un des premiers et des plus pratiques est qu'il faut suivre la joie et éviter la tristesse, il faut ajouter que ce n'est pas une vérité qui soit connue purement de raison, puisqu'elle est fondée sur l'expérience interne, ou sur des connaissances confuses, car on ne sent pas ce que c'est que la joie et la tristesse.

PHILALÈTHE. *Ce n'est que par des raisonnements, par des discours et par quelque application d'esprit, qu'on peut s'assurer des vérités de pratique.*

THÉOPHILE. Quand cela serait, elles n'en seraient pas moins innées. Cependant la maxime que je viens d'alléguer paraît d'une autre nature ; elle n'est pas connue par la raison, mais pour ainsi dire par un instinct. C'est un principe inné, mais il ne fait point partie de la lumière naturelle, car on ne le connaît point d'une manière lumineuse. Cependant, ce principe posé, on en peut tirer des conséquences scientifiques, et j'applaudis extrêmement à ce que vous venez de dire, Monsieur, de la morale comme d'une science démonstrative. Aussi voyons-nous qu'elle enseigne des vérités si évidentes que les larrons, les pirates et les bandits sont forcés de les observer entre eux.

§ 2. PHILALÈTHE. *Mais les bandits gardent entre eux les règles de justice sans les considérer comme des principes innés.*

THÉOPHILE. Qu'importe ? est-ce que le monde se soucie de ces questions théoriques ?

PHILALÈTHE. *Ils n'observent les maximes de justice que comme des règles de convenance, dont la pratique est absolument nécessaire pour la conservation de leur société.*

THÉOPHILE. Fort bien. On ne saurait rien dire de mieux à l'égard de tous les hommes en général. Et c'est ainsi que ces lois sont gravées dans l'âme, savoir comme des conséquences de notre conservation et de nos vrais biens. Est-ce qu'on s'imagine que nous voulons que les vérités soient dans l'entendement comme indépendantes les unes des autres et comme des édits du préteur étaient dans son affiche ou album ? Je mets à part ici l'instinct qui porte l'homme à aimer l'homme, dont je parlerai tantôt ; car maintenant je ne veux parler que des vérités en tant qu'elles se connaissent par la raison. Je reconnais aussi que certaines règles de la justice ne sauraient être démontrées dans toute leur étendue et perfection qu'en supposant l'existence de Dieu et l'immortalité de l'âme, et celles où l'instinct de l'humanité ne nous pousse point ne sont gravées dans l'âme que comme d'autres vérités dérivatives. Cependant ceux qui ne fondent la justice que sur les nécessités de cette vie et sur le besoin qu'ils en ont, plutôt que sur le plaisir qu'ils y devraient prendre, qui est des plus grands lorsque Dieu en est le fondement, ceux-là sont sujets à ressembler un peu à la société des bandits.

Sit spes fallendi, miscebunt sacra profanis[41].

§ 3. PHILALÈTHE. *Je vous avoue que la nature a mis dans tous les hommes l'envie d'être heureux, et une forte aversion pour la misère. Ce sont là des principes de pratique véritablement innés, et qui, selon la destination de tout principe de pratique, ont une influence continuelle sur toutes nos actions. Mais ce sont là des inclinations de l'âme vers le bien et non pas des impressions de quelque vérité qui soit gravée dans notre entendement.*

THÉOPHILE. Je suis ravi, Monsieur, de vous voir reconnaître en effet des vérités innées comme je dirai tantôt. Ce principe convient assez avec celui que je viens de marquer, qui nous porte à suivre la joie et à éviter la tristesse. Car la félicité n'est autre chose qu'une joie durable. Cependant notre penchant va non pas à la félicité proprement, mais à la joie, c'est-à-dire au présent ; c'est la raison qui porte à l'avenir et à la durée. Or le penchant, exprimé par l'entendement, passe en précepte ou vérité de pratique : et si le penchant est inné, la vérité l'est aussi, n'y ayant rien dans l'âme qui ne soit exprimé dans l'entendement, mais non pas toujours par une considération actuelle distincte, comme j'ai assez fait voir. Les instincts, aussi ne sont pas toujours de pratique ; il y en a qui contiennent des vérités de théorie, et tels sont les principes internes des sciences et du raisonnement, lorsque, sans en connaître la raison, nous les employons par un instinct naturel. Et dans ce sens vous ne pouvez pas vous dispenser de reconnaître des principes innés : quand même vous voudriez nier que les vérités dérivatives sont innées. Mais ce serait une question de nom après l'explication que j'ai donnée de ce que j'appelle inné. Et si quelqu'un ne veut donner cette appellation qu'aux vérités qu'on reçoit d'abord par instinct, je ne le lui contesterai pas.

PHILALÈTHE. *Voilà qui va bien. Mais s'il y avait dans notre âme certains caractères qui y fussent gravés naturellement, comme autant de principes de connaissance, nous ne pourrions que les apercevoir agissant en nous, comme nous sentons l'influence des deux principes qui agissent constamment en nous, savoir l'envie d'être heureux et la crainte d'être misérables.*

THÉOPHILE. Il y a des principes de connaissance qui influent aussi constamment dans nos raisonnements que ceux de pratique dans nos volontés ; par exemple, tout le monde emploie les règles des conséquences par une logique naturelle sans s'en apercevoir.

§ 4. PHILALÈTHE. *Les règles de morale ont besoin d'être prouvées, donc elles ne sont point innées, comme cette règle, qui est la source des vertus qui regardent la société : ne faites à autrui que ce que vous voudriez qu'il vous fût fait à vous-même.*

THÉOPHILE. Vous me faites toujours l'objection que j'ai déjà réfutée. Je vous accorde, Monsieur, qu'il y a des règles de morale qui ne sont point des principes innés, mais cela n'empêche point que ce ne soient des vérités innées, car une vérité dérivative sera innée lorsque nous la pouvons tirer de notre esprit. Mais il y a des vérités innées que nous trouvons en nous de deux façons, par lumière et par instinct. Celles que je viens de marquer se démontrent par nos idées, ce qui fait la lumière naturelle. Mais il y a des conclusions de la lumière naturelle qui sont des principes par rapport à l'instint. C'est ainsi que nous sommes portés aux actes d'humanité, par instinct parce que cela nous plaît, et par raison parce que cela est juste. Il y a donc en nous des vérités d'instinct, qui sont des principes innés, qu'on sent et approuve, quand même on n'en a point la preuve, qu'on obtient pourtant lorsqu'on rend raison de cet instinct. C'est ainsi qu'on se sert des lois des conséquences suivant une connaissance confuse, et comme par instinct, mais les logiciens en démontrent la raison, comme les mathématiciens aussi rendent raison de ce qu'on fait sans y penser en marchant et en sautant. Quant à la règle qui porte qu'on ne doit faire aux autres que ce qu'on voudrait qu'ils nous fissent, elle a besoin non seulement de preuve, mais encore de déclaration. On voudrait trop, si on en était le maître, est-ce donc qu'on doit trop aussi aux autres ? On me dira que cela ne s'entend que d'une volonté juste. Mais ainsi cette règle, bien loin de suffire à servir de mesure, en aurait besoin. Le véritable sens de la règle est que la place d'autrui est le vrai point de vue pour juger équitablement lorsqu'on s'y met.

§ 9. PHILALÈTHE. *On commet souvent des actions mauvaises sans aucun remords de conscience : par exemple, lorsqu'on prend des villes d'assaut, les soldats commettent sans scrupules les plus méchantes actions ; des nations polies ont exposé leurs enfants, quelques Caribes*[42] *châtrent les leurs pour les engraisser et manger. Garcilasso de La Vega*[43] *rapporte que certains peuples du Pérou prenaient des prisonnières pour en faire des concubines, et nourrissaient les enfants jusqu'à l'âge de 13 ans, après quoi ils les mangeaient, et traitaient de même les mères dès qu'elles ne faisaient plus d'enfants. Dans le voyage de Baumgarten*[44]*, il est rapporté qu'il y avait un santon en Egypte, qui passait pour un saint homme, eo quod non fœminarum unquam esset ac puerorum, sed tantum asellarum concubitor atque mularum.*

THÉOPHILE. La science morale (outre les instincts comme celui qui fait suivre la joie et fuir la tristesse) n'est pas autrement innée que l'arithmétique, car elle dépend aussi des démonstrations que la lumière interne fournit. Et comme les démonstrations ne sautent pas d'abord aux yeux, ce n'est pas grande merveille si les hommes ne s'aperçoivent pas toujours et d'abord de tout ce qu'ils possèdent en eux, et ne lisent pas assez promptement les caractères de la loi naturelle, que Dieu, selon saint Paul[45], a gravés dans leurs esprits. Cependant, comme la morale est plus importante que l'arithmétique, Dieu a donné à l'homme des instincts qui portent d'abord et sans raisonnement à quelque chose de ce que la raison ordonne. C'est comme nous marchons suivant les lois de la mécanique sans penser à ces lois, et comme nous mangeons non seulement parce que cela nous est nécessaire, mais encore et bien plus parce que cela nous fait plaisir. Mais ces instincts ne portent pas à l'action d'une manière invincible ; on y résiste par des passions, on les obscurcit par des préjugés et on les altère par des coutumes contraires. Cependant on convient le plus souvent de ces instincts de la conscience et on les suit même quand de plus grandes impressions ne les surmontent. La plus grande et la plus saine partie du genre humain leur rend témoignage. Les Orientaux et les Grecs ou Romains, la Bible et l'Alcoran y conviennent ; la police des mahométans a coutume de punir ce que Baumgarten rapporte, et il faudrait être aussi abruti que les sauvages américains pour approuver leurs coutumes, pleines d'une cruauté qui passe même celle des bêtes. Cependant ces mêmes sauvages sentent bien ce que c'est que la justice en d'autres occasions ; et, quoiqu'il n'y ait point de mauvaise pratique peut-être qui ne soit autorisée quelque part et en quelques rencontres, il y en a peu pourtant qui ne soient condamnées le plus souvent et par la plus grande partie des hommes. Ce qui n'est point arrivé sans raison, et, n'étant pas arrivé par le seul raisonnement, doit être rapporté en partie aux instincts naturels. La coutume, la tradition, la discipline s'en sont mêlées, mais le naturel est cause que la coutume s'est tournée plus généralement du bon côté sur ces devoirs. Le naturel est encore cause que la tradition de l'existence de Dieu est venue. Or la nature donne à l'homme et même à la plupart des animaux de l'affection et de la douceur pour ceux de leur espèce. Le tigre même *parcit cognatis maculis*[46] *:* d'où vient ce bon mot d'un jurisconsulte romain, *quia inter omnes homines natura cognationem constituit, inde hominem homini insidiari nefas esse*[47]. Il n'y a presque que les araignées qui fassent exception et qui s'entremangent, jusqu'à ce point que la femelle dévore le mâle après en avoir joui. Après cet instinct général de société, qui se peut appeler philanthropie dans l'homme, il y en a de plus particuliers, comme l'affection entre le mâle et la femelle, l'amour que les pères et les mères portent à leurs enfants, que les Grecs appellent στοργὴν, et autres inclinations semblables qui font ce droit naturel, ou cette image de droit plutôt, que selon les jurisconsultes romains la nature a enseigné aux animaux. Mais dans l'homme particulièrement il se trouve un certain soin de la dignité et de la convenance, qui porte à cacher les choses qui nous rabaissent, à ménager la pudeur, à avoir de la répugnance pour des incestes, à ensevelir les cadavres, à ne point manger des hommes du tout ni des bêtes vivantes. On est porté encore à avoir soin de sa réputation, même au-delà du besoin et de la vie ; à être sujet à des remords de la conscience et à sentir ces *laniatus et ictus*, ces tortures et ces gênes dont parle Tacite[48] après Platon[49] ; outre la crainte d'un avenir et d'une puissance suprême qui vient encore assez naturellement. Il y a de la réalité en tout cela ; mais dans le fond ces impressions naturelles, quelles qu'elles puissent être, ne sont que des aides à la raison et des indices du conseil de la nature. La coutume, l'éducation, la tradition, la raison y contribuent beaucoup, mais la nature humaine ne laisse pas d'y avoir part. Il est vrai que sans la raison ces aides ne suffiraient pas pour donner une certitude entière à la morale. Enfin niera-t-on que l'homme ne soit porté naturellement, par exemple, à s'éloigner des choses vilaines, sous prétexte qu'on trouve des gens qui aiment à ne parler que d'ordures, qu'il y en a même dont le genre de vie les engage à manier des excréments, et qu'il y a des peuples de Boutan où ceux du Roi passent pour quelque chose d'aromatique. Je m'imagine que vous êtes, Monsieur, de mon sentiment dans le fond à l'égard de ces instincts naturels pour le bien honnête ; quoique vous direz peut-être, comme vous avez dit à l'égard de l'instinct qui porte à la joie et à la félicité, que ces impressions ne sont pas des vérités innées. Mais j'ai déjà répondu que tout sentiment est la perception d'une vérité, et que le sentiment naturel l'est d'une vérité innée, mais bien souvent confuse, comme sont les expériences des sens externes : ainsi on peut distinguer les vérités innées d'avec la lumière naturelle (qui ne contient que de distinctement connaissable), comme le genre doit être distingué de son espèce, puisque les vérités innées comprennent tant les instincts que la lumière naturelle.

§ 11. PHILALÈTHE. *Une personne qui connaîtrait les bornes naturelles du juste et de l'injuste, et ne laisserait pas de les confondre ensemble, ne pourrait être regardée que comme l'ennemi déclaré du repos et du bonheur de la société dont il fait partie.* Mais les hommes les confondent à tout moment, donc ils ne les connaissent point.

THÉOPHILE. C'est prendre les choses un peu trop théoriquement. Il arrive tous les jours que les hommes agissent contre leur connaissance en se les cachant à eux-mêmes, lorsqu'ils tournent l'esprit ailleurs, pour suivre leurs passions : sans cela nous ne verrions pas les gens manger et boire ce qu'ils savent leur devoir causer des maladies et même la mort. Ils ne négligeraient pas leurs affaires ; ils ne feraient pas ce que des nations entières ont fait à certains égards. L'avenir et le raisonnement frappent rarement autant que le présent et les sens. Cet Italien le savait bien, qui, devant être mis à la torture, se proposa d'avoir continuellement le gibet en vue pendant les tourments pour y résister, et on l'entendit dire quelquefois : *Io ti vedo*[50], ce qu'il expliqua ensuite quand il fut échappé. A moins de prendre une ferme résolution d'envisager le vrai bien et le vrai mal pour les suivre ou les éviter, on se trouve emporté et il arrive encore par rapport aux besoins les plus importants de cette vie ce qui arrive par rapport au paradis et à l'enfer chez ceux-là mêmes qui les croient le plus :

Cantantur haec, laudantur haec,
Dicuntur, audiuntur,
Scribuntur haec, leguntur haec,
Et lecta negliguntur[51].

PHILALÈTHE. *Tout principe qu'on suppose inné ne peut qu'être connu d'un chacun comme juste et avantageux.*

THÉOPHILE. C'est toujours revenir à cette supposition que j'ai réfutée tant de fois, que toute vérité innée est connue toujours et de tous.

§ 12. PHILALÈTHE. *Mais une permission publique de violer la loi prouve que cette loi n'est pas innée : par exemple la loi d'aimer et de conserver les enfants a été violée chez les anciens lorsqu'ils ont permis de les exposer.*

THÉOPHILE. Cette violation supposée, il s'ensuit seulement qu'on n'a pas bien lu ces caractères de la nature gravés dans nos âmes, mais quelquefois assez enveloppés par nos désordres ; outre que pour voir la nécessité des devoirs d'une manière invincible, il en faut envisager la démonstration, ce qui n'est pas fort ordinaire. Si la géométrie s'opposait autant à nos passions et à nos intérêts présents que la morale, nous ne la contesterions et ne la violerions guère moins, malgré toutes les démonstrations d'Euclide et d'Archimède, qu'on traiterait de rêveries, et croirait pleines de paralogismes ; et Joseph Scaliger [52], Hobbes [53] et autres, qui ont écrit contre Euclide et Archimède, ne se trouveraient point si peu accompagnés qu'ils le sont. Ce n'était que la passion de la gloire, que ces auteurs croyaient trouver dans la quadrature du cercle et autres problèmes difficiles, qui ait pu aveugler jusqu'à un tel point des personnes d'un si grand mérite. Et si d'autres avaient le même intérêt, ils en useraient de même.

PHILALÈTE. *Tout devoir emporte l'idée de loi, et une loi ne saurait être connue ou supposée sans un législateur qui l'ait prescrite, ou sans récompense et sans peine.*

THÉOPHILE. Il peut y avoir des récompenses et des peines naturelles sans législateur ; l'intempérance par exemple est punie par des maladies. Cependant comme elle ne nuit pas à tous d'abord, j'avoue qu'il n'y a guère de précepte à qui on serait obligé indispensablement, s'il n'y avait pas un Dieu qui ne laisse aucun crime sans châtiment, ni aucune bonne action sans récompense.

PHILALÈTHE. *Il faut donc que les idées d'un Dieu et d'une vie à venir soient aussi innées.*

THÉOPHILE. J'en demeure d'accord dans le sens que j'ai expliqué.

PHILALÈTHE. *Mais ces idées sont si éloignées d'être gravées naturellement dans l'esprit de tous les hommes qu'elles ne paraissent pas même fort claires et fort distinctes dans l'esprit de plusieurs hommes d'étude, et qui font profession d'examiner les choses avec quelque exactitude : tant il s'en faut qu'elles soient connues de toute créature humaine.*

THÉOPHILE. C'est encore revenir à la même supposition, qui prétend que ce qui n'est point connu n'est point inné, que j'ai pourtant réfutée tant de fois. Ce qui est inné n'est pas d'abord connu clairement et distinctement pour cela : il faut souvent beaucoup d'attention et d'ordre pour s'en apercevoir, les gens d'étude n'en apportent pas toujours, ni toute créature humaine encore moins.

§ 13. PHILALÈTHE. *Mais si les hommes peuvent ignorer ou révoquer en doute ce qui est inné, c'est en vain qu'on nous parle de principes innés, et qu'on en prétend faire voir la nécessité ; bien loin qu'ils puissent servir à nous instruire de la vérité et de la certitude des choses, comme on le prétend, nous nous trouverions dans le même état d'incertitude avec ces principes que s'ils n'étaient point en nous.*

THÉOPHILE. On ne peut point révoquer en doute tous les principes innés. Vous en êtes demeuré d'accord, Monsieur, à l'égard des identiques ou du principe de contradiction, avouant qu'il y a des principes incontestables, quoique vous ne les reconnaissiez point alors comme innés ; mais il ne s'ensuit point que tout ce qui est inné et lié nécessairement avec ces principes innés soit aussi d'abord d'une évidence indubitable.

PHILALÈTHE. *Personne n'a encore entrepris, que je sache, de nous donner un catalogue exact de ces principes.*

THÉOPHILE. Mais nous a-t-on donné jusqu'ici un catalogue plein et exact des axiomes de géométrie ?

§ 15. PHILALÈTHE. *Mylord Herbert*[54] *a voulu marquer quelques-uns de ces principes, qui sont : 1. Qu'il y a un Dieu suprême. 2. Qu'il doit être servi. 3. Que la vertu jointe avec la piété est le meilleur culte. 4. Qu'il faut se repentir de ses péchés. 5. Qu'il y a des peines et des récompenses après cette vie. Je tombe d'accord que ce sont là des vérités évidentes et d'une telle nature qu'étant bien expliquées, une créature raisonnable ne peut guère éviter d'y donner son consentement. Mais nos amis disent qu'il s'en faut beaucoup que ce ne soient autant d'impressions innées. Et si ces cinq propositions sont des notions communes gravées dans nos âmes par le doigt de Dieu, il y en a beaucoup d'autres qu'on doit aussi mettre de ce rang.*

THÉOPHILE. J'en demeure d'accord, Monsieur, car je prends toutes les **vérités nécessaires** pour innées, et j'y joins même les **instincts**. Mais je vous avoue que ces cinq propositions ne sont point des principes innés ; car je tiens qu'on peut et doit les prouver.

§ 18. PHILALÈTHE. *Dans la proposition troisième, que la vertu est le culte le plus agréable à Dieu, il est obscur ce qu'on entend par la* vertu. *Si on l'entend dans le sens qu'on lui donne le plus communément, je veux dire de ce qui passe pour louable selon les différentes opinions qui règnent en divers pays, tant s'en faut que cette proposition soit évidente qu'elle n'est pas même véritable. Que si on appelle* vertu *les actions qui sont conformes à la volonté de Dieu, ce sera presque* idem per idem, *et la proposition ne nous apprendra pas grand-chose ; car elle voudra dire seulement que Dieu a pour agréable ce qui est conforme à sa volonté. Il en est de même de la notion du* péché *dans la quatrième proposition.*

THÉOPHILE. Je ne me souviens pas d'avoir remarqué qu'on prenne communément la vertu pour quelque chose qui dépende des opinions ; au moins les philosophes ne le font pas. Il est vrai que le nom de vertu dépend de l'opinion de ceux qui le donnent à de différentes habitudes ou actions, selon qu'ils jugent bien ou mal et font usage de leur raison ; mais tous conviennent assez de la notion de la vertu en général, quoiqu'ils diffèrent dans l'application. Selon Aristote et plusieurs autres la vertu est une habitude de modérer les passions par la raison, et encore plus simplement une habitude d'agir suivant la raison. Et cela ne peut manquer d'être agréable à celui qui est la suprême et dernière raison des choses, à qui rien n'est indifférent, et les actions des créatures raisonnables moins que toutes les autres.

§ 20. PHILALÈTHE. *On a accoutumé de dire que la coutume, l'éducation et les opinions générales de ceux avec qui on converse peuvent obscurcir ces principes de morale, qu'on suppose innés. Mais si cette réponse est bonne, elle anéantit la preuve qu'on prétend tirer du consentement universel. Le raisonnement de bien des gens se réduit à ceci : les principes que les gens de bon sens reconnaissent sont innés ; nous et ceux de notre parti sommes des gens de bon sens : donc nos principes sont innés. Plaisante manière de raisonner, qui va tout droit à l'infaillibilité !*

THÉOPHILE. Pour moi je me sers du consentement universel non pas comme d'une preuve principale, mais comme d'une confirmation : car les vérités innées prises pour la *lumière naturelle* de la raison portent leurs caractères avec elles comme la géométrie, car elles sont enveloppées dans les principes immédiats, que vous reconnaissez vous-mêmes pour incontestables. Mais j'avoue qu'il est plus difficile de démêler les instincts et quelques autres habitudes naturelles d'avec les coutumes, quoique cela se puisse pourtant, ce semble, le plus souvent. Au reste il me paraît que les peuples qui ont cultivé leur esprit ont quelque sujet de s'attribuer l'usage du bon sens préférablement aux barbares, puisqu'en les domptant si aisément presque comme des bêtes, ils montrent assez leur supériorité. Si on n'en peut pas toujours venir à bout, c'est qu'encore, comme les bêtes, ils se sauvent dans les épaisses forêts, où il est difficile de les forcer, et le jeu ne vaut pas la chandelle. C'est un avantage sans doute d'avoir cultivé l'esprit, et s'il est permis de parler pour la barbarie contre la culture, on aura aussi le droit d'attaquer la raison en faveur des bêtes et de prendre sérieusement les saillies spirituelles de M. Despréaux dans une de ses *Satires*, où, pour contester à l'homme sa prérogative sur les animaux, il demande si

> *L'ours a peur du passant, ou le passant de l'ours,*
> *Et si par un édit de pâtres de Libye*
> *Les lions videraient les parcs de Numidie*[55], etc.

Cependant il faut avouer qu'il y a des points importants, où les barbares nous passent, surtout à l'égard de la vigueur du corps, et à l'égard de l'âme même on peut dire qu'à certains égards leur morale pratique est meilleure que la nôtre, parce qu'ils n'ont point l'avarice d'amasser ni l'ambition de dominer. Et on peut même ajouter que la conversation des chrétiens les a rendus pires en bien des choses : on leur a appris l'ivrognerie (en leur portant de l'eau-de-vie), les jurements et blasphèmes et d'autres vices qui leur étaient peu connus. Il y a chez nous plus de bien et plus de mal que chez eux : un méchant Européen est plus méchant qu'un sauvage : il raffine sur le mal. Cependant rien n'empêcherait les hommes d'unir les avantages que la nature donne à ces peuples avec ceux que nous donne la raison.

PHILALÈTHE. Mais que répondrez-vous, Monsieur, à ce dilemme d'un de mes amis ? *Je voudrais bien, dit-il, que les partisans des idées innées me disent si ces principes peuvent ou ne peuvent pas être effacés par l'éducation et la coutume; s'ils ne peuvent l'être, nous devons les trouver dans tous les hommes, et il faut qu'ils paraissent clairement dans l'esprit de chaque homme en particulier; que s'ils peuvent être altérés par des notions étrangères, ils doivent paraître plus distinctement et avec plus d'éclat lorsqu'ils sont plus près de leur source, je veux dire dans les enfants et ignorants, sur qui les opinions étrangères ont fait le moins d'impression. Qu'ils prennent tel parti qu'ils voudront, ils verront clairement, dit-il, qu'il est démenti par des faits constants et par une continuelle expérience.*

THÉOPHILE. Je m'étonne que votre habile ami ait confondu obscurcir et effacer, comme on confond dans votre parti n'être point et ne point paraître. Les idées et vérités innées ne sauraient être effacées, mais elles sont obscurcies dans tous les hommes (comme ils sont présentement) par leur penchant vers les besoins du corps, et souvent encore plus par les mauvaises coutumes survenues. Ces caractères de lumière interne seraient toujours éclatants dans l'entendement, et donneraient de la chaleur dans la volonté, si les perceptions confuses des sens ne s'emparaient de notre attention. C'est le combat dont la Sainte Ecriture ne parle pas moins que la philosophie ancienne et moderne.

PHILALÈTHE. *Ainsi donc nous nous trouvons dans des ténèbres aussi épaisses et dans une aussi grande incertitude que s'il n'y avait point de semblables lumières.*

THÉOPHILE. A Dieu ne plaise; nous n'aurions ni sciences ni lois, et nous n'aurions pas même de la raison.

§ 21. 22. etc. PHILALÈTHE. *J'espère que vous conviendrez au moins de la force des préjugés, qui font souvent passer pour naturel ce qui est venu des mauvais enseignements où les enfants ont été exposés, et des mauvaises coutumes que l'éducation et la conversation leur ont données.*

THÉOPHILE. J'avoue que l'excellent auteur que vous suivez dit de fort belles choses là-dessus et qui ont leur prix, si on les prend comme il faut; mais je ne crois pas qu'elles soient contraires à la doctrine bien prise du naturel ou des vérités innées. Et je m'assure qu'il ne voudra pas étendre ses remarques trop loin; car je suis également persuadé, et bien des opinions passent pour des vérités, qui ne sont que des effets de la coutume et de la crédulité, et qu'il y en a bien aussi que certains philosophes voudraient faire passer pour des préjugés, qui sont pourtant fondées dans la droite raison et dans la nature. Il y a autant et plus de sujet de se garder de ceux qui par ambition le plus souvent prétendent innover que de se défier des impressions anciennes. Et après avoir assez médité sur l'ancien et sur le nouveau, j'ai trouvé que la plupart des doctrines reçues peuvent souffrir un bon sens. De sorte que je voudrais que les hommes d'esprit cherchassent de quoi satisfaire à leur ambition, en s'occupant plutôt à bâtir et à avancer qu'à reculer et à détruire. Et je souhaiterais qu'on ressemblât plutôt aux Romains qui faisaient des beaux ouvrages publics qu'à ce roi vandale[56], à qui sa mère recommanda que, ne pouvant pas espérer la gloire d'égaler ces grands bâtiments, il en cherchât à les détruire.

PHILALÈTHE. Le but des habiles gens qui ont combattu les vérités innées a été d'empêcher que sous ce beau nom on ne fasse passer des préjugés et cherche à couvrir sa paresse.

THÉOPHILE. Nous sommes d'accord sur ce point, car bien loin que j'approuve qu'on se fasse des principes douteux, je voudrais, moi, qu'on cherchât jusqu'à la démonstration des axiomes d'Euclide, comme quelques Anciens ont fait aussi. Et lorsqu'on demande le moyen de connaître et d'examiner les principes innés, je réponds, suivant ce que j'ai dit ci-dessus, qu'excepté les instincts dont la raison est inconnue, il faut tâcher de les réduire aux premiers principes, c'est-à-dire aux axiomes identiques ou immédiats, par le moyen des définitions, qui ne sont autre chose qu'une exposition distincte des idées. Je ne doute pas même que vos amis, contraires jusqu'ici aux vérités innées, n'approuvent cette méthode, qui paraît conforme à leur but principal.

CHAPITRE III

AUTRES CONSIDÉRATIONS TOUCHANT LES PRINCIPES INNÉS,
TANT CEUX QUI REGARDENT LA SPÉCULATION QUE CEUX QUI
APPARTIENNENT À LA PRATIQUE

§ 3. PHILALÈTHE. Vous voulez qu'on réduise les vérités aux premiers principes, et je vous avoue que *s'il y a quelque principe inné, c'est sans contredit celui-ci : il est impossible qu'une chose soit et ne soit pas en même temps. Cependant il paraît difficile de soutenir qu'il est inné, puisqu'il faut se persuader en même temps que les idées d'impossibilité et d'identité sont innées.*

THÉOPHILE. Il faut bien que ceux qui sont pour les vérités innées soutiennent et soient persuadés que ces idées le sont aussi ; et j'avoue que je suis de leur avis. L'idée de l'être, du possible, du même, sont si bien innées qu'elles entrent dans toutes nos pensées et raisonnements, et je les regarde comme des choses essentielles à notre esprit ; mais j'ai déjà dit qu'on n'y fait pas toujours une attention particulière et qu'on ne les démêle qu'avec le temps. J'ai dit encore que nous sommes, pour ainsi dire, innés à nous-mêmes, et puisque nous sommes des êtres, l'être nous est inné ; et la connaissance de l'être est enveloppée dans celle que nous avons de nous-mêmes. Il y a quelque chose d'approchant en d'autres notions générales.

§ 4. PHILATÈTHE. *Si l'idée de l'identité est naturelle, et par conséquent si évidente et si présente à l'esprit que nous devions la connaître dès le berceau, je voudrais bien qu'un enfant de sept ans et même un homme de soixante-dix ans me dît si un homme, qui est une créature composée de corps et d'âme, est le même lorsque son corps est changé, et si, supposé la métempsycose, Euphorbe serait le même que Pythagore.*

THÉOPHILE. J'ai assez dit que ce qui nous est naturel ne nous est pas connu pour cela dès le berceau ; et même une idée nous peut être connue sans que nous puissions décider d'abord toutes les questions qu'on peut former là-dessus. C'est comme si quelqu'un prétendait qu'un enfant ne saurait connaître ce que c'est que le carré et sa diagonale, parce qu'il aura de la peine à connaître que la diagonale est incommensurable avec le côté du carré. Pour ce qui est de la question en elle-même, elle me paraît démonstrativement résolue par la doctrine des monades, que j'ai mise ailleurs dans son jour, et nous parlerons plus amplement de cette matière dans la suite.

§ 6. PHILALÈTHE. Je vois bien que je vous objecterais en vain que l'axiome qui porte que le Tout est plus grand que sa partie n'est point inné, sous prétexte que les idées du tout et de la partie sont relatives, dépendant de celles du nombre et de l'étendue : puisque vous soutiendrez apparemment qu'il y a des idées innées respectives, et que celles des nombres et de l'étendue sont innées aussi.

THÉOPHILE. Vous avez raison, et même je crois plutôt que l'idée de l'étendue est postérieure à celle du tout et de la partie.

§ 7. PHILALÈTHE. Que dites-vous de la vérité que Dieu doit être adoré ; est-elle innée ?

THÉOPHILE. Je crois que le devoir d'adorer Dieu porte que dans les occasions on doit marquer qu'on l'honore au-delà de tout autre objet, et que c'est une conséquence nécessaire de son idée et de son existence, ce qui signifie chez moi que cette vérité est innée.

§ 8. PHILALÈTHE. *Mais les athées semblent prouver par leur exemple que l'idée de Dieu n'est point innée. Et sans parler de ceux dont les Anciens ont fait mention, n'a-t-on pas découvert des nations entières qui n'avaient aucune idée de Dieu ni des noms pour marquer Dieu et l'âme, comme à la Baie de Soldanie, dans le Brésil, dans les îles Caraïbes, dans le Paraguay.*

THÉOPHILE. Feu M. Fabritius[57], théologien célèbre de Heidelberg, a fait une apologie du genre humain, pour le purger de l'imputation de l'athéisme. C'était un auteur de beaucoup d'exactitude et fort au-dessus de bien des préjugés ; cependant je ne prétends point entrer dans cette discussion des faits. Je veux que des peuples entiers n'aient jamais pensé à la substance suprême ni à ce que c'est que l'âme. Et je me souviens que lorsqu'on voulut à ma prière, favorisée par l'illustre M. Witsen[58], m'obtenir en Hollande une version de l'Oraison dominicale dans la langue de Barantola[59], on fut arrêté à cet endroit : ton nom soit sanctifié, parce qu'on ne pouvait point faire entendre aux Barantolais ce que voulait dire saint. Je me souviens aussi que dans le *Credo* fait pour les Hottentots, on fut obligé d'exprimer le Saint Esprit par des mots du pays qui signifient un vent doux et agréable. Ce qui n'était pas sans raison, car nos mots grecs et latins πνεῦμα, *anima*, *spiritus*, ne signifient originairement que l'air ou vent qu'on respire, comme une des plus subtiles choses qui nous soit connue par les sens : et on commence par les sens pour mener peu à peu les hommes à ce qui est au-dessus des sens. Cependant toute cette difficulté qu'on trouve à parvenir aux connaissances abstraites ne fait rien contre les connaissances innées. Il y a des peuples qui n'ont aucun mot qui réponde à celui d'Etre ; est-ce qu'on doute qu'ils ne savent pas ce que c'est que d'être, quoiqu'ils n'y pensent guère à part ? Au reste je trouve si beau et si à mon gré ce que j'ai lu chez notre excellent auteur sur l'idée de Dieu [*Essai sur l'entendement*, livr. I. ch. 3. § 9] que je ne saurais m'empêcher de le rapporter, le voici : *Les hommes ne sauraient guère éviter d'avoir quelque espèce d'idée des choses dont ceux avec qui ils conversent ont souvent occasion de les entretenir sous certains noms, et si c'est une chose qui emporte avec elle l'idée d'excellence, de grandeur, ou de quelque qualité extraordinaire qui intéresse par quelque endroit et qui s'imprime dans l'esprit sous l'idée d'une puissance absolue et irrésistible qu'on ne puisse s'empêcher de craindre* j'ajoute : *et sous l'idée d'une grandissime bonté, qu'on ne saurait s'empêcher d'aimer une telle idée doit suivant toutes les apparences faire de plus fortes impressions et se répandre plus loin qu'aucune autre : surtout si c'est une idée qui s'accorde avec les plus simples lumières de la raison et qui découle naturellement de chaque partie de nos connaissances. Or telle est l'idée de Dieu, car les marques éclatantes d'une sagesse et d'une puissance extraordinaires paraissent si visiblement dans tous les ouvrages de la création que toute créature raisonnable qui voudra y faire réflexion ne saurait manquer de découvrir l'auteur de toutes ces merveilles : et l'impression que la découverte d'un tel Etre doit faire naturellement sur l'âme de tous ceux qui en ont entendu parler une seule fois est si grande et entraîne avec elle des pensées d'un si grand poids et si propres à se répandre dans le monde qu'il me paraît tout à fait étrange qu'il se puisse trouver sur la terre une nation entière d'hommes assez stupides pour n'avoir aucune idée de Dieu. Cela, dis-je, me semble aussi surprenant que d'imaginer des hommes qui n'auraient aucune idée des nombres ou du feu.* Je voudrais qu'il me fût toujours permis de copier mot à mot quantité d'autres excellents endroits de notre auteur, que nous sommes obligés de passer. Je dirai seulement ici que cet auteur, parlant des plus simples lumières de la raison, qui s'accordent avec l'idée de Dieu, et de ce qui en découle naturellement, ne paraît guère s'éloigner de mon sens sur les vérités innées ; et sur ce qu'il lui paraît aussi étrange qu'il y ait des hommes sans aucune idée de Dieu qu'il serait surprenant de trouver des hommes qui n'auraient aucune idée des nombres ou du feu, je remarquerai que les habitants des Iles Mariannes, à qui on a donné le nom de la reine d'Espagne qui y a favorisé les missions, n'avaient aucune connaissance du feu lorsqu'on les découvrit, comme il paraît par la relation que le R. P. Gobien [60], jésuite français, chargé du soin des missions éloignées, a donnée au public et m'a envoyé.

§ 16. PHILALÈTHE. *Si l'on a droit de conclure que l'idée de Dieu est innée de ce que tous les gens sages ont eu cette idée, la vertu doit aussi être innée, parce que les gens sages en ont toujours eu une véritable idée.*

THÉOPHILE. Non pas la vertu, mais l'idée de la vertu est innée, et peut-être ne voulez-vous que cela.

PHILALÈTHE. *Il est aussi certain qu'il y a un Dieu qu'il est certain que les angles opposés qui se font par l'intersection de deux lignes droites sont égaux. Et il n'y eut jamais de créature raisonnable, qui se soit appliquée sincèrement à examiner la vérité de ces deux propositions, qui ait manqué d'y donner son consentement. Cependant il est hors de doute qu'il y a bien des hommes qui, n'ayant point tourné leurs pensées de ce côté-là, ignorent également ces deux vérités.*

THÉOPHILE. Je l'avoue, mais cela n'empêche point qu'elles ne soient innées, c'est-à-dire qu'on les puisse trouver en soi.

§ 18. PHILALÈTHE. *Il serait encore avantageux d'avoir une idée innée de la* substance *; mais il se trouve que nous ne l'avons ni innée ni acquise, puisque nous ne l'avons ni par la sensation ni par la réflexion.*

THÉOPHILE. Je suis d'opinion que la réflexion suffit pour trouver l'idée de la substance en nous-mêmes, qui sommes des substances. Et cette notion est des plus importantes. Mais nous en parlerons peut-être plus amplement dans la suite de notre conférence.

§ 20. PHILALÈTHE. *S'il y a des idées innées qui soient dans l'esprit, sans que l'esprit y pense actuellement, il faut du moins qu'elles soient dans la mémoire, d'où elles doivent être tirées par voie de* réminiscence, *c'est-à-dire être connues lorsqu'on en rappelle le souvenir, comme autant de perceptions qui aient été auparavant l'âme, à moins que la réminiscence ne puisse subsister sans réminiscence. Car cette persuasion où l'on est intérieurement qu'une telle idée a été auparavant dans notre esprit est proprement ce qui distingue la réminiscence de toute autre voie de penser.*

THÉOPHILE. Pour que les connaissances, idées ou vérités soient dans notre esprit, il n'est point nécessaire que nous y ayons jamais pensé actuellement : ce ne sont que des habitudes naturelles, c'est-à-dire des dispositions et attitudes actives et passives, et plus que *tabula rasa*. Il est vrai cependant que les platoniciens croyaient que nous avions déjà pensé actuellement à ce que nous retrouvons en nous ; et pour les réfuter, il ne suffit pas de dire que nous ne nous en souvenons point, car il est sûr qu'une infinité de pensées nous revient que nous avons oublié d'avoir eues. Il est arrivé qu'un homme a cru faire un vers nouveau qu'il s'est trouvé avoir lu mot pour mot longtemps auparavant dans quelque ancien poète. Et souvent nous avons une facilité non commune de concevoir certaines choses, parce que nous les avons conçues autrefois, sans que nous nous en souvenions. Il se peut qu'un enfant, devenu aveugle, oublie d'avoir jamais vu la lumière et les couleurs, comme il arriva à l'âge de deux ans et demi par la petite vérole à ce célèbre Ulric Schonberg, natif de Weide au Haut-Palatinat, qui mourut à Königsberg en Prusse en 1649, où il avait enseigné la philosophie et les mathématiques avec l'admiration de tout le monde. Il se peut aussi qu'il reste à un tel homme des effets des anciennes impressions, sans qu'il s'en souvienne. Je crois que les songes souvent nous renouvellent ainsi d'anciennes pensées. Jules Scaliger[61] ayant célébré en vers les hommes illustres de Vérone, un certain soi-disant Brugnolus, Bavarois d'origine, mais depuis établi à Vérone, lui parut en songe et se plaignit d'avoir été oublié. Jules Scaliger, ne se souvenant pas d'en avoir ouï parler auparavant, ne laissa point de faire des vers élégiaques à son honneur sur ce songe. Enfin le fils Joseph Scaliger[62], passant en Italie, apprit plus particulièrement qu'il y avait eu autrefois à Vérone un célèbre grammairien ou critique savant de ce nom, qui avait contribué au rétablissement des belles-lettres en Italie. Cette histoire se trouve dans les poèmes de Scaliger le père avec l'élégie, et dans les lettres du fils. On la rapporte aussi dans les *Scaligerana*, qu'on a recueillis des conversations de Joseph Scaliger. Il y a bien de l'apparence que Jules Scaliger avait su quelque chose de Brugnol dont il ne se souvenait plus, et que le songe fut en partie le renouvellement d'une ancienne idée, quoiqu'il n'y ait pas eu cette réminiscence proprement appelée ainsi, qui nous fait connaître que nous avons déjà eu cette même idée. Du moins je ne vois aucune nécessité qui nous oblige d'assurer qu'il ne reste aucune trace d'une perception, quand il n'y en a pas assez pour se souvenir qu'on l'a eue.

§ 24. PHILALÈTHE. Il faut que je reconnaisse que vous répondez assez naturellement aux difficultés que nous avons formées contre les vérités innées. Peut-être aussi que nos auteurs ne les combattent point dans le sens que vous les soutenez. Ainsi je reviens seulement à vous dire, Monsieur, qu'on a eu quelque sujet de craindre *que l'opinion des vérités innées ne servît de prétexte aux paresseux de s'exempter de la peine des recherches, et ne donnât la commodité aux docteurs et aux maîtres de poser pour principe des principes que les principes ne doivent pas être mis en question.*

THÉOPHILE. J'ai déjà dit que si c'est là le dessein de vos amis, de conseiller qu'on cherche les preuves des vérités qui en peuvent recevoir, sans distinguer si elles sont innées ou non, nous sommes entièrement d'accord, et l'opinion des vérités innées, de la manière que je les prends, n'en doit détourner personne, car outre qu'on fait bien de chercher la raison des instincts, c'est une de mes grandes maximes qu'il est bon de chercher les démonstrations des axiomes mêmes, et je me souviens qu'à Paris, lorsqu'on se moquait de feu M. Roberval[63] déjà vieux, parce qu'il voulait démontrer ceux d'Euclide, à l'exemple d'Apollonius[64] et de Proclus[65], je fis voir l'utilité de cette recherche. Pour ce qui est du principe de ceux qui disent qu'il ne faut point disputer contre celui qui nie les principes, il n'a lieu entièrement qu'à l'égard de ces principes qui ne sauraient recevoir ni doute ni preuve. Il est vrai que pour éviter les scandales et les désordres, on peut faire des règlements à l'égard des disputes publiques et de quelques autres conférences, en vertu desquels il soit défendu de mettre en contestation certaines vérités établies : mais c'est plutôt un point de police que de philosophie.

LIVRE II

DES IDÉES

CHAPITRE I

OU L'ON TRAITE DES IDÉES EN GÉNÉRAL, ET OU L'ON EXAMINE PAR OCCASION SI L'ÂME DE L'HOMME PENSE TOUJOURS

§ 1. PHILALÈTHE. Après avoir examiné si les idées sont innées, considérons leur nature et leurs différences. N'est-il pas vrai que *l'idée est l'objet de la pensée ?*

THÉOPHILE. Je l'avoue, pourvu que vous ajoutiez que c'est un objet immédiat interne, et que cet objet est une expression de la nature ou des qualités des choses. Si l'idée était la forme de la pensée, elle naîtrait et cesserait avec les pensées actuelles qui y répondent ; mais en étant l'objet, elle pourra être antérieure et postérieure aux pensées. Les objets externes sensibles ne sont que médiats, parce qu'ils ne sauraient agir immédiatement sur l'âme. Dieu seul est l'objet externe immédiat. On pourrait dire que l'âme même est son objet immédiat interne ; mais c'est en tant qu'elle contient les idées, ou ce qui répond aux choses. Car l'âme est un petit monde, où les idées distinctes sont une représentation de Dieu et où les confuses sont une représentation de l'univers.

§ 2. PHILALÈTHE. *Nos Messieurs, qui supposent qu'au commencement l'âme est une table rase, vide de tous caractères et sans aucune idée, demandent comment elle vient à recevoir des idées, et par quel moyen elle en acquiert cette prodigieuse quantité. A cela ils répondent en un mot : de l'expérience.*

THÉOPHILE. Cette *tabula rasa* dont on parle tant n'est à mon avis qu'une fiction que la nature ne souffre point et qui n'est fondée que dans les notions incomplètes des philosophes, comme le vide, les atomes, et le repos ou absolu ou respectif de deux parties d'un tout entre elles, ou comme la matière première qu'on conçoit sans aucunes formes. Les choses uniformes, et qui ne renferment aucune variété, ne sont jamais que des abstractions, comme le temps, l'espace et les autres êtres des mathématiques pures. Il n'y a point de corps dont les parties soient en repos, et il n'y a point de substance qui n'ait de quoi se distinguer de toute autre. Les âmes humaines diffèrent non seulement des autres âmes, mais encore entre elles, quoique la différence ne soit point de la nature de celles qu'on appelle spécifiques. Et selon les démonstrations que je crois avoir, toute chose substantielle, soit âme ou corps, a son rapport à chacune des autres, qui lui est propre ; et l'une doit toujours différer de l'autre par des dénominations intrinsèques, pour ne pas dire que ceux qui parlent tant de cette table rase, après lui avoir ôté les idées, ne sauraient dire ce qui lui reste, comme les philosophes de l'Ecole qui ne laissent rien à leur matière première. On me répondra peut-être que cette table rase des philosophes veut dire que l'âme n'a naturellement et originairement que des facultés nues. Mais les facultés sans quelque acte, en un mot les pures puissances de l'Ecole, ne sont aussi que des fictions, que la nature ne connaît point, et qu'on n'obtient qu'en faisant des abstractions. Car où trouvera-t-on jamais dans le monde une faculté qui se renferme dans la seule puissance sans exercer acte ? il y a toujours une disposition particulière à l'action et à une action plutôt qu'à l'autre. Et outre la disposition il y a une tendance à l'action, dont même il y a toujours une infinité à la fois dans chaque sujet : et ces tendances ne sont jamais sans quelque effet. L'expérience est nécessaire, je l'avoue, afin que l'âme soit déterminée à telles ou telles pensées, et afin qu'elle prenne garde aux idées qui sont en nous ; mais le moyen que l'expérience et les sens puissent donner des idées ? L'âme a-t-elle des fenêtres, ressemble-t-elle à des tablettes ? est-elle comme de la cire ? Il est visible que tous ceux qui pensent ainsi de l'âme la rendent corporelle dans le fond. On m'opposera cet axiome reçu parmi les philosophes, que rien n'est dans l'âme qui ne vienne des sens. Mais il faut excepter l'âme même et ses affections. *Nihil est in intellectu, quod non fuerit in sensu, excipe : nisi ipse intellectus.* Or l'âme renferme l'être, la substance, l'un, le même, la cause, la perception, le raisonnement, et quantité d'autres notions, que les sens ne sauraient donner. Cela s'accorde assez avec votre auteur de l'*Essai*, qui cherche la source d'une bonne partie des idées dans la réflexion de l'esprit sur sa propre nature.

PHILALÈTHE. J'espère donc que vous accorderez à cet habile auteur que *toutes les idées viennent par sensation ou par réflexion, c'est-à-dire des observations que nous faisons ou sur les objets extérieurs et sensibles ou sur les opérations intérieures de notre âme.*

THÉOPHILE. Pour éviter une contestation sur laquelle nous ne nous sommes arrêtés que trop, je vous déclare par avance, Monsieur, que lorsque vous direz que les idées nous viennent de l'une ou l'autre de ces causes, je l'entends de leur perception actuelle, car je crois avoir montré qu'elles sont en nous avant qu'on s'en aperçoit en tant qu'elles ont quelque chose de distinct.

§ 9. PHILALÈTHE. Après cela voyons quand on doit dire que l'âme commence d'avoir de la perception et de penser actuellement aux idées. *Je sais bien qu'il y a une opinion qui pose que l'âme pense toujours, et que la pensée actuelle est aussi inséparable de l'âme que l'extension actuelle est inséparable du corps.* § 10. *Mais je ne saurais concevoir qu'il soit plus nécessaire à l'âme de penser toujours qu'aux corps d'être toujours en mouvement, la perception des idées étant à l'âme ce que le mouvement est au corps.* Cela me paraît fort raisonnable au moins, et je serais bien aise, Monsieur, de savoir votre sentiment là-dessus.

THÉOPHILE. Vous l'avez dit, Monsieur. L'action n'est pas plus attachée à l'âme qu'au corps, un état sans pensée dans l'âme et un repos absolu dans le corps me paraissant également contraire à la nature, et sans exemple dans le monde. Une substance qui sera une fois en action le sera toujours, car toutes les impressions demeurent et sont mêlées seulement avec d'autres nouvelles. Frappant un corps on y excite ou détermine plutôt une infinité de tourbillons comme dans une liqueur, car dans le fond tout solide a un degré de liquidité et tout liquide un degré de solidité, et il n'y a pas moyen d'arrêter jamais entièrement ces tourbillons internes : maintenant on peut croire que, si le corps n'est jamais en repos, l'âme qui y répond ne sera jamais non plus sans perception.

PHILALÈTHE. *Mais c'est peut-être un privilège de l'auteur et conservateur de toutes choses qu'étant infini dans ses perfections, il ne dort et ne sommeille jamais. Ce qui ne convient point à aucun être fini, ou au moins à pas un être tel que l'âme de l'homme.*

THÉOPHILE. Il est sûr que nous dormons et sommeillons, et que Dieu en est exempt. Mais il ne s'ensuit point que nous soyons sans aucune perception en sommeillant. Il se trouve plutôt tout le contraire, si on y prend bien garde.

PHILALÈTHE. *Il y a en nous quelque chose qui a la puissance de penser; mais il ne s'ensuit pas que nous en ayons toujours l'acte.*

THÉOPHILE. Les puissances véritables ne sont jamais de simples possibilités. Il y a toujours de la tendance et de l'action.

PHILALÈTHE. *Mais cette proposition : l'âme pense toujours, n'est pas évidente par elle-même.*

THÉOPHILE. Je ne le dis point non plus. Il faut un peu d'attention et de raisonnement pour la trouver; le vulgaire s'en aperçoit aussi peu que de la pression de l'air, ou de la rondeur de la terre.

PHILALÈTHE. *Je doute si j'ai pensé la nuit précédente, c'est une question de fait, il la faut décider par des expériences sensibles.*

THÉOPHILE. On la décide comme l'on prouve qu'il y a des corps imperceptibles et des mouvements invisibles, quoique certaines personnes les traitent de ridicules. Il y a de même des perceptions peu relevées sans nombre, qui ne se distinguent pas assez pour qu'on s'en aperçoive ou s'en souvienne, mais elles se font connaître par des conséquences certaines.

PHILALÈTHE. *Il s'est trouvé un certain auteur*[66] *qui nous a objecté que nous soutenons que l'âme cesse d'exister, parce que nous ne sentons pas qu'elle existe pendant notre sommeil. Mais cette objection ne peut venir que d'une étrange préoccupation; car nous ne disons pas qu'il n'y a point d'âme dans l'homme parce que nous ne sentons pas qu'elle existe pendant notre sommeil, mais seulement que l'homme ne saurait penser sans s'en apercevoir.*

THÉOPHILE. Je n'ai point lu le livre qui contient cette objection, mais on n'aurait point eu de tort de vous objecter seulement qu'il ne s'ensuit point de ce qu'on ne s'aperçoit pas de la pensée qu'elle cesse pour cela; car autrement on pourrait dire par la même raison qu'il n'y a point d'âme pendant qu'on ne s'en aperçoit point. Et pour réfuter cette objection, il faut montrer de la pensée particulièrement qu'il lui est essentiel qu'on s'en aperçoive.

§ 11. PHILALÈTHE. *Il n'est pas aisé de concevoir qu'une chose puisse penser et ne point sentir qu'elle pense.*

THÉOPHILE. Voilà sans doute le nœud de l'affaire et la difficulté qui a embarrassé d'habiles gens. Mais voici le moyen d'en sortir. C'est qu'il faut considérer que nous pensons à quantité de choses à la fois, mais nous ne prenons garde qu'aux pensées qui sont les plus distinguées : et la chose ne saurait aller autrement, car si nous prenions garde à tout, il faudrait penser avec attention à une infinité de choses en même temps, que nous sentons toutes et qui font impression sur nos sens. Je dis bien plus : il reste quelque chose de toutes nos pensées passées et aucune n'en saurait jamais être effacée entièrement. Or quand nous dormons sans songe et quand nous sommes étourdis par quelque coup, chute, symptôme ou autre accident, il se forme en nous une infinité de petits sentiments confus, et la mort même ne saurait faire un autre effet sur les âmes des animaux, qui doivent sans doute reprendre tôt ou tard des perceptions distinguées, car tout va par ordre dans la nature. J'avoue cependant qu'en cet état de confusion, l'âme serait sans plaisir et sans douleur, car ce sont des perceptions notables.

§ 12. PHILALÈTHE. *N'est-il pas vrai que ceux avec qui nous avons présentement à faire*, c'est-à-dire les cartésiens, *qui croient que l'âme pense toujours, accordent la vie à tous les animaux, différents de l'homme, sans leur donner une âme qui connaisse et qui pense ; et que les mêmes ne trouvent aucune difficulté à dire que l'âme puisse penser sans être jointe à un corps ?*

THÉOPHILE. Pour moi je suis d'un autre sentiment, car quoique je sois de celui des cartésiens en ce qu'ils disent que l'âme pense toujours, je ne le suis point dans les deux autres points. Je crois que les bêtes ont des âmes impérissables et que les âmes humaines et toutes les autres ne sont jamais sans quelque corps : je tiens même que Dieu seul, comme étant un acte pur, en est entièrement exempt.

PHILALÈTHE. Si vous aviez été du sentiment des cartésiens, j'en aurais inféré que les corps de Castor ou de Pollux[67] pouvant être tantôt avec, tantôt sans âme, quoique demeurant toujours vivants, et l'âme pouvant aussi être tantôt dans un tel corps et tantôt dehors, *on pourrait supposer que Castor et Pollux n'auraient qu'une seule âme, qui agirait alternativement dans le corps de ces deux hommes endormis et éveillés tour à tour : ainsi elle serait deux personnes aussi distinctes que Castor et Hercule pourraient l'être*.

THÉOPHILE. Je vous ferai une autre supposition à mon tour, qui paraît plus réelle. N'est-il pas vrai qu'il faut toujours accorder qu'après quelque intervalle ou quelque grand changement on peut tomber dans un oubli général ? Sleidan[68] (dit-on) avant que de mourir oublia tout ce qu'il savait : et il y a quantité d'autres exemples de ce triste événement. Supposons qu'un tel homme rajeunisse et apprenne tout de nouveau, sera-ce un autre homme pour cela ? Ce n'est donc pas le souvenir qui fasse justement le même homme. Cependant la fiction d'une âme qui anime des corps différents tour à tour, sans que ce qui lui arrive dans l'un de ces corps l'intéresse dans l'autre, est une de ces fictions contraires à la nature des choses qui viennent des notions incomplètes des philosophes, comme l'espace sans corps et le corps sans mouvements, et qui disparaissent quand on pénètre un peu plus avant ; car il faut savoir que chaque âme garde toutes les impressions précédentes et ne saurait se mi-partir de la manière qu'on vient de dire : l'avenir dans chaque substance a une parfaite liaison avec le passé, c'est ce qui fait l'identité de l'individu. Cependant le souvenir n'est point nécessaire ni même toujours possible, à cause de la multitude des impressions présentes et passées qui concourent à nos pensées présentes, car je ne crois point qu'il y ait dans l'homme des pensées dont il n'y ait quelque effet au moins confus ou quelque reste mêlé avec les pensées suivantes. On peut oublier bien des choses, mais on pourrait aussi se ressouvenir de bien loin si l'on était ramené comme il faut.

§ 13. PHILALÈTHE. *Ceux qui viennent à dormir sans faire aucun songe ne peuvent jamais être convaincus que leurs pensées soient en action.*

THÉOPHILE. On n'est pas sans quelque sentiment faible pendant qu'on dort, lors même qu'on est sans songe. Le réveil même le marque, et plus on est aisé à être éveillé, plus on a de sentiment de ce qui se passe au dehors, quoique ce sentiment ne soit pas toujours assez fort pour causer le réveil.

§ 14. PHILALÈTHE. *Il paraît bien malaisé de concevoir que dans ce moment l'âme pense dans un homme endormi et le moment suivant dans un homme éveillé, sans qu'elle s'en ressouvienne.*

THÉOPHILE. Non seulement cela est aisé à concevoir, mais même quelque chose de semblable s'observe tous les jours pendant qu'on veille ; car nous avons toujours des objets qui frappent nos yeux ou nos oreilles, et par conséquent l'âme en est touchée aussi, sans que nous y prenions garde, parce que notre attention est bandée à d'autres objets, jusqu'à ce que l'objet devienne assez fort pour l'attirer à soi en redoublant son action ou par quelque autre raison ; c'était comme un sommeil particulier à l'égard de cet objet-là, et ce sommeil devient général lorsque notre attention cesse à l'égard de tous les objets ensemble. C'est aussi un moyen de s'endormir, quand on partage l'attention pour l'affaiblir.

PHILALÈTHE. *J'ai appris d'un homme qui dans sa jeunesse s'était appliqué à l'étude et avait eu la mémoire assez heureuse qu'il n'avait jamais eu aucun songe avant que d'avoir eu la fièvre dont il venait d'être guéri dans le temps qu'il me parlait, âgé pour lors de 25 ou 26 ans.*

THÉOPHILE. On m'a aussi parlé d'une personne d'étude bien plus avancée en âge qui n'avait jamais eu aucun songe. Mais ce n'est pas sur les songes seuls qu'il faut fonder la perpétuité de la perception de l'âme, puisque j'ai fait voir comment même en dormant elle a quelque perception de ce qui se passe au dehors.

§ 15. PHILALÈTHE. *Penser souvent et ne pas conserver un seul moment le souvenir de ce qu'on pense, c'est penser d'une manière inutile.*

THÉOPHILE. Toutes les impressions ont leur effet, mais tous les effets ne sont pas toujours notables ; quand je me tourne d'un côté plutôt que d'un autre, c'est bien souvent par un enchaînement de petites impressions, dont je ne m'aperçois pas, et qui rendent un mouvement un peu plus malaisé que l'autre. Toutes nos actions indélibérées sont des résultats d'un concours de petites perceptions, et même nos coutumes et passions, qui ont tant d'influence dans nos délibérations, en viennent : car ces habitudes naissent peu à peu, et par conséquent sans les petites perceptions on ne viendrait point à ces dispositions notables. J'ai déjà remarqué que celui qui nierait ces effets dans la morale imiterait des gens mal instruits qui nient les corpuscules insensibles dans la physique : et cependant je vois qu'il y en a parmi ceux qui parlent de la liberté qui, ne prenant pas garde à ces impressions insensibles, capables de faire pencher la balance, s'imaginent une entière indifférence dans les actions morales, comme celle de l'âne de Buridan[69] mi-parti entre deux prés. Et c'est de quoi nous parlerons plus amplement dans la suite. J'avoue pourtant que ces impressions font pencher sans nécessiter.

PHILALÈTHE. *On dira peut-être que dans un homme éveillé qui pense, son corps est pour quelque chose et que le souvenir se conserve par les traces du cerveau, mais que lorsqu'il dort, l'âme a ses pensées à part en elle-même.*

THÉOPHILE. Je suis bien éloigné de dire cela, puisque je crois qu'il y a toujours une exacte correspondance entre le corps et l'âme, et puisque je me sers des impressions du corps dont on ne s'aperçoit pas, soit en veillant ou en dormant, pour prouver que l'âme en a de semblables. Je tiens même qu'il se passe quelque chose dans l'âme qui répond à la circulation du sang et à tous les mouvements internes des viscères, dont on ne s'aperçoit pourtant point, tout comme ceux qui habitent auprès d'un moulin à eau ne s'aperçoivent point du bruit qu'il fait. En effet, s'il y avait des impressions dans le corps pendant le sommeil ou pendant qu'on veille dont l'âme ne fût point touchée ou affectée du tout, il faudrait donner des limites à l'union de l'âme et du corps, comme si les impressions corporelles avaient besoin d'une certaine figure et grandeur pour que l'âme s'en puisse ressentir ; ce qui n'est point soutenable si l'âme est incorporelle, car il n'y a point de proportion entre une substance incorporelle et une telle ou telle modification de la matière. En un mot, c'est une grande source d'erreurs de croire qu'il n'y a aucune perception dans l'âme que celles dont elle s'aperçoit.

§ 16. PHILALÈTHE. *La plupart des songes dont nous nous souvenons sont extravagants et mal liés. On devrait donc dire que l'âme doit la faculté de penser raisonnablement au corps ou qu'elle ne retient aucun de ses soliloques raisonnables.*

THÉOPHILE. Le corps répond à toutes les pensées de l'âme, raisonnables ou non, et les songes ont aussi bien leurs traces dans le cerveau que les pensées de ceux qui veillent.

§ 17. PHILALÈTHE. *Puisque vous êtes si assuré que l'âme pense toujours actuellement, je voudrais que vous me puissiez dire quelles sont les idées qui sont dans l'âme d'un enfant avant que d'être unie au corps ou justement dans le temps de son union avant qu'elle ait reçu aucune idée par voie de la sensation.*

THÉOPHILE. Il est aisé de vous satisfaire par nos principes. Les perceptions de l'âme répondent toujours naturellement à la constitution du corps, et lorsqu'il y a quantité de mouvements confus et peu distingués dans le cerveau, comme il arrive à ceux qui ont peu d'expérience, les pensées de l'âme (suivant l'ordre des choses) ne sauraient être non plus distinctes. Cependant l'âme n'est jamais privée du secours de la sensation, parce qu'elle exprime toujours son corps, et ce corps est toujours frappé par les ambiants d'une infinité de manières, mais qui souvent ne donnent qu'une impression confuse.

§ 18. PHILALÈTHE. Mais voici encore une autre question que fait l'auteur de l'*Essai*. *Je voudrais bien (dit-il) que ceux qui soutiennent avec tant de confiance que l'âme de l'homme ou (ce qui est la même chose) que l'homme pense toujours me disent comment ils le savent.*

THÉOPHILE. Je ne sais s'il ne faut pas plus de confiance pour nier qu'il se passe quelque chose dans l'âme dont nous ne nous apercevions pas ; car ce qui est remarquable doit être composé de parties qui ne le sont pas, rien ne saurait naître tout d'un coup, la pensée non plus que le mouvement. Enfin c'est comme si quelqu'un demandait aujourd'hui comment nous connaissons les corpuscules insensibles.

§ 19. PHILALÈTHE. *Je ne me souviens pas que ceux qui nous disent que l'âme pense toujours nous disent jamais que l'homme pense toujours.*

THÉOPHILE. Je m'imagine que c'est parce qu'ils l'entendent aussi de l'âme séparée, et cependant ils avoueront volontiers que l'homme pense toujours durant l'union. Pour moi qui ai des raisons pour tenir que l'âme n'est jamais séparée de tout corps, je crois qu'on peut dire absolument que l'homme pense et pensera toujours.

PHILALÈTHE. *Dire que le corps est étendu sans avoir les parties, et qu'une chose pense sans s'apercevoir qu'elle pense, ce sont deux assertions qui paraissent également inintelligibles.*

THÉOPHILE. Pardonnez-moi, Monsieur, je suis obligé de vous dire que lorsque vous avancez qu'il n'y a rien dans l'âme dont elle ne s'aperçoive, c'est une pétition de principe qui a déjà régné par toute notre première conférence, où l'on a voulu s'en servir pour détruire les idées et les vérités innées. Si nous accordions ce principe, outre que nous croirions choquer l'expérience et la raison, nous renoncerions sans raison à notre sentiment, que je crois avoir rendu assez intelligible. Mais outre que nos adversaires, tout habiles qu'ils sont, n'ont point apporté de preuve de ce qu'ils avancent si souvent et si positivement là-dessus, il est aisé de leur montrer le contraire, c'est-à-dire qu'il n'est pas possible que nous réfléchissions toujours expressément sur toutes nos pensées ; autrement l'esprit ferait réflexion sur chaque réflexion à l'infini sans pouvoir jamais passer à une nouvelle pensée. Par exemple, en m'apercevant de quelque sentiment présent, je devrais toujours penser que j'y pense, et penser encore que je pense d'y penser, et ainsi à l'infini. Mais il faut bien que je cesse de réfléchir sur toutes ces réflexions et qu'il y ait enfin quelque pensée qu'on laisse passer sans y penser ; autrement on demeurerait toujours sur la même chose.

PHILALÈTHE. *Mais ne serait-on pas tout aussi bien fondé à soutenir que l'homme a toujours faim, en disant qu'il en peut avoir sans s'en apercevoir ?*

THÉOPHILE. Il y a bien de la différence : la faim a des raisons particulières qui ne subsistent pas toujours. Cependant il est vrai aussi qu'encore quand on a faim on n'y pense pas à tout moment ; mais quand on y pense, on s'en aperçoit, car c'est une disposition bien notable : il y a toujours des irritations dans l'estomac, mais il faut qu'elles deviennent assez fortes pour causer de la faim. La même distinction se doit toujours faire entre les pensées en général et les pensées notables. Ainsi ce qu'on apporte pour tourner notre sentiment en ridicule sert à le confirmer.

§ 23. PHILALÈTHE. On peut demander maintenant *quand l'homme commence à avoir des idées* dans sa pensée. Et il me semble qu'on doit répondre que c'est *dès qu'il a quelque sensation.*

THÉOPHILE. Je suis du même sentiment ; mais c'est par un principe un peu particulier, car je crois que nous ne sommes jamais sans idées, jamais sans pensées et aussi jamais sans sensation. Je distingue seulement entre les idées et les pensées ; car nous avons toujours toutes les idées pures ou distinctes indépendamment des sens ; mais les pensées répondent toujours à quelque sensation.

§ 25. PHILALÈTHE. *Mais l'esprit est passif seulement* dans la perception *des idées simples, qui sont les rudiments ou matériaux de la connaissance, au lieu qu'il est actif quand il forme des idées composées.*

THÉOPHILE. Comment cela se peut-il, qu'il soit passif seulement à l'égard de la perception de toutes les idées simples, puisque selon votre propre aveu il y a des idées simples dont la perception vient de la réflexion, et qu'au moins l'esprit se donne lui-même les pensées de réflexion, car c'est lui qui réfléchit ? S'il se peut les refuser, c'est une autre question, et il ne le peut point sans doute sans quelque raison qui l'en détourne, quand quelque occasion l'y porte.

PHILALÈTHE. Il semble que jusqu'ici nous avons disputé ensemble *ex professo*. Maintenant que nous allons venir au détail des idées, j'espère que nous serons plus d'accord, et que nous ne différerons qu'en quelques particularités.

THÉOPHILE. Je serai ravi de voir d'habiles gens dans les sentiments que je tiens vrais, car ils sont propres à les faire valoir et à les mettre dans un beau jour.

CHAPITRE II

DES IDÉES SIMPLES

§ 1. PHILALÈTHE. *J'espère donc que vous demeurerez d'accord, Monsieur, qu'il y a des idées simples et des idées composées ; c'est ainsi que la chaleur et la mollesse dans la cire, et la froideur dans la glace, fournissent des idées simples, car l'âme en a une conception uniforme, qui ne saurait être distinguée en différentes idées.*

THÉOPHILE. Je crois qu'on peut dire que ces idées sensibles sont simples en apparence, parce qu'étant confuses, elles ne donnent point à l'esprit le moyen de distinguer ce qu'elles contiennent. C'est comme les choses éloignées qui paraissent rondes, parce qu'on n'en saurait discerner les angles, quoiqu'on en reçoive quelque impression confuse. Il est manifeste par exemple que le vert naît du bleu et du jaune mêlés ensemble ; ainsi on peut croire que l'idée du vert est encore composée de ces deux idées. Et pourtant l'idée du vert nous paraît aussi simple que celle du bleu, ou que celle du chaud. Ainsi il est à croire que ces idées du bleu et du chaud ne sont simples aussi qu'en apparence. Je consens pourtant volontiers qu'on traite ces idées de simples, parce qu'au moins notre aperception ne les divise pas, mais il faut venir à leur analyse par d'autres expériences et par la raison, à mesure qu'on peut les rendre plus intelligibles.

CHAPITRE III

DES IDÉES QUI NOUS VIENNENT PAR UN SEUL SENS

PHILALÈTHE. *On peut ranger maintenant les idées simples selon les moyens qui nous en donnent la perception, car cela se fait ou 1) par le moyen d'un seul sens, ou 2) par le moyen de plus d'un sens, ou 3) par la réflexion, ou 4) par toutes les voies de la sensation, aussi bien que par la réflexion. Pour ce qui est de celles qui entrent par un seul sens qui est particulièrement disposé à les recevoir, la lumière et les couleurs entrent uniquement par les yeux ; toutes sortes de bruits, de sons, et de tons entrent par les oreilles ; les différents goûts par le palais, et les odeurs par le nez. Les organes ou nerfs les portent au cerveau, et si quelques-uns de ces organes viennent à être détraqués, ces sensations ne sauraient être admises par quelque fausse porte. Les plus considérables qualités tactiques sont le froid, le chaud et la solidité. Les autres consistent ou dans la conformation des parties sensibles, qui fait le poli et le rude, ou dans leur union, qui fait le compact, le mou, le dur, le fragile.*

THÉOPHILE. Je conviens assez, Monsieur, de ce que vous dites, quoique je pourrais remarquer que, suivant l'expérience de feu M. Mariotte[70] sur le défaut de la vision à l'endroit du nerf optique, il semble que les membranes reçoivent le sentiment plus que les nerfs, et il y a quelque fausse porte pour l'ouïe et le goût, puisque les dents et le vertex contribuent à faire entendre quelque son, et que les goûts se font connaître en quelque façon par le nez, à cause de la connexion des organes. Mais tout cela ne change rien dans le fond des choses à l'égard de l'explication des idées. Et pour ce qui est des qualités tactiles, on peut dire que le poli ou rude, et le dur ou mou, ne sont que les modifications de la résistance ou de la solidité.

CHAPITRE IV

DE LA SOLIDITÉ

§ 1. PHILALÈTHE. *Vous accorderez aussi sans doute que le sentiment de la solidité est causé par la résistance que nous trouvons dans un corps jusqu'à ce qu'il ait quitté le lieu qu'il occupe lorsqu'un autre corps y entre actuellement. Ainsi ce qui empêche l'approche de deux corps lorsqu'ils se meuvent l'un vers l'autre, c'est ce que j'appelle la solidité. Si quelqu'un trouve plus à propos de l'appeler impénétrabilité, j'y donne les mains. Mais je crois que le terme de solidité emporte quelque chose de plus positif. Cette idée paraît la plus essentielle et la plus étroitement unie au corps et on ne la peut trouver que dans la matière.*

THÉOPHILE. Il est vrai que nous trouvons de la résistance dans l'attouchement, lorsqu'un autre corps a de la peine à donner place au nôtre, et il est vrai aussi que les corps ont de la répugnance à se trouver dans un même lieu. Cependant plusieurs doutent que cette répugnance soit invincible, et il est bon aussi de considérer que la résistance qui se trouve dans la matière en dérive de plus d'une façon, et par des raisons assez différentes. Un corps résiste à l'autre ou lorsqu'il doit quitter la place qu'il a déjà occupée, ou lorsqu'il manque d'entrer dans la place, où il était prêt d'entrer, à cause que l'autre fait effort d'y entrer aussi, auquel cas il peut arriver que, l'un ne cédant point à l'autre, ils s'arrêtent ou repoussent mutuellement. La résistance se fait voir dans le changement de celui à qui l'on résiste, soit qu'il perde de sa force, soit qu'il change de direction, soit que l'un et l'autre arrivent en même temps. Or l'on peut dire en général que cette résistance vient de ce qu'il y a de la répugnance entre deux corps d'être dans un même lieu, qu'on pourra appeler impénétrabilité. Ainsi lorsque l'un fait effort d'y entrer, il en fait en même temps pour en faire sortir l'autre, ou pour l'empêcher d'y entrer. Mais cette espèce d'incompatibilité qui fait céder l'un ou l'autre ou les deux ensemble étant une fois supposée, il y a plusieurs raisons par après, qui font qu'un corps résiste à celui qui s'efforce de le faire céder. Elles sont ou dans lui, ou dans les corps voisins. Il y en a deux qui sont en lui-même, l'une est passive et perpétuelle, l'autre active et changeante. La première est ce que j'appelle inertie après Kepler et Descartes, qui fait que la matière résiste au mouvement, et qu'il faut perdre de la force pour remuer un corps, quand il n'y aurait ni pesanteur, ni attachement. Ainsi il faut qu'un corps qui prétend chasser un autre, éprouve pour cela cette résistance. L'autre cause, qui est active et changeante, consiste dans l'impétuosité du corps même, qui ne cède point sans résister dans le moment que sa propre impétuosité le porte dans un lieu. Les mêmes raisons reviennent dans les corps voisins, lorsque le corps qui résiste ne peut céder sans faire encore céder d'autres. Mais il y entre encore alors une nouvelle considération, c'est celle de la fermeté, ou de l'attachement d'un corps à l'autre. Cet attachement fait souvent qu'on ne peut pousser un corps sans pousser en même temps un autre qui lui est attaché, ce qui fait une manière de traction à l'égard de cet autre. Cet attachement aussi fait que, quand même on mettrait à part l'inertie et l'impétuosité manifeste, il y aurait de la résistance ; car si l'espace est conçu plein d'une matière parfaitement fluide, et si on y place un seul corps dur (supposé qu'il n'y ait ni inertie ni impétuosité dans le fluide), il y sera mû sans trouver aucune résistance ; mais si l'espace était plein de petits cubes, la résistance que trouverait le corps dur qui devrait être mû parmi ces cubes viendrait de ce que les petits cubes durs, à cause de leur dureté, ou de l'attachement de leurs parties les unes aux autres, auraient de la peine à se diviser autant qu'il faudrait pour faire un cercle de mouvement, et pour remplir la place du mobile au moment qu'il en sort. Mais si deux corps entraient en même temps par deux bouts dans un tuyau ouvert des deux côtés et en remplissaient également la capacité, la matière qui serait dans ce tuyau, quelque fluide qu'elle pût être, résisterait par sa seule impénétrabilité. Ainsi, dans la résistance dont il s'agit ici, il y a à considérer l'impénétrabilité des corps, l'inertie, l'impétuosité, et l'attachement. Il est vrai qu'à mon avis cet attachement des corps vient d'un mouvement plus subtil d'un corps vers l'autre ; mais comme c'est un point qui peut être contesté, on ne doit point le supposer d'abord. Et par la même raison on ne doit point supposer d'abord non plus qu'il y a une solidité originaire essentielle, qui rende le lieu toujours égal au corps, c'est-à-dire que l'incompatibilité, ou pour parler plus juste l'inconsistance des corps dans un même lieu, est une parfaite impénétrabilité qui ne reçoit ni plus ni moins, puisque plusieurs disent que la solidité sensible peut venir d'une répugnance des corps à se trouver dans un même lieu, mais qui ne serait point invincible. Car tous les péripatéticiens ordinaires et plusieurs autres croient qu'une même matière pourrait remplir plus ou moins d'espace, ce qu'ils appellent raréfaction ou condensation, non pas en apparence seulement (comme lorsqu'en comprimant une éponge, on en fait sortir l'eau), mais à la rigueur, comme l'Ecole le conçoit à l'égard de l'air. Je ne suis point de ce sentiment, mais je ne trouve pas qu'on doive supposer d'abord le sentiment opposé, les sens sans le raisonnement ne suffisant point à établir cette parfaite impénétrabilité, que je tiens vraie dans l'ordre de la nature, mais qu'on n'apprend pas par la seule sensation. Et quelqu'un pourrait prétendre que la résistance des corps à la compression vient d'un effort que les parties font à se répandre quand elles n'ont pas toute leur liberté. Au reste pour prouver ces qualités, les yeux aident beaucoup, en venant au secours de l'attouchement. Et dans le fond la solidité, en tant qu'elle donne une notion distincte, se conçoit par la pure raison, quoique les sens fournissent au raisonnement de quoi prouver qu'elle est dans la nature.

§ 4. PHILALÈTHE. *Nous sommes au moins d'accord que la* solidité *d'un corps porte qu'il remplit l'espace qu'il occupe, de telle sorte qu'il en exclut absolument tout autre corps, s'il ne peut trouver un espace où il n'était pas auparavant ; au lieu que la dureté* ou la consistance *plutôt, que quelques-uns appellent fermeté est une forte union de certaines parties de la matière, qui composent des amas d'une grosseur sensible, de sorte que toute la masse ne change pas aisément de figure.*

THÉOPHILE. Cette consistance, comme j'ai déjà remarqué, est proprement ce qui fait qu'on a de la peine à mouvoir une partie d'un corps sans l'autre, de sorte que lorsqu'on en pousse l'une, il arrive que l'autre, qui n'est point poussée et ne tombe point dans la ligne de la tendance, est néanmoins portée aussi à aller de ce côté-là par une manière de traction ; et de plus, si cette dernière partie trouve quelque empêchement qui la retient ou la repousse, elle tire en arrière, ou retient aussi la première ; et cela est toujours réciproque. Le même arrive quelquefois à deux corps qui ne se touchent point et qui ne composent point un corps continu dont ils soient les parties contiguës : et cependant l'un étant poussé, fait aller l'autre sans le pousser, autant que les sens peuvent faire connaître. C'est de quoi l'aimant, l'attraction électrique et celle qu'on attribuait autrefois à la crainte du vide donnent des exemples.

PHILALÈTHE. *Il semble que généralement le dur et le mou sont des noms que nous donnons aux choses seulement par rapport à la constitution particulière de nos corps.*

THÉOPHILE. Mais ainsi beaucoup de philosophes n'attribueraient poins la dureté à leurs atomes. La notion de la dureté ne dépend point des sens, et on en peut concevoir la possibilité par la raison, quoique nous soyons encore convaincus par les sens qu'elle se trouve actuellement dans la nature. Je préférerais cependant le mot de fermeté (s'il m'était permis de m'en servir dans ce sens) à celui de dureté, car il y a quelque fermeté encore dans les corps mous. Je cherche même un mot plus commode et plus général comme consistance ou cohésion. Ainsi j'opposerais le dur au mol, et le ferme au fluide, car la cire est molle, mais sans être fondue par la chaleur, elle n'est point fluide et garde ses bornes ; et dans les fluides mêmes il y a de la cohésion ordinairement, comme les gouttes d'eau et de mercure le font voir. Et je suis d'opinion que tous les corps ont un degré de cohésion, comme je crois de même qu'il n'y en a point qui n'aient quelque fluidité et dont la cohésion ne soit surmontable : de sorte qu'à mon avis les atomes d'Epicure, dont la dureté est supposée invincible, ne sauraient avoir lieu non plus que la matière subtile parfaitement fluide des cartésiens. Mais ce n'est pas le lieu ici ni de justifier ce sentiment ni d'expliquer la raison de la cohésion.

PHILALÈTHE. La solidité parfaite des corps semble se justifier par l'expérience. *Par exemple l'eau, ne pouvant point céder, passa à travers les portes d'un globe d'or concave, où elle était enfermée, lorsqu'on mit ce globe sous la presse à Florence.*

THÉOPHILE. Il y a quelque chose à dire à la conséquence que vous tirez de cette expérience et de ce qui est arrivé à l'eau. L'air est un corps aussi bien que l'eau, et cependant le même ne serait point arrivé à l'air qui est comprimable au moins *ad sensum*[71]. Et ceux qui soutiendront une raréfaction et condensation exacte diront que l'eau est déjà trop comprimée pour céder à nos machines, comme un air très comprimé résisterait aussi à une compression ultérieure. J'avoue cependant de l'autre côté que quand on remarquerait quelque petit changement de volume dans l'eau, on pourrait l'attribuer à l'air qui y est enfermé. Sans entrer maintenant dans la discussion, si l'eau pure n'est point comprimable elle-même, comme il se trouve qu'elle est dilatable, quand elle évapore, cependant je suis dans le fond du sentiment de ceux qui croient que les corps sont parfaitement impénétrables, et qu'il n'y a point de condensation ou raréfaction qu'en apparence. Mais ces sortes d'expériences sont aussi peu capables de le prouver que le tuyau de Torricelli[72] ou la machine de Gherike[73] sont suffisantes pour prouver un vide parfait.

§ 5. PHILALÈTHE. Si le corps était raréfiable ou comprimable à la rigueur, il pourrait changer de volume ou d'étendue, mais cela n'étant point, il sera toujours égal au même espace : et cependant *son étendue sera toujours distincte de celle de l'espace.*

THÉOPHILE. Le corps pourrait avoir sa propre étendue, mais il ne s'ensuit point qu'elle serait toujours déterminée ou égale au même espace. Cependant quoiqu'il soit vrai qu'en concevant le corps, on conçoit quelque chose de plus que l'espace, il ne s'ensuit point qu'il y ait deux étendues, celle de l'espace et celle du corps ; car c'est comme lorsqu'en concevant plusieurs choses à la fois, on conçoit quelque chose de plus que le nombre, savoir *res numeratas*, et cependant il n'y a point deux multitudes, l'une abstraite, savoir celle du nombre, l'autre concrète, savoir celle des choses nombrées. On peut dire de même qu'il ne faut point s'imaginer deux étendues, l'une abstraite, de l'espace, l'autre concrète, du corps ; le concret n'étant tel que par l'abstrait. Et comme les corps passent d'un endroit de l'espace à l'autre, c'est-à-dire qu'ils changent d'ordre entre eux, les choses aussi passent d'un endroit de l'ordre ou d'un nombre à l'autre, lorsque par exemple le premier devient le second et le second devient le troisième, etc. En effet le temps et le lieu ne sont que des espèces d'ordre, et dans ces ordres la place vacante (qui s'appelle vide à l'égard de l'espace), s'il y en avait, marquerait la possibilité seulement de ce qui manque avec son rapport à l'actuel.

PHILALÈTHE. Je suis toujours bien aise que vous soyez d'accord avec moi dans le fond, que la matière ne change point de volume. Mais il semble que vous allez trop loin, Monsieur, en ne reconnaissant point deux étendues et que vous approchiez des cartésiens, qui ne distinguent point l'espace de la matière. Or il me semble que *s'il se trouve des gens qui n'aient pas ces idées distinctes* (de l'espace et de la solidité qui le remplit), *mais les confondent et des deux n'en fassent qu'une, on ne saurait voir comment ces personnes puissent s'entretenir avec les autres. Ils sont comme un aveugle serait à l'égard d'un autre homme qui lui parlerait de l'écarlate, pendant que cet aveugle croirait qu'elle ressemble au son d'une trompette.*

THÉOPHILE. Mais je tiens en même temps que les idées de l'étendue et de la solidité ne consistent point dans un je ne sais quoi comme celle de la couleur de l'écarlate. Je distingue l'étendue et la matière, contre le sentiment des cartésiens. Cependant je ne crois point qu'il y a deux étendues ; et puisque ceux qui disputent sur la différence de l'étendue et de la solidité conviennent de plusieurs vérités sur ce sujet et ont quelques notions distinctes, ils y peuvent trouver le moyen de sortir de leur différend ; ainsi la prétendue différence sur les idées ne doit point leur servir de prétexte pour rendre les disputes éternelles, quoique je sache que certains cartésiens, très habiles d'ailleurs, ont coutume aussi de se retrancher dans les idées qu'ils prétendent avoir. Mais s'ils se servaient du moyen que j'ai donné autrefois pour reconnaître les idées vraies et fausses et dont nous parlerons aussi dans la suite, ils sortiraient d'un poste qui n'est point tenable.

CHAPITRE V

DES IDÉES SIMPLES QUI NOUS VIENNENT PAR DIVERS SENS

PHILALÈTHE. *Les idées dont la perception nous vient de plus d'un sens sont celles de l'espace, ou de l'étendue, ou de la figure, du mouvement et du repos.*

THÉOPHILE. Ces idées qu'on dit venir de plus d'un sens, comme celle de l'espace, figure, mouvement, repos, sont plutôt du sens commun, c'est-à-dire de l'esprit même, car ce sont des idées de l'entendement pur, mais qui ont du rapport à l'extérieur, et que les sens font apercevoir ; aussi sont-elles capables de définitions et de démonstrations.

CHAPITRE VI

DES IDÉES SIMPLES QUI VIENNENT PAR RÉFLEXION

PHILALÈTHE. *Les idées simples qui viennent par réflexion sont les idées de l'entendement et de la volonté* car nous nous en apercevons en réfléchissant sur nous-mêmes.

THÉOPHILE. On peut douter si toutes ces idées sont simples, car il est clair par exemple que l'idée de la volonté renferme celle de l'entendement, et que l'idée du mouvement contient celle de la figure.

CHAPITRE VII

DES IDÉES QUI VIENNENT PAR SENSATION ET PAR RÉFLEXION

§ 1. PHILALÈTHE. *Il y a des idées simples qui se font apercevoir dans l'esprit par toutes les voies de la sensation et par la réflexion aussi, savoir le plaisir, la douleur, la puissance, l'existence et l'unité.*

THÉOPHILE. Il semble que les sens ne sauraient nous convaincre de l'existence des choses sensibles sans le secours de la raison. Ainsi je croirais que la considération de l'existence vient de la réflexion. Celle de la puissance aussi et de l'unité viennent de la même source, et sont d'une tout autre nature que les perceptions du plaisir et de la douleur.

CHAPITRE VIII

AUTRES CONSIDÉRATIONS SUR LES IDÉES SIMPLES

§ 2. PHILALÈTHE. *Que dirons-nous des idées des qualités privatives ? Il me semble que les idées du repos, des ténèbres et du froid sont aussi positives que celles du mouvement, de la lumière et du chaud.* § 6. *Cependant, en proposant ces privations comme des causes des idées positives, je suis l'opinion vulgaire ; mais dans le fond il sera malaisé de déterminer s'il y a effectivement aucune idée qui vienne d'une cause privative jusqu'à ce qu'on ait déterminé si le repos est plutôt une privation que le mouvement.*

THÉOPHILE. Je n'avais point cru qu'on pût avoir sujet de

douter de la nature privative du repos. Il lui suffit qu'on nie le mouvement dans le corps ; mais il ne suffit pas au mouvement qu'on nie le repos et il faut ajouter quelque chose de plus pour déterminer le degré du mouvement, puisqu'il reçoit essentiellement du plus ou du moins, au lieu que tous les repos sont égaux. Autre chose est quand on parle de la cause du repos, qui doit être positive dans la matière seconde ou masse. Je croirais encore que l'idée même du repos est privative, c'est-à-dire qu'elle ne consiste que dans la négation. Il est vrai que l'acte de nier est une chose positive.

§ 9. PHILALÈTHE. *Les qualités des choses étant les facultés qu'elles ont de produire en nous la perception des idées, il est bon de distinguer ces qualités. Il y en a des premières et des secondes. L'étendue, la solidité, la figure, le nombre, la mobilité sont des qualités originales et inséparables du corps, que j'appelle* premières. § 10. *Mais j'appelle qualités* secondes *les facultés ou puissances des corps à produire certaines sensations en nous, ou certains effets dans les autres corps, comme le feu par exemple en produit dans la cire en la fondant.*

THÉOPHILE. Je crois qu'on pourrait dire que lorsque la puissance est intelligible, et se peut expliquer distinctement, elle doit être comptée parmi les qualités premières ; mais lorsqu'elle n'est que sensible et ne donne qu'une idée confuse, il faudra la mettre parmi les qualités secondes.

§ 11. PHILALÈTHE. *Ces qualités premières font voir comment les corps agissent les uns sur les autres. Or les corps n'agissent que par impulsion, du moins autant que nous pouvons le concevoir, car il est impossible de comprendre que le corps puisse agir sur ce qu'il ne touche point, ce qui est autant que d'imaginer qu'ils puissent agir où il n'est pas.*

THÉOPHILE. Je suis aussi d'avis que les corps n'agissent que par impulsion. Cependant il y a quelque difficulté dans la preuve que je viens d'entendre ; car l'attraction n'est pas toujours sans attouchement, et on peut toucher sans tirer sans aucune impulsion visible, comme j'ai montré ci-dessus en parlant de la dureté. S'il y avait des atomes d'Epicure, une partie poussée tirerait l'autre avec elle et la toucherait en la mettant en mouvement sans impulsion. Et dans l'attraction entre des choses contiguës on ne peut point dire que ce qui tire avec soi agit où il n'est point. Cette raison combattrait seulement contre les attractions de loin, comme il y en aurait à l'égard de ce qu'on appelle *vires centripetas*[74], mises en avant par quelques excellents hommes.

§ 13. PHILALÈTHE. *Maintenant certaines particules, frappant nos organes d'une certaine façon, causent en nous certains sentiments de couleurs ou de saveurs ou d'autres qualités secondes, qui ont la puissance de produire ces sentiments. Et il n'est pas plus difficile de concevoir que Dieu peut attacher telles idées comme celle de chaleur à des mouvements, avec lesquels elles n'ont aucune ressemblance, qu'il est difficile de concevoir qu'il a attaché l'idée de la douleur au mouvement d'un morceau de fer qui divise notre chair, auquel mouvement la douleur ne ressemble en aucune manière.*

THÉOPHILE. Il ne faut point s'imaginer que ces idées comme de la couleur ou de la douleur soient arbitraires et sans rapport ou connexion naturelle avec leurs causes : ce n'est pas l'usage de Dieu d'agir avec si peu d'ordre et de raison. Je dirais plutôt qu'il y a une manière de ressemblance, non pas entière et pour ainsi dire *in terminis*[75], mais expressive, ou de rapport d'ordre, comme une ellipse et même une parabole ou hyperbole ressemblent en quelque façon au cercle dont elles sont la projection sur le plan, puisqu'il y a un certain rapport exact et naturel entre ce qui est projeté et la projection qui s'en fait, chaque point de l'un répondant suivant une certaine relation à chaque point de l'autre. C'est ce que les cartésiens ne considèrent pas assez et cette fois vous leur avez plus déféré, Monsieur, que vous n'avez coutume et que vous n'aviez sujet de faire.

§ 15. PHILALÈTHE. Je vous dis ce qui me paraît, et les apparences sont que *les idées des premières qualités des corps ressemblent à ces qualités, mais que les idées produites en nous par les secondes qualités ne leur ressemblent en aucune manière*.

THÉOPHILE. Je viens de marquer comment il y a de la ressemblance ou de rapport exact à l'égard des secondes aussi bien qu'à l'égard des premières qualités. Il est bien raisonnable que l'effet réponde à sa cause ; et comment assurer le contraire ? puisqu'on ne connaît point distinctement ni la sensation du bleu (par exemple) ni les mouvements qui la produisent. Il est vrai que la douleur ne ressemble pas au mouvement d'une épingle, mais elle peut ressembler fort bien à des mouvements que cette épingle cause dans notre corps, et représenter ces mouvements dans l'âme, comme je ne doute nullement qu'elle ne fasse. C'est aussi pour cela que nous disons que la douleur est dans notre corps et non pas qu'elle est dans l'épingle, mais nous disons que la lumière est dans le feu, parce qu'il y a dans le feu des mouvements qui ne sont point distinctement sensibles à part, mais dont la confusion ou conjonction devient sensible, et nous est représentée par l'idée de la lumière.

§ 21. PHILALÈTHE. Mais si le rapport entre l'objet et le sentiment était naturel, comment se pourrait-il faire, comme nous remarquons en effet que *la même eau peut paraître chaude à une main et froide à l'autre* ? ce qui fait voir aussi que la chaleur n'est pas dans l'eau non plus que la douleur dans l'épingle.

THÉOPHILE. Cela prouve tout au plus que la chaleur n'est pas une qualité sensible ou puissance de se faire sentir tout à fait absolue, mais qu'elle est relative à des organes proportionnés : car un mouvement propre dans la main s'y peut mêler et en altérer l'apparence. La lumière encore ne paraît point à des yeux mal constitués, et quand ils sont remplis eux-mêmes d'une grande lumière, une moindre ne leur est point sensible. Même les qualités premières (suivant votre dénomination), par exemple l'unité et le nombre, peuvent ne point paraître comme il faut : car comme M. Descartes[76] l'a déjà rapporté, un globe touché des doigts d'une certaine façon paraît double et les miroirs ou verres taillés en facettes multiplient l'objet. Il ne s'ensuit donc pas que ce qui ne paraît point toujours de même ne soit pas une qualité de l'objet, et que son image ne lui ressemble pas. Et quant à la chaleur, quand notre main est fort chaude, la chaleur médiocre de l'eau ne se fait point sentir, et tempère plutôt celle de la main, et par conséquent l'eau nous paraît froide ; comme l'eau salée de la mer Baltique mêlée avec de l'eau de la mer de Portugal en diminuerait la salure spécifique, quoique la première soit salée elle-même. Ainsi en quelque façon on peut dire que la chaleur appartient à l'eau d'un bain, bien qu'elle puisse paraître froide à quelqu'un, comme le miel est appelé doux absolument, et l'argent blanc, quoique l'un paraisse amer, l'autre jaune à quelques malades : car la dénomination se fait par le plus ordinaire : et il demeure cependant vrai que lorsque l'organe et le milieu sont constitués comme il faut, les mouvements internes et les idées qui les représentent à l'âme ressemblent aux mouvements de l'objet qui causent la couleur, la chaleur, la douleur, etc., ou, ce qui est ici la même chose, l'expriment par un rapport assez exact, quoique ce rapport ne nous paraisse pas distinctement, parce que nous ne saurions démêler cette multitude de petites impressions ni dans notre âme ni dans notre corps ni dans ce qui est hors de nous.

§ 24. PHILALÈTHE. *Nous ne considérons les qualités qu'a le soleil de blanchir et d'amollir la cire ou d'endurcir la boue que comme de simples puissances, sans rien concevoir dans le soleil qui ressemble à cette blancheur et à cette mollesse, ou à cette dureté : mais la chaleur et la lumière sont regardées communément comme des qualités réelles du soleil. Cependant, à bien considérer la chose, ces qualités de lumière et de chaleur qui sont des perceptions en moi ne sont point dans le soleil d'une autre manière que les changements produits dans la cire, lorsqu'elle est blanchie ou fondue sont dans cet astre.*

THÉOPHILE. Quelques-uns ont poussé cette doctrine si loin qu'ils ont voulu nous persuader que si quelqu'un pouvait toucher le soleil, il n'y trouverait aucune chaleur. Le soleil imité qui se fait sentir dans le foyer d'un miroir ou verre ardent en peut désabuser. Mais pour ce qui est de la comparaison entre la faculté d'échauffer et celle de fondre, j'oserais dire que si la cire fondue ou blanchie avait du sentiment, elle sentirait aussi quelque chose d'approchant à ce que nous sentons quand le soleil nous échauffe, et dirait, si elle pouvait, que le soleil est chaud, non pas parce que sa blancheur ressemble au soleil, car lorsque les visages sont hâlés au soleil, leur couleur brune lui ressemblerait aussi, mais parce qu'il y a alors dans la cire des mouvements qui ont un rapport à ceux du soleil qui les cause : sa blancheur pourrait venir d'une autre cause, mais non pas les mouvements qu'elle a eus, en la recevant du soleil.

CHAPITRE IX

DE LA PERCEPTION

§ 1. PHILALÈTHE. Venons maintenant aux idées de réflexion en particulier. *La perception est la première faculté de l'âme qui est occupée de nos idées. C'est aussi la première et la plus simple idée que nous recevions par réflexion. La pensée signifie souvent l'opération de l'esprit sur ses propres idées, lorsqu'il agit et considère une chose avec un certain degré d'attention volontaire : mais dans ce qu'on nomme* perception, *l'esprit est pour l'ordinaire purement passif, ne pouvant éviter d'apercevoir ce qu'il aperçoit actuellement.*

THÉOPHILE. On pourrait peut-être ajouter que les bêtes ont de la perception, et qu'il n'est point nécessaire qu'ils aient de la pensée, c'est-à-dire qu'ils aient de la réflexion ou ce qui en peut être l'objet. Aussi avons-nous des petites perceptions nous-mêmes, dont nous ne nous apercevons point dans notre présent état. Il est vrai que nous pourrions fort bien nous en apercevoir et y faire réflexion, si nous n'étions détournés par leur multitude, qui partage notre esprit, ou si elles n'étaient effacées ou plutôt obscurcies par de plus grandes.

§ 4. PHILALÈTHE. J'avoue que, *lorsque l'esprit est fortement occupé à contempler certains objets, il ne s'aperçoit en aucune manière de l'impression que certains corps font sur l'organe de l'ouïe, bien que l'impression soit assez forte, mais il n'en provient aucune perception, si l'âme n'en prend aucune connaissance.*

THÉOPHILE. J'aimerais mieux distinguer entre perception et entre s'apercevoir. La perception de la lumière ou de la couleur par exemple, dont nous nous apercevons, est composée de quantité de petites perceptions, dont nous ne nous apercevons pas, et un bruit dont nous avons perception, mais où nous ne prenons point garde, devient aperceptible par une petite addition ou augmentation. Car si ce qui précède ne faisait rien sur l'âme, cette petite addition n'y ferait rien encore et le tout ne ferait rien non plus. J'ai déjà touché ce point chap. I de ce livre, § 11, 12, 15, etc.

§ 8. PHILALÈTHE. *Il est à propos de remarquer ici que les idées qui viennent par la sensation sont souvent altérées par le jugement de l'esprit des personnes faites sans qu'elles s'en aperçoivent. L'idée d'un globe de couleur uniforme représente un cercle plat diversement ombragé et illuminé. Mais comme nous sommes accoutumés à distinguer les images des corps et les changements des réflexions de la lumière selon les figures de leurs surfaces, nous mettons, à la place de ce qui nous paraît, la cause même de l'image, et confondons le jugement avec la vision.*

THÉOPHILE. Il n'y a rien de si vrai, et c'est ce qui donne moyen à la peinture de nous tromper par l'artifice d'une perspective bien entendue. Lorsque les corps ont des extrémités plates, on peut les représenter sans employer les ombres en ne se servant que des contours et en faisant simplement des peintures à la façon des Chinois, mais mieux proportionnées que les leurs. C'est comme on a coutume de dessiner les médailles, afin que le dessinateur s'éloigne moins des traits précis des antiques. Mais on ne saurait distinguer exactement par le dessin le dedans d'un cercle, du dedans d'une surface sphérique bornée par ce cercle, sans le secours des ombres ; le dedans de l'un et de l'autre n'ayant pas de points distingués ni de traits distinguants, quoiqu'il y ait pourtant une grande différence qui doit être marquée. C'est pourquoi M. Desargues a donné des préceptes sur la force des teintes et des ombres[77]. Lors donc qu'une peinture nous trompe, il y a une double erreur dans nos jugements ; car premièrement nous mettons la cause pour l'effet, et croyons voir immédiatement ce qui est la cause de l'image, en quoi nous ressemblons un peu à un chien qui aboie contre un miroir. Car nous ne voyons que l'image proprement, et nous ne sommes affectés que par les rayons. Et puisque les rayons de la lumière ont besoin de temps (quelque petit qu'il soit), il est possible que l'objet soit détruit dans cet intervalle, et ne subsiste plus quand le rayon arrive à l'œil, et ce qui n'est plus ne saurait être l'objet présent de la vue. En second lieu nous nous trompons encore lorsque nous mettons en cause pour l'autre, et croyons que ce qui ne vient que d'une plate peinture est dérivé d'un corps, de sorte qu'en ce cas il y a dans nos jugements tout à la fois une métonymie et une métaphore ; car les figures mêmes de rhétorique passent en sophismes lorsqu'elles nous abusent. Cette confusion de l'effet avec la cause, ou vraie, ou prétendue, entre souvent dans nos jugements encore ailleurs. C'est ainsi que nous sentons nos corps ou ce qui les touche, et que nous remuons nos bras, par une influence physique immédiate, que nous jugeons constituer le commerce de l'âme et du corps ; au lieu que véritablement nous ne sentons et ne changeons de cette manière-là que ce qui est en nous.

PHILALÈTHE. *A cette occasion je vous proposerai un problème, que le savant Monsieur Molineux*[78], *qui emploie si utilement son beau génie à l'avancement des sciences, a communiqué à l'illustre Monsieur Locke. Voici à peu près ses termes : supposez un aveugle de naissance, qui soit présentement homme fait, auquel on ait appris à distinguer par l'attouchement un cube d'un globe du même métal, et à peu près du même grosseur, en sorte que lorsqu'il touche l'un et l'autre, il puisse dire quel est le cube, et quel est le globe. Supposez que le cube et le globe étant posés sur une table, cet aveugle vienne à jouir de la vue. On demande si, en les voyant sans toucher, il pourrait les discerner, et dire quel est le cube, et quel est le globe.* Je vous prie, Monsieur, de me dire quel est votre sentiment là-dessus.

THÉOPHILE. Il me faudrait donner du temps pour méditer cette question, qui me paraît assez curieuse : mais puisque vous me pressez de répondre sur-le-champ, je hasarderai de vous dire entre nous que je crois que, supposé que l'aveugle sache que ces deux figures qu'il voit sont celles du cube et du globe, il pourra les discerner, et dire sans toucher : Ceci est le globe, ceci le cube.

PHILALÈTHE. J'ai peur qu'il ne vous faille mettre dans la foule de ceux qui ont mal répondu à M. Molineux. Car il a mandé *dans la lettre qui contenait cette question que, l'ayant proposée à l'occasion de l'essai de M. Locke sur l'Entendement à diverses personnes d'un esprit fort pénétrant, à peine en a-t-il trouvé une qui d'abord lui ait répondu sur cela comme il croit qu'il faut répondre, quoiqu'ils aient été convaincus de leur méprise après avoir entendu ses raisons. La réponse de ce pénétrant et judicieux auteur est négative :* car (ajoute-t-il), *bien que cet aveugle ait appris par expérience de quelle manière le globe et le cube affectent son attouchement, il ne sait pourtant pas encore que ce qui affecte l'attouchement de telle ou telle manière doive frapper les yeux de telle ou telle manière, ni que l'angle avancé d'un cube, qui presse sa main d'une manière inégale, doive paraître à ses yeux tel qu'il paraît dans le cube. L'auteur de l'essai déclare qu'il est tout à fait du même sentiment.*

THÉOPHILE. Peut-être que M. Molineux et l'auteur de l'*Essai* ne sont pas si éloignés de mon opinion qu'il paraît d'abord, et que les raisons de leur sentiment contenues apparemment dans la lettre du premier, qui s'en est servi avec succès pour convaincre les gens de leur méprise, ont été supprimées exprès par le second pour donner plus d'exercice à l'esprit des lecteurs. Si vous voulez peser ma réponse, vous trouverez, Monsieur, que j'y ai mis une condition qu'on peut considérer comme comprise dans la question, c'est qu'il ne s'agisse que de discerner seulement, et que l'aveugle sache que les deux corps figurés qu'il doit discerner y sont, et qu'ainsi chacune des apparences qu'il voit est celle du cube ou celle du globe. En ce cas il me paraît indubitable que l'aveugle qui vient de cesser de l'être les peut discerner par les principes de la raison, joints à ce que l'attouchement lui a fourni auparavant de connaissance sensuelle. Car je ne parle pas de ce qu'il fera peut-être en effet et sur-le-champ, étant ébloui et confondu par la nouveauté ou d'ailleurs peu accoutumé à tirer des conséquences. Le fondement de mon sentiment est que dans le globe il n'y a pas de points distingués du côté du globe même, tout y étant uni et sans angles, au lieu que dans le cube il y a huit points distingués de tous les autres. S'il n'y avait pas ce moyen de discerner les figures, un aveugle ne pourrait pas apprendre les rudiments de la géométrie par l'attouchement. Cependant nous voyons que les aveugles-nés sont capables d'apprendre la géométrie, et ont même toujours quelques rudiments d'une géométrie naturelle, et que le plus souvent on apprend la géométrie par la seule vue, sans se servir de l'attouchement, comme pourrait et devrait même faire un paralytique ou une autre personne à qui l'attouchement fût presque interdit. Et il faut que ces deux géométries, celle de l'aveugle et celle du paralytique, se rencontrent et s'accordent et même reviennent aux mêmes idées, quoiqu'il n'y ait point d'images communes. Ce qui fait encore voir combien il faut distinguer les images des idées exactes, qui consistent dans les définitions. Effectivement ce serait quelque chose de fort curieux et même d'instructif de bien examiner les idées d'un aveugle-né, d'entendre les descriptions qu'il fait des figures. Car il peut y arriver, et il peut même entendre la doctrine optique, en tant qu'elle est dépendante des idées distinctes et mathématiques, quoiqu'il ne puisse pas parvenir à concevoir ce qu'il y a de clair-confus, c'est-à-dire l'image de la lumière et des couleurs. C'est pourquoi un certain aveugle-né, après avoir écouté des leçons d'optique, qu'il paraissait comprendre assez, répondit à quelqu'un qui lui demandait ce qu'il croyait de la lumière qu'il s'imaginait que ce devait être quelque chose agréable comme le sucre. Il serait de même fort important d'examiner les idées qu'un homme né sourd et muet peut avoir des choses non figurées, dont nous avons ordinairement la description en paroles, et qu'il doit avoir d'une manière tout à fait différente, quoiqu'elle puisse être équivalente à la nôtre, comme l'écriture des Chinois fait un effet équivalent à celui de notre alphabet, quoiqu'elle en soit infiniment différente et pourrait paraître inventée par un sourd. J'attends par la faveur d'un grand prince [la relation], d'un né sourd et muet à Paris, dont les oreilles sont enfin parvenues jusqu'à faire leur fonction, qu'il a maintenant appris la langue française (car c'est de la cour de France qu'on le mandait il n'y a pas longtemps) et qui pourra dire des choses bien curieuses sur les conceptions qu'il avait dans son état précédent et sur le changement de ces idées lorsque le sens de l'ouïe a commencé à être exercé. Ces gens nés sourds et muets peuvent aller plus loin qu'on ne pense. Il y en avait un à Oldenbourg, du temps du dernier comte, qui était devenu bon peintre, et se montrait très raisonnable d'ailleurs. Un fort savant homme, Breton de nation, m'a raconté qu'à Blainville, à dix lieues de Nantes, appartenant au duc de Rohan, il y avait environ en 1690 un pauvre, qui demeurait dans une hutte, proche du château hors de la ville, qui était né sourd et muet, et qui portait des lettres et autres choses à la ville et trouvait les maisons, suivant quelques signes que des personnes accoutumées à l'employer lui faisaient. Enfin le pauvre devint encore aveugle, et ne laissa pas de rendre quelque service et de porter des lettres en ville sur ce qu'on lui marquait par l'attouchement. Il avait une planche dans sa hutte, laquelle allant depuis la porte jusqu'à l'endroit où il avait les pieds, lui faisait connaître par le mouvement qu'elle recevait si quelqu'un entrait chez lui. Les hommes sont bien négligents de ne prendre pas une exacte connaissance des manières de penser de telles personnes. S'il ne vit plus, il y a apparence que quelqu'un sur les lieux en pourrait encore donner quelque information et nous faire entendre comment on lui marquait les choses qu'il devait exécuter.

Mais pour revenir à ce que l'aveugle-né, qui commence à voir, jugerait du globe et d'un cube en les voyant sans les toucher, je réponds qu'il les discernera, comme je viens de dire, si quelqu'un l'avertit que l'une ou l'autre des apparences ou perceptions qu'il en aura appartient au cube et au globe; mais sans cette instruction préalable, j'avoue qu'il ne s'avisera pas d'abord de penser que ces espèces de peintures qu'il s'en fera dans le fond de ses yeux, et qui pourraient venir d'une plate peinture sur la table, représentent des corps, jusqu'à ce que l'attouchement l'en aura convaincu, ou qu'à force de raisonner sur les rayons suivant l'optique, il aura compris par les lumières et les ombres qu'il y a une chose qui arrête ces rayons, et que ce doit être justement ce qui lui reste dans l'attouchement : à quoi il parviendra enfin quand il verra rouler ce globe et ce cube, et changer d'ombres et d'apparences suivant le mouvement, ou même quand, ces deux corps demeurant en repos, la lumière qui les éclaire changera de place, ou que ses yeux changeront de situation. Car ce sont à peu près les moyens que nous avons de discerner de loin un tableau ou une perspective, qui représente un corps, d'avec le corps véritable.

§ 11. PHILALÈTHE. Revenons à la perception en général. *Elle distingue les animaux des êtres inférieurs.*

THÉOPHILE. J'ai du penchant à croire qu'il y a quelque perception et appétition encore dans les plantes à cause de la grande analogie qu'il y a entre les plantes et les animaux ; et s'il y a une âme végétale, comme c'est l'opinion commune, il faut qu'elle ait de la perception. Cependant je ne laisse pas d'attribuer au mécanisme tout ce qui se fait dans les corps des plantes et des animaux, excepté leur première formation. Ainsi je demeure d'accord que le mouvement de la plante qu'on appelle sensitive vient du mécanisme, et je n'approuve point qu'on ait recours à l'âme, lorsqu'il s'agit d'expliquer le détail des phénomènes des plantes et des animaux.

§ 14. PHILALÈTHE. *Il est vrai que moi-même je ne saurais m'empêcher de croire que même dans ces sortes d'animaux, qui sont comme les huîtres et les moules, il n'y ait quelque faible perception : car des sensations vives ne serviraient qu'à incommoder un animal qui est contraint de demeurer toujours dans le lieu où le hasard l'a placé, où il est arrosé d'eau froide ou chaude, nette ou sale, selon qu'elle vient à lui.*

THÉOPHILE. Fort bien, et je crois qu'on en peut dire presque autant des plantes, mais quant à l'homme ses perceptions sont accompagnées de la puissance de réfléchir, qui passe à l'acte lorsqu'il y a de quoi. Mais lorsqu'il est réduit à un état où il est comme dans une léthargie et presque sans sentiment, la réflexion et l'aperception cessent, et on ne pense point à des vérités universelles. Cependant les facultés et les dispositions innées et acquises et même les impressions qu'on reçoit dans cet état de confusion ne cessent point pour cela, et ne sont point effacées, quoiqu'on les oublie ; elles auront même leur tour pour contribuer un jour à quelque effet notable, car rien n'est inutile dans la nature, toute confusion se doit développer ; les animaux mêmes, parvenus à un état de stupidité, doivent retourner un jour à des perceptions plus relevées, et puisque les substances simples durent toujours, il ne faut point juger de l'éternité par quelques années.

CHAPITRE X

DE LA RÉTENTION

§ 1, 2. PHILALÈTHE. *L'autre faculté de l'esprit, par laquelle il avance plus vers la connaissance des choses que par la simple perception, c'est ce que je nomme rétention, qui conserve les connaissances reçues par les sens ou par la réflexion. La rétention se fait en deux manières, en conservant actuellement l'idée présente, ce que j'appelle contemplation, et en gardant la puissance de les ramener devant l'esprit, et c'est ce qu'on appelle la mémoire.*
THÉOPHILE. On retient aussi et contemple les connaissances innées, et bien souvent on ne saurait distinguer l'inné de l'acquis. Il y a aussi une perception des images ou qui sont déjà depuis quelque temps ou qui se forment de nouveau en nous.
§ 2. PHILALÈTHE. Mais on croit chez nous que *ces images ou idées cessent d'être quelque chose dès qu'elles ne sont point actuellement aperçues, et que dire qu'il y a des idées de réserve dans la mémoire, cela ne signifie dans le fond autre chose, si ce n'est que l'âme a en plusieurs rencontres la puissance de réveiller les perceptions qu'elle a déjà eues avec un sentiment qui la convainc en même temps qu'elle a eu auparavant ces sortes de perceptions.*
THÉOPHILE. Si les idées n'étaient que les formes ou façons des pensées, elles cesseraient avec elles, mais vous-même aviez reconnu, Monsieur, qu'elles en sont les objets internes, et de cette manière elles peuvent subsister. Et je m'étonne que vous vous puissiez toujours payer de ces puissances ou facultés nues, que vous rejetteriez apparemment dans les philosophes de l'École. Il faudrait expliquer un peu plus distinctement en quoi consiste cette faculté et comment elle s'exerce, et cela ferait connaître qu'il y a des dispositions qui sont des restes des impressions passées dans l'âme aussi bien que dans le corps, mais dont on ne s'aperçoit que lorsque la mémoire en trouve quelque occasion. Et si rien ne restait des pensées passées, aussitôt qu'on n'y pense plus, il ne serait point possible d'expliquer comment on en peut garder le souvenir ; et recourir pour cela à cette faculté nue, c'est ne rien dire d'intelligible.

CHAPITRE XI

DU DISCERNEMENT OU DE LA FACULTÉ DE DISTINGUER
LES IDÉES

§ 1. PHILALÈTHE. *De la faculté de discerner les idées dépend l'évidence et la certitude de plusieurs propositions qui passent pour des vérités innées.*

THÉOPHILE. J'avoue que pour penser à ces vérités innées et pour les démêler, il faut du discernement; mais pour cela, elles ne cessent point d'être innées.

§ 2. PHILALÈTHE. *Or la vivacité de l'esprit consiste à rappeler promptement les idées; mais il y a du jugement à se les représenter nettement et à les distinguer exactement.*

THÉOPHILE. Peut-être que l'un et l'autre est vivacité d'imagination, et que le jugement consiste dans l'examen des propositions suivant la raison.

PHILALÈTHE. Je ne suis point éloigné de cette distinction de l'esprit et du jugement. Et quelquefois il y a du jugement à ne le point employer trop. *Par exemple : c'est choquer en quelque manière certaines pensées spirituelles que de les examiner par les règles sévères de la vérité et du bon raisonnement.*

THÉOPHILE. Cette remarque est bonne; il faut que des pensées spirituelles aient quelque fondement au moins apparent dans la raison; mais il ne faut point les éplucher avec trop de scrupule, comme il ne faut point regarder un tableau de trop près. C'est en quoi il me semble que le P. Bouhours[79] manque plus d'une fois dans sa *Manière de bien penser dans les ouvrages d'esprit*, comme lorsqu'il méprise cette saillie de Lucain.
Victrix causa Diis placuit, sed victa Catoni[80].

§ 4. PHILALÈTHE. *Une autre opération de l'esprit à l'égard de ses idées, c'est la comparaison qu'il fait d'une idée avec l'autre par rapport à l'étendue, aux degrés, au temps, au lieu, ou à quelque autre circonstance : c'est de là que dépend ce grand nombre d'idées qui sont comprises sous le nom de relation.*

THÉOPHILE. Selon mon sens la relation est plus générale que la comparaison. Car les relations sont ou de comparaison ou de concours. Les premières regardent la convenance ou disconvenance (je prends ces termes dans un sens moins étendu), qui comprend la ressemblance, l'égalité, l'inégalité, etc. Les secondes renferment quelque liaison, comme de la cause et de l'effet, du tout et des parties, de la situation et de l'ordre, etc.

§ 6. PHILALÈTHE. *La composition des idées simples, pour en faire des complexes, est encore une opération de notre esprit. On peut rapporter à cela la faculté d'étendre les idées, en joignant ensemble celles qui sont d'une même espèce, comme en formant une douzaine de plusieurs unités.*

THÉOPHILE. L'un est aussi bien composé que l'autre sans doute ; mais la composition des idées semblables est plus simple que celle des idées différentes.

§ 7. PHILALÈTHE. *Une chienne nourrira de petits renards, badinera avec eux et aura pour eux la même passion que pour ses petits, si l'on peut faire en sorte que les renardeaux la tettent tout autant qu'il faut, pour que le lait se répande par tout leur corps. Et il ne paraît pas que les animaux qui ont quantité de petits à la fois aient aucune connaissance de leur nombre.*

THÉOPHILE. L'amour des animaux vient d'un agrément qui est augmenté par l'accoutumance. Mais quant à la multitude précise, les hommes mêmes ne sauraient connaître les nombres des choses que par quelque adresse, comme en se servant des noms numéraux pour compter ou des dispositions en figure qui fassent connaître d'abord sans compter s'il manque quelque chose.

§ 10. PHILALÈTHE. *Les bêtes ne forment point des abstractions.*

THÉOPHILE. Je suis du même sentiment. Elles connaissent apparemment la blancheur, et la remarquent dans la craie comme dans la neige ; mais ce n'est pas encore abstraction, car elle demande une considération du commun, séparée du particulier, et par conséquent il y entre la connaissance des vérités universelles, qui n'est point donnée aux bêtes. On remarque fort bien aussi que les bêtes qui parlent ne se servent point de paroles pour exprimer les idées générales, et que les hommes privés de l'usage de la parole et des mots ne laissent pas de se faire d'autres signes généraux. Et je suis ravi de vous voir si bien remarquer ici et ailleurs les avantages de la nature humaine.

§ 11. PHILALÈTHE. *Cependant si les bêtes ont quelques idées et ne sont pas de pures machines, comme quelques-uns le prétendent, nous ne saurions nier qu'elles n'aient la raison dans un certain degré, et pour moi, il me paraît aussi évident qu'elles raisonnent qu'il me paraît qu'elles ont du sentiment. Mais c'est seulement sur les idées particulières qu'elles raisonnent selon que leurs sens les leur représentent.*

THÉOPHILE. Les bêtes passent d'une imagination à une autre par la liaison qu'elles y ont sentie autrefois ; par exemple quand le maître prend un bâton, le chien appréhende d'être frappé. Et en quantité d'occasions les enfants de même que les autres hommes n'ont point d'autre procédure dans leurs passages de pensée à pensée. On pourrait appeler cela conséquence et raisonnement dans un sens fort étendu. Mais j'aime mieux me conformer à l'usage reçu, en consacrant ces mots à l'homme et en les restreignant à la connaissance de quelque raison de la liaison des perceptions, que les sensations seules ne sauraient donner : leur effet n'étant que de faire que naturellement on s'attende une autre fois à même liaison qu'on a remarquée auparavant, quoique peut-être les raisons ne soient plus les mêmes ; ce qui trompent souvent ceux qui ne se gouvernent que par les sens.

§ 13. PHILALÈTHE. *Les imbéciles manquent de vivacité, d'activité et de mouvement dans les facultés intellectuelles, par où ils se trouvent privés de l'usage de la raison. Les fous semblent être dans l'extrémité opposée, car il ne me paraît pas que ces derniers aient perdu la faculté de raisonner, mais ayant joint mal à propos certaines idées, ils les prennent pour des vérités, et se trompent de la même manière que ceux qui raisonnent juste sur de faux principes. Ainsi vous verrez un fou qui s'imaginant d'être roi prétend par une juste conséquence être servi, honoré et obéi selon sa dignité.*

THÉOPHILE. Les imbéciles n'exercent point la raison et ils diffèrent de quelques stupides qui ont le jugement bon, mais n'ayant point la conception prompte, ils sont méprisés et incommodes, comme serait celui qui voudrait jouer à l'hombre [81] avec des personnes considérables, et penserait trop longtemps et trop souvent au parti qu'il doit prendre. Je me souviens qu'un habile homme, ayant perdu la mémoire par l'usage de quelques drogues, fut réduit à cet état, mais son jugement paraissait toujours. Un fol universel manque de jugement presque en toute occasion. Cependant la vivacité de son imagination le peut rendre agréable. Mais il y a des fous particuliers, qui se forment une fausse supposition sur un point important de leur vie et raisonnent juste là-dessus, comme vous l'avez fort bien remarqué. Tel est un homme assez connu dans une certaine cour, qui se croit destiné à redresser les affaires des protestants et à mettre la France à la raison, et que pour cela Dieu a fait passer les plus grands personnages par son corps pour l'anoblir ; il prétend épouser toutes les princesses qu'il voit à marier, mais après les avoir rendues saintes, afin d'avoir une sainte lignée qui doit gouverner la terre ; il attribue tous les malheurs de la guerre au peu de déférence qu'on a eu pour ses avis. En parlant avec quelque souverain, il prend toutes les mesures nécessaires pour ne point ravaler sa dignité. Enfin quand on entre en raisonnement avec lui, il se défend si bien que j'ai douté plus d'une fois si sa folie n'était pas une feinte, car il ne s'en trouve pas mal. Cependant ceux qui le connaissent plus particulièrement m'assurent que c'est tout de bon.

CHAPITRE XII

DES IDÉES COMPLEXES

§ 17. PHILALÈTHE. *L'entendement ne ressemble pas mal à un cabinet entièrement obscur, qui n'aurait que quelques petites ouvertures pour laisser entrer par dehors les images extérieures et visibles, de sorte que si ces images, venant à se peindre dans ce cabinet obscur, pouvaient y rester et y être placées en ordre, en sorte qu'on pût les trouver dans l'occasion, il y aurait une grande ressemblance entre ce cabinet et l'entendement humain.*

THÉOPHILE. Pour rendre la ressemblance plus grande il faudrait supposer que dans la chambre obscure il y eût une toile pour recevoir les espèces, qui ne fût pas unie, mais diversifiée par des plis, représentant les connaissances innées ; que de plus cette toile ou membrane, étant tendue, eût une manière de ressort ou force d'agir, et même une action ou réaction accommodée tant aux plis passés qu'aux nouveaux venus des impressions des espèces. Et cette action consisterait en certaines vibrations ou oscillations, telles qu'on voit dans une corde tendue quand on la touche, de sorte qu'elle rendrait une manière de son musical. Car non seulement nous recevons des images ou traces dans le cerveau, mais nous en formons encore de nouvelles, quand nous envisageons des idées complexes. Ainsi il faut que la toile qui représente notre cerveau soit active et élastique. Cette comparaison expliquerait tolérablement ce qui se passe dans le cerveau ; mais quant à l'âme, qui est une substance simple ou monade, elle représente sans étendue ces mêmes variétés des masses étendues et en a la perception.

§ 3. PHILALÈTHE. *Or les idées complexes sont ou des modes ou des substances ou des relations.*

THÉOPHILE. Cette division des objets de nos pensées en substances, modes et relations est assez à mon gré. Je crois que les qualités ne sont que des modifications des substances et l'entendement y ajoute les relations. Il s'ensuit plus qu'on ne pense.

PHILALÈTHE. *Les modes sont ou simples (comme une douzaine, une vingtaine, qui sont faits des idées simples d'une même espèce, c'est-à-dire des unités) ou mixtes (comme la beauté), où il entre des idées simples de différentes espèces.*

THÉOPHILE. Peut-être que douzaine ou vingtaine ne sont que des relations et ne sont constituées que par le rapport à l'entendement. Les unités sont à part et l'entendement les prend ensemble, quelque dispersées qu'elles soient. Cependant quoique les relations soient de l'entendement, elles ne sont pas sans fondement et réalité. Car le premier entendement est l'origine des choses ; et même la réalité de toutes choses, excepté les substances simples, ne consiste que dans le fondement des perceptions ou des phénomènes des substances simples. Il en est souvent de même à l'égard des modes mixtes, c'est-à-dire qu'il faudrait les renvoyer plutôt aux relations.

§ 6. PHILALÈTHE. *Les idées des substances sont certaines combinaisons d'idées simples qu'on suppose représenter des choses particulières et distinctes qui subsistent par elles-mêmes, parmi lesquelles idées on considère toujours la notion obscure de substance comme la première et la principale, qu'on suppose sans la connaître, quelle qu'elle soit en elle-même.*

THÉOPHILE. L'idée de la substance n'est pas si obscure qu'on pense. On en peut connaître ce qui se doit, et ce qui se connaît en autres choses ; et même la connaissance des concrets est toujours antérieure à celle des abstraits ; on connaît plus le chaud que la chaleur.

§ 7. PHILALÈTHE. *A l'égard des substances il y a aussi deux* sortes d'idées. *L'une des substances singulières, comme celle d'un homme ou d'une brebis, l'autre de plusieurs substances jointes ensemble, comme d'une armée d'hommes et d'un troupeau de brebis ; et ces collections forment aussi une seule idée.*

THÉOPHILE. Cette unité de l'idée des agrégés est très véritable, mais dans le fond il faut avouer que cette unité de collections n'est qu'un rapport ou une relation dont le fondement est dans ce qui se trouve en chacune des substances singulières à part. Ainsi ces êtres par agrégation n'ont point d'autre unité achevée que la mentale ; et par conséquent leur entité aussi est en quelque façon mentale ou de phénomène, comme celle de l'arc-en-ciel.

CHAPITRE XIII

DES MODES SIMPLES ET PREMIÈREMENT DE CEUX DE L'ESPACE

§ 3. PHILALÈTHE. *L'espace considéré par rapport à la longueur qui sépare deux corps s'appelle* distance *; par rapport à la longueur, à la largeur et à la profondeur, on peut l'appeler* capacité.

THÉOPHILE. Pour parler plus distinctement, la distance de deux choses situées (soit points ou étendus) est la grandeur de la plus petite ligne possible qu'on puisse tirer de l'un à l'autre. Cette distance se peut considérer absolument ou dans une certaine figure, qui comprend les deux choses distantes ; par exemple la ligne droite est absolument la distance entre deux points. Mais ces deux points étant dans une même surface sphérique, la distance de ces deux points dans cette surface est la longueur du plus petit grand arc de cercle qu'on y peut tirer d'un point à l'autre. Il est bon aussi de remarquer que la distance n'est pas seulement entre des corps, mais encore entre les surfaces, lignes et points. On peut dire que la capacité ou plutôt l'intervalle entre deux corps ou deux autres étendus, où entre un étendu et un point, est l'espace constitué par toutes les lignes les plus courtes qui se peuvent tirer entre les points de l'un et de l'autre. Cet intervalle est solide, excepté lorsque les deux choses situées sont dans une même surface, et que les lignes les plus courtes entre les points de ces choses situées doivent aussi tomber dans cette surface ou y doivent être prises exprès.

§ 4. PHILALÈTHE. *Outre ce qu'il y a de la nature, les hommes ont établi dans leur esprit les idées de certaines longueurs déterminées, comme d'un pouce, d'un pied.*

THÉOPHILE. Ils ne sauraient : car il est impossible d'avoir l'idée d'une longueur déterminée précise. On ne saurait dire ni comprendre par l'esprit ce que c'est qu'un pouce ou un pied. Et on ne saurait garder la signification de ces noms que par des mesures réelles qu'on suppose non changeantes, par lesquelles on les puisse toujours retrouver. C'est ainsi que M. Greave[82], mathématicien anglais, a voulu se servir des pyramides d'Egypte, qui ont duré assez et dureront apparemment encore quelque temps, pour conserver nos mesures, en marquant à la postérité les proportions qu'elles ont à certaines longueurs désignées dans une de ces pyramides. Il est vrai qu'on a trouvé depuis peu que les pendules servent pour perpétuer les mesures *(mensuris rerum ad posteros transmittendis)* comme MM. Hugens[83], Mouton[84], et Buratini[85], autrefois maître de monnaie de Pologne, ont montré en marquant la proportion de nos longueurs à celle d'un pendule, qui bat précisément une seconde (par exemple), c'est-à-dire la 86 400e partie d'une révolution des étoiles fixes ou d'un jour astronomique ; et M. Buratini en a fait un traité exprès, que j'ai vu en manuscrit. Mais il y a encore cette imperfection dans cette mesure des pendules, qu'il faut se borner à certains pays, car les pendules, pour battre dans un même temps, ont besoin d'une moindre longueur sous la ligne[86]. Et il faut supposer encore la constance de la mesure réelle fondamentale, c'est-à-dire de la durée d'un jour ou d'une révolution du globe de la terre à l'entour de son axe, et même de la cause de la gravité, pour ne point parler d'autres circonstances.

§ 5. PHILALÈTHE. *Venant à observer comment les extrémités se terminent ou par des lignes droites qui forment des angles distincts, ou par des lignes courbes où l'on ne peut apercevoir aucun angle, nous nous formons l'idée de la figure.*

THÉOPHILE. Une figure superficiale est terminée par une ligne ou par des lignes : mais la figure d'un corps peut être bornée sans lignes déterminées, comme par exemple celle d'une sphère. Une seule ligne droite ou superficie plane ne peut comprendre aucun espace, ni faire aucune figure. Mais une seule ligne peut comprendre une figure superficiale, par exemple, le cercle, l'ovale, comme de même une seule superficie courbe peut comprendre une figure solide, telle que la sphère et la sphéroïde. Cependant non seulement plusieurs lignes droites ou superficies planes, mais encore plusieurs lignes courbes, ou plusieurs superficies courbes, peuvent concourir ensemble et former même des angles entre elles, lorsque l'une n'est pas la tangente de l'autre. Il n'est pas aisé de donner la définition de la figure en général selon l'usage des géomètres. Dire que c'est un étendu borné, cela serait trop général, car une ligne droite, par exemple, quoique terminée par les deux bouts, n'est pas une figure et même deux droites n'en sauraient faire. Dire que c'est un étendu borné par un étendu, cela n'est pas assez général, car la surface sphérique entière est une figure et cependant elle n'est bornée par aucun étendu. On peut encore dire que la *figure* est un étendu borné, dans lequel il y a une infinité de chemins d'un point à un autre. Cela comprend les surfaces bornées sans lignes terminantes, que la définition précédente ne comprenait pas, et exclut les lignes, parce que d'un point à un autre dans une ligne il n'y a qu'un chemin ou un nombre déterminé de chemins. Mais il sera encore mieux de dire que la figure est un étendu borné, qui peut recevoir une section étendue ou bien qui a de la largeur, terme dont jusqu'ici on n'avait point donné non plus la définition.

§ 6. PHILALÈTHE. Au moins *toutes les figures ne sont autre chose que les modes simples de l'espace.*

THÉOPHILE. Les modes simples, selon vous, répètent la même idée, mais dans les figures ce n'est pas toujours la répétition du même. Les courbes sont bien différentes des lignes droites et entre elles. Ainsi je ne sais comment la définition du mode simple aura lieu ici.

[§ 8.] PHILALÈTHE. Il ne faut point prendre nos définitions trop à la rigueur. *Mais passons de la figure au lieu. Quand nous trouvons toutes les pièces sur les mêmes cases de l'échiquier où nous les avions laissées, nous disons qu'elles sont toutes dans la même place, quoique peut-être l'échiquier ait été transporté. Nous disons aussi que l'échiquier est dans le même lieu, s'il reste dans le même endroit de la chambre du vaisseau, quoique le vaisseau ait fait voile. On dit aussi que le vaisseau est dans le même lieu, supposé qu'il garde la même distance à l'égard des parties des pays voisins, quoique la terre ait peut-être tourné.*

THÉOPHILE. Le lieu est ou particulier, qu'on considère à l'égard de certains corps, ou *universel*, qui se rapporte à tout et à l'égard duquel tous les changements par rapport à quelque corps que ce soit sont mis en ligne de compte. Et s'il n'y avait rien de fixe dans l'univers, le lieu de chaque chose ne laisserait pas d'être déterminé par le raisonnement, s'il y avait moyen de tenir registre de tous les changements, ou si la mémoire d'une créature y pouvait suffire, comme on dit que les Arabes jouent aux échecs par mémoire et à cheval. Cependant ce que nous ne pouvons point comprendre ne laisse pas d'être déterminé dans la vérité des choses.

§ 15. PHILALÈTHE. *Si quelqu'un me demande ce que c'est que l'espace, je suis prêt à le lui dire quand il me dira ce que c'est que l'étendue.*

THÉOPHILE. Je voudrais savoir dire aussi bien ce que c'est que la fièvre ou quelque autre maladie que je crois que la nature de l'espace est expliquée. L'étendue est l'abstraction de l'étendu. Or l'étendu est un continu dont les parties sont coexistantes ou existent à la fois.

§ 17. PHILALÈTHE. *Si l'on demande si l'espace sans corps est substance ou accident, je répondrai sans hésiter que je n'en sais rien.*

THÉOPHILE. J'ai sujet de craindre qu'on ne m'accuse de vanité en voulant déterminer ce que vous avouez, Monsieur, de ne point savoir. Mais il y a lieu de juger que vous en savez plus que vous ne dites et que vous ne croyez. Quelques-uns ont cru que Dieu est le lieu des choses. Lessius[87] et M. Guerike, si je ne me trompe, étaient de ce sentiment, mais alors le lieu contient quelque chose de plus que ce que nous attribuons à l'espace, que nous dépouillons de toute action : et de cette manière, il n'est pas plus une substance que le temps et s'il a des parties, il ne saurait être Dieu. C'est un rapport, un ordre, non seulement entre les existants, mais encore entre les possibles comme s'ils existaient. Mais sa vérité et réalité est fondée en Dieu, comme toutes les vérités éternelles.

PHILALÈTHE. Je ne suis point éloigné de votre sentiment, et

vous savez le passage de saint Paul qui dit que nous existons, que nous vivons et que nous avons le mouvement en Dieu[88]. Ainsi, selon les différentes manières de considérer, on peut dire que l'espace est Dieu, et on peut dire aussi qu'il n'est qu'un ordre ou une relation.

THÉOPHILE. Le meilleur sera donc de dire que l'espace est un ordre, mais que Dieu en est la source.

§ 18. PHILALÈTHE. Cependant, pour savoir si l'espace est une substance, il faudrait savoir en quoi consiste la nature de la substance en général. Sur quoi il y a de la difficulté. *Si Dieu, les esprits finis et les corps participent en commun à une même nature de substance, ne s'ensuivra-t-il pas qu'ils ne diffèrent que par la différente modification de cette substance ?*

THÉOPHILE. Si cette conséquence avait lieu, il s'ensuivrait aussi que Dieu, les esprits finis et les corps, participant en commun à une même nature d'être, ne différeraient que par la différente modification de cet être.

§ 19. PHILALÈTHE. *Ceux qui les premiers se sont avisés de regarder les accidents comme une espèce d'êtres réels, qui ont besoin de quelque chose à quoi ils soient attachés, ont été contraints d'inventer le mot de substance pour servir de soutien aux accidents.*

THÉOPHILE. Croyez-vous donc, Monsieur, que les accidents peuvent subsister hors de la substance ou voulez-vous qu'ils ne soient point des êtres réels ? Il semble que vous vous faites des difficultés sans sujet, et j'ai remarqué ci-dessus que les substances ou les concrets sont conçus plutôt que les accidents ou les abstraits.

PHILALÈTHE. Les mots de substance et d'accident sont à mon avis de peu d'usage en philosophie.

THÉOPHILE. J'avoue que je suis d'un autre sentiment, et je crois que la considération de la substance est un point des plus importants et des plus féconds de la philosophie.

§ 21. PHILALÈTHE. Nous n'avons maintenant parlé de la substance que par occasion, en demandant si l'espace est une substance. Mais il nous suffit ici qu'il n'est pas un corps. *Aussi personne n'osera faire le corps infini* comme l'espace.

THÉOPHILE. M. Descartes et ses sectateurs ont dit pourtant que la matière n'a point de bornes, en faisant le monde indéfini, en sorte qu'il ne nous soit point possible d'y concevoir des extrémités. Et ils ont changé le terme d'infini en indéfini avec quelque raison ; car il n'y a jamais un tout infini dans le monde, quoiqu'il y ait toujours des touts plus grands les uns que les autres à l'infini, et l'univers même ne saurait passer pour un tout, comme j'ai montré ailleurs.

PHILALÈTHE. Ceux qui prennent la matière et l'étendue pour une même chose prétendent que les parois intérieures d'un corps creux vide se toucheraient. Mais *l'espace qui est entre deux corps suffit pour empêcher leur contact mutuel.*

THÉOPHILE. Je suis de votre sentiment, car quoique je n'admette point de vide, je distingue la matière de l'étendue et j'avoue que s'il y avait du vide dans une sphère, les pôles opposés dans la concavité ne se toucheraient pas pour cela. Mais je crois que ce n'est pas un cas que la perfection divine admette.

§ 23. PHILALÈTHE. Cependant il semble que *le mouvement prouve le vide. Lorsque la moindre partie du corps divisé est aussi grosse qu'un grain de semence de moutarde, il faut qu'il y ait un espace vide égal à la grosseur d'un grain de moutarde pour faire que les parties de ce corps aient de la place pour se mouvoir librement : il en sera de même, lorsque les parties de la matière sont cent millions de fois plus petites.*

THÉOPHILE. Il est vrai que si le monde était plein de corpuscules durs qui ne pourraient ni se fléchir ni se diviser, comme l'on dépeint les atomes, il serait impossible qu'il y eût du mouvement. Mais dans la vérité il n'y a point de dureté originale : au contraire la fluidité est originale, et les corps se divisent selon le besoin, puisqu'il n'y a rien qui l'empêche. C'est ce qui ôte toute la force à l'argument tiré du mouvement pour le vide.

CHAPITRE XIV

DE LA DURÉE ET DE SES MODES SIMPLES

§ 10. PHILALÈTHE. A l'étendue répond la durée. Et *une partie de la durée, en qui nous ne remarquons aucune succession d'idées, c'est ce que nous appelons un instant.*

THÉOPHILE. Cette définition de l'instant se doit (je crois) entendre de la notion populaire, comme celle que le vulgaire a du point. Car à la rigueur le point et l'instant ne sont point des parties du temps ou de l'espace, et n'ont point de parties non plus. Ce sont des extrémités seulement.

§ 16. PHILALÈTHE. *Ce n'est pas le mouvement, mais une suite constante d'idées qui nous donne l'idée de la durée.*

THÉOPHILE. Une suite de perceptions réveille en nous l'idée de la durée, mais elle ne la fait point. Nos perceptions n'ont jamais une suite assez constante et régulière pour répondre à celle du temps, qui est un continu uniforme et simple, comme une ligne droite. Le changement des perceptions nous donne occasion de penser au temps, et on le mesure par des changements uniformes : mais quand il n'y aurait rien d'uniforme dans la nature, le temps ne laisserait pas d'être déterminé, comme le lieu ne laisserait pas d'être déterminé aussi quand il n'y aurait aucun corps fixe ou immobile. C'est que connaissant les règles des mouvements difformes, on peut toujours les rapporter à des mouvements uniformes intelligibles et prévoir par ce moyen ce qui arrivera par de différents mouvements joints ensemble. Et dans ce sens le temps est la mesure du mouvement, c'est-à-dire le mouvement uniforme est la mesure du mouvement difforme.

§ 21. PHILALÈTHE. *On ne peut point connaître certainement que deux parties de durée soient égales ; et il faut avouer que les observations ne sauraient aller qu'à un à-peu-près. On a découvert après une exacte recherche qu'il y a effectivement de l'inégalité dans les révolutions diurnes du soleil, et nous ne savons pas si les révolutions annuelles ne sont point aussi inégales.*

THÉOPHILE. Le pendule a rendu visible l'inégalité des jours d'un midi à l'autre : *Solem dicere falsum audet* [89]. Il est vrai qu'on la savait déjà, et que cette inégalité a ses règles. Quant à la révolution annuelle, qui récompense les inégalités des jours solaires, elle pourrait changer dans la suite des temps. La révolution de la terre à l'entour de son axe, qu'on attribue vulgairement au premier mobile, est notre meilleure mesure jusqu'ici, et les horloges et montres nous servent pour la partager. Cependant cette même révolution journalière de la terre peut aussi changer dans la suite des temps : et si quelque pyramide pouvait durer assez, ou si on en refaisait des nouvelles, on pourrait s'en apercevoir en gardant là-dessus la longitude des pendules dont un nombre connu de battements arrive maintenant pendant cette révolution : on connaîtrait aussi en quelque façon le changement, en comparant cette révolution avec d'autres, comme avec celles des lunes de Jupiter, car il n'y a pas d'apparence que s'il y a du changement dans les unes et dans les autres, il serait toujours proportionnel.

PHILALÈTHE. *Notre mesure du temps serait plus juste si l'on pouvait garder un jour passé pour le comparer avec les jours à venir, comme on garde les mesures des espaces.*

THÉOPHILE. Mais au lieu de cela nous sommes réduits à garder et observer les corps qui font leurs mouvements dans un temps égal à peu près. Aussi ne pouvons-nous point dire qu'une mesure de l'espace, comme par exemple une aune qu'on garde en bois ou en métal, demeure parfaitement la même.

§ 22. PHILALÈTHE. *Or puisque tous les hommes mesurent visiblement le temps par le mouvement des corps célestes, il est bien étrange qu'on ne laisse pas de définir le temps la mesure du mouvement.*

THÉOPHILE. Je viens de dire (§ 16) comment cela se doit entendre. Il est vrai qu'Aristote dit que le temps est le nombre et non pas la mesure du mouvement [90]. Et en effet on peut dire que la durée se connaît par le nombre des mouvements périodiques égaux dont l'un commence quand l'autre finit, par exemple par tant de révolutions de la terre ou des astres.

§ 24. PHILALÈTHE. *Cependant on anticipe sur ces révolutions et dire qu'Abraham naquit l'an 2712 de la période julienne, c'est parler aussi intelligiblement que si l'on comptait du commencement du monde, quoiqu'on suppose que la période julienne a commencé plusieurs centaines d'années avant qu'il y eût des jours, des nuits ou des années désignées par aucune révolution du soleil.*

THÉOPHILE. Ce vide qu'on peut concevoir dans le temps marque, comme celui de l'espace, que le temps et l'espace vont aussi bien aux possibles qu'aux existants. Au reste, de toutes les manières chronologiques, celle de compter les années depuis le commencement du monde est la moins convenable, quand ce ne serait qu'à cause de la grande différence qu'il y a entre les 70 interprètes et le texte hébreu, sans toucher à d'autres raisons.

§ 26. PHILALÈTHE. *On peut concevoir le commencement du mouvement, quoiqu'on ne puisse point comprendre celui de la durée prise dans toute son étendue. On peut de même donner des bornes au corps, mais on ne le saurait faire à l'égard de l'espace.*

THÉOPHILE. C'est comme je viens de dire que le temps et l'espace marquent des possibilités au-delà de la supposition des existences. Le temps et l'espace sont de la nature des vérités éternelles qui regardent également le possible et l'existant.

§ 27. PHILALÈTHE. *En effet l'idée du temps et celle de l'éternité viennent d'une même source, car nous pouvons ajouter dans notre esprit certaines longueurs de durée les unes aux autres aussi souvent qu'il nous plaît.*

THÉOPHILE. Mais pour en tirer la notion de l'éternité, il faut concevoir de plus que la même raison subsiste toujours pour aller plus loin. C'est cette considération des raisons qui achève la notion de l'infini ou de l'indéfini dans les progrès possibles. Ainsi les sens seuls ne sauraient suffire à faire former ces notions. Et dans le fond on peut dire que l'idée de l'absolu est antérieure dans la nature des choses à celle des bornes qu'on ajoute, mais nous ne remarquons la première qu'en commençant par ce qui est borné et qui frappe nos sens.

CHAPITRE XV

DE LA DURÉE ET DE L'EXPANSION CONSIDÉRÉES ENSEMBLE

§ 4. PHILALÈTHE. *On admet plus aisément une durée infinie du temps qu'une expansion infinie du lieu, parce que nous concevons une durée infinie en Dieu, mais nous n'attribuons l'étendue qu'à la matière, qui est finie, et appelons les espaces au-delà de l'univers, imaginaires. Mais (§ 2) Salomon semble avoir d'autres pensées lorsqu'il dit en parlant de Dieu : les cieux et les cieux des cieux ne peuvent te contenir*[91]*; et je crois pour moi que celui-là se fait une trop haute idée de la capacité de son propre entendement qui se figure de pouvoir étendre [ses] pensées plus loin que le lieu où Dieu existe.*

THÉOPHILE. Si Dieu était étendu, il aurait des parties. Mais la durée n'en donne qu'à ses opérations. Cependant par rapport à l'espace il faut lui attribuer l'immensité qui donne aussi des parties et de l'ordre aux opérations immédiates de Dieu. Il est la source des possibilités comme des existences, des unes par son essence, des autres par sa volonté. Ainsi l'espace comme le temps n'ont leur réalité que de lui, et il peut remplir le vide, quand bon lui semble. C'est ainsi qu'il est partout à cet égard.

§ 11. PHILALÈTHE. *Nous ne savons quels rapports les esprits ont avec l'espace ni comment ils y participent. Mais nous savons qu'ils participent de la durée.*

THÉOPHILE. Tous les esprits finis sont toujours joints à quelque corps organique, et ils se représentent les autres corps par rapport au leur. Ainsi leur rapport à l'espace est aussi manifeste que celui des corps. Au reste, avant que de quitter cette matière, j'ajouterai une comparaison du temps et du lieu à celles que vous avez données ; c'est que s'il y avait un vide dans l'espace (comme par exemple si une sphère était vide au-dedans), on en pourrait déterminer la grandeur ; mais s'il y avait dans le temps un vide, c'est-à-dire une durée sans changements, il serait impossible d'en déterminer la longueur. D'où vient qu'on peut réfuter celui qui dirait que deux corps, entre lesquels il y a du vide, se touchent ; car deux pôles opposés d'une sphère vide ne se sauraient toucher, la géométrie le défend : mais on ne pourrait point réfuter celui qui dirait que deux mondes dont l'un est après l'autre se touchent quant à la durée, en sorte que l'un commence nécessairement quand l'autre finit, sans qu'il y puisse avoir de l'intervalle. On ne pourrait point le réfuter, dis-je, parce que cet intervalle est indéterminable. Si l'espace n'était qu'une ligne, et si le corps était immobile, il ne serait point possible non plus de déterminer la longueur du vide entre deux corps.

CHAPITRE XVI

DU NOMBRE

§ 4. PHILALÈTHE. *Dans les nombres les idées sont et plus précises et plus propres à être distinguées les unes des autres que dans l'étendue, où on ne peut point observer ou mesurer chaque égalité et chaque excès de grandeur aussi aisément que dans les nombres, par la raison que dans l'espace nous ne saurions arriver par la pensée à une certaine petitesse déterminée au-delà de laquelle nous ne puissions aller, telle qu'est l'unité dans le nombre.*

THÉOPHILE. Cela se doit entendre du nombre entier. Car autrement le nombre dans sa latitude, comprenant le rompu, le sourd[92], le transcendant et tout ce qui se peut prendre entre deux nombres entiers, est proportionnel à la ligne, et il y a là aussi peu de minimum que dans le continu. Aussi cette définition, que le nombre est une multitude d'unités, n'a lieu que dans les entiers. La distinction précise des idées dans l'étendue ne consiste pas dans la grandeur : car pour reconnaître distinctement la grandeur, il faut recourir aux nombres entiers, ou aux autres connus par le moyen des entiers, ainsi de la quantité continue il faut recourir à la quantité discrète pour avoir une connaissance distincte de la grandeur. Ainsi les modifications de l'étendue, lorsqu'on ne se sert point des nombres, ne peuvent être distinguées par la figure, prenant ce mot si généralement qu'il signifie tout ce qui fait que deux étendus ne sont pas semblables l'un à l'autre.

§ 5. PHILALÈTHE. *En répétant l'idée de l'unité et la joignant à une autre unité, nous en faisons une idée* c o l l e c t i v e *que nous nommons* d e u x . *Et quiconque peut faire cela et avancer toujours d'un de plus à la dernière idée collective, à laquelle il donne un nom particulier, peut compter, tandis qu'il a une suite de noms et assez de mémoire pour la retenir.*

THÉOPHILE. Par cette manière seule on ne saurait aller loin. Car la mémoire serait trop chargée s'il fallait retenir un nom tout à fait nouveau pour chaque addition d'une nouvelle unité. C'est pourquoi il faut un certain ordre et une certaine réplication dans ces noms, en recommençant suivant une certaine progression.

PHILALÈTHE. *Les différents modes des nombres ne sont capables d'aucune autre différence que du plus ou du moins;* c'est pourquoi ce sont des modes simples comme ceux de l'étendue.

THÉOPHILE. Cela se peut dire du temps et de la ligne droite, mais nullement des figures, et encore moins des nombres, qui sont non seulement différents en grandeur, mais encore dissemblables. Un nombre pair peut être partagé en deux également et non pas un impair. Trois et six sont nombres triangulaires, quatre et neuf sont carrés, huit est cube, etc. Et cela a lieu dans les nombres encore plus que dans les figures, car deux figures inégales peuvent être parfaitement semblables l'une à l'autre, mais jamais deux nombres. Mais je ne m'étonne pas qu'on se trompe souvent là-dessus, parce que communément on n'a pas d'idée distincte de ce qui est semblable ou dissemblable. Vous voyez donc, Monsieur, que votre idée ou votre application des modifications simples ou mixtes a grand besoin d'être redressée.

§ 6. PHILALÈTHE. Vous avez raison de remarquer qu'il est bon de donner aux nombres des noms propres à être retenus. Ainsi je crois qu'il serait convenable qu'en comptant, au lieu de million de millions, on dise billion pour abréger, et qu'au lieu de million de millions de millions, ou million de billions, on dise trillion, et ainsi de suite jusqu'aux nonillions, car on n'a guère besoin d'aller plus loin dans l'usage.

THÉOPHILE. Ces dénominations sont assez bonnes. Soit x égal 10. Cela posé un million sera x^6, un billion x^{12}, un trillion x^{18}, etc. et un nonillion x^{54}.

CHAPITRE XVII

DE L'INFINITÉ

§ 1. PHILALÈTHE. Une notion des plus importantes est celle du *fini et de l'infini, qui sont regardées comme des modes de la quantité.*

THÉOPHILE. A proprement parler, il est vrai qu'il y a une infinité de choses, c'est-à-dire qu'il y en a toujours plus qu'on n'en peut assigner. Mais il n'y a point de nombre infini ni de ligne ou autre quantité infinie, si on les prend pour des véritables touts, comme il est aisé de démontrer. Les écoles ont voulu ou dû dire cela, en admettant un infini syncatégorématique, comme elles parlent, et non pas l'infini catégorématique. Le vrai infini à la rigueur n'est que dans l'absolu, qui est antérieur à toute composition, et n'est point formé par l'addition des parties.

PHILALÈTHE. *Lorsque nous appliquons notre idée de l'infini au premier être, nous le faisons originairement par rapport à sa durée et à son ubiquité, et plus figurément à l'égard de sa puissance, de sa sagesse, de sa bonté et de ses autres attributs.*

THÉOPHILE. Non pas plus figurément, mais moins immédiatement, parce que les autres attributs font connaître leur grandeur par le rapport à ceux où entre la considération des parties.

§ 2. PHILALÈTHE. Je pensais qu'il était *établi que l'esprit regarde le fini et l'infini comme des modifications de l'expansion et de la durée.*

THÉOPHILE. Je ne trouve pas qu'on ait établi cela, la considération du fini et infini a lieu partout où il y a de la grandeur et de la multitude. Et l'infini véritable n'est pas une modification, c'est l'absolu ; au contraire, dès qu'on modifie, on se borne, on forme un fini.

§ 3. PHILALÈTHE. Nous avons cru que la *puissance qu'a l'esprit d'étendre sans fin son idée de l'espace par des nouvelles additions étant toujours la même, c'est de là qu'il tire l'idée d'un espace infini.*

THÉOPHILE. Il est bon d'ajouter que c'est parce qu'on voit que la même raison subsiste toujours. Prenons une ligne droite et prolongeons-la, en sorte qu'elle soit double de la première. Il est clair que la seconde, étant parfaitement semblable à la première, peut être doublée de même, pour avoir la troisième qui est encore semblable aux précédentes ; et la même raison ayant toujours lieu, il n'est jamais possible qu'on soit arrêté ; ainsi la ligne peut être prolongée à l'infini. De sorte que la considération de l'infini vient de celle de la similitude ou de la même raison, et son origine est la même avec celle des vérités universelles et nécessaires. Cela fait voir comment ce qui donne de l'accomplissement à la conception de cette idée se trouve en nous-mêmes, et ne saurait venir des expériences des sens, tout comme les vérités nécessaires ne sauraient être prouvées par l'induction ni par les sens. L'idée de l'absolu est en nous intérieurement comme celle de l'être : ces absolus ne sont autre chose que les attributs de Dieu, et on peut dire qu'ils ne sont pas moins la source des idées que Dieu est lui-même le principe des êtres. L'idée de l'absolu par rapport à l'espace n'est autre que celle de l'immensité de Dieu, et ainsi des autres. Mais on se trompe en voulant s'imaginer un espace absolu qui soit un tout infini composé de parties, il n'y a rien de tel, c'est une notion qui implique contradiction, et ces touts infinis, et leurs opposés infiniment petits, ne sont de mise que dans le calcul des géomètres, tout comme les racines imaginaires de l'algèbre.

§ 6. PHILALÈTHE. On conçoit encore une grandeur sans y entendre des parties hors de parties. *Si à la plus parfaite idée que j'ai du blanc le plus éclatant, j'en ajoute une autre d'un blanc égal ou moins vif (car je ne saurais y joindre l'idée d'un plus blanc que celui dont j'ai l'idée, que je suppose le plus éclatant que je conçoive actuellement), cela n'augmente ni n'étend mon idée en aucune manière ; c'est pourquoi on nomme degrés les différentes idées de blancheur.*

THÉOPHILE. Je n'entends pas bien la force de ce raisonnement, car rien n'empêche qu'on ne puisse recevoir la perception d'une blancheur plus éclatante que celle qu'on conçoit actuellement. La vraie raison pour quoi on a sujet de croire que la blancheur ne saurait être augmentée à l'infini, c'est parce que ce n'est pas une qualité originale ; les sens n'en donnent qu'une connaissance confuse ; et quand on en aura une distincte, on verra qu'elle vient de la structure, et se borne sur celle de l'organe de la vue. Mais à l'égard des qualités originales ou connaissables distinctement, on voit qu'il y a quelquefois moyen d'aller à l'infini, non seulement là où il y a extension ou si vous voulez diffusion ou ce que l'école appelle *partes extra partes*, comme dans le temps et dans le lieu, mais encore où il y a intension ou degrés, par exemple à l'égard de la vitesse.

§ 8. PHILALÈTHE. *Nous n'avons pas l'idée d'un espace infini, et rien n'est plus sensible que l'absurdité d'une idée actuelle d'un nombre infini.*

THÉOPHILE. Je suis du même avis. Mais ce n'est pas parce qu'on ne saurait avoir l'idée de l'infini, mais parce qu'un infini ne saurait être un vrai tout.

§ 16. PHILALÈTHE. *Par la même raison nous n'avons donc point d'idée positive d'une durée infinie ou de l'éternité*, non plus que de l'immensité.

THÉOPHILE. Je crois que nous avons l'idée positive de l'une et de l'autre et cette idée sera vraie, pourvu qu'on n'y conçoive point comme un tout infini, mais comme un absolu ou attribut sans bornes qui se trouve à l'égard de l'éternité, dans la nécessité de l'existence de Dieu, sans y dépendre de parties et sans qu'on en forme la notion par une addition des temps. On voit encore par là, comme j'ai dit déjà, que l'origine de la notion de l'infini vient de la même source que celle des vérités nécessaires.

CHAPITRE XVIII

DE QUELQUES AUTRES MODES SIMPLES

PHILALÈTHE. *Il y a encore beaucoup de modes simples, qui sont formés des idées simples. Tels sont (§ 2) les modes du mouvement, comme glisser, rouler ; ceux des sons (§ 3), qui sont modifiés par les notes et les airs (§ 4), comme les couleurs par les degrés (§ 5), sans parler des saveurs et odeurs (§ 6). Il n'y a pas toujours des mesures ni des noms distincts non plus que dans les modes complexes (§ 7), parce qu'on se règle selon l'usage, et nous en parlerons plus amplement, quand nous viendrons aux mots.*

THÉOPHILE. La plupart des modes ne sont pas assez simples et pourraient être comptés parmi les complexes : par exemple, pour expliquer ce que c'est que glisser ou rouler, outre le mouvement il faut considérer la résistance de la surface.

CHAPITRE XIX

DES MODES QUI REGARDENT LA PENSÉE

§ 1. PHILALÈTHE. Des modes qui viennent des sens, passons à ceux que la réflexion nous donne. *La sensation est pour ainsi dire l'entrée actuelle des idées dans l'entendement par le moyen des sens. Lorsque la même idée revient dans l'esprit, sans que l'objet extérieur qui l'a d'abord fait naître agisse sur nos sens, cet acte de l'esprit se nomme réminiscence ; si l'esprit tâche de la rappeler et qu'enfin après quelques efforts il la trouve et se la rend présente, c'est recueillement. Si l'esprit l'envisage longtemps avec attention, c'est contemplation ; lorsque l'idée que nous avons dans l'esprit y flotte pour ainsi dire sans que l'entendement y fasse aucune attention, c'est ce qu'on appelle rêverie. Lorsqu'on réfléchit sur les idées qui se présentent d'elles-mêmes, et qu'on les enregistre pour ainsi dire dans sa mémoire, c'est attention ; et lorsque l'esprit se fixe sur une idée avec beaucoup d'application, qu'il la considère de tous côtés, et ne veut point s'en détourner, malgré d'autres idées qui viennent à la traverse, c'est ce qu'on nomme étude ou contention d'esprit. Le sommeil qui n'est accompagné d'aucun songe est une cessation de toutes ces choses ; et songer c'est avoir ces idées dans l'esprit pendant que les sens extérieurs sont fermés, en sorte qu'ils ne reçoivent point l'impression des objets extérieurs avec cette vivacité qui leur est ordinaire. C'est, dis-je, avoir des idées sans qu'elles nous soient suggérées par aucun objet de dehors, ou par aucune occasion connue, et sans être choisies ni déterminées en aucune manière par l'entendement. Quant à ce que nous nommons extase, je laisse juger à d'autres si ce n'est pas songer les yeux ouverts.*

THÉOPHILE. Il est bon de débrouiller ces notions, et je tâcherai d'y aider. Je dirai donc que c'est sensation lorsqu'on s'aperçoit d'un objet externe, que la réminiscence en est la répétition sans que l'objet revienne; mais quand on sait qu'on l'a eue, c'est souvenir. On prend communément le recueillement dans un autre sens que le vôtre, savoir pour un état où l'on se détache des affaires afin de vaquer à quelque méditation. Mais puisqu'il n'y a point de mot que je sache qui convienne à votre notion, Monsieur, on pourrait y appliquer celui que vous employez. Nous avons de l'attention aux objets que nous distinguons et préférons aux autres. L'attention continuant dans l'esprit, soit que l'objet externe continue ou non, et même soit qu'il s'y trouve ou non, c'est considération; laquelle, tendant à la connaissance sans rapport à l'action, sera contemplation. L'attention dont le but est d'apprendre (c'est-à-dire acquérir des connaissances pour les garder), c'est étude. Considérer pour former quelque plan, c'est méditer; mais rêver paraît n'être autre chose que suivre certaines pensées par le plaisir qu'on y prend, sans y avoir d'autre but, c'est pourquoi la rêverie peut mener à la folie : on s'oublie, on oublie le *dic cur hic*[93], on approche des songes et des chimères, on bâtit des châteaux en Espagne. Nous ne saurions distinguer les songes des sensations que parce qu'ils ne sont pas liés avec elles, c'est comme un monde à part. Le sommeil est une cessation des sensations, et de cette manière l'extase est un fort profond sommeil dont on a de la peine à être éveillé, qui vient d'une cause interne passagère, ce que j'ajoute pour exclure ce sommeil profond, qui vient d'un narcotique ou de quelque lésion durable des fonctions, comme dans la léthargie. Les extases sont accompagnées de visions quelquefois; mais il y en a aussi sans extase, et la vision, ce semble, n'est autre chose qu'un songe qui passe pour une sensation, comme s'il nous apprenait la vérité des objets. Et lorsque ces visions sont divines, il y a de la vérité en effet, ce qui se peut connaître par exemple quand elles contiennent des prophéties particularisées que l'événement justifie.

§ 4. PHILALÈTHE. *Des différents degrés de contention ou de relâchement d'esprit il s'ensuit que la pensée est l'action, et non l'essence de l'âme.*

THÉOPHILE. Sans doute la pensée est une action et ne saurait être l'essence : mais c'est une action essentielle, et toutes les substances en ont de telles. J'ai montré ci-dessus que nous avons toujours une infinité de petites perceptions, sans nous en apercevoir. Nous ne sommes jamais sans perceptions, mais il est nécessaire que nous soyons souvent sans aperceptions, savoir lorsqu'il n'y a point des perceptions distinguées. C'est faute d'avoir considéré ce point important qu'une philosophie relâchée et aussi peu noble que peu solide a prévalu auprès de tant de bons esprits, et que nous avons ignoré presque jusqu'ici ce qu'il y a de plus beau dans les âmes. Ce qui a fait aussi qu'on a trouvé tant d'apparence dans cette erreur, qui enseigne que les âmes sont d'une nature périssable.

CHAPITRE XX

DES MODES DU PLAISIR ET DE LA DOULEUR

§ 1. PHILALÈTHE. *Comme les sensations du corps de même que les pensées de l'esprit sont ou indifférentes ou suivies de plaisir ou de douleur, on ne peut décrire ces idées non plus que toutes les autres idées simples ni donner aucune définition des mots dont on se sert pour les désigner.*

THÉOPHILE. Je crois qu'il n'y a point de perceptions qui nous soient tout à fait indifférentes, mais c'est assez que leur effet ne soit point notable pour qu'on les puisse appeler ainsi, car le plaisir ou la douleur paraît consister dans une aide ou dans un empêchement notable. J'avoue que cette définition n'est point nominale, et qu'on n'en peut point donner.

§ 2. PHILALÈTHE. *Le bien est ce qui est propre à produire et à augmenter le plaisir en nous, ou à diminuer et abréger quelque douleur. Le mal est propre à produire ou augmenter la douleur en nous ou à diminuer quelque plaisir.*

THÉOPHILE. Je suis aussi de cette opinion. On divise le bien en honnête, agréable et utile, mais dans le fond je crois qu'il faut qu'il soit ou agréable lui-même, ou servant à quelque autre, qui nous puisse donner un sentiment agréable, c'est-à-dire le bien est agréable ou utile, et l'honnête lui-même consiste dans un plaisir d'esprit.

§ 4, 5. PHILALÈTHE. *Du plaisir et de la douleur viennent les passions : on a de l'amour pour ce qui peut produire du plaisir, et la pensée de la tristesse ou de la douleur, qu'une cause présente ou absente peut produire, est la haine. Mais la haine ou l'amour qui se rapportent à des êtres capables de bonheur ou de malheur, est souvent un déplaisir ou un contentement que nous sentons être produit en nous par la considération de leur existence ou du bonheur dont ils jouissent.*

THÉOPHILE. J'ai donné aussi à peu près cette définition de l'amour lorsque j'ai expliqué les principes de la justice, dans la préface de mon *Codex juris gentium diplomaticus*[94], savoir qu'aimer est être porté à prendre du plaisir dans la perfection, bien ou bonheur de l'objet aimé. Et pour cela on ne considère et ne demande point d'autre plaisir propre que celui-là même qu'on trouve dans le bien ou plaisir de celui qu'on aime ; mais dans ce sens nous n'aimons point proprement ce qui est incapable de plaisir ou de bonheur, et nous jouissons des choses de cette nature sans les aimer pour cela, si ce n'est par une prosopopée, et comme si nous imaginions qu'elles jouissent elles-mêmes de leur perfection. Ce n'est donc pas proprement de l'amour, lorsqu'on dit qu'on aime un beau tableau par le plaisir qu'on prend à en sentir les perfections. Mais il est permis d'étendre le sens des termes, et l'usage y varie. Les philosophes et théologiens même distinguent deux espèces d'amour, savoir l'amour qu'ils appellent de concupiscence, qui n'est autre chose que le désir ou le sentiment qu'on a pour ce qui nous donne du plaisir, sans que nous nous intéressions s'il en reçoit, et l'amour de bienveillance, qui est le sentiment qu'on a pour celui qui par son plaisir ou bonheur nous en donne. Le premier nous fait avoir en vue notre plaisir et le second celui d'autrui, mais comme faisant ou plutôt constituant le nôtre, car s'il ne rejaillissait pas sur nous en quelque façon, nous ne pourrions pas nous y intéresser, puisqu'il est impossible, quoi qu'on dise, d'être détaché du bien propre. Et voilà comment il faut entendre l'amour désintéressé ou non mercenaire, pour en bien concevoir la noblesse, et pour ne point tomber cependant dans le chimérique.

§ 6. PHILALÈTHE. *L'inquiétude* (uneasiness *en anglais*) *qu'un homme ressent en lui-même par l'absence d'une chose qui lui donnerait du plaisir si elle était présente, c'est ce qu'on nomme désir. L'inquiétude est le principal, pour ne pas dire le seul aiguillon qui excite l'industrie et l'activité des hommes; car quelque bien qu'on propose à l'homme, si l'absence de ce bien n'est suivie d'aucun déplaisir ni d'aucune douleur et que celui qui en est privé puisse être content et à son aise sans le posséder, il ne s'avise pas de le désirer et moins encore de faire des efforts pour en jouir. Il ne sent pour cette espèce de bien qu'une pure* velléité, *terme qu'on a employé pour signifier le plus bas degré du désir, qui approche le plus de cet état où se trouve l'âme à l'égard d'une chose qui lui est tout à fait indifférente, lorsque le déplaisir que cause l'absence d'une chose est si peu considérable qu'il ne porte qu'à de faibles souhaits sans engager de se servir des moyens de l'obtenir. Le désir est encore éteint ou ralenti par l'opinion où l'on est que le bien souhaité ne peut être obtenu à proportion que l'inquiétude de l'âme est guérie ou diminuée par cette considération.* Au reste j'ai trouvé ce que je vous dis de l'inquiétude dans ce célèbre auteur anglais dont je vous rapporte souvent les sentiments. J'ai été un peu en peine de la signification du mot anglais *uneasiness*. Mais l'interprète français, dont l'habilité à s'acquitter de cet emploi ne saurait être révoquée en doute, remarque au bas de la page (chap. 20, § 6) que *par ce mot anglais l'auteur entend l'état d'un homme qui n'est pas à son aise, le manque d'aise et de tranquillité dans l'âme, qui à cet égard est purement passive, et qu'il a fallu rendre ce mot par celui d'*inquiétude, *qui n'exprime pas précisément la même idée, mais qui en approche le plus près. Cet avis (ajoute-t-il) est surtout nécessaire par rapport au chapitre suivant,* De la puissance, *où l'auteur raisonne beaucoup sur cette espèce d'inquiétude, car si l'on n'attachait pas à ce mot l'idée qui vient d'être marquée, il ne serait pas possible de comprendre exactement les matières qu'on traite dans ce chapitre et qui sont des plus importantes, et des plus délicates de tout l'ouvrage.*

THÉOPHILE. L'interprète a raison, et la lecture de son excellent auteur m'a fait voir que cette considération de l'inquiétude est un point capital, où cet auteur a montré particulièrement son esprit pénétrant et profond. C'est pourquoi je me suis donné quelque attention, et après avoir bien considéré la chose, il me paraît quasi que le mot d'inquiétude, s'il n'exprime pas assez le sens de l'auteur, convient pourtant assez à mon avis à la nature de la chose et celui d'*uneasiness*, s'il marquait un déplaisir, un chagrin, une incommodité, et en un mot quelque douleur effective, n'y conviendrait pas. Car j'aimerais mieux dire que dans le désir en lui-même il y a plutôt une disposition et préparation à la douleur que de la douleur même. Il est vrai que cette perception quelquefois ne diffère de celle qu'il y a dans la douleur que du moins au plus, mais c'est que le degré est de l'essence de la douleur, car c'est une perception notable. On voit aussi cela par la différence qu'il y a entre l'appétit et la faim, car quand l'irritation de l'estomac devient trop forte, elle incommode, de sorte qu'il faut encore appliquer ici notre doctrine des perceptions trop petites pour être aperçues, car si ce qui se passe en nous lorsque nous avons de l'appétit et du désir était assez grossi, il nous causerait de la douleur. C'est pourquoi l'auteur infiniment sage de notre être l'a fait pour notre bien, quand il a fait en sorte que nous soyons souvent dans l'ignorance et dans des perceptions confuses, c'est afin que nous agissions plus promptement par instinct, et nous ne soyons pas incommodés par des sensations trop distinctes de quantité d'objets, qui ne nous reviennent pas tout à fait, et dont la nature n'a pu se passer pour obtenir ses fins. Combien d'insectes n'avalons-nous pas sans nous en apercevoir, combien voyons-nous de personnes qui, ayant l'odorat trop subtil, en sont incommodées et combien verrions-nous d'objets dégoûtants, si notre vue était assez perçante ? C'est aussi par cette adresse que la nature nous a donné des aiguillons du désir, comme des rudiments ou éléments de la douleur ou pour ainsi dire des demi-douleurs, ou (si vous voulez parler abusivement pour vous exprimer plus fortement) des petites douleurs inaperceptibles, afin que nous jouissions de l'avantage du mal sans en recevoir l'incommodité : car autrement, si cette perception était trop distincte, on serait toujours misérable en attendant le bien, au lieu que cette continuelle victoire sur ces demi-douleurs, qu'on sent en suivant son désir et satisfaisant en quelque façon à cet appétit ou à cette démangeaison, nous donne quantité de demi-plaisirs, dont la continuation et l'amas (comme dans la continuation de l'impulsion d'un corps pesant qui descend et qui acquiert de l'impétuosité) devient enfin un plaisir entier et véritable. Et dans le fond, sans ces demi-douleurs il n'y aurait point de plaisir, et il n'y aurait pas moyen de s'apercevoir que quelque chose nous aide et nous soulage, en ôtant quelques obstacles qui nous empêchent de nous mettre à notre aise. C'est encore en cela qu'on reconnaît l'affinité du plaisir et de la douleur, que Socrate remarque dans le *Phédon* de Platon[95] lorsque les pieds lui démangent. Cette considération de petites aides ou petites délivrances et dégagements imperceptibles de la tendance arrêtée, dont résulte enfin un plaisir notable, sert aussi à donner quelque connaissance plus distincte de l'idée confuse que nous avons et devons avoir du plaisir et de la douleur ; tout comme le sentiment de la chaleur ou de la lumière résulte de quantité de petits mouvements, qui expriment ceux des objets, suivant ce que j'ai dit ci-dessus (chap. 9, § 13) et n'en diffèrent qu'en apparence et parce que nous ne nous apercevons pas de cette analyse : au lieu que plusieurs croient aujourd'hui que nos idées des qualités sensibles diffèrent *toto genere*[96] des mouvements et de ce qui se passe dans les objets, et sont quelque chose de primitif et d'inexplicable, et même d'arbitraire, comme si Dieu faisait sentir à l'âme ce que bon lui semble, au lieu de ce qui se passe dans le corps, ce qui est bien éloigné de l'analyse véritable de nos idées. Mais pour revenir à l'inquiétude, c'est-à-dire aux petites sollicitations imperceptibles qui nous tiennent toujours en haleine, ce sont des déterminations confuses, en sorte que souvent nous ne savons pas ce qui nous manque, au lieu que dans les inclinations et passions nous savons au moins ce que nous demandons, quoique les perceptions confuses entrent aussi dans leur manière d'agir, et que les mêmes passions causent aussi cette inquiétude ou démangeaison. Ces impulsions sont comme autant de petits ressorts qui tâchent de se débander et qui font agir notre machine. Et j'ai déjà remarqué ci-dessus que c'est par là que nous ne sommes jamais indifférents, lorsque nous paraissons l'être le plus, par exemple de nous tourner à droite plutôt qu'à gauche au bout d'une allée. Car le parti que nous prenons vient de ces déterminations insensibles, mêlées des actions des objets et de l'intérieur du corps, qui nous fait trouver plus à notre aise dans l'une que dans l'autre manière de nous remuer. On appelle *Unruhe* en allemand, c'est-à-dire inquiétude, le balancier d'une horloge. On peut dire qu'il en est de même de notre corps, qui ne saurait jamais être parfaitement à son aise : parce que quand il le serait, une nouvelle impression des objets, un petit changement dans les organes, dans les vases et dans les viscères changera d'abord la balance et les fera faire quelque petit effort pour se remettre dans le meilleur état qu'il se peut ; ce qui produit un combat perpétuel qui fait pour ainsi dire l'inquiétude de notre horloge, de sorte que cette appellation est assez à mon gré.

§ 6. PHILALÈTHE. *La joie est un plaisir que l'âme ressent lorsqu'elle considère la possession d'un bien présent ou futur comme assurée, et nous sommes en* possession *d'un bien lorsqu'il est de telle sorte en notre pouvoir que nous en pouvons jouir quand nous voulons.*

THÉOPHILE. On manque dans les langues de termes assez propres pour distinguer des notions voisines. Peut-être que le latin *gaudium* approche davantage de cette définition de la joie que *laetitia*, qu'on traduit aussi par le mot de joie ; mais alors elle me paraît signifier un état où le plaisir prédomine en nous, car pendant la plus profonde tristesse et au milieu des plus cuisants chagrins on peut prendre quelque plaisir comme de boire ou d'entendre la musique, mais le déplaisir prédomine ; et de même au milieu des plus aiguës douleurs l'esprit peut être dans la joie, ce qui arrivait aux martyrs.

§ 8. PHILALÈTHE. *La tristesse est une inquiétude de l'âme*

lorsqu'elle pense à un bien perdu dont elle aurait pu jouir plus longtemps, ou quand elle est tourmentée d'un mal actuellement présent.

THÉOPHILE. Non seulement la présence actuelle, mais encore la crainte d'un mal à venir peut rendre triste, de sorte que, je crois, les définitions de la joie et de la tristesse que je viens de donner conviennent le mieux à l'usage. Quant à l'inquiétude, il y a dans la douleur et par conséquent dans la tristesse quelque chose de plus : et l'inquiétude est même dans la joie, car elle rend l'homme éveillé, actif, plein d'espérance pour aller plus loin. La joie a été capable de faire mourir par trop d'émotion, et alors il y avait en cela encore plus que de l'inquiétude.

§ 9. PHILALÈTHE. *L'espérance est le contentement de l'âme qui pense à la jouissance qu'elle doit probablement avoir d'une chose propre à lui donner du plaisir.* (§ 10) *Et la crainte est une inquiétude de l'âme lorsqu'elle pense à un mal futur qui peut arriver.*

THÉOPHILE. Si l'inquiétude signifie un déplaisir, j'avoue qu'elle accompagne toujours la crainte ; mais la prenant pour cet aiguillon insensible qui nous pousse, on peut l'appliquer encore à l'espérance. Les stoïciens prenaient les passions pour des opinions : ainsi l'espérance leur était l'opinion d'un bien futur, et la crainte l'opinion d'un mal futur. Mais j'aime mieux dire que les passions ne sont ni des contentements ou des déplaisirs, ni des opinions, mais des tendances ou plutôt des modifications de la tendance, qui viennent de l'opinion ou du sentiment, et qui sont accompagnées de plaisir ou de déplaisir.

§ 11. PHILALÈTHE. *Le désespoir est la pensée qu'on a qu'un bien ne peut être obtenu, ce qui peut causer de l'affliction et quelquefois le repos.*

THÉOPHILE. Le désespoir pris pour la passion sera une manière de tendance forte qui se trouve tout à fait arrêtée, ce qui cause un combat violent et beaucoup de déplaisir. Mais lorsque le désespoir est accompagné de repos et d'indolence, ce sera une opinion plutôt qu'une passion.

§ 12. PHILALÈTHE. *La colère est cette inquiétude ou ce désordre que nous ressentons après avoir reçu quelque injure, et qui est accompagné d'un désir présent de nous venger.*

THÉOPHILE. Il semble que la colère est quelque chose de plus simple et de plus général, puisque les bêtes en sont susceptibles, à qui on ne fait point d'injure. Il y a dans la colère un effort violent qui tend à se défaire du mal. Le désir de la vengeance peut demeurer quand on est de sang-froid, et quand on a plutôt de la haine que de la colère.

§ 13. PHILALÈTHE. *L'envie est l'inquiétude* (le déplaisir) *de l'âme qui vient de la considération d'un bien que nous désirons, mais qu'un autre possède, qui à notre avis n'aurait pas dû l'avoir préférablement à nous.*

THÉOPHILE. Suivant cette notion l'envie serait toujours une passion louable et toujours fondée sur la justice, au moins suivant notre opinion. Mais je ne sais si on ne porte pas souvent envie au mérite reconnu, qu'on ne se soucierait pas de maltraiter si l'on en était le maître. On porte même envie aux gens d'un bien qu'on ne se soucierait point d'avoir. On serait content de les en voir privés sans penser à profiter de leurs dépouilles et même sans pouvoir l'espérer. Car quelques biens sont comme des tableaux peints *in fresco* qu'on peut détruire, mais qu'on ne peut point ôter.

§ 17. PHILALÈTHE. *La plupart des passions font en plusieurs personnes des impressions sur le corps, et y causent divers changements, mais ces changements ne sont pas toujours sensibles : par exemple, la honte, qui est une inquiétude de l'âme qu'on ressent quand on vient à considérer qu'on a fait quelque chose d'indécent ou qui peut diminuer l'estime que d'autres font de nous, n'est pas toujours accompagnée de rougeur.*

THÉOPHILE. Si les hommes s'étudiaient davantage à observer les mouvements extérieurs qui accompagnent les passions, il serait difficile de les dissimuler. Quant à la honte, il est digne de considération que des personnes modestes quelquefois ressentent des mouvements semblables à ceux de la honte, lorsqu'elles sont témoins seulement d'une action indécente.

CHAPITRE XXI

DE LA PUISSANCE ET DE LA LIBERTÉ

§ 1. PHILALÈTHE. *L'esprit observant comment une chose cesse d'être, et comment une autre qui n'était pas auparavant vient à exister, et concluant qu'il y en aura à l'avenir des pareilles, produites par de pareils agents, il vient à considérer dans une chose la possibilité qu'il y a qu'une de ses idées simples soit changée, et dans une autre la possibilité de produire ce changement, et par là l'esprit se forme l'idée de la puissance.*

THÉOPHILE. Si la puissance répond au latin *potentia*, elle est l'opposé à l'acte, et le passage de la puissance à l'acte est le changement. C'est ce qu'Aristote entend par le mot de mouvement, quand il dit que c'est l'acte ou peut-être l'actuation de ce qui est en puissance[97]. On peut donc dire que la puissance en général est la possibilité du changement. Or le changement ou l'acte de cette possibilité, étant action dans un sujet, et passion dans un autre, il y aura aussi deux puissances, l'une passive et l'autre active. L'active pourra être appelée faculté, et peut-être que la passive pourrait être appelée capacité ou réceptivité. Il est vrai que la puissance active est prise quelquefois dans un sens plus parfait, lorsque, outre la simple faculté, il y a de la tendance ; et c'est ainsi que je la prends dans mes considérations dynamiques. On pourrait lui affecter particulièrement le mot de force : et la force serait ou entéléchie ou effort ; car l'entéléchie (quoique Aristote la prenne si généralement qu'elle comprenne encore toute action et tout effort) me paraît plutôt convenir aux forces agissantes primitives, et celui d'effort aux dérivatives. Il y a même encore une espèce de puissance passive plus particulière et plus chargée de réalité, c'est celle qui est dans la matière, où il n'y a pas seulement la mobilité, qui est la capacité ou réceptivité du mouvement, mais encore la résistance, qui comprend l'impénétrabilité et l'inertie. Les entéléchies, c'est-à-dire les tendances primitives ou substantielles, lorsqu'elles sont accompagnées de perception, sont les âmes.

§ 3. PHILALÈTHE. *L'idée de la puissance exprime quelque chose de relatif. Mais quelle idée avons-nous, de quelque sorte qu'elle soit, qui n'enferme quelque relation ? Nos idées de l'étendue, de la durée, du nombre ne contiennent-elles pas toutes en elles-mêmes un secret rapport de parties ? La même chose se remarque d'une manière encore plus visible dans la figure et le mouvement. Les qualités sensibles, que sont-elles que des puissances de différents corps par rapport à notre perception, et ne dépendent-elles pas en elles-mêmes de la grosseur, de la figure, de la contexture et du mouvement des parties ? ce qui met une espèce de rapport entre elles. Ainsi notre idée de la puissance peut fort bien être placée à mon avis parmi les autres idées simples.*

THÉOPHILE. Dans le fond les idées dont on vient de faire le dénombrement sont composées : celles des qualités sensibles ne tiennent leur rang parmi les idées simples qu'à cause de notre ignorance, et les autres, qu'on connaît distinctement, n'y gardent leur place que par indulgence, qu'il vaudrait mieux ne point avoir. C'est à peu près comme à l'égard des axiomes vulgaires, qui pourraient être et qui mériteraient d'être démontrés parmi les théorèmes et qu'on laisse passer cependant pour axiomes, comme si c'étaient des vérités primitives. Cette indulgence nuit plus qu'on ne pense. Il est vrai qu'on n'est pas toujours en état de s'en passer.

§ 4. PHILALÈTHE. *Si nous y prenons bien garde, les corps ne nous fournissent pas par le moyen des sens une idée aussi claire et aussi distincte de la puissance active que celle que nous en avons par les réflexions que nous faisons sur les opérations de notre esprit. Il n'y a, je crois, que deux sortes d'actions dont nous ayons l'idée, savoir : penser et mouvoir. Pour ce qui est de la pensée, le corps ne nous en donne aucune idée et ce n'est que par le moyen de la réflexion que nous l'avons. Nous n'avons non plus par le moyen du corps aucune idée du commencement du mouvement.*

THÉOPHILE. Ces considérations sont fort bonnes, et quoiqu'on prenne ici la pensée d'une manière si générale qu'elle comprend toute perception, je ne veux point contester l'usage des mots.

PHILALÈTHE. *Quand le corps lui-même est en mouvement, ce mouvement est dans le corps une action plutôt qu'une passion ; mais lorsqu'une boule de billard cède au choc du bâton, ce n'est point une action de la boule, mais une simple passion.*

THÉOPHILE. Il y a quelque chose à dire là-dessus, car les corps ne recevraient point le mouvement dans le choc, suivant les lois qu'on y remarque, s'ils n'avaient déjà du mouvement en eux. Mais passons maintenant cet article.

PHILALÈTHE. *De même lorsqu'elle vient à pousser une autre boule qui se trouve sur son chemin et la met en mouvement, elle ne fait que lui communiquer le mouvement qu'elle avait reçu et en perd tout autant.*

THÉOPHILE. Je vois que cette opinion erronée, que les cartésiens ont mise en vogue, comme si les corps perdaient autant de mouvement qu'ils en donnent, qui est détruite aujourd'hui par les expériences et par les raisons, et abandonnée même par l'auteur illustre de la *Recherche de la vérité*[98], qui a fait imprimer un petit discours tout exprès pour la rétracter, ne laisse pas de donner encore occasion aux habiles gens de se méprendre en bâtissant des raisonnements sur un fondement si ruineux.

PHILALÈTHE. Le transport du mouvement *ne nous donne qu'une idée fort obscure d'une puissance active de mouvoir qui soit dans le corps, tandis que nous ne voyons autre chose, sinon que le corps transfère le mouvement, mais sans le produire en aucune manière.*

THÉOPHILE. Je ne sais si l'on prétend ici que le mouvement passe de sujet en sujet, et que le même mouvement *(idem numero*[99]*)* se transfère. Je sais que quelques-uns sont allés là, entre autres le père Casati, jésuite[100], malgré toute l'école. Mais je doute que ce soit votre sentiment ou celui de vos habiles amis, bien éloignés ordinairement de telles imaginations. Cependant, si le même mouvement n'est point transporté, il faut qu'on admette qu'il se produit un mouvement nouveau dans le corps qui le reçoit : ainsi celui qui le donne agirait véritablement quoiqu'il pâtirait en même temps en perdant de sa force. Car quoiqu'il ne soit point vrai que le corps perde autant de mouvement qu'il en donne, il est toujours vrai qu'il en perd et qu'il perd autant de force qu'il en donne, comme je l'ai expliqué ailleurs, de sorte qu'il faut toujours admettre en lui de la force ou de la puissance active : j'entends la puissance dans le sens plus noble que j'ai expliqué un peu auparavant, où la tendance est jointe à la faculté. Cependant je suis d'accord toujours avec vous que la plus claire idée de la puissance active nous vient de l'esprit : aussi n'est-elle que dans les choses qui ont de l'analogie avec l'esprit, c'est-à-dire dans les entéléchies, car la matière ne marque proprement que la puissance passive.

§ 5. PHILALÈTHE. *Nous trouvons en nous-mêmes la puissance de commencer ou de ne pas commencer, de continuer ou de terminer plusieurs actions de notre âme et plusieurs mouvements de notre corps, et cela simplement par une pensée ou un choix de notre esprit, qui détermine et commande pour ainsi dire qu'une telle action particulière soit faite ou ne soit pas faite. Cette puissance est ce que nous appelons* volonté. *L'usage actuel de cette puissance se nomme* volition, *la cessation ou la production de l'action qui suit d'un tel commandement de l'âme s'appelle* volontaire, *et toute action qui est faite sans une telle direction de l'âme se nomme* involontaire.

THÉOPHILE. Je trouve tout cela fort bon et juste. Cependant, pour parler plus rondement et pour aller peut-être un peu plus avant, je dirai que la volition est l'effort ou la tendance *(conatus)* d'aller vers ce qu'on trouve bon et loin de ce qu'on trouve mauvais, en sorte que cette tendance résulte immédiatement de l'aperception qu'on en a. Et le corollaire de cette définition est cet axiome célèbre : que du vouloir et pouvoir joints ensemble, suit l'action, puisque de toute tendance suit l'action lorsqu'elle n'est point empêchée. Ainsi non seulement les actions intérieures volontaires de notre esprit suivent de ce *conatus*, mais encore les extérieures, c'est-à-dire les mouvements volontaires de notre corps, en vertu de l'union de l'âme et du corps, dont j'ai donné ailleurs la raison. Il y a encore des efforts qui résultent des perceptions insensibles, dont on ne s'aperçoit pas, que j'aime mieux appeler appétitions que volitions (quoiqu'il y ait aussi des appétitions aperceptibles), car on n'appelle actions volontaires que celles dont on peut s'apercevoir et sur lesquelles notre réflexion peut tomber lorsqu'elles suivent de la considération du bien et du mal.

PHILALÈTHE. *La puissance d'apercevoir est ce que nous appelons entendement : il y a la perception des idées, la perception de la signification des signes et enfin la perception de la convenance ou disconvenance qu'il y a entre quelques-unes de nos idées.*

THÉOPHILE. Nous nous apercevons de bien des choses en nous et hors de nous que nous n'entendons pas, et nous les entendons, quand nous en avons des idées distinctes, avec le pouvoir de réfléchir et d'en tirer des vérités nécessaires. C'est pourquoi les bêtes n'ont point d'entendement, au moins dans ce sens, quoiqu'elles aient la faculté de s'apercevoir des impressions plus remarquables et plus distinguées, comme le sanglier s'aperçoit d'une personne qui lui crie et va droit à cette personne, dont il n'avait eu déjà auparavant qu'une perception nue, mais confuse comme de tous les autres objets qui tombaient sous ses yeux et dont les rayons frappaient son cristallin. Ainsi dans mon sens l'entendement répond à ce qui chez les Latins est appelé *intellectus*, et l'exercice de cette faculté s'appelle intellection, qui est une perception distincte jointe à la faculté de réfléchir, qui n'est pas dans les bêtes. Toute perception jointe à cette faculté est une pensée, que je n'accorde pas aux bêtes, non plus que l'entendement, de sorte qu'on peut dire que l'intellection a lieu lorsque la pensée est distincte. Au reste la perception de la signification des signes ne mérite pas d'être distinguée ici de la perception des idées signifiées.

§ 6. PHILALÈTHE. *L'on dit communément que l'entendement et la volonté sont deux facultés de l'âme, terme assez commode si l'on s'en servait comme l'on devrait se servir de tous les mots, en prenant garde qu'ils ne fissent naître aucune confusion dans les pensées des hommes, comme je soupçonne qu'il est arrivé ici dans l'âme. Et lorsqu'on nous dit que la volonté est cette faculté supérieure de l'âme qui règle et ordonne toutes choses, qu'elle est ou n'est pas libre, qu'elle détermine les facultés inférieures, qu'elle suit le dictamen de l'entendement, quoique ces expressions puissent être entendues dans un sens clair et distinct, je crains pourtant qu'elles n'aient fait venir à plusieurs personnes l'idée confuse d'autant d'agents qui agissent distinctement en nous.*

THÉOPHILE. C'est une question qui a exercé les écoles depuis longtemps, s'il y a une distinction réelle entre l'âme et ses facultés, et si une faculté est distincte réellement de l'autre. Les réaux ont dit que oui, et les nominaux que non, et la même question a été agitée sur la réalité de plusieurs autres êtres abstraits, qui doivent suivre la même destinée. Mais je ne pense pas qu'on ait besoin ici de décider cette question et de s'enfoncer dans ces épines, quoique je me souvienne qu'Episcopius [101] l'a trouvée de telle importance qu'il a cru qu'on ne pourrait soutenir la liberté de l'homme si les facultés de l'âme étaient des êtres réels. Cependant, quand elles seraient des êtres réels et distincts, elles ne sauraient passer pour des agents réels qu'en parlant abusivement. Ce ne sont pas les facultés ou qualités qui agissent, mais les substances par les facultés.

§ 8. PHILALÈTHE. *Tant qu'un homme a la puissance de penser ou de ne pas penser, de mouvoir ou de ne pas mouvoir conformément à la préférence ou au choix de son propre esprit, jusque-là il est libre.*

THÉOPHILE. Le terme de liberté est fort ambigu. Il y a liberté de droit, et liberté de fait. Suivant celle de droit un esclave n'est point libre, un sujet n'est pas entièrement libre, mais un pauvre est aussi libre qu'un riche. La liberté de fait consiste ou dans la puissance de faire ce qu'on veut, ou dans la puissance de vouloir comme il faut. C'est de la liberté de faire dont vous parlez, Monsieur, et elle a ses degrés et variétés. Généralement celui qui a plus de moyens est plus libre de faire ce qu'il veut : mais on entend la liberté particulièrement de l'usage des choses qui ont coutume d'être en notre pouvoir et surtout de l'usage libre de notre corps. Ainsi la prison et les maladies, qui nous empêchent de donner à notre corps et à nos membres le mouvement que nous voulons et que nous pouvons leur donner ordinairement, dérogent à notre liberté : c'est ainsi qu'un prisonnier n'est point libre, et qu'un paralytique n'a pas l'usage libre de ses membres. La liberté de vouloir est encore prise en deux sens différents. L'un est quand on l'oppose à l'imperfection ou à l'esclavage de l'esprit, qui est une coaction ou contrainte, mais interne, comme celle qui vient des passions ; l'autre sens a lieu quand on oppose la liberté à la nécessité. Dans le premier sens les stoïciens disaient que le sage seul est libre ; et en effet, on n'a point l'esprit libre quand il est occupé d'une grande passion, car on ne peut point vouloir alors comme il faut, c'est-à-dire avec la délibération qui est requise. C'est ainsi que Dieu seul est parfaitement libre, et que les esprits créés ne le sont qu'à mesure qu'ils sont au-dessus des passions : et cette liberté regarde proprement notre entendement. Mais la liberté de l'esprit, opposée à la nécessité, regarde la volonté nue et en tant qu'elle est distinguée de l'entendement. C'est ce qu'on appelle le franc arbitre et consiste en ce qu'on veut que les plus fortes raisons ou impressions que l'entendement présente à la volonté n'empêchent point l'acte de la volonté d'être contingent, et ne lui donnent point une nécessité absolue et pour ainsi dire métaphysique. Et c'est dans ce sens que j'ai coutume de dire que l'entendement peut déterminer la volonté, suivant la prévalence des perceptions et raisons, d'une manière qui, lors même qu'elle est certaine et infaillible, incline sans nécessiter.

§ 9. PHILALÈTHE. *Il est bon aussi de considérer que personne ne s'est encore avisé de prendre pour un agent libre une balle, soit qu'elle soit en mouvement après avoir été poussée par une raquette ou qu'elle soit en repos. C'est parce que nous ne concevons pas qu'une balle pense, ni qu'elle ait aucune volition qui lui fasse préférer le mouvement au repos.*

THÉOPHILE. Si libre était ce qui agit sans empêchement, la balle étant une fois en mouvement dans un horizon uni serait un agent libre. Mais Aristote a déjà bien remarqué que pour appeler les actions libres, nous demandons non seulement qu'elles soient spontanées, mais encore qu'elles soient délibérées.

PHILALÈTHE. *C'est pourquoi nous regardons le mouvement ou le repos de la balle sous l'idée d'une chose nécessaire.*

THÉOPHILE. L'appellation de nécessaire demande autant de circonspection que celle de libre. Cette vérité conditionnelle, savoir : supposé que la balle soit en mouvement dans un horizon uni sans empêchement, elle continuera le même mouvement, peut passer pour nécessaire en quelque manière, quoique dans le fond cette conséquence ne soit pas entièrement géométrique, n'étant que présomptive pour ainsi dire et fondée sur la sagesse de Dieu qui ne change pas son influence sans quelque raison, qu'on présume ne se point trouver présentement; mais cette proposition absolue : la balle que voici est maintenant en mouvement dans ce plan, n'est qu'une vérité contingente, et en ce sens la balle est un agent contingent non libre.

§ 10. PHILALÈTHE. *Supposons qu'on porte un homme, pendant qu'il est en profond sommeil, dans une chambre où il y ait une personne qu'il lui tarde fort de voir et d'entretenir et que l'on ferme à clef la porte sur lui ; cet homme s'éveille et est charmé de se trouver avec cette personne et demeure ainsi dans la chambre avec plaisir. Je ne pense pas qu'on s'avise de douter qu'il ne reste volontairement dans ce lieu-là. Cependant il n'est pas en liberté d'en sortir s'il veut. Ainsi la liberté n'est pas une idée qui appartienne à la volition.*

THÉOPHILE. Je trouve cet exemple fort bien choisi pour marquer qu'en un sens une action ou un état peut être volontaire sans être libre. Cependant, quand les philosophes et théologiens disputent sur le libre arbitre, ils ont un tout autre sens en vue.

§ 11. PHILALÈTHE. *La liberté manque lorsque la paralysie empêche que les jambes n'obéissent à la détermination de l'esprit, quoique dans le paralytique même, ce puisse être une chose volontaire de demeurer assis, tandis qu'il préfère d'être assis à changer de place. Volontaire n'est donc pas opposé à nécessaire, mais à involontaire.*

THÉOPHILE. Cette justesse d'expression me reviendrait assez, mais l'usage s'en éloigne ; et ceux qui opposent la liberté à la nécessité entendent parler non pas des actions extérieures, mais de l'acte même de vouloir.

§ 12. PHILALÈTHE. *Un homme éveillé n'est non plus libre de penser ou de ne pas penser, qu'il est en liberté d'empêcher ou de ne pas empêcher que son corps touche aucun autre corps. Mais de transporter ses pensées d'une idée à l'autre, c'est ce qui est souvent en sa disposition : et en ce cas il est autant en liberté par rapport à ses idées qu'il y est par rapport aux corps sur lesquels il s'appuie, pouvant se transporter de l'un sur l'autre comme il lui vient en fantaisie. Il y a pourtant des idées qui comme certains mouvements sont tellement fixées dans l'esprit que dans certaines circonstances, on ne peut les éloigner, quelque effort qu'on fasse. Un homme à la torture n'est pas en liberté de n'avoir pas l'idée de la douleur, et quelquefois une violente passion agit sur notre esprit comme le vent le plus furieux agit sur nos corps.*

THÉOPHILE. Il y a de l'ordre et de la liaison dans les pensées comme il y en a dans les mouvements, car l'un répond parfaitement à l'autre, quoique la détermination dans les mouvements soit brute et libre ou avec choix dans l'être qui pense, que les biens et maux ne font qu'incliner sans le forcer. Car l'âme en représentant les corps garde ses perfections et quoiqu'elle dépende du corps (à le bien prendre) dans les actions involontaires, elle est indépendante et fait dépendre le corps d'elle-même dans les autres. Mais cette dépendance n'est que métaphysique et consiste dans les égards que Dieu a pour l'un en réglant l'autre, ou plus pour l'un que pour l'autre à mesure des perfections originales d'un chacun, au lieu que la dépendance physique consisterait dans une influence immédiate que l'un recevrait de l'autre dont il dépend. Au reste il nous vient des pensées involontaires, en partie de dehors par les objets qui frappent nos sens, et en partie au-dedans à cause des impressions (souvent insensibles) qui restent des perceptions précédentes qui continuent leur action et qui se mêlent avec ce qui vient de nouveau. Nous sommes passifs à cet égard, et même quand on veille, des images (sous lesquelles je comprends non seulement les représentations des figures, mais encore celles des sons et d'autres qualités sensibles) nous viennent, comme dans les songes, sans être appelées. La langue allemande les appelle *fliegende Gedancken*, comme qui dirait des pensées volantes, qui ne sont pas en notre pouvoir, et où il y a quelquefois bien des absurdités qui donnent des scrupules aux gens de bien et de l'exercice aux casuistes et directeurs des consciences. C'est comme dans une lanterne magique qui fait paraître des figures sur la muraille à mesure qu'on tourne quelque chose au-dedans. Mais notre esprit, s'apercevant de quelque image qui lui revient, peut dire : halte-là, et l'arrêter pour ainsi dire. De plus l'esprit entre, comme bon lui semble, dans certaines progressions de pensées qui le mènent à d'autres. Mais cela s'entend quand les impressions internes ou externes ne prévalent point. Il est vrai qu'en cela les hommes diffèrent fort, tant suivant leur tempérament que suivant l'exercice qu'ils ont fait de leur empire, de sorte que l'un peut surmonter des impressions où l'autre se laisse aller.

§ 13. PHILALÈTHE. *La nécessité a lieu partout où la pensée n'a aucune part. Et lorsque cette nécessité se trouve dans un agent capable de volition et que le commencement ou la continuation de quelque action est contraire à la préférence de son esprit, je la nomme* c o n t r a i n t e *; et lorsque l'empêchement ou la cessation d'une action est contraire à la volition de cet agent, qu'on me permette de l'appeler* c o h i b i t i o n. *Quant aux agents qui n'ont absolument ni pensée ni volition, ce sont des agents* n é c e s s a i r e s *à tous égards.*

THÉOPHILE. Il me semble qu'à proprement parler, quoique les volitions soient contingentes, la nécessité ne doit pas être opposée à la volition, mais à la contingence, comme j'ai déjà remarqué au § 9, et que la nécessité ne doit pas être confondue avec la détermination, car il n'y a pas moins de connexion ou de détermination dans les pensées que dans les mouvements (être déterminé étant tout autre chose qu'être forcé ou poussé avec contrainte). Et si nous ne remarquons pas toujours la raison qui nous détermine ou plutôt par laquelle nous nous déterminons, c'est que nous sommes aussi peu capables de nous apercevoir de tout le jeu de notre esprit et de ses pensées, le plus souvent imperceptibles et confuses, que nous sommes de démêler toutes les machines que la nature fait jouer dans les corps. Ainsi, si par la nécessité on entendait la détermination certaine de l'homme, qu'une parfaite connaissance de toutes les circonstances de ce qui se passe au-dedans et au-dehors de l'homme, pourrait faire prévoir à un esprit parfait, il est sûr que les pensées étant aussi déterminées que les mouvements qu'elles représentent, tout acte libre serait nécessaire : mais il faut distinguer le nécessaire du contingent quoique déterminé. Et non seulement les vérités contingentes ne sont point nécessaires, mais encore leurs liaisons ne sont pas toujours d'une nécessité absolue, car il faut avouer qu'il y a de la différence dans la manière de déterminer entre les conséquences qui ont lieu en matière nécessaire et celles qui ont lieu en matière contingente. Les conséquences géométriques et métaphysiques nécessitent, mais les conséquences physiques et morales inclinent sans nécessiter ; le physique même ayant quelque chose de moral et de volontaire par rapport à Dieu, puisque les lois du mouvement n'ont point d'autre nécessité que celle du meilleur. Or Dieu choisit librement, quoiqu'il soit déterminé à choisir le mieux. Et comme les corps mêmes ne choisissent point (Dieu ayant choisi pour eux), l'usage a voulu qu'on les appelle des agents nécessaires, à quoi je ne m'oppose pas, pourvu qu'on ne confonde point le nécessaire et le déterminé, et que l'on n'aille pas s'imaginer que les êtres libres agissent d'une manière indéterminée, erreur qui a prévalu dans certains esprits, et qui détruit les plus importantes vérités, même cet axiome fondamental : que rien n'arrive sans raison, sans lequel ni l'existence de Dieu ni d'autres grandes vérités ne sauraient être bien démontrées. Quant à la contrainte, il est bon d'en distinguer deux espèces, l'une physique, comme lorsqu'on porte un homme malgré lui en prison, ou qu'on le jette dans un précipice, l'autre morale, comme par exemple la crainte d'un plus grand mal, et cette action, quoique forcée en quelque façon, ne laisse pas d'être volontaire. On peut être forcé aussi par la considération d'un plus grand bien, comme lorsqu'on tente un homme en lui proposant un trop grand avantage, quoiqu'on n'ait pas coutume d'appeler cela contrainte.

§ 14. PHILALÈTHE. *Voyons maintenant si l'on ne pourrait point terminer la question agitée depuis si longtemps, mais qui est à mon avis fort déraisonnable, puisqu'elle est inintelligible : Si la volonté de l'homme est libre ou non.*

THÉOPHILE. On a grande raison de se récrier sur la manière étrange des hommes qui se tourmentent en agitant des questions mal conçues : ils cherchent ce qu'ils savent, et ne savent pas ce qu'ils cherchent.

PHILALÈTHE. *La liberté, qui n'est qu'une puissance, appartient uniquement à des agents et ne saurait être un attribut ou une modification de la volonté, qui n'est elle-même rien autre chose qu'une puissance.*

THÉOPHILE. Vous avez raison, Monsieur, suivant la propriété des mots. Cependant on peut excuser en quelque façon l'usage reçu. C'est ainsi qu'on a coutume d'attribuer la puissance à la chaleur ou à d'autres qualités, c'est-à-dire au corps en tant qu'il a cette qualité ; et de même ici l'intention est de demander si l'homme est libre en voulant.

§ 15. PHILALÈTHE. *La liberté est la puissance qu'un homme a de faire ou de ne pas faire quelque action conformément à ce qu'il veut.*

THÉOPHILE. Si les hommes n'entendaient que cela par la liberté, lorsqu'ils demandent si la volonté ou l'arbitre est libre, leur question serait véritablement absurde. Mais on verra tantôt ce qu'ils demandent et même je l'ai déjà touché. Il est vrai, mais par un autre principe, qu'ils ne laissent pas de demander ici (au moins plusieurs) l'absurde et l'impossible, en voulant une liberté d'équilibre absolument imaginaire et impraticable, et qui même ne leur servirait pas, s'il était possible qu'ils la pussent avoir, c'est-à-dire qu'ils aient la liberté de vouloir contre toutes les impressions qui peuvent venir de l'entendement, ce qui détruirait la véritable liberté avec la raison et nous abaisserait au-dessous des bêtes.

§ 17. PHILALÈTHE. *Qui dirait que la puissance de parler dirige la puissance de chanter, ou que la puissance de chanter obéit ou désobéit à la puissance de parler, s'exprimerait d'une manière aussi propre et aussi intelligible que celui qui dit, comme on a coutume de dire, que la volonté dirige l'entendement, et que l'entendement obéit ou n'obéit pas à la volonté.* § 18. *Cependant cette façon de parler a prévalu et a causé, si je ne me trompe, bien du désordre, quoique la puissance de penser n'opère non plus sur la puissance de choisir, et au contraire, que la puissance de chanter sur celle de danser.* § 19. *Je conviens qu'une telle ou telle pensée peut fournir à l'homme l'occasion d'exercer la puissance qu'il a de choisir, et que le choix de l'esprit peut être cause qu'il pense actuellement à telle ou telle chose, de même que chanter actuellement un certain air peut être l'occasion de danser une telle danse.*

THÉOPHILE. Il y a un peu plus que de fournir des occasions, puisqu'il y a quelque dépendance ; car on ne saurait vouloir que ce qu'on trouve bon, et selon que la faculté d'entendre est avancée, le choix de la volonté est meilleur, comme de l'autre côté, selon que l'homme a de la vigueur en voulant, il détermine les pensées suivant son choix, au lieu d'être déterminé et entraîné par des perceptions involontaires.

PHILALÈTHE. *Les puissances sont des relations et non des agents.*

THÉOPHILE. Si les facultés essentielles ne sont que des relations, et n'ajoutent rien de plus à l'essence, les qualités et les facultés accidentelles ou sujettes au changement sont autre chose, et on peut dire de ces dernières que les unes dépendent souvent des autres dans l'exercice de leurs fonctions.

§ 21. PHILALÈTHE. *La question ne doit pas être à mon avis si la volonté est libre, c'est parler d'une manière fort impropre, mais si l'homme est libre. Cela posé, je dis que tandis que quelqu'un peut, par la direction ou le choix de son esprit, préférer l'existence d'une action à la non-existence de cette action et au contraire, c'est-à-dire qu'il peut faire qu'elle existe ou qu'elle n'existe pas selon qu'il le veut, jusque-là il est libre. Et à peine pourrions-nous dire comment il serait possible de concevoir un être plus libre qu'en tant qu'il est capable de faire ce qu'il veut, de sorte que l'homme semble être aussi libre par rapport aux actions qui dépendent de ce pouvoir qu'il trouve en lui-même qu'il est possible à la liberté de le rendre libre, si j'ose m'exprimer ainsi.*

THÉOPHILE. Quand on raisonne sur la liberté de la volonté ou sur le franc arbitre, on ne demande pas si l'homme peut faire ce qu'il veut, mais s'il y a assez d'indépendance dans sa volonté même. On ne demande pas s'il a les jambes libres, ou les coudées franches, mais s'il a l'esprit libre, et en quoi cela consiste. A cet égard une intelligence pourra être plus libre que l'autre, et la suprême intelligence sera dans une parfaite liberté, dont les créatures ne sont point capables.

§ 22. PHILALÈTHE. *Les hommes naturellement curieux et qui aiment à éloigner autant qu'ils peuvent de leur esprit la pensée d'être coupables, quoique ce soit en se réduisant en un état pire que celui d'une fatale nécessité, ne sont pourtant pas satisfaits de cela. A moins que la liberté ne s'étende encore plus loin, elle n'est pas à leur gré, et c'est à leur avis une fort bonne preuve que l'homme n'est du tout point libre, s'il n'a aussi bien la liberté de vouloir que celle de faire ce qu'il veut.* § 23. *Sur quoi je crois que l'homme ne saurait être libre par rapport à cet acte particulier de vouloir une action qui est en sa puissance, lorsque cette action a été une fois proposée à son esprit. La raison en est toute visible, car l'action dépendant de sa volonté, il faut de toute nécessité qu'elle existe ou qu'elle n'existe pas, et son existence ou sa non-existence ne pouvant manquer de suivre exactement la détermination et le choix de sa volonté, il ne peut éviter de vouloir l'existence ou la non-existence de cette action.*

THÉOPHILE. Je croirais qu'on peut suspendre son choix, et que cela se fait bien souvent, surtout lorsque d'autres pensées interrompent la délibération : ainsi, quoiqu'il faille que l'action sur laquelle on délibère existe ou n'existe pas, il ne s'ensuit point qu'on en doit résoudre nécessairement l'existence ou la non-existence, car la non-existence peut arriver encore faute de résolution. C'est comme les aréopagites absolvaient en effet cet homme dont ils avaient trouvé le procès trop difficile à être décidé, le renvoyant à un terme bien éloigné, et prenant cent ans pour y penser.

PHILALÈTHE. *En faisant l'homme libre de cette sorte, je veux dire : en faisant que l'action de vouloir dépende de sa volonté, il faut qu'il y ait une autre volonté ou faculté de vouloir antécédente pour déterminer les actes de cette volonté, et une autre pour déterminer celle-là, et ainsi à l'infini ; car où qu'on s'arrête, les actions de la dernière volonté ne sauraient être libres.*

THÉOPHILE. Il est vrai qu'on parle peu juste, lorsqu'on parle comme si nous voulions vouloir. Nous ne voulons point vouloir, mais nous voulons faire, et si nous voulions vouloir, nous voudrions vouloir vouloir, et cela irait à l'infini : cependant il ne faut point dissimuler que par des actions volontaires nous contribuons souvent indirectement à d'autres actions volontaires, et quoiqu'on ne puisse point vouloir ce qu'on veut, comme on ne peut pas même juger ce qu'on veut, on peut pourtant faire en sorte par avance qu'on juge ou veuille avec le temps ce qu'on souhaiterait de pouvoir vouloir ou juger aujourd'hui. On s'attache aux personnes, aux lectures et aux considérations favorables, à un certain parti, on ne donne point attention à ce qui vient du parti contraire, et par ces adresses et mille autres qu'on emploie le plus souvent sans dessein formé et sans y penser, on réussit à se tromper ou du moins à se changer, et à se convertir ou pervertir selon qu'on a rencontré.

§ 25. PHILALÈTHE. *Puis donc qu'il est évident que l'homme n'est pas en liberté de v o u l o i r v o u l o i r ou non, la première chose qu'on demande après cela, c'est si l'homme est en l i b e r t é d e v o u l o i r l e q u e l d e s d e u x i l l u i p l a î t , l e m o u v e m e n t par exemple ou le repos ? Mais cette question est si visiblement absurde en elle-même qu'elle peut suffire à convaincre quiconque y fera réflexion, que la liberté ne concerne dans aucun cas la volonté. Car demander si un homme est en liberté de vouloir lequel il lui plaît, du mouvement ou du repos, de parler ou de se taire, c'est demander si un homme peut vouloir ce qu'il veut, ou se plaire à ce à quoi il se plaît, question qui à mon avis n'a pas besoin de réponse.*

THÉOPHILE. Il est vrai avec tout cela que les hommes se font une difficulté ici, qui mérite d'être résolue. Ils disent qu'après avoir tout connu et tout considéré, il est encore dans leur pouvoir de vouloir, non pas seulement ce qui plaît le plus, mais encore tout le contraire, seulement pour montrer leur liberté. Mais il faut considérer qu'encore ce caprice ou entêtement, ou du moins cette raison qui les empêche de suivre les autres raisons, entre dans la balance, et leur fait plaire ce qui ne leur plairait pas sans cela, de sorte que le choix est toujours déterminé par la perception. On ne veut donc pas ce qu'on voudrait, mais ce qui plaît, quoique la volonté puisse contribuer indirectement et comme de loin à faire que quelque chose plaise ou ne plaise pas, comme j'ai déjà remarqué. Et les hommes ne démêlant guère toutes ces considérations distinctes, il n'est point étonnant qu'on s'embrouille tant l'esprit sur cette matière, qui a beaucoup de replis cachés.

§ 29. PHILALÈTHE. *Lorsqu'on demande ce que c'est qui détermine la volonté, la véritable réponse consiste à dire que c'est l'esprit qui détermine la volonté. Si cette réponse ne satisfait pas, il est visible que le sens de cette question se réduit à ceci : qui est-ce qui pousse l'esprit dans chaque occasion particulière à déterminer à tel mouvement ou à tel repos particulier la puissance générale qu'il a de diriger ses facultés vers le mouvement ou vers le repos ? A quoi je réponds que ce qui nous porte à demeurer dans le même état ou à continuer la même action, c'est uniquement la satisfaction présente qu'on y trouve. Au contraire le motif qui incite à changer est toujours quelque inquiétude.*

THÉOPHILE. Cette inquiétude, comme je l'ai montré (dans le chapitre précédent), n'est pas toujours un déplaisir, comme l'aise où l'on se trouve, n'est pas toujours une satisfaction ou un plaisir. C'est souvent une perception insensible qu'on ne saurait distinguer ni démêler qui nous fait pencher plutôt d'un côté que de l'autre, sans qu'on en puisse rendre raison.

§ 30. PHILALÈTHE. *La volonté et le désir ne doivent pas être confondus : un homme désire d'être délivré de la goutte, mais comprenant que l'éloignement de cette douleur peut causer le transport d'une dangereuse humeur dans quelque partie plus vitale, sa volonté ne saurait être déterminée à aucune action qui puisse servir à dissiper cette douleur.*

THÉOPHILE. Ce désir est une manière de velléité par rapport à une volonté complète : on voudrait par exemple, s'il n'y avait pas un plus grand mal à craindre si l'on obtenait ce qu'on veut, ou peut-être un plus grand bien à espérer si l'on s'en passait. Cependant on peut dire que l'homme veut être délivré de la goutte par un certain degré de la volonté, mais qui ne va pas toujours au dernier effort. Cette volonté s'appelle velléité, quand elle enferme quelque imperfection ou impuissance.

§ 31. PHILALÈTHE. *Il est bon de considérer cependant que ce qui détermine la volonté à agir n'est pas le plus grand bien, comme on le suppose ordinairement, mais plutôt quelque inquiétude actuelle, et pour l'ordinaire celle qui est la plus pressante. On lui peut donner le nom de désir, qui est effectivement une inquiétude de l'esprit, causée par la privation de quelque bien absent, outre le désir d'être délivré de la douleur. Tout bien absent ne produit pas une douleur proportionnée au degré d'excellence qui est en lui, ou que nous y reconnaissons, au lieu que toute douleur cause un désir égal à elle-même, parce que l'absence du bien n'est pas toujours un mal, comme est la présence de la douleur. C'est pourquoi l'on peut considérer et envisager un bien absent sans douleur; mais à proportion qu'il y a du désir quelque part, autant y a-t-il d'inquiétude.*

§ 32. *Qui est-ce qui n'a point senti dans le désir ce que le sage dit de l'espérance* (Proverbes, XIII, 12), *qu'étant différée elle fait languir le cœur. Rachel crie* (Genèse, XXX, 1) : *Donnez-moi des enfants, ou je vais mourir.* § 34. *Lorsque l'homme est parfaitement satisfait de l'état où il est, ou lorsqu'il est absolument libre de toute inquiétude, quelle volonté lui peut-il rester que le continuer dans cet état ? Ainsi le sage auteur de notre être a mis dans les hommes l'incommodité de la faim et de la soif, et des autres désirs naturels, afin d'exciter et de déterminer leurs volontés à leur propre conservation et à la continuation de leur espèce. Il vaut mieux, dit saint Paul (1 Cor, VII, 9), se marier que brûler. Tant il est vrai que le sentiment présent d'une petite brûlure a plus de pouvoir sur nous que les attraits de plus grands plaisirs considérés en éloignement. § 35. Il est vrai que c'est une maxime si fort établie que c'est le bien et le plus grand bien qui détermine la volonté, que je ne suis nullement surpris d'avoir supposé cela comme indubitable. Cependant après une exacte recherche, je me sens forcé de conclure que le bien et le plus grand bien, quoique jugé et reconnu tel, ne détermine point la volonté; à moins que, venant à le désirer d'une manière proportionnée à son excellence, ce désir ne nous rende inquiets de ce que nous en sommes privés. Posons qu'un homme soit convaincu de l'utilité de la vertu, jusqu'à voir qu'elle est nécessaire à qui se propose quelque chose de grand dans ce monde, ou espère d'être heureux dans l'autre : cependant jusqu'à ce que cet homme se sente affamé et altéré de la justice, sa volonté ne sera jamais déterminée à aucune action qui le porte à la recherche de cet excellent bien, et quelque autre inquiétude venant à la traverse entraînera sa volonté à d'autres choses. D'autre part, posons qu'un homme adonné au vin considère que, menant la vie qu'il mène, il ruine sa santé et dissipe son bien, qu'il va se déshonorer dans le monde, s'attirer des maladies, et tomber enfin dans l'indigence jusqu'à n'avoir plus de quoi satisfaire cette passion de boire qui le possède si fort. Cependant les retours d'inquiétude qu'il sent, à être absent de ses compagnons de débauche, l'entraînent au cabaret, aux heures qu'il a accoutumé d'y aller, quoiqu'il ait alors devant les yeux la perte de sa santé et de son bien, et peut-être même celle du bonheur de l'autre vie : bonheur qu'il ne peut regarder comme un bien peu considérable en lui-même, puisqu'il avoue au contraire qu'il est beaucoup plus excellent que le plaisir de boire ou que le vain babil d'une troupe de débauchés. Ce n'est donc pas faute de jeter les yeux sur le souverain bien qu'il persiste dans ce dérèglement; car il l'envisage et en reconnaît l'excellence, jusque-là que durant le temps qui s'écoule entre les heures qu'il emploie à boire, il résout de s'appliquer à rechercher ce souverain bien, mais quand l'inquiétude d'être privé du plaisir auquel il est accoutumé vient le tourmenter, ce bien qu'il reconnaît plus excellent que celui de boire n'a plus de force sur son esprit, et c'est cette inquiétude actuelle qui détermine sa volonté à l'action à laquelle il est accoutumé, et qui par là faisant de plus fortes impressions prévaut encore à la première occasion, quoiqu'en même temps il s'engage pour ainsi dire lui-même par des secrètes promesses à ne plus faire la même chose, et qu'il se figure que ce sera la dernière fois qu'il agira contre son plus grand intérêt. Ainsi il se trouve de temps en temps réduit à dire :*

> Video meliora proboque,
> Deteriora sequor [102].

Je vois le meilleur parti, je l'approuve, et je prends le pire. Cette sentence, qu'on reconnaît véritable, et qui n'est que trop confirmée par une constante expérience, est aisée à comprendre par cette voie-là et ne l'est peut-être pas de quelque autre sens qu'on la prenne.

THÉOPHILE. Il y a quelque chose de beau et de solide dans ces considérations. Cependant je ne voudrais pas qu'on crût pour cela qu'il faille abandonner ces anciens axiomes, que la volonté suit le plus grand bien, ou qu'elle fuit le plus grand mal qu'elle sent. La source du peu d'application aux vrais biens vient en bonne partie de ce que dans les matières et dans les occasions où les sens n'agissent guère, la plupart de nos pensées sont sourdes pour ainsi dire (je les appelle *cogitationes caecas* en latin), c'est-à-dire vides de perception et de sentiment, et consistant dans l'emploi tout nu des caractères, comme il arrive à ceux qui calculent en algèbre sans envisager que de temps en temps les figures géométriques dont il s'agit et les mots font ordinairement le même effet en cela que les caractères d'arithmétique ou d'algèbre. On raisonne souvent en paroles, sans avoir presque l'objet même dans l'esprit. Or cette connaissance ne saurait toucher, il faut quelque chose de vif pour qu'on soit ému. Cependant c'est ainsi que les hommes le plus souvent pensent à Dieu, à la vertu, à la félicité ; ils parlent et raisonnent sans idées expresses ; ce n'est pas qu'ils n'en puissent avoir, puisqu'elles sont dans leur esprit. Mais ils ne se donnent point la peine de pousser l'analyse. Quelquefois ils ont des idées d'un bien ou d'un mal absent, mais très faibles ; ce n'est donc pas merveille si elles ne touchent guère. Ainsi si nous préférons le pire, c'est que nous sentons le bien qu'il renferme, sans sentir le mal qu'il y a, ni le bien qui est dans le parti contraire. Nous supposons et croyons, ou plutôt nous récitons seulement sur la foi d'autrui ou tout au plus sur celle de la mémoire de nos raisonnements passés, que le plus grand bien est dans le meilleur parti ou le plus grand mal dans l'autre. Mais quand nous ne les envisageons point, nos pensées et raisonnements contraires au sentiment sont une espèce de psittacisme, qui ne fournit rien pour le présent à l'esprit, et si nous ne prenons point de mesures pour y remédier, autant en emporte le vent, comme j'ai déjà remarqué ci-dessus, chap. 2, § 11, et les plus beaux préceptes de morale avec les meilleures règles de la prudence ne portent coup que dans une âme qui y est sensible (ou directement, ou, parce que cela ne se peut pas toujours, au moins indirectement, comme je montrerai tantôt) et qui n'est pas plus sensible à ce qui y est contraire. Cicéron dit bien quelque part que si nos yeux pouvaient voir la beauté de la vertu, nous l'aimerions avec ardeur : mais cela n'arrivant point ni rien d'équivalent, il ne faut point s'étonner si dans le combat entre la chair et l'esprit, l'esprit succombe tant de fois, puisqu'il ne se sert pas bien de ses avantages. Ce combat n'est autre chose que l'opposition des différentes tendances, qui naissent des pensées confuses et des distinctes. Les pensées confuses souvent se font sentir clairement, mais nos pensées distinctes ne sont claires ordinairement qu'en puissance : elles pourraient l'être, si nous voulions nous donner l'application de pénétrer le sens des mots ou des caractères, mais ne le faisant point, ou par négligence, ou à cause de la brièveté du temps, on oppose des paroles nues ou du moins des images trop faibles à des sentiments vifs. J'ai connu un homme, considérable dans l'Eglise et dans l'Etat, que ses infirmités avaient fait se résoudre à la diète, mais il avoua qu'il n'avait pu résister à l'odeur des viandes qu'on portait aux autres en passant devant son appartement. C'est sans doute une honteuse faiblesse, mais voilà comme les hommes sont faits. Cependant, si l'esprit usait bien de ses avantages, il triompherait hautement. Il faudrait commencer par l'éducation, qui doit être réglée en sorte qu'on rende les vrais biens et les vrais maux autant sensibles qu'il se peut, en revêtissant les notions qu'on s'en forme des circonstances plus propres à ce dessein ; et un homme fait, à qui manque cette excellente éducation, doit commencer plutôt tard que jamais à chercher des plaisirs lumineux et raisonnables, pour les opposer à ceux des sens, qui sont confus mais touchants. Et en effet la grâce divine même est un plaisir qui donne de la lumière. Ainsi, lorsqu'un homme est dans de bons mouvements, il doit se faire des lois et règlements pour l'avenir, et les exécuter avec rigueur, s'arracher aux occasions capables de corrompre, ou brusquement ou peu à peu, selon la nature de la chose. Un voyage entrepris tout exprès guérira un amant ; une retraite nous tirera des compagnies qui entretiennent dans quelque mauvaise inclination. François de Borgia, général des jésuites, qui a été enfin canonisé, étant accoutumé à boire largement, lorsqu'il était homme du grand monde, se réduisit peu à peu au petit pied, lorsqu'il pensa à la retraite, en faisant tomber chaque jour une goutte de cire dans le bocal qu'il avait accoutumé de vider. A des sensibilités dangereuses on opposera quelque autre sensibilité innocente, comme l'agriculture, le jardinage ; on fuira l'oisiveté, on ramassera des curiosités de la nature et de l'art, on fera des expériences et des recherches ; on s'engagera dans quelque occupation indispensable, si on n'en a point, ou dans quelque conversation ou lecture utile et agréable. En un mot il faut profiter des bons mouvements comme de la voix de Dieu qui nous appelle, pour prendre des résolutions efficaces. Et comme on ne peut pas faire toujours l'analyse des notions des vrais biens et des vrais maux jusqu'à la perception du plaisir et de la douleur qu'ils renferment pour en être touché, il faut se faire une fois pour toutes cette loi : d'attendre et de suivre désormais les conclusions de la raison, comprises une bonne fois, quoique n'aperçues dans la suite et ordinairement que par des pensées sourdes seulement et destituées d'attraits sensibles, et cela pour se mettre enfin dans la possession de l'empire sur les passions aussi bien que sur les inclinations insensibles ou inquiétudes, en acquérant cette accoutumance d'agir suivant la raison qui rendra la vertu agréable et comme naturelle. Mais il ne s'agit pas ici de donner et enseigner des préceptes de morale, ou des directions et adresses spirituelles pour l'exercice de la véritable piété ; c'est assez qu'en considérant le procédé de notre âme, on voie la source de nos faiblesses, dont la connaissance donne en même temps celle des remèdes.

§ 36. PHILALÈTHE. *L'inquiétude présente, qui nous presse, opère seule sur la volonté et la détermine naturellement en vue de ce bonheur auquel nous tendons tous dans toutes nos actions, parce que chacun regarde* *la douleur et l'*uneasiness (c'est-à-dire l'inquiétude, ou plutôt l'incommodité, qui fait que nous ne sommes pas à notre aise) *comme des choses incompatibles avec la félicité. Une petite douleur suffit pour corrompre tous les plaisirs dont nous jouissons. Par conséquent, ce qui détermine incessamment le choix de notre volonté à l'action suivante sera toujours l'éloignement de la douleur, tandis que nous en sentons quelque atteinte, cet éloignement étant le premier degré vers le bonheur.*

THÉOPHILE. Si vous prenez votre *uneasiness* ou inquiétude pour un véritable déplaisir, en ce sens je n'accorde point qu'il soit le seul aiguillon. Ce sont le plus souvent ces petites perceptions insensibles, qu'on pourrait appeler des douleurs inaperceptibles, si la notion de la douleur ne renfermait l'aperception. Ces petites impulsions consistent à se délivrer continuellement des petits empêchements, à quoi notre nature travaille sans qu'on y pense. C'est en quoi consiste véritablement cette inquiétude qu'on sent sans la connaître, qui nous fait agir dans les passions aussi bien que lorsque nous paraissons les plus tranquilles, car nous ne sommes jamais sans quelque action et mouvement, qui ne vient que de ce que la nature travaille toujours à se mettre mieux à son aise. Et c'est ce qui nous détermine aussi avant toute consultation dans les cas qui nous paraissent les plus indifférents, parce que nous ne sommes jamais parfaitement en balance et ne saurions être mi-partis exactement entre deux cas. Or si ces éléments de la douleur (qui dégénèrent en douleur ou déplaisir véritable quelquefois, lorsqu'ils croissent trop) étaient des vraies douleurs, nous serions toujours misérables, en poursuivant le bien que nous cherchons avec inquiétude et ardeur. Mais c'est tout le contraire, et comme j'ai dit déjà ci-dessus (§ 6 du chapitre précédent), l'amas de ces petits succès continuels de la nature qui se met de plus en plus à son aise, en tendant au bien et jouissant de son image, ou diminuant le sentiment de la douleur, est déjà un plaisir considérable et vaut souvent mieux que la jouissance même du bien ; et bien loin qu'on doive regarder cette inquiétude comme une chose incompatible avec la félicité, je trouve que l'inquiétude est essentielle à la félicité des créatures, laquelle ne consiste jamais dans une parfaite possession, qui les rendrait insensibles et comme stupides, mais dans un progrès continuel et non interrompu à des plus grands biens, qui ne peut manquer d'être accompagné d'un désir ou du moins d'une inquiétude continuelle, mais telle que je viens d'expliquer, qui ne va pas jusqu'à incommoder, mais qui se borne à ces éléments ou rudiments de la douleur, inaperceptibles à part, lesquels ne laissent pas d'être suffisants pour servir d'aiguillon et pour exciter la volonté ; comme fait l'appétit dans un homme qui se porte bien, lorsqu'il ne va pas jusqu'à cette incommodité, qui nous rend impatients et nous tourmente par un trop grand attachement à l'idée de ce qui nous manque. Ces appétitions, petites ou grandes, sont ce qui s'appelle dans les écoles *motus primo primi*[103] et ce sont véritablement les premiers pas que la nature nous fait faire, non pas tant vers le bonheur que vers la joie, car on n'y regarde que le présent : mais l'expérience et la raison apprennent à régler ces appétitions et à les modérer pour qu'elles puissent conduire au bonheur. J'en ai déjà dit quelque chose (livre I, chap. 2, § 3). Les appétitions sont comme la tendance de la pierre, qui va le plus droit mais non pas toujours le meilleur chemin vers le centre de la terre, ne pouvant pas prévoir qu'elle rencontrera des rochers où elle se brisera, au lieu qu'elle se serait approchée davantage de son but, si elle avait eu l'esprit et le moyen de se détourner. C'est ainsi qu'allant droit vers le présent plaisir nous tombons quelquefois dans le précipice de la misère. C'est pourquoi la raison y oppose les images des plus grands biens ou maux à venir et une ferme résolution et habitude de penser, avant que de faire et puis de suivre ce qui aura été reconnu le meilleur, lors même que les raisons sensibles de nos conclusions ne nous seront plus présentes dans l'esprit et ne consisteront presque plus qu'en images faibles ou même dans les pensées sourdes que donnent les mots ou signes destitués d'une explication actuelle, de sorte que tout consiste dans le *pensez-y bien* et dans le *memento* ; le premier pour se faire des lois, et le second pour les suivre, lors même qu'on ne pense pas à la raison qui les a fait naître. Il est pourtant bon d'y penser le plus qu'il se peut, pour avoir l'âme remplie d'une joie raisonnable et d'un plaisir accompagné de lumière.

§ 37. PHILALÈTHE. Ces précautions sans doute sont d'autant plus nécessaires que *l'idée d'un bien absent ne saurait contrebalancer le sentiment de quelque inquiétude* ou de quelque déplaisir *dont nous sommes actuellement tourmentés, jusqu'à ce que ce bien excite quelque désir en nous. Combien y a-t-il de gens à qui l'on représente les joies indicibles du paradis par des vives peintures qu'ils reconnaissent possibles et probables, qui cependant se contenteraient volontiers de la félicité dont ils jouissent dans ce monde. C'est que les inquiétudes de leurs présents désirs, venant à prendre le dessus et à se porter rapidement vers les plaisirs de cette vie, déterminent leurs volontés à les rechercher ; et durant tout ce temps-là, ils sont entièrement insensibles aux biens de l'autre vie.*

THÉOPHILE. Cela vient en partie de ce que les hommes bien souvent ne sont guère persuadés ; et quoiqu'ils le disent, une incrédulité occulte règne dans le fond de leur âme ; car ils n'ont jamais compris les bonnes raisons qui vérifient cette immortalité des âmes, digne de la justice de Dieu, qui est le fondement de la vraie religion, ou bien ils ne se souviennent plus de les avoir comprises, dont il faut pourtant l'un ou l'autre pour être persuadé. Peu de gens conçoivent même que la vie future, telle que la vraie religion et même la vraie raison l'enseignent, soit possible, bien loin d'en concevoir la probabilité, pour ne pas dire la certitude. Tout ce qu'ils en pensent n'est que psittacisme ou des images grossières et vaines à la mahométane, où eux-mêmes voient peu d'apparence : car il s'en faut beaucoup qu'ils en soient touchés, comme l'étaient (à ce qu'on dit) les soldats du prince des Assassins [104], seigneur de la Montagne, qu'on transportait, quand ils étaient endormis profondément, dans un lieu plein de délices, où, se croyant dans le paradis de

Mahomet, ils étaient imbus[,] par des anges ou saints contrefaits d'opinions telles que leur souhaitait ce prince et d'où, après avoir été assoupis de nouveau, ils étaient rapportés au lieu où on les avait pris ; ce qui les enhardissait après à tout entreprendre, jusque sur les vies des princes ennemis de leur seigneur. Je ne sais si on n'a pas fait tort à ce seigneur ou *Senior* (Vieux) de la Montagne ; car on ne marque pas beaucoup de grands princes qu'il ait fait assassiner, quoiqu'on voie dans les historiens anglais la lettre qu'on lui attribue, pour disculper le roi Richard Ier de l'assassinat d'un comte ou prince de la Palestine, que ce seigneur de la Montagne avoue d'avoir fait tuer, pour en avoir été offensé. Quoi qu'il en soit, c'était peut-être que par un grand zèle pour sa religion, ce prince des Assassins voulait donner aux gens une idée avantageuse du paradis, qui en accompagnât toujours la pensée et l'empêchât d'être sourde, sans prétendre pour cela qu'ils dussent croire qu'ils avaient été dans le paradis même. Mais supposé qu'il l'eût prétendu, il ne faudrait point s'étonner que ces fraudes pieuses eussent fait plus d'effet que la vérité mal ménagée. Cependant rien ne serait plus fort que la vérité, si on s'attachait à la bien connaître et à la faire valoir ; et il y aurait moyen sans doute d'y porter fortement les hommes. Quand je considère combien peut l'ambition ou l'avarice dans tous ceux qui se mettent une fois dans ce train de vie, presque destitué d'attraits sensibles et présents, je ne désespère de rien, et je tiens que la vertu ferait plus d'effet infiniment, accompagnée comme elle est de tant de solides biens, si quelque heureuse révolution du genre humain la mettait un jour en vogue et comme à la mode. Il est très assuré qu'on pourrait accoutumer les jeunes gens à faire leur plus grand plaisir de l'exercice de la vertu. Et même les hommes faits pourraient se faire des lois et une habitude de les suivre, qui les y porterait aussi fortement et avec autant d'inquiétude, s'ils en étaient détournés, qu'un ivrogne en pourrait sentir lorsqu'il est empêché d'aller au cabaret. Je suis bien aise d'ajouter ces considérations sur la possibilité et même sur la facilité des remèdes à nos maux, pour ne pas contribuer à décourager les hommes de la poursuite des vrais biens par la seule exposition de nos faiblesses.

§ 39. PHILALÈTHE. Tout consiste presque à faire constamment désirer les vrais biens. *Et il arrive rarement qu'aucune action volontaire soit produite en nous, sans que quelque désir l'accompagne ; c'est pourquoi la volonté et le désir sont si souvent confondus ensemble. Cependant il ne faut pas regarder l'inquiétude, qui fait partie ou qui est du moins une suite de la plupart des autres passions, comme entièrement exclue de cet article ; car la haine, la crainte, la colère, l'envie, la honte, ont chacune leur inquiétude et par là opèrent sur la volonté. Je doute qu'aucune de ces passions existe toute seule, je crois même qu'on aurait de la peine à trouver quelque passion qui ne soit accompagnée de désir. Du reste je suis assuré que partout où il y a de l'inquiétude, il y a du désir. Et comme notre éternité ne dépend pas du moment présent, nous portons notre vue au-delà, quels que soient les plaisirs dont nous jouissons actuellement et le désir, accompagnant ces regards anticipés sur l'avenir, entraîne toujours la volonté à sa suite : de sorte qu'au milieu même de la joie, ce qui soutient l'action, d'où dépend le plaisir présent, c'est le désir de continuer ce plaisir et la crainte d'en être privé, et toutes les fois qu'une plus grande inquiétude que celle-là vient à s'emparer de l'esprit, elle détermine aussitôt l'esprit à une nouvelle action et le plaisir présent est négligé.*

THÉOPHILE. Plusieurs perceptions et inclinations concourent à la volition parfaite, qui est le résultat de leur conflit. Il y en a d'imperceptibles à part, dont l'amas fait une inquiétude, qui nous pousse sans qu'on en voie le sujet ; il y en a plusieurs jointes ensemble, qui portent à quelque objet, ou qui en éloignent, et alors c'est désir ou crainte, accompagné aussi d'une inquiétude, mais qui ne va pas toujours jusqu'au plaisir ou déplaisir. Enfin il y a des impulsions, accompagnées effectivement de plaisir et de douleur, et toutes ces perceptions sont ou des sensations nouvelles ou des imaginations restées de quelque sensation passée (accompagnées ou non accompagnées du souvenir) qui renouvelant les attraits que ces mêmes images avaient dans ces sensations précédentes, renouvellent aussi les impulsions anciennes à proportion de la vivacité de l'imagination. Et de toutes ces impulsions résulte enfin l'effort prévalant, qui fait la volonté pleine. Cependant les désirs et les tendances dont on s'aperçoit sont souvent aussi appelés des volitions, quoique moins entières, soit qu'elles prévalent et entraînent ou non. Ainsi il est aisé de juger que la volition ne saura guère subsister sans désir et sans fuite ; car c'est ainsi que je crois qu'on pourrait appeler l'opposé du désir. L'inquiétude n'est pas seulement dans les passions incommodes, comme dans la haine, la crainte, la colère, l'envie, la honte, mais encore dans les opposées, comme l'amour, l'espérance, l'apaisement, la faveur et la gloire. On peut dire que partout où il y a désir, il y aura inquiétude ; mais le contraire n'est pas toujours vrai, parce que souvent on est en inquiétude sans savoir ce qu'on demande, et alors il n'y a point de désir formé.

§ 40. PHILALÈTHE. *Ordinairement la plus pressante des inquiétudes dont on croit être alors en état de pouvoir se délivrer détermine la volonté à l'action.*

THÉOPHILE. Comme le résultat de la balance fait la détermination finale, je croirais qu'il peut arriver que la plus pressante des inquiétudes ne prévale point ; car quand elle prévaudrait à chacune des tendances opposées, prise à part, il se peut que les autres jointes ensemble la surmontent. L'esprit peut lui même user de l'adresse, des dichotomies pour faire prévaloir tantôt les unes, tantôt les autres, comme dans une assemblée on peut faire prévaloir quelque parti par la pluralité des voix, selon qu'on forme l'ordre des demandes. Il est vrai que l'esprit doit y pourvoir de loin ; car dans le moment du combat, il n'est plus temps d'user de ces artifices ; tout ce qui frappe alors pèse sur la balance, et contribue à former une direction composée presque comme dans la mécanique, et sans quelque prompte diversion on ne saurait l'arrêter.

Fertur equis auriga nec audit currus habenas [105].

§ 41. PHILALÈTHE. *Si on demande outre cela ce que c'est qui excite le désir, nous répondons que c'est le bonheur et rien autre chose. Le bonheur et la misère sont des noms de deux extrémités dont les dernières bornes nous sont inconnues. C'est ce que l'œil n'a point vu, que l'oreille n'a point entendu et que le cœur de l'homme n'a jamais compris. Mais il se fait en nous de vives impressions de l'un et de l'autre par différentes espèces de satisfaction et de joie, de tourments et de chagrin, que je comprends, pour abréger, sous les noms de* plaisir *et de* douleur, *qui conviennent l'un et l'autre à l'esprit aussi bien qu'au corps, ou qui, pour parler plus exactement, n'appartiennent qu'à l'esprit, quoique tantôt ils prennent leur origine dans l'esprit à l'occasion de certaines pensées et tantôt dans le corps à l'occasion de certaines modifications du mouvement.*
§ 42. *Ainsi le bonheur pris dans toute son étendue est* le plus grand plaisir *dont nous soyons capables, comme la misère, prise de même, est la plus grande douleur que nous puissions ressentir. Et le plus bas degré de ce qu'on peut appeler bonheur, c'est cet état où, délivré de toute douleur, on jouit d'une telle mesure de plaisir présent qu'on ne saurait être content avec moins. Nous appelons* bien *ce qui est propre à produire en nous du plaisir, et nous appelons* mal *ce qui est propre à produire en nous de la douleur. Cependant il arrive souvent que nous ne le nommons pas ainsi, lorsque l'un ou l'autre de ces biens ou de ces maux se trouvent en concurrence avec un plus grand bien ou un plus grand mal.*

THÉOPHILE. Je ne sais si le plus grand plaisir est possible ; je croirais plutôt qu'il peut croître à l'infini, car nous ne savons pas jusqu'où nos connaissances et nos organes peuvent être portés dans toute cette éternité qui nous attend. Je croirais donc que le bonheur est un plaisir durable, ce qui ne saurait avoir lieu sans une progression continuelle à de nouveaux plaisirs. Ainsi de deux dont l'un ira incomparablement plus vite et par de plus grands plaisirs que l'autre, chacun sera heureux en soi même et à part soi, quoique leur bonheur soit fort inégal. Le bonheur est donc pour ainsi dire un chemin par des plaisirs ; et le plaisir n'est qu'un pas et un avancement vers le bonheur, le plus court qui se peut faire suivant les présentes impressions, mais non pas toujours le meilleur, comme j'ai dit vers la fin du § 36. On peut manquer le vrai chemin, en voulant suivre le plus court, comme la pierre allant droit peut rencontrer trop tôt des obstacles, qui l'empêchent d'avancer assez vers le centre de la terre. Ce qui fait connaître que c'est la raison et la volonté qui nous mènent vers le bonheur, mais que le sentiment et l'appétit ne nous portent que vers le plaisir. Or quoique le plaisir ne puisse point recevoir une définition nominale, non plus que la lumière ou la chaleur, il en peut pourtant recevoir une causale comme elles, et je crois que dans le fond le plaisir est un sentiment de perfection et la douleur un sentiment d'imperfection, pourvu qu'il soit assez notable pour faire qu'on s'en puisse apercevoir ; car les petites perceptions insensibles de quelque perfection ou imperfection, qui sont comme les éléments du plaisir et de la douleur, et dont j'ai parlé tant de fois, forment des inclinations et des penchants, mais pas encore les passions mêmes. Ainsi il y a des inclinations insensibles et dont on ne s'aperçoit pas ; il y en a de sensibles, dont on connaît l'existence et l'objet, mais dont on ne sent pas la formation, et ce sont des inclinations confuses, que nous attribuons au corps quoiqu'il y ait toujours quelque chose qui y réponde dans l'esprit ; enfin il y a des inclinations distinctes, que la raison nous donne, dont nous sentons et la force et la formation ; et les plaisirs de cette nature qui se trouvent dans la connaissance et la production de l'ordre et l'harmonie sont les plus estimables. L'auteur a raison de dire que généralement toutes ces inclinations, passions, plaisirs et douleurs n'appartiennent qu'à l'esprit, ou à l'âme. J'ajouterai même que l'origine de chacune est dans l'âme même, en prenant les choses dans une certaine rigueur métaphysique, mais que néanmoins on a raison de dire que les pensées confuses viennent du corps, parce que là-dessus la considération du corps et non pas celle de l'âme fournit quelque chose de distinct et d'explicable. Le bien est ce qui sert ou confère au plaisir, comme le mal ce qui confère à la douleur. Mais dans le conflit avec un plus grand bien, le bien qui nous en priverait pourrait devenir véritablement un mal, en tant qu'il conférerait à la douleur qui en devrait naître.

§ 47. PHILALÈTHE. *L'âme a le pouvoir de suspendre l'accomplissement de quelques-uns de ces désirs, et est par conséquent en liberté de les considérer l'un après l'autre, et de les comparer. C'est en cela que consiste la liberté de l'homme et ce que nous appelons, quoique improprement à mon avis, libre arbitre ; et c'est du mauvais usage qu'il en fait que procède toute cette diversité d'égarements, d'erreurs et de fautes où nous nous précipitons lorsque nous déterminons notre volonté trop promptement ou tard tard.*

THÉOPHILE. L'exécution de notre désir est suspendue ou arrêtée lorsqu'il n'est pas assez fort pour émouvoir est pour surmonter la peine ou l'incommodité qu'il y a de le satisfaire : et cette peine ne consiste quelquefois que dans une paresse ou lassitude insensible, qui rebute sans qu'on y prenne garde, et qui est plus grande en des personnes élevées dans la mollesse ou dont le tempérament est flegmatique, ou qui sont rebutées par l'âge ou les mauvais succès. Mais lorsque le désir est assez fort en lui-même pour émouvoir si rien ne l'empêchait, il peut être arrêté par des inclinations contraires ; soit qu'elles consistent dans un simple penchant, qui est comme l'élément ou le commencement du désir, soit qu'elles aillent jusqu'au désir même. Mais comme ces inclinations, penchants et désirs contraires se doivent trouver déjà dans l'âme, elle ne les a pas, en son pouvoir, et par conséquent ne pourrait pas résister d'une manière libre et volontaire, où la raison puisse avoir part, si elle n'avait encore un autre moyen, qui est celui de détourner l'esprit ailleurs. Mais comment s'aviser de le faire au besoin ? car c'est là le point, surtout quand on est occupé d'une forte passion. Il faut donc que l'esprit soit préparé par avance et se trouve déjà en train d'aller de pensée en pensée, pour ne se pas trop arrêter dans un pas glissant et dangereux. Il est bon pour cela de s'accoutumer généralement à ne penser que comme en passant à certaines choses, pour se mieux conserver la liberté d'esprit. Mais le meilleur est de s'accoutumer à procéder méthodiquement et à s'attacher à un train de pensées dont la raison et non le hasard (c'est-à-dire les impressions insensibles et casuelles) fasse la liaison. Et pour cela il est bon de s'accoutumer à se recueillir de temps en temps, et à s'élever au-dessus du tumulte présent des impressions, à sortir pour ainsi dire de la place où l'on est, à se dire : *dic cur hic respice finem, où en sommes-nous ? à propos ou venons au propos, venons au fait.* Les hommes auraient bien souvent besoin de quelqu'un, établi en titre d'office (comme en avait Philippe, le père d'Alexandre le Grand), qui les interrompît et les rappelât à leur devoir. Mais au défaut d'un tel officier, il est bon que nous soyons stylés à nous rendre cet office nous-mêmes. Or étant une fois en état d'arrêter l'effet de nos désirs et passions, c'est-à-dire de suspendre l'action, nous pouvons trouver les moyens de les combattre, soit par des désirs ou des inclinations contraires, soit par diversion, c'est-à-dire par des occupations d'une autre nature. C'est par ces méthodes et ces artifices que nous devenons comme maîtres de nous-mêmes, que nous pouvons nous faire penser et faire vouloir avec le temps ce que nous voudrions vouloir et ce que la raison ordonne. Cependant c'est toujours par des voies déterminées et jamais sans sujet ou par le principe imaginaire d'une indifférence parfaite ou d'équilibre, dans laquelle quelques-uns voudraient faire consister l'essence de la liberté, comme si on pouvait se déterminer sans sujet et même contre tout sujet et aller directement contre toute la prévalence des impressions et des penchants. Sans sujet dis-je, c'est-à-dire sans l'opposition d'autres inclinations, ou sans qu'on soit par avance en train de détourner l'esprit, ou sans quelque autre moyen pareil explicable ; autrement c'est recourir au chimérique, comme dans les facultés nues ou qualités occultes scolastiques, où il n'y a ni rime ni raison.

§ 48. PHILALÈTHE. Je suis aussi pour cette détermination intelligible de la volonté par ce qui est dans la perception et dans l'entendement. *Vouloir et agir conformément au dernier résultat d'un sincère examen, c'est plutôt une perfection qu'un défaut de notre nature: Et tant s'en faut que ce soit là ce qui étouffe ou abrège la liberté, que c'est ce qu'elle a de plus parfait et de plus avantageux. Et plus nous sommes éloignés de nous déterminer de cette manière, plus nous sommes près de la misère et de l'esclavage. En effet, si vous supposez dans l'esprit une parfaite et absolue indifférence qui ne puisse être déterminée par le dernier jugement qu'il fait du bien ou du mal, vous le mettrez dans un état très imparfait.*

THÉOPHILE. Tout cela est fort à mon gré et fait voir que l'esprit n'a pas un pouvoir entier et direct d'arrêter toujours ses désirs, autrement il ne serait jamais déterminé, quelque examen qu'il pût faire et quelques bonnes raisons ou sentiments efficaces qu'il pût avoir, et il demeurerait toujours irrésolu et flotterait éternellement entre la crainte et l'espérance. Il faut donc qu'il soit enfin déterminé, et qu'ainsi il ne puisse s'opposer qu'indirectement à ses désirs en se préparant par avance des armes qui les combattent au besoin, comme je viens de l'expliquer.

PHILALÈTHE. *Cependant un homme est en liberté de porter sa main sur la tête ou de la laisser en repos ; il est parfaitement indifférent à l'égard de l'une et de l'autre de ces choses, et ce serait une imperfection en lui si ce pouvoir lui manquait.*

THÉOPHILE. A parler exactement, on n'est jamais indifférent à l'égard de deux partis, quels qu'on puisse proposer, par exemple de tourner à droite ou à gauche, de mettre le pied droit devant (comme il fallait chez Trimalcion [106]) ou le gauche ; car nous faisons l'un ou l'autre sans y penser, et c'est une marque qu'un concours de dispositions intérieures et impressions extérieures (quoique insensibles toutes deux) nous détermine au parti que nous prenons. Cependant la prévalence est bien petite, et c'est au besoin comme si nous étions indifférents à cet égard, puisque le moindre sujet sensible qui se présente à nous est capable de nous déterminer sans difficulté à l'un plutôt qu'à l'autre ; et quoiqu'il y ait un peu de peine à lever le bras pour porter la main sur sa tête, elle est si petite que nous la surmontons sans difficulté ; autrement j'avoue que ce serait une grande imperfection, si l'homme y était moins indifférent et s'il lui manquait le pouvoir de se déterminer facilement à lever ou à ne pas lever le bras.

PHILALÈTHE. *Mais ce ne serait pas moins une grande imperfection, s'il avait la même indifférence en toutes les rencontres, comme lorsqu'il voudrait défendre sa tête ou ses yeux d'un coup dont il se verrait prêt d'être frappé* C'est-à-dire s'il lui était aussi aisé d'arrêter ce mouvement que les autres dont nous venons de parler et où il est presque indifférent ; car cela ferait qu'il n'y serait pas porté assez fortement ni assez promptement dans le besoin. Ainsi la détermination nous est utile et nécessaire bien souvent ; et si nous étions peu déterminés en toute sorte de rencontres et comme insensibles aux raisons tirées de la perception du bien ou du mal, nous serions sans choix effectif. *Et si nous étions déterminés par autre chose que par le dernier résultat que nous avons formé dans notre propre esprit selon que nous avons jugé du bien ou du mal d'une certaine action, nous ne serions point libres.*

THÉOPHILE. Il n'y a rien de si vrai, et ceux qui cherchent une autre liberté ne savent point ce qu'ils demandent.

§ 49. PHILALÈTHE. *Ces êtres supérieurs qui jouissent d'une parfaite félicité sont déterminés au choix du bien plus fortement que nous ne sommes et cependant nous n'avons pas raison de nous figurer qu'ils soient moins libres que nous.*

THÉOPHILE. Les théologiens disent pour cela que ces substances bienheureuses sont confirmées dans le bien et exemptes de tout danger de chute.

PHILALÈTHE. Je crois même que *s'il convenait à de pauvres créatures finies, comme nous sommes, de juger de ce que pourrait faire une sagesse et une bonté infinie, nous pourrions dire que Dieu lui-même ne* saurait choisir ce qui n'est pas bon et que la liberté de cet être tout-puissant ne l'empêche pas d'être déterminé par ce qui est le meilleur.

THÉOPHILE. Je suis tellement persuadé de cette vérité que je crois que nous la pouvons assurer hardiment, toutes pauvres et finies créatures que nous sommes, et que même nous aurions grand tort d'en douter ; car nous dérogerions par cela même à sa sagesse, à sa bonté et à ses autres perfections infinies. Cependant le choix, quelque déterminée que la volonté y soit, ne doit pas être appelé nécessaire absolument et à la rigueur ; la prévalence des biens aperçus incline sans nécessiter, quoique, tout considéré, cette inclination soit déterminante et ne manque jamais de faire son effet.

§ 50. PHILALÈTHE. Etre déterminé par la raison au meilleur, c'est être le plus libre. *Quelqu'un voudrait-il être imbécile, par cette raison qu'un imbécile est moins déterminé par de sages réflexions qu'un homme de bon sens ? Si la liberté consiste à secouer le joug de la raison, les fols et les insensés seront les seuls libres, mais je ne crois pourtant pas que pour l'amour d'une telle liberté personne voulût être fou, hormis celui qui l'est déjà.*

THÉOPHILE. Il y a des gens aujourd'hui qui croient qu'il est du bel esprit de déclamer contre la raison, et de la traiter de pédant incommode. Je vois de petits livrets de diseurs de rien, qui s'en font fête, et même je vois quelquefois des vers trop beaux pour être employés à de si fausses pensées. En effet, si ceux qui se moquent de la raison parlaient tout de bon, ce serait une extravagance de nouvelle espèce, inconnue aux siècles passés. Parler contre la raison, c'est parler contre la vérité, car la raison est un enchaînement de vérités. C'est parler contre soi-même, et contre son bien, puisque le point principal de la raison consiste à le connaître et à le suivre.

§ 51. PHILALÈTHE. *Comme donc la plus haute perfection d'un être intelligent consiste à s'appliquer soigneusement et constamment à la recherche du véritable bonheur, de même le soin que nous devons avoir de ne pas prendre pour une félicité réelle celle qui n'est qu'imaginaire est le fondement de notre liberté : plus nous sommes liés à la recherche invariable du bonheur en général, qui ne cesse jamais d'être l'objet de nos désirs, plus notre volonté se trouve dégagée de la nécessité d'être déterminée par le désir, qui nous porte vers quelque bien particulier jusqu'à ce que nous ayons examiné s'il se rapporte ou s'oppose à notre véritable bonheur.*

THÉOPHILE. Le vrai bonheur devrait toujours être l'objet de nos désirs, mais il y a lieu de douter qu'il le soit : car souvent on n'y pense guère, et j'ai remarqué ici plus d'une fois qu'à moins que l'appétit soit guidé par la raison, il tend au plaisir présent, et non pas au bonheur, c'est-à-dire au plaisir durable, quoiqu'il tende à le faire durer ; voyez § 36 et § 41.

§ 53. PHILALÈTHE. *Si quelque trouble excessif vient à s'emparer entièrement de notre âme, comme serait la douleur d'une cruelle torture, nous ne sommes pas assez maître de notre esprit. Cependant, pour modérer nos passions autant qu'il se peut, nous devons faire prendre à notre esprit le goût du bien et du mal réel et effectif, et ne pas permettre qu'un bien excellent et considérable nous échappe de l'esprit sans laisser quelque goût, jusqu'à ce que nous ayons excité en nous des désirs proportionnés à son excellence, de sorte que son absence nous rende inquiets aussi bien que la crainte de le perdre lorsque nous en jouissons.*

THÉOPHILE. Cela convient assez avec les remarques que je viens de faire aux §§ 31 et 35 et avec ce que j'ai dit plus d'une fois des plaisirs lumineux, où l'on comprend comment ils nous perfectionnent sans nous mettre en danger de quelque imperfection plus grande, comme font les plaisirs confus des sens, dont il faut se garder, surtout lorsqu'on n'a pas reconnu par l'expérience qu'on s'en pourra servir sûrement.

PHILALÈTHE. *Et que personne ne dise ici qu'il ne saurait maîtriser ses passions ni empêcher qu'elles ne se déchaînent et le forcent d'agir; car ce qu'il peut faire devant un prince ou quelque grand homme, il peut le faire, s'il veut, lorsqu'il est seul ou en la présence de Dieu.*

THÉOPHILE. Cette remarque est très bonne et digne qu'on y réfléchisse souvent.

§ 54. PHILALÈTHE. *Cependant les différents choix, que les hommes font dans ce monde prouvent que la même chose n'est pas également bonne pour chacun d'eux. Et si les intérêts de l'homme ne s'étendaient pas au-delà de cette vie, la raison de cette diversité, qui fait par exemple que ceux-ci se plongent dans le luxe et dans la débauche et que ceux-là préfèrent la tempérance à la volupté, viendrait seulement de ce qu'ils placeraient leur bonheur dans les choses différentes.*

THÉOPHILE. Elle en vient encore maintenant, quoiqu'ils aient tous ou doivent avoir devant les yeux cet objet commun de la vie future. Il est vrai que la considération du vrai bonheur, même de cette vie, suffirait à préférer la vertu aux voluptés, qui en éloignent, quoique l'obligation ne fût pas si forte alors ni si décisive. Il est vrai aussi que les goûts des hommes sont différents, et l'on dit qu'il ne faut point disputer des goûts. Mais comme ce ne sont que des perceptions confuses, il ne faut s'y attacher que dans les objets examinés et reconnus pour indifférents et incapables de nuire : autrement si quelqu'un trouvait du goût dans les poisons, qui le tueraient ou le rendraient misérable, il serait ridicule de dire qu'on ne doit point lui contester ce qui est de son goût.

§ 55. PHILALÈTHE. *S'il n'y a rien à espérer au-delà du tombeau, la conséquence est sans doute fort juste : mangeons et buvons, jouissons de tout ce qui nous fait plaisir, car demain nous mourrons.*

THÉOPHILE. Il y a quelque chose à dire à mon avis à cette conséquence. Aristote et les stoïciens et plusieurs autres anciens philosophes étaient d'un autre sentiment, et en effet je crois qu'ils avaient raison. Quand il n'y aurait rien au-delà de cette vie, la tranquillité de l'âme et la santé du corps ne laisseraient pas d'être préférables aux plaisirs qui seraient contraires. Et ce n'est pas là une raison de négliger un bien, parce qu'il ne durera pas toujours. Mais j'avoue qu'il y a des cas où il n'y aurait pas moyen de démontrer que le plus honnête soit aussi le plus utile. C'est donc la seule considération de Dieu et de l'immortalité qui rend les obligations de la vertu et de la justice absolument indispensables.

§ 58. PHILALÈTHE. *Il me semble que le jugement présent que nous faisons du bien et du mal est toujours droit. Et pour ce qui est de la félicité ou de la misère présente, lorsque la réflexion ne va pas plus loin, et que toutes conséquences sont entièrement mises à quartier, l'homme ne choisit jamais mal.*

THÉOPHILE. C'est-à-dire : si tout était borné à ce moment présent, il n'y aurait point de raison de refuser le plaisir qui se présente. En effet j'ai remarqué ci-dessus que tout plaisir est un sentiment de perfection. Mais il y a certaines perfections qui entraînent avec elles des imperfections plus grandes. Comme si quelqu'un s'attachait pendant toute sa vie à jeter des pois contre des épingles pour apprendre à ne point manquer de les faire enferrer, à l'exemple de celui à qui Alexandre le Grand fit donner pour récompense un boisseau de pois, cet homme parviendrait à une certaine perfection, mais fort mince et indigne d'entrer en comparaison avec tant d'autres perfections très nécessaires qu'il aurait négligées. C'est ainsi que la perfection qui se trouve dans certains plaisirs présents doit céder surtout au soin des perfections qui sont nécessaires afin qu'on ne soit plongé dans la misère, qui est l'état où l'on va d'imperfection en imperfection, ou de douleur en douleur. Mais s'il n'y avait que le présent, il faudrait se contenter de la perfection qui s'y présente, c'est-à-dire du plaisir présent.

§ 62. PHILALÈTHE. *Personne ne rendrait volontairement sa condition malheureuse, s'il n'y était porté par de faux jugements. Je ne parle pas des méprises, qui sont des suites d'une erreur invincible et qui méritent à peine le nom de faux jugement, mais de ce faux jugement, qui est tel par la propre confession que chaque homme en doit faire en soi-même.* § 63. *Premièrement donc, l'âme se méprend lorsque nous comparons le plaisir ou la douleur présente avec un plaisir et une douleur à venir, que nous mesurons par la différente distance où elles se trouvent à notre égard; semblables à un héritier prodigue, qui pour la possession présente de peu de chose renoncerait à un grand héritage, qui ne lui pourrait manquer. Chacun doit reconnaître ce faux jugement, car l'avenir deviendra présent et aura alors le même avantage de la proximité. Si dans le moment que l'homme prend le verre en main, le plaisir de boire était accompagné des douleurs de tête et de maux d'estomac qui lui arriveront en peu d'heures, il ne voudrait pas goûter du vin du bout des lèvres. Si une petite différence de temps fait tant d'illusion, à bien plus forte raison une plus grande distance fera le même effet.*

THÉOPHILE. Il y a quelque convenance ici entre la distance des lieux et celle des temps. Mais il y a cette différence aussi, que les objets visibles diminuent leur action sur la vue à peu près à proportion de la distance et il n'en est pas de même à l'égard des objets à venir, qui agissent sur l'imagination et l'esprit. Les rayons visibles sont des lignes droites, qui s'éloignent proportionnellement, mais il y a des lignes courbes, qui après quelque distance paraissent tomber dans la droite et ne s'en éloignent plus sensiblement, c'est ainsi que font les asymptotes dont l'intervalle apparent de la ligne droite disparaît, quoique dans la vérité des choses elles en demeurent séparées éternellement. Nous trouvons même qu'enfin l'apparence des objets ne diminue point à proportion de l'accroissement de la distance, car l'apparence disparaît entièrement bientôt, quoique l'éloignement ne soit point infini. C'est ainsi qu'une petite distance des temps nous dérobe entièrement l'avenir, tout comme si l'objet était disparu. Il n'en reste souvent que le nom dans l'esprit et cette espèce de pensées, dont j'ai déjà parlé, qui sont sourdes et incapables de toucher, si on n'y a pourvu par méthode et par habitude.

PHILALÈTHE. *Je ne parle point ici de cette espèce de faux jugement, par lequel ce qui est absent n'est pas seulement diminué mais tout à fait anéanti dans l'esprit des hommes, quand ils jouissent de tout ce qu'ils peuvent obtenir pour le présent, et en concluent qu'il ne leur en arrivera aucun mal.*

THÉOPHILE. C'est une autre espèce de faux jugement lorsque l'attente du bien ou du mal à venir est anéantie, parce qu'on nie ou qu'on met en doute la conséquence qui se tire du présent ; mais hors de cela, l'erreur qui anéantit le sentiment de l'avenir est la même chose avec ce faux jugement dont j'ai déjà parlé, qui vient d'une trop faible représentation de l'avenir, qu'on ne considère que peu ou point du tout. Au reste on pourrait peut-être distinguer ici entre mauvais goût et faux jugement, car souvent on ne met pas même en question si le bien à venir doit être préféré, et on n'agit que par impression sans s'aviser de venir à l'examen. Mais lorsqu'on y pense, il arrive l'un des deux, ou qu'on ne continue pas assez d'y penser et qu'on passe outre, sans pousser la question qu'on a entamée, ou qu'on poursuit l'examen et qu'on forme une conclusion. Et quelquefois dans l'un et dans l'autre cas il demeure un remords plus ou moins grand ; quelquefois aussi il n'y a point du tout de *formido oppositi*[107] ou de scrupule, soit que l'esprit se détourne tout à fait, ou qu'il soit abusé par des préjugés.

§ 64. PHILALÈTHE. *L'étroite capacité de notre esprit est la cause des faux jugements que nous faisons en comparant les biens ou les maux : nous ne saurions bien jouir de deux plaisirs à la fois, et moins encore pouvons-nous jouir d'aucun plaisir dans le temps que nous sommes obsédés par la douleur. Un peu d'amertume, mêlée dans la coupe, nous empêche d'en goûter la douceur. Le mal qu'on sent actuellement est toujours le plus rude de tous, on s'écrie : Ah ! toute autre douleur plutôt que celle-ci !*

THÉOPHILE. Il y a bien de la variété en tout cela selon le tempérament des hommes, selon la force de ce qu'on sent, et selon les habitudes qu'on a prises. Un homme qui a la goutte pourra être dans la joie parce qu'il lui arrive une grande fortune, et un homme qui nage dans les délices et qui pourrait vivre à son aise sur ses terres est plongé dans la tristesse à cause d'une disgrâce à la cour. C'est que la joie et la tristesse viennent du résultat ou de la prévalence des plaisirs ou des douleurs, quand il y a du mélange. Léandre méprisait l'incommodité et le danger de passer la mer à la nage la nuit, poussé par les attraits de la belle Héro[108]. Il y a des gens qui ne sauraient boire ni manger ou qui ne sauraient satisfaire d'autres appétits sans beaucoup de douleur, à cause de quelque infirmité ou incommodité ; et cependant ils satisfont ces appétits au-delà même du nécessaire et des justes bornes. D'autres ont tant de mollesse, ou sont si délicats qu'ils rebutent les plaisirs avec lesquels quelque douleur, quelque dégoût ou quelque incommodité se mêle. Il y a des personnes qui se mettent fort au-dessus des douleurs ou des plaisirs présents et médiocres et qui n'agissent presque que par crainte et par espérance ; d'autres sont si efféminés qu'ils se plaignent de la moindre incommodité ou courent après le moindre plaisir sensible présent, semblables presque à des enfants. Ce sont ces gens à qui la douleur ou la volupté présente paraît toujours la plus grande ; ils sont comme des prédicateurs ou panégyristes peu judicieux, chez qui, selon le proverbe, le saint du jour est toujours le plus grand saint du paradis. Cependant, quelque variété qui se trouve parmi les hommes, il est toujours vrai qu'ils n'agissent que suivant les perceptions présentes, et lorsque l'avenir les touche, c'est ou par l'image qu'ils en ont, ou par la résolution et habitude qu'ils ont prise d'en suivre jusqu'au simple nom ou autre caractère arbitraire, sans en avoir aucune image ni signe naturel, parce que ce ne serait pas sans inquiétude et quelquefois sans quelque sentiment de chagrin qu'ils s'opposeraient à une forte résolution déjà prise et surtout à une habitude.

§ 65. PHILALÈTHE. *Les hommes ont assez de penchant à diminuer le plaisir à venir et à conclure en eux-mêmes que, quand on viendrait à l'épreuve, il ne répondrait peut-être pas à l'espérance qu'on en donne, ni à l'opinion qu'on en a généralement, ayant souvent trouvé par leur propre expérience que non seulement les plaisirs que d'autres ont exaltés leur ont paru fort insipides, mais que ce qui leur a causé à eux-mêmes beaucoup de plaisir dans un temps les a choqués et leur a déplu dans un autre.*

THÉOPHILE. Ce sont les raisonnements des voluptueux principalement, mais on trouve ordinairement que les ambitieux et les avares jugent tout autrement des honneurs et des richesses, quoiqu'ils ne jouissent que médiocrement, et souvent même bien peu, de ces mêmes biens quand ils les possèdent, étant toujours occupés à aller plus loin. Je trouve que c'est une belle invention de la nature architecte, d'avoir rendu les hommes si sensibles à ce qui touche si peu les sens, et s'ils ne pouvaient point devenir ambitieux ou avares, il serait difficile dans l'état présent de la nature humaine qu'ils pussent devenir assez vertueux et raisonnables pour travailler à leur perfection malgré les plaisirs présents qui en détournent.

§ 66. PHILALÈTHE. *Pour ce qui est des choses bonnes ou mauvaises dans leurs c o n s é q u e n c e s et par l'aptitude qu'elles ont à nous procurer du bien ou du mal, nous en jugeons en différentes manières, ou lorsque nous jugeons qu'elles ne sont pas capables de nous faire réellement autant de mal qu'elles font effectivement, ou lorsque nous jugeons que bien que la conséquence soit importante, la chose n'est pas si assurée qu'elle ne puisse arriver autrement, ou du moins qu'on ne puisse l'éviter par quelques moyens comme par l'industrie, par l'adresse, par un changement de conduite, par la repentance.*

THÉOPHILE. Il me semble que si par l'importance de la conséquence on entend celle du conséquent, c'est-à-dire la grandeur du bien ou du mal qui peut suivre, on doit tomber dans l'espèce précédente de faux jugement, où le bien ou mal à venir est mal représenté. Ainsi il ne reste que la seconde espèce de faux jugement dont il s'agit présentement, savoir celle où la conséquence est mise en doute.

PHILALÈTHE. *Il serait aisé de montrer en détail que les échappatoires, que je viens de toucher, sont tout autant de jugements déraisonnables, mais je me contenterai de remarquer en général, que c'est agir directement contre la raison que de hasarder un plus grand bien pour un plus petit* ou de s'exposer à la misère pour acquérir un petit bien et pour éviter un petit mal *et cela sur des conjectures incertaines et avant que d'être entré dans un juste examen.*

THÉOPHILE. Comme ce sont deux considérations hétérogènes (ou qu'on ne saurait comparer ensemble) que celle de la grandeur de la conséquence et celle de la grandeur du conséquent, les moralistes en les voulant comparer se sont assez embrouillés, comme il paraît par ceux qui ont traité de la probabilité. La vérité est qu'ici, comme en d'autres estimes disparates et hétérogènes et pour ainsi dire de plus d'une dimension, la grandeur de ce dont il s'agit est en raison composée l'une et l'autre estimation, et comme un rectangle, où il y a deux considérations, savoir celle de la longueur et celle de la largeur. Et quant à la grandeur de la conséquence et les degrés de probabilité, nous manquons encore de cette partie de la logique qui les doit faire estimer, et la plupart des casuistes qui ont écrit sur la probabilité n'en ont pas même compris la nature, la fondant sur l'autorité avec Aristote, au lieu de la fonder sur la vraisemblance comme ils devraient, l'autorité n'étant qu'une partie des raisons qui font la vraisemblance.

§ 67. PHILALÈTHE. *Voici quelques-unes des causes ordinaires de ce faux jugement. La première est l'ignorance, la seconde est l'inadvertance, quand un homme ne fait aucune réflexion sur cela même dont il est instruit. C'est une ignorance affectée et présente, qui séduit le jugement aussi bien que la volonté.*

THÉOPHILE. Elle est toujours présente, mais elle n'est pas toujours affectée ; car on ne s'avise pas toujours de penser quand il faut à ce qu'on sait et dont on devrait se rappeler la mémoire, si on en était le maître. L'ignorance affectée est toujours mêlée de quelque advertance dans le temps qu'on l'affecte ; il est vrai que dans la suite il peut y avoir de l'inadvertance ordinairement. L'art de s'aviser au besoin de ce qu'on sait serait un des plus importants, s'il était inventé ; mais je ne vois pas que les hommes aient encore pensé jusqu'ici à en former les éléments, car l'art de la mémoire, dont tant d'auteurs ont écrit, est tout autre chose.

PHILALÈTHE. *Si donc on assemble confusément et à la hâte* les raisons *de l'un des côtés, et qu'on laisse échapper par négligence plusieurs sommes qui doivent faire partie du compte, cette précipitation ne produit pas moins de faux jugements que si c'était une parfaite ignorance.*

THÉOPHILE. En effet il faut bien des choses pour se prendre comme il faut, lorsqu'il s'agit de la balance des raisons ; et c'est à peu près comme dans les livres de comptes des marchands. Car il n'y faut négliger aucune somme, il faut bien estimer chaque somme à part, il faut les bien arranger, et il faut enfin en faire une collection exacte. Mais on y néglige plusieurs chefs, soit en ne s'avisant pas d'y penser, soit en passant légèrement là-dessus ; et on ne donne point à chacun sa juste valeur, semblable à ce teneur de livres de comptes qui avait soin de bien calculer les colonnes de chaque page, mais qui calculait très mal les sommes particulières de chaque ligne ou poste avant que de les mettre dans la colonne, ce qu'il faisait pour tromper les réviseurs, qui regardent principalement à ce qui est dans les colonnes. Enfin, après avoir tout bien marqué, on peut se tromper dans la collection des sommes des colonnes et même dans la collection finale, où il y a la somme des sommes. Ainsi il nous faudrait encore l'art de s'aviser et celui d'estimer les probabilités et de plus la connaissance de la valeur des biens et des maux, pour bien employer l'art des conséquences : et il nous faudrait encore de l'attention et de la patience après tout cela, pour pousser jusqu'à la conclusion. Enfin il faut une ferme et constante résolution pour exécuter ce qui a été conclu, et des adresses, des méthodes, des lois particulières et des habitudes toutes formées pour la maintenir dans la suite, lorsque les considérations qui l'ont fait prendre ne sont plus présentes à l'esprit. Il est vrai que, grâce à Dieu, dans ce qui importe le plus et qui regarde *summam rerum*[109], le bonheur et la misère, on n'a pas besoin de tant de connaissances, d'aides et d'adresses, qu'il en faudrait avoir pour bien juger dans un conseil d'Etat ou de guerre, dans un tribunal de justice, dans une consultation de médecine, dans quelque controverse de théologie ou d'histoire, ou dans quelque point de mathématique et de mécanique ; mais en récompense, il faut plus de fermeté et d'habitude dans ce qui regarde ce grand point de la félicité et de la vertu, pour prendre toujours de bonnes résolutions et pour les suivre. En un mot, pour le vrai bonheur moins de connaissance suffit avec plus de bonne volonté : de sorte que le plus grand idiot y peut parvenir aussi aisément que le plus docte et le plus habile.

PHILALÈTHE. *L'on voit donc que l'entendement sans liberté ne serait d'aucun usage, et que la liberté sans entendement ne signifierait rien. Si un homme pouvait voir ce qui peut lui faire du bien ou du mal, sans qu'il fût capable de faire un pas pour s'avancer vers l'un ou pour s'éloigner de l'autre, en serait-il mieux pour avoir l'usage de la vue ? Il en serait même plus misérable, car il languirait inutilement après le bien, et craindrait le mal, qu'il verrait inévitable ; et celui qui est en liberté de courir çà et là au milieu d'une parfaite obscurité, en quoi est-il mieux que s'il était ballotté au gré du vent ?*

THÉOPHILE. Son caprice serait un peu plus satisfait, cependant il n'en serait pas mieux en état de rencontrer le bien et d'éviter le mal.

§ 68. PHILALÈTHE. Autre source de faux jugement. *Contents*

du premier plaisir, qui nous vient sous la main, ou que la coutume a rendu agréable, nous ne regardons pas plus loin. C'est donc encore là une occasion aux hommes de mal juger, lorsqu'ils ne regardent pas comme nécessaire à leur bonheur ce qui l'est effectivement.

THÉOPHILE. Il me semble que ce faux jugement est compris sous l'espèce précédente, lorsqu'on se trompe à l'égard des conséquences.

§ 69. PHILALÈTHE. *Reste à examiner s'il est au pouvoir d'un homme de changer l'agrément ou le désagrément qui accompagne quelque action particulière. Il le peut en plusieurs rencontres. Les hommes peuvent et doivent corriger leur palais et lui faire prendre du goût. On peut changer aussi le goût de l'âme. Un juste examen, la pratique, l'application, la coutume feront cet effet. C'est ainsi qu'on s'accoutume au tabac, que l'usage ou la coutume fait enfin trouver agréable. Il en est de même à l'égard de la vertu : les habitudes ont de grands charmes, et on ne peut s'en départir sans inquiétude. On regardera peut-être comme un paradoxe que les hommes puissent faire que des choses ou des actions leur soient plus ou moins agréables, tant on néglige ce devoir.*

THÉOPHILE. C'est ce que j'ai aussi remarqué ci-dessus, § 37, vers la fin, et § 47, aussi vers la fin. On peut se faire vouloir quelque chose et se former le goût.

§ 70. PHILALÈTHE. *La morale établie sur de véritables fondements ne peut que déterminer à la vertu ; il suffit qu'un bonheur et un malheur infini après cette vie soient possibles. Il faut avouer qu'une bonne vie, jointe à l'attente d'une éternelle félicité possible, est préférable à une mauvaise vie, accompagnée de la crainte d'une affreuse misère, ou pour le moins de l'épouvantable et incertaine espérance d'être anéanti. Tout cela est de la dernière évidence, quand même des gens de bien n'auraient que des maux à essuyer dans ce monde, et que les méchants y goûteraient une perpétuelle félicité, ce qui pour l'ordinaire est tout autrement. Car, à bien considérer toutes choses, ils ont, je crois, la plus mauvaise part même dans cette vie.*

THÉOPHILE. Ainsi, quand il n'y aurait rien au-delà du tombeau, une vie épicurienne ne serait point la plus raisonnable. Et je suis bien aise, Monsieur, que vous rectifiez ici ce qui paraît que vous aviez dit de contraire ci-dessus, § 55.

PHILALÈTHE. *Qui pourrait être assez fou pour se résoudre en soi-même (s'il y pense bien) de s'exposer à un danger possible d'être infiniment malheureux, en sorte qu'il n'y ait rien à gagner pour lui que le pur néant, au lieu de se mettre dans l'état de l'homme de bien, qui n'a à craindre que le néant et qui a une éternelle félicité à espérer ? J'ai évité de parler de la certitude ou de la probabilité de l'état à venir, parce que je n'ai d'autre dessein en cet endroit que de montrer le faux jugement, dont chacun se doit reconnaître coupable selon ses propres principes.*

THÉOPHILE. Les méchants sont fort portés à croire que l'autre vie est impossible. Mais ils n'en ont point de raison que celle qu'il faut se borner à ce qu'on apprend par les sens, et que personne de leur connaissance n'est revenu de l'autre monde. Il y avait un temps que sur le même principe on pouvait rejeter les antipodes, lorsqu'on ne voulait point joindre les mathématiques aux notions populaires ; et on le pouvait avec autant de raison qu'on en peut avoir maintenant pour rejeter l'autre vie, lorsqu'on ne veut point joindre la vraie métaphysique aux notions de l'imagination. Car il y a trois degrés des notions, ou idées, savoir : notions populaires, mathématiques et métaphysiques. Les premières ne suffisaient point pour faire croire les antipodes ; les premières et les secondes ne suffisent point encore pour faire croire l'autre monde. Il est vrai qu'elles fournissent déjà des conjectures favorables, mais si les secondes établissaient certainement les antipodes avant l'expérience qu'on a maintenant (je ne parle pas des habitants, mais de la place au moins que la connaissance de la rondeur de la terre leur donnait chez les géographes et les astronomes), les dernières ne donnent pas moins de certitude sur une autre vie, dès à présent et avant qu'on y soit allé voir.

§ 72. PHILALÈTHE. Maintenant revenons à la puissance, qui est proprement le sujet général de ce chapitre, la liberté n'en étant qu'une espèce, mais des plus considérables. *Pour avoir des idées plus distinctes de la puissance, il ne sera ni hors de propos ni inutile de prendre une plus exacte connaissance de ce qu'on nomme action. J'ai dit au commencement de notre discours sur la puissance qu'il n'y a que deux sortes d'actions dont nous avons quelque idée, savoir le mouvement et la pensée.*

THÉOPHILE. Je croirais qu'on pourrait se servir d'un mot plus général que de celui de pensée, savoir de celui de perception, en n'attribuant la pensée qu'aux esprits, au lieu que la perception appartient à toutes les entéléchies. Mais je ne veux pourtant contester à personne la liberté de prendre le terme de pensée dans la même généralité. Et moi-même je l'aurai peut-être fait quelquefois sans y prendre garde.

PHILALÈTHE. *Or quoiqu'on donne à ces deux choses le nom d'action, on trouvera pourtant qu'il ne leur convient pas toujours parfaitement et qu'il y a des exemples qu'on reconnaîtra plutôt pour des passions. Car dans ces exemples la substance, en qui se trouve le mouvement ou la pensée, reçoit purement de dehors l'impression par laquelle l'action lui est communiquée et elle n'agit que par la seule capacité qu'elle a de recevoir cette impression, ce qui n'est qu'une puissance passive. Quelquefois la substance ou l'agent se met en action par sa propre puissance, et c'est là proprement une puissance active.*

THÉOPHILE. J'ai dit déjà que dans la rigueur métaphysique, prenant l'action pour ce qui arrive à la substance spontanément et de son propre fonds, tout ce qui est proprement une substance ne fait qu'agir, car tout lui vient d'elle-même après Dieu, n'étant point possible qu'une substance créée ait de l'influence sur une autre. Mais prenant action pour un exercice de la perfection et la passion pour le contraire, il n'y a de l'action dans les véritables substances que lorsque leur perception (car j'en donne à toutes) se développe et devient plus distincte, comme il n'y a de passion que lorsqu'elle devient plus confuse ; en sorte que dans les substances, capables de plaisir et de douleur, toute action est un acheminement au plaisir, et toute passion un acheminement à la douleur. Quant au mouvement, ce n'est qu'un phénomène réel, parce que la matière ou la masse, à laquelle appartient le mouvement, n'est pas à proprement parler une substance. Cependant il y a une image de l'action dans le mouvement, comme il y a une image de la substance dans la masse ; et à cet égard on peut dire que le corps agit, quand il y a de la spontanéité dans son changement, et qu'il pâlit, quand il est poussé ou empêché par un autre ; comme dans la véritable action ou passion d'une véritable substance on peut prendre pour son action qu'on lui attribuera à elle-même le changement par où elle tend à sa perfection ; et de même on peut prendre pour passion et attribuer à une cause étrangère le changement par où il lui arrive le contraire ; quoi que cette cause ne soit point immédiate, parce que dans le premier cas la substance même et dans le second les choses étrangères servent à expliquer ce changement d'une manière intelligible. Je ne donne aux corps qu'une image de la substance et de l'action, parce que ce qui est composé de parties ne saurait passer, à parler exactement, pour une substance, non plus qu'un troupeau ; cependant on peut dire qu'il y a là quelque chose de substantiel, dont l'unité, qui en fait comme un être, vient de la pensée.

PHILALÈTHE. J'avais cru que *la puissance de recevoir des idées ou des pensées par l'opération de quelque substance étrangère s'appelle puissance de penser, quoique dans le fond ce ne soit qu'une puissance passive ou une simple capacité faisant abstraction des réflexions et des changements internes qui accompagnent toujours l'image reçue, car l'expression, qui est dans l'âme, est comme serait celle d'un miroir vivant ; mais le pouvoir que nous avons de rappeler des idées absentes à notre choix et de comparer ensemble celles que nous jugeons à propos est véritablement un pouvoir actif.*

THÉOPHILE. Cela s'accorde aussi avec les notions que je viens de donner, car il y a en cela un passage à un état plus parfait. Cependant je croirais qu'il y a aussi de l'action dans les sensations, en tant qu'elles nous donnent des perceptions plus distinguées et l'occasion par conséquent de faire des remarques et pour ainsi dire de nous développer.

§ 73. PHILALÈTHE. *Maintenant je crois qu'il paraît qu'on pourra réduire les idées primitives et originales à ce petit nombre : l'étendue, la solidité, la mobilité (c'est-à-dire puissance passive, ou bien capacité d'être mû), qui nous viennent par les sens puis la perceptivité et la motivité (ou puissance active ou bien faculté de mouvoir) qui nous viennent dans l'esprit par voie de réflexion et enfin l'existence, la durée et le nombre qui nous viennent par les deux voies de sensation et de réflexion ; car par ces idées-là, nous pourrions expliquer, si je ne me trompe, la nature des couleurs, des sons, des goûts, des odeurs et de toutes les autres idées que nous avons, si nos facultés étaient assez subtiles pour apercevoir les différents mouvements des petits corps qui produisent ces sensations.*

THÉOPHILE. A dire la vérité, je crois que ces idées, qu'on appelle ici originales et primitives, ne le sont pas entièrement pour la plupart, étant susceptibles à mon avis d'une résolution ultérieure : cependant je ne vous blâme point, Monsieur, de vous y être borné, et de n'avoir point poussé l'analyse plus loin. D'ailleurs s'il est vrai que le nombre en pourrait être diminué par ce moyen, je crois qu'il pourrait être augmenté en y ajoutant d'autres idées plus originales ou autant. Pour ce qui est de leur arrangement, je croirais, suivant l'ordre de l'analyse, l'existence antérieure aux autres, le nombre à l'étendue, la durée à la motivité ou mobilité, quoique cet ordre analytique ne soit pas ordinairement celui des occasions qui nous y font penser. Les sens nous fournissent la matière aux réflexions, et nous ne penserions pas même à la pensée si nous ne pensions à quelque autre chose, c'est-à-dire aux particularités que les sens fournissent. Et je suis persuadé que les âmes et les esprits créés ne sont jamais sans organes et jamais sans sensations, comme ils ne sauraient raisonner sans caractères. Ceux qui ont voulu soutenir une entière séparation et des manières de penser dans l'âme séparée, inexplicables par tout ce que nous connaissons, et éloignées non seulement de nos présentes expériences, mais, ce qui est bien plus, de l'ordre général des choses, ont donné trop de prise aux prétendus esprits forts et ont rendu suspectes à bien des gens les plus belles et les plus grandes vérités, s'étant même privés par là de quelques bons moyens de les prouver, que cet ordre nous fournit.

CHAPITRE XXII

DES MODES MIXTES

§ 1. PHILALÈTHE. Passons aux modes mixtes. *Je les distingue des modes plus simples, qui ne sont composés que d'idées simples de la même espèce. D'ailleurs les modes mixtes sont certaines combinaisons d'idées simples, qu'on ne regarde pas comme les marques caractéristiques d'aucun être réel qui ait une existence fixe, mais comme des idées détachées et indépendantes, que l'esprit joint ensemble ; et elles sont par là distinguées des idées complexes des substances.*

THÉOPHILE. Pour bien entendre ceci, il faut rappeler vos divisions précédentes. Selon vous les idées sont simples ou complexes. Les complexes sont ou des substances, ou des modes ou des relations. Les modes sont simples (composés d'idées simples de la même espèce) ou mixtes. Ainsi selon vous il y a des idées simples, des idées des modes, tant simples que mixtes, des idées des substances et des idées des relations. On pourrait peut-être diviser les termes ou les objets des idées en abstraits et concrets : les abstraits en absolus et en ceux qui expriment les relations, les absolus en attributs et en modifications, les uns et les autres en simples et composés. Les concrets en substances et en choses substantielles, composées ou résultantes des substances vraies et simples.

§ 2. PHILALÈTHE. *L'esprit est purement passif à l'égard de ses idées simples, qu'il reçoit selon que la sensation et réflexion les lui présente. Mais il agit souvent par lui-même à l'égard des modes mixtes, car il peut combiner les idées simples en faisant des idées complexes sans considérer si elles existent ainsi réunies dans la nature. C'est pourquoi on donne à ces sortes d'idées le nom de* notion.

THÉOPHILE. Mais la réflexion qui fait penser aux idées simples est souvent volontaire aussi, et de plus les combinaisons que la nature n'a point faites se peuvent faire en nous comme d'elles-mêmes dans les songes et rêveries, par la seule mémoire, sans que l'esprit y agisse plus que dans les idées simples. Pour ce qui est du mot notion, plusieurs l'appliquent à toutes sortes d'idées ou conceptions, aux originales aussi bien qu'aux dérivées.

§ 4. PHILALÈTHE. *La marque de plusieurs idées dans une seule combinée est le* nom.

THÉOPHILE. Cela s'entend si elles peuvent être combinées, en quoi on manque souvent.

PHILALÈTHE. *Le crime de tuer un vieillard n'ayant point de nom comme le parricide, on ne regarde pas le premier comme une idée complexe.*

THÉOPHILE. La raison qui fait que le meurtre d'un vieillard n'a point de nom est que les lois n'y ayant point attaché une punition particulière, ce nom serait peu utile. Cependant les idées ne dépendent point des noms. Un auteur moraliste qui en inventerait un pour le crime et traiterait dans un chapitre exprès de la gérontophonie, montrant ce qu'on doit aux vieillards, et combien c'est une action barbare de ne les point épargner, ne nous donnerait point une nouvelle idée pour cela.

§ 6. PHILALÈTHE. Il est toujours vrai que, *les mœurs et les usages d'une nation faisant des combinaisons qui lui sont familières, cela fait que chaque langue a des termes particuliers, et qu'on ne saurait toujours faire des traductions mot à mot. Ainsi l'* ostracisme *parmi les Grecs et la* proscription *parmi les Romains étaient des mots que les autres langues ne peuvent exprimer par des mots équivalents. C'est pourquoi le changement des coutumes fait aussi de nouveaux mots.*

THÉOPHILE. Le hasard y a aussi sa part, car les Français se servent des chevaux autant que d'autres peuples voisins : cependant, ayant abandonné leur vieux mot, qui répondait au *cavalcar* des Italiens, ils sont réduits à dire par périphrase : aller à cheval.

§ 9. PHILALÈTHE. *Nous acquérons les idées des modes mixtes par l'observation, comme lorsqu'on voit lutter deux hommes; nous les acquérons aussi par invention (ou assemblage volontaire d'idées simples), ainsi celui qui inventa l'imprimerie en avait l'idée avant que cet art existât. Nous les acquérons enfin par l'explication des termes affectés aux actions qu'on n'a jamais vues.*

THÉOPHILE. On peut encore les acquérir en songeant ou rêvant sans que la combinaison soit volontaire, par exemple quand on voit en songe des palais d'or, sans y avoir pensé auparavant.

§ 10. PHILALÈTHE. *Les idées simples, qui ont été le plus*

modifiées, sont celles de la pensée, du mouvement et de la puissance, d'où l'on conçoit que les actions découlent ; car la grande affaire du genre humain consiste dans l'action. Toutes les actions sont pensées ou mouvements. La puissance ou l'aptitude de faire une chose qui se trouve dans un homme constitue l'idée, que nous nommons habitude, *lorsqu'on a acquis cette puissance en faisant souvent la même chose ; et quand on peut la réduire en acte à chaque occasion qui se présente, nous l'appelons* disposition ; *ainsi la* tendresse *est une disposition à l'amitié ou à l'amour.*

THÉOPHILE. Par tendresse vous entendez, je crois, ici le cœur tendre, mais ailleurs il me semble qu'on considère la tendresse comme une qualité qu'on a en aimant, qui rend l'amant fort sensible aux biens et maux de l'objet aimé, c'est à quoi me paraît aller *la carte du Tendre* dans l'excellent roman de la *Clélie*[110]. Et comme les personnes charitables aiment leur prochain avec quelque degré de tendresse, elles sont sensibles aux biens et aux maux d'autrui. Et généralement ceux qui ont le cœur tendre ont quelque disposition à aimer avec tendresse.

PHILALÈTHE. *La* hardiesse *est la puissance de faire ou de dire devant les autres ce qu'on veut sans se décontenancer, confiance qui, par rapport à cette dernière partie qui regarde le discours, avait un nom particulier parmi les Grecs.*

THÉOPHILE. On ferait bien d'affecter un mot à cette notion, qu'on attribue ici à celui de hardiesse, mais qu'on emploie souvent tout autrement, comme lorsqu'on disait Charles le Hardi. N'être point décontenancé, c'est une force d'esprit, mais dont les méchants abusent quand ils sont venus jusqu'à l'impudence ; comme la honte est une faiblesse, mais qui est excusable et même louable dans certaines circonstances. Quant à la parrhésie, que vous entendez peut-être par le mot grec, on l'attribue encore aux écrivains qui disent la vérité sans crainte, quoique alors, ne parlant pas devant les gens, ils n'aient point sujet d'être décontenancés.

§ 11. PHILALÈTHE. *Comme la* puissance *est la source d'où procèdent toutes les* actions, *on donne le nom de* cause *aux substances où ces puissances résident, lorsqu'elles réduisent leur* puissance *en* acte, *et on nomme* effets *les substances produites par ce moyen, ou plutôt les idées simples (c'est-à-dire les objets des idées simples) qui par l'exercice de la puissance sont introduites dans un sujet. Ainsi l'*efficace, *par laquelle une nouvelle substance ou idée (qualité) est produite, est nommée* action *dans le sujet qui exerce ce pouvoir, et on la nomme* passion *dans le sujet où quelque idée (qualité) simple est altérée ou produite.*

THÉOPHILE. Si la puissance est prise pour la source de l'action, elle dit quelque chose de plus qu'une aptitude ou facilité, par laquelle on a expliqué la puissance dans le chapitre précédent ; car elle renferme encore la tendance, comme j'ai déjà remarqué plus d'une fois. C'est pourquoi dans ce sens, j'ai coutume de lui affecter le terme d'entéléchie, qui est ou primitive et répond à l'âme prise pour quelque chose d'abstrait, ou dérivative, telle qu'on la conçoit dans le *conatus* et dans la vigueur et impétuosité. Le terme de c a u s e n'est entendu ici que de la cause e f f i c i e n t e ; mais on l'entend encore de la f i n a l e ou du motif, pour ne point parler ici de la matière et de la forme, qu'on appelle encore causes dans les écoles. Je ne sais si l'on peut dire que le même être est appelé action dans l'agent et passion dans le patient et se trouve ainsi en deux sujets à la fois comme le rapport, et s'il ne vaut mieux de dire que ce sont deux êtres, l'un dans l'agent, l'autre dans le patient.

PHILALÈTHE. *Plusieurs mots, qui semblent exprimer quelque action, ne signifient que la c a u s e et l'effet, comme la création et l'annihilation ne renferment aucune idée de l'action ou de la manière, mais simplement de la cause et de la chose qui est produite.*

THÉOPHILE. J'avoue qu'en pensant à la création, on ne conçoit point une manière d'agir, capable de quelque détail, qui ne saurait même y avoir lieu ; mais puisqu'on exprime quelque chose de plus que Dieu et le monde, car on pense que Dieu est la cause et le monde l'effet, ou bien que Dieu a produit le monde, il est manifeste qu'on pense encore à l'action.

CHAPITRE XXIII

DE NOS IDÉES COMPLEXES DES SUBSTANCES

§ 1. PHILALÈTHE. *L'esprit remarque qu'un certain nombre d'i d é e s s i m p l e s vont constamment ensemble, qui, étant regardées comme appartenant à une seule chose, sont désignées par un seul nom, lorsqu'elles sont ainsi réunies dans un seul sujet... De là vient que quoique ce soit véritablement un amas de plusieurs idées jointes ensemble, dans la suite nous sommes portés par i n a d v e r t a n c e à en parler comme d'une seule idée simple.*

THÉOPHILE. Je ne vois rien dans les expressions reçues qui mérite d'être taxé d'i n a d v e r t a n c e ; et quoiqu'on reconnaisse un seul sujet et une seule idée, on ne reconnaît pas une seule idée simple.

PHILALÈTHE. *Ne pouvant imaginer comment ces idées simples peuvent subsister par elles-mêmes, nous nous accoutumons à supposer quelque chose qui les soutienne* (substratum), *où elles subsistent et d'où elles résultent, à qui pour cet effet on donne le nom de s u b s t a n c e.*

THÉOPHILE. Je crois qu'on a raison de penser ainsi, et nous n'avons que faire de nous y accoutumer ou de le supposer, puisque d'abord nous concevons plusieurs prédicats d'un même sujet, et ces mots métaphoriques de s o u t i e n ou de *substratum* ne signifient que cela, de sorte que je ne vois point pourquoi on s'y fasse de la difficulté. Au contraire c'est plutôt le *concretum* comme savant, chaud, luisant, qui nous vient dans l'esprit, que les a b s t r a c t i o n s ou qualités (car ce sont elles qui sont dans l'objet substantiel et non pas les idées) comme savoir, chaleur, lumière, etc., qui sont bien plus difficiles à comprendre. On peut même douter si ces accidents sont des êtres véritables, comme en effet ce ne sont bien souvent que des rapports. L'on sait aussi que ce sont les abstractions qui font naître le plus de difficultés, quand on les veut éplucher, comme savent ceux qui sont informés des subtilités des scolastiques, dont ce qu'il y a de plus épineux tombe tout d'un coup si l'on veut bannir les êtres abstraits et se résout à ne parler ordinairement que par concrets et de n'admettre d'autres termes dans les démonstrations des sciences que ceux qui représentent des sujets substantiels. Ainsi c'est *nodum quaerere in scirpo* [111], si je l'ose dire, et renverser les choses que de prendre les qualités ou autres termes abstraits pour ce qu'il y a de plus aisé et les concrets pour quelque chose de fort difficile.

§ 2. PHILALÈTHE. *On n'a point d'autre notion de la pure substance en général que de je ne sais quel sujet, qui lui est tout à fait inconnu et qu'on suppose être le soutien des qualités. Nous parlons comme des enfants, à qui l'on n'a pas plutôt demandé ce que c'est qu'une telle chose, qui leur est inconnue, qu'ils font cette réponse, fort satisfaisante à leur gré, que c'est quelque chose, mais qui, employée de cette manière, signifie qu'ils ne savent ce que c'est.*

THÉOPHILE. En distinguant deux choses dans la substance, les attributs ou prédicats et le sujet commun de ces prédicats, ce n'est pas merveille qu'on ne peut rien concevoir de particulier dans ce sujet. Il le faut bien, puisqu'on a déjà séparé tous les attributs, où l'on pourrait concevoir quelque détail. Ainsi demander quelque chose de plus dans ce pur sujet en général que ce qu'il faut pour concevoir que c'est la même chose (par exemple, qui entend et qui veut, qui imagine et qui raisonne), c'est demander l'impossible et contrevenir à sa propre supposition, qu'on a faite en faisant abstraction et concevant séparément le sujet et ses qualités ou accidents. On pourrait appliquer la même prétendue difficulté à la notion de l'être et à tout ce qu'il y a de plus clair et de plus primitif; car on pourra demander aux philosophes ce qu'ils conçoivent en concevant le pur être en général; car tout détail étant exclu par là, on aura aussi peu à dire que lorsqu'on demande ce que c'est que la pure substance en général. Ainsi je crois que les philosophes ne méritent pas d'être raillés, comme on fait ici, en les comparant avec un philosophe indien, qu'on interrogea sur ce qui soutenait la terre, à quoi il répondit que c'était un grand éléphant; et puis quand on demanda ce qui soutenait l'éléphant, il dit que c'était une grande tortue, et enfin, quand on le pressa de dire sur quoi la tortue s'appuyait, il fut réduit à dire que c'était quelque chose, un je ne sais quoi. Cependant cette considération de la substance, toute mince qu'elle paraît, n'est pas si vide et si stérile qu'on pense. Il en naît plusieurs conséquences des plus importantes de la philosophie et qui sont capables de lui donner une nouvelle face.

§ 4. PHILALÈTHE. *Nous n'avons aucune idée claire de la substance en général, et § 5, nous avons une idée aussi claire de l'esprit que du corps; car l'idée d'une substance corporelle dans la matière est aussi éloignée de nos conceptions que celle de la substance spirituelle.* C'est à peu près comme disait le promoteur à ce jeune docteur en droit qui lui criait dans la solennité de dire : *utriusque*[112] : Vous avez raison, Monsieur, car vous en savez autant dans l'un que dans l'autre.

THÉOPHILE. Pour moi, je crois que cette opinion de notre ignorance vient de ce qu'on demande une manière de connaissance que l'objet ne souffre point. La vraie marque d'une notion claire et distincte d'un objet est le moyen qu'on a d'en connaître beaucoup de vérités par des preuves *a priori*, comme j'ai montré dans un discours sur les vérités et les idées, mis dans les *Actes de Leipzig* l'an 1684.

§ 12. PHILALÈTHE. *Si nos sens étaient assez pénétrants, les qualités sensibles, par exemple la couleur jaune de l'or, disparaîtraient, et au lieu de cela nous verrions une certaine admirable contexture des parties. C'est ce qui paraît évidemment par les microscopes. Cette présente connaissance convient à l'état où nous nous trouvons. Une connaissance parfaite des choses qui nous environnent est peut-être au-dessus de la portée de tout être fini. Nos facultés suffisent pour nous faire connaître le Créateur et pour nous instruire de nos devoirs. Si nos sens devenaient beaucoup plus vifs, un tel changement serait incompatible avec notre nature.*

THÉOPHILE. Tout cela est vrai, et j'en ai dit quelque chose ci-dessus. Cependant la couleur jaune ne laisse pas d'être une réalité comme l'arc-en-ciel, et nous sommes destinés apparemment à un état bien au-dessus de l'état présent et pourrons même aller à l'infini, car il n'y a pas d'éléments dans la nature corporelle. S'il y avait des atomes, comme l'auteur le paraissait croire dans un autre endroit, la connaissance parfaite des corps ne pourrait être au-dessus de tout être fini. Au reste, si quelques couleurs ou qualités disparaissaient à nos yeux mieux armés ou devenus plus pénétrants, il en naîtrait apparemment d'autres : et il faudrait un accroissement nouveau de notre perspicacité pour les faire disparaître aussi, ce qui pourrait aller à l'infini comme la division actuelle de la matière y va effectivement.

§ 23. PHILALÈTHE. *Je ne sais si l'un des grands avantages que quelques esprits ont sur nous ne consiste point en ce qu'ils peuvent se former à eux-mêmes des organes de sensation qui conviennent justement à leur présent dessein.*

THÉOPHILE. Nous le faisons aussi en nous formant des microscopes : mais d'autres créatures pourront aller plus avant. Et si nous pouvions transformer nos yeux mêmes, ce que nous faisons effectivement en quelque façon selon que nous voulons voir de près ou de loin, il faudrait que nous eussions quelque chose de plus propre à nous qu'eux, pour les former par son moyen, car il faut au moins que tout se fasse mécaniquement, parce que l'esprit ne saurait opérer immédiatement sur les corps. Au reste je suis aussi d'avis que les génies aperçoivent les choses d'une manière qui ait quelque rapport à la nôtre, quand même ils auraient le plaisant avantage que l'imaginatif Cyrano[113] attribue à quelques natures animées dans le Soleil, composées d'une infinité de petits volatiles, qui en se transportant selon le commandement de l'âme dominante forment toutes sortes de corps. Il n'y a rien de si merveilleux que le mécanisme de la nature ne soit capable de produire ; et je crois que les savants Pères de l'Eglise ont eu raison d'attribuer des corps aux anges.

§ 15. PHILALÈTHE. *Les idées de penser et de mouvoir le corps, que nous trouvons dans celle de l'esprit, peuvent être conçues aussi nettement et aussi distinctement que celles d'étendue, de solidité et de mobilité, que nous trouvons dans la matière.*

THÉOPHILE. Pour ce qui est de l'idée de la pensée, j'y consens. Mais je ne suis pas de cet avis à l'égard de l'idée de mouvoir des corps, car suivant mon système de l'harmonie préétablie, les corps sont faits en sorte qu'étant une fois mis en mouvement, ils continuent d'eux-mêmes, selon que l'exigent les actions de l'esprit. Cette hypothèse est intelligible, l'autre ne l'est point.

PHILALÈTHE. *Chaque acte de sensation nous fait également envisager les choses corporelles et spirituelles ; car dans le temps que la vue et l'ouïe me font connaître qu'il y a quelque être corporel hors de moi, je sais d'une manière encore plus certaine qu'il y a au-dedans de moi quelque être spirituel qui voit et qui entend.*

THÉOPHILE. C'est très bien dit et il est très vrai que l'existence de l'esprit est plus certaine que celle des objets sensibles.

§ 19. PHILALÈTHE. *Les esprits non plus que les corps ne sauraient opérer qu'où ils sont et en divers temps et différents lieux ; ainsi je ne puis qu'attribuer le changement de place à tous les esprits finis.*

THÉOPHILE. Je crois que c'est avec raison, le lieu n'étant qu'un ordre des coexistants.

PHILALÈTHE. *Il ne faut que réfléchir sur la séparation de l'âme et du corps par la mort pour être convaincu du mouvement de l'âme.*

THÉOPHILE. L'âme pourrait cesser d'opérer dans ce corps visible ; et si elle pouvait cesser de penser tout à fait, comme l'auteur l'a soutenu ci-dessus, elle pourrait être séparée du corps sans être unie à un autre ; ainsi sa séparation serait sans mouvement. Mais pour moi, je crois qu'elle pense et sent toujours, qu'elle est toujours unie à quelque corps, et même qu'elle ne quitte jamais entièrement et tout d'un coup le corps où elle est unie.

§ 21. PHILALÈTHE. *Que si quelqu'un dit que les esprits ne sont pas* in loco sed in aliquo ubi [114], *je ne crois pas que maintenant on fasse beaucoup de fonds sur cette façon de parler. Mais si quelqu'un s'imagine qu'elle peut recevoir un sens raisonnable, je le prie de l'exprimer en langage commun intelligible et d'en tirer après une raison qui montre que les esprits ne sont pas capables de mouvement.*

THÉOPHILE. Les écoles ont trois sortes d'u b i é t é, ou de manières d'exister quelque part. La première s'appelle c i r c o n s - c r i p t i v e, qu'on attribue aux corps qui sont dans l'espace, qui y sont *punctatim*, en sorte qu'ils sont mesurés selon qu'on peut assigner des points de la chose située, répondant aux points de l'espace. La seconde est la d é f i n i t i v e, où l'on peut définir, c'est-à-dire déterminer que la chose située est dans un tel espace, sans pouvoir assigner des points précis ou des lieux propres exclusivement à ce qui y est. C'est ainsi qu'on a jugé que l'âme est dans le corps, ne croyant point qu'il soit possible d'assigner un point précis où soit l'âme ou quelque chose de l'âme, sans qu'elle soit aussi dans quelque autre point. Encore beaucoup d'habiles gens en jugent ainsi. Il est vrai que M. Descartes a voulu donner des bornes plus étroites à l'âme en la logeant proprement dans la glande pinéale [115]. Néanmoins il n'a point osé dire qu'elle est privativement dans un certain point de cette glande ; ce qui n'étant point, il ne gagne rien et c'est la même chose à cet égard que quand on lui donnait tout le corps pour prison ou lieu. Je crois que ce qui se dit des âmes se doit dire à peu près des anges, que le grand docteur natif d'Aquino [116] a cru n'être en lieu que par opération, laquelle selon moi n'est pas immédiate et se réduit à l'harmonie préétablie. La troisième ubiété est la **réplétive**, qu'on attribue à Dieu, qui remplit tout l'univers encore plus éminemment que les esprits ne sont dans les corps, car il opère immédiatement sur toutes les créatures en les produisant continuellement, au lieu que les esprits finis n'y sauraient exercer aucune influence ou opération immédiate. Je ne sais si cette doctrine des écoles mérite d'être tournée en ridicule, comme il semble qu'on s'efforce de faire. Cependant on pourra toujours attribuer une manière de mouvement aux âmes, au moins par rapport aux corps auxquels elles sont unies, ou par rapport à leur manière de perception.

§ 23. PHILALÈTHE. *Si quelqu'un dit qu'il ne sait point comment il pense, je répliquerais qu'il ne sait pas non plus comment les parties solides du corps sont attachées ensemble pour faire un tout étendu.*

THÉOPHILE. Il y a assez de difficulté dans l'explication de la **cohésion** ; mais cette **cohésion** des parties ne paraît point nécessaire pour faire un tout étendu, puisqu'on peut dire que la matière parfaitement subtile et fluide compose un étendu sans que les parties soient attachées les unes aux autres. Mais, pour dire la vérité, je crois que la fluidité parfaite ne convient qu'à la **matière première**, c'est-à-dire en abstraction, et comme une qualité originale, de même que le repos ; mais non pas à la **matière seconde**, telle qu'elle se trouve effectivement, revêtue de ses qualités dérivatives, car je crois qu'il n'y a point de masse qui soit de la dernière subtilité, et qu'il y a plus ou moins de liaison partout, laquelle vient des mouvements, en tant qu'ils sont conspirants et doivent être troublés par la séparation, ce qui ne se peut faire sans quelque violence et résistance. Au reste la nature de la perception et ensuite de la pensée fournit une notion des plus originales. Cependant je crois que la doctrine des unités substantielles ou monades l'éclaircira beaucoup.

PHILALÈTHE. *Pour ce qui est de la* **cohésion**, *plusieurs l'expliquent par les surfaces, par lesquelles deux corps se touchent, qu'un ambiant (par exemple l'air) presse l'une contre l'autre. Il est bien vrai que la pression, § 24, d'un ambiant peut empêcher qu'on n'éloigne deux surfaces polies l'une de l'autre par une ligne qui leur soit perpendiculaire ; mais elle ne saurait empêcher qu'on ne les sépare par un mouvement* *parallèle à ces surfaces. C'est pourquoi, s'il n'y avait pas d'autre cause de la cohésion des corps, il serait aisé d'en séparer toutes les parties, en les faisant ainsi glisser de côté, en prenant tel plan qu'on voudra qui coupât quelque masse de matière.*

THÉOPHILE. Oui, sans doute, si toutes les parties plates, appliquées l'une à l'autre, étaient dans un même plan, ou dans des plans parallèles ; mais cela n'étant point et ne pouvant être, il est manifeste qu'en tâchant de faire glisser les unes, on agira tout autrement sur une infinité d'autres, dont le plan fera angle au premier ; car il faut savoir qu'il y a de la peine à séparer les deux surfaces congruentes, non seulement quand la direction du mouvement de séparation est perpendiculaire, mais encore quand il est oblique aux surfaces. C'est ainsi qu'on peut juger qu'il y a des feuilles, appliquées les unes aux autres en tous sens, dans les corps polyèdres, que la nature forme dans les minières et ailleurs. Cependant j'avoue que la pression de l'ambiant sur des surfaces plates, appliquées les unes aux autres, ne suffit pas pour expliquer le fond de toute la cohésion, car on y suppose tacitement que ces tables appliquées l'une contre autre ont déjà de la cohésion.

§ 27. PHILALÈTHE. *J'avais cru que l'étendue du corps n'est autre chose que la cohésion des parties solides.*

THÉOPHILE. Cela ne me paraît point convenir avec vos propres explications précédentes. Il me semble qu'un corps, dans lequel il y a des mouvements internes, ou dont les parties sont en action de se détacher les unes les autres (comme je crois que cela se fait toujours), ne laisse pas d'être étendu. Ainsi la notion de l'étendue me paraît toute différente de celle de la cohésion.

§ 28. PHILALÈTHE. *Une autre idée que nous avons du corps, c'est la puissance de communiquer le mouvement par impulsion ; et une autre, que nous avons de l'âme, c'est la puissance de produire du mouvement par la pensée. L'expérience nous fournit chaque jour ces deux idées d'une manière évidente ; mais si nous voulons rechercher plus avant, comme cela se fait, nous nous trouvons également dans les ténèbres. Car à l'égard de la communication du mouvement, par où un corps perd autant de mouvement qu'un autre en reçoit, qui est le cas le plus ordinaire, nous ne concevons pas là rien autre chose qu'un mouvement qui passe d'un corps dans un autre corps, ce qui est, je crois, aussi obscur et aussi inconcevable que la manière dont notre esprit met en mouvement ou arrête notre corps par la pensée. Il est encore plus malaisé d'expliquer l'augmentation du mouvement par voie d'impulsion qu'on observe ou qu'on croit arriver en certaines rencontres.*

THÉOPHILE. Je ne m'étonne point si l'on trouve des difficultés insurmontables là ou l'on semble supposer une chose aussi inconcevable que le passage d'un accident d'un sujet à l'autre : mais je ne vois rien qui nous oblige à une supposition qui n'est guère moins étrange que celle des accidents sans sujet des scolastiques, qu'ils ont pourtant soin de n'attribuer qu'à l'action miraculeuse de la toute-puissance divine, au lieu qu'ici ce passage serait ordinaire. J'en ai déjà dit quelque chose ci-dessus (chap. 21, § 4), où j'ai remarqué aussi qu'il n'est point vrai que le corps perd autant de mouvement qu'il en donne à un autre ; ce qu'on semble concevoir comme si le mouvement était quelque chose de substantiel et ressemblait à du sel dissous dans de l'eau, ce qui est en effet la comparaison dont M. Rohaut[117], si je ne me trompe, s'est servi. J'ajoute ici que ce n'est pas même le cas le plus ordinaire, car j'ai démontré ailleurs que la même quantité de mouvement se conserve seulement lorsque les deux corps qui se choquent vont d'un même côté avant le choc, et vont encore d'un même côté après le choc. Il est vrai que les véritables lois du mouvement sont dérivées d'une cause supérieure à la matière. Quant à puissance de produire le mouvement par la pensée, je ne crois pas que nous en ayons aucune idée, comme nous n'en avons aucune expérience. Les cartésiens avouent eux-mêmes que les âmes ne sauraient donner une force nouvelle à la matière, mais ils prétendent qu'elles lui donnent une nouvelle détermination ou direction de la force qu'elle a déjà. Pour moi je soutiens que les âmes ne changent rien dans la force ni dans la direction des corps ; que l'un serait aussi inconcevable et aussi déraisonnable que l'autre, et qu'il se faut servir de l'harmonie préétablie pour expliquer l'union de l'âme et du corps.

PHILALÈTHE. *Ce n'est pas une chose indigne de notre recherche de voir si la puissance active est l'attribut propre des esprits et la puissance passive celui des corps. D'où l'on pourrait conjecturer que les esprits créés, étant actifs et passifs, ne sont pas totalement séparés de la matière ; car l'esprit pur, c'est-à-dire Dieu, étant seulement actif, et la pure matière simplement passive, on peut croire que ces autres êtres, qui sont actifs et passifs tout ensemble, participent de l'un et de l'autre.*

THÉOPHILE. Ces pensées me reviennent extrêmement et donnent tout à fait dans mon sens, pourvu qu'on explique le mot d'esprit si généralement qu'il comprenne toutes les âmes, ou plutôt (pour parler encore plus généralement) toutes les entéléchies ou unités substantielles, qui ont de l'analogie avec les esprits.

§ 31. PHILALÈTHE. *Je voudrais bien qu'on me montrât dans la notion que nous avons de l'esprit quelque chose de plus embrouillé ou qui approche plus de la contradiction que ce que renferme la notion même du corps, je veux parler de la divisibilité à l'infini.*

THÉOPHILE. Ce que vous dites encore ici, pour faire voir que nous entendons la nature de l'esprit autant ou mieux que celle du corps, est très vrai, et Fromondus[118], qui a fait un livre exprès de *Compositione continui*, a eu raison de l'intituler *Labyrinthe*. Mais cela vient d'une fausse idée qu'on a de la nature corporelle aussi bien que de l'espace.

§ 33. PHILALÈTHE. *L'idée de Dieu même nous vient comme les autres, l'idée complexe que nous avons de Dieu étant composée des idées simples que nous recevons de la réflexion et que nous étendons par celle que nous avons de l'infini.*

THÉOPHILE. Je me rapporte là-dessus à ce que j'ai dit en plusieurs endroits pour faire voir que toutes ces idées et particulièrement celle de Dieu sont en nous originairement et que nous ne faisons qu'y prendre garde, et que celle de l'infini surtout ne se forme point par une extension des idées finies.

§ 37. PHILALÈTHE. *La plupart des idées simples, qui composent nos idées complexes des substances, ne sont à les bien considérer que des* **puissances** *quelque penchant que nous ayons à les prendre pour des* **qualités positives**.

THÉOPHILE. Je pense que les **puissances**, qui ne sont point essentielles à la substance et qui renferment non pas une **aptitude** seulement, mais encore une certaine **tendance**, sont justement ce qu'on entend ou doit entendre par les **qualités réelles**.

CHAPITRE XXIV

DES IDÉES COLLECTIVES DES SUBSTANCES

§ 1. PHILALÈTHE. Après les substances simples, venons aux **agrégés**. N'est-il point vrai que l'*idée de cet amas d'hommes qui compose une armée est aussi bien une seule idée que celle d'un homme ?*

THÉOPHILE. On a raison de dire que cet **agrégé** (*ens per aggregationem*, pour parler Ecole) fait une seule idée, quoique à proprement parler cet amas de substances ne forme pas une substance véritablement. C'est un résultat, à qui l'âme par sa perception et par sa pensée donne son dernier accomplissement d'unité. On peut pourtant dire en quelque façon que c'est quelque chose de substantiel, c'est-à-dire comprenant des substances.

CHAPITRE XXV

DE LA RELATION

§ 1. PHILALÈTHE. Il reste à considérer les idées des relations, qui sont les plus minces en réalité. *Lorsque l'esprit envisage une chose auprès d'une autre, c'est une relation ou rapport, et les dénominations ou* **termes relatifs** *qu'on en fait sont comme autant de marques qui servent à porter nos pensées au-delà du sujet vers quelque chose qui en soit distinct, et ces deux choses sont appelés* **sujets de la relation** (relata).

THÉOPHILE. Les relations et les ordres ont quelque chose de l'**être de raison**, quoiqu'ils aient leur fondement dans les choses ; car on peut dire que leur réalité, comme celle des vérités éternelles et des possibilités, vient de la suprême raison.

§ 5. PHILALÈTHE. *Il peut y avoir pourtant un changement de relation sans qu'il arrive aucun changement dans le sujet. Titius, que je* considère aujourd'hui comme père, cesse de l'être demain, sans qu'il se fasse aucun changement en lui, par cela seul que son fils vient à mourir.

THÉOPHILE. Cela se peut fort bien dire suivant les choses dont on s'aperçoit ; quoique dans la rigueur métaphysique il soit vrai qu'il n'y a point de dénomination entièrement extérieure (*denominatio pure extrinseca*) à cause de la connexion réelle de toutes choses.

§ 6. PHILALÈTHE. Je pense que la relation n'est qu'entre deux choses.

THÉOPHILE. Il y a pourtant des exemples d'une relation entre plusieurs choses à la fois, comme celle de l'ordre ou celle d'un arbre généalogique, qui expriment le rang et la connexion de tous les termes ou suppôts ; et même une figure comme celle d'un polygone renferme la relation de tous les côtés.

§ 8. PHILALÈTHE. Il est bon aussi de considérer que *les idées des relations sont souvent plus claires que celles des choses qui sont les sujets de la relation. Ainsi la relation du père est plus claire que celle de l'homme.*

THÉOPHILE. C'est parce que cette relation est si générale qu'elle peut convenir aussi à d'autres substances. D'ailleurs, comme un sujet peut avoir du clair et de l'obscur, la relation pourra être fondée dans le clair. Mais si le formel même de la relation enveloppait la connaissance de ce qu'il y a d'obscur dans le sujet, elle participerait de cette obscurité.

§ 10. PHILALÈTHE. *Les termes qui conduisent n é c e s s a i r e m e n t l'esprit à d'autres idées qu'à celles qu'on suppose exister réellement dans la chose à laquelle le terme ou mot est appliqué sont r e l a t i f s, et les autres sont a b s o l u s.*

THÉOPHILE. On a bien ajouté ce n é c e s s a i r e m e n t et on pourrait ajouter e x p r e s s é m e n t ou d'a b o r d, car on peut penser au noir, par exemple, sans penser à sa cause ; mais c'est en demeurant dans les bornes d'une connaissance qui se présente d'abord et qui est confuse ou bien distincte mais incomplète ; l'un quand il n'y a point de résolution de l'idée, et l'autre quand on la borne. Autrement il n'y a point de terme si absolu ou si détaché qu'il n'enferme des relations et dont la parfaite analyse ne mène à d'autres choses et même à toutes les autres, de sorte qu'on peut dire que les t e r m e s r e l a t i f s marquent e x p r e s s é m e n t le rapport qu'ils contiennent. J'oppose ici l'a b s o l u au r e l a t i f, et c'est dans un autre sens que je l'ai opposé ci-dessus au b o r n é.

CHAPITRE XXVI

DE LA CAUSE ET DE L'EFFET
ET DE QUELQUES AUTRES RELATIONS

§ 1,2. PHILALÈTHE. *Cause est ce qui produit quelque idée simple ou complexe, et effet est ce qui est produit.*
THÉOPHILE. Je vois, Monsieur, que vous entendez souvent par idée la réalité objective de l'idée ou la qualité qu'elle représente. Vous ne définissez que la cause efficiente, comme j'ai déjà remarqué ci-dessus. Il faut avouer qu'en disant que cause efficiente est ce qui produit et effet ce qui est produit, on ne se sert que de synonymes. Il est vrai que je vous ai entendu dire un peu plus distinctement que cause est ce qui fait qu'une autre chose commence à exister, quoique ce mot, fait, laisse aussi la principale difficulté en son entier. Mais cela s'expliquera mieux ailleurs.
PHILALÈTHE. *Pour toucher encore quelques autres relations, je remarque qu'il y a des termes qu'on emploie pour désigner le temps, qu'on regarde ordinairement comme ne signifiant que des idées positives, qui cependant sont relatifs, comme jeune, vieux, etc., car ils renferment un rapport à la durée ordinaire de la substance à qui on les attribue. Ainsi un homme est appelé jeune à l'âge de vingt ans, et fort jeune à l'âge de sept ans. Cependant nous appelons vieux un cheval qui a vingt ans et un chien qui en a sept. Mais nous ne disons pas que le Soleil et les étoiles, un rubis ou un diamant soient vieux ou jeunes, parce que nous ne connaissons pas les périodes ordinaires de leur durée. § 5. A l'égard du lieu ou de l'étendue, c'est la même chose, comme lorsqu'on dit qu'une chose est haute ou basse, grande ou petite. Ainsi un cheval, qui sera grand selon l'idée d'un Gallois, paraît fort petit à un Flamand : chacun pense aux chevaux qu'on nourrit dans son pays.*
THÉOPHILE. Ces remarques sont très bonnes. Il est vrai que nous nous éloignons un peu quelquefois de ce sens, comme lorsque nous disons qu'une chose est vieille en la comparant non pas avec celles de son espèce, mais avec d'autres espèces. Par exemple, nous disons que le monde ou le soleil est bien vieux. Quelqu'un demanda à Galilée s'il croyait que le soleil fût éternel. Il répondit : *eterno nò, ma ben antico.*

CHAPITRE XXVII

CE QUE C'EST QU'IDENTITÉ OU DIVERSITÉ

§ 1. PHILALÈTHE. *Une idée relative des plus importantes est celle de l'identité ou de la diversité. Nous ne trouvons jamais et ne pouvons concevoir qu'il soit possible que deux choses de la même espèce existent en même temps dans le même lieu. C'est pourquoi, lorsque nous demandons si une chose est la même ou non, cela se rapporte toujours à une chose qui dans un tel temps existe dans un tel lieu; d'où il s'ensuit qu'une chose ne peut avoir deux commencements d'existence, ni deux choses un seul commencement par rapport au temps et au lieu.*

THÉOPHILE. Il faut toujours qu'outre la différence du temps et du lieu, il y ait un principe interne de distinction, et quoiqu'il y ait plusieurs choses de même espèce, il est pourtant vrai qu'il n'y en a jamais de parfaitement semblables : ainsi, quoique le temps et le lieu (c'est-à-dire le rapport au dehors) nous servent à distinguer les choses que nous ne distinguons pas bien par elles-mêmes, les choses ne laissent pas d'être distinguables en soi. Le précis de l'identité et de la diversité ne consiste donc pas dans le temps et dans le lieu, quoiqu'il soit vrai que la diversité des choses est accompagnée de celle du temps ou du lieu, parce qu'ils amènent avec eux des impressions différentes sur la chose. Pour ne point dire que c'est plutôt par les choses qu'il faut discerner un lieu ou un temps de l'autre, car d'eux-mêmes ils sont parfaitement semblables, mais aussi ce ne sont pas des substances ou des réalités complètes. La manière de distinguer que vous semblez proposer ici comme unique dans les choses de même espèce, est fondée sur cette supposition que la pénétration n'est point conforme à la nature. Cette supposition est raisonnable, mais l'expérience même fait voir qu'on n'y est point attaché ici, quand il s'agit de distinction. Nous voyons par exemple deux ombres ou deux rayons de lumière qui se pénètrent, et nous pourrions nous forger un monde imaginaire où les corps en usassent de même. Cependant nous ne laissons pas de distinguer un rayon de l'autre par le train même de leur passage, lors même qu'ils se croisent.

§ 3. PHILALÈTHE. *Ce qu'on nomme principe d'individuation dans les Ecoles, où l'on se tourmente si fort pour savoir ce que c'est, consiste dans l'existence même, qui fixe chaque être à un temps particulier et à un lieu incommunicable à deux êtres de la même espèce.*

THÉOPHILE. Le principe d'individuation revient dans les individus au principe de distinction dont je viens de parler. Si deux individus étaient parfaitement semblables et égaux et (en un mot) indistinguables par eux-mêmes, il n'y aurait point de principe d'individuation; et même j'ose dire qu'il n'y aurait point de distinction individuelle ou de différents individus à cette condition.

C'est pourquoi la notion des atomes est chimérique, et ne vient que des conceptions incomplètes des hommes. Car s'il y avait des atomes, c'est-à-dire des corps parfaitement durs et parfaitement inaltérables ou incapables de changement interne et ne pouvant différer entre eux que de grandeur et de figure, il est manifeste qu'étant possible qu'ils soient de même figure et grandeur, il y en aurait alors d'indistinguables en soi, et qui ne pourraient être discernés que par des dénominations extérieures sans fondement interne, ce qui est contre les plus grands principes de la raison. Mais la vérité est que tout corps est altérable et même altéré toujours actuellement, en sorte qu'il diffère en lui-même de tout autre. Je me souviens qu'une grande princesse [119], qui est d'un esprit sublime, dit un jour en se promenant dans son jardin qu'elle ne croyait pas qu'il y avait deux feuilles parfaitement semblables. Un gentilhomme d'esprit, qui était de la promenade, crut qu'il serait facile d'en trouver; mais quoiqu'il en cherchât beaucoup, il fut convaincu par ses yeux qu'on pouvait toujours y remarquer de la différence. On voit par ces considérations, négligées jusqu'ici, combien dans la philosophie on s'est éloigné des notions les plus naturelles, et combien on a été éloigné des grands principes de la vraie métaphysique.

§ 4. PHILALÈTHE. *Ce qui constitue l'unité (identité) d'une même plante est d'avoir une telle organisation de parties dans un seul corps qui participe à une commune vie, ce qui dure pendant que la plante subsiste, quoiqu'elle change de parties.*

THÉOPHILE. L'organisation ou configuration sans un principe de vie subsistant, que j'appelle monade, ne suffirait pas pour faire demeurer *idem numero* ou le même individu; car la configuration peut demeurer spécifiquement, sans demeurer individuellement. Lorsqu'un fer à cheval se change en cuivre dans une eau minérale de la Hongrie, la même figure en espèce demeure, mais non pas la même en individu; car le fer se dissout et le cuivre, dont l'eau est imprégnée, se précipite et se met insensiblement à la place. Or la figure est un accident, qui ne passe pas d'un sujet à l'autre (*de subjecto in subjectum*). Ainsi il faut dire que les corps organisés aussi bien que d'autres ne demeurent les mêmes qu'en apparence, et non pas en parlant à la rigueur. C'est à peu près comme un fleuve, qui change toujours d'eau, ou comme le navire de Thésée, que les Athéniens réparaient toujours [120]. Mais quant aux substances, qui ont en elles une véritable et réelle unité substantielle, à qui puissent appartenir les actions vitales proprement dites, et quant aux êtres substantiels, *quae uno spiritu continentur*, comme parle un ancien jurisconsulte, c'est-à-dire qu'un certain esprit indivisible anime, on a raison de dire qu'elles demeurent parfaitement le même individu par cette âme ou cet esprit, qui fait le moi dans celles qui pensent.

§ 5. PHILALÈTHE. *Le cas n'est pas fort différent dans les brutes et dans les plantes.*

THÉOPHILE. Si les végétables et les brutes n'ont point d'âme, leur identité n'est qu'apparente ; mais s'ils en ont, l'identité individuelle y est véritable à la rigueur, quoique leurs corps organisés n'en gardent point.

§ 6. PHILALÈTHE. *Cela montre encore en quoi consiste l'identité du même homme, savoir en cela seul qu'il jouit de la même vie, continuée par des particules de matière qui sont dans un flux perpétuel, mais qui dans cette succession sont vitalement unies au même corps organisé.*

THÉOPHILE. Cela se peut entendre dans mon sens. En effet le corps organisé n'est pas le même au-delà d'un moment ; il n'est qu'équivalent. Et si on ne se rapporte point à l'âme, il n'y aura point la même vie ni union vitale non plus. Ainsi cette identité ne serait qu'apparente.

PHILALÈTHE. *Quiconque attachera l'identité de l'homme à quelque autre chose qu'à un corps bien organisé dans un certain instant et qui dès lors continue dans cette organisation vitale par une succession de diverses particules de matière qui lui sont unies, aura de la peine à faire qu'un embryon et un homme âgé, un fou et un sage soit le même homme sans qu'il s'ensuive de cette supposition qu'il est possible que Seth, Ismaël, Socrate, Pilate, saint Augustin sont un seul et même homme... Ce qui s'accorderait encore plus mal avec les notions de ces philosophes qui reconnaissaient la transmigration et croyaient que les âmes des hommes peuvent être envoyées pour punition de leur dérèglement dans les corps des bêtes ; car je ne crois pas qu'une personne qui serait assurée que l'âme d'Héliogabale existait dans un pourceau voulût dire que ce pourceau était un homme, et le même homme qu'Héliogabale.*

THÉOPHILE. Il y a ici question de nom, et question de chose. Quant à la chose, l'identité d'une même substance individuelle ne peut être maintenue que par la conservation de la même âme, car le corps est dans un flux continuel, et l'âme n'habite pas dans certains atomes affectés à elle, ni dans un petit os indomptable, tel que le *luz*[121] des rabbins. Cependant il n'y a point de transmigration par laquelle l'âme quitte entièrement son corps et passe dans un autre. Elle garde toujours, même dans la mort, un corps organisé, partie du précédent, quoique ce qu'elle garde soit toujours sujet à se dissiper insensiblement et à se réparer et même à souffrir en certain temps un grand changement. Ainsi, au lieu d'une transmigration de l'âme, il y a transformation, enveloppement ou développement, et enfin fluxion du corps de cette âme. M. van Helmont le fils[122] croyait que les âmes passent de corps en corps, mais toujours dans leur espèce, en sorte qu'il y aura toujours le même nombre d'âmes d'une même espèce, et par conséquent le même nombre d'hommes et de loups, et que les loups, s'ils ont été diminués et extirpés en Angleterre, devaient s'augmenter d'autant ailleurs. Certaines méditations publiées en France semblaient y aller aussi. Si la transmigration n'est point prise à la rigueur, c'est-à-dire si quelqu'un croyait que les âmes demeurant dans le même corps subtil changent seulement de corps grossier, elle serait possible, même jusqu'au passage de la même âme dans un corps de différente espèce, à la façon des bramines et des pythagoriciens. Mais tout ce qui est possible n'est point conforme pour cela à l'ordre des choses. Cependant la question si, en cas qu'une telle transmigration fût véritable, Caïn, Cham et Ismaël, supposé qu'ils eussent la même âme, suivant les rabbins, méritassent d'être appelés le même homme, n'est que de nom ; et j'ai vu que le célèbre auteur dont vous avez soutenu les opinions le reconnaît et l'explique fort bien (dans le dernier paragraphe de ce chapitre). L'identité de substance y serait, mais en cas qu'il n'y eût point de connexion de souvenance entre les différents personnages que la même âme ferait, il n'y aurait pas assez d'identité morale pour dire que ce serait une même personne. Et si Dieu voulait que l'âme humaine allât dans un corps de pourceau, oubliant l'homme et n'y exerçant point d'actes raisonnables, elle ne constituerait point un homme. Mais si dans le corps de la bête, elle avait les pensées d'un homme, et même de l'homme qu'elle animait avant le changement, comme l'âne d'or d'Apulée, quelqu'un ne ferait peut-être point de difficulté de dire que le même Lucius, venu en Thessalie pour voir ses amis, demeura sous la peau de l'âne où Photis l'avait mis malgré elle, et se promena de maître à maître, jusqu'à ce que les roses mangées le rendirent à sa forme naturelle.

§ [8]. PHILALÈTHE. *Je crois pouvoir avancer hardiment que qui de nous verrait une créature, faite et formée comme soi-même, quoiqu'elle n'eût jamais fait paraître plus de raison qu'un chat ou un perroquet, ne laisserait pas de l'appeler homme ; où que s'il entendait un perroquet discourir raisonnablement et en philosophe, il ne l'appellerait ou ne le croirait que perroquet, et qu'il dirait du premier de ces animaux que c'est un homme grossier, lourd et destitué de raison, et du dernier que c'est un perroquet plein d'esprit et de bon sens.*

THÉOPHILE. Je serais plus du même avis sur le second point que sur le premier, quoiqu'il y ait encore là quelque chose à dire. Peu de théologiens seraient assez hardis pour conclure d'abord et absolument au baptême d'un animal de figure humaine, mais sans apparence de raison, si on le prenait petit dans le bois, et quelque prêtre de l'Eglise romaine dirait peut-être conditionnellement : Si tu es un homme, je te baptise ; car on ne saurait point s'il est de race humaine et si une âme raisonnable y loge, et ce pourrait être un orang-outang, singe fort approchant de l'extérieur de l'homme, tel que celui dont parle Tulpius[123] pour l'avoir vu, et tel que celui dont un savant médecin a publié l'anatomie. Il est sûr (je l'avoue) que l'homme peut devenir aussi stupide qu'un orang-outang, mais l'intérieur de l'âme raisonnable y demeurerait malgré la suspension de l'exercice de la raison, comme je l'ai expliqué ci-dessus : ainsi c'est là le point, dont on ne saurait juger par les apparences. Quant au second cas, rien n'empêche qu'il n'y ait des animaux raisonnables d'une espèce différente de la nôtre, comme ces habitants du royaume poétique des oiseaux dans le soleil, où un perroquet venu de ce monde après sa mort sauva la vie au voyageur qui lui avait fait du bien ici-bas. Cependant si, comme il arrive dans le pays des Fées ou de ma Mère l'oye, un perroquet fût quelque fille de roi transformée et se fît connaître pour telle en parlant, sans doute le père et la mère le caresseraient comme leur fille qu'ils croiraient avoir, quoique cachée sous cette forme étrangère. Je ne m'opposerais pourtant point à celui qui dirait que dans l'Ane d'or il est demeuré tant le soi ou l'individu, à cause du même esprit immatériel, que Lucius ou la personne, à cause de l'aperception de ce moi, mais que ce n'est plus un homme ; comme en effet il semble qu'il faut ajouter quelque chose de la figure et constitution du corps à la définition de l'homme, lorsqu'on dit qu'il est un animal raisonnable, autrement les génies selon moi seraient aussi des hommes.

§ 9. PHILALÈTHE. *Le mot de personne emporte un être pensant et intelligent, capable de raison et de réflexion, qui se peut considérer soi-même comme le même, comme une même chose, qui pense en différents temps et en différents lieux ; ce qu'il fait uniquement par le sentiment qu'il a de ses propres actions. Et cette connaissance accompagne toujours nos sensations et nos perceptions présentes* [quand elles sont assez distinguées, comme j'ai remarqué plus d'une fois ci-dessus], *et c'est par là que chacun est à lui-même ce qu'il appelle soi-même. On ne considère pas dans cette rencontre si le même soi est continué dans la même substance ou dans diverses substances ; car puisque la conscience* (consciousness *ou consciosité*) *accompagne toujours la pensée, et que c'est là ce qui fait que chacun est ce qu'il nomme soi-même et par où il se distingue de toute autre chose pensante, c'est aussi en cela seul que consiste l'identité personnelle, ou ce qui fait qu'un être raisonnable est toujours le même ; et aussi loin que cette conscience peut s'étendre sur les actions ou sur les pensées déjà passées, aussi loin s'étend l'identité de cette personne, et le soi est présentement le même qu'il était alors.*

THÉOPHILE. Je suis aussi de cette opinion que la consciosité ou le sentiment du moi prouve une identité morale ou personnelle. Et c'est en cela que je distingue l'incessabilité de l'âme d'une bête de l'immortalité de l'âme de l'homme : l'une et l'autre garde identité physique et réelle, mais quant à l'homme, il est conforme aux règles de la divine providence, que l'âme garde encore l'identité morale et qui nous est apparente à nous-mêmes, pour constituer la même personne, capable par conséquent de sentir les châtiments et les récompenses. Il semble que vous tenez, Monsieur, que cette identité apparente se pourrait conserver quand il n'y en aurait point de réelle. Je croirais que cela se pourrait peut-être par la puissance absolue de Dieu, mais suivant l'ordre des choses, l'identité apparente à la personne même, qui se sent la même, suppose l'identité réelle à chaque passage prochain accompagné de réflexion ou de sentiment du moi : une perception intime et immédiate ne pouvant tromper naturellement. Si l'homme pouvait n'être que machine et avoir avec cela de la consciosité, il faudrait être de votre avis, Monsieur ; mais je tiens que ce cas n'est point possible au moins naturellement. Je ne voudrais point dire non plus que l'identité personnelle et même le soi ne demeurent point en nous et que je ne suis point ce moi qui ai été dans le berceau, sous prétexte que je ne me souviens plus de rien de tout ce que j'ai fait alors. Il suffit pour trouver l'identité morale par soi-même qu'il y ait une moyenne liaison de consciosité d'un état voisin ou même un peu éloigné à l'autre, quand quelque saut ou intervalle oublié y serait mêlé. Ainsi, si une maladie avait fait une interruption de la continuité de la liaison de consciosité, en sorte que je ne susse point comment je serais devenu dans l'état présent, quoique je me souvinsse des choses plus éloignées, le témoignage des autres pourrait remplir le vide de ma réminiscence. On me pourrait même punir sur ce témoignage, si je venais de faire quelque mal de propos délibéré dans un intervalle, que j'eusse oublié un peu après par cette maladie. Et si je venais à oublier toutes les choses passées, et serais obligé de me laisser enseigner de nouveau jusqu'à mon nom et jusqu'à lire et écrire, je pourrais toujours apprendre des autres ma vie passée dans mon précédent état, comme j'ai gardé mes droits, sans qu'il soit nécessaire de me partager en deux personnes, et de me faire héritier de moi-même. Et tout cela suffit pour maintenir l'identité morale qui fait la même personne. Il est vrai que si les autres conspiraient à me tromper (comme je pourrais même être trompé par moi-même, par quelque vision, songe ou maladie, croyant que ce que j'ai songé me soit arrivé), l'apparence serait fausse ; mais il y a des cas où l'on peut être moralement certain de la vérité sur le rapport d'autrui : et auprès de Dieu, dont la liaison de société avec nous fait le point principal de la moralité, l'erreur ne saurait avoir lieu. Pour ce qui est du soi, il sera bon de le distinguer de l'apparence du soi et de la consciosité. Le soi fait l'identité réelle et physique, et l'apparence du soi, accompagnée de la vérité, y joint l'identité personnelle. Ainsi, ne voulant point dire que l'identité personnelle ne s'étend pas plus loin que le souvenir, je dirais encore moins que le *soi* ou l'identité physique en dépend. L'identité réelle et personnelle se prouve le plus certainement qu'il se peut en matière de fait, par la réflexion présente et immédiate ; elle se prouve suffisamment pour l'ordinaire par notre souvenir d'intervalle ou par le témoignage conspirant des autres : mais si Dieu changeait extraordinairement l'identité réelle, la personnelle demeurerait, pourvu que l'homme conservât les apparences d'identité, tant les internes (c'est-à-dire de la conscience) que les externes, comme celles qui consistent dans ce qui paraît aux autres. Ainsi la conscience n'est pas le seul moyen de constituer l'identité personnelle, et le rapport d'autrui ou même d'autres marques y peuvent suppléer : mais il y a de la difficulté s'il se trouve contradiction entre ces diverses apparences. La conscience se peut taire comme dans l'oubli ; mais si elle disait bien clairement ce qui fut contraire aux autres apparences, on serait embarrassé dans la décision et comme suspendu quelquefois entre deux possibilités, celle de l'erreur de notre souvenir et celle de quelque déception dans les apparences externes.

§ 11. PHILALÈTHE. On dira *que les membres du corps de chaque homme sont une partie de lui-même*, et qu'ainsi le corps étant dans un flux perpétuel, l'homme ne saurait demeurer le même.

THÉOPHILE. J'aimerais mieux dire que le moi et le lui sont

sans parties, parce qu'on dit et avec raison qu'il se conserve réellement la même substance, ou le même moi physique, mais on ne peut point dire, à parler selon l'exacte vérité des choses, que le même tout se conserve dont une partie se perd ; et ce qui a des parties corporelles ne peut point manquer d'en perdre à tout moment.

§ 13. PHILALÈTHE. *La conscience qu'on a de ses actions passées ne pourrait point être transférée d'une substance pensante à l'autre et il serait certain que la même substance demeure, parce que nous nous sentons les mêmes, si cette conscience était une seule et même action individuelle c'est-à-dire si l'action de réfléchir était la même que l'action sur laquelle on réfléchit en s'en apercevant. Mais comme ce n'est qu'une représentation actuelle d'une action passée, il reste à prouver comment il n'est pas possible que ce qui n'a jamais été réellement puisse être représenté à l'esprit comme ayant été véritablement.*

THÉOPHILE. Un souvenir de quelque intervalle peut tromper ; on l'expérimente souvent, et il y a moyen de concevoir une cause naturelle de cette erreur : mais le souvenir présent ou immédiat, ou le souvenir de ce qui se passait immédiatement auparavant, c'est-à-dire la conscience ou la réflexion qui accompagne l'action interne, ne saurait tromper naturellement ; autrement on ne serait pas même certain qu'on pense à telle ou à telle chose, car ce n'est aussi que de l'action passée qu'on le dit en soi, et non pas de l'action même qui le dit. Or si les expériences internes immédiates ne sont point certaines, il n'y aura point de vérité de fait dont on puisse être assuré. Et j'ai déjà dit qu'il peut y avoir de la raison intelligible de l'erreur qui se commet dans les perceptions médiates et externes, mais dans les immédiates internes on n'en saurait trouver, à moins de recourir à la toute-puissance de Dieu.

§ 14. PHILALÈTHE. *Quant à la question si, la même substance immatérielle restant, il peut y avoir deux personnes distinctes, voici sur quoi elle est fondée ; c'est : si le même être immatériel peut être dépouillé de tout sentiment de son existence passée et le perdre entièrement, sans pouvoir jamais plus le recouvrer, de sorte que, commençant pour ainsi dire un nouveau compte depuis une nouvelle période, il ait une conscience qui ne puisse s'étendre au-delà de ce nouvel état. Tous ceux qui croient la préexistence des âmes sont visiblement dans cette pensée. J'ai vu un homme qui était persuadé que son âme avait été l'âme de Socrate ; et je puis assurer que dans le poste qu'il a rempli, et qui n'était pas de petite importance, il a passé pour un homme fort raisonnable, et il a paru, par ses ouvrages qui ont vu le jour, qu'il ne manquait ni d'esprit ni de savoir. Or les âmes étant indifférentes à l'égard de quelque portion de matière que ce soit, autant que nous le pouvons connaître par leur nature, cette supposition* (d'une même âme passant en différents corps) *ne renferme aucune absurdité apparente. Cependant celui qui à présent n'a aucun sentiment de quoi que ce soit que Nestor ou Socrate ait jamais fait ou pensé conçoit-il, ou peut-il concevoir, qu'il est la même personne que Nestor ou Socrate ? Peut-il prendre part aux actions de ces deux anciens Grecs ? peut-il se les attribuer ou penser qu'elles soient plutôt ses propres actions que celles de quelque autre homme qui ait déjà existé ? Il n'est pas plus la même personne avec un d'eux que si l'âme qui est présentement en lui avait été créée lorsqu'elle commença d'animer le corps qu'elle a présentement. Cela ne contribuerait pas davantage à le faire la même personne que Nestor, que si quelques-unes des particules de matière qui une fois ont fait partie de Nestor étaient à présent une partie de cet homme-là. Car la même substance immatérielle sans la même conscience ne fait non plus la même personne pour être unie à tel ou à tel corps, que les mêmes particules de matière, unies à quelque corps sans une conscience commune, peuvent faire la même personne.*

THÉOPHILE. Un être immatériel ou un esprit ne peut être dépouillé de toute perception de son existence passée. Il lui reste des impressions de tout ce qui lui est autrefois arrivé et il a même des pressentiments de tout ce qui lui arrivera ; mais ces sentiments sont le plus souvent trop petits pour pouvoir être distingués et pour qu'on s'en aperçoive, quoiqu'ils puissent peut-être se développer un jour. Cette continuation et liaison de perceptions fait le même individu réellement, mais les aperceptions (c'est-à-dire lorsqu'on s'aperçoit des sentiments passés) prouvent encore une identité morale, et font paraître l'identité réelle. La préexistence des âmes ne nous paraît pas par nos perceptions, mais si elle était véritable, elle pourrait se faire connaître un jour. Ainsi il n'est point raisonnable que la restitution du souvenir devienne à jamais impossible, les perceptions insensibles (dont j'ai fait voir l'usage en tant d'autres occasions importantes) servant encore ici à en garder les semences. Feu M. Henri Morus, théologien de l'Eglise anglicane, était persuadé de la préexistence, et a écrit pour la soutenir. Feu M. Van Helmont le fils allait plus avant, comme je viens de le dire, et croyait la transmigration des âmes, mais toujours dans des corps d'une même espèce, de sorte que selon lui l'âme humaine animait toujours un homme [124]. Il croyait avec quelques rabbins le passage de l'âme d'Adam dans le Messie comme dans le nouvel Adam. Et je ne sais s'il ne croyait pas avoir été lui-même quelque ancien, tout habile homme qu'il était d'ailleurs. Or si ce passage des âmes était véritable, au moins de la manière possible que j'ai expliquée ci-dessus (mais qui ne paraît point vraisemblable), c'est-à-dire que les âmes, gardant des corps subtils, passassent tout d'un coup dans d'autres corps grossiers, le même individu subsisterait toujours dans Nestor, dans Socrate et dans quelque moderne, et il pourrait même faire connaître son identité à celui qui pénétrerait assez dans sa nature, à cause des impressions ou caractères qui y resteraient de tout ce que Nestor ou Socrate ont fait, et que quelque génie assez pénétrant y pourrait lire. Cependant si l'homme moderne n'avait point de moyen interne ou externe de connaître ce qu'il a été, ce serait quant à la morale comme s'il ne l'avait point été. Mais l'apparence est que rien ne se néglige dans le monde, par rapport même à la morale, parce que Dieu en est le monarque dont le gouvernement est parfait. Les âmes selon mes hypothèses ne sont point indifférentes à l'égard de quelque portion de matière que ce soit, comme il vous semble ; au contraire elles expriment originairement celles à qui elles sont et doivent être unies par ordre. Ainsi si elles passaient dans un nouveau corps grossier ou sensible, elles garderaient toujours l'expression de tout ce dont elles ont eu perception dans les vieux, et même il faudrait que le nouveau corps s'en ressentît, de sorte que la continuation individuelle aura toujours ses marques réelles. Mais quel qu'ait été notre état passé, l'effet qu'il laisse ne saurait nous être toujours apercevable. L'habile auteur de l'*Essai sur l'entendement*, dont vous aviez épousé les sentiments, avait remarqué (livre II, chap. *De l'identité*, § 27) qu'une partie de ses suppositions ou fictions du passage des âmes, prises pour possibles, est fondée sur ce qu'on regarde communément l'esprit, non seulement comme indépendant de la matière, mais aussi comme indifférent à toute sorte de matière. Mais j'espère que ce que je vous ai dit, Monsieur, sur ce sujet par-ci par-là, servira à éclaircir ce doute, et à faire mieux connaître ce qui se peut naturellement. On voit par là comment les actions d'un ancien appartiendraient à un moderne qui aurait la même âme, quoiqu'il ne s'en aperçût pas. Mais si l'on venait à la connaître, il s'ensuivrait encore de plus une identité personnelle. Au reste une portion de matière qui passe d'un corps dans un autre ne fait point le même individu humain, ni ce qu'on appelle moi, mais c'est l'âme qui le fait.

§ 16. PHILALÈTHE. Il est cependant vrai que *je suis autant intéressé et aussi justement responsable pour une action faite il y a mille ans, qui m'est présentement adjugée par cette conscience* (self-consciousness) *que j'en ai, comme ayant été faite par moi-même, que je le suis pour ce que je viens de faire dans le moment précédent.*

THÉOPHILE. Cette opinion d'avoir fait quelque chose peut tromper dans les actions éloignées. Des gens ont pris pour véritable ce qu'ils avaient songé, ou ce qu'ils avaient inventé à force de le répéter : cette fausse opinion peut embarrasser, mais elle ne peut point faire qu'on soit punissable, si d'autres n'en conviennent point. De l'autre côté on peut être responsable de ce qu'on a fait, quand on l'aurait oublié, pourvu que l'action soit vérifiée d'ailleurs.

§ 17. PHILALÈTHE. *Chacun éprouve tous les jours que tandis que son petit doigt est compris sous cette conscience, il fait autant partie de soi-même (de lui) que ce qui y a le plus de part.*

THÉOPHILE. J'ai dit (§ 11) pourquoi je ne voudrais point avancer que mon doigt est une partie de moi ; mais il est vrai qu'il m'appartient et qu'il fait partie de mon corps.

PHILALÈTHE. Ceux qui sont d'un autre sentiment diront que *ce petit doigt venant à être séparé du reste du corps, si cette conscience accompagnait le petit doigt et abandonnait le reste du corps, il est évident que le petit doigt serait la personne, la même personne, et qu'alors le soi n'aurait rien à démêler avec le reste du corps.*

THÉOPHILE. La nature n'admet point ces fictions, qui sont détruites par le système de l'harmonie ou de la parfaite correspondance de l'âme et du corps.

§ 18. PHILALÈTHE. Il semble pourtant *que si le corps continuait* de vivre, et d'avoir sa conscience particulière, à laquelle le petit doigt n'eût aucune part, et que cependant l'âme fût dans le doigt, *le doigt ne pourrait avouer aucune des actions du reste du corps, et l'on ne pourrait non plus lui en imputer.*

THÉOPHILE. Aussi l'âme qui serait dans le doigt n'appartiendrait-elle point à ce corps. J'avoue que si Dieu faisait que les consciosités fussent transférées sur d'autres âmes, il faudrait les traiter selon les notions morales, comme si c'étaient les mêmes ; mais ce serait troubler l'ordre des choses sans sujet et faire un divorce entre l'aperceptible et la vérité, qui se conserve par les perceptions insensibles : lequel ne serait point raisonnable, parce que les perceptions insensibles pour le présent se peuvent développer un jour, car il n'y a rien d'inutile, et l'éternité donne un grand champ aux changements.

§ 20. PHILALÈTHE. *Les lois humaines ne punissent pas l'homme fou pour les actions que fait l'homme de sens rassis, ni l'homme de sens rassis pour ce qu'a fait l'homme fou : par où elles en font deux personnes. C'est ainsi qu'on dit : il est hors de lui-même.*

THÉOPHILE. Les lois menacent de châtier et promettent de récompenser, pour empêcher les mauvaises actions et avancer les bonnes. Or un fou peut être tel que les menaces et les promesses n'opèrent point assez sur lui, la raison n'étant plus la maîtresse ; ainsi à mesure de la faiblesse la rigueur de la peine doit cesser. De l'autre côté on veut que le criminel sente l'effet du mal qu'il a fait, afin qu'on craigne davantage de commettre des crimes, mais le fou n'y étant pas assez sensible, on est bien aise d'attendre un bon intervalle pour exécuter la sentence, qui le fait punir de ce qu'il a fait de sens rassis. Ainsi ce que font les lois ou les juges dans ces rencontres ne vient point de ce qu'on y conçoit deux personnes.

§ 22. PHILALÈTHE. *En effet, dans le parti dont je vous représente les sentiments, on se fait cette objection que si un homme qui est ivre, et qui ensuite n'est plus ivre, n'est pas la même personne, on ne le doit point punir pour ce qu'il a fait étant ivre, puisqu'il n'en a plus aucun sentiment. Mais on répond à cela qu'il est tout autant la même personne qu'un homme qui pendant son sommeil marche et fait plusieurs autres choses et qui est responsable de tout le mal qu'il vient à faire dans cet état.*

THÉOPHILE. Il y a bien de la différence entre les actions d'un homme ivre et d'un vrai et reconnu noctambule. On punit les ivrognes, parce qu'ils peuvent éviter l'ivresse, et peuvent même avoir quelque souvenir de la peine pendant l'ivresse. Mais il n'est pas tant dans le pouvoir des noctambules de s'abstenir de leur promenade nocturne et de ce qu'ils y font. Cependant s'il était vrai qu'en leur donnant bien le fouet sur le fait, on pouvait les faire rester au lit, on aurait droit de le faire, et on n'y manquerait pas aussi, quoique ce serait plutôt un remède qu'un châtiment. En effet on raconte que ce remède a servi.

PHILALÈTHE. *Les lois humaines punissent l'un et l'autre par une justice conforme à la manière dont les hommes connaissent les choses, parce que dans ces sortes de cas ils ne sauraient distinguer certainement ce qui est réel et ce qui est contrefait ; ainsi l'ignorance n'est pas reçue pour excuse de ce qu'on a fait étant ivre ou endormi. Le fait est prouvé contre celui qui l'a fait, et l'on ne saurait prouver pour lui le défaut de conscience.*

THÉOPHILE. Il ne s'agit pas tant de cela que de ce qu'il faut faire quand il a été bien vérifié que l'ivre ou le noctambule ont été hors d'eux, comme cela se peut. En ce cas le noctambule ne saurait être considéré que comme un maniaque : mais comme l'ivresse est volontaire et que la maladie ne l'est pas, on punit l'un plutôt que l'autre.

PHILALÈTHE. *Mais au grand et redoutable jour du jugement, où les secrets de tous les cœurs seront découverts, on a droit de croire que personne n'aura à répondre pour ce qui lui est entièrement inconnu et que chacun recevra ce qui lui est dû, étant accusé ou excusé par sa propre conscience.*

THÉOPHILE. Je ne sais s'il faudra que la mémoire de l'homme soit exaltée au jour du jugement pour qu'il se souvienne de tout ce qu'il avait oublié, et si la connaissance des autres et surtout du juste juge, qui ne saurait se tromper, ne suffira pas. On pourrait former une fiction, peu convenable à la vérité, mais possible au moins, qui serait qu'un homme au jour du jugement crût avoir été méchant, et que le même parût vrai à tous les autres esprits créés, qui seraient à portée pour en juger, sans que la vérité y fût : osera-t-on dire que le suprême et juste juge, qui saurait seul le contraire, pourrait damner cette personne et juger contre ce qu'il sait ? Cependant il semble que cela suivrait de la notion que vous donniez de la personnalité morale. On dira peut-être que, si Dieu juge contre les apparences, il ne sera pas assez glorifié et fera de la peine aux autres ; mais on pourra répondre qu'il est lui-même son unique et suprême loi et que les autres doivent juger qu'ils se sont trompés.

§ 23. PHILALÈTHE. *Si nous pouvions supposer que d e u x c o n s c i e n c e s distinctes et incommunicables agissent tour à tour dans le même corps, l'une constamment pendant le jour et l'autre durant la nuit, ou que la m ê m e c o n s c i e n c e agit par intervalles dans deux corps différents, je demande si dans le premier cas l'homme de jour et l'homme de nuit, si j'ose m'exprimer de la sorte, ne seraient pas deux personnes aussi distinctes que Socrate et Platon, et si dans le second cas ce ne serait pas une seule personne dans deux corps distincts ? Il n'importe point que cette même conscience, qui affecte deux différents corps, et ces consciences qui affectent le même corps en différents temps, appartiennent l'une à la même substance immatérielle, et les deux autres à deux distinctes substances immatérielles qui introduisent ces diverses consciences dans ces corps-là, puisque l'identité personnelle serait également déterminée par la conscience, soit que cette conscience fût attachée à quelque substance individuelle immatérielle ou non. De plus, une chose immatérielle qui pense, doit quelquefois perdre de vue sa conscience passée et la rappeler de nouveau. Or supposez que ces intervalles de mémoire et d'oubli reviennent partout le jour et la nuit, dès là vous avez deux personnes avec le même esprit immatériel. D'où il s'ensuit que le soi n'est point déterminé par l'identité ou la diversité de substance, dont on ne peut être assuré, mais seulement par l'identité de la conscience.*

THÉOPHILE. J'avoue que si toutes les apparences étaient changées et transférées d'un esprit sur un autre, ou si Dieu faisait un échange entre deux esprits, donnant le corps visible et les apparences et consciences de l'un à l'autre, l'identité personnelle, au lieu d'être attachée à celle de la substance, suivrait les apparences constantes que la morale humaine doit avoir en vue : mais ces apparences ne consisteront pas dans les seules consciences, et il faudra que Dieu fasse l'échange non seulement des aperceptions ou consciences des individus en question, mais aussi des apparences qui se présentent aux autres à l'égard de ces personnes, autrement il y aurait contradiction entre les consciences des uns et le témoignage des autres, ce qui troublerait l'ordre des choses morales. Cependant il faut qu'on m'avoue aussi que le divorce entre le monde insensible et sensible, c'est-à-dire entre les perceptions insensibles qui demeureraient dans les mêmes substances et les aperceptions qui seraient échangées, serait un miracle, comme lorsqu'on suppose que Dieu fait du vide ; car j'ai dit ci-dessus pourquoi cela n'est point conforme à l'ordre naturel. Voici une autre supposition bien plus convenable : il se peut que dans un autre lieu de l'univers ou dans un autre temps, il se trouve un globe qui ne diffère point sensiblement de ce globe de la terre où nous habitons, et que chacun des hommes qui l'habitent ne diffère point sensiblement de chacun de nous qui lui répond. Ainsi il y aura à la fois plus de cent millions de paires de personnes semblables, c'est-à-dire de deux personnes avec les mêmes apparences et consciences ; et Dieu pourrait transférer les esprits seuls ou avec leur corps d'un globe dans l'autre sans qu'ils s'en aperçussent ; mais soit qu'on les transfère ou qu'on les laisse, que dira-t-on de leur personne ou de leur *soi* suivant vos auteurs ? Sont-ce deux personnes ou la même ? puisque la conscience et les apparences internes et externes des hommes de ces globes ne sauraient faire de distinction. Il est vrai que Dieu et les esprits capables d'envisager les intervalles et rapports externes des temps et des lieux et même les constitutions internes, insensibles aux hommes des deux globes, pourraient les discerner ; mais selon vos hypothèses, la seule consciosité discernant les personnes, sans qu'il faille se mettre en peine de l'identité ou diversité réelle de la substance ou même de ce qui paraîtrait aux autres, comment s'empêcher de dire que ces deux personnes, qui sont en même temps dans ces deux globes ressemblants, mais éloignées l'un de l'autre d'une distance inexprimable, ne sont qu'une seule et même personne, ce qui est pourtant une absurdité manifeste. Au reste, parlant de ce qui se peut naturellement, les deux globes semblables et les deux âmes semblables des deux globes ne le demeureraient que pour un temps. Car puisqu'il y a une diversité individuelle, il faut que cette différence consiste au moins dans les constitutions insensibles, qui se doivent développer dans la suite des temps.

§ 26. PHILALÈTHE. *Supposons un homme puni présentement pour ce qu'il a fait dans une autre vie et dont on ne puisse lui faire avoir absolument aucune conscience, quelle différence y a-t-il entre un tel traitement et celui qu'on lui ferait en le créant misérable ?*

THÉOPHILE. Les platoniciens, les origénistes, quelques Hébreux et autres défenseurs de la préexistence des âmes ont cru que les âmes de ce monde étaient mises dans des corps imparfaits, afin de souffrir pour les crimes commis dans un monde précédent. Mais il est vrai que si on n'en sait point ni n'en apprendra jamais la vérité, ni par le rappel de sa mémoire, ni par quelques traces, ni par la connaissance d'autrui, on ne pourra point l'appeler un châtiment selon les notions ordinaires. Il y a pourtant quelque lieu de douter, en parlant des châtiments en général, s'il est absolument nécessaire que ceux qui souffrent en apprennent eux-mêmes un jour la raison, et s'il ne suffirait pas bien souvent que d'autres esprits plus informés y trouvassent matière de glorifier la justice divine. Cependant il est plus vraisemblable que les souffrants en sauront le pourquoi, au moins en général.

§ 29. PHILALÈTHE. Peut-être qu'au bout du compte vous pourriez vous accorder avec mon auteur, qui conclut son chapitre de l'identité en disant que la question : si le même homme demeure, est une question de nom, selon qu'on entend par l'homme ou le seul esprit raisonnable, ou le seul corps de cette forme qui s'appelle humaine, ou enfin l'esprit uni à un tel corps. Au premier cas, l'esprit séparé (au moins du corps grossier) sera encore l'homme ; au second, un orang-outang, parfaitement semblable à nous, la raison exceptée, serait un homme, et si l'homme était privé de son âme raisonnable et recevait une âme de bête, il demeurerait le même homme. Au troisième cas, il faut que l'un et l'autre demeure avec la même union, le même esprit, et le même corps en partie, ou du moins l'équivalent quant à la forme corporelle sensible. Ainsi on pourrait demeurer le même être physiquement ou moralement, c'est-à-dire la même substance et la même personne, sans demeurer homme, en cas qu'on considère cette figure comme essentielle à l'homme suivant ce dernier sens.

THÉOPHILE. J'avoue qu'en cela il y a question de nom et dans le troisième sens c'est comme le même animal est tantôt chenille ou ver à soie et tantôt papillon, et comme quelques-uns se sont imaginé que les anges de ce monde ont été hommes dans un monde passé. Mais nous nous sommes attachés dans cette conférence à des discussions plus importantes que celles de la signification des mots. Je vous ai montré la source de la vraie identité physique ; j'ai fait voir que la morale n'y contredit pas, non plus que le souvenir ; qu'elles ne sauraient toujours marquer l'identité physique à la personne même dont il s'agit, ni à celles qui sont en commerce avec elle : mais que cependant elles ne contredisent jamais à l'identité physique et ne font jamais un divorce entier avec elle ; qu'il y a toujours des esprits créés qui connaissent ou peuvent connaître ce qui en est : mais qu'il y a lieu de juger que ce qu'il y a d'indifférent à l'égard des personnes mêmes ne peut l'être que pour un temps.

CHAPITRE XXVIII

DE QUELQUES AUTRES RELATIONS ET SURTOUT DES RELATIONS MORALES

§ 1. PHILALÈTHE. *Outre les relations fondées sur le temps, le lieu et la causalité dont nous venons de nous entretenir, il y en a une infinité d'autres dont je vais proposer quelques-unes. Toute idée simple, capable de parties et de degrés, fournit une occasion de comparer les sujets où elle se trouve, par exemple l'idée du plus* (ou moins ou également) *blanc. Cette relation peut être appelée* proportionnelle.

THÉOPHILE. Il y a pourtant un excès sans proportion ; et c'est à l'égard d'une grandeur que j'appelle imparfaite, comme lorsqu'on dit que l'angle que le rayon fait à l'arc de son cercle est moindre que le droit, car il n'est point possible qu'il y ait une proportion entre ces deux angles, ou entre l'un d'eux et leur différence, qui est l'angle de contingence.

§ 2. PHILALÈTHE. *Une autre occasion de comparer est fournie par les circonstances de l'origine, qui fondent des relations de père et enfant, frères, cousins, compatriotes. Chez nous on ne s'avise guère de dire : ce taureau est le grand-père d'un tel veau, ou ces deux pigeons sont cousins germains ; car les langues sont proportionnelles à l'usage. Mais il y a des pays où les hommes, moins curieux de leur propre généalogie que de celle de leurs chevaux, n'ont pas seulement des noms pour chaque cheval en particulier, mais aussi pour leurs différents degrés de parentage.*

THÉOPHILE. On peut joindre encore l'idée et les noms de famille à ceux du parentage. Il est vrai qu'on ne remarque point que sous l'empire de Charlemagne et assez longtemps avant ou après il y ait eu des noms de famille en Allemagne, en France et en Lombardie. Il n'y a pas encore longtemps qu'il y a eu des familles (même nobles) dans le Septentrion qui n'avaient point de nom et où l'on ne reconnaissait un homme dans son lieu natal qu'en nommant son nom et celui de son père, et ailleurs (quand il se transplantait) en joignant au sien le nom du lieu d'où il venait. Les Arabes et les Turcomans en usent encore de même (je crois), n'ayant guère de noms de famille particuliers, et se contentent de nommer le père et grand-père etc. de quelqu'un, et ils font le même honneur à leurs chevaux de prix, qu'ils nomment par nom propre et nom de père et même au-delà. C'est ainsi qu'on parlait des chevaux que le monarque des Turcs avait envoyés à l'empereur après la paix de Carlowitz ; et le feu comte d'Oldenbourg, dernier de sa branche, dont les haras étaient fameux, et qui a vécu fort longtemps, avait des arbres généalogiques de ses chevaux, de sorte qu'ils pouvaient faire preuve de noblesse, et allaient jusqu'à avoir des portraits de leurs ancêtres (*imagines majorum*), ce qui était tant recherché chez les Romains.

Mais, pour revenir aux hommes, il y a chez les Arabes et les Tartares des noms de tribus qui sont comme de grandes familles qui se sont fort amplifiées par la succession des temps. Et ces noms sont pris ou du progéniteur comme du temps de Moïse, ou du lieu d'habitation, ou de quelque autre circonstance. M. Worsley [125], voyageur observatif, qui s'est informé de l'état présent de l'Arabie déserte, où il a été quelque temps, assure que dans tout le pays entre l'Egypte et la Palestine et où Moïse a passé, il n'y a aujourd'hui que trois tribus, qui peuvent aller ensemble à cinq mille hommes, et qu'une de ces tribus s'appelle sali, du progéniteur (comme je crois), dont la postérité honore le tombeau comme celui d'un saint, en y prenant de la poussière que les Arabes mettent sur leur tête et sur celles de leurs chameaux. Au reste consanguinité est quand il y a une origine commune de ceux dont on considère la relation ; mais on pourrait dire qu'il y a alliance ou affinité entre deux personnes, quand ils peuvent avoir consanguinité avec une même personne, sans qu'il y en ait pour cela entre eux, ce qui se fait par l'intervention des mariages. Mais comme on n'a point coutume de dire qu'il y a affinité entre mari et femme, quoique leur mariage soit cause de l'affinité par rapport à d'autres personnes, il vaudrait peut-être mieux de dire qu'affinité est entre ceux qui auraient consanguinité entre eux si mari et femme étaient pris pour une même personne.

§ 3. PHILALÈTHE. *Le fondement d'un rapport est quelquefois un droit moral, comme le rapport d'un général d'armée ou d'un citoyen. Ces relations, dépendant des accords que les hommes ont faits entre eux, sont volontaires ou d'institution, que l'on peut distinguer des naturelles. Quelquefois les deux corrélatifs ont chacun son nom, comme patron et client, général et soldat. Mais on n'en a pas toujours, comme par exemple on n'en a point pour ceux qui ont rapport au chancelier.*

THÉOPHILE. Il y a quelquefois des relations naturelles que les hommes ont revêtues et enrichies de quelques relations morales, comme par exemple les enfants ont droit de prétendre la portion légitime de la succession de leurs pères ou mères ; les personnes jeunes ont certaines sujétions, et les âgées ont certaines immunités. Cependant il arrive aussi qu'on prend pour des relations naturelles celles qui ne le sont pas, comme lorsque les lois disent que le père est celui qui a fait des noces avec la mère dans le temps qui fait que l'enfant lui peut être attribué ; et cette substitution de l'institutif à la place du naturel n'est que présomption quelquefois, c'est-à-dire un jugement qui fait passer pour vrai ce qui peut-être ne l'est pas, tant qu'on n'en prouve point la fausseté. Et c'est ainsi que la maxime : *pater est quem nuptiae demonstrant*, est prise dans le droit romain et chez la plupart des peuples, où elle est reçue. Mais on m'a dit qu'en Angleterre il ne sert de rien de prouver son alibi, pourvu qu'on ait été dans un des trois royaumes, de sorte que la présomption alors se change en fiction ou en ce que quelques docteurs appellent *praesumtionem juris et de jure* [126].

§ 4. PHILALÈTHE. *Relation morale est la convenance ou disconvenance qui se trouve entre les actions volontaires des hommes et une règle qui fait qu'on juge si elles sont moralement bonnes ou mauvaises. § 5. Et le bien moral ou le mal moral est la conformité ou l'opposition qui se trouve entre les actions volontaires et une certaine loi, ce qui nous attire du bien ou du mal (physique) par la volonté et puissance du législateur (ou de celui qui veut maintenir la loi), et c'est ce que nous appelons récompense et punition.*

THÉOPHILE. Il est permis à des auteurs aussi habiles que celui dont vous représentez les sentiments, Monsieur, d'accommoder les termes comme ils le jugent à propos. Mais il est vrai aussi que suivant cette notion, une même action serait moralement bonne et moralement mauvaise en même temps, sous de différents législateurs, tout comme notre habile auteur prenait la vertu ci-dessus pour ce qui est loué, et par conséquent une même action serait vertueuse ou non selon les opinions des hommes. Or cela n'étant pas le sens ordinaire qu'on donne aux actions moralement bonnes et vertueuses, j'aimerais mieux, pour moi, prendre pour la mesure du bien moral et de la vertu la règle invariable de la raison, que Dieu s'est chargé de maintenir. Aussi peut-on être assuré que par son moyen tout bien moral devient physique, ou, comme parlaient les anciens, tout honnête est utile ; au lieu que pour exprimer la notion de l'auteur, il faudrait dire que le bien ou le mal moral est un bien ou mal d'imposition ou institutif, que celui qui a le pouvoir en main tâche de faire suivre ou éviter par les peines ou récompenses. Le bon est que ce qui est de l'institution générale de Dieu est conforme à la nature ou à la raison.

§ 7. PHILALÈTHE. *Il y a trois sortes de lois : la loi divine, la loi civile et la loi d'opinion ou de réputation. La première est la règle des péchés ou des devoirs, la seconde des actions criminelles ou innocentes, la troisième des vertus ou des vices.*

THÉOPHILE. Selon le sens ordinaire des termes, les vertus et les vices ne diffèrent des devoirs et des péchés que comme les habitudes diffèrent des actions, et on ne prend point la vertu et le vice pour quelque chose qui dépende de l'opinion. Un grand péché est appelé un crime, et on n'oppose point l'innocent au criminel, mais au coupable. La loi divine est de deux sortes, naturelle et positive. La loi civile est positive. La loi de réputation ne mérite le nom de loi qu'improprement, ou est comprise sous la loi naturelle, comme si je disais : la loi de la santé, la loi du ménage, lorsque les actions attirent naturellement quelque bien ou quelque mal, comme l'approbation d'autrui, la santé, le gain.

§ 10. PHILALÈTHE. *On prétend en effet par tout le monde que les mots de vertu et de vice signifient des actions bonnes et mauvaises de leur nature, et tant qu'ils sont réellement appliqués en ce sens, la vertu convient parfaitement avec la loi divine* (naturelle). *Mais quelles que soient les prétentions des hommes, il est visible que ces noms, considérés dans les applications particulières, sont constamment et uniquement attribués à telles ou telles actions, qui dans chaque pays ou dans chaque société sont réputées honorables ou honteuses : autrement les hommes se condamneraient eux-mêmes. Ainsi la mesure de ce qu'on appelle vertu et vice est cette approbation ou ce mépris, cette estime ou ce blâme, qui se forme par un secret ou tacite consentement. Car quoique les hommes réunis en sociétés politiques aient résigné entre les mains du public la disposition de toutes leurs forces, en sorte qu'ils ne peuvent point les employer contre leurs concitoyens au-delà de ce qui est permis par la loi, ils retiennent pourtant toujours la puissance de penser bien ou mal, d'approuver ou de désapprouver.*

THÉOPHILE. Si l'habile auteur qui s'explique ainsi avec vous, Monsieur, déclarait qu'il lui a plu d'assigner cette présente définition arbitraire nominale aux noms de vertu et de vice, on pourrait dire seulement que cela lui est permis en théorie pour la commodité de s'exprimer, faute peut-être d'autres termes; mais on sera obligé d'ajouter que cette signification n'est point conforme à l'usage, ni même utile à l'édification, et qu'elle sonnerait mal dans les oreilles de bien des gens, si quelqu'un la voulait introduire dans la pratique de la vie et de la conversation, comme cet auteur semble le reconnaître lui-même dans la préface. Mais c'est aller plus avant ici, et quoique vous avouiez que les hommes prétendent parler de ce qui est naturellement vertueux ou vicieux selon des lois immuables, vous prétendez qu'en effet ils n'entendent parler que de ce qui dépend de l'opinion. Mais il me semble que par la même raison on pourrait encore soutenir que la vérité et la raison, et tout ce qu'on pourra nommer de plus réel, dépendent de l'opinion, parce que les hommes se trompent lorsqu'ils en jugent. Ne vaut-il donc pas mieux à tous égards dire que les hommes entendent par la vertu comme par la vérité ce qui est conforme à la nature, mais qu'ils se trompent souvent dans l'application; outre qu'ils se trompent moins qu'on ne pense, car ce qu'ils louent le mérite ordinairement à certains égards. La vertu de boire, c'est-à-dire de bien porter le vin, est un avantage qui servait à Bonosus [127] à se concilier les Barbares et à tirer d'eux leurs secrets. Les forces nocturnes d'Hercule, en quoi le même Bonosus prétendait lui ressembler, n'étaient pas moins une perfection. La subtilité des larrons était louée chez les Lacédémoniens, et ce n'est pas l'adresse, mais l'usage qu'on en fait mal à propos, qui est blâmable, et ceux qu'on roue en pleine paix pourraient servir quelquefois d'excellents partisans en temps de guerre. Ainsi tout cela dépend de l'application et du bon ou mauvais usage des avantages qu'on possède. Il est vrai aussi très souvent, et ne doit pas être pris pour une chose fort étrange, que les hommes se condamnent eux-mêmes, comme lorsqu'ils font ce qu'ils blâment dans les autres, et il y a souvent une contradiction entre les actions et les paroles, qui scandalise le public, lorsque ce que fait et que défend un magistrat ou prédicateur saute aux yeux de tout le monde.

§ 11. PHILALÈTHE. *En tous lieux ce qui passe pour vertu est cela même qu'on juge digne de louange. La vertu et la louange sont souvent désignées par le même nom.* Sunt hic etiam sua praemia laudi [128], *dit Virgile* (Enéide, livre I, vers 461) *et Cicéron :* Nihil habet natura praestantius quam honestatem, quam laudem, quam dignitatem, quam decus (Quaest, Tuscul, *livre 2, ch. 20*), et il ajoute *un peu après :* Hisce ego pluribus nominibus unam rem declarari volo [129].

THÉOPHILE. Il est vrai que les anciens ont désigné la vertu par le nom de l'honnête, comme lorsqu'ils ont loué *incoctum generoso pectus honesto* [130]. Et il est vrai aussi que l'honnête a son nom de l'honneur ou de la louange. Mais cela veut dire non pas que la vertu est ce qu'on loue, mais qu'elle est ce qui est digne de louange et c'est ce qui dépend de la vérité et non pas de l'opinion.

PHILALÈTHE. *Plusieurs ne pensent point sérieusement à la loi de Dieu ou espèrent qu'ils se réconcilieront un jour avec celui qui en est l'auteur, et à l'égard de la loi de l'Etat ils se flattent de l'impunité. Mais on ne pense point que celui qui fait quelque chose de contraire aux opinions de ceux qu'il fréquente, et à qui il veut se rendre recommandable, puisse éviter la peine de leur censure et de leur dédain. Personne à qui il peut rester quelque sentiment de sa propre nature ne peut vivre en société constamment méprisé ; et c'est la force de la loi de la réputation.*

THÉOPHILE. J'ai déjà dit que ce n'est pas tant la peine d'une loi qu'une peine naturelle que l'action s'attire d'elle-même. Il est vrai cependant que bien des gens ne s'en soucient guère, parce qu'ordinairement s'ils sont méprisés des uns à cause de quelque action blâmée, ils trouvent des complices, ou au moins des partisans qui ne les méprisent point, s'ils sont tant soit peu recommandables par quelque autre côté. On oublie même les actions les plus infâmes, et souvent il suffit d'être hardi et effronté, comme ce Phormion de Térence, pour que tout passe. Si l'excommunication faisait naître un véritable mépris constant et général, elle aurait la force de cette loi dont parle notre auteur : et elle avait en effet cette force chez les premiers chrétiens et leur tenait lieu de juridiction, dont ils manquaient pour punir les coupables ; à peu près comme les artisans maintiennent certaines coutumes entre eux malgré les lois par le mépris qu'ils témoignent pour ceux qui ne les observent point. Et c'est ce qui a maintenu ainsi les duels contre les ordonnances. Il serait à souhaiter que le public s'accordât avec soi-même et avec la raison dans les louanges et dans les blâmes ; et que les grands surtout ne protégeassent point les méchants en riant des mauvaises actions, où il semble le plus souvent que ce n'est pas celui qui les a faites, mais celui qui en a souffert, qui est puni par le mépris et tourné en ridicule. On verra aussi généralement que les hommes méprisent non pas tant le vice que la faiblesse et le malheur. Ainsi la loi de la réputation aurait besoin d'être bien réformée, et aussi d'être mieux observée.

§ 19. PHILALÈTHE. Avant que de quitter la considération des rapports, je remarquerai que *nous avons ordinairement une notion aussi claire ou plus claire de la relation que de son fondement. Si je croyais que Sempronia a pris Titus de dessous un chou, comme on a accoutumé de dire aux petits enfants et que par là elle est devenue sa mère, et qu'ensuite elle a eu Cajus de la même manière, j'aurais une notion aussi claire de la relation de frère entre Titus et Cajus que si j'avais tout le savoir des sages-femmes.*

THÉOPHILE. Cependant comme on disait un jour à un enfant que son petit frère qui venait de naître avait été tiré d'un puits (réponse dont on se sert en Allemagne pour satisfaire la curiosité des enfants sur cet article), l'enfant répliqua qu'il s'étonnait qu'on ne le rejetait pas dans le même puits quand il criait tant et incommodait la mère. C'est que cette explication ne lui faisait point connaître aucune raison de l'amour que la mère témoignait pour l'enfant. On peut donc dire que ceux qui ne savent point le fondement des relations n'en ont que ce que j'appelle des pensées sourdes en partie et insuffisantes, quoique ces pensées puissent suffire à certains égards et en certaines occasions.

CHAPITRE XXIX

DES IDÉE CLAIRES ET OBSCURES, DISTINCTES ET CONFUSES

§ 2. PHILALÈTHE. Venons maintenant à quelques différences des idées. *Nos idées simples sont claires lorsqu'elles sont telles que les objets mêmes d'où on les reçoit les représentent ou peuvent les représenter avec toutes les circonstances requises à une sensation ou perception bien ordonnée. Lorsque la mémoire les conserve de cette manière, ce sont en ce cas-là des idées claires, et autant qu'il leur manque de cette exactitude originale ou qu'elles ont perdu pour ainsi dire de leur première fraîcheur, et qu'elles sont comme ternies et flétries par le temps, autant sont-elles obscures. Les idées complexes sont claires quand les simples qui les composent sont claires et que le nombre et l'ordre de ces idées simples est fixé.*

THÉOPHILE. Dans un petit discours sur les idées, vraies ou fausses, claires ou obscures, distinctes ou confuses, inséré dans les *Actes de Leipzig* l'an 1684[13], j'ai donné une définition des idées claires commune aux simples et aux composées et qui rend raison de ce qu'on en dit ici. Je dis donc qu'une idée est claire lorsqu'elle suffit pour reconnaître la chose et pour la distinguer : comme lorsque j'ai une idée bien claire d'une couleur, je ne prendrai pas une autre pour celle que je demande, et si j'ai une idée claire d'une plante, je la discernerai parmi d'autres voisines ; sans cela l'idée est obscure. Je crois que nous n'en avons guère de parfaitement claires sur les choses sensibles. Il y a des couleurs qui s'approchent de telle sorte qu'on ne saurait les discerner par mémoire, et cependant on les discernera quelquefois, l'une étant mise près de l'autre. Et lorsque nous croyons avoir bien décrit une plante, on en pourra apporter une des Indes, qui aura tout ce que nous aurons mis dans notre description, et qui ne laissera pas de se faire connaître d'espèce différente : ainsi nous ne pourrons jamais déterminer parfaitement *species infimas*, les dernières espèces.

§ 4. PHILALÈTHE. *Comme une idée claire est celle dont*

l'esprit a une pleine et évidente perception telle qu'elle est, quand il la reçoit d'un objet extérieur, qui opère dûment sur un organe bien disposé ; de même une idée distincte est celle où l'esprit aperçoit une différence qui la distingue de toute autre idée ; et une idée confuse est celle qu'on ne peut pas suffisamment distinguer d'avec une autre, de qui elle doit être différente.

THÉOPHILE. Suivant cette notion que vous donnez de l'idée distincte, je ne vois point le moyen de la distinguer de l'idée claire. C'est pourquoi j'ai coutume de suivre ici le langage de M. Descartes, chez qui une idée pourra être claire et confuse en même temps, et telles sont les idées des qualités sensibles, affectées aux organes, comme celle de la couleur ou de la chaleur. Elles sont claires, car on les reconnaît et on les discerne aisément les unes des autres, mais elles ne sont point distinctes, parce qu'on ne distingue pas ce qu'elles renferment. Ainsi on n'en saurait donner la définition. On ne les fait connaître que par des exemples, et au reste il faut dire que c'est un je ne sais quoi, jusqu'à ce qu'on en déchiffre la contexture. Ainsi quoique selon nous les idées distinctes distinguent l'objet d'un autre, néanmoins comme les claires, mais confuses en elles-mêmes, le font aussi, nous nommons distinctes non pas toutes celles qui sont bien distinguantes ou qui distinguent les objets, mais celles qui sont bien distinguées, c'est-à-dire qui sont distinctes en elles-mêmes et distinguent dans l'objet les marques qui le font connaître, ce qui en donne l'analyse ou définition ; autrement nous les appelons confuses. Et dans ce sens la confusion qui règne dans les idées pourra être exempte de blâme, étant une imperfection de notre nature : car nous ne saurions discerner les causes (par exemple) des odeurs et des saveurs, ni ce que renferment ces qualités. Cette confusion pourtant pourra être blâmable, lorsqu'il est important et en mon pouvoir d'avoir des idées distinctes, comme par exemple si je prenais de l'or sophistiqué pour du véritable, faute de faire les essais nécessaires, qui contiennent les marques du bon or.

§ 5. PHILALÈTHE. *Mais l'on dira qu'il n'y a point d'idée confuse (ou plutôt obscure suivant votre sens) en elle-même, car elle ne peut être que telle qu'elle est aperçue par l'esprit, et cela la distingue suffisamment de toutes les autres.* § 6. *Et pour lever cette difficulté, il faut savoir que le défaut des idées se rapporte aux noms, et ce qui la rend fautive, c'est lorsqu'elle est telle qu'elle peut aussi bien être désignée par un autre nom que par celui dont on s'est servi pour l'exprimer.*

THÉOPHILE. Il me semble qu'on ne doit point faire dépendre cela des noms. Alexandre le Grand avait vu (dit-on) une plante en songe comme bonne pour guérir Lysimachus, qui fut depuis appelée *Lysimachia*, parce qu'elle guérit effectivement cet ami du roi. Lorsque Alexandre se fit apporter quantité de plantes, parmi lesquelles il reconnut celle qu'il avait vue en songe, si par malheur il n'avait point eu d'idée suffisante pour la reconnaître ou qu'il eût eu besoin d'un Daniel comme Nabuchodonosor pour se faire retracer son songe même, il est manifeste que celle qu'il en aurait eue aurait été obscure et imparfaite (car c'est ainsi que j'aimerais mieux l'appeler que confuse), non pas faute d'application juste à quelque nom, car il n'y en avait point, mais faute d'application à la chose, c'est-à-dire à la plante qui devait guérir. En ce cas Alexandre se serait souvenu de certaines circonstances, mais il aurait été en doute sur d'autres ; et le nom nous servant pour désigner quelque chose, cela fait que lorsqu'on manque dans l'application aux noms, on manque ordinairement à l'égard de la chose qu'on se promet de ce nom.

§ 7. PHILALÈTHE. *Comme les idées composées sont les plus sujettes à cette imperfection, elle peut venir de ce que l'idée est composée d'un trop petit nombre d'idées simples, comme est par exemple l'idée d'une bête qui a la peau tachetée, qui est trop générale, et qui ne suffit point à distinguer le lynx, le léopard, ou la panthère, qu'on distingue pourtant par des noms particuliers.*

THÉOPHILE. Quand nous serions dans l'état où était Adam avant que d'avoir donné des noms aux animaux, ce défaut ne laisserait pas d'avoir lieu. Car supposé qu'on sût que parmi les bêtes tachetées il y en a une qui a la vue extraordinairement pénétrante, mais qu'on ne sût point si c'est un tigre ou un lynx, ou une autre espèce, c'est une imperfection de ne pouvoir point la distinguer. Ainsi il ne s'agit pas tant du nom que de ce qui y peut donner sujet, et qui rend l'animal digne d'une dénomination particulière. Il paraît aussi par là que l'idée d'une bête tachetée est bonne en elle-même, et sans confusion ni obscurité, lorsqu'elle ne doit servir que de genre ; mais lorsque jointe à quelque autre idée dont on ne se souvient pas assez, elle doit désigner l'espèce, l'idée qui en est composée est obscure et imparfaite.

§ 8. PHILALÈTHE. *Il y a un défaut opposé lorsque les idées simples qui forment l'idée composée sont en nombre suffisant, mais trop confondues et embrouillées, comme il y a des tableaux qui paraissent aussi confus que s'ils ne devaient être que la représentation du ciel couvert de nuages, en quel cas aussi on ne dirait point qu'il y a de la confusion, non plus que si c'était un autre tableau, fait pour imiter celui-là ; mais lorsqu'on dit que ce tableau doit faire voir un portrait, on aura raison de dire qu'il est confus parce qu'on ne saurait dire si c'est celui d'un homme, ou d'un singe, ou d'un poisson, cependant il se peut que lorsqu'on le regarde dans un miroir cylindrique, la confusion disparaisse, et que l'on voie que c'est un Jules César*[132]. *Ainsi aucune des peintures mentales (si j'ose m'exprimer ainsi) ne peut être appelée confuse, de quelque manière que ses parties soient jointes ensemble ; car quelles que soient ces peintures, elles peuvent être distinguées évidemment de toute autre, jusqu'à ce qu'elles soient rangées sous quelque nom ordinaire, auquel on ne saurait voir qu'elles appartiennent plutôt qu'à quelque autre nom d'une signification différente.*

THÉOPHILE. Ce tableau dont on voit distinctement les parties, sans en remarquer le résultat, qu'en les regardant d'une certaine manière, ressemble à l'idée d'un tas de pierres, qui est véritablement confuse, non seulement dans votre sens, mais aussi dans le mien, jusqu'à ce qu'on en ait distinctement conçu le nombre et d'autres propriétés. S'il y en avait trente-six (par exemple), on ne connaîtra pas (à les voir entassées ensemble sans être arrangées) qu'elles peuvent donner un triangle ou bien un carré, comme elles le peuvent en effet, parce que 36 est un nombre carré et aussi un nombre triangulaire. C'est ainsi qu'en regardant une figure de mille côtés, on n'en aura qu'une idée confuse, jusqu'à ce qu'on sache le nombre des côtés, qui est le cube de 10 : il ne s'agit donc point des noms, mais des **propriétés distinctes** qui se doivent trouver dans l'idée lorsqu'on en aura démêlé la confusion. Et il est difficile quelquefois d'en trouver la clef, ou la manière de regarder l'objet qui en fasse connaître les propriétés intelligibles comme l'exemple de ces tableaux fait connaître, dont le Père Niceron a enseigné l'artifice qu'il faut regarder d'un certain point ou par l'entremise d'un certain miroir ou verre pour voir le but de celui qui a fait la chose.

§ 9. PHILALÈTHE. *On ne saurait pourtant nier qu'il n'y a encore un troisième défaut dans les idées, qui dépend véritablement du mauvais usage des noms, c'est quand nos idées sont incertaines ou indéterminées. Ainsi l'on peut voir tous les jours des gens qui, ne faisant pas difficulté de se servir des mots usités dans leur langue maternelle avant que d'en avoir appris la signification précise, changent l'idée qu'ils y attachent presque aussi souvent qu'ils les font entrer dans leurs discours.* § 10. *Ainsi l'on voit combien les noms contribuent à cette dénomination d'idées distinctes et confuses et sans la considération des noms distincts, pris pour des signes des choses distinctes, il sera bien mal aisé de dire ce que c'est qu'une* **idée confuse**.

THÉOPHILE. Je viens pourtant de l'expliquer sans considérer les noms, soit dans le cas où la **confusion** est prise avec vous pour ce que j'appelle **obscurité**, soit dans celui où elle est prise dans mon sens pour le défaut de l'analyse de la notion qu'on a. Et j'ai montré aussi que toute idée obscure est en effet indéterminée ou incertaine, comme dans l'exemple de la bête tachetée qu'on a vu, où l'on sait qu'il faut joindre encore quelque chose à cette notion générale, sans s'en souvenir clairement, de sorte que le premier et le troisième défaut que vous avez spécifiés reviennent à la même chose. Il est cependant très vrai que l'abus des mots est une grande source d'erreurs, car il en arrive une manière d'erreur de calcul, comme si en calculant on ne marquait pas bien la place du jeton, ou si l'on écrivait si mal les notes numérales qu'on ne pût discerner un 2 d'un 7, ou si on les omettait ou échangeait par mégarde. Cet abus des mots consiste, ou à n'y point attacher d'idée du tout, ou à en attacher une imparfaite dont une partie est vide et demeure pour ainsi dire en blanc, et en ces deux cas il y a quelque chose de vide et de **sourd** dans la pensée, qui n'est rempli que par le nom ; ou enfin le défaut est d'attacher au mot des idées différentes, soit qu'on soit incertain lequel doit être choisi, ce qui fait l'idée obscure aussi bien que lorsqu'une partie en est sourde ; soit qu'on les choisisse tour à tour et qu'on se serve tantôt de l'une tantôt de l'autre pour le sens du même mot dans un même raisonnement d'une manière capable de causer de l'erreur, sans considérer que ces idées ne s'accordent point. Ainsi la pensée incertaine est ou vide et sans idée, ou flottante entre plus d'une idée. Ce qui nuit, soit qu'on veuille désigner quelque chose déterminée, soit qu'on veuille donner au mot un certain sens répondant ou à celui dont nous nous sommes déjà servi, ou à celui dont se servent les autres, surtout dans le langage ordinaire, commun à tous ou commun aux gens du métier. Et de là naissent une infinité de disputes vagues et vaines dans la conversation, dans les auditoires et dans les livres, qu'on veut vider quelquefois par les distinctions, mais qui le plus souvent ne servent qu'à embrouiller davantage, en mettant à la place d'un terme vague et obscur d'autres termes encore plus vagues et plus obscurs, comme sont souvent ceux que les philosophes emploient dans leurs distinctions, sans en avoir des bonnes définitions.

§ 12. PHILALÈTHE. *S'il y a quelque autre confusion dans les idées que celle qui a un secret rapport aux noms, celle-là du moins jette le désordre plus qu'aucune autre dans les pensées et dans les discours des hommes.*

THÉOPHILE. J'en demeure d'accord, mais il se mêle le plus souvent quelque notion de la chose et du but qu'on a en se servant du nom ; comme par exemple, lorsqu'on parle de l'Eglise, plusieurs ont en vue un gouvernement, pendant que d'autres pensent à la vérité de la doctrine.

PHILALÈTHE. *Le moyen de prévenir cette confusion, c'est d'appliquer constamment le même nom à un certain amas d'idées simples, unies en nombre fixe et dans un ordre déterminé. Mais comme cela n'accommode ni la paresse ni la vanité des hommes, et qu'il ne peut servir qu'à la découverte et à la défense de la vérité, qui n'est pas toujours le but qu'ils se proposent, une telle exactitude est une de ces choses qu'on doit plutôt souhaiter qu'espérer. L'application vague des noms à des idées indéterminées variables et qui sont presque des purs néants* (dans les pensées sourdes) *sert d'un côté à couvrir notre ignorance et de l'autre à confondre et embarrasser les autres, ce qui passe pour véritable savoir et pour marque de supériorité en fait de connaissance.*

THÉOPHILE. L'affectation de l'élégance et des bons mots à encore contribué beaucoup à cet embarras du langage : car pour exprimer les pensées d'une manière belle et agréable, on ne fait point difficulté de donner aux mots par une manière de trope quelque sens un peu différent de l'ordinaire, qui soit tantôt plus **général** ou plus borné, ce qui s'appelle **synecdoque**, tantôt transféré suivant la relation des choses dont on change les noms, qui est ou de concours dans les **métonymies**, ou de comparaison dans les **métaphores**[133], sans parler de l'**ironie** qui se sert d'un opposé à la place de l'autre : c'est ainsi qu'on appelle ces changements lorsqu'on les reconnaît ; mais on ne les reconnaît que rarement. Et dans cette indétermination du langage, où l'on manque d'une espèce de lois qui règlent la signification des mots, comme il y en a quelque chose dans le titre des digestes du droit romain, *De Verborum significationibus*, les personnes les plus judicieuses, lorsqu'elles écrivent pour des lecteurs ordinaires, se priveraient de ce qui donne de l'agrément et de la force à leurs expressions si elles voulaient s'attacher rigoureusement à des significations fixes des termes. Il faut seulement qu'elles prennent garde que leur variation ne fasse naître aucune erreur ni raisonnement fautif. La distinction des anciens entre la manière d'écrire exotérique, c'est-à-dire populaire, et l'acroamatique, qui est pour ceux qui s'occupent à découvrir la vérité, a lieu ici. Et si quelqu'un voulait écrire en mathématicien dans la métaphysique ou dans la morale, rien ne l'empêcherait de le faire avec rigueur. Quelques-uns en ont fait profession, et nous ont promis des démonstrations mathématiques hors des mathématiques ; mais il est fort rare qu'on y ait réussi. C'est, je crois, qu'on s'est dégoûté de la peine qu'il fallait prendre pour un petit nombre de lecteurs, où l'on pouvait demander, comme chez Perse : *quis leget haec*, et répondre : *Vel duo vel nemo*[134]. Je crois pourtant que si on l'entreprenait comme il faut, on n'aurait point de sujet de s'en repentir. Et j'ai été tenté de l'essayer.

§ 13. PHILALÈTHE. Vous m'accorderez cependant que *les idées composées peuvent être fort claires et fort distinctes d'un côté, et fort obscures et fort confuses de l'autre*.

THÉOPHILE. Il n'y a pas lieu d'en douter, par exemple nous avons des idées fort distinctes d'une bonne partie des parties solides visibles du corps humain, mais nous n'en avons guère des liqueurs qui y entrent.

PHILALÈTHE. *Si un homme parle d'une figure de mille côtés, l'idée de cette figure peut être fort obscure dans son esprit, quoique celle du nombre y soit fort distincte.*

THÉOPHILE. Cet exemple ne convient point ici ; un polygone régulier de mille côtés est connu aussi distinctement que le nombre millénaire, parce qu'on peut y découvrir et démontrer toute sorte de vérité.

PHILALÈTHE. *Mais on n'a point d'idée précise d'une figure de mille côtés, de sorte qu'on la puisse distinguer d'avec une autre, qui n'a que neuf cent nonante-neuf côtés.*

THÉOPHILE. Cet exemple fait voir qu'on confond ici l'idée avec l'image. Si quelqu'un me propose un polygone régulier, la vue et l'imagination ne me sauraient faire comprendre le millénaire qui y est ; je n'ai qu'une idée confuse et de la figure et de son nombre, jusqu'à ce que je distingue le nombre en comptant. Mais, l'ayant trouvé, je connais très bien la nature et les propriétés du polygone proposé, en tant qu'elles sont celles du chiliogone, et par conséquent j'en ai cette idée, mais je ne saurais avoir l'image d'un chiliogone, et il faudrait qu'on eût les sens et l'imagination plus exquis et plus exercés pour le distinguer par là d'un polygone qui eût un côté de moins. Mais les connaissances des figures non plus que celles des nombres ne dépendent pas de l'imagination, quoiqu'elle y serve ; et un mathématicien peut connaître exactement la nature d'un ennéagone et d'un décagone parce qu'il a le moyen de les fabriquer et de les examiner, quoiqu'il ne puisse point les discerner à la vue. Il est vrai qu'un ouvrier et un ingénieur, qui n'en connaîtra peut-être point assez la nature, pourra avoir cet avantage au-dessus d'un grand géomètre, qu'il les pourra discerner en les voyant seulement sans les mesurer, comme il y a des faquins ou colporteurs qui diront le poids de ce qu'ils doivent porter sans se tromper d'une livre, en quoi ils surpasseront le plus habile staticien du monde. Il est vrai que cette connaissance empirique, acquise par un long exercice, peut avoir des grands usages pour agir promptement, comme un ingénieur a besoin de faire bien souvent à cause du danger où il s'expose en s'arrêtant. Cependant cette image claire, ou ce sentiment [précis] qu'on peut avoir d'un décagone régulier ou d'un poids de 99 livres, ne consiste que dans une idée confuse, puisqu'elle ne sert point à découvrir la nature et les propriétés de ce poids ou du décagone régulier, ce qui demande une idée distincte. Et cet exemple sert à mieux entendre la différence des idées, ou plutôt celle de l'idée et de l'image.

§ 15. PHILALÈTHE. *Autre exemple : nous sommes portés à croire que nous avons une idée positive et complète de l'éternité, ce qui est autant que si nous disions qu'il n'y a aucune partie de cette durée qui ne soit clairement connue dans notre idée : mais quelque grande que soit la durée qu'on se représente, comme il s'agit d'une étendue sans bornes, il reste toujours une partie de l'idée au-delà de ce qu'on représente, qui demeure obscure et indéterminée, et de là vient que dans les disputes et raisonnements qui regardent l'éternité ou quelque autre infini, nous sommes sujets à nous embrouiller dans de manifestes absurdités.*

THÉOPHILE. Cet exemple ne me paraît point cadrer non plus à votre dessein, mais il est fort propre au mien, qui est de vous désabuser de vos notions sur ce point. Car il y règne la même confusion de l'image avec l'idée. Nous avons une idée complète ou juste de l'éternité, puisque nous en avons la définition, quoique nous n'en ayons aucune image ; mais on ne forme point l'idée des infinis par la composition des parties, et les erreurs qu'on commet en raisonnant sur l'infini ne viennent point du défaut de l'image.

[§ 16.] PHILALÈTHE. *Mais n'est-il point vrai que lorsque nous parlons de la divisibilité de la matière à l'infini, quoique nous ayons des idées claires de la division, nous n'en avons que des fort obscures et fort confuses des particules ? Car je demande, si un homme prend le plus petit atome de poussière qu'il ait jamais vu, aura-t-il quelque idée distincte entre la 100 000 et la 1 000 000 particule de cet atome ?*

THÉOPHILE. C'est le même *quiproquo* de l'image pour l'idée, que je m'étonne de voir si confondues : il ne s'agit nullement d'avoir une image d'une si grande petitesse. Elle est impossible suivant la présente constitution de notre corps, et si nous la pouvions avoir, elle serait à peu près comme celle des choses qui nous paraissent maintenant aperceptibles ; mais en récompense ce qui est maintenant l'objet de notre imagination nous échapperait et deviendrait trop grand pour être imaginé. La grandeur n'a point d'images en elle-même et celles qu'on en a ne dépendent que de la comparaison aux organes et aux autres objets, et il est inutile ici d'employer l'imagination. Ainsi il paraît par tout ce que vous m'avez dit encore ici, Monsieur, qu'on est ingénieux à se faire des difficultés sans sujet, en demandant plus qu'il ne faut.

CHAPITRE XXX

DES IDÉES RÉELLES ET CHIMÉRIQUES

§ 1. PHILALÈTHE. *Les idées par rapport aux choses sont réelles ou chimériques, complètes ou incomplètes, vraies ou fausses. Par idées réelles j'entends celles qui ont du fondement dans la nature, et qui sont conformes à un être réel, à l'existence des choses ou aux archétypes ; autrement elles sont fantastiques ou chimériques.*
THÉOPHILE. Il y a un peu d'obscurité dans cette explication. L'idée peut avoir un fondement dans la nature sans être conforme à ce fondement, comme lorsqu'on prétend que les sentiments que nous avons de la couleur et de la chaleur ne ressemblent à aucun original ou archétype. Une idée aussi sera réelle quand elle est possible, quoique aucun existant n'y réponde. Autrement, si tous les individus d'une espèce se perdaient, l'idée de l'espèce deviendrait chimérique.

§ 2. PHILALÈTHE. *Les idées simples sont toutes réelles, car quoique selon plusieurs la blancheur et la froideur ne soient non plus dans la neige que la douleur, cependant leurs idées sont en nous les effets des puissances attachées aux choses extérieures, et ces effets constants nous servent autant à distinguer les choses que si c'étaient des images exactes de ce qui existe dans les choses mêmes.*
THÉOPHILE. J'ai examiné ce point ci-dessus : mais il paraît par là qu'on ne demande point toujours une conformité avec un archétype ; et suivant l'opinion (que je n'approuve pourtant pas) de ceux qui conçoivent que Dieu nous a assigné arbitrairement des idées, destinées à marquer les qualités des objets, sans qu'il y ait de la ressemblance ni même de rapport naturel, il y aurait aussi peu de conformité en cela entre nos idées et les archétypes qu'il y en a entre des mots dont on se sert par institution dans les langues et les idées ou les choses mêmes.

§ 3. PHILALÈTHE. *L'esprit est passif à l'égard de ses idées simples, mais la combinaison qu'il en fait pour former des idées composées, où plusieurs simples sont comprises sous un même nom, ont quelque chose de volontaire : car l'un admet dans l'idée complexe qu'il a de l'or ou de la justice, des idées simples, que l'autre n'y admet point.*
THÉOPHILE. L'esprit est encore actif à l'égard des idées simples, quand il les détache les unes des autres pour les considérer séparément. Ce qui est volontaire aussi bien que la combinaison de plusieurs idées, soit qu'il la fasse pour donner attention à une idée

composée qui en résulte soit qu'il ait dessein de les comprendre sous le nom donné à la combinaison. Et l'esprit ne saurait s'y tromper, pourvu qu'il ne joigne point des idées incompatibles, et pourvu que ce nom soit encore vierge pour ainsi dire, c'est-à-dire que déjà on n'y ait point attaché quelque notion, qui pourrait causer un mélange avec celle qu'on y attache de nouveau, et faire naître ou des notions impossibles, en joignant ce qui ne peut avoir lieu ensemble, ou des notions superflues et qui contiennent quelque obreption[135], en joignant les idées dont l'une peut et doit être dérivée de l'autre par démonstration.

§ 4. PHILALÈTHE. *Les modes mixtes et les relations n'ayant point d'autre réalité que celle qu'ils ont dans l'esprit des hommes, tout ce qui est requis pour faire que ces sortes d'idées soient réelles est la possibilité d'exister ou de compatir ensemble.*

THÉOPHILE. Les relations ont une réalité dépendante de l'esprit comme les vérités ; mais non pas de l'esprit des hommes, puisqu'il y a une suprême intelligence qui les détermine toutes de tout temps. Les modes mixtes, qui sont distincts des relations, peuvent être les accidents réels. Mais soit qu'ils dépendent ou ne dépendent point de l'esprit, il suffit pour la réalité de leurs idées que ces modes soient possibles ou, ce qui est la même chose, intelligibles distinctement. Et pour cet effet, il faut que les ingrédients soient compossibles, c'est-à-dire qu'ils puissent consister ensemble.

[§ 5.] PHILALÈTHE. *Mais les idées composées des substances, comme elles sont toutes formées par rapport aux choses, qui sont hors de nous, et pour représenter les substances telles qu'elles existent réellement, elles ne sont réelles qu'en tant que ce sont des combinaisons d'idées simples, réellement et unies et coexistantes dans les choses qui coexistent hors de nous. Au contraire celles-là sont chimériques, qui sont composées de telles collections d'idées simples, qui n'ont jamais été réellement unies et qu'on n'a jamais trouvées ensemble dans aucune substance, comme sont celles qui forment un centaure, un corps ressemblant à l'or, excepté le poids, et plus léger que l'eau, un corps similaire par rapport aux sens, mais doué de perception et de motion volontaire, etc.*

THÉOPHILE. De cette manière, prenant le terme de réel et de chimérique autrement par rapport aux idées des modes que par rapport à celles qui forment une chose substantielle, je ne vois point quelle notion commune à l'un et à l'autre cas vous donnez aux idées réelles ou chimériques ; car les modes vous sont réels quand ils sont possibles, et les choses substantielles n'ont des idées réelles chez vous que lorsqu'elles sont existantes. Mais en voulant se rapporter à l'existence, on ne saurait guère déterminer si une idée est chimérique ou non, parce que ce qui est possible, quoiqu'il ne se trouve pas dans le lieu ou dans le temps où nous sommes, peut avoir existé autrefois ou existera peut-être un jour, ou pourra même se trouver déjà présentement dans un autre monde, ou même dans le nôtre, sans qu'on le sache, comme l'idée que Démocrite avait de la voie lactée, que les télescopes ont vérifiée ; de sorte qu'il semble que le meilleur est de dire que les idées possibles deviennent seulement chimériques lorsqu'on y attache sans fondement l'idée de l'existence effective, comme font ceux qui se promettent la pierre philosophale, ou comme feraient ceux qui croiraient qu'il y a eu une nation de centaures. Autrement, en ne se réglant que sur l'existence, on s'écartera sans nécessité du langage reçu, qui ne permet point qu'on dise que celui qui parle en hiver de roses ou d'œillets, parle d'une chimère, à moins qu'il ne s'imagine de les pouvoir trouver dans son jardin, comme on le raconte d'Albert le Grand [136] ou de quelque autre magicien prétendu.

CHAPITRE XXXI

DES IDÉES COMPLÈTES ET INCOMPLÈTES

§ 1. PHILALÈTHE. *Les idées réelles sont complètes lorsqu'elles représentent parfaitement les originaux d'où l'esprit suppose qu'elles sont tirées, qu'elles représentent et auxquelles il les rapporte. Les idées incomplètes n'en représente qu'une partie.* § 2. *Toutes nos idées simples sont complètes. L'idée de la blancheur ou de la douceur, qu'on remarque dans le sucre, est complète, parce qu'il suffit pour cela qu'elle réponde entièrement aux puissances que Dieu a mises dans ce corps pour produire ces sensations.*

THÉOPHILE. Je vois, Monsieur que vous appelez idées complètes ou incomplètes celles que votre auteur favori appelle *ideas adaequatas aut inadaequatas ;* on pourrait les appeler accomplies ou inaccomplies. J'ai défini autrefois *ideam adaequatam* (une idée accomplie) celle qui est si distincte que tous les ingrédients sont distincts, et telle est à peu près l'idée d'un nombre. Mais lorsqu'une idée est distincte et contient la définition ou les marques réciproques de l'objet, elle pourra être *inadaequata* ou inaccomplie, savoir lorsque ces marques ou ces ingrédients ne sont pas aussi tous distinctement connus ; par exemple l'or est un métal qui résiste à la coupelle et à l'eau-forte, c'est une idée distincte, car elle donne des marques ou la définition de l'or ; mais elle n'est pas accomplie, car la nature de la coupellation et de l'opération de l'eau-forte ne nous est pas assez connue. D'où vient que, lorsqu'il n'y a qu'une idée inaccomplie, le même sujet est susceptible de plusieurs définitions indépendantes les unes des autres, en sorte qu'on ne saurait toujours tirer l'une de l'autre, ni prévoir qu'elles doivent appartenir à un même sujet, et alors la seule expérience nous enseigne qu'elles lui appartiennent toutes à la fois. Ainsi l'or pourra être encore défini le plus pesant de nos corps ou le plus malléable, sans parler d'autres définitions, qu'on pourrait fabriquer. Mais ce ne sera que lorsque les hommes auront pénétré plus avant dans la nature des choses qu'on pourra voir pourquoi il appartient au plus pesant des métaux de résister à ces deux épreuves des essayeurs; au lieu que dans la géométrie, où nous avons des idées accomplies, c'est autre chose, car nous pouvons prouver que les sections terminées du cône et du cylindre faites par un plan sont les mêmes, savoir des ellipses, et cela ne peut nous être inconnu si nous y prenons garde, parce que les notions que nous en avons sont accomplies. Chez moi la division des idées en accomplies ou inaccomplies n'est qu'une sous-division des idées distinctes, et il ne me paraît point que les idées confuses, comme celle que nous avons de la douceur, dont vous parlez, Monsieur, méritent ce nom; car quoiqu'elles expriment la puissance qui produit la sensation, elles ne l'expriment pas entièrement, ou du moins nous ne pouvons point le savoir, car si nous comprenions ce qu'il y a dans cette idée de la douceur que nous avons, nous pourrions juger si elle est suffisante pour rendre raison de tout ce que l'expérience y fait remarquer.

§ 3. PHILALÈTHE. *Des idées simples venons aux complexes; elles sont ou des modes ou des substances. Celles des modes sont des assemblages, volontaires d'idées simples, que l'esprit joint ensemble, sans avoir égard à certains archétypes ou modèles réels et actuellement existants; elles sont complètes et ne peuvent être autrement; parce que n'étant pas des copies mais des archétypes que l'esprit forme pour s'en servir à ranger les choses sous certaines dénominations, rien ne saurait leur manquer, parce que chacune renferme telle combinaison d'idées que l'esprit a voulu former, et par conséquent telle perfection qu'il a eu dessein de lui donner, et on ne conçoit point que l'entendement de qui que ce soit puisse avoir une idée plus complète ou plus parfaite du triangle que celle de trois côtés et de trois angles. Celui qui assembla les idées du danger, de l'exécution, du trouble que produit la peur, d'une considération tranquille de ce qu'il serait raisonnable de faire, et d'une application actuelle à l'exécuter sans s'épouvanter par le péril, forma l'idée du courage et eut ce qu'il voulut, c'est-à-dire une idée complète conforme à son bon plaisir. Il en est autrement des idées des substances, où nous proposons ce qui existe réellement.*

THÉOPHILE. L'idée du triangle ou du courage a ses archétypes dans la possibilité des choses aussi bien que l'idée de l'or. Et il est indifférent, quant à la nature de l'idée, si on l'a inventée avant l'expérience, ou si on l'a retenue après la perception d'une combinaison que la nature avait faite. La combinaison aussi qui fait les modes n'est pas tout à fait volontaire ou arbitraire, car on pourrait joindre ensemble ce qui est incompatible, comme font ceux qui inventent des machines du mouvement perpétuel; au lieu que d'autres en peuvent inventer des bonnes et exécutables qui n'ont point d'autre archétype chez nous que l'idée de l'inventeur, laquelle a elle-même pour archétype la possibilité des choses, ou l'idée divine. Or ces machines sont quelque chose de substantiel. On peut aussi forger des modes impossibles, comme lorsqu'on se propose le parallélisme des paraboles, en s'imaginant qu'on peut trouver deux paraboles parallèles l'une à l'autre, comme deux droites, ou deux cercles. Une idée donc, soit qu'elle soit celle d'un mode, ou celle d'une chose substantielle, pourra être complète ou incomplète selon qu'on entend bien ou mal les idées partielles qui forment l'idée totale : et c'est une marque d'une idée accomplie lorsqu'elle fait connaître parfaitement la possibilité de l'objet.

CHAPITRE XXXII

DES VRAIES ET DES FAUSSES IDÉES

§ 1. PHILALÈTHE. *Comme la vérité ou la fausseté n'appartient qu'aux propositions, il s'ensuit que, quand les idées sont nommées vraies ou fausses, il y a quelque proposition* ou *affirmation tacite.* § 3. *C'est qu'il y a une supposition tacite de leur conformité avec quelque chose,* § 5, *surtout avec ce que d'autres désignent par ce nom (comme lorsqu'ils parlent de la justice), item à ce qui existe réellement (comme est l'homme et non pas le centaure), item à l'essence dont dépendent les propriétés de la chose, et en ce sens nos idées ordinaires des substances sont fausses quand nous nous imaginons certaines formes substantielles. Au reste les idées mériteraient plutôt d'être appelées justes ou fautives que vraies ou fausses.*

THÉOPHILE. Je crois qu'on pourrait entendre ainsi les vraies ou les fausses idées, mais comme ces différents sens ne conviennent point entre eux et ne sauraient être rangés commodément sous une notion commune, j'aime mieux appeler les idées vraies ou fausses par rapport à une autre affirmation tacite, qu'elles renferment toutes, qui est celle de la possibilité. Ainsi les idées possibles sont vraies et les idées impossibles sont fausses.

CHAPITRE XXXIII

DE L'ASSOCIATION DES IDÉES

§ 1. PHILALÈTHE. *On remarque souvent dans les raisonnements des gens quelque chose de bizarre, et tout le monde y est sujet.* § 2. *Ce n'est pas seulement entêtement ou amour-propre ; car souvent des gens qui ont le cœur bien fait sont coupables de ce défaut. Il ne suffit pas même toujours de l'attribuer à l'éducation et aux préjugés.* § 4. *C'est plutôt une manière de folie et on serait fol si on agissait toujours ainsi.* § 5. *Ce défaut vient d'une liaison non naturelle des idées, qui a son origine du hasard ou de la coutume.* § 6. *Les inclinations et les intérêts y entrent. Certaines traces par le cours fréquent des esprits animaux deviennent des chemins battus. Quand on sait un certain air, on le trouve dès qu'on l'a commencé.* § 7. *De cela viennent les sympathies ou antipathies, qui ne sont point nées avec nous. Un enfant a mangé trop de miel, et en a été incommodé et puis, étant devenu homme fait, il ne saurait entendre le nom de miel sans un soulèvement de cœur.* § 8. *Les enfants sont fort susceptibles de ces impressions et il est bon d'y prendre garde.* § 9. *Cette association irrégulière des idées a une grande influence dans toutes nos actions et passions naturelles et morales.* § 10. *Les ténèbres réveillent l'idée des spectres aux enfants à cause des contes qu'on leur en a fait.* § 11 *On ne pense pas à un homme qu'on hait sans penser au mal qu'il nous a fait ou peut faire.* § 12. *On évite la chambre où on a vu mourir un ami.* § 13. *Une mère qui a perdu un enfant bien cher perd quelquefois avec lui toute sa joie, jusqu'à ce que le temps efface l'impression de cette idée, ce qui quelquefois n'arrive pas.* § 14. *Un homme guéri parfaitement de la rage par une opération extrêmement sensible se reconnaît obligé toute sa vie à celui qui avait fait cette opération ; mais il lui fut impossible d'en supporter la vue.* § 15. *Quelques-uns haïssent les livres toute leur vie à cause des mauvais traitements qu'ils ont reçus dans les écoles. Quelqu'un ayant une fois pris un ascendant sur un autre dans quelque occasion le garde toujours.* § 16. *Il s'est trouvé un homme qui avait bien appris à danser, mais qui ne pouvait l'exécuter quand il n'y avait point dans la chambre un coffre pareil à celui qui avait été dans celle où il avait appris.* § 17. *La même liaison non naturelle se trouve dans les habitudes intellectuelles ; on lie la matière avec l'être, comme s'il n'y avait rien d'immatériel.* § 18. *On attache à ses opinions le parti de secte dans la philosophie, dans la religion et dans l'État.*

THÉOPHILE. Cette remarque est importante et entièrement à mon gré, et on la pourrait fortifier par une infinité d'exemples. M. Descartes, ayant eu dans sa jeunesse quelque affection pour une personne louche, ne put s'empêcher d'avoir toute sa vie quelque penchant pour ceux qui avaient ce défaut. M. Hobbes, autre grand philosophe, ne put (dit-on) demeurer seul dans un lieu obscur sans qu'il eût l'esprit effrayé par les images des spectres, quoiqu'il n'en crût point, cette impression lui étant restée des contes qu'on fait aux enfants. Plusieurs personnes savantes et de très bon sens, et qui sont fort au-dessus des superstitions, ne sauraient se résoudre d'être treize à un repas sans en être extrêmement déconcertées, ayant été frappées autrefois de l'imagination qu'il en doit mourir un dans l'année. Il y avait un gentilhomme qui, ayant été blessé peut-être dans son enfance par une épingle mal attachée, ne pouvait plus en voir dans cet état sans être prêt à tomber en défaillance. Un premier ministre, qui portait dans la cour de son maître le nom de président, se trouva offensé par le titre du livre d'Ottavio Pisani [137], nommé Lycurgue, et fit écrire contre ce livre, parce que l'auteur, en parlant des officiers de justice qu'il croyait superflus, avait nommé aussi les présidents, et quoique ce terme dans la personne de ce ministre signifiât tout autre chose, il avait tellement attaché le mot à sa personne qu'il était blessé dans ce mot. Et c'est un cas des plus ordinaires des associations non naturelles, capables de tromper, que celles des mots aux choses, lors même qu'il y a de l'équivoque. Pour mieux entendre la source de la liaison non naturelle des idées, il faut considérer ce que j'ai remarqué déjà ci-dessus (chapitre XI, § 11) en parlant du raisonnement des bêtes, que l'homme aussi bien que la bête est sujet à joindre par sa mémoire et son imagination ce qu'il a remarqué joint dans ses perceptions et ses expériences. C'est en quoi consiste tout le raisonnement des bêtes, s'il est permis de l'appeler ainsi, et souvent celui des hommes, en tant qu'ils sont empiriques et ne se gouvernent que par les sens et exemples, sans examiner si la même raison a encore lieu. Et comme souvent les raisons nous sont inconnues, il faut avoir égard aux exemples à mesure qu'ils sont fréquents ; car alors l'attente ou réminiscence d'une perception à l'occasion d'une autre perception, qui y est ordinairement liée, est raisonnable ; surtout quand il s'agit de se précautionner. Mais comme la véhémence d'une impression très forte fait souvent autant d'effet tout d'un coup que la fréquence et répétition de plusieurs impressions médiocres en aurait pu faire à la longue, il arrive que cette véhémence grave dans la fantaisie une image aussi profonde et vive que la longue expérience. De là vient qu'une impression fortuite, mais violente, joint dans notre imagination et dans notre mémoire deux idées, qui déjà y étaient ensemble alors, tout aussi fortement et durablement, et nous donne le même penchant de les lier et de les attendre l'une ensuite de l'autre, que si un long usage en avait vérifié la connexion ; ainsi le même effet de l'association s'y trouve, quoique la même raison n'y soit pas. L'autorité, le parti, la coutume font aussi le même effet que l'expérience et la raison, et il n'est pas aisé de se délivrer de ces penchants. Mais il ne serait pas fort difficile de se garder d'en être trompé dans ces jugements, si les hommes s'attachaient assez sérieusement à la recherche de la vérité, ou procédaient avec méthode, lorsqu'ils reconnaissent qu'il leur est important de la trouver.

LIVRE III

DES MOTS

CHAPITRE I

DES MOTS OU DU LANGAGE EN GÉNÉRAL

§ 1. PHILALÈTHE. *Dieu, ayant fait l'homme pour être une créature sociable, lui a non seulement inspiré le désir et l'a mis dans la nécessité de vivre avec ceux de son espèce, mais lui a donné aussi la faculté de parler, qui devait être le grand instrument et le lien commun de cette société.* C'est de cela que viennent les mots, qui servent à représenter, et même à expliquer les idées.

THÉOPHILE. Je suis réjoui de vous voir éloigné du sentiment de M. Hobbes, qui n'accordait pas que l'homme était fait pour la société, concevant qu'on y a été seulement forcé par la nécessité et par la méchanceté de ceux de son espèce. Mais il ne considérait point que les meilleurs hommes, exempts de toute méchanceté, s'uniraient pour mieux obtenir leur but, comme les oiseaux s'attroupent pour mieux voyager en compagnie, et comme les castors se joignent par centaines pour faire des grandes digues, où un petit nombre de ces animaux ne pourrait réussir ; et ces digues leur sont nécessaires, pour faire par ce moyen des réservoirs d'eau ou de petits lacs, dans lesquels ils bâtissent leurs cabanes et pêchent des poissons, dont ils se nourrissent. C'est là le fondement de la société des animaux qui y sont propres, et nullement la crainte de leurs semblables, qui ne se trouve guère chez les bêtes.

PHILALÈTHE. Fort bien, et c'est pour mieux cultiver cette société que l'homme a naturellement ses organes façonnés en sorte qu'ils sont propres à former des sons articulés, que nous appelons des mots.

THÉOPHILE. Pour ce qui est des organes, les singes les ont en apparence aussi propres que nous à former la parole, cependant il ne s'y trouve point le moindre acheminement. Ainsi il faut qu'il leur manque quelque chose d'invisible. Il faut considérer aussi qu'on pourrait parler, c'est-à-dire se faire entendre par les sons de la bouche sans former des sons articulés, si on se servait des tons de musique pour cet effet ; mais il faudrait plus d'art pour inventer un langage des tons, au lieu que celui des mots a pu être formé et perfectionné peu à peu par des personnes qui se trouvent dans la simplicité naturelle. Il y a cependant des peuples, comme les Chinois, qui par le moyen des tons et accents varient leurs mots, dont ils n'ont qu'un petit nombre. Aussi était-ce la pensée de Golius [138], célèbre mathématicien et grand connaisseur des langues, que leur langue est artificielle, c'est-à-dire qu'elle a été inventée tout à la fois par quelque habile homme pour établir un commerce de paroles entre quantité de nations différentes qui habitaient ce grand pays que nous appelons la Chine, quoique cette langue pourrait se trouver altérée maintenant par le long usage.

§ 2. PHILALÈTHE. Comme les orangs-outangs et autres singes ont les organes sans formes des mots, on peut dire que les perroquets et quelques autres oiseaux ont les mots sans avoir de langage, *car on peut dresser ces oiseaux et plusieurs autres à former des sons assez distincts ; cependant ils ne sont nullement capables de langue. Il n'y a que l'homme qui soit en état de se servir de ces sons comme des signes des conceptions intérieures, afin que par là elles puissent être manifestées aux autres.*

THÉOPHILE. Je crois qu'en effet sans le désir de nous faire entendre nous n'aurions jamais formé de langage ; mais étant formé, il sert encore à l'homme à raisonner à part soi, tant par le moyen que les mots lui donnent de se souvenir des pensées abstraites que par l'utilité qu'on trouve en raisonnant à se servir de caractères et de pensées sourdes ; car il faudrait trop de temps s'il fallait tout expliquer et toujours substituer les définitions à la place des termes.

§ 3. PHILALÈTHE. *Mais comme la multiplication des mots en aurait confondu l'usage, s'il eût fallu un nom distinct pour désigner chaque chose particulière, le langage a été encore perfectionné par l'usage des termes généraux, lorsqu'ils signifient des idées générales.*

THÉOPHILE. Les termes généraux ne servent pas seulement à la perfection des langues, mais même ils sont nécessaires pour leur constitution essentielle. Car si par les choses particulières on entend les individuelles, il serait impossible de parler, s'il n'y avait que des noms propres et point d'appellatifs, c'est-à-dire s'il n'y avait des mots que pour les individus, puisque à tout moment il en revient de nouveaux lorsqu'il s'agit des individus, des accidents et particulièrement des actions, qui sont ce qu'on désigne le plus ; mais si par les choses particulières on entend les plus basses espèces (*species infimas*), outre qu'il est difficile bien souvent de les déterminer, il est manifeste que ce sont déjà des universaux, fondés sur la similitude. Donc comme il ne s'agit que de similitude plus ou moins étendue, selon qu'on parle des genres ou des espèces, il est naturel de marquer toute sorte de similitude ou convenances et par conséquent d'employer des termes généraux de tous degrés ; et même les plus généraux, étant moins chargés par rapport aux idées ou essences qu'ils renferment, quoiqu'ils soient plus compréhensifs par rapport aux individus à qui ils conviennent, ils étaient bien souvent les plus aisés à former, et sont les plus utiles. Aussi voyez-vous que les enfants et ceux qui ne savent que peu la langue qu'ils veulent parler, ou la matière dont ils parlent, se servent des termes généraux comme chose, plante, animal, au lieu d'employer les termes propres qui leur manquent. Et il est sûr que tous les noms propres ou individuels ont été originairement appellatifs ou généraux.

§ 4. PHILALÈTHE. *Il y a même des mots que les hommes emploient non pour signifier quelque idée, mais le manque ou l'absence d'une certaine idée, comme rien, ignorance, stérilité.*

THÉOPHILE. Je ne vois point pourquoi on ne pourrait dire qu'il y a des idées privatives, comme il y a des vérités négatives, car l'acte de nier est positif. J'en avais touché déjà quelque chose.

§ 5. PHILALÈTHE. *Sans disputer là-dessus, il sera plus utile, pour approcher un peu plus de l'origine de toutes nos notions et connaissances, d'observer comment les mots qu'on emploie pour former des actions et des notions tout à fait éloignées des sens, tirent leur origine des idées sensibles, d'où ils sont transférés à des significations plus abstruses.*

THÉOPHILE. C'est que nos besoins nous ont obligés de quitter l'ordre naturel des idées, car cet ordre serait commun aux anges et aux hommes et à toutes les intelligences en général et devrait être suivi de nous, si nous n'avions point égard à nos intérêts : il a donc fallu s'attacher à celui que les occasions et les accidents où notre espèce est sujette nous ont fourni ; et cet ordre ne donne pas l'origine des notions, mais pour ainsi dire l'histoire de nos découvertes.

PHILALÈTHE. Fort bien, et c'est l'analyse des mots qui nous peut apprendre par les noms mêmes cet enchaînement, que celle des notions ne saurait donner par la raison que vous avez apportée. *Ainsi les mots suivants : imaginer, comprendre, s'attacher, concevoir, instiller, dégoûter, trouble, tranquillité, etc., sont tous empruntés des opérations des choses sensibles et appliqués à certains modes de penser. Le mot esprit dans sa première signification, c'est le souffle, et celui d'ange signifie messager. D'où nous pouvons conjecturer quelle sorte de notions avaient ceux qui parlaient les premiers ces langues-là, et comment la nature suggéra inopinément aux hommes l'origine et le principe de toutes leurs connaissances par les noms mêmes.*

THÉOPHILE. Je vous avais déjà fait remarquer que dans le *credo* des Hottentots, on a nommé le Saint Esprit par un mot qui signifie chez eux un souffle de vent bénin et doux. Il en est de même à l'égard de la plupart des autres mots, et même on ne le reconnaît pas toujours, parce que le plus souvent les vraies étymologies sont perdues. Un certain Hollandais [139], peu affectionné à la religion, avait abusé de cette vérité (que les termes de théologie, de morale et de métaphysique sont pris originairement des choses grossières) pour tourner en ridicule la théologie et la foi chrétienne dans un petit dictionnaire flamand, où il donnait aux termes des définitions ou explications non pas telles que l'usage demande, mais telles que semblait porter la force originaire des mots, et les tournait malignement ; et comme d'ailleurs il avait donné des marques d'impiété, on dit qu'il en fut puni dans le *Raspelhuys*. Il sera bon cependant de considérer cette analogie des choses sensibles et insensibles, qui a servi de fondement aux tropes : c'est ce qu'on entendra mieux en considérant un exemple fort étendu tel qu'est celui que fournit l'usage des prépositions, comme à, avec, de, devant, en, hors, par, pour, sur, vers, qui sont toutes prises du lieu, de la distance, et du mouvement, et transférées depuis à toute sorte de changement, ordres, suites, différences, convenance. A signifie approcher, comme en disant : je vais à Rome. Mais comme pour attacher une chose, on l'approche de celle où nous la voulons joindre, nous disons qu'une chose est attachée à une autre. Et de plus, comme il y a un attachement immatériel pour ainsi dire, lorsqu'une chose suit l'autre par des raisons morales, nous disons que ce qui suit les mouvements et volontés de quelqu'un appartient à cette personne ou y tient, comme s'il visait à cette personne pour aller auprès d'elle ou avec elle. Un corps est avec un autre lorsqu'ils sont dans un même lieu ; mais on dit encore qu'une chose est avec celle qui se trouve dans le même temps, dans un même ordre, ou partie d'ordre, ou qui concourt à une même action. Quand on vient de quelque lieu, le lieu a été notre objet par les choses sensibles qu'il nous a fournies, et l'est encore de notre mémoire qui en est toute remplie : et de là vient que l'objet est signifié par la préposition de, comme en disant : il s'agit de cela, on parle de cela, c'est-à-dire, comme si on en venait. Et comme ce qui est enfermé en quelque lieu ou dans quelque tout s'y appuie et est ôté avec lui, les accidents sont considérés de même, comme dans le sujet, *sunt in subjecto, inhaerent subjecto*[140]. La particule sur aussi est appliquée à l'objet ; on dit qu'on est sur cette matière, à peu près comme un ouvrier est sur le bois ou sur la pierre qu'il coupe et qu'il forme ; et comme ces analogies sont extrêmement variables et ne dépendent point de quelques notions déterminées, de là vient que les langues varient beaucoup dans l'usage de ces particules et des cas, que les prépositions gouvernent, ou bien dans lesquels elles se trouvent sous-entendues et renfermés virtuellement.

CHAPITRE II

DE LA SIGNIFICATION DES MOTS

§ 1. PHILALÈTHE. Maintenant, les mots étant employés par les hommes pour être signes de leurs idées, on peut demander d'abord comment ces mots y ont été déterminés ; et l'on convient que c'est *non par aucune connexion naturelle qu'il y ait entre certains sons articulés et certaines idées (car en ce cas il n'y aurait qu'une langue parmi les hommes), mais par une institution arbitraire en vertu de laquelle un tel mot a été volontairement le signe d'une telle idée.*
THÉOPHILE. Je sais qu'on a coutume de dire dans les écoles et partout ailleurs que les significations des mots sont arbitraires (*ex instituto*) et il est vrai qu'elles ne sont point déterminées par une nécessité naturelle, mais elles ne laissent pas de l'être par des raisons tantôt naturelles, où le hasard a quelque part, tantôt morales, où il y entre du choix. Il y a peut-être quelques langues artificielles qui sont toutes de choix et entièrement arbitraires, comme l'on croit que l'a été celle de la Chine, ou comme le sont celles de Georgius

Dalgarnus[141] et de feu M. Wilkins[142], évêque de Chester. Mais celles qu'on sait avoir été forgées des langues déjà connues sont de choix mêlé avec ce qu'il y a de la nature et du hasard dans les langues qu'elles supposent. Il en est ainsi de celles que les voleurs ont forgées pour n'être entendus que de ceux de leur bande, ce que les Allemands appellent *Rothwelsch*, les Italiens *lingua zerga*, les Français le narquois[143], mais qu'ils forment ordinairement sur les langues ordinaires qui leur sont connues, soit en changeant la signification reçue des mots par des métaphores, soit en faisant des nouveaux mots par une composition ou dérivation à leur mode. Il se forme aussi des langues par le commerce des différents peuples, soit en mêlant indifféremment des langues voisines, soit, comme il arrive le plus souvent, en prenant l'une pour base, qu'on estropie et qu'on altère, qu'on mêle et qu'on corrompt en négligeant et changeant ce qu'elle observe, et même en y entrant d'autres mots. La *lingua franca*, qui sert dans le commerce de la Méditerranée, est faite de l'italienne, et on n'y a point d'égard aux règles de la grammaire. Un dominicain arménien, à qui je parlai à Paris, s'était fait ou peut-être avait appris de ses semblables une espèce de *lingua franca*, faite du latin, que je trouvai assez intelligible, quoiqu'il n'y eût ni cas ni temps ni autres flexions, et il la parlait avec facilité, y étant accoutumé. Le père Labbé[144], jésuite français, fort savant, connu par bien d'autres ouvrages, a fait une langue dont le latin est la base, qui est plus aisée et a moins de sujétion que notre latin, mais qui est plus régulière que la *lingua franca*. Il en a fait un livre exprès. Pour ce qui est des langues qui se trouvent faites depuis longtemps, il n'y en a guère qui ne soit extrêmement altérée aujourd'hui. Cela est manifeste en les comparant avec les anciens livres et monuments qui en restent. Le vieux français approchait davantage du provençal et de l'italien, et on voit le théotisque[145] avec le français ou romain plutôt (appelé autrefois *lingua romana rustica*) tels qu'ils étaient au neuvième siècle après Jésus-Christ dans les formules des serments des fils de l'empereur Louis le Débonnaire, que Nithard leur parent nous a conservés[146]. On ne trouve guère ailleurs de si vieux français, italien ou espagnol. Mais pour du théotisque ou allemand ancien, il y a l'évangile d'Otfrid, moine de Weissenbourg de ce même temps, que Flacius a publié, et que M. Schilter voulait donner de nouveau[147]. Et les Saxons passés dans la Grande-Bretagne nous ont laissé des livres encore plus anciens. On a quelque version ou paraphrase du commencement de la Genèse et de quelques autres parties de l'Histoire Sainte, faite par un Caedmon, dont Beda fait déjà mention[148]. Mais le plus ancien livre, non seulement des langues germaniques, mais de toutes les langues de l'Europe, excepté la grecque et la latine, est celui de l'Evangile des Goths du Pont-Euxin, connu sous le nom de *Codex Argenteus*[149], écrit en caractères tout particuliers, qui s'est trouvé dans l'ancien monastère des bénédictins de Werden en Westphalie, et a été transporté en Suède, où on le conserve comme de raison avec autant de soin que l'original des Pandectes à Florence, quoique cette version ait été faite pour les

Goths orientaux et dans un dialecte bien éloigné du germanique scandinavien : mais c'est parce qu'on croit avec quelque probabilité que les Goths du Pont-Euxin sont venus originairement de Scandinavie, ou du moins de la mer Baltique. Or la langue ou le dialecte de ces anciens Goths est très différent du germanique moderne, quoiqu'il y ait le même fonds de langue. L'ancien gaulois en était encore plus différent, à en juger par la langue la plus approchante de la vraie gauloise, qui est celle du pays de Galles, de Cornouaille, et le bas breton ; mais le hibernois [150] en diffère encore davantage et nous fait voir les traces d'un langage britannique, gaulois et germanique encore plus antique. Cependant ces langues viennent toutes d'une source et peuvent être prises pour des altérations d'une même langue, qu'on pourrait appeler la celtique. Aussi les anciens appelaient-ils Celtes tant les Germains que les Gaulois. Et en remontant davantage pour y comprendre les origines tant du celtique et du latin que du grec, qui ont beaucoup de racines communes avec les langues germaniques ou celtiques, on peut conjecturer que cela vient de l'origine commune de tous ces peuples descendus des Scythes, venus de la mer Noire, qui ont passé le Danube et la Vistule, dont une partie pourrait être allée en Grèce, et l'autre aura rempli la Germanie et les Gaules ; ce qui est une suite de l'hypothèse qui fait venir les Européens d'Asie. Le sarmatique (supposé que c'est l'esclavon) a sa moitié pour le moins d'une origine ou germanique ou commune avec le germanique. Il en paraît quelque chose de semblable même dans le langage finnois, qui est celui des plus anciens Scandinaviens, avant que les peuples germaniques, c'est-à-dire les Danois, Suédois et Norvégiens, y ont occupé ce qui est le meilleur et le plus voisin de la mer ; et le langage des Finnoniens ou du Nord-Ouest de notre continent, qui est encore celui des Lapons, s'étend depuis l'océan Germanique ou Norvégien plutôt jusque vers la mer Caspienne (quoique interrompu par les peuples esclavons qui se sont fourrés entre deux) et a du rapport au hongrois, venu des pays qui sont maintenant en partie sous les Moscovites. Mais la langue tartaresque, qui a rempli le Nord-Est de l'Asie, avec ses variations, paraît avoir été celle des Huns et Cumans, comme elle l'est des Usbecs ou Turcs, des Calmucs, et des Mugalles [151]. Or toutes ces langues de la Scythie ont beaucoup de racines communes entre elles et avec les nôtres, et il se trouve que même l'arabique (sous laquelle l'hébraïque, l'ancienne punique, la chaldéenne, la syriaque et l'éthiopique des Abyssins doivent être comprises) en a d'un si grand nombre et d'une convenance si manifeste avec les nôtres qu'on ne le saurait attribuer au seul hasard, ni même au seul commerce, mais plutôt aux migrations des peuples. De sorte qu'il n'y a rien en cela qui combatte et qui ne favorise plutôt le sentiment de l'origine commune de toutes les nations, et d'une langue radicale et primitive. Si l'hébraïque ou l'arabesque y approche le plus, elle doit être au moins bien altérée, et il semble que le teuton a plus gardé du naturel, et (pour parler le langage de Jacques Böhm [152]) de l'adamique : car si nous avions la langue primitive dans sa pureté, ou assez conservée pour être reconnaissable, il faudrait qu'il y parût les raisons des connexions soit physiques, soit d'une institution arbitraire, sage et digne du premier auteur. Mais supposé que nos langues soient dérivatives, quant au fond elles ont néanmoins quelque chose de primitif en elles-mêmes, qui leur est survenu par rapport à des mots radicaux nouveaux, formés depuis chez elles par hasard, mais sur des raisons physiques. Ceux qui signifient les sons des animaux ou en sont venus en donnent des exemples. Tel est par exemple le latin *coaxare*, attribué aux grenouilles, qui a du rapport au *couaquen* ou *quaken* en allemand. Or il semble que le bruit de ces animaux est la racine primordiale d'autres mots de la langue germanique. Car comme ces animaux font bien du bruit, on l'attribue aujourd'hui aux diseurs de rien et babillards, qu'on appelle *quakeler* en diminutif ; mais apparemment ce même mot *quaken* était autrefois pris en bonne part et signifiait toute sorte de sons qu'on fait avec la bouche et sans en excepter la parole même. Et comme ces sons ou bruits des animaux sont un témoignage de la vie, et qu'on connaît par là avant que de voir qu'il y a quelque chose de vivant, de là est venu que *quek* en vieux allemand signifiait vie ou vivant, comme on le peut remarquer dans les plus anciens livres, et il y en a aussi des vestiges dans la langue moderne, car *Queksilber* est vif-argent, et *erquicken* est conforter, et comme revivifier ou recréer après quelque défaillance ou quelque grand travail. On appelle aussi *Quäken* en bas allemand certaines mauvaises herbes, vives pour ainsi dire et courantes, comme on parle en allemand, qui s'étendent et se propagent aisément dans les champs au préjudice des grains ; et dans l'anglais *quickly* veut dire promptement, et d'une manière vive. Ainsi on peut juger qu'à l'égard de ces mots la langue germanique peut passer pour primitive, les anciens n'ayant point besoin d'emprunter d'ailleurs un son, qui est l'imitation de celui des grenouilles. Et il y en a beaucoup d'autres où il en paraît autant. Car il semble que par un instinct naturel les anciens Germains, Celtes et autres peuples apparentés avec eux ont employé la lettre R pour signifier un mouvement violent et un bruit tel que celui de cette lettre. Cela paraît dans ῥέω, fluo, *rinnen*, *rüren* (fluere), *ruhr* (fluxion), le Rhin, Rhône, Ruhr (Rhenus, Rhodanus, Eridanus, Rura), *rauben* (rapere, ravir), *Radt* (rota), *radere* (raser), *rauschen* (mot difficile à traduire en français : il signifie un bruit tel que celui des feuilles ou arbres que le vent ou un animal passant y excite, ou qu'on fait avec une robe traînante), *reckken* (étendre avec violence), d'où vient que *reichen* est atteindre, que *der Rick* signifie un long bâton ou perche servant à suspendre quelque chose, dans cette espèce de *plattütsch* ou bas saxon qui est près de Brunswick ; que *rige*, reihe, regula, regere, se rapporte à une longueur ou course droite, et que *reck* a signifié une chose ou personne fort étendue et longue, et particulièrement un géant et puis un homme puissant et riche, comme il paraît dans le *reich* des Allemands et dans le *riche* ou *ricco* des demi-Latins. En espagnol *ricos hombres* signifiaient les nobles ou principaux ; ce qui fait comprendre en même temps comment les métaphores, les synecdoques et les métonymies ont fait passer les mots d'une signification à l'autre, sans qu'on en puisse toujours suivre la piste. On remarque aussi ce bruit et mouvement violent dans *riss* (rupture), avec quoi le latin *rumpo*, le grec ῥήγνυμι, le français *arracher*, l'italien *straccio* ont de la connexion. Or comme la lettre R signifie naturellement un mouvement violent, la lettre L en désigne un plus doux. Aussi voyons-nous que les enfants et autres à qui le R est trop dur et trop difficile à prononcer y mettent la lettre L à la place, comme disant par exemple mon lévélend pèle. Ce mouvement doux paraît dans *leben* (vivre), *laben* (conforter, faire vivre), *lind*, lenis, *lentus* (lent), *lieben* (aimer), *lauffen* (glisser promptement, comme l'eau qui coule), *labi* (glisser, *labitur uncta vadis abies*[153]), *legen* (mettre doucement), d'où vient *liegen*, coucher, *lage* ou laye (un lit, comme un lit de pierres, *lay-stein*, pierre à couches, ardoise), *lego, ich lese* (je ramasse ce qu'on a mis, c'est le contraire du mettre, et puis je lis, et enfin chez les Grecs je parle), *laub* (feuille chose aisée à remuer, où se rapportent aussi *lap, lid, lenken*), *luo*, λύω (solvo), *leien* (en bas saxon), se dissoudre, se fondre comme la neige, d'où la *Leine*, rivière d'Hanovre, a son nom, qui venant des pays montagneux grossit fort par les neiges fondues. Sans parler d'une infinité d'autres semblables appellations, qui prouvent qu'il y a quelque chose de naturel dans l'origine des mots, qui marque un rapport entre les choses et les sons et mouvements des organes de la voix ; et c'est encore pour cela que la lettre L, jointe à d'autres noms, en fait le diminutif chez les Latins, les demi-Latins et les Allemands supérieurs. Cependant il ne faut point prétendre que cette raison se puisse remarquer partout, car le lion, le lynx, le loup ne sont rien moins que doux. Mais on se peut être attaché à un autre accident, qui est la vitesse (*lauf*) qui les fait craindre ou qui oblige à la course ; comme si celui qui voit venir un tel animal criait aux autres : *Lauf* (fuyez), outre que par plusieurs accidents et changements la plupart des mots sont extrêmement altérés et éloignés de leur prononciation et de leur signification originale.

PHILALÈTHE. Encore un exemple le ferait mieux entendre.

THÉOPHILE. En voici un assez manifeste et qui comprend plusieurs autres. Le mot d'œil et son parentage y peut servir. Pour le faire voir, je commencerai d'un peu haut. *A* (première lettre) suivie d'une petite aspiration fait *Ah* et comme c'est une émission de l'air, qui fait un son assez clair au commencement et puis évanouissant, ce son signifie naturellement un petit souffle (*spiritum lenem*), lorsque *a* et *h* ne sont guère forts. C'est de quoi ἄω, aer, aura, haugh, halare, haleine, ἄτμος, athem, odem (allemand) ont eu leur origine. Mais comme l'eau est un fluide aussi, et fait du bruit, il en est venu (ce semble) qu'*Ah*, rendu plus grossier par le redoublement, c'est-à-dire *aha* ou *ahha*, a été pris pour l'eau. Les Teutons et autres Celtes, pour mieux marquer le mouvement, y ont préposé leur W à l'un et à l'autre ; c'est pourquoi *wehen, wind*, vent, marquent le mouvement de l'air, et *waten, vadum, water* le mouvement de l'eau ou dans l'eau. Mais pour revenir à *Aha*, il paraît être (comme j'ai dit) une manière de racine, qui signifie l'eau. Les Islandais, qui gardent quelque chose de l'ancien teutonisme scandinavien, en ont diminué l'aspiration en disant *aa* ; d'autres qui disent *Aken* (entendant Aix, *Aquas grani*) l'ont augmentée, comme font aussi les Latins dans leur *aqua*, et les Allemands en certains endroits qui disent *ach* dans les compositions pour marquer l'eau, comme lorsque *Schwarzach* signifie eau noire, *Biberach*, eau des castors. Et au lieu de Wiser ou Weser on disait *Wiseraha* dans les vieux titres, et *Wisurach* chez les anciens habitants, dont les Latins ont fait Visurgis, comme d'Iler, Ilerach, ils ont fait *Ilargus*. D'*aqua*, aigues, *auue*, les Français ont enfin fait eau, qu'ils prononcent *oo*, où il ne reste plus rien de l'origine. *Auwe, Auge* chez les Germains est aujourd'hui un lieu que l'eau inonde souvent, propre aux pâturages, *locus irriguus, pascuus* ; mais plus particulièrement il signifie une île comme dans le nom du monastère de Reichenau (*Augia dives*) et bien d'autres. Et cela doit avoir eu lieu chez beaucoup de peuples teutoniques et celtiques, car de là est venu que tout ce qui est comme isolé dans une espèce de plaine a été nommé *Auge* ou *Ooge*, oculus. C'est ainsi qu'on appelle des taches d'huile sur de l'eau chez les Allemands ; et chez les Espagnols *ojo* est un trou. Mais *Auge, ooge*, oculus, occhio, etc., a été appliqué plus particulièrement à l'œil comme par excellence, qui fait ce trou isolé éclatant dans le visage : et sans doute le français œil en vient aussi, mais l'origine n'en est point reconnaissable du tout, à moins qu'on n'aille par l'enchaînement que je viens de donner ; et il paraît que l'ὄμμα et ὄψις des Grecs vient de la même source. *Oe* ou *Oeland* est une île chez les Septentrionaux, et il y en a quelque trace dans l'hébreu, où Ai est une île. M. Bochart [154] a cru que les Phéniciens en avaient tiré le nom qu'il croit qu'ils avaient donné à la mer Egée, pleine d'îles. *Augere*, augmentation, vient encore d'*auue* ou *auge*, c'est-à-dire de l'effusion des eaux ; comme aussi *ooken, auken* en vieux saxon, était augmenter, et l'*augustus* en parlant de l'empereur était traduit par *ooker*. La rivière de Brunswick, qui vient des montagnes du Hartz, et par conséquent est fort sujette à des accroissements subits, s'appelle *Ocker*, et *Ouacra* autrefois. Et je dis en passant que les noms des rivières, étant ordinairement venus de la plus grande antiquité connue, marquent le mieux le vieux langage et les anciens habitants, c'est pourquoi ils mériteraient une recherche particulière. Et les langues en général étant les plus anciens monuments des peuples, avant l'écriture et les arts, en marquent le mieux l'origine des cognations et migrations. C'est pourquoi les étymologies bien entendues seraient curieuses et de conséquence, mais il faut joindre des langues de plusieurs peuples, et ne point faire trop de sauts d'une nation à une autre fort éloignée sans en avoir de bonnes vérifications, où il sert surtout d'avoir les peuples entre eux pour garants. Et en général l'on ne doit donner quelque créance aux étymologies que lorsqu'il y a quantité d'indices concourants : autrement c'est goropiser.

PHILALÈTHE. Goropiser ? Que veut dire cela ?

THÉOPHILE. C'est que les étymologies étranges et souvent

ridicules de Goropius Becanus[155], savant médecin du XVIe siècle, ont passé en proverbe, bien qu'autrement il n'ait pas eu trop de tort de prétendre que la langue germanique, qu'il appelle cimbrique, a autant et plus de marques de quelque chose de primitif que l'hébraïque même. Je me souviens que feu M. Claubergius[156], philosophe excellent, a donné un petit essai sur les origines de la langue germanique, qui fait regretter la perte de ce qu'il avait promis sur ce sujet. J'y ai donné moi-même quelques pensées, outre que j'avais porté feu M. Gerardus Meierus[157], théologien de Brême, à y travailler, comme il a fait, mais la mort l'a interrompu. J'espère pourtant que le public en profitera encore un jour, aussi bien que des travaux semblables de M. Schilter, jurisconsulte célèbre à Strasbourg, mais qui vient de mourir aussi[158]. Il est sûr au moins que la langue et les antiquités teutoniques entrent dans la plupart des recherches des origines, coutumes et antiquités européennes. Et je souhaiterais que de savants hommes en fissent autant dans les langues wallienne, biscayenne, slavonique, finnoise, turque, persane, arménienne, géorgienne et autres, pour en mieux découvrir l'harmonie, qui servirait particulièrement, comme je viens de dire, à éclaircir l'origine des nations.

§ 2. PHILALÈTHE. Ce dessein est de conséquence, mais à présent il est temps de quitter le matériel des mots, et de revenir au formel, c'est-à-dire à la signification qui est commune aux différentes langues. Or vous m'accorderez premièrement, Monsieur, que *lorsqu'un homme parle à un autre, c'est de ses propres idées qu'il veut donner des signes, les mots ne pouvant être appliqués par lui à des choses qu'il ne connaît point. Et jusqu'à ce qu'un homme ait des idées de son propre fonds, il ne saurait supposer qu'elles sont conformes aux qualités des choses ou aux conceptions d'un autre.*

THÉOPHILE. Il est vrai pourtant qu'on prétend de désigner bien souvent plutôt ce que d'autres pensent que ce qu'on pense de son chef, comme il n'arrive que trop aux laïques dont la foi est implicite. Cependant j'accorde qu'on entend toujours quelque chose de général, quelque sourde et vide d'intelligence que soit la pensée; et on prend garde au moins de ranger les mots selon la coutume des autres, se contentant de croire qu'on pourrait en apprendre le sens au besoin. Ainsi on n'est quelquefois que le truchement des pensées, ou le porteur de la parole d'autrui, tout comme serait une lettre; et même on l'est plus souvent qu'on ne pense.

§ 3. PHILALÈTHE. Vous avez raison d'ajouter qu'on entend toujours quelque chose de général, quelque idiot qu'on soit. *Un enfant, n'ayant remarqué dans ce qu'il entend nommer or qu'une brillante couleur jaune, donne le nom d'or à cette même couleur, qu'il voit dans la queue d'un paon; d'autres ajouteront la grande pesanteur, la fusibilité, la malléabilité.*

THÉOPHILE. Je l'avoue; mais souvent l'idée qu'on a de l'objet dont on parle est encore plus générale que celle de cet enfant, et je ne doute point qu'un aveugle [né] ne puisse parler pertinemment des couleurs et faire une harangue à la louange de la lumière, qu'il ne connaît pas, parce qu'il en a appris les effets et les circonstances.

§ 4. PHILALÈTHE. Ce que vous remarquez est très vrai. Il arrive souvent que les hommes appliquent davantage leurs pensées aux mots qu'aux choses, et parce qu'on a appris la plupart de ces mots avant que de connaître les idées qu'ils signifient, il y a non seulement des enfants, mais des hommes faits qui parlent souvent comme des perroquets. § 5. Cependant les hommes prétendent de ordinairement marquer leurs propres pensées et de plus *ils attribuent aux mots un secret rapport aux idées d'autrui et aux choses mêmes. Car si les sons étaient attachés à une autre idée par celui avec qui nous nous entretenons, ce serait parler deux langues ; il est vrai qu'on ne s'arrête pas trop à examiner quelles sont les idées des autres, et l'on suppose que notre idée est celle que le commun et les habiles gens du pays attachent au même mot.* § 6. *Ce qui a lieu particulièrement à l'égard des idées simples et des modes, mais quant aux substances on y croit plus particulièrement que les mots signifient aussi la réalité des choses.*

THÉOPHILE. Les substances et les modes sont également représentés par les idées ; et les choses, aussi bien que les idées, dans l'un et l'autre cas sont marquées par les mots ; ainsi je n'y vois guère de différence, sinon que les idées des choses substantielles et des qualités sensibles sont plus fixes. Au reste il arrive quelquefois que nos idées et pensées sont la matière de nos discours et font la chose même qu'on veut signifier, et les notions réflexives entrent plus qu'on ne croit dans celles des choses. On parle même quelquefois des mots matériellement, sans que dans cet endroit-là précisément on puisse substituer à la place du mot la signification, ou le rapport aux idées ou aux choses ; ce qui arrive non seulement lorsqu'on parle en grammairien, mais encore quand on parle en dictionnariste, en donnant l'explication du nom.

CHAPITRE III

DES TERMES GÉNÉRAUX

§ 1. PHILALÈTHE. Quoiqu'il n'existe que *des choses particulières, la plus grande partie des mots ne laisse point d'être des termes généraux, parce qu'il est impossible,* § 2, *que chaque chose particulière puisse avoir un nom particulier et distinct, outre qu'il faudrait une mémoire prodigieuse pour cela, au prix de laquelle celle de certains généraux, qui pouvaient nommer tous leurs soldats par leur nom, ne serait rien. La chose irait même à l'infini, si chaque bête, chaque plante, et même chaque feuille de plante, chaque graine, enfin chaque grain de sable qu'on pourrait avoir besoin de nommer, devait avoir son nom.* Et comment nommer les parties des choses sensiblement uniformes, comme de l'eau, du fer, § 3, *outre que ces noms particuliers seraient inutiles, la fin principale du langage étant d'exciter dans l'esprit de celui qui m'écoute une idée semblable à la mienne ?* Ainsi la similitude suffit, qui est marquée par les termes généraux. § 4. *Et les mots particuliers seuls ne serviraient point à étendre nos connaissances*, ni à faire juger de l'avenir par le passé, ou d'un individu par un autre. § 5. *Cependant comme l'on a souvent besoin de faire mention de certains individus, particulièrement de notre espèce, l'on se sert de noms propres ; qu'on donne aussi aux pays, villes, montagnes et autres distinctions de lieu. Et les maquignons donnent des noms propres jusqu'à leurs chevaux, aussi bien qu'Alexandre à son Bucéphale, afin de pouvoir distinguer tel ou tel cheval particulier, lorsqu'il est éloigné de leur vue.*

THÉOPHILE. Ces remarques sont bonnes et il y en a qui conviennent avec celles que je viens de faire. Mais j'ajouterai, suivant ce que j'ai observé déjà, que les noms propres ont été ordinairement appellatifs, c'est-à-dire généraux, dans leur origine, comme Brutus, César, Auguste, Capito, Lentulus, Piso, Cicéron, Elbe, Rhin, Ruhr, Leine, Oker, Bucéphale, Alpes, Brenner ou Pyrénées ; car l'on sait que le premier Brutus eut ce nom de son apparente stupidité, que César était le nom d'un enfant tiré par incision du ventre de sa mère, qu'Auguste était un nom de vénération, que Capiton est grosse tête, comme Bucéphale aussi, que Lentulus, Pison et Cicéron ont été des noms donnés au commencement à ceux qui cultivaient particulièrement certaines sortes de légumes. J'ai déjà dit ce que signifient les noms de ces rivières, Rhin, Ruhr, Leine, Oker. Et l'on sait que toutes les rivières s'appellent encore elbes en Scandinavie. Enfin alpes sont montagnes couvertes de neige (à quoi convient *album*, blanc) et Brenner ou Pyrénées signifient une grande hauteur, car *bren* était haut, ou chef (comme Brennus) en celtique, comme encore brinck chez les Saxons est hauteur, et il y a un *Brenner* entre l'Allemagne et l'Italie, comme les Pyrénées sont entre les Gaules et l'Espagne. Ainsi j'oserais dire que presque tous les mots sont originairement des termes généraux, parce qu'il arrivera fort rarement qu'on inventera un nom exprès sans raison pour marquer un tel individu. On peut donc dire que les noms des individus étaient des noms d'espèce, qu'on donnait par excellence ou autrement à quelque individu, comme le nom de grosse-tête à celui de toute la ville qui l'avait la plus grande ou qui était le plus considéré des grosses têtes qu'on connaissait. C'est ainsi même qu'on donne les noms des genres aux espèces, c'est-à-dire qu'on se contentera d'un terme plus général ou plus vague pour désigner des espèces plus particulières, lorsqu'on ne se soucie point des différences. Comme, par exemple, on se contente du nom général d'absinthe, quoiqu'il y en ait tant d'espèces qu'un des Bauhins en a rempli un livre exprès [159].

§ 6. PHILALÈTHE. Vos réflexions sur l'origine des noms propres sont fort justes ; mais pour venir à celle des noms appellatifs ou des termes généraux, vous conviendrez sans doute, Monsieur, que *les mots deviennent généraux lorsqu'ils sont signes d'idées générales, et les idées deviennent générales lorsque par abstraction on en sépare le temps, le lieu, ou telle autre circonstance, qui peut les déterminer à telle ou telle existence particulière.*

THÉOPHILE. Je ne disconviens point de cet usage des abstractions, mais c'est plutôt en montant des espèces aux genres que des individus aux espèces. Car (quelque paradoxe que cela paraisse) il est impossible à nous d'avoir la connaissance des individus et de trouver le moyen de déterminer exactement l'individualité d'aucune chose, à moins que de la garder elle-même ; car toutes les circonstances peuvent revenir ; les plus petites différences nous sont insensibles ; le lieu ou le temps, bien loin de déterminer d'eux-mêmes, ont besoin eux-mêmes d'être déterminés par les choses qu'ils contiennent. Ce qu'il y a de plus considérable en cela est que l'individualité enveloppe l'infini, et il n'y a que celui qui est capable de le comprendre qui puisse avoir la connaissance du principe d'individuation d'une telle ou telle chose ; ce qui vient de l'influence (à l'entendre sainement) de toutes les choses de l'univers les unes sur les autres. Il est vrai qu'il n'en serait point ainsi s'il y avait des atomes de Démocrite ; mais aussi il n'y aurait point alors de différence entre deux individus différents de la même figure et de la même grandeur.

§ 7. PHILALÈTHE. *Il est pourtant tout visible que les idées que les enfants se font des personnes avec qui ils conversent (pour nous arrêter à cet exemple) sont semblables aux personnes mêmes, et ne sont que particulières. Les idées qu'ils ont de leur nourrice et de leur mère sont fort bien tracées dans leur esprit, et les noms de nourrice ou de maman dont se servent les enfants se rapportent uniquement à ces personnes. Quand après cela le temps leur a fait observer qu'il y a plusieurs autres êtres qui ressemblent à leur père ou à leur mère, ils forment une idée, à laquelle ils trouvent que tous ces êtres particuliers participent également, et ils lui donnent comme les autres le nom d'homme.* § 8. *Ils acquièrent par la même voie des noms et des notions plus générales ; par exemple la nouvelle idée de l'animal ne se fait point par aucune addition, mais seulement en ôtant la figure ou les propriétés particulières de l'homme, et en retenant un corps accompagné de vie, de sentiment et de motion spontanée.*

THÉOPHILE. Fort bien ; mais cela ne fait voir que ce que je viens de dire ; car comme l'enfant va par abstraction de l'observation de l'idée de l'homme à celle de l'idée de l'animal, il est venu de cette idée plus spécifique, qu'il observait dans sa mère ou dans son père et dans d'autres personnes, à celle de la nature humaine. Car pour juger qu'il n'avait point de précise idée de l'individu, il suffit de considérer qu'une ressemblance médiocre le tromperait aisément et le ferait prendre pour sa mère une autre femme, qui ne l'est point. Vous savez l'histoire du faux Martin Guerre[160], qui trompa la femme même du véritable et les proches parents par la ressemblance jointe à l'adresse et embarrassa longtemps les juges, lors même que le véritable fut arrivé.

§ 9. PHILALÈTHE. *Ainsi tout ce mystère du genre et des espèces, dont on fait tant de bruit dans les écoles, mais qui hors de là est avec raison* si peu considéré, tout ce mystère, dis-je, se réduit uniquement à la formation d'idées abstraites plus ou moins étendues, auxquelles on donne certains noms.

THÉOPHILE. L'art de ranger les choses en genres et en espèces n'est pas de petite importance et sert beaucoup tant au jugement qu'à la mémoire. Vous savez de quelle conséquence cela est dans la botanique, sans parler des animaux et autres substances, et sans parler aussi des êtres moraux et notionaux, comme quelques-uns les appellent. Une bonne partie de l'ordre en dépend, et plusieurs bons auteurs écrivent en sorte que tout leur discours peut être réduit en divisions ou sous-divisions, suivant une méthode qui a du rapport aux genres et aux espèces, et sert non seulement à retenir les choses, mais même à les trouver. Et ceux qui ont disposé toutes sortes de notions sous certains titres ou prédicaments sous-divisés ont fait quelque chose de fort utile.

§ 10. PHILALÈTHE. *En définissant les mots, nous nous servons du genre ou du terme général le plus prochain ; et c'est pour s'épargner la peine de compter les différentes idées simples que ce genre signifie, ou quelquefois peut-être pour s'épargner la honte de ne pouvoir faire cette énumération. Mais quoique la voie la plus courte de définir soit par le moyen du genre et de la différence, comme parlent les logiciens, on peut douter à mon avis qu'elle soit la meilleure : du moins elle n'est pas l'unique. Dans la définition qui dit que l'homme est un animal raisonnable (définition qui peut-être n'est pas la plus exacte, mais qui sert assez bien au présent dessein), au lieu du mot animal on pourrait mettre sa définition. Ce qui fait voir le peu de nécessité de la règle qui veut qu'une définition doit être composée de genre et de différence, et le peu d'avantage qu'il y a à l'observer exactement. Aussi les langues ne sont pas toujours formées selon les règles de la logique, en sorte que la signification de chaque terme puisse être exactement et clairement exprimée par deux autres termes. Et ceux qui ont fait cette règle ont eu tort de nous donner si peu de définitions qui y soient conformes.*

THÉOPHILE. Je conviens de vos remarques ; il serait pourtant avantageux pour bien des raisons que les définitions puissent être de deux termes : cela sans doute abrégerait beaucoup et toutes les divisions pourraient être réduites à des dichotomies, qui en sont la meilleure espèce, et servent beaucoup pour l'invention, le jugement et la mémoire. Cependant je ne crois pas que les logiciens exigent toujours que le genre ou la différence soit exprimée en un seul mot ; par exemple ce terme *polygone régulier* peut passer pour le genre du carré, et dans la figure du cercle le genre pourra être une figure plane curviligne, et la différence serait celle dont les points de la ligne ambiante soient également distants d'un certain point comme centre. Au reste il est encore bon de remarquer que bien souvent le genre pourra être changé en différence, et la différence en genre, par exemple : le carré est un régulier quadrilatéral, ou bien un quadrilatère régulier, de sorte qu'il semble que le genre ou la différence ne diffèrent que comme le substantif et l'adjectif ; comme si au lieu de dire que l'homme est un animal raisonnable, la langue permettait de dire que l'homme est un rational animable, c'est-à-dire une substance raisonnable douée d'une nature animale ; au lieu que les génies sont des substances raisonnables dont la nature n'est point animale, ou commune avec les bêtes. Et cet échange des genres et différences dépend de la variation de l'ordre des sous-divisions.

§ 11. PHILALÈTHE. *Il s'ensuit de ce que je venais de dire que ce qu'on appelle général et universel n'appartient point à l'existence des choses, mais que c'est un ouvrage de l'entendement.* § 12. *Et les essences de chaque espèce ne sont que les idées abstraites.*

THÉOPHILE. Je ne vois pas assez cette conséquence. Car la généralité consiste dans la ressemblance des choses singulières entre elles, et cette ressemblance est une réalité.

§ 13. PHILALÈTHE. *J'allais vous dire moi-même que ces espèces sont fondées sur les ressemblances.*

THÉOPHILE. Pourquoi donc n'y point chercher aussi l'essence des genres et des espèces ?

§ 14. PHILALÈTHE. *On sera moins surpris de m'entendre dire que ces essences sont l'ouvrage de l'entendement, si l'on considère qu'il y a du moins des idées complexes, qui dans l'esprit de différentes personnes sont souvent différentes collections d'idées simples, et ainsi ce qui est* avarice *dans l'esprit d'un homme ne l'est pas dans l'esprit d'un autre.*

THÉOPHILE. J'avoue, Monsieur, qu'il y a peu d'endroits où j'aie moins entendu la force de vos conséquences qu'ici, et cela me fait de la peine. Si les hommes diffèrent dans le nom, cela change-t-il les choses ou leurs ressemblances ? Si l'un applique le nom d'avarice à une ressemblance, et l'autre à une autre, ce seront deux différentes espèces désignées par le même nom.

PHILALÈTHE. *Dans l'espèce des substances, qui nous est [la] plus familière et que nous connaissons de la manière la plus intime, on a douté plusieurs fois si le fruit qu'une femme a mis au monde était homme, jusqu'à disputer si l'on devait le nourrir et baptiser ; ce qui ne pourrait être si l'idée abstraite ou l'essence, à laquelle appartient le nom d'homme, était l'ouvrage de la nature et non une diverse et incertaine collection d'idées simples, que l'entendement joint ensemble et à laquelle il attache un nom après l'avoir rendue générale par voie d'abstraction. De sorte que dans le fond chaque idée distincte, formée par abstraction, est une essence distincte.*

THÉOPHILE. Pardonnez-moi que je vous dise, Monsieur, que votre langage m'embarrasse, car je n'y vois point de liaison. Si nous ne pouvons pas toujours juger par le dehors des ressemblances de l'intérieur, est-ce qu'elles en sont moins dans la nature ? Lorsqu'on doute si un monstre est homme, c'est qu'on doute s'il a de la raison. Quand on saura qu'il en a, les théologiens ordonneront de le faire baptiser et les jurisconsultes de le faire nourrir. Il est vrai qu'on peut disputer des plus basses espèces logiquement prises, qui se varient par des accidents dans une même espèce physique ou tribu de génération ; mais on n'a point besoin de les déterminer ; on peut même les varier à l'infini, comme il se voit dans la grande variété des oranges, limons et citrons, que les experts savent nommer et distinguer. On le voyait de même dans les tulipes et œillets, lorsque ces fleurs étaient à la mode. Au reste, que les hommes joignent telles ou telles idées ou non, et même que la nature les joigne actuellement ou non, cela ne fait rien pour les essences, genres ou espèces, puisqu'il ne s'y agit que de possibilités, qui sont indépendantes de notre pensée.

§ 15. PHILALÈTHE. *On suppose ordinairement une constitution réelle de l'espèce de chaque chose, et il est hors de doute qu'il y en doit avoir, d'où chaque amas d'idées simples ou qualités coexistantes dans cette chose doit dépendre. Mais comme il est évident que les choses ne sont rangées en sortes ou espèces sous certains noms qu'en tant qu'elles conviennent avec certaines idées abstraites, auxquelles nous avons attaché ce nom-là, l'essence de chaque genre ou espèce vient ainsi à n'être autre chose que l'idée abstraite signifiée par le nom général ou spécifique, et nous trouverons que c'est là ce qu'emporte le mot d'essence selon l'usage le plus ordinaire qu'on en fait. Il ne serait pas mal à mon avis de désigner ces deux sortes d'essences par deux noms différents et d'appeler la première essence réelle et l'autre essence nominale.*

THÉOPHILE. Il me semble que votre langage innove extrêmement dans les manières de s'exprimer. On a bien parlé jusqu'ici de définitions nominales et causales ou réelles, mais non pas que je sache d'essences autres que réelles, à moins que par essences nominales on n'ait entendu des essences fausses et impossibles, qui paraissent être des essences, mais n'en sont point, comme serait par exemple celle d'un décaèdre régulier, c'est-à-dire d'un corps régulier, compris sous dix plans ou hèdres. L'essence dans le fond n'est autre chose que la possibilité de ce qu'on propose. Ce qu'on suppose possible est exprimé par la définition ; mais cette définition n'est que nominale, quand elle n'exprime point en même temps la possibilité, car alors on peut douter si cette définition exprime quelque chose de réel, c'est-à-dire de possible, jusqu'à ce que l'expérience vienne à notre secours pour nous faire connaître cette réalité *a posteriori*, lorsque la chose se trouve effectivement dans le monde ; ce qui suffit au défaut de la raison, qui ferait connaître la réalité *a priori* en exposant la cause ou la génération possible de la chose définie. Il ne dépend donc pas de nous de joindre les idées comme bon nous semble, à moins que cette combinaison ne soit justifiée ou par la raison qui la montre possible, ou par l'expérience qui la montre actuelle, et par conséquent possible aussi. Pour mieux distinguer aussi l'essence et la définition, il faut considérer qu'il n'y a qu'une essence de la chose, mais qu'il y a plusieurs définitions qui expriment une même essence, comme la même structure ou la même ville peut être représentée par des différentes scénographies, suivant les différents côtés dont on la regarde.

§ 18. PHILALÈTHE. Vous m'accorderez, je pense, que *le réel et le nominal est toujours le même dans les idées simples et dans les idées des modes ; mais dans les idées des substances, ils sont toujours entièrement différents. Une figure qui termine un espace par trois lignes, c'est l'essence du triangle, tant réelle que nominale ; car c'est non seulement l'idée abstraite à laquelle le nom général est attaché, mais l'essence ou l'être propre de la chose, ou le fondement d'où procèdent ses propriétés, et auquel elles sont attachées. Mais c'est tout autrement à l'égard de l'or; la constitution réelle de ses parties, de laquelle dépendent la couleur, la pesanteur, la fusibilité, la fixité, etc., nous est inconnue, et n'en ayant point d'idée, nous n'avons point de nom qui en soit signe. Cependant ce sont ces qualités qui font que cette matière est appelée de l'or, et sont son essence nominale, c'est-à-dire qui donne droit au nom.*

THÉOPHILE. J'aimerais mieux de dire, suivant l'usage reçu, que l'essence de l'or est ce qui le constitue et qui lui donne ces qualités sensibles, qui le font reconnaître et qui font sa définition nominale, au lieu que nous aurions la définition réelle et causale, si nous pouvions expliquer cette contexture ou constitution intérieure. Cependant la définition nominale se trouve ici réelle aussi, non par elle-même (car elle ne fait point connaître *a priori* la possibilité ou la génération de ce corps) mais par l'expérience, parce que nous expérimentons qu'il y a un corps où ces qualités se trouvent ensemble : sans quoi on pourrait douter si tant de pesanteur serait compatible avec tant de malléabilité, comme l'on peut douter jusqu'à présent si un verre malléable à froid est possible à la nature. Je ne suis pas au reste de votre avis, Monsieur, qu'il y a ici de la différence entre les idées des substances et les idées des prédicats, comme si les définitions des prédicats (c'est-à-dire des modes et des objets des idées simples) étaient toujours réelles et nominales en même temps, et que celles des substances n'étaient que nominales. Je demeure bien d'accord qu'il est plus difficile d'avoir des définitions réelles des corps, qui sont des êtres substantiels, parce que leur contexture est moins sensible. Mais il n'en est pas de même de toutes les substances ; car nous avons une connaissance des vraies substances ou des unités (comme de Dieu et de l'âme) aussi intime que nous en avons de la plupart des modes. D'ailleurs il y a des prédicats aussi peu connus que la contexture des corps : car le jaune ou l'amer par exemple sont les objets des idées ou fantaisies simples, et néanmoins on n'en a qu'une connaissance confuse, même dans les mathématiques, où un même mode peut avoir une définition nominale aussi bien qu'une réelle. Peu de gens ont bien expliqué en quoi consiste la différence de ces deux définitions, qui doit discerner aussi l'essence et la propriété. A mon avis cette différence est que la réelle fait voir la possibilité du défini, et la nominale ne le fait point : la définition de deux droites **parallèles**, qui dit qu'elles sont dans un même plan et ne se rencontrent point quoiqu'on les continue à l'infini, n'est que nominale, car on pourrait douter d'abord si cela est possible. Mais lorsqu'on a compris qu'on peut mener une droite parallèle dans un plan à une droite donnée pourvu qu'on prenne garde que la pointe du style qui décrit la parallèle demeure toujours également distante de la donnée, on voit en même temps que la chose est possible et pourquoi elles ont cette propriété de ne se rencontrer jamais, qui en fait la définition nominale, mais qui n'est la marque du parallélisme que lorsque les deux lignes sont droites, au lieu que si l'une au moins était courbe, elles pourraient être de nature à ne se pouvoir jamais rencontrer, et cependant elles ne seraient point parallèles pour cela.

§ 19. PHILALÈTHE. *Si l'essence était autre chose que l'idée abstraite, elle ne serait point ingénérable et incorruptible. Une licorne, une sirène, un cercle exact ne sont peut-être point dans le monde.*

THÉOPHILE. Je vous ai déjà dit, Monsieur, que les essences sont perpétuelles, parce qu'il ne s'y agit que du possible.

CHAPITRE IV

DES NOMS DES IDÉES SIMPLES

§ 2. PHILALÈTHE. Je vous avoue que j'ai toujours cru qu'il était arbitraire de former les modes ; mais, quant aux idées simples et celles des substances, j'ai été persuadé qu'outre la possibilité, *ces idées devaient signifier une existence réelle.*

THÉOPHILE. Je n'y vois aucune nécessité. Dieu en a les idées avant que de créer les objets de ces idées, et rien n'empêche qu'il ne puisse encore communiquer de telles idées aux créatures intelligentes : il n'y a pas même de démonstration exacte qui prouve que les objets de nos sens, et des idées simples que les sens nous présentent, sont hors de nous. Ce qui a surtout lieu à l'égard de ceux qui croient avec les cartésiens et avec notre célèbre auteur, que nos idées simples des qualités sensibles n'ont point de ressemblance avec ce qui est hors de nous dans les objets : il n'y aurait donc rien qui oblige ces idées d'être fondées dans quelque existence réelle.

§ 4, 5, 6, 7. PHILALÈTHE. Vous m'accorderez au moins cette autre différence entre les idées simples et les composées que *les noms des idées simples ne peuvent être définis, au lieu que ceux des idées composées le peuvent être. Car les définitions doivent contenir plus d'un terme, dont chacun signifie une idée. Ainsi l'on voit ce qui peut ou ne peut pas être défini, et pourquoi les définitions ne peuvent aller à l'infini ; ce que jusqu'ici personne, que je sache, n'a remarqué.*

THÉOPHILE. J'ai aussi remarqué dans le petit *Essai sur les idées*[161], inséré dans les *Actes de Leipzig* il y a environ vingt ans, que les termes simples ne sauraient avoir de définition nominale : mais j'y ai ajouté en même temps que ces termes, lorsqu'ils ne sont simples qu'à notre égard (parce que nous n'avons pas le moyen d'en faire l'analyse pour venir aux perceptions élémentaires dont ils sont composés), comme chaud, froid, jaune, vert, peuvent recevoir une définition réelle, qui en expliquerait la cause : c'est ainsi que la définition réelle du vert est d'être composé de bleu et de jaune bien mêlés, quoique le vert ne soit pas plus susceptible de définition nominale qui le fasse reconnaître que le bleu et le jaune. Au lieu que les termes, qui sont simples en eux-mêmes, c'est-à-dire dont la conception est claire et distincte, ne sauraient recevoir aucune définition, soit nominale, soit réelle. Vous trouverez dans ce petit *Essai*, mis dans les *Actes de Leipzig*, les fondements d'une bonne partie de la doctrine qui regarde l'entendement expliquée en abrégé.

§ 7, 8. PHILALÈTHE. Il était bon d'explique ce point et de marquer ce qui pourrait être défini ou non. Et je suis tenté de croire qu'il s'élève souvent de grandes disputes et qu'il s'introduit bien du galimatias dans le discours des hommes pour ne pas songer à cela. *Ces célèbres vétilles, dont on fait tant de bruit dans les écoles, sont venues de ce qu'on n'a pas pris garde à cette différence qui se trouve dans les idées. Les plus grands maîtres dans l'art ont été contraints de laisser la plus grande partie des idées simples sans les définir, et quand ils ont entrepris de le faire, ils n'y ont point réussi. Le moyen, par exemple, que l'esprit de l'homme pût inventer un plus fin galimatias que celui qui est renfermé dans cette définition d'Aristote : le mouvement est l'acte d'un être en puissance, en tant qu'il est en puissance.* § 9. *Et les modernes qui définissent le mouvement que c'est le passage d'un lieu dans un autre ne font que mettre un mot synonyme à la place de l'autre.*

THÉOPHILE. J'ai déjà remarqué dans une de nos conférences passées que chez vous on fait passer bien des idées pour simples, qui ne le sont point. Le mouvement est de ce nombre, que je crois être définissable ; et la définition qui dit que c'est un changement de lieu n'est pas à mépriser. La définition d'Aristote n'est pas si absurde qu'on pense, faute d'entendre que le grec κίνησις chez lui ne signifiait pas ce que nous appelons mouvement, mais ce que nous exprimerions par le mot de changement, d'où vient qu'il lui donne une définition si abstraite et si métaphysique, au lieu que ce que nous appelons mouvement est appelé chez lui φορά, *latio*, et se trouve entre les espèces du changement (τῆς κινήσεως).

§ 10. PHILALÈTHE. Mais vous n'excuserez pas au moins *la définition de la lumière du même auteur, que c'est l'acte du transparent.*

THÉOPHILE. Je la trouve avec vous fort inutile, et il se sert trop de son acte, qui ne nous dit pas grand-chose. Diaphane lui est un milieu au travers duquel on pourrait voir, et la lumière est selon lui ce qui consiste dans le trajet actuel. A la bonne heure.

§ 11. PHILALÈTHE. Nous convenons donc que *nos idées simples ne sauraient avoir des définitions nominales, comme nous ne saurions connaître le goût de l'ananas par la relation des voyageurs, à moins de pouvoir goûter les choses par les oreilles, comme Sancho Pança avait la faculté de voir Dulcinée par ouï-dire, ou comme cet aveugle qui, ayant fort ouï parler de l'éclat d'écarlate, crut qu'elle devait ressembler au son de la trompette.*

THÉOPHILE. Vous avez raison et tous les voyageurs du monde ne nous auraient pu donner par leurs relations ce que nous devons à un gentilhomme de ce pays, qui cultive avec succès des ananas à trois lieues d'Hanovre presque sur le bord de la Weser et a trouvé le moyen de les multiplier en sorte que nous le pourrons avoir peut-être un jour de notre cru aussi copieusement que les oranges du Portugal, quoiqu'il y aurait apparemment quelque déchet dans le goût.

§ 12, 13. PHILALÈTHE. *Il en est tout autrement des idées complexes. Un aveugle peut entendre ce que c'est que la statue, et un homme qui n'aurait jamais vu l'arc-en-ciel pourrait comprendre ce que c'est, pourvu qu'il ait vu les couleurs qui le composent. § 15. Cependant quoique les idées simples soient inexplicables, elles ne laissent pas d'être les moins douteuses.* Car l'expérience fait plus que la définition.

THÉOPHILE. Il y a pourtant quelque difficulté sur les idées qui ne sont simples qu'à notre égard. Par exemple, il serait difficile de marquer précisément les bornes du bleu et du vert, et en général de discerner les couleurs fort approchantes, au lieu que nous pouvons avoir des notions précises des termes dont on se sert en arithmétique et en géométrie.

§ 16. PHILALÈTHE. *Les idées simples ont encore cela de particulier qu'elles ont très peu de subordination dans ce que les logiciens appellent* ligne prédicamentale, *depuis la dernière espèce jusqu'au genre suprême. C'est que la dernière espèce n'étant qu'une seule idée simple, on n'en peut rien retrancher; par exemple, on ne peut rien retrancher des idées du blanc et du rouge pour retenir la commune apparence, où elles conviennent; c'est pour cela qu'on les comprend avec le jaune et autres sous le genre ou le nom de couleur. Et quand on veut former un terme encore plus général, qui comprenne aussi les sons, les goûts et les qualités tactiles, on se sert du terme général de* qualité *dans le sens qu'on lui donne ordinairement pour distinguer ces qualités de l'étendue, du nombre, du mouvement, du plaisir et de la douleur, qui agissent sur l'esprit et y introduisent leurs idées par plus d'un sens.*

THÉOPHILE. J'ai encore quelque chose à dire sur cette remarque. J'espère qu'ici et ailleurs vous me ferez la justice, Monsieur, de croire que ce n'est point par un esprit de contradiction, et que la matière le semble demander. Ce n'est pas un avantage que les idées des qualités sensibles ont si peu de subordination, et sont capables de si peu de sous-divisions; car cela ne vient que de ce que nous les connaissons peu. Cependant, cela même que toutes les couleurs ont commun, d'être vues par les yeux, de passer toutes par des corps par où passe l'apparence de quelques-uns entre eux, et d'être renvoyées des surfaces polies des corps qui ne les laissent point passer, font connaître qu'on peut retrancher quelque chose des idées que nous en avons. On peut même diviser les couleurs avec grande raison en extrêmes (dont l'un est positif, savoir le blanc, et l'autre privatif, savoir le noir) et en moyens, qu'on appelle encore couleurs dans un sens plus particulier, et qui naissent de la lumière par la réfraction; qu'on peut encore sous-diviser en celles du côté convexe et celles du côté concave du rayon rompu. Et ces divisions et sous-divisions des couleurs ne sont pas de petite conséquence.

PHILALÈTHE. Mais comment peut-on trouver des genres dans ces idées simples ?

THÉOPHILE. Comme elles ne sont simples qu'en apparence, elles sont accompagnées de circonstances qui ont de la liaison avec elles, quoique cette liaison ne soit point entendue de nous, et ces circonstances fournissent quelque chose d'explicable et de susceptible d'analyse, qui donne aussi quelque espérance qu'on pourra trouver un jour les raisons de ces phénomènes. Ainsi il arrive qu'il y a une manière de pléonasme dans les perceptions que nous avons des qualités sensibles, aussi bien que des masses sensibles ; et ce pléonasme est que nous avons plus d'une notion du même sujet. L'or peut être défini nominalement de plusieurs façons ; on peut dire que c'est le plus pesant de nos corps, que c'est le plus malléable, que c'est un corps fusible qui résiste à la coupelle et à l'eau-forte, etc. Chacune de ces marques est bonne et suffit à reconnaître l'or, au moins provisionnellement et dans l'état présent de nos corps, jusqu'à ce qu'il se trouve un corps plus pesant comme quelques chimistes le prétendent de leur pierre philosophale, ou jusqu'à ce qu'on fasse voir cette lune fixe, qui est un métal qu'on dit avoir la couleur de l'argent et presque toutes les autres qualités de l'or, et que M. le chevalier Boyle semble dire avoir fait[162]. Aussi peut-on dire que, dans les matières que nous ne connaissons qu'en empiriques, toutes nos définitions ne sont que provisionnelles, comme je crois avoir déjà remarqué ci-dessus. Il est donc vrai que nous ne savons pas démonstrativement s'il ne se peut qu'une couleur puisse être engendrée par la seule réflexion sans réfraction, et que les couleurs que nous avons remarquées jusqu'ici dans la concavité de l'angle de réfraction ordinaire se trouvent dans la convexité d'une manière de réfraction inconnue jusqu'ici, et *vice versa*. Ainsi l'idée simple du bleu serait dépouillée du genre que nous lui avons assigné sur nos expériences. Mais il est bon de s'arrêter au bleu que nous avons et aux circonstances qui l'accompagnent. Et c'est quelque chose qu'elles nous fournissent de quoi faire des genres et des espèces.

§ 17. PHILALÈTHE. Mais que dites-vous de la remarque qu'on a faite que *les idées simples étant prises de l'existence des choses ne sont nullement arbitraires, au lieu que celles des modes mixtes le sont tout à fait et celles des substances en quelque façon ?*

THÉOPHILE. Je crois que l'arbitraire se trouve seulement dans les mots et nullement dans les idées. Car elles n'expriment que des possibilités : ainsi, quand il n'y aurait jamais eu de parricide et quand tous les législateurs se fussent aussi peu avisés que Solon d'en parler, le parricide serait un crime possible et son idée serait réelle. Car les idées sont en Dieu de toute éternité et même elles sont en nous avant que nous y pensions actuellement, comme j'ai montré dans nos premières conversations. Si quelqu'un les veut prendre pour des pensées actuelles des hommes, cela lui est permis, mais il s'opposera sans sujet au langage reçu.

CHAPITRE V

DES NOMS DES MODES MIXTES ET DES RELATIONS

§ 2, 3, sqq. PHILALÈTHE. *Mais l'esprit ne forme-t-il pas les idées mixtes en assemblant les idées simples comme il le juge à propos, sans avoir besoin de modèle réel ; au lieu que les idées simples lui viennent sans choix par l'existence réelle des choses ? Ne voit-il pas souvent l'idée mixte avant que la chose existe ?*

THÉOPHILE. Si vous prenez les idées pour les pensées actuelles, vous avez raison. Mais je ne vois point qu'il soit besoin d'appliquer votre distinction à ce qui regarde la forme même ou la possibilité de ces pensées, et c'est pourtant de quoi il s'agit dans le monde idéal, qu'on distingue du monde existant. L'existence réelle des êtres qui ne sont point nécessaires est un point de fait ou d'histoire, mais la connaissance des possibilités et des nécessités (car nécessaire est dont l'opposé n'est point possible) fait les sciences démonstratives.

PHILALÈTHE. *Mais y a-t-il plus de liaison entre les idées de tuer et de l'homme qu'entre les idées de tuer et de la brebis ? le parricide est-il composé de notions plus liées que l'infanticide ? et ce que les Anglais appellent stabbing, c'est-à-dire un meurtre par estocade, ou en frappant de la pointe, qui est plus grief chez eux que lorsqu'on tue en frappant du tranchant de l'épée, est-il plus naturel pour avoir mérité un nom et une idée, qu'on n'a point accordés par exemple à l'acte de tuer une brebis ou de tuer un homme en taillant ?*

THÉOPHILE. S'il ne s'agit que des possibilités, toutes ces idées sont également naturelles. Ceux qui ont vu tuer des brebis ont eu une idée de cet acte dans la pensée, quoiqu'ils ne lui aient point donné de nom, et ne l'aient point daigné de leur attention. Pourquoi donc se borner aux noms quand il s'agit des idées mêmes, et pourquoi s'attacher à la dignité des idées des modes mixtes, quand il s'agit de ces idées en général ?

§ 8. PHILALÈTHE. *Les hommes formant arbitrairement diverses espèces de modes mixtes, cela fait qu'on trouve des mots dans une langue auxquels il n'y a aucun dans une autre langue qui leur réponde. Il n'y a point de mot dans d'autres langues qui réponde au mot versura usité parmi les Romains, ni à celui de corban dont se servaient les Juifs*[163]. *On rend hardiment dans les mots latins hora, pes et libra par ceux d'heure, de pied et de livre ; mais les idées du Romain étaient fort différentes des nôtres.*

THÉOPHILE. Je vois que bien des choses que nous avons discutées quand il s'agissait des idées mêmes et de leurs espèces reviennent maintenant à la faveur des noms de ces idées. La remarque est bonne quant aux noms et quant aux coutumes des hommes, mais elle ne change rien dans les sciences et dans la nature des choses ; il est vrai que celui qui écrirait une grammaire universelle ferait bien de passer de l'essence des langues à leur existence et de comparer les grammaires de plusieurs langues : de même qu'un auteur qui voudrait écrire une jurisprudence universelle tirée de la raison ferait bien d'y joindre des parallèles des lois et coutumes des peuples, ce qui servirait non seulement dans la pratique, mais encore dans la contemplation et donnerait occasion à l'auteur même de s'aviser de plusieurs considérations qui sans cela lui seraient échappées. Cependant, dans la science même, séparée de son histoire ou existence, il n'importe point si les peuples se sont conformés ou non à ce que la raison ordonne.

§ 9. PHILALÈTHE. *La signification douteuse du mot espèce fait que certaines gens sont choqués d'entendre dire que les espèces des modes mixtes sont formées par l'entendement. Mais je laisse à penser qui c'est qui fixe les limites de chaque sorte ou espèce, car ces deux mots me sont tout à fait synonymes.*

THÉOPHILE. C'est la nature des choses qui fixe ordinairement ces limites des espèces, par exemple de l'homme et de la bête, de l'estoc et de la taille. J'avoue cependant qu'il y a des notions où il y a véritablement de l'arbitraire ; par exemple lorsqu'il s'agit de déterminer un pied, car, la ligne droite étant uniforme et indéfinie, la nature n'y marque point de limites. Il y a aussi des essences vagues et imparfaites où l'opinion entre, comme lorsqu'on demande combien il faut laisser pour le moins de poils à un homme pour qu'il ne soit point chauve, c'était un des sophismes des Anciens quand on pousse son adversaire,

Dum cadat elusus ratione ruentis acervi[164].

Mais la véritable réponse est que la nature n'a point déterminé cette notion et que l'opinion y a sa part, qu'il y a des personnes dont on peut douter s'ils sont chauves ou non, et qu'il y en a d'ambiguës qui passeront pour chauves auprès des uns, et non pas auprès des autres, comme vous aviez remarqué qu'un cheval qui sera estimé petit en Hollande passera pour grand dans le pays de Galles. Il y a même quelque chose de cette nature dans les idées simples, car je viens d'observer que les dernières bornes des couleurs sont douteuses ; il y a aussi des essences véritablement nominales à demi, où le nom entre dans la définition de la chose, par exemple le degré ou la qualité de docteur, de chevalier, d'ambassadeur, de roi, se connaît lorsqu'une personne a acquis le droit reconnu de se servir de ce nom. Et un ministre étranger, quelque plein pouvoir et quelque grand train qu'il ait, ne passera point pour ambassadeur si sa lettre de créance ne lui en donne le nom. Mais ces essences et idées sont vagues, douteuses, arbitraires, nominales dans un sens un peu différent de ceux dont vous aviez fait mention.

§ 10. PHILALÈTHE. *Mais il semble que le nom conserve souvent les essences des modes mixtes, que vous croyez n'être point arbitraires ; par exemple sans le nom de triomphe nous n'aurions guère d'idée de ce qui se passait chez les Romains dans cette occasion.*

THÉOPHILE. J'accorde que le nom sert à donner de l'attention aux choses, et à en conserver la mémoire et la connaissance actuelle ; mais cela ne fait rien au point dont il s'agit et ne rend point les essences nominales et je ne comprends pas à quel sujet vos messieurs veulent à toute force que les essences mêmes dépendent du choix des noms. Il aurait été à souhaiter que votre célèbre auteur, au lieu d'insister là-dessus, eût mieux aimé d'entrer dans un plus grand détail des idées et des modes, et d'en ranger et développer les variétés. Je l'aurais suivi dans ce chemin avec plaisir et avec fruit. Car il nous aurait sans doute donné bien des lumières.

§ 12. PHILALÈTHE. *Quand nous parlons d'un cheval ou du fer, nous les considérons comme des choses qui nous fournissent les patrons originaux de nos idées ; mais quand nous parlons des modes mixtes ou du moins des plus considérables de ces modes, qui sont les êtres de morale, par exemple de la justice, de la reconnaissance, nous en considérons les modèles originaux comme existant dans l'esprit. C'est pourquoi nous disons la notion de la justice, de la tempérance ; mais on ne dit pas la notion d'un cheval, d'une pierre.*

THÉOPHILE. Les patrons des idées des uns sont aussi réels que ceux des idées des autres. Les qualités de l'esprit ne sont pas moins réelles que celles du corps. Il est vrai qu'on ne voit pas la justice comme un cheval, mais on ne l'entend pas moins, ou plutôt on l'entend mieux, elle n'est pas moins dans les actions que la droiture et l'obliquité est dans les mouvements, soit qu'on la considère ou non. Et pour vous faire voir que les hommes sont de mon avis et même les plus capables et les plus expérimentés dans les affaires humaines, je n'ai qu'à me servir de l'autorité des jurisconsultes romains, suivis par tous les autres, qui appellent ces modes mixtes ou ces êtres de morale des choses et particulièrement des choses incorporelles. Car les servitudes par exemple (comme celle du passage par le fonds de son voisin) sont chez eux *res incorporales*, dont il y a propriété, qu'on peut acquérir par un long usage, qu'on peut posséder et vendiquer. Pour ce qui est du mot notion, de fort habiles gens ont pris ce mot pour aussi ample que celui d'idée ; l'usage latin ne s'y oppose pas, et je ne sais si celui des Anglais ou des Français y est contraire.

§ 15. PHILALÈTHE. *Il est encore à remarquer que les hommes apprennent les noms avant les idées des modes mixtes, le nom faisant connaître que cette idée mérite d'être observée.*

THÉOPHILE. Cette remarque est bonne, quoiqu'il soit vrai qu'aujourd'hui les enfants à l'aide des nomenclateurs apprennent ordinairement les noms non seulement des modes, mais encore des substances, avant les choses, et même plutôt les noms des substances que des modes : car c'est un défaut dans ces mêmes nomenclateurs qu'on y met seulement les noms, et non pas les verbes ; sans considérer que les verbes, quoiqu'ils signifient des modes, sont plus nécessaires dans la conversation que la plupart des noms, qui marquent des substances particulières.

CHAPITRE VI

DES NOMS DES SUBSTANCES

§ 1. PHILALÈTHE. *Les genres et les espèces des substances, comme les autres êtres, ne sont que des sortes. Par exemple les soleils sont une sorte d'étoiles, c'est-à-dire ils sont des étoiles fixes, car ce n'est pas sans raison qu'on croit que chaque étoile fixe se ferait connaître pour un soleil à une personne qui serait placée à une juste distance.* § 2. *Or ce qui borne chaque sorte est son essence. Elle est connue ou par l'intérieur de la structure ou par des marques externes, qui nous la font connaître et nommer d'un certain nom : et c'est ainsi qu'on peut connaître l'horloge de Strasbourg ou comme l'horloger qui l'a faite, ou comme un spectateur qui en voit les effets.*

THÉOPHILE. Si vous vous exprimez ainsi, je n'ai rien à opposer.

PHILALÈTHE. Je m'exprime d'une manière propre à ne point renouveler nos contestations. Maintenant j'ajoute que *l'essence ne se rapporte qu'aux sortes, et que rien n'est essentiel aux individus. Un accident ou une maladie peut changer mon teint ou ma taille ; une fièvre ou une chute peut m'ôter la raison et la mémoire, une apoplexie peut me réduire à n'avoir ni sentiment, ni entendement, ni vie. Si l'on me demande s'il est essentiel à moi d'avoir de la raison, je répondrai que non.*

THÉOPHILE. Je crois qu'il y a quelque chose d'essentiel aux individus et plus qu'on ne pense. Il est essentiel aux substances d'agir, aux substances créées de pâtir, aux esprits de penser, aux corps d'avoir de l'étendue et du mouvement. C'est-à-dire il y a des sortes ou espèces dont un individu ne saurait (naturellement au moins) cesser d'être, quand il en a été une fois, quelques révolutions qui puissent arriver dans la nature. Mais il y a des sortes ou espèces, accidentelles (je l'avoue) aux individus qui en sont, et ils peuvent cesser d'être de cette sorte. Ainsi on peut cesser d'être sain, beau, savant, et même d'être visible et palpable, mais on ne cesse pas d'avoir de la vie et des organes, et de la perception. J'ai dit assez ci-dessus pourquoi il paraît aux hommes que la vie et la pensée cessent quelquefois, quoiqu'elles ne laissent pas de durer et d'avoir des effets.

§ 8. PHILALÈTHE. *Quantité d'individus, rangés sous un nom commun, considérés comme d'une seule espèce, ont pourtant des qualités fort différentes, dépendantes de leurs constitutions réelles* (particulières). *C'est ce qu'observent sans peine tous ceux qui examinent les corps naturels, et souvent les chimistes en sont convaincus par de fâcheuses expériences, cherchant en vain dans un morceau d'antimoine, de soufre et de vitriol les qualités qu'ils ont trouvées en d'autres parties de ces minéraux.*

THÉOPHILE. Il n'est rien de si vrai et j'en pourrais dire moi-même des nouvelles. Aussi a-t-on fait des livres exprès *de infido experimentorum chymicorum successu* [165]. Mais c'est qu'on se trompe en prenant ces corps pour s i m i l a i r e s ou uniformes, au lieu qu'ils sont mêlés plus qu'on ne pense ; car dans les corps d i s s i m i l a i r e s on n'est pas surpris de remarquer les différences entre les individus, et les médecins ne savent que trop combien les tempéraments et les naturels des corps humains sont différents. En un mot, on ne trouvera jamais les dernières espèces logiques, comme j'ai déjà remarqué ci-dessus, et jamais deux individus réels ou complets d'une même espèce ne sont parfaitement semblables.

PHILALÈTHE. *Nous ne remarquons point toutes ces différences, parce que nous ne connaissons point les petites parties, ni par conséquent la structure intérieure des choses. Aussi ne nous en servons-nous pas pour déterminer les sortes ou espèces des choses, et si nous le voulions faire par ces essences ou par ce que les écoles appellent formes substantielles, nous serions comme un aveugle qui voudrait ranger les corps selon les couleurs.*

§ 11. *Nous ne connaissons pas même les essences des esprits, nous ne saurions former des différentes idées spécifiques des anges, quoique nous sachions bien qu'il faut qu'il y ait plusieurs espèces des esprits. Aussi semble-t-il que dans nos idées nous ne mettons aucune différence entre Dieu et les esprits par aucun nombre d'idées simples, excepté que nous attribuons à Dieu l'infinité.*

THÉOPHILE. Il y a encore une autre différence dans mon système entre Dieu et les esprits créés, c'est qu'il faut à mon avis que tous les esprits créés aient des corps, tout comme notre âme en a un.

§ 12. PHILALÈTHE. *Au moins je crois qu'il y a cette analogie entre les corps et les esprits que, de même qu'il n'y a point de v i d e dans les variétés du monde corporel, il n'y aura pas moins de variété dans les créatures intelligentes. En commençant depuis nous et allant jusqu'aux choses les plus basses, c'est une descente qui se fait par de f o r t p e t i t s d e g r é s et par une suite continuée des choses qui dans chaque éloignement diffèrent fort peu l'une de l'autre. Il y a des poissons qui ont des ailes, et à qui l'air n'est pas étranger, et il y a des oiseaux qui habitent dans l'eau qui ont le sang froid comme les poissons et dont la chair leur ressemble si fort par le goût qu'on permet aux scrupuleux d'en manger durant les jours maigres. Il y a des animaux qui approchent si fort de l'espèce des oiseaux et de celle des bêtes qu'ils tiennent le milieu entre eux. Les amphibies tiennent également des bêtes terrestres et aquatiques. Les veaux marins vivent sur la terre et dans la mer ; et les marsouins* (dont le nom signifie pourceau de mer) *ont le sang chaud et les entrailles d'un cochon. Pour ne pas parler de ce qu'on rapporte des hommes marins, il y a des bêtes qui semblent avoir autant de connaissance et de raison que quelques animaux qu'on appelle hommes ; et il y a une si grande proximité entre les animaux et les végétaux que, si vous prenez le plus imparfait de l'un et le plus parfait de l'autre, à peine remarquerez-vous aucune différence considérable entre eux. Ainsi jusqu'à ce que nous arrivions aux p l u s b a s s e s et m o i n s o r g a n i s é e s p a r t i e s d e l a m a t i è r e, nous trouverons partout que les espèces sont liées ensemble et ne diffèrent que par des degrés presque insensibles. Et lorsque nous considérons la sagesse et la puissance infinie de l'auteur de toutes choses, nous avons sujet de penser que c'est une chose conforme à la somptueuse harmonie de l'univers et au grand dessein aussi bien qu'à la bonté infinie de ce souverain architecte que les différentes espèces des créatures s'élèvent aussi peu à peu depuis nous vers son infinie perfection. Ainsi nous avons raison de nous persuader qu'il y a beaucoup plus d'espèces de créatures au-dessus de nous qu'il n'y en a au-dessous, parce que nous sommes beaucoup plus éloignés en degrés de perfection de l'être infini de Dieu que de ce qui approche le plus près du néant. Cependant nous n'avons nulle idée claire et distincte de toutes ces différentes espèces.*

THÉOPHILE. J'avais dessein dans un autre lieu de dire quelque chose d'approchant de ce que vous venez d'exposer, Monsieur ; mais je suis bien aise d'être prévenu lorsque je vois qu'on dit les choses mieux que je n'aurais espéré de faire. Des habiles philosophes ont traité cette question, *utrum detur vacuum formarum*[166], c'est-à-dire s'il y a des espèces possibles, qui pourtant n'existent point, et qu'il pourrait sembler que la nature ait oubliées. J'ai des raisons pour croire que toutes les espèces possibles ne sont point compossibles dans l'univers, tout grand qu'il est, et cela non seulement par rapport aux choses qui sont ensemble en même temps, mais même par rapport à toute la suite des choses. C'est-à-dire : je crois qu'il y a nécessairement des espèces qui n'ont jamais été et ne seront jamais, n'étant pas compatibles avec cette suite des créatures que Dieu a choisie. Mais je crois que toutes les choses que la parfaite harmonie de l'univers pouvait recevoir y sont. Qu'il y ait des créatures mitoyennes entre celles qui sont éloignées, c'est quelque chose de conforme à cette même harmonie, quoique ce ne soit pas toujours dans un même globe ou système, et ce qui est au milieu de deux espèces l'est quelquefois par rapport à certaines circonstances et non pas par rapport à d'autres. Les oiseaux, si différents de l'homme en autres choses, s'approchent de lui par la parole ; mais si les singes savaient parler comme les perroquets, ils iraient plus loin. La loi de la continuité porte que la nature ne laisse point de vide dans l'ordre qu'elle suit ; mais toute forme ou espèce n'est pas de tout ordre. Quant aux esprits ou génies, comme je tiens que toutes les intelligences créées ont des corps organisés, dont la perfection répond à celle de l'intelligence ou de l'esprit qui est dans ce corps en vertu de l'harmonie préétablie, je tiens que pour concevoir quelque chose des perfections des esprits au-dessus de nous, il servira beaucoup de se figurer des perfections encore dans les organes du corps qui passent celles du nôtre. C'est où l'imagination la plus vive et la plus riche, et, pour me servir d'un terme italien que je ne saurais bien exprimer autrement, l'*invenzione la piu vaga*, sera le plus de saison pour nous élever au-dessus de nous. Et ce que j'ai dit pour justifier mon système de l'harmonie, qui exalte les perfections divines au-delà de ce qu'on s'était avisé de penser, servira aussi à avoir des idées des créatures incomparablement plus grandes qu'on n'en a eu jusqu'ici.

§ 14. PHILALÈTHE. *Pour revenir au peu de réalité des espèces même dans les substances, je vous demande si l'eau et la glace sont de différente espèce ?*

THÉOPHILE. Je vous demande à mon tour si l'or fondu dans le creuset et l'or refroidi en lingot sont d'une même espèce.

PHILALÈTHE. Celui-là ne répond pas à la question qui en propose une autre.

Qui litem lite resolvit [167].

Cependant vous reconnaîtrez par là que la réduction des choses en espèces se rapporte uniquement aux idées que nous en avons, ce qui suffit pour les distinguer par des noms ; mais si nous supposons que cette distinction est fondée sur leur constitution réelle et intérieure et que la nature distingue les choses qui existent en autant d'espèces par leurs essences réelles, de la même manière que nous les distinguons nous-mêmes en espèces par telles ou telles dénominations, nous serons sujets à de grands mécomptes.

THÉOPHILE. Il y a quelque ambiguïté dans le terme d'**espèce** ou d'**être de différente espèce**, qui cause tout cet embarras, et quand nous l'aurons levée, il n'y aura plus de contestation que peut-être sur le nom. On peut prendre l'espèce mathématiquement et aussi physiquement. Dans la rigueur mathématique la moindre différence qui fait que deux choses ne sont point semblables en tout fait qu'elles **diffèrent d'espèce**. C'est ainsi qu'en géométrie tous les cercles sont d'une même espèce, car ils sont tous semblables parfaitement, et par la même raison toutes les paraboles aussi sont d'une même espèce, mais il n'en est pas de même des ellipses et des hyperboles, car il y en a infinité de sortes ou d'espèces, quoiqu'il y en ait aussi une infinité de chaque espèce. Toutes les ellipses innombrables, dans lesquelles la distance des foyers a la même raison à la distance des sommets, sont d'une même espèce ; mais comme les raisons de ces distances ne varient qu'en grandeur, il s'ensuit que toutes ces **espèces** infinies des ellipses ne font qu'un seul **genre**, et qu'il n'y a plus de sous-divisions. Au lieu qu'un ovale à trois foyers aurait même une infinité de tels **genres**, et aurait un nombre d'**espèces** infiniment infini, chaque genre en ayant un nombre simplement infini. De cette façon deux individus physiques ne seront jamais parfaitement [d'une espèce, car ils ne seront jamais parfaitement] semblables, et, qui plus est, le même individu passera d'espèce en espèce, car il n'est jamais semblable en tout à soi-même au-delà d'un moment. Mais les hommes établissant des espèces physiques ne s'attachent point à cette rigueur et il dépend d'eux de dire qu'une masse qu'ils peuvent faire retourner eux-mêmes sous la première forme demeure d'une même **espèce** à leur égard. Ainsi nous disons que l'eau, l'or, le vif-argent, le sel commun le demeurent et ne sont que déguisés dans les changements ordinaires : mais dans les corps organiques ou dans les espèces des plantes et des animaux nous définissons l'espèce par la génération, de sorte que ce semblable, qui vient ou pourrait être venu d'une même origine ou semence, serait d'une même espèce. Dans l'homme, outre la génération humaine, on s'attache à la qualité d'animal raisonnable ; et quoiqu'il y ait des hommes qui demeurent semblables aux bêtes toute leur vie, on présume que ce n'est pas faute de la faculté ou du principe, mais que c'est par des empêchements qui lient cette faculté. Mais on ne s'est pas encore déterminé à l'égard de toutes les conditions externes qu'on veut prendre pour suffisantes à donner cette présomption. Cependant, quelques règlements que les hommes fassent pour leurs dénominations et pour les droits attachés aux noms, pourvu que leur règlement soit suivi ou lié et intelligible, il sera fondé en réalité, et ils ne sauront se figurer des espèces de la nature, qui comprend jusqu'aux possibilités, n'ait faites ou distinguées avant eux. Quant à l'intérieur, quoiqu'il n'y ait point d'apparence externe qui ne soit fondée dans la constitution interne, il est vrai néanmoins qu'une même apparence pourrait résulter quelquefois de deux différentes constitutions : cependant il y aura quelque chose de commun et c'est ce que nos philosophes appellent la cause prochaine formelle. Mais quand cela ne serait point, comme si selon M. Mariotte[168] le bleu de l'arc-en-ciel avait une tout autre origine que le bleu d'une turquoise, sans qu'il y eût une cause formelle commune (en quoi je ne suis point de son sentiment) et quand on accorderait que certaines natures apparentes, qui nous font donner des noms, n'ont rien d'intérieur commun, nos définitions ne laisseraient pas d'être fondées dans les espèces réelles ; car les phénomènes mêmes sont des réalités. Nous pouvons donc dire que tout ce que nous distinguons ou comparons avec vérité, la nature le distingue ou le fait convenir aussi, quoiqu'elle ait des distinctions et des comparaisons que nous ne savons point et qui peuvent être meilleures que les nôtres. Aussi faudra-t-il encore beaucoup de soin et d'expérience pour assigner les genres et les espèces d'une manière assez approchante de la nature. Les botanistes modernes croient que les distinctions prises des formes des fleurs approchent le plus de l'ordre naturel. Mais ils y trouvent pourtant encore bien de la difficulté, et il serait à propos de faire des comparaisons et arrangements non seulement suivant un seul fondement, comme serait celui que je viens de dire, qui est pris des fleurs, et qui peut-être est le plus propre jusqu'ici pour un système tolérable et commode à ceux qui apprennent, mais encore suivant les autres fondements pris des autres parties et circonstances des plantes, chaque fondement de comparaison méritant des tables à part ; sans quoi on laissera échapper bien des genres subalternes, et bien des comparaisons, distinctions et observations utiles. Mais plus on approfondira la génération des espèces, et plus on suivra dans les arrangements les conditions qui y sont requises, plus on approchera de l'ordre naturel. C'est pourquoi, si la conjecture de quelques personnes entendues se trouvait véritable, qu'il y a dans la plante, outre la graine ou la semence connue qui répond à l'œuf de l'animal, une autre semence qui mériterait le nom de masculine, c'est-à-dire une poudre (*pollen*, visible bien souvent, quoique peut-être invisible quelquefois, comme la graine même l'est en certaines plantes) que le vent ou d'autres accidents ordinaires répandent pour la joindre à la graine qui vient quelquefois d'une même plante et quelquefois encore (comme dans le chanvre) d'une autre voisine de la même espèce, laquelle plante par conséquent aura de l'analogie avec le mâle, quoique peut-être la femelle ne soit jamais dépourvue entièrement de ce même *pollen*; si cela (dis-je) se trouvait vrai, et si la manière de la génération des plantes devenait plus connue, je ne doute point que les variétés qu'on y remarquerait ne fournissent un fondement à des divisions fort naturelles. Et si nous avions la pénétration de quelques génies supérieurs et connaissions assez les choses, peut-être y trouverions-nous des attributs fixes pour chaque espèce, communs à tous ses individus et toujours subsistant dans le même vivant organique, quelques altérations ou transformations lui puissent arriver, comme dans la plus connue des espèces physiques, qui est l'humaine, la raison est un tel attribut fixe qui convient à chacun des individus et toujours inadmissiblement, quoiqu'on ne s'en puisse pas toujours apercevoir. Mais au défaut de ces connaissances nous nous servons des attributs qui nous paraissent les plus commodes à distinguer et à comparer les choses, et en un mot à en reconnaître les espèces ou sortes : et ces attributs ont toujours leurs fondements réels.

§ 14. PHILALÈTHE. *Pour distinguer les êtres substantiels selon la supposition ordinaire, qui veut qu'il y a certaines essences ou formes précises des choses, par où tous les individus existants sont distingués naturellement en espèces, il faudrait être assuré premièrement,* § 15, *que la nature se propose toujours dans la production des choses de les faire participer à certaines essences réglées et établies, comme à des modèles; et secondement,* § 16, *que la nature arrive toujours à ce but. Mais les monstres nous donnent sujet de douter de l'un et de l'autre.* § 17. *Il faudrait déterminer, en troisième lieu, si ces monstres ne sont réellement une espèce distincte et nouvelle, car nous trouvons que quelques-uns de ces monstres n'ont que peu ou point de ces qualités qu'on suppose résulter de l'essence de cette espèce d'où ils tirent leur origine et à laquelle il semble qu'ils appartiennent en vertu de leur naissance.*

THÉOPHILE. Quand il s'agit de déterminer si les monstres sont d'une certaine espèce, on est souvent réduit à des conjectures. Ce qui fait voir qu'alors on ne se borne pas à l'extérieur, puisqu'on voudrait deviner si la nature intérieure (comme par exemple la raison dans l'homme), commune aux individus d'une telle espèce, convient encore (comme la naissance le fait présumer) à des individus, où manque une partie des marques extérieures qui se trouvent ordinairement dans cette espèce. Mais notre incertitude ne fait rien à la nature des choses, et s'il y a une telle nature commune intérieure, elle se trouvera ou ne se trouvera pas dans le monstre, soit que nous le sachions ou non. Et si la nature intérieure d'aucune espèce ne s'y trouve, le monstre pourra être de sa propre espèce. Mais s'il n'y avait point de telle nature intérieure dans les espèces dont il s'agit, et si on ne s'arrêtait pas non plus à la naissance, alors les marques extérieures seules détermineraient l'espèce, et les monstres ne seraient pas de celle dont ils s'écartent, à moins de la prendre d'une manière un peu vague et avec quelque latitude : et en ce cas aussi notre peine de vouloir deviner l'espèce serait vaine. C'est peut-être ce que vous voulez dire par tout ce que vous objectez aux espèces prises des essences réelles internes. Vous devriez donc prouver, Monsieur, qu'il n'y a point d'intérieur spécifique commun, quand l'extérieur entier ne l'est plus. Mais le contraire se trouve dans l'espèce humaine, où quelquefois des enfants qui ont quelque chose de monstrueux parviennent à un âge où ils font voir de la raison. Pourquoi donc ne pourrait-il point y avoir quelque chose de semblable en d'autres espèces ? Il est vrai que faute de les connaître nous ne pouvons pas nous en servir pour les définir, mais l'extérieur en tient lieu, quoique nous reconnaissions qu'il ne suffit pas pour avoir une définition exacte, et que les définitions nominales mêmes, dans ces rencontres, ne sont que conjecturales : et j'ai dit déjà ci-dessus comment quelquefois elles sont provisionnelles seulement. Par exemple, on pourrait trouver le moyen de contrefaire l'or, en sorte qu'il satisferait à toutes les épreuves qu'on en a jusqu'ici ; mais on pourrait aussi découvrir alors une nouvelle manière d'essai, qui donnerait le moyen de distinguer l'or naturel de cet or fait par artifice. Des vieux papiers attribuent l'un et l'autre à Auguste, électeur de Saxe [169] ; mais je ne suis pas homme à garantir ce fait. Cependant, s'il était vrai, nous pourrions avoir une définition plus parfaite de l'or que nous n'en avons présentement, et si l'or artificiel se pouvait faire en quantité et à bon marché, comme les alchimistes le prétendent, cette nouvelle épreuve serait de conséquence ; car par son moyen on conserverait au genre humain l'avantage que l'or naturel nous donne dans le commerce par sa rareté, en nous fournissant une matière qui est durable, uniforme, aisée à partager et à reconnaître et précieuse en petit volume. Je me veux servir de cette occasion pour lever une difficulté (voyez le § 50 du chap. Des noms des substances chez l'auteur de l'*Essai sur l'Entendement*). On objecte qu'en disant : Tout or est fixe, si l'on entend par l'idée de l'or l'amas de quelques qualités où la fixité est comprise, on ne fait qu'une proposition identique et vaine, comme si l'on disait : Le fixe est fixe ; mais si l'on entend un être substantiel, doué d'une certaine essence interne, dont la fixité est une suite, on ne parlera pas intelligiblement, car cette essence réelle est tout à fait inconnue. Je réponds que le corps doué de cette constitution interne est désigné par d'autres marques externes où la fixité n'est point comprise : comme si quelqu'un disait : Le plus pesant de tous les corps est encore un des plus fixes. Mais tout cela n'est que provisionnel, car on pourrait trouver quelque jour un corps volatile, comme pourrait être un mercure nouveau, qui fût plus pesant que l'or, et sur lequel l'or nageât, comme le plomb nage sur notre mercure.

§ 19. PHILALÈTHE. *Il est vrai que de cette manière nous ne pouvons jamais connaître précisément le nombre des propriétés, qui dépendent de l'essence réelle de l'or, à moins que nous ne connaissions l'essence de l'or lui-même.* § 21. Cependant si nous nous bornons précisément à certaines propriétés, cela nous suffira pour avoir des définitions nominales exactes, qui nous serviront présentement, sauf à nous à changer la signification des noms, si quelque nouvelle distinction utile se découvrait. *Mais il faut au moins que cette définition réponde à l'usage du nom, et puisse être mise à sa place. Ce qui sert à réfuter ceux qui prétendent que l'étendue fait l'essence du corps, car lorsqu'on dit qu'un corps donne de l'impulsion à un autre, l'absurdité serait manifeste, si, substituant l'étendue, l'on disait qu'une étendue met en mouvement une autre étendue par voie d'impulsion, car il faut encore la solidité. De même on ne dira pas que la raison ou ce qui rend l'homme raisonnable fait conversation ; car la raison ne constitue pas non plus toute l'essence de l'homme, ce sont les animaux raisonnables qui font conversation entre eux.*

THÉOPHILE. Je crois que vous avez raison : car les objets des idées abstraites et incomplètes ne suffisent point pour donner des sujets de toutes les actions des choses. Cependant je crois que la conversation convient à tous les esprits, qui se peuvent entrecommuniquer leurs pensées. Les scolastiques sont fort en peine comment les anges le peuvent faire : mais s'ils leur accordaient des corps subtils, comme je fais après les Anciens, il ne resterait plus de difficulté là-dessus.

§ 22. PHILALÈTHE. *Il y a des créatures qui ont une forme pareille à la nôtre, mais qui sont velues et n'ont point l'usage de la parole et de la raison. Il y a parmi nous des imbéciles, qui ont parfaitement la même forme que nous, mais qui sont destituées de raison et quelques-uns d'entre eux n'ont point l'usage de la parole. Il y a des créatures, à ce qu'on dit, qui avec l'usage de la parole et de la raison, et une forme semblable en toute autre chose à la nôtre, ont des queues velues ; au moins il n'y a point d'impossibilité qu'il y ait de telles créatures. Il y en a d'autres dont les mâles n'ont point de barbe, et d'autres dont les femelles en ont. Quand on demande si toutes ces créatures sont hommes, ou non ; si elles sont d'espèce humaine, il est visible que la question se rapporte uniquement à la définition nominale, ou à l'idée complexe que nous nous faisons pour la marquer par ce nom : car l'essence intérieure nous est absolument inconnue, quoique nous ayons lieu de penser que là où les facultés ou bien la figure extérieure sont si différentes, la constitution intérieure n'est pas la même.*

THÉOPHILE. Je crois que dans le cas de l'homme nous avons une définition qui est réelle et nominale en même temps. Car rien ne saurait être plus interne à l'homme que la raison et ordinairement elle se fait bien connaître. C'est pourquoi la barbe et la queue ne seront point considérées auprès d'elle. Un homme sylvestre, bien que velu, se fera reconnaître ; et le poil d'un magot n'est pas ce qui le fait exclure. Les imbéciles manquent de l'usage de la raison ; mais comme nous savons par expérience qu'elle est souvent liée et ne peut point paraître, et que cela arrive à des hommes qui en ont montré et en montreront, nous faisons vraisemblablement le même jugement de ces imbéciles sur d'autres indices, c'est-à-dire sur la figure corporelle. Ce n'est que par ces indices, joints à la naissance, que l'on présume que les enfants sont des hommes, et qu'ils montreront de la raison : et on ne s'y trompe guère. Mais s'il y avait des animaux raisonnables d'une forme extérieure un peu différente de la nôtre, nous serions embarrassés. Ce qui fait voir que nos définitions, quand elles dépendent de l'extérieur des corps, sont imparfaites et provisionnelles. Si quelqu'un se disait ange, et savait ou savait faire des choses bien au-dessus de nous, il pourrait se faire croire. Si quelque autre venait de la Lune par le moyen de quelque machine extraordinaire, comme Gonzalès [170], et nous racontait des choses croyables de son pays natal, il passerait pour lunaire, et cependant on pourrait lui accorder l'indigénat et les droits de bourgeoisie avec le titre d'homme, tout étranger qu'il serait à notre globe ; mais s'il demandait le baptême et voulait être reçu prosélyte de notre loi, je crois qu'on verrait de grandes disputes s'élever parmi les théologiens. Et si le commerce avec ces hommes planétaires, assez approchants des nôtres selon M. Huygens [171], était ouvert, la question mériterait un concile universel, pour savoir si nous devrions étendre le soin de la propagation de la foi jusqu'au dehors de notre globe. Plusieurs y soutiendraient sans doute que les animaux raisonnables de ces pays, n'étant pas de la race d'Adam, n'ont point de part à la rédemption de Jésus-Christ : mais d'autres diraient peut-être que nous ne savons pas assez ni où Adam a toujours été, ni ce qui a été fait de toute sa postérité, puisqu'il y a eu même des théologiens qui ont cru que la Lune a été le lieu du paradis ; et peut-être que par la pluralité on conclurait pour le plus sûr, qui serait de baptiser ces hommes douteux sous condition, s'ils en sont susceptibles ; mais je doute qu'on voulût jamais les faire prêtres dans l'Eglise romaine, parce que leurs consécrations seraient toujours douteuses, et on exposerait les gens au danger d'une idolâtrie matérielle dans l'hypothèse de cette Eglise. Par bonheur la nature des choses nous exempte de tous ces embarras ; cependant ces fictions bizarres ont leur usage dans la spéculation, pour bien connaître la nature de nos idées.

§ 23. PHILALÈTHE. Non seulement dans les questions théologiques, mais encore en d'autres occasions, quelques-uns voudraient peut-être se régler sur la race, et dire que *dans les animaux la propagation par l'accouplement du mâle et de la femelle, et dans les plantes par le moyen des semences, conserve les espèces supposées réelles distinctes et en leur entier. Mais cela ne servirait qu'à fixer les espèces des animaux et des végétaux. Que faire du reste ? et il ne suffit pas même à l'égard de ceux-là, car s'il en faut croire l'histoire, des femmes ont été engrossées par des magots. Et voilà une nouvelle question, de quelle espèce doit être une telle production. On voit souvent des mulets et des jumarts (voyez le dictionnaire étymologique de M. Ménage*[172]*), les premiers engendrés d'un âne et d'une cavale, et les derniers d'un taureau et d'une jument. J'ai vu un animal engendré d'un chat et d'un rat, qui avait des marques visibles de ces deux bêtes. Qui ajoutera à cela les productions monstrueuses trouvera qu'il est bien malaisé de déterminer l'espèce par la génération ; et si on ne le pouvait faire que par là, dois-je aller aux Indes pour voir le père et la mère d'un tigre et la semence de la plante du thé, et* ne pourrais-je point juger autrement, si les individus qui nous en viennent sont de ces espèces ?

THÉOPHILE. La génération ou race donne au moins une forte présomption (c'est-à-dire une preuve provisionnelle) et j'ai déjà dit que bien souvent nos marques ne sont que conjecturales. La race est démentie quelquefois par la figure, lorsque l'enfant est dissemblable aux père et mère, et le mélange des figures n'est pas toujours la marque du mélange des races ; car il peut arriver qu'une femelle mette au monde un animal qui semble tenir d'une autre espèce, et que la seule imagination de la mère ait causé ce dérèglement : pour ne rien dire de ce qu'on appelle *mola*[173]. Mais comme l'on juge cependant par provision de l'espèce par la race, on juge aussi de la race par l'espèce. Car lorsqu'on présenta à Jean Casimir[174], roi de Pologne, un enfant sylvestre, pris parmi les ours, qui avait beaucoup de leurs manières, mais qui se fit enfin connaître pour animal raisonnable, on n'a point fait scrupule de le croire de la race d'Adam, et de le baptiser sous le nom de Joseph, quoique peut-être sous la condition, *si baptisatus non es*, suivant l'usage de l'Eglise romaine, parce qu'il pouvait avoir été enlevé par un ours après le baptême. On n'a pas encore assez de connaissance des effets des mélanges des animaux : et on détruit souvent les monstres, au lieu de les élever, outre qu'ils ne sont guère de longue vie. On croit que les animaux mêlés ne multiplient point ; cependant Strabon[175] attribue la propagation aux mulets de Cappadoce, et on m'écrit de la Chine qu'il y a dans la Tartarie voisine des mulets de race : aussi voyons-nous que les mélanges des plantes sont capables de conserver leur nouvelle espèce. Toujours on ne sait pas bien dans les animaux si c'est le mâle ou la femelle, ou l'un et l'autre, ou l'un ni l'autre qui détermine le plus l'espèce. La doctrine des œufs des femmes, que feu M. Kerkring[176] avait rendue fameuse, semblait réduire les mâles à la condition de l'air pluvieux par rapport aux plantes, qui donne moyen aux semences de pousser et de s'élever de la terre, suivant les vers que les priscillianistes répétaient de Virgile :

> *Cum pater omnipotens fœcundis imbribus œther*
> *Conjugis in lœtœ gremium descendit et omnes*
> *Magnus alit magno commistus corpore fœtus*[177].

En un mot, suivant cette hypothèse, le mâle ne ferait guère plus que la pluie. Mais M. Leewenhoeck[178] a réhabilité le genre masculin et l'autre sexe est dégradé à son tour, comme s'il ne faisait que la fonction de la terre à l'égard des semences, en leur fournissant le lieu et la nourriture ; ce qui pourrait avoir lieu quand même on maintiendrait encore les œufs. Mais cela n'empêche point que l'imagination de la femme n'ait un grand pouvoir sur la forme du fœtus, quand on supposerait que l'animal est déjà venu du mâle. Car c'est dans un état destiné à un grand changement ordinaire et d'autant plus susceptible aussi de changements extraordinaires. On assure que l'imagination d'une dame de condition, blessée par la vue d'un estropié, ayant coupé la main du fœtus, fort voisin de son terme, cette main s'est trouvée depuis dans l'arrière-faix ; ce qui mérite pourtant confirmation. Peut-être que quelqu'un viendra qui prétendra, quoique l'âme ne puisse venir que d'un sexe, que l'un et l'autre sexe fournit quelque chose d'organisé, et que de deux corps il s'en fait un, de même que nous voyons que le ver à soie est comme un double animal, et renferme un insecte volant sous la forme de la chenille : tant nous sommes encore dans l'obscurité sur un si important article. L'analogie des plantes nous donnera peut-être des lumières un jour, mais à présent nous ne sommes guère [bien] informés de la génération des plantes mêmes : le soupçon de la poussière, qui se fait remarquer comme qui pourrait répondre à la semence masculine, n'est pas encore bien éclairci. D'ailleurs un brin de la plante est bien souvent capable de donner une plante nouvelle et entière, à quoi l'on ne voit pas encore de l'analogie dans les animaux ; aussi ne peut-on point dire que le pied de l'animal est un animal, comme il semble que chaque branche de l'arbre est une plante capable de fructifier à part. Encore les mélanges des espèces, et même les changements dans une même espèce réussissent souvent avec beaucoup de succès dans les plantes. Peut-être que dans quelque temps ou dans quelque lieu de l'univers, les espèces des animaux sont ou étaient ou seront plus sujets à changer qu'elles ne sont présentement parmi nous, et plusieurs animaux qui ont quelque chose du chat, comme le lion, le tigre et le lynx, pourraient avoir été d'une même race et pourront être maintenant comme des sous-divisions nouvelles de l'ancienne espèce des chats. Ainsi je reviens toujours à ce que j'ai dit plus d'une fois que nos déterminations des espèces physiques sont provisionnelles et proportionnées à nos connaissances.

§ 24. PHILALÈTHE. *Au moins les hommes, en faisant leurs divisions des espèces, n'ont jamais pensé aux formes substantielles, excepté ceux qui, dans ce seul endroit du monde où nous sommes, ont appris le langage de nos écoles.*

THÉOPHILE. Il semble que depuis peu le nom des formes substantielles est devenu infâme auprès de certaines gens, et qu'on a honte d'en parler. Cependant il y a encore peut-être en cela plus de mode que de raison. Les scolastiques employaient mal à propos une notion générale, quand il s'agissait d'expliquer des phénomènes particuliers ; mais cet abus ne détruit point la chose. L'âme de l'homme déconcerte un peu la confiance de quelques-uns de nos modernes. Il y en a qui avouent qu'elle est la forme de l'homme ; mais aussi ils veulent qu'elle soit la seule forme substantielle de la nature connue. M. Descartes en parle ainsi, et il donna une correction à M. Regius[179] sur ce qu'il contestait cette qualité de forme substantielle à l'âme et qui niait que l'homme fût *unum per se*, un être doué d'une véritable unité. Quelques-uns croient que cet excellent homme l'a fait par politique. J'en doute un peu, parce que je crois qu'il avait raison en cela. Mais on n'en a point de donner ce privilège à l'homme seul, comme si la nature était faite à bâtons rompus. Il y a lieu de juger qu'il y a une infinité d'âmes, ou, pour parler plus généralement, d'entéléchies primitives, qui ont quelque chose d'analogique avec la perception et l'appétit, et qu'elles sont toutes et demeurent toujours des formes substantielles des corps. Il est vrai qu'il y a apparemment des espèces qui ne sont pas véritablement *unum per se* (c'est-à-dire des corps doués d'une véritable unité, ou d'un être indivisible qui en fasse le principe actif total), non plus qu'un moulin ou une montre le pourraient être. Les sels, les minéraux et les métaux pourraient être de cette nature, c'est-à-dire de simples contextures ou masses où il y a quelque régularité. Mais les corps des uns et des autres, c'est-à-dire les corps animés aussi bien que les contextures sans vie, seront spécifiés par la structure intérieure, puisque dans ceux-là mêmes qui sont animés, l'âme et la machine, chacune à part, suffisent à la détermination ; car elles s'accordent parfaitement, et quoiqu'elles n'aient point d'influence immédiate l'une sur l'autre, elles s'expriment mutuellement, l'une ayant concentré dans une parfaite unité tout ce que l'autre a dispersé dans la multitude. Ainsi, quand il s'agit de l'arrangement des espèces, il est inutile de disputer des formes substantielles, quoiqu'il soit bon pour d'autres raisons de connaître s'il y en a et comment ; car sans cela on sera étranger dans le monde intellectuel. Au reste les Grecs et les Arabes ont parlé de ces formes aussi bien que les Européens, et si le vulgaire n'en parle point, il ne parle pas non plus ni d'algèbre ni d'incommensurables.

§ 25. PHILALÈTHE. *Les langues ont été formées avant les sciences, et le peuple ignorant et sans lettres a réduit les choses à certaines espèces.*

THÉOPHILE. Il est vrai, mais les personnes qui étudient les matières rectifient les notions populaires. Les essayeurs ont trouvé des moyens exacts de discerner et séparer les métaux ; les botanistes ont enrichi merveilleusement la doctrine des plantes, et les expériences qu'on a faites sur les insectes nous ont donné quelque entrée nouvelle dans la connaissance des animaux. Cependant nous sommes encore bien éloignés de la moitié de notre course.

§ 26. PHILALÈTHE. *Si les espèces étaient un ouvrage de la nature, elles ne pourraient pas être conçues si différemment en différentes personnes : l'homme paraît à l'un un animal sans plumes à deux pieds avec de larges ongles, et l'autre après un plus profond examen y ajoute la raison. Cependant bien des gens déterminent plutôt les espèces des animaux par leur forme extérieure que par leur naissance, puisqu'on a mis en question plus d'une fois si certains fœtus humains devaient être admis au baptême ou non, par la seule raison que leur configuration extérieure différait de la forme ordinaire des enfants, sans qu'on sût s'ils n'étaient point aussi capables de raison que des enfants jetés dans un autre moule, dont il s'en trouve quelques-uns qui, quoique d'une forme approuvée, ne sont jamais capables de faire voir durant toute leur vie autant de raison qu'il en paraît dans un singe ou un éléphant, et qui ne donnent jamais aucune marque d'être conduits par une âme raisonnable : d'où il paraît évidemment que la forme extérieure, qu'on a seulement trouvée à dire, et non la faculté de raisonner, dont personne ne peut savoir si elle devait manquer dans son temps, a été rendue essentielle à l'espèce humaine. Et dans ces occasions les théologiens et les jurisconsultes les plus habiles sont obligés de renoncer à leur sacrée définition d'animal raisonnable, et de mettre à la place quelque autre essence de l'espèce humaine. M. Ménage*[180] (*Menagiana, tome I, p. 278 de l'édition de Hollande, 1694) nous fournit l'exemple d'un certain abbé de Saint-Martin, qui mérite d'être rapporté. Quand cet abbé de Saint-Martin, dit-il, vint au monde, il avait si peu la figure d'un homme qu'il ressemblait plutôt à un monstre. On fut quelque temps à délibérer si on le baptiserait. Cependant il fut baptisé et on le déclara homme par provision, c'est-à-dire jusqu'à ce que le temps eût fait connaître ce qu'il était. Il était si disgracié de la nature qu'on l'a appelé toute sa vie l'abbé Malotru. Il était de Caen. Voilà un enfant qui fut fort près d'être exclu de l'espèce humaine simplement à cause de sa forme. Il échappa à toute peine tel qu'il était, et il est certain qu'une figure un peu plus contrefaite l'en aurait privé pour jamais et l'aurait fait périr comme un être qui ne devait point passer pour un homme. Cependant on ne saurait donner aucune raison pourquoi une âme raisonnable n'aurait pu loger en lui si les traits de son visage eussent été un peu plus altérés: pourquoi un visage un peu plus long, ou un nez plus plat, ou une bouche plus fendue n'auraient pu subsister aussi bien que le reste de sa figure irrégulière avec une âme et des qualités qui le rendaient capable, tout contrefait qu'il était, d'avoir une dignité dans l'Eglise.*

THÉOPHILE. Jusqu'ici on n'a point trouvé d'animal raisonnable d'une figure extérieure fort différente de la nôtre, c'est pourquoi, quand il s'agissait de baptiser un enfant, la race et la figure n'ont jamais été considérées que comme des indices pour juger si c'était un animal raisonnable ou non. Ainsi les théologiens et jurisconsultes n'ont point eu besoin de renoncer pour cela à leur définition consacrée.

§ 27. PHILALÈTHE. *Mais si ce monstre, dont parle Licetus*[181], *liv. I, chap. 3, qui avait la tête d'un homme et le corps d'un pourceau, ou d'autres monstres qui sur des corps d'hommes avaient des têtes de chiens et de chevaux, etc., eussent été conservés en vie, et eussent pu parler, la difficulté serait plus grande.*

THÉOPHILE. Je l'avoue, et si cela arrivait et si quelqu'un était fait comme un certain écrivain, moine du vieux temps, nommé Hans Kalb (Jean le Veau) qui se peignit avec une tête de veau, la plume à la main, dans un livre qu'il avait écrit, ce qui fit croire ridiculement à quelques-uns que cet écrivain avait eu véritablement une tête de veau, si, dis-je, cela arrivait, on serait dorénavant plus retenu à se défaire des monstres. Car il y a de l'apparence que la raison l'emporterait chez les théologiens et chez les jurisconsultes, malgré la figure et même malgré les différences que l'anatomie pourrait y fournir aux médecins, qui nuiraient aussi peu à la qualité d'homme que ce renversement de viscères dans cet homme dont des personnes de ma connaissance ont vu l'anatomie à Paris, qui a fait du bruit, où la nature

« *Peu sage et sans doute en débauche*
Plaça le foie au côté gauche
Et de même vice versa
Le cœur à la droite plaça »,

si je me souviens bien de quelques-uns des vers que feu M. Alliot[182] le père (médecin fameux, parce qu'il passait pour habile à traiter des cancers) me montra de sa façon sur ce prodige. Cela s'entend pourvu que la variété de conformation n'aille pas trop loin dans les animaux raisonnables, et qu'on ne retourne point aux temps où les bêtes parlaient, car alors nous perdrions notre privilège de la raison en préciput et on serait désormais plus attentif à la naissance et à l'extérieur, afin de pouvoir discerner ceux de la race d'Adam de ceux qui pourraient descendre d'un roi ou patriarche de quelque canton des singes de l'Afrique; et notre habile auteur a eu raison de remarquer (§ 29) que si l'ânesse de Balaam[183] eût discouru toute sa vie aussi raisonnablement qu'elle fit une fois avec son maître (supposé que ce n'ait pas été une vision prophétique), elle aurait toujours eu de la peine à obtenir rang et séance parmi les femmes.

PHILALÈTHE. Vous riez, à ce que je vois, et peut-être l'auteur riait aussi; mais pour parler sérieusement, vous voyez qu'on *ne saurait toujours assigner des bornes fixes des espèces*.

THÉOPHILE. Je vous l'ai déjà accordé; car quand il s'agit des fictions et de la possibilité des choses, les passages d'espèce en espèce peuvent être insensibles, et pour les discerner ce serait quelquefois à peu près comme on ne saurait décider combien il faut laisser de poils à un homme pour qu'il ne soit point chauve. Cette indétermination serait vraie quand même nous connaîtrions parfaitement l'intérieur des créatures dont il s'agit. Mais je ne vois point qu'elle puisse empêcher les choses d'avoir des essences réelles indépendamment de l'entendement, et nous de les connaître : il est vrai que les noms et les bornes des espèces seraient quelquefois comme les noms des mesures et des poids, où il faut choisir pour avoir des bornes fixes. Cependant pour l'ordinaire il n'y a rien de tel à craindre, les espèces trop approchantes ne se trouvant guère ensemble.

§ 28. PHILALÈTHE. Il semble que nous convenons ici dans le fond, quoique nous ayons un peu varié les termes. Je vous avoue aussi *qu'il y a moins d'arbitraire dans la dénomination des substances que dans les noms des modes composés. Car on ne s'avise guère d'allier le bêlement d'une brebis à une figure de cheval, ni la couleur du plomb à la pesanteur et à la fixité de l'or, et on aime mieux tirer des copies après nature.*

THÉOPHILE. C'est non pas tant parce qu'on a seulement égard dans les substances à ce qui existe effectivement que parce qu'on n'est pas sûr, dans les idées physiques (qu'on n'entend guère à fond), si leur alliage est possible et utile, lorsqu'on n'a point l'existence actuelle pour garant. Mais cela a lieu encore dans les modes, non seulement quand leur obscurité nous est impénétrable, comme il arrive quelquefois dans la physique, mais encore quand il n'est pas aisé de la pénétrer, comme il y en a assez d'exemples en géométrie. Car dans l'une et dans l'autre de ces sciences il n'est pas en notre pouvoir de faire des combinaisons à notre fantaisie, autrement on aurait droit de parler des décaèdres réguliers et on chercherait dans le demi-cercle un centre de grandeur, comme il y en a un de gravité. Car il est surprenant en effet que le premier y est, et que l'autre n'y saurait être. Or comme dans les modes les combinaisons ne sont pas toujours arbitraires, il se trouve par opposition qu'elles le sont quelquefois dans les substances : et il dépend souvent de nous de faire des combinaisons des qualités pour définir encore des êtres substantiels avant l'expérience, lorsqu'on entend assez ces qualités pour juger de la possibilité de la combinaison. C'est ainsi que des jardiniers experts dans l'orangerie pourront avec raison et succès se proposer de produire quelque nouvelle espèce et lui donner un nom par avance.

§ 29. PHILALÈTHE. Vous m'avouerez toujours que lorsqu'il s'agit de définir les espèces, *le nombre des idées qu'on combine dépend de la différente application, industrie ou fantaisie de celui qui forme cette combinaison ; comme c'est sur la figure qu'on se règle le plus souvent pour déterminer l'espèce des végétaux et des animaux, de même, à l'égard de la plupart des corps naturels qui ne sont pas produits par semence, c'est à la couleur qu'on s'attache le plus.* § 30. *A la vérité ce ne sont bien souvent que des conceptions confuses, grossières et inexactes, et il s'en faut bien que les hommes conviennent du nombre précis des idées simples ou des qualités qui appartiennent à une telle espèce ou à un tel nom, car il faut de la peine, de l'adresse et du temps pour trouver les idées simples qui sont constamment unies. Cependant peu de qualités, qui composent ces définitions inexactes, suffisent ordinairement dans la conversation : mais, malgré le bruit des genres et des espèces, les formes dont on a tant parlé dans les écoles ne sont que des chimères qui ne servent de rien à nous faire entrer dans la connaissance de natures spécifiques.*

THÉOPHILE. Quiconque fait une combinaison possible ne se trompe point en cela, ni en lui donnant un nom ; mais il se trompe quand il croit que ce qu'il conçoit est tout ce que d'autres plus experts conçoivent sous le même nom, ou dans le même corps. Il conçoit peut-être un genre trop commun au lieu d'un autre plus spécifique. Il n'y a rien en tout ceci qui soit opposé aux écoles et je ne vois point pourquoi vous revenez à la charge ici contre les genres, les espèces et les formes, puisqu'il faut que vous reconnaissiez vous-même des genres, des espèces et même des essences internes ou formes, qu'on ne prétend point employer pour connaître la nature spécifique de la chose, quand on avoue de les ignorer encore.

§ 30. PHILALÈTHE. *Il est du moins visible que les limites que nous assignons aux espèces ne sont pas exactement conformes à celles qui ont été établies par la nature. Car dans le besoin que nous avons des noms généraux pour l'usage présent, nous ne nous mettons point en peine de découvrir leurs qualités, qui nous feraient mieux connaître leurs différences et conformités les plus essentielles : et nous les distinguons nous-mêmes en espèces, en vertu de certaines apparences qui frappent les yeux de tout le monde, afin de pouvoir plus aisément communiquer avec les autres.*

THÉOPHILE. Si nous combinons des idées compatibles, les limites que nous assignons aux espèces sont toujours exactement conformes à la nature ; et si nous prenons garde à combiner les idées qui se trouvent actuellement ensemble, nos notions sont encore conformes à l'expérience ; et si nous les considérons comme provisionnelles seulement pour des corps effectifs, sauf à l'expérience faite ou à faire d'y découvrir davantage, et si nous recourons aux experts lorsqu'il s'agit de quelque chose de précis à l'égard de ce qu'on entend publiquement par le nom, nous ne nous y tromperons pas. Ainsi la nature peut fournir des idées plus parfaites et plus commodes, mais elle ne donnera point un démenti à celles que nous avons, qui sont bonnes et naturelles, quoique ce ne soient peut-être pas les meilleures et les plus naturelles.

§ 32. PHILALÈTHE. *Nos idées génériques des substances, comme celle du métal par exemple, ne suivent pas exactement les modèles qui leur sont proposés par la nature, puisqu'on ne saurait trouver aucun corps qui renferme simplement la malléabilité et la fusibilité sans d'autres qualités.*

THÉOPHILE. On ne demande pas de tels modèles, et on n'aurait pas raison de les demander, ils ne se trouvent pas aussi dans les notions les plus distinctes. On ne trouve jamais un nombre où il n'y ait rien à remarquer que la multitude en général, un étendu où il n'y ait qu'étendue, un corps où il n'y ait que solidité et point d'autres qualités : et lorsque les différences spécifiques sont positives et opposées, il faut bien que le genre prenne parti parmi elles.

PHILALÈTHE. *Si donc quelqu'un s'imagine qu'un homme, un cheval, un animal, une plante, etc., sont distingués par des essences réelles, formées par la nature, il doit se figurer la nature bien libérale de ces essences réelles, si elle en produit une pour le corps, une autre pour l'animal, et encore une autre pour le cheval, et qu'elle communique libéralement toutes ces essences à Bucéphale ; au lieu que les genres et les espèces ne sont que des signes plus ou moins étendus.*

THÉOPHILE. Si vous prenez les essences réelles pour ces modèles substantiels, qui seraient un corps et rien de plus, un animal et rien de plus spécifique, un cheval sans qualités individuelles, vous avez raison de les traiter de chimères. Et personne n'a prétendu, je pense, pas même les plus grands réalistes d'autrefois, qu'il y ait autant de substances qui se bornassent au générique qu'il y a de genres. Mais il ne s'ensuit pas que si les essences générales ne sont pas cela, elles sont purement des signes ; car je vous ai fait remarquer plusieurs fois que ce sont des possibilités dans les ressemblances. C'est comme de ce que les couleurs ne sont pas toujours des substances ou des teintures extrahibles, il ne s'ensuit pas qu'elles sont imaginaires. Au reste on ne saurait se figurer la nature trop libérale ; elle l'est au-delà de tout ce que nous pouvons inventer et toutes les possibilités compatibles en prévalence se trouvent réalisées sur le grand théâtre de ses représentations. Il y avait autrefois deux axiomes chez les philosophes : celui des réalistes semblait faire la nature prodigue, et celui des nominaux la semblait déclarer chiche. L'un dit que la nature ne souffre point de vide, et l'autre qu'elle ne fait rien en vain. Ces deux axiomes sont bons, pourvu qu'on les entende ; car la nature est comme un bon ménager, qui épargne là où il le faut, pour être magnifique en temps et lieu. Elle est magnifique dans les effets, et ménagère dans les causes qu'elle y emploie.

§ 34. PHILALÈTHE. Sans nous amuser davantage à cette contestation sur les essences réelles, c'est assez que nous obtenions le but du langage et l'usage des mots, qui est d'indiquer nos pensées en abrégé. *Si je veux parler à quelqu'un d'une espèce d'oiseaux de trois ou quatre pieds de haut, dont la peau est couverte de quelque chose qui tient le milieu entre la plume et le poil, d'un brun obscur, sans ailes, mais qui au lieu d'ailes à deux ou trois petites branches, semblables à des branches de genêts, qui lui descendent au bas du corps avec de longues et grosses jambes, des pieds armés seulement de trois griffes et sans queue, je suis obligé de faire cette description par où je puis me faire entendre aux autres. Mais quand on m'a dit que cassiowaris est le nom de cet animal, je puis alors me servir de ce nom pour désigner dans le discours toute cette idée composée.*

THÉOPHILE. Peut-être qu'une idée bien exacte de la couverture de la peau, ou de quelque autre partie, suffirait toute seule à discerner cet animal de tout autre connu, comme Hercule se faisait connaître par le pas qu'il avait fait, et comme le lion se reconnaît à l'ongle, suivant le proverbe latin. Mais plus on amasse de circonstances, moins la définition est provisionnelle.

§ 35. PHILALÈTHE. *Nous pouvons retrancher de l'idée dans ce cas sans préjudice de la chose : mais quand la nature en retranche, c'est une question si l'espèce demeure. Par exemple : s'il y avait un corps qui eût toutes les qualités de l'or excepté la malléabilité, serait-il de l'or ? il dépend des hommes de le décider. Ce sont donc eux qui déterminent les espèces des choses.*

THÉOPHILE. Point du tout, ils ne détermineraient que le nom. Mais cette expérience nous apprendrait que la malléabilité n'a pas de connexion nécessaire avec les autres qualités de l'or, prises ensemble. Elle nous apprendrait donc une nouvelle possibilité et par conséquent une nouvelle espèce. Pour ce qui est de l'or aigre ou cassant, cela ne vient que des additions, et n'est point consistant avec les autres épreuves de l'or ; car la coupelle et l'antimoine lui ôtent cette aigreur.

§ 36. PHILALÈTHE. *Il s'ensuit quelque chose de notre doctrine qui paraîtra fort étrange. C'est que chaque idée abstraite qui a un certain nom forme une espèce distincte. Mais que faire à cela, si la [vérité] le veut ainsi ? Je voudrais bien savoir pourquoi un bichon et un lévrier ne sont pas des espèces aussi distinctes qu'un épagneul et un éléphant.*

THÉOPHILE. J'ai distingué ci-dessus les différentes acceptions du mot **espèce**. Le prenant logiquement ou mathématiquement plutôt, la moindre dissimilitude peut suffire. Ainsi chaque idée différente donnera une autre espèce, et il n'importe point si elle a un nom ou non. Mais, physiquement parlant, on ne s'arrête pas à toutes les variétés, et l'on parle ou nettement quand il ne s'agit que des apparences, ou conjecturalement quand il s'agit de la vérité intérieure des choses, en y présumant quelque nature essentielle et immuable, comme la raison l'est dans l'homme. On présume donc que ce qui ne diffère que par des changements accidentels, comme l'eau et la glace, le vif-argent dans sa forme courante et dans le sublimé, est d'une même espèce : et dans les corps organiques on met ordinairement la marque provisionnelle de la même espèce dans la génération ou race, comme dans les [corps] plus similaires on la met dans la reproduction. Il est vrai qu'on n'en saurait juger précisément, faute de connaître l'intérieur des choses ; mais comme j'ai dit plus d'une fois, l'on juge provisionnellement et souvent conjecturalement. Cependant, lorsqu'on ne veut parler que de l'extérieur, de peur de ne rien dire que de sûr, il y a de la latitude : et disputer alors si une différence est spécifique ou non, c'est disputer du nom ; et dans ce sens il y a une si grande différence entre les chiens qu'on peut fort bien dire que les dogues d'Angleterre et les chiens de Boulogne sont de différentes espèces. Cependant il n'est pas impossible qu'ils soient d'une même ou semblable race éloignée, qu'on trouverait si on pouvait remonter bien haut et que leurs ancêtres aient été semblables ou les mêmes, mais qu'après de grands changements, quelques-uns de la postérité soient devenus fort grands et d'autres fort petits. On peut même croire aussi sans choquer la raison qu'ils aient en commun une nature intérieure, constante, spécifique, qui ne soit plus sous-divisée ainsi, ou qui ne se trouve point ici en plusieurs autres telles natures et par conséquent ne soit plus variée que par des accidents ; quoiqu'il n'y ait rien aussi qui nous fasse juger que cela doit être nécessairement ainsi dans tout ce que nous appelons la plus basse espèce *(speciem infimam)*. Mais il n'y a point d'apparence qu'un épagneul et un éléphant soient de même race ou qu'ils aient une telle nature spécifique commune. Ainsi, dans les différentes sortes de chiens, en parlant des apparences, on peut distinguer les espèces, et parlant de l'essence intérieure, on peut balancer ; mais, comparant le chien et l'éléphant, il n'y a pas lieu de leur attribuer extérieurement ou intérieurement ce qui les ferait croire d'une même espèce. Ainsi il n'y a aucun sujet d'être en balance contre la présomption. Dans l'homme on pourrait aussi distinguer les espèces logiquement parlant, et si on s'arrêtait à l'extérieur, on trouverait encore, en parlant physiquement, des différences qui pourraient passer pour spécifiques. Aussi se trouva-t-il un voyageur qui crut que les Nègres, les Chinois, et enfin les Américains n'étaient pas d'une même race entre eux ni avec les peuples qui nous ressemblent. Mais comme on connaît l'intérieur essentiel de l'homme, c'est-à-dire la raison, qui demeure dans le même homme, et se trouve dans tous les hommes, et qu'on ne remarque rien de fixe et d'interne parmi nous qui forme une sous-division, nous n'avons aucun sujet de juger qu'il y ait parmi les hommes, selon la vérité de l'intérieur, une différence spécifique essentielle, au lieu qu'il s'en trouve entre l'homme et la bête, supposé que les bêtes ne soient qu'empiriques, suivant ce que j'ai expliqué ci-dessus, comme en effet l'expérience ne nous donne point lieu d'en faire un autre jugement.

§ 39. PHILALÈTHE. *Prenons l'exemple d'une chose artificielle dont la structure intérieure nous est connue. Une montre qui ne marque que les heures et une montre sonnante ne sont que d'une seule espèce, à l'égard de ceux qui n'ont qu'un nom pour les désigner ; mais à l'égard de celui qui a le nom de* montre, *pour désigner la première, et celui d'* horloge *pour signifier la dernière, ce sont par rapport à lui des espèces différentes. C'est le nom, et non pas la disposition intérieure, qui fait une nouvelle espèce, autrement il y aurait trop d'espèces. Il y a des montres à quatre roues et d'autres à cinq ; quelques-unes ont des cordes et des fusées, et d'autres n'en ont point : quelques-unes ont le balancier libre, et d'autres conduit par un ressort fait en ligne spirale et d'autres par des soies de pourceau : quelqu'une de ces choses suffit-elle pour faire une différence spécifique ? je dis que non, tandis que ces montres conviennent dans le nom.*

THÉOPHILE. Et moi je dirais que oui, car sans m'arrêter aux noms, je voudrais considérer les variétés de l'artifice et surtout la différence des balanciers ; car depuis qu'on lui a appliqué un ressort qui en gouverne les vibrations selon les siennes et les rend par conséquent plus égales, les montres de poche ont changé de face, et sont devenues incomparablement plus justes. J'ai même remarqué autrefois un autre principe d'égalité qu'on pourrait appliquer aux montres.

PHILALÈTHE. *Si quelqu'un veut faire des divisions fondées sur les différences qu'il connaît dans la configuration intérieure, il peut le faire : cependant ce ne seraient point des espèces distinctes par rapport à des gens qui ignorent cette construction.*

THÉOPHILE. Je ne sais pourquoi on veut toujours chez vous faire dépendre de notre opinion ou connaissance les vertus, les vérités et les espèces. Elles sont dans la nature, soit que nous le sachions et approuvions, ou non. En parler autrement, c'est changer les noms des choses et le langage reçu sans aucun sujet. Les hommes jusqu'ici auront cru qu'il y a plusieurs espèces d'horloges ou de montres, sans s'informer en quoi elles consistent ou comment on pourrait les appeler.

PHILALÈTHE. *Vous avez pourtant reconnu il n'y a pas long-temps que lorsqu'on veut distinguer les espèces physiques par les apparences, on se borne d'une manière arbitraire où l'on le trouve à propos, c'est-à-dire selon qu'on trouve la différence plus ou moins considérable et suivant le but qu'on a. Et vous vous êtes servi, vous-même de la comparaison des poids et des mesures, qu'on règle selon le bon plaisir des hommes, et leur donne des noms.*

THÉOPHILE. C'est depuis le temps que j'ai commencé à vous

entendre. Entre les différences spécifiques purement logiques, ou la moindre variation de définition assignable suffit, quelque accidentelle qu'elle soit, et entre les différences spécifiques, qui sont purement physiques, fondées sur l'essentiel ou immuable, on peut mettre un milieu, mais qu'on ne saurait déterminer précisément ; on s'y règle sur les apparences les plus considérables, qui ne sont pas tout à fait immuables, mais qui ne changent pas facilement, l'une approchant plus de l'essentiel que l'autre. Et comme un connaisseur aussi peut aller plus loin que l'autre, la chose paraît arbitraire et a du rapport aux hommes, et il paraît commode de régler aussi les noms selon ces différences principales. On pourrait donc dire ainsi que ce sont des différences spécifiques civiles et des espèces nominales, qu'il ne faut point confondre avec ce que j'ai appelé définitions nominales ci-dessus, et qui ont lieu dans les différences spécifiques logiques aussi bien que physiques. Au reste, outre l'usage vulgaire, les lois même peuvent autoriser les significations des mots, et alors les espèces deviendraient légales, comme dans les contrats qui sont appelés *nominati*, c'est-à-dire désignés par un nom particulier. Et c'est-à-dire comme la loi romaine fait commencer l'âge de puberté à quatorze ans accomplis. Toute cette considération n'est point à mépriser, cependant je ne vois pas qu'elle soit d'un fort grand usage ici, car outre que vous m'avez paru l'appliquer quelquefois où elle n'en avait aucun, on aura à peu près le même effet, si l'on considère qu'il dépend des hommes de procéder dans les sous-divisions aussi loin qu'ils trouvent à propos, et de faire abstraction des différences ultérieures, sans qu'il soit besoin de les nier : et qu'il dépend aussi d'eux de choisir le certain pour l'incertain, afin de fixer quelques notions et mesures en leur donnant des noms.

PHILALÈTHE. Je suis bien aise que nous ne sommes plus si éloignés ici que nous le paraissions. § 41. Vous m'accorderez encore, Monsieur, à ce que je vois, que les *choses artificielles ont des espèces aussi bien que les naturelles* contre le sentiment de quelques philosophes. *§ 42. Mais avant que de quitter les noms des substances, j'ajouterai que, de toutes les diverses idées que nous avons, ce sont les seules idées des substances qui ont des noms propres ou individuels ; car il arrive rarement que les hommes aient besoin de faire une mention fréquente d'aucune qualité individuelle ou de quelque autre individu d'accident : outre que les actions individuelles périssent d'abord et que la combinaison des circonstances qui s'y fait ne subsiste point comme dans les substances.*

THÉOPHILE. Il y a pourtant des cas où on a eu besoin de se souvenir d'un accident individuel et qu'on lui a donné un nom ; ainsi votre règle est bonne pour l'ordinaire, mais elle reçoit des exceptions. La religion nous en fournit ; comme nous célébrons anniversairement la mémoire de la naissance de Jésus-Christ, les Grecs appelaient cet événement Théogonie, et celui de l'adoration des Mages Epiphanie. Et les Hébreux appelèrent *Passah* par excellence le passage de l'ange, qui fit mourir les aînés des Egyptiens, sans toucher ceux des Hébreux ; et c'est de quoi ils devaient solenniser la mémoire tous les ans. Pour ce qui est des espèces des choses artificielles, les philosophes scolastiques ont fait difficulté de les laisser entrer dans leurs prédicaments : mais leur délicatesse y était peu nécessaire, ces tables prédicamentales devant servir à faire une revue générale de nos idées. Il est bon cependant de reconnaître la différence qu'il y a entre les substances parfaites et entre les assemblages des substances *(aggregata)* qui sont des êtres substantiels composés ou par la nature ou par l'artifice des hommes. Car la nature a aussi de telles agrégations, comme sont les corps, dont la mixtion est imparfaite pour parler le langage de nos philosophes *(imperfecte mixta)*, qui ne font point *unum per se* [184] et n'ont point en eux une parfaite unité. Je crois cependant que les quatre corps qu'ils appellent éléments, qu'ils croient simples, et les sels, les métaux et autres corps, qu'ils croient être mêlés parfaitement, et à qui ils accordent leurs tempéraments, ne sont pas *unum per se* non plus, d'autant plus qu'on doit juger qu'ils ne sont uniformes et similaires qu'en apparence, et même un corps similaire ne laisserait pas d'être un amas. En un mot, l'unité parfaite doit être réservée aux corps animés, ou doués d'entéléchies primitives ; car ces entéléchies ont de l'analogie avec les âmes, et sont aussi indivisibles et impérissables qu'elles : et j'ai fait juger ailleurs que leurs corps organiques sont des machines en effet, mais qui surpassent autant les artificielles, qui sont de notre invention, que l'inventeur des naturelles nous surpasse. Car ces machines de la nature sont aussi impérissables que les âmes mêmes, et l'animal avec l'âme subsiste toujours ; c'est (pour me mieux expliquer par quelque chose de revenant, tout ridicule qu'il est) comme Arlequin qu'on voulait dépouiller sur le théâtre, mais on n'en put venir à bout, parce qu'il avait je ne sais combien d'habits les uns sur les autres : quoique ces réplications des corps organiques à l'infini, qui sont dans un animal, ne soient pas si semblables ni si appliquées les unes sur les autres, comme des habits, l'artifice de la nature étant d'une tout autre subtilité. Tout cela fait voir que les philosophes n'ont pas eu tout le tort du monde de mettre tant de distance entre les choses artificielles et entre les corps naturels doués d'une véritable unité. Mais il n'appartenait qu'à notre temps de développer ce mystère et d'en faire comprendre l'importance et les suites pour bien établir la théologie naturelle et ce qu'on appelle la pneumatique, d'une manière qui soit véritablement naturelle et conforme à ce que nous pouvons expérimenter et entendre, qui ne nous fasse rien perdre des importantes considérations qu'elles doivent fournir, ou plutôt qui les rehausse, comme fait le système de l'harmonie préétablie. Et je crois que nous ne pouvons mieux finir que par là cette longue discussion des noms des substances.

CHAPITRE VII

DES PARTICULES

§ 1. PHILALÈTHE. *Outre les mots qui servent à nommer les idées, on a besoin de ceux qui signifient la* connexion *des idées ou les propositions.* Cela est, cela n'est pas, *sont les signes généraux de l'affirmation ou de la négation. Mais l'esprit, outre les parties des propositions, lie encore des sentences ou propositions entières,* § 2, *se servant des mots qui expriment cette liaison des différentes affirmations et négations et qui sont ce qu'on appelle* particules ; *et dans leur bon usage consiste principalement l'art de bien parler. C'est afin que les raisonnements soient suivis et méthodiques qu'il faut des termes qui montrent la* connexion, la restriction, la distinction, l'opposition, l'emphase, *etc. Et quand on s'y méprend, on embarrasse celui qui écoute.*

THÉOPHILE. J'avoue que les particules sont d'un grand usage, mais je ne sais si l'art de bien parler y consiste principalement. Si quelqu'un ne donnait que des aphorismes, ou que des thèses détachées comme on le fait souvent dans les universités, ou comme dans ce qu'on appelle libelle articulé chez les jurisconsultes, ou comme dans les articles qu'on propose aux témoins, alors, pourvu qu'on range bien ces propositions, on fera à peu près le même effet pour se faire entendre que si on y avait mis de la liaison et des particules ; car le lecteur y supplée. Mais j'avoue qu'il serait troublé si on mettait mal les particules, et bien plus que si on les omettait. Il me semble aussi que les particules lient non seulement les parties du discours composé de propositions et les parties de la proposition composées d'idées, mais aussi les parties de l'idée, composée de plusieurs façons par la combinaison d'autres idées. Et c'est cette dernière liaison qui est marquée par les prépositions, au lieu que les adverbes ont de l'influence sur l'affirmation ou la négation qui est dans le verbe ; et les conjonctions en ont sur la liaison de différentes affirmations ou négations. Mais je ne doute point que vous n'ayez remarqué tout cela vous-même, quoique vos paroles semblent dire autre chose.

§ 3. PHILALÈTHE. *La partie de la grammaire qui traite des particules a été moins cultivée que celle qui représente par ordre les* cas, les genres, les modes, les temps, les gérondifs *et les* supins. *Il est vrai que dans quelques langues on a aussi rangé les particules sous des titres par des subdivisions distinctes avec une grande apparence d'exactitude. Mais il ne suffit pas de parcourir ces catalogues. Il faut réfléchir sur ses propres pensées pour observer les formes que l'esprit prend en discourant, car les particules sont tout autant de marques de l'action de l'esprit.*

THÉOPHILE. Il est très vrai que la doctrine des particules est importante, et je voudrais qu'on entrât dans un plus grand détail là-dessus. Car rien ne serait plus propre à faire connaître les diverses formes de l'entendement. Les genres ne font rien dans la grammaire philosophique, mais les cas répondent aux prépositions, et souvent la préposition y est enveloppée dans le nom et comme absorbée, et d'autres particules sont cachées dans les flexions des verbes.

§ 4. PHILALÈTHE. *Pour bien expliquer les particules, il ne suffit pas de les rendre (comme on fait ordinairement dans un dictionnaire) par les mots d'une autre langue qui approchent le plus, parce qu'il est aussi malaisé d'en comprendre le sens précis dans une langue que dans l'autre ; outre que les significations des mots voisins des deux langues ne sont pas toujours exactement les mêmes et varient aussi dans une même langue. Je me souviens que dans la langue hébraïque il y a une particule d'une seule lettre, dont on conte plus de cinquante significations.*

THÉOPHILE. De savants hommes se sont attachés à faire des traités exprès sur les particules du latin, du grec et de l'hébreu ; et Strauchius[185], jurisconsulte célèbre, a fait un livre sur l'usage des particules dans la jurisprudence, où la signification [des mots] n'est pas de petite conséquence. On trouve cependant qu'ordinairement c'est plutôt par des exemples et par des synonymes qu'on prétend les expliquer que par des notions distinctes. Aussi ne peut-on pas toujours en trouver une signification générale ou formelle, comme feu M. Bohlius[186] l'appelait, qui puisse satisfaire à tous les exemples ; mais, cela nonobstant, on pourrait toujours réduire tous les usages d'un mot à un nombre déterminé de significations. Et c'est ce qu'on devrait faire.

§ 5. PHILALÈTHE. En effet le nombre des significations excède de beaucoup celui des particules. En anglais la particule *but* a des significations fort différentes : (1) quand je dis : *but to say no more*, c'est : mais pour ne rien dire de plus ; comme si cette particule marquait que l'esprit s'arrête dans sa course avant que d'en avoir fourni la carrière. Mais disant (2) : *I saw but two planets*, c'est-à-dire : Je vis seulement deux planètes, l'esprit borne le sens de ce qu'il veut dire à ce qui a été exprimé avec exclusion de tout autre. Et lorsque je dis (3) : *You pray, but it is not that God would bring you to the true religion, but that he would confirm you in your ouwn*, c'est-à-dire : Vous priez Dieu, mais ce n'est pas qu'il veuille vous amener à la connaissance de la vraie religion, mais qu'il vous confirme dans la vôtre ; le premier de ces *but* ou *mais* désigne une supposition dans l'esprit, qui est autrement qu'elle ne devrait être, et le second fait voir que l'esprit met une opposition directe entre ce qui suit et ce qui précède. (4) *All animals have sense, but a dog is an animal*, c'est-à-dire : Tous les animaux ont du sentiment, mais le chien est un animal. Ici la particule signifie la connexion de la seconde proposition avec la première.

THÉOPHILE. Le français mais a pu être substitué dans tous ces endroits, excepté dans le second ; mais l'allemand *allein*, pris pour particule, qui signifie quelque chose de mêlé de mais et de seulement, peut sans doute être substitué au lieu de *but* dans tous ces exemples, excepté le dernier, où l'on pourrait douter un peu. Mais se rend aussi en allemand tantôt par *aber*, tantôt par *sondern*, qui marque une séparation ou ségrégation et approche de la particule *allein*. Pour bien expliquer les particules, il ne suffit pas d'en faire une explication abstraite comme nous venons de faire ici ; mais il faut venir à une périphrase qui puisse être substituée à sa place, comme la définition peut être mise à la place du défini. Quand on s'attachera à chercher et à déterminer ces périphrases substituables dans toutes les particules autant qu'elles en sont susceptibles, c'est alors qu'on en aura réglé les significations. Tâchons d'y approcher dans nos quatre exemples. Dans le premier on veut dire : Jusqu'ici seulement soit parlé de cela, et non pas davantage *(non più)* ; dans le second : Je vis seulement deux planètes et non pas davantage ; dans le troisième : Vous priez Dieu et c'est cela seulement, savoir pour être confirmé dans votre religion, et non pas davantage, etc. ; dans le quatrième c'est comme si l'on disait : Tous les animaux ont du sentiment, il suffit de considérer cela seulement et il n'en faut davantage. Le chien est un animal, donc il a du sentiment. Ainsi tous ces exemples marquent des bornes, et un *non plus ultra*, soit dans les choses, soit dans le discours. Aussi *but* est une fin, un terme de la carrière, comme si l'on se disait : arrêtons, nous y voilà, nous sommes arrivés à notre but pourquoi aller plus loin. *But, Bute*, est un vieux mot teutonique, qui signifie quelque chose de fixe, une demeure. *Beuten* (mot suranné, qui se trouve encore dans quelques chansons d'Église) est demeurer. Le mais a son origine du *magis*, comme si quelqu'un voulait dire : quant au surplus, il faut le laisser, ce qui est autant que de dire : il n'en faut pas davantage, c'est assez, venons à autre chose, ou c'est autre chose. Mais comme l'usage des langues [y] varie d'une étrange manière, il faudrait entrer bien avant dans le détail des exemples pour régler assez les significations des particules. En français on évite le double mais par un cependant, et on dirait : Vous priez, cependant ce n'est pas pour obtenir la vérité, mais pour être confirmé dans votre opinion. Le *sed* des Latins était souvent exprimé autrefois par *ains*, qui est l'*anzi* des Italiens, et les Français l'ayant réformé ont privé leur langue d'une expression avantageuse. Par exemple : il n'y avait rien de sûr, cependant on était persuadé de ce que je vous ai mandé, parce qu'on aime à croire ce qu'on souhaite ; mais il s'est trouvé que ce n'était pas cela ; ains plutôt, etc.

PHILALÈTHE. § 6. *Mon dessein a été de ne toucher cette matière que fort légèrement. J'ajouterai que souvent des particules renferment ou constamment ou dans une certaine construction le sens d'une proposition entière.*

THÉOPHILE. Mais quand c'est un sens complet, je crois que c'est par une manière d'ellipse ; autrement ce sont les seules interjections, à mon avis, qui peuvent subsister par elles-mêmes et disent tout dans un mot, comme *ah ! hoi me !* Car quand on dit mais, sans ajouter autre chose, c'est une ellipse comme pour dire : mais attendons le boiteux et ne nous flattons pas mal à propos. Il y a quelque chose d'approchant pour cela dans le *nisi* des Latins : *si nisi non esset*, s'il n'y avait point de mais. Au reste je n'aurais point été fâché, Monsieur, que vous fussiez entré un peu plus avant dans le détail des tours de l'esprit, qui paraissent à merveille dans l'usage des particules. Mais puisque nous avons sujet de nous hâter pour achever cette recherche des mots et pour retourner aux choses, je ne veux point vous y arrêter davantage, quoique je croie véritablement que les langues sont le meilleur miroir de l'esprit humain, et qu'une analyse exacte de la signification des mots ferait mieux connaître que toute autre chose les opérations de l'entendement.

CHAPITRE VIII

DES TERMES ABSTRAITS ET CONCRETS

§ 1. PHILALÈTHE. *Il est encore à remarquer que les termes sont abstraits ou concrets. Chaque idée abstraite est distincte, en sorte que de deux l'une ne peut jamais être l'autre. L'esprit doit apercevoir par sa connaissance intuitive la différence qu'il y a entre elles, et par conséquent deux de ces idées ne peuvent jamais être affirmées l'une de l'autre. Chacun voit d'abord la fausseté de ces propositions : l'humanité est l'animalité ou raisonnabilité; cela est d'une aussi grande évidence qu'aucune des maximes le plus généralement reçues.*

THÉOPHILE. Il y a pourtant quelque chose à dire. On convient que la justice est une vertu, une habitude (*habitus*), une qualité, un accident, etc. Ainsi deux termes abstraits peuvent être énoncés l'un de l'autre. J'ai encore coutume de distinguer deux sortes d'abstraits. Il y a des termes abstraits logiques, et il y a aussi des termes abstraits réels. Les abstraits réels, ou conçus du moins comme réels, sont ou essences et parties de l'essence, ou accidents, c'est-à-dire êtres ajoutés à la substance. Les termes abstraits logiques sont les prédications réduites en termes, comme si je disais : être homme, être animal ; et en ce sens on les peut énoncer l'un de l'autre, en disant : Etre homme, c'est être animal. Mais dans les réalités cela n'a point de lieu. Car on ne peut point dire que l'humanité ou l'homméité (si vous voulez) qui est l'essence de l'homme entière, est l'animalité, qui n'est qu'une partie de cette essence ; cependant ces êtres abstraits et incomplets signifiés par des termes abstraits réels ont aussi leurs genres et espèces qui ne sont pas moins exprimés par des termes abstraits réels : ainsi il y a prédication entre eux, comme je l'ai montré par l'exemple de la justice et de la vertu.

§ 2. PHILALÈTHE. *On peut toujours dire que les substances n'ont que peu de noms abstraits ; à peine a-t-on parlé dans les écoles d'humanité, animalité, corporalité. Mais cela n'a point été autorisé dans le monde.*

THÉOPHILE. C'est qu'on n'a eu besoin que de peu de ces termes pour servir d'exemple et pour en éclaircir la notion générale, qu'il était à propos de ne pas négliger entièrement. Si les Anciens ne se servaient pas du mot d'humanité dans le sens des écoles, ils disaient la nature humaine, ce qui est la même chose. Il est sûr aussi qu'ils disaient divinité, ou bien nature divine ; et les théologiens ayant eu besoin de parler de ces deux natures et des accidents réels, on s'est attaché à ces entités abstraites dans les écoles philosophiques et théologiques, et peut-être plus qu'il n'était convenable.

CHAPITRE IX

DE L'IMPERFECTION DES MOTS

§ 1. PHILALÈTHE. *Nous avons parlé déjà du double usage des mots. L'un est d'enregistrer nos propres pensées pour aider notre mémoire, qui nous fait parler à nous-mêmes ; l'autre est de communiquer nos pensées aux autres par le moyen des paroles. Ces deux usages nous font connaître la perfection ou l'imperfection des mots.* § 2. *Quand nous ne parlons qu'à nous-mêmes, il est indifférent quels mots on emploie, pourvu qu'on se souvienne de leur sens, et ne le change point. Mais,* § 3, *l'usage de la communication est encore de deux sortes, civil et philosophique. Le civil consiste dans la conversation et usage de la vie civile. L'usage philosophique est celui qu'on doit faire des mots pour donner des notions précises et pour exprimer des vérités certaines en propositions générales.*

THÉOPHILE. Fort bien : les paroles ne sont pas moins des marques (*notae*) pour nous (comme pourraient être les caractères des nombres ou de l'algèbre) que des signes pour les autres : et l'usage des paroles comme des signes a lieu tant lorsqu'il s'agit d'appliquer les préceptes généraux à l'usage de la vie ou aux individus que lorsqu'il s'agit de trouver ou vérifier ces préceptes ; le premier usage des signes est civil et le second est philosophique.

§ 5. PHILALÈTHE. *Or il est difficile, dans les cas suivants principalement, d'apprendre et de retenir l'idée que chaque mot signifie, (1) lorsque ces idées sont fort composées, (2) lorsque ces idées qui en composent une nouvelle n'ont point de liaison naturelle avec elles, de sorte qu'il n'y a dans la nature aucune mesure fixe ni aucun modèle pour les rectifier et pour les régler, (3) lorsque le modèle n'est pas aisé à connaître, (4) lorsque la signification du mot et l'essence réelle ne sont pas exactement les mêmes. Les dénominations des modes sont plus sujettes à être douteuses et imparfaites pour les deux premières raisons, et celles des substances pour* les deux secondes. § 6. *Lorsque l'idée des modes est fort complexe, comme celle de la plupart des termes de morale, elles ont rarement la même signification précise dans les esprits de deux différentes personnes.* § 7. *Le défaut aussi des modèles rend ces mots équivoques. Celui qui a inventé le premier le mot de* brusquer *y a entendu ce qu'il a trouvé à propos, sans que ceux qui s'en sont servis comme lui se soient informés de ce qu'il voulait dire précisément, et sans qu'il leur en ait montré quelque modèle constant.* § 8. *L'usage commun règle assez bien le sens des mots pour la conversation ordinaire, mais il n'y a rien de précis, et l'on dispute tous les jours de la signification la plus conforme à la propriété du langage. Plusieurs parlent de la* gloire, *et il y en a peu qui l'entendent l'un comme l'autre.* § 9. *Ce ne sont que de simples sons dans la bouche de plusieurs, ou du moins les significations y sont fort indéterminées. Et dans un discours ou entretien où l'on parle d'*honneur, *de* foi, *de* grâce, *de* religion, *d'*église, *et surtout dans la controverse, on remarquera d'abord que les hommes ont des différentes notions, qu'ils appliquent aux mêmes termes. Et s'il est difficile d'entendre le sens des termes des gens de notre temps, il y a bien plus de difficulté d'entendre les* anciens livres. *Le bon est qu'on s'en peut passer, excepté lorsqu'ils contiennent ce que nous devons croire ou faire.*

THÉOPHILE. Ces remarques sont bonnes ; mais quant aux anciens livres, comme nous avons besoin d'entendre la *Sainte Ecriture* surtout et que les lois romaines encore sont de grand usage dans une bonne partie de l'Europe, cela même nous engage à consulter quantité d'autres anciens livres : les rabbins, les Pères de l'Eglise, même les historiens profanes. D'ailleurs les anciens médecins méritent aussi d'être entendus. La pratique de la médecine des Grecs est venue des Arabes jusqu'à nous : l'eau de la source a été troublée dans les ruisseaux des Arabes et rectifiée en bien des choses lorsqu'on a commencé à recourir aux originaux grecs. Cependant ces Arabes ne laissent pas d'être utiles et l'on assure par exemple qu'Ebenbitar, qui dans ses livres des Simples a copié Dioscoride, sert souvent à l'éclaircir [187]. Je trouve aussi qu'après la religion et l'histoire, c'est principalement dans la médecine, en tant qu'elle est empirique, que la tradition des Anciens, conservée par l'Ecriture, et généralement les observations d'autrui peuvent servir. C'est pourquoi j'ai toujours fort estimé des médecins versés encore dans la connaissance de l'antiquité ; et j'ai été bien fâché que Reinesius [188], excellent dans l'un et l'autre genre, se soit tourné plutôt à éclaircir les rites et histoires des Anciens qu'à rétablir une partie de la connaissance qu'ils avaient de la nature, où il a fait voir qu'il aurait encore pu réussir à merveille. Quand les Latins, les Grecs, les Hébreux et les Arabes seront épuisés un jour, les Chinois, pourvus encore d'anciens livres, se mettront sur les rangs et fourniront de la matière à la curiosité de nos critiques. Sans parler de quelques vieux livres des Persans, des Arméniens, des Coptes et des Brahmines, qu'on déterrera avec le temps pour ne négliger aucune lumière que l'antiquité pourrait donner par la tradition des doctrines et par l'histoire des faits. Et quand il n'y aurait plus de livre ancien à examiner, les langues tiendront lieu de livres et ce sont les plus anciens monuments du genre humain. On enregistrera avec le temps et mettra en dictionnaires et en grammaires toutes les langues de l'univers, et on les comparera entre elles ; ce qui aura des usages très grands tant pour la connaissance des choses, puisque les noms souvent répondent à leurs propriétés (comme l'on voit par les dénominations des plantes chez de différents peuples) que pour la connaissance de notre esprit et de la merveilleuse variété de ses opérations. Sans parler de l'origine des peuples, qu'on connaîtra par le moyen des étymologies solides que la comparaison des langues fournira le mieux. Mais c'est de quoi j'ai déjà parlé. Et tout cela fait voir l'utilité et l'étendue de la critique, peu considérée par quelques philosophes, très habiles d'ailleurs, qui s'émancipent de parler avec mépris du rabbinage et généralement de la philologie. L'on voit aussi que les critiques trouveront encore longtemps matière de s'exercer avec fruit, et qu'ils feraient bien de ne se pas trop amuser aux minuties puisqu'ils ont tant d'objets plus revenants à traiter ; quoique je sache bien qu'encore les minuties sont nécessaires bien souvent chez les critiques pour découvrir des connaissances plus importantes. Et comme la critique roule en grande partie sur la signification des mots et sur l'interprétation des auteurs, anciens surtout, cette discussion des mots, jointe à la mention que vous avez faite des Anciens, m'a fait toucher ce point qui est de conséquence. Mais pour revenir à vos quatre défauts de la dénomination, je vous dirai, Monsieur, qu'on peut remédier à tous, surtout depuis que l'écriture est inventée et qu'ils ne subsistent que par notre négligence. Car il dépend de nous de fixer les significations, au moins dans quelque langue savante, et d'en convenir pour détruire cette tour de Babel. Mais il y a deux défauts où il est plus difficile de remédier, qui consistent l'un dans le doute où l'on est si des idées sont compatibles, lorsque l'expérience ne nous les fournit pas toutes combinées dans un même sujet, l'autre dans la nécessité qu'il y a de faire des définitions provisionnelles des choses sensibles, lorsqu'on n'en a pas assez d'expérience pour en avoir des définitions plus complètes : mais j'ai parlé plus d'une fois de l'un et de l'autre de ces défauts.

PHILALÈTHE. Je m'en vais vous dire des choses qui serviront encore à éclaircir en quelque façon les défauts que vous venez de marquer, et le troisième de ceux que j'ai indiqués fait, ce semble, que ces définitions sont provisionnelles ; c'est lorsque nous ne connaissons pas assez nos modèles sensibles, c'est-à-dire les êtres substantiels de nature corporelle. Ce défaut fait aussi que nous ne savons pas s'il est permis de combiner les qualités sensibles que la nature n'a point combinées, parce qu'on ne les entend pas à fond. [§ 11.] *Or si la signification des mots qui servent pour les modes composés est douteuse, faute de modèles qui fassent voir la même composition, celle des noms des êtres substantiels l'est par une raison tout opposée, parce qu'ils doivent signifier ce qui est supposé conforme à la réalité des choses, et se rapporter à des modèles formés par la nature.*

THÉOPHILE. J'ai remarqué déjà plus d'une fois dans nos conversations précédentes que cela n'est point essentiel aux idées des substances ; mais j'avoue que les idées faites après nature sont les plus sûres et les plus utiles.

§ 12. PHILALÈTHE. Lors donc qu'on suit les modèles tout faits par la nature, sans que l'imagination ait besoin que d'en retenir les représentations, *les noms des êtres substantiels ont dans l'usage ordinaire un double rapport, comme j'ai déjà montré. Le premier est qu'ils signifient la constitution interne et réelle des choses, mais ce modèle ne saurait être connu, ni servir par conséquent à régler les significations.*

THÉOPHILE. Il ne s'agit pas de cela ici, puisque nous parlons des idées dont nous avons des modèles ; l'essence intérieure est dans la chose, mais l'on convient qu'elle ne saurait servir de patron.

§ 13. PHILALÈTHE. *Le second rapport est donc celui que les noms des êtres substantiels ont immédiatement aux idées simples, qui existent à la fois dans la substance. Mais comme le nombre de ces idées unies dans un même sujet est grand, les hommes parlant de ce même sujet s'en forment des idées fort différentes, tant par la différente combinaison des idées simples qu'ils font que parce que la plupart des qualités des corps sont les puissances qu'ils ont de produire des changements dans les autres corps et d'en recevoir ; témoin les changements que l'un des plus bas métaux est capable de souffrir par l'opération du feu, et il en reçoit bien plus encore entre les mains d'un chimiste par l'application des autres corps. D'ailleurs l'un se contente du poids et de la couleur pour connaître l'or, l'autre y fait encore entrer la ductilité, la fixité, et le troisième veut faire considérer qu'on le peut dissoudre dans l'eau régale.* § 14. *Comme les choses aussi ont souvent de la ressemblance entre elles, il est difficile quelquefois de désigner les différences précises.*

THÉOPHILE. Effectivement, comme les corps sont sujets à être altérés, déguisés, falsifiés, contrefaits, c'est un grand point de les pouvoir distinguer et reconnaître. L'or est déguisé dans la solution, mais on peut l'en retirer soit en le précipitant, soit en distillant l'eau ; et l'or contrefait ou sophistique est reconnu ou purifié par l'art des essayeurs, qui n'étant pas connu à tout le monde, il n'est pas étrange que les hommes n'aient pas tous la même idée de l'or. Et ordinairement ce ne sont que les experts qui ont des idées assez justes des matières.

§ 15. PHILALÈTHE. *Cette variété ne cause pas cependant tant de désordre dans le commerce civil que dans les recherches philosophiques.*

THÉOPHILE. Il serait plus supportable s'il n'avait point de l'influence dans la pratique, où il importe souvent de ne pas recevoir un quiproquo, et par conséquent de connaître les marques des choses ou d'avoir à la main des gens qui les connaissent. Et cela surtout est important à l'égard des drogues et matériaux qui sont de prix, et dont on peut avoir besoin dans les rencontres importantes. Le désordre philosophique se remarquera plutôt dans l'usage des termes plus généraux.

§ 18. PHILALÈTHE. *Les noms des idées simples sont moins*

sujets à équivoque et on se méprend rarement sur les termes de blanc, amer, etc.

THÉOPHILE. Il est vrai pourtant que ces termes ne sont pas entièrement exempts d'incertitude ; et j'ai déjà remarqué l'exemple des couleurs limitrophes, qui sont dans les confins de deux genres et dont le genre est douteux.

§ 19. PHILALÈTHE. *Après les noms des idées simples, ceux des modes simples sont les moins douteux, comme par exemple ceux des figures et des nombres. Mais,* § 20, *les modes composés et les substances causent tout l'embarras.* § 21. *On dira qu'au lieu d'imputer ces imperfections aux mots, il faut plutôt les mettre sur le compte de notre entendement : mais je réponds que les mots s'interposent tellement entre notre esprit et la vérité des choses qu'on peut comparer les mots avec le milieu au travers duquel passent les rayons des objets visibles, qui répand souvent des nuages sur nos yeux ; et je suis tenté de croire que si l'on examinait plus à fond les imperfections du langage, la plus grande partie des disputes tomberaient d'elles-mêmes, et que le chemin de la connaissance et peut-être de la paix serait plus ouvert aux hommes.*

THÉOPHILE. Je crois qu'on en pourrait venir à bout dès à présent dans les discussions par écrit, si les hommes voulaient convenir de certains règlements et les exécuter avec soin. Mais pour procéder exactement de vive voix et sur-le-champ, il faudrait du changement dans le langage. Je suis entré ailleurs dans cet examen.

§ 22. PHILALÈTHE. En attendant la réforme, qui ne sera pas [encore] prête si tôt, *cette incertitude des mots nous devrait apprendre à être modérés, surtout quand il s'agit d'imposer aux autres le sens que nous attribuons aux anciens auteurs : puisqu'il se trouve dans les auteurs grecs que presque chacun d'eux parle un langage différent.*

THÉOPHILE. J'ai été plutôt surpris de voir que des auteurs grecs si éloignés les uns des autres à l'égard des temps et des lieux, comme Homère, Hérodote, Strabon, Plutarque, Lucien, Eusèbe, Procope, Photius, s'approchent tant, au lieu que les Latins ont tant changé, et les Allemands, Anglais et Français bien davantage. Mais c'est que les Grecs ont eu dès le temps d'Homère, et plus encore lorsque la ville d'Athènes était dans un état florissant, de bons auteurs, que la postérité a pris pour modèles au moins en écrivant. Car sans doute la langue vulgaire des Grecs devait être bien changée déjà sous la domination des Romains. Et cette même raison fait que l'italien n'a pas tant changé que le français, parce que les Italiens, ayant eu plus tôt des écrivains d'une réputation durable, ont imité et estiment encore Dante, Pétrarque, Boccace et autres auteurs d'un temps d'où ceux des Français ne sont plus de mise.

CHAPITRE X

DE L'ABUS DES MOTS

§ 1. PHILALÈTHE. *Outre les imperfections naturelles du langage, il y en a de volontaires et qui viennent de négligence, et c'est abuser des mots que de s'en servir si mal. Le premier et le plus visible abus est,* § 2, *qu'on n'y attache point d'idée claire. Quant à ces mots, il y en a de deux classes : les uns n'ont jamais eu d'idée déterminée, ni dans leur origine ni dans leur usage ordinaire. La plupart des sectes de philosophie et de religion en ont introduit pour soutenir quelque opinion étrange, ou cacher quelque endroit faible de leur système. Cependant ce sont des caractères distinctifs dans la bouche des gens de parti.* § 3. *Il y a d'autres mots qui dans leur usage premier et commun ont quelque idée claire, mais qu'on a appropriés depuis à des matières fort importantes sans leur attacher aucune idée certaine. C'est ainsi que les mots de* sagesse, *de* gloire, *de* grâce *sont souvent dans la bouche des hommes.*

THÉOPHILE. Je crois qu'il n'y a pas tant de mots insignifiants qu'on pense, et qu'avec un peu de soin et de bonne volonté on pourrait y remplir le vide, ou fixer l'indétermination. La sagesse ne paraît être autre chose que la science de la félicité. La grâce est un bien qu'on fait à ceux qui ne l'ont point mérité, et qui se trouvent dans un état où ils en sont besoin. Et la gloire est la renommée de l'excellence de quelqu'un.

§ 4. PHILALÈTHE. Je ne veux point examiner maintenant s'il y a quelque chose à dire à ces définitions, pour remarquer plutôt les causes des abus des mots. *Premièrement on apprend les mots avant que d'apprendre les idées qui leur appartiennent, et les enfants accoutumés à cela dès le berceau en usent de même pendant toute leur vie : d'autant plus qu'ils ne laissent pas de se faire entendre dans la conversation, sans avoir jamais fixé leur idée, en se servant de différentes expressions pour faire concevoir aux autres ce qu'ils veulent dire. Cependant cela remplit souvent leurs discours de quantité de vains sons, surtout en matière de morale. Les hommes prennent les mots qu'ils trouvent en usage chez leurs voisins, pour ne pas paraître ignorer ce qu'ils signifient, et ils les emploient avec confiance sans leur donner un sens certain : et comme dans ces sortes de discours il leur arrive rarement d'avoir raison, ils sont aussi rarement convaincus d'avoir tort ; et les vouloir tirer d'erreur, c'est vouloir déposséder un vagabond.*

THÉOPHILE. En effet on prend si rarement la peine qu'il faudrait se donner pour avoir l'intelligence des termes ou mots que je me suis étonné plus d'une fois que les enfants peuvent apprendre si tôt les langues, et que les hommes parlent encore si juste ; vu qu'on s'attache si peu à instruire les enfants dans leur langue maternelle et que les autres pensent si peu à acquérir les définitions nettes : d'autant que celles qu'on apprend dans les écoles ne regardent pas ordinairement les mots qui sont dans l'usage public. Au reste j'avoue qu'il arrive assez aux hommes d'avoir tort lors même qu'ils disputent sérieusement, et parlent suivant leur sentiment ; cependant j'ai remarqué aussi assez souvent que dans leurs disputes de spéculation sur des matières qui sont du ressort de leur esprit, ils ont tous raison de deux côtés, excepté dans les oppositions qu'ils font les uns aux autres, où ils prennent mal le sentiment d'autrui : ce qui vient du mauvais usage des termes et quelquefois aussi d'un esprit de contradiction et d'une affectation de supériorité.

§ 5. PHILALÈTHE. *En second lieu l'usage des mots est quelquefois inconstant : cela ne se pratique que trop parmi les savants. Cependant c'est une tromperie manifeste, et si elle est volontaire, c'est folie ou malice. Si quelqu'un en usait ainsi dans ses comptes (comme de prendre un X pour un V), qui, je vous prie, voudrait avoir affaire avec lui ?*

THÉOPHILE. Cet abus étant si commun non seulement parmi les savants mais encore dans le grand monde, je crois que c'est plutôt mauvaise coutume et inadvertance que malice qui le fait commettre. Ordinairement les significations diverses du même mot ont quelque affinité ; cela fait passer l'une pour l'autre et on ne donne pas le temps de considérer ce qu'on dit avec toute l'exactitude qui serait à souhaiter. On est accoutumé aux tropes et aux figures, et quelque élégance ou faux brillant nous impose aisément. Car le plus souvent on cherche le plaisir, l'amusement et les apparences plus que la vérité : outre que la vanité s'en mêle.

§ 6. PHILALÈTHE. *Le troisième abus est une obscurité affectée, soit en donnant à des termes d'usage des significations inusitées, soit en introduisant des termes nouveaux sans les expliquer.* Les anciens sophistes, que Lucien [189] tourne si raisonnablement en ridicule, prétendant parler de tout, couvraient leur ignorance sous le voile de l'obscurité des paroles. *Parmi les sectes des philosophes la péripatéticienne s'est rendue remarquable par ce défaut ; mais les autres sectes, même parmi les modernes, n'en sont pas tout à fait exemptes. Il y a par exemple des gens qui abusent du terme d'étendue et trouvent nécessaire de le confondre avec celui de corps.* § 7. *La logique, ou l'art de disputer, qu'on a tant estimée, a servi à entretenir l'obscurité.* § 8. *Ceux qui s'y sont adonnés ont été inutiles à la république ou plutôt dommageables.* § 9. *Au lieu que les hommes mécaniques, si méprisés des doctes, ont été utiles à la vie humaine. Cependant ces docteurs obscurs ont été admirés des ignorants ; et on les a crus invincibles parce qu'ils étaient munis de ronces et d'épines, où il n'y avait point de plaisir de se fourrer, la seule obscurité pouvant servir de défense à l'absurdité.* § 12. *Le mal est que cet art d'obscurcir les mots a embrouillé les deux grandes règles des actions de l'homme, la religion et la justice.*

THÉOPHILE. Vos plaintes sont justes en bonne partie : il est vrai cependant qu'il y a, mais rarement, des obscurités pardonnables, et même louables : comme lorsqu'on fait profession d'être énigmatique, et que l'énigme est de saison. Pythagore en usait ainsi et c'est assez la manière des Orientaux. Les alchimistes, qui se nomment adeptes, déclarent ne vouloir être entendus que des fils de l'art. Mais cela serait bon si ces fils de l'art prétendus avaient la clef du chiffre. Une certaine obscurité pourrait être permise : cependant il faut qu'elle cache quelque chose qui mérite d'être devinée et que l'énigme soit déchiffrable. Mais la religion et la justice demandent des idées claires. Il semble que le peu d'ordre qu'on y a apporté en les enseignant en a rendu la doctrine embrouillée ; et l'indétermination des termes y a peut-être plus nui que l'obscurité. Or comme la logique est l'art qui enseigne l'ordre et la liaison des pensées, je ne vois point de sujet de la blâmer. Au contraire c'est [plutôt] faute de logique que les hommes se trompent.

§ 14. PHILALÈTHE. *Le quatrième abus est qu'on prend les mots pour des choses, c'est-à-dire qu'on croit que les termes répondent à l'essence réelle des substances. Qui est-ce qui ayant été élevé dans la philosophie péripatéticienne ne se figure que les dix noms qui signifient les prédicaments sont exactement conformes à la nature des choses ? que les formes substantielles, les âmes végétatives, l'horreur du vide, les espèces intentionnelles, etc. sont quelque chose de réel ? les platoniciens ont leur âme du monde, et les épicuriens la tendance de leurs atomes vers le mouvement, dans le temps qu'ils sont en repos. Si les véhicules aériens ou éthériens du docteur More[190] eussent prévalu dans quelque endroit du monde, on ne les aurait pas moins crus réels.*

THÉOPHILE. Ce n'est pas proprement prendre les mots pour les choses, mais c'est croire vrai ce qui ne l'est point. Erreur trop commune à tous les hommes, mais qui ne dépend pas du seul abus des mots, et consiste en tout autre chose. Le dessein des prédicaments est fort utile, et on doit penser à les rectifier, plutôt qu'à les rejeter. Les substances, quantités, qualités, actions ou passions et relations, c'est-à-dire cinq titres généraux des êtres, pouvaient suffire avec ceux qui se forment de leur composition, et vous-même, en rangeant les idées, n'avez-vous pas voulu [les] donner comme des prédicaments ? J'ai parlé ci-dessus des formes substantielles. Et je ne sais si on est assez fondé de rejeter les âmes végétatives, puisque des personnes fort expérimentées et judicieuses reconnaissent une grande analogie entre les plantes et les animaux, et que vous avez paru, Monsieur, admettre l'âme des bêtes. L'horreur du vide se peut entendre sainement, c'est-à-dire, supposé que la nature ait une fois rempli les espaces, et que les corps soient impénétrables et incondensables, elle ne saurait admettre du vide : et je tiens ces trois suppositions bien fondées. Mais les espèces intentionnelles, qui doivent faire le commerce de l'âme et du corps, ne le sont pas, quoiqu'on puisse excuser peut-être les espèces sensibles, qui vont de l'objet à l'organe éloigné, en y sous-entendant la propagation des mouvements. J'avoue qu'il n'y a point d'âme du monde de Platon, car Dieu est au-dessus du monde, *extramundana intelligentia*, ou plutôt *supramundana*. Je ne sais si par la tendance au mouvement des atomes des épicuriens vous n'entendez la pesanteur qu'ils leur attribuaient, et qui sans doute était sans fondement, puisqu'ils prétendaient que les corps vont tous d'un même côté d'eux-mêmes. Feu M. Henry Morus, théologien de l'Eglise anglicane, tout habile homme qu'il était, se montrait un peu trop facile à forger des hypothèses qui n'étaient point intelligibles ni apparentes, témoin son principe hylarchique de la matière, cause de la pesanteur, du ressort et des autres merveilles qui s'y rencontrent. Je n'ai rien à vous dire de ses véhicules éthériens, dont je n'ai point examiné la nature.

§ 15. PHILALÈTHE. *Un exemple sur le mot de matière vous fera mieux entrer dans ma pensée. On prend la matière pour un être réellement existant dans la nature, distinct du corps* [parce que le mot de matière signifie une idée distincte du corps] *ce qui est en effet de la dernière évidence ; autrement ces deux idées pourraient être mises indifféremment l'une à la place de l'autre. Car on peut dire qu'une seule matière compose tous les corps, et non pas qu'un seul corps compose toutes les matières. On ne dira pas aussi, je pense, qu'une matière est plus grande que l'autre. La matière exprime la substance et la solidité du corps ; ainsi nous ne concevons pas plus des différentes matières que des différentes solidités. Cependant dès qu'on a pris la matière pour un nom de quelque chose qui existe sous cette précision, cette pensée a produit des discours inintelligibles et des disputes embrouillées sur la matière première.*

THÉOPHILE. Il me paraît que cet exemple sert plutôt à excuser qu'à blâmer la philosophie péripatéticienne. Si tout l'argent était figuré, ou plutôt parce que tout l'argent est figuré par la nature ou par l'art, en sera-t-il moins permis de dire que l'argent est un être réellement existant dans la nature, distinct (en le prenant dans sa précision) de la vaisselle ou de la monnaie ? [Et quoique l'argent exprime le poids, le son, la couleur, la possibilité et quelques qualités de la monnaie] ; on ne dira pas pour cela que l'argent n'est autre chose que quelques qualités de la monnaie. Aussi n'est-il pas si inutile qu'on pense de raisonner dans la physique générale de la matière première et d'en déterminer la nature, pour savoir si elle est uniforme toujours, si elle a quelque autre propriété que l'impénétrabilité (comme en effet j'ai montré après Képler qu'elle a encore ce qu'on peut appeler inertie), etc., quoiqu'elle ne se trouve jamais toute nue : comme il serait permis de raisonner de l'argent pur, quand il n'y en aurait point chez nous, et quand nous n'aurions pas le moyen de le purifier. Je ne désapprouve donc point qu'Aristote ait parlé de la matière première ; mais on ne saurait s'empêcher de blâmer ceux qui s'y sont trop arrêtés, et qui ont forgé des chimères sur des mots malentendus de ce philosophe, qui peut-être aussi a donné trop d'occasion quelquefois à ces méprises et au galimatias. Mais on ne doit pas tant exagérer les défauts de cet auteur célèbre, parce qu'on sait que plusieurs de ses ouvrages n'ont pas été achevés ni publiés par lui-même.

§ 17. PHILALÈTHE. *Le cinquième abus est de mettre les mots à la place des choses qu'ils ne signifient, ni ne peuvent signifier en aucune manière. C'est lorsque par les noms des substances nous voudrions dire quelque chose de plus que ceci : ce que j'appelle or est malléable (quoique dans le fond l'or alors ne signifie autre chose que ce qui est malléable), prétendant faire entendre que la malléabilité dépend de l'essence réelle de l'or. Ainsi nous disons que c'est bien définir l'homme avec Aristote par l'animal raisonnable; et que c'est le mal définir avec Platon par un animal à deux pieds sans plumes et avec de larges ongles* [191]. § 18. *A peine se trouve-t-il une personne qui ne suppose que ces mots signifient une chose qui a l'essence réelle dont dépendent ces propriétés; cependant c'est un abus visible, cela n'étant point renfermé dans l'idée complexe signifiée par ce mot.*

THÉOPHILE. Et moi je croirais plutôt qu'il est visible qu'on a tort de blâmer cet usage commun, puisqu'il est très vrai que dans l'idée complexe de l'or est renfermé que c'est une chose qui a une essence réelle, dont la constitution ne nous est pas autrement connue en détail que de ce qu'en dépendent des qualités telles que la malléabilité. Mais pour en énoncer la malléabilité sans identité et sans le défaut de coccysme [192] ou de répétition (voyez chap. 8, § 18), on doit reconnaître cette chose par d'autres qualités, comme par la couleur et le poids. Et c'est comme si l'on disait qu'un certain corps fusible, jaune et très pesant, qu'on appelle or, a une nature qui lui donne encore la qualité d'être fort doux au marteau et de pouvoir être rendu extrêmement mince. Pour ce qui est de la définition de l'homme qu'on attribue à Platon, qu'il ne paraît avoir fabriquée que par exercice, et que vous-même ne voudriez pas, je crois, comparer sérieusement à celle qui est reçue, il est manifeste qu'elle est un peu trop externe et trop provisionnelle; car si ce cassiowaris dont vous parliez dernièrement, Monsieur (chap. 6, § 34), s'était trouvé avoir de larges ongles, le voilà qui serait homme; car on n'aurait point besoin de lui arracher les plumes comme à ce coq que Diogène, à ce qu'on dit, voulait faire devenir homme platonique.

§ 19. PHILALÈTHE. *Dans les modes composés, dès qu'une idée qui y entre est changée, on reconnaît aussitôt que c'est autre chose, comme il paraît visiblement par ces mots,* murther, *qui signifie en anglais (comme* Mordt *en allemand) homicide de dessein prémédité ;* manslaughter *(mot répondant dans son origine à celui d'homicide) qui en signifie un volontaire, mais non prémédité ;* chancemedly *(mêlée arrivée par hasard, suivant la force du mot), homicide commis sans dessein ; car ce qu'on exprime par les noms, et ce que je crois être dans la chose (ce que j'appelais auparavant* essence nominale *et* essence réelle*) est le même. Mais il n'est pas ainsi dans les noms des substances, car si l'un met dans l'idée de l'or ce que l'autre y omet, par exemple la fixité et la capacité d'être dissous dans l'eau régale, les hommes ne croient pas pour cela qu'on ait changé l'espèce, mais seulement que l'un en ait une idée plus parfaite que l'autre de ce qui fait l'essence réelle cachée à laquelle ils rapportent le nom de l'or, quoique ce secret rapport soit inutile et ne serve qu'à nous embarrasser.*

THÉOPHILE. Je crois l'avoir déjà dit; mais je vais encore vous montrer clairement ici que ce que vous venez de dire, Monsieur, se trouve dans les modes, comme dans les êtres substantiels, et qu'on n'a point sujet de blâmer ce rapport à l'essence interne. En voici un exemple. On peut définir une parabole au sens des géomètres, que c'est une figure dans laquelle tous les rayons parallèles à une certaine droite sont réunis par la réflexion dans un certain point au foyer. Mais c'est plutôt l'extérieur et l'effet qui est exprimé par cette idée ou définition, que l'essence interne de cette figure, ou ce qui en puisse faire d'abord connaître l'origine. On peut même douter au commencement si une telle figure, qu'on souhaite et qui doit faire cet effet, est quelque chose de possible ; et c'est ce qui chez moi fait connaître si une définition est seulement nominale et prise des propriétés, ou si elle est encore réelle. Cependant celui qui nomme la parabole et ne la connaît que par la définition que je viens de dire ne laisse pas, lorsqu'il en parle, d'entendre une figure qui a une certaine construction ou constitution, qu'il ne sait pas, mais qu'il souhaite d'apprendre pour la pouvoir tracer. Un autre qui l'aura plus approfondie y ajoutera quelque autre propriété, et il y découvrira par exemple que dans la figure qu'on demande, la portion de l'axe interceptée entre l'ordonnée et la perpendiculaire, tirées au même point de la courbe, est toujours constante, et qu'elle est égale à la distance du sommet et du foyer. Ainsi il aura une idée plus parfaite que le premier, et arrivera plus aisément à tracer la figure, quoiqu'il n'y soit pas encore. Et cependant on conviendra que c'est la même figure, mais dont la constitution est encore cachée. Vous voyez donc, Monsieur, que tout ce que vous trouvez et blâmez en partie dans l'usage des mots qui signifient des choses substantielles, se trouve encore et se trouve justifié manifestement dans l'usage des mots qui signifient des modes composés. Mais ce qui vous a fait croire qu'il y avait de la différence entre les substances et les modes, c'est que vous n'avez point consulté ici des modes intelligibles de difficile discussion, qu'on trouve ressembler en tout ceci aux corps, qui sont encore plus difficiles à connaître.

§ 20. PHILALÈTHE. Ainsi je crains que je ne doive rengainer ce que je voulais vous dire, Monsieur, de *la cause de ce que j'avais cru un abus. Comme si c'était parce que nous croyons faussement que la nature agit toujours régulièrement et fixe des bornes à chacune des espèces par cette essence spécifique ou constitution intérieure que nous y sous-entendons et qui suit toujours le même nom spécifique.*

THÉOPHILE. Vous voyez donc bien, Monsieur, par l'exemple des modes géométriques, qu'on n'a pas trop de tort de se rapporter aux essences internes et spécifiques, quoiqu'il y ait bien de la différence entre les choses sensibles, soit substances, soit modes, dont nous n'avons que des définitions nominales provisionnelles et dont nous n'espérons pas facilement de réels, et entre les modes intelligibles de difficile discussion, puisque nous pouvons enfin parvenir à la constitution intérieure des figures géométriques.

§ 21. PHILALÈTHE. Je vois enfin que j'aurais eu tort de blâmer ce rapport aux essences et constitutions internes, sous prétexte que ce serait rendre nos paroles signes d'un rien ou d'un inconnu. Car ce qui est inconnu à certains égards se peut faire connaître d'une autre manière, et l'intérieur se fait connaître en partie par les phénomènes qui en naissent. Et pour ce qui est de la demande : si un fœtus monstrueux est homme ou non, je vois que si on ne peut pas le décider d'abord, cela n'empêche point que l'espèce ne soit bien fixée en elle-même, notre ignorance ne changeant rien dans la nature des choses.

THÉOPHILE. En effet il est arrivé à des géomètres très habiles de n'avoir point assez su quelles étaient les figures dont ils connaissaient plusieurs propriétés qui semblaient épuiser le sujet. Par exemple, il y avait des lignes, qu'on appelait des perles, dont on donna même les quadratures et la mesure de leurs surfaces et des solides faits par leur révolution, avant qu'on sût que ce n'était qu'un composé de certaines paraboloïdes cubiques. Ainsi en considérant auparavant ces perles comme une espèce particulière, on n'en avait que des connaissances provisionnelles. Si cela peut arriver en géométrie, s'étonnera-t-on qu'il est difficile de déterminer les espèces de la nature corporelle, qui sont incomparablement plus composées ?

§ 22. PHILALÈTHE. *Passons au sixième abus pour continuer le dénombrement commencé,* quoique je voie bien qu'il en faudrait retrancher quelques-uns. *Cet abus, général mais peu remarqué, c'est que les hommes, ayant attaché certaines idées à certains mots par un long usage, s'imaginent que cette connection est manifeste et que tout le monde en convient. D'où vient qu'ils trouvent fort étrange quand on leur demande la signification des mots qu'ils emploient, lors même que cela est absolument nécessaire. Il y a peu de gens qui ne le prissent pour un affront, si on leur demandait ce qu'ils entendent en parlant de la vie. Cependant l'idée vague qu'ils en peuvent avoir ne suffit pas lorsqu'il s'agit de savoir si une plante qui est déjà formée dans la semence, a vie, ou un poulet qui est dans un œuf, qui n'a pas encore été couvé, ou bien un homme en défaillance, sans sentiment ni mouvement. Et quoique les hommes ne veulent pas paraître si peu intelligents ou si importuns que d'avoir besoin de demander l'explication des termes dont on se sert, ni critiques si incommodes pour reprendre sans cesse les autres de l'usage qu'ils font des mots, cependant, lorsqu'il s'agit d'une recherche exacte, il faut venir à l'explication. Souvent les savants de différents partis dans les raisonnements qu'ils étalent les uns contre les autres ne font que parler différents langages, et pensent la même chose, quoique peut-être leurs intérêts soient différents.*

THÉOPHILE. Je crois m'être expliqué assez sur la notion de la vie, qui doit toujours être accompagnée de perception dans l'âme ; autrement ce ne sera qu'une apparence, comme la vie que les sauvages de l'Amérique attribuaient aux montres ou horloges, ou qu'attribuaient aux marionnettes ces magistrats, qui les crurent animées par des démons, lorsqu'ils voulurent punir comme sorcier celui qui avait donné ce spectacle le premier dans leur ville.

§ 23. PHILALÈTHE. *Pour conclure, les mots servent 1) pour faire entendre nos pensées, 2) pour le faire facilement, et 3) pour donner entrée dans la connaissance des choses. On manque au premier point, lorsqu'on n'a point l'idée déterminée et constante des mots, ni reçue ou entendue par les autres.* § 24. *On manque à la facilité quand on a des idées fort complexes, sans avoir des noms distincts; c'est souvent la faute des langues mêmes, qui n'ont point de noms; souvent aussi c'est celle de l'homme, qui ne les sait pas; alors on a besoin des grandes périphrases.* § 25. *Mais lorsque les idées, signifiées par les mots, ne s'accordent pas avec ce qui est réel, on manque au troisième point.* § 26. *1) Celui qui a les termes sans idées est comme celui qui n'aurait qu'un catalogue de livres.* § 27. *2) Celui qui a des idées fort complexes serait comme un homme qui aurait quantité de livres en feuilles détachées sans titres, et ne saurait donner le livre sans en donner les feuilles l'une après l'autre.* § 28. *3) Celui qui n'est point constant dans l'usage des signes serait comme un marchand qui vendrait différentes choses sous le même nom.* § 29. *4) Celui qui attache des idées particulières aux mots reçus ne saurait éclairer les autres par les lumières qu'il peut avoir.* § 30. *5) Celui qui a en tête des idées des substances qui n'ont jamais été ne saurait avancer dans les connaissances réelles.* § 33. *Le premier parlera vainement de la tarentule ou de la charité. Le second verra des animaux nouveaux sans les pouvoir faire aisément connaître aux autres. Le troisième prendra le corps tantôt pour le solide, et tantôt pour ce qui n'est qu'étendu; et par la frugalité il désignera tantôt la vertu, tantôt le vice voisin. Le quatrième appellera une mule du nom de cheval, et celui que tout le monde appelle prodigue lui sera généreux; et le cinquième cherchera dans la Tartarie, sur l'autorité d'Hérodote*[193]*, une nation composée d'hommes qui n'ont qu'un œil. Où je remarque que les quatre premiers défauts sont communs aux noms des substances et des modes, mais que le dernier est propre aux substances.*

THÉOPHILE. Vos remarques sont fort instructives. J'ajouterai seulement qu'il me semble qu'il y a du chimérique encore dans les idées qu'on a des accidents ou façons d'être; et qu'ainsi le cinquième défaut est encore commun aux substances et aux accidents. Le berger extravagant[194] ne l'était pas seulement parce qu'il croyait qu'il y avait des nymphes cachées dans les arbres, mais encore parce qu'il s'attendait toujours à des aventures romanesques.

§ 34. PHILALÈTHE. J'avais pensé de conclure, mais je me souviens [encore] du septième et dernier abus, qui *est celui des termes figurés ou des allusions. Cependant on aura de la peine à le croire abus, parce que ce qu'on appelle esprit et imagination est mieux reçu que la vérité toute sèche. Cela va bien dans les discours, où l'on ne cherche qu'à plaire; mais dans le fond, excepté l'ordre et la netteté, tout l'art de la rhétorique, toutes ces applications artificielles et figurées des mots ne servent qu'à insinuer de fausses idées, émouvoir les passions et séduire le jugement, de sorte que ce ne sont que de pures superchéries. Cependant c'est à cet art fallacieux qu'on donne le premier rang et les récompenses. C'est que les hommes ne se soucient guère de la vérité, et aiment beaucoup à tromper et être trompés. Cela est si vrai que je ne doute pas que ce que je viens de dire contre cet art ne soit regardé comme l'effet d'une extrême audace. Car l'éloquence, semblable au beau sexe, a des charmes trop puissants pour qu'on puisse être admis à s'y opposer.*

THÉOPHILE. Bien loin de blâmer votre zèle pour la vérité, je le trouve juste. Et il serait à souhaiter qu'il pût toucher. Je n'en désespère pas entièrement, parce qu'il semble, Monsieur, que vous combattez l'éloquence par ses propres armes, et que vous en avez même une d'une autre espèce, supérieure à cette trompeuse, comme il y avait une Vénus Uranie, mère du divin Amour, devant laquelle cette autre Vénus bâtarde, mère d'un Amour aveugle, n'osait paraître avec son enfant aux yeux bandés[195]. Mais cela même prouve que votre thèse a besoin de quelque modération, et que certains ornements de l'éloquence sont comme les vases des Égyptiens, dont on se pouvait servir au culte du vrai Dieu. Il en est comme de la peinture et de la musique, dont on abuse et dont l'une représente souvent des imaginations grotesques et même nuisibles, et l'autre amollit le cœur, et toutes deux amusent vainement ; mais elles peuvent être employées utilement, l'une pour rendre la vérité claire, l'autre pour la rendre touchante, et ce dernier effet doit être aussi celui de la poésie, qui tient de la rhétorique et de la musique.

CHAPITRE XI

DES REMÈDES QU'ON PEUT APPORTER AUX IMPERFECTIONS ET AUX ABUS DONT ON VIENT DE PARLER

§ 1. PHILALÈTHE. Ce n'est pas le lieu ici de s'enfoncer dans cette discussion de l'usage d'une vraie éloquence, et encore moins de répondre à votre compliment obligeant, puisque *nous devons penser à finir cette matière des mots, en cherchant les remèdes aux imperfections que nous y avons remarquées.* § 2. *Il serait ridicule de tenter la réforme des langues, et de vouloir obliger les hommes à ne parler qu'à mesure qu'ils ont de la connaissance.* § 3. *Mais ce n'est pas trop de prétendre que les philosophes parlent exactement, lorsqu'il s'agit d'une sérieuse recherche de la vérité : sans cela tout sera plein d'erreurs, d'opiniâtretés et de disputes vaines.* § 8. *Le premier remède est de ne se servir d'aucun mot sans y attacher une idée, au lieu qu'on emploie souvent des mots comme instinct, sympathie, antipathie sans y attacher aucun sens.*

THÉOPHILE. La règle est bonne ; mais je ne sais si les exemples sont convenables. Il semble que tout le monde entend par l'instinct une inclination d'un animal à ce qui lui est convenable, sans qu'il en conçoive pour cela la raison ; et les hommes mêmes devraient moins négliger ces instincts, qui se découvrent encore en eux, quoique leur manière de vivre artificielle les ait presque effacés dans la plupart ; le *médecin de soi-même*[196] l'a bien remarqué. La sympathie ou antipathie signifie ce qui, dans les corps destitués de sentiment, répond à l'instinct de s'unir ou de se séparer, qui se trouve dans les animaux. Et quoiqu'on n'ait point l'intelligence de la cause de ces inclinations ou tendances qui serait à souhaiter, on en a pourtant une notion suffisante pour en discourir intelligiblement.

§ 9. PHILALÈTHE. *Le second remède est que les idées des noms des modes soient au moins déterminées et,* § 10, *que les idées des noms des substances soient de plus conformes à ce qui existe. Si quelqu'un dit que la justice est une conduite conforme à la loi à l'égard du bien d'autrui, cette idée n'est pas assez déterminée, quand on n'a aucune idée distincte de ce qu'on appelle loi.*

THÉOPHILE. On pourrait dire ici que la loi est un précepte de la sagesse, ou de la science de la félicité.

§ 11. PHILALÈTHE. *Le troisième remède est d'employer des termes conformément à l'usage reçu, autant qu'il est possible.* § 12. *Le quatrième est de déclarer en quel sens on prend les mots, soit qu'on en fasse de nouveaux, ou qu'on emploie les vieux dans un nouveau sens, soit que l'on trouve que l'usage n'ait pas assez fixé la signification.* § 13. *Mais il y a de la différence.* § 14. *Les mots des idées simples qui ne sauraient être définies sont expliqués par des mots synonymes, quand ils sont plus connus, ou en montrant la chose. C'est par ces moyens qu'on peut faire comprendre à un paysan ce que c'est que la couleur feuille morte, en lui disant que c'est celle des feuilles sèches qui tombent en automne.* § 15. *Les noms des modes composés doivent être expliqués par la définition, car cela se peut.* § 16. *C'est par là que la morale est susceptible de démonstration. On y prendra l'homme pour un être corporel et raisonnable, sans se mettre en peine de la figure externe,* § 17, *car c'est par le moyen des définitions que les matières de morale peuvent être traitées clairement. On aura plus tôt fait de définir la justice suivant l'idée qu'on a dans l'esprit que d'en chercher un modèle hors de nous, comme Aristide, et de la former là-dessus.* § 18. *Et comme la plupart des modes composés n'existent nulle part ensemble, on ne les peut fixer qu'en les définissant, par l'énumération de ce qui est dispersé.* § 19. *Dans les substances il y a ordinairement quelques qualités directrices ou caractéristiques, que nous considérons comme l'idée la plus distinctive de l'espèce, auxquelles nous supposons que les autres idées qui forment l'idée complexe de l'espèce sont attachées. C'est la figure dans les végétaux et animaux, et la couleur dans les corps inanimés, et dans quelques-uns c'est la couleur ou la figure ensemble. C'est pourquoi,* § 20, *la définition de l'homme donnée par Platon est plus caractéristique que celle d'Aristote ; ou bien on ne devrait point faire mourir les productions monstrueuses,* § 21, *et souvent la vue sert autant qu'un autre examen ; car des personnes accoutumées à examiner l'or distinguent souvent à la vue le véritable or d'avec le faux, le pur d'avec celui qui est falsifié.*

THÉOPHILE. Tout revient sans doute aux définitions qui peuvent aller jusqu'aux idées primitives. Un même sujet peut avoir plusieurs définitions, mais pour savoir qu'elles conviennent au même, il faut l'apprendre par la raison, en démontrant une définition par l'autre, ou par l'expérience, en éprouvant qu'elles vont constamment ensemble. Pour ce qui est de la morale, une partie en est toute fondée en raisons ; mais il y a une autre qui dépend des expériences et se rapporte aux tempéraments. Pour connaître les substances, la figure et la couleur, c'est-à-dire le visible, nous donnent les premières idées, parce que c'est par là qu'on connaît les choses de loin ; mais elles sont ordinairement trop provisionnelles, et dans les choses qui nous importent, on tâche de connaître la substance de plus près. Je m'étonne au reste que vous reveniez encore à la définition de l'homme attribuée à Platon, depuis que vous venez de dire vous-même, § 16, qu'en morale on doit prendre l'homme pour un être corporel et raisonnable sans se mettre en peine de la figure externe. Au reste il est vrai qu'une grande pratique fait beaucoup pour discerner à la vue ce qu'un autre peut savoir à peine par des essais difficiles. Et des médecins d'une grande expérience, qui ont la vue et la mémoire fort bonnes, connaissent souvent au premier aspect du malade ce qu'un autre lui arrachera à peine à force d'interroger et de tâter le pouls. Mais il est bon de joindre ensemble tous les indices qu'on peut avoir.

§ 22. PHILALÈTHE. J'avoue que celui à qui un bon essayeur fera connaître toutes les qualités de l'or en aura une meilleure connaissance que la vue ne saurait donner. *Mais si nous pouvions en apprendre la constitution intérieure, la signification du mot or serait aussi aisément déterminée que celle du triangle.*

THÉOPHILE. Elle serait tout aussi déterminée, et il n'y aurait plus rien de provisionnel ; mais elle ne serait pas si aisément déterminée. Car je crois qu'il faudrait une définition un peu prolixe pour expliquer la contexture de l'or, comme il y a même en géométrie des figures dont la définition est longue.

§ 23. PHILALÈTHE. *Les esprits séparés des corps ont sans doute des connaissances plus parfaites que nous, quoique nous n'ayons aucune notion de la manière dont ils les peuvent acquérir. Cependant ils pourront avoir des idées aussi claires de la constitution radicale des corps que celle que nous avons d'un triangle.*

THÉOPHILE. Je vous ai déjà marqué, Monsieur, que j'ai des raisons pour juger qu'il n'y a point d'esprits créés entièrement séparés des corps ; cependant il y en a sans doute dont les organes et l'entendement sont incomparablement plus parfaits que les nôtres, et qui nous passent en toute sorte de conceptions, autant et plus que M. Frenicle[197], ou ce garçon suédois dont je vous ai parlé, passent le commun des hommes dans le calcul des nombres fait par imagination.

§ 24. PHILALÈTHE. Nous avons déjà remarqué que *les définitions des substances qui peuvent servir à expliquer les noms sont imparfaites par rapport à la connaissance des choses. Car ordinairement nous mettons le nom à la place de la chose ; donc le nom dit plus que les définitions ; ainsi pour bien définir les substances, il faut étudier l'histoire naturelle.*

THÉOPHILE. Vous voyez donc, Monsieur, que le nom de l'or par exemple signifie non pas seulement ce que celui qui le prononce en connaît ; par exemple, un jaune très pesant, mais encore ce qu'il ne connaît pas, et qu'un autre en peut connaître, c'est-à-dire un corps doué d'une constitution interne, dont découlent la couleur et la pesanteur, et dont naissent encore d'autres propriétés, qu'il avoue être mieux connues des experts.

§ 25. PHILALÈTHE. *Il serait maintenant à souhaiter que ceux qui sont exercés dans les recherches physiques voulussent proposer les idées simples, dans lesquelles ils observent que les individus de chaque espèce conviennent constamment. Mais pour composer un dictionnaire de cette espèce, qui contînt pour ainsi dire l'histoire naturelle, il faudrait trop de personnes, trop de temps, trop de peine et trop de sagacité pour qu'on puisse jamais espérer un tel ouvrage. Il serait bon cependant d'accompagner les mots de petites tailles-douces à l'égard des choses qu'on connaît par leur figure extérieure. Un tel dictionnaire servirait beaucoup à la postérité et épargnerait bien de la peine aux critiques futurs. Des petites figures comme de l'*ache*(apium), d'un* bouquetin *(ibex, espèce de bouc sauvage) vaudraient mieux que de longues descriptions de cette plante ou de cet animal. Et pour connaître ce que les Latins appelaient* strigiles *et* sistrum, tunica *[toga] et* pallium, *des figures à la marge vaudraient incomparablement mieux que les prétendus synonymes, étrille, cymbale, robe, veste, manteau, qui ne les font guère connaître. Au reste je ne m'arrêterai pas sur le septième remède des abus des mots, qui est d'employer constamment le même terme dans le même sens, ou d'avertir quand on le change. Car nous en avons assez parlé.*

THÉOPHILE. Le R. P. Grimaldi [198], président du tribunal des mathématiques à Pékin, m'a dit que les Chinois ont des dictionnaires accompagnés de figures. Il y a un petit nomenclateur [199] imprimé à Nuremberg, où il y a de telles figures à chaque mot, qui sont assez bonnes. Un tel dictionnaire universel figuré serait à souhaiter, et ne serait pas fort difficile à faire. Quant à la description des espèces, c'est justement l'histoire naturelle, et on y travaille peu à peu. Sans les guerres (qui ont troublé l'Europe depuis les premières fondations des Sociétés ou Académies royales), on serait allé loin, et on serait déjà en état de profiter de nos travaux ; mais les grands pour la plupart n'en connaissent pas l'importance, ni de quels biens ils se privent en négligeant l'avancement des connaissances solides ; outre qu'ils sont ordinairement trop dérangés par les plaisirs de la paix ou par les soins de la guerre pour peser les choses qui ne les frappent point d'abord.

LIVRE IV

DE LA CONNAISSANCE

CHAPITRE I

DE LA CONNAISSANCE EN GÉNÉRAL

§ 1. PHILALÈTHE. *Jusqu'ici nous avons parlé des* idées *et des* mots *qui les représentent; venons maintenant aux* connaissances, *que les idées fournissent, car elles ne roulent que sur nos idées.* § 2. *Et la* connaissance *n'est autre chose que la perception de la liaison et convenance ou de l'opposition et disconvenance qui se trouve entre* deux *de* nos idées. *Soit qu'on imagine, conjecture ou croie, c'est toujours cela. Nous nous apercevons par exemple par ce moyen que le blanc n'est pas le noir, et que les angles d'un triangle et leur égalité avec deux angles droits ont une liaison nécessaire.*

THÉOPHILE. La connaissance se prend encore plus généralement, en sorte qu'elle se trouve aussi dans les idées ou termes, avant qu'on vienne aux propositions ou vérités. Et l'on peut dire que celui qui aura vu attentivement plus de portraits de plantes et d'animaux, plus de figures de machines, plus de descriptions ou représentations de maisons ou de forteresses, qui aura lu plus de romans ingénieux, entendu plus de narrations curieuses, celui-là, dis-je, aura plus de connaissance qu'un autre, quand il n'y aurait pas un mot de vérité en tout ce qu'on lui a dépeint ou raconté ; car l'usage qu'il a de se représenter dans l'esprit beaucoup de conceptions ou idées expresses et actuelles le rend plus propre à concevoir ce qu'on lui propose, et il est sûr qu'il sera plus instruit, plus rompu et plus capable qu'un autre, qui n'a rien vu ni lu ni entendu, pourvu que dans ces histoires et représentations il ne prenne point pour vrai ce qui n'est point, et que ces impressions ne l'empêchent point d'ailleurs de discerner le réel de l'imaginaire, ou l'existant du possible. C'est pourquoi certains logiciens du siècle de la réformation, qui tenaient quelque chose du parti des ramistes[200], n'avaient point de tort de dire que les topiques ou les lieux d'invention (*argumenta*, comme ils les appellent) servent tant à l'explication ou description bien circonstanciée d'un thème incomplexe, c'est-à-dire d'une chose ou idée, qu'à la preuve d'un thème complexe, c'est-à-dire d'une thèse, proposition ou vérité. Et même une thèse peut être expliquée, pour en bien faire connaître le sens et la force, sans qu'il s'agisse de sa vérité ou preuve, comme l'on voit dans les sermons ou homélies, qui expliquent certains passages de la Sainte Ecriture, ou dans les répétitions ou lectures sur quelques textes du droit civil ou canonique dont la vérité est présupposée. On peut même dire qu'il y a des thèmes qui sont moyens entre une idée et une proposition : ce sont les questions, dont il y en a qui demandent seulement le oui ou le non ; et ce sont les plus proches des propositions. Mais il y en a aussi qui demandent le comment et les circonstances, etc., où il y a plus à suppléer pour en faire des propositions. Il est vrai qu'on peut dire que dans les descriptions (même des choses purement idéales) il y a une affirmation tacite de la possibilité. Mais il est vrai aussi que de même qu'on peut entreprendre l'explication et la preuve d'une fausseté, ce qui sert quelquefois à la mieux réfuter, l'art des descriptions peut tomber encore sur l'impossible. Il en est comme de ce qui se trouve dans les fictions du comte de Scandiano suivi par l'Arioste, et dans l'*Amadis des Gaules*[201], ou autres vieux romans, dans les contes des fées, qui étaient redevenus à la mode il y a quelques années, dans les *Véritables histoires* de Lucien et dans les voyages de Cyrano de Bergerac, pour ne rien dire des grotesques des peintres. Aussi sait-on que chez les rhétoriciens les fables sont du nombre des progymnasmata ou exercitations préliminaires. Mais prenant la connaissance dans un sens plus étroit, c'est-à-dire pour la connaissance de la vérité, comme vous faites ici, Monsieur, je dis qu'il est bien vrai que la vérité est toujours fondée dans la convenance ou disconvenance des idées, mais il n'est point vrai généralement que notre connaissance de la vérité est une perception de cette convenance et disconvenance. Car lorsque nous ne savons la vérité qu'empiriquement, pour l'avoir expérimentée, sans savoir la connexion des choses et la raison qu'il y a dans ce que nous avons expérimenté, nous n'avons point de perception de cette convenance ou disconvenance, si ce n'est qu'on entende que nous la sentons confusément sans nous en apercevoir. Mais vos exemples marquent (ce semble) que vous demandez toujours une connaissance, où l'on s'aperçoit de la connexion ou de l'opposition, et c'est ce qu'on ne peut point vous accorder. De plus, on peut traiter un thème complexe non seulement en cherchant les preuves de la vérité, mais encore en l'expliquant et l'éclaircissant autrement, selon les lieux topiques, comme je l'ai déjà observé. Enfin j'ai encore une remarque à faire sur votre définition : c'est qu'elle paraît seulement accommodée aux vérités catégoriques, où il y a deux idées, le sujet et le prédicat ; mais il y a encore une connaissance des vérités hypothétiques ou qui s'y peuvent réduire (comme les disjonctives et autres), où il y a de la liaison entre la proposition antécédente et la proposition conséquente ; ainsi il peut y entrer plus de deux idées.

§ 3. PHILALÈTHE. Bornons-nous ici à la connaissance de la vérité et appliquons encore à la liaison des propositions ce qui sera dit de la liaison des idées, pour y comprendre les catégoriques et les hypothétiques tout ensemble. *Or je crois qu'on peut réduire cette convenance ou disconvenance à quatre espèces, qui sont (1) identité ou diversité (2) relation, (3) coexistence ou connexion nécessaire, (4) existence réelle. § 4. Car l'esprit s'aperçoit immédiatement qu'une idée n'est pas l'autre, que le blanc n'est pas le noir, § 5, puis il s'aperçoit de leur rapport en les comparant ensemble ; par exemple que les triangles dont les bases sont égales et qui se trouvent entre deux parallèles sont égaux. § 6. Après cela il y a coexistence (ou plutôt connexion), comme la fixité accompagne toujours les autres idées de l'or. § 7. Enfin il y a existence réelle hors de l'esprit, comme lorsqu'on dit : Dieu est.*

THÉOPHILE. Je crois qu'on peut dire que la liaison n'est autre chose que le rapport ou la relation, prise généralement. Et j'ai fait remarquer ci-dessus que tout rapport est ou de comparaison ou de concours. Celui de comparaison donne la diversité et l'identité, ou en tout, ou en quelque chose ; ce qui fait le même ou le divers, le semblable ou dissemblable. Le concours contient ce que vous appelez coexistence, c'est-à-dire connexion d'existence. Mais lorsqu'on dit qu'une chose existe, ou qu'elle a l'existence réelle, cette existence même est le prédicat, c'est-à-dire elle a une notion liée avec l'idée dont il s'agit, et il y a connexion entre ces deux notions. On peut aussi concevoir l'existence de l'objet d'une idée comme le concours de cet objet avec moi. Ainsi je crois qu'on peut dire qu'il n'y a que comparaison ou concours ; mais que la comparaison, qui marque l'identité ou diversité, et le concours de la chose avec moi sont les rapports qui méritent d'être distingués parmi les autres. On pourrait faire peut-être des recherches plus exactes et plus profondes, mais je me contente ici de faire des remarques.

§ 8. PHILALÈTHE. *Il y a une connaissance actuelle, qui est la perception présente du rapport des idées, et il y en a une habituelle, lorsque l'esprit s'est aperçu si évidemment de la convenance ou disconvenance des idées, et l'a placée de telle manière dans sa mémoire que toutes les fois qu'il vient à réfléchir sur la proposition, il est assuré d'abord de la vérité qu'elle contient, sans douter le moins du monde. Car, n'étant capable de penser clairement et distinctement qu'une seule chose à la fois, si les hommes ne connaissaient que l'objet actuel de leurs pensées, ils seraient tous fort ignorants ; et celui qui connaîtrait le plus ne connaîtrait qu'une seule vérité.*

THÉOPHILE. Il est vrai que notre science, même la plus démonstrative, se devant acquérir fort souvent par une longue chaîne de conséquences, doit envelopper le souvenir d'une démonstration passée, qu'on n'envisage plus disctinctement quand la conclusion est faite ; autrement ce serait répéter toujours cette démonstration. Et même pendant qu'elle dure, on ne la saurait comprendre tout entière à la fois ; car toutes ses parties ne sauraient être en même temps présentes à l'esprit ; ainsi, se remettant toujours devant les yeux la partie qui précède, on n'avancerait jamais jusqu'à la dernière qui achève la conclusion. Ce qui fait aussi que sans l'écriture il serait difficile de bien établir les sciences, la mémoire n'étant pas assez sûre. Mais ayant mis par écrit une longue démonstration, comme sont par exemple celles d'Apollonius, et ayant repassé par toutes ses parties, comme si l'on examinait une chaîne, anneau par anneau, les hommes se peuvent assurer de leurs raisonnements : à quoi servent encore les épreuves, et le succès enfin justifie le tout. Cependant on voit par là que toute croyance, consistant dans la mémoire de la vue passée, des preuves ou raisons, il n'est pas en notre pouvoir ni en notre franc arbitre de croire ou de ne croire pas, puisque la mémoire n'est pas une chose qui dépende de notre volonté.

§ 9. PHILALÈTHE. *Il est vrai que notre connaissance habituelle est de deux sortes ou degrés. Quelquefois les vérités mises comme en réserve dans la mémoire ne se présentent pas plus tôt à l'esprit qu'il voit le rapport qui est entre les idées qui y entrent; mais quelquefois l'esprit se contente de se souvenir de la conviction, sans en retenir les preuves, et même souvent sans pouvoir se les remettre quand il voudrait. On pourrait s'imaginer que c'est plutôt croire sa mémoire que de connaître réellement la vérité en question, et il m'a paru autrefois que c'est un milieu entre l'opinion et la connaissance, et que c'est une assurance qui surpasse la simple croyance fondée sur le témoignage d'autrui. Cependant je trouve, après y avoir bien pensé, que cette connaissance renferme une parfaite certitude. Je me souviens, c'est-à-dire je connais (le souvenir n'étant que le renouvellement d'une chose passée), que j'ai été une fois assuré de la vérité de cette proposition, que les trois angles d'un triangle sont égaux à deux droits. Or l'immutabilité des mêmes rapports entre les mêmes choses immuables est présentement l'i d é e m é d i a t e qui me fait voir que s'ils y ont été une fois égaux, ils le seront encore. C'est sur ce fondement que dans les mathématiques les démonstrations particulières fournissent des connaissances générales; autrement la connaissance d'un géomètre ne s'étendrait pas au-delà de cette figure particulière qu'il s'était tracée en démontrant.*

THÉOPHILE. L'idée médiate dont vous parlez, Monsieur, suppose la fidélité de notre souvenir; mais il arrive quelquefois que notre souvenir nous trompe, et que nous n'avons point fait toutes les diligences nécessaires, quoique nous le croyions maintenant. Cela se voit clairement dans les révisions des comptes. Il y a quelquefois des réviseurs en titre d'office, comme auprès de nos mines du Harz, et pour rendre les receveurs des mines particulières plus attentifs, on a mis une taxe d'amende pécuniaire sur chaque erreur de calcul, et néanmoins il s'en trouve malgré qu'on en ait. Cependant plus on y apporte de soin, plus on se peut fier aux raisonnements passés. J'ai projeté une manière d'écrire les comptes, en sorte que celui qui ramasse les sommes des colonnes laisse sur le papier les traces des progrès de son raisonnement, de telle manière qu'il ne fait point de pas inutilement. Il le peut toujours revoir, et corriger les dernières fautes sans qu'elles influent sur les premières : la révision aussi qu'un autre en veut faire ne coûte presque point de peine de cette manière, parce qu'il peut examiner les mêmes traces à vue d'œil. Outre les moyens de vérifier encore les comptes de chaque article, par une sorte de preuve très commode, sans que ces observations augmentent considérablement le travail du compte. Et tout cela fait bien comprendre que les hommes peuvent avoir des démonstrations rigoureuses sur le papier, et en ont sans doute une infinité. Mais sans se souvenir d'avoir usé d'une parfaite rigueur, on ne saurait avoir cette certitude dans l'esprit. Et cette rigueur consiste dans un règlement dont l'observation sur chaque partie soit une assurance à l'égard du tout; comme dans l'examen de la chaîne par anneaux, où, visitant chacun pour voir s'il est fermé, et prenant des mesures avec la main pour n'en sauter aucun, on est assuré de la bonté de la chaîne. Et par ce moyen on a toute la certitude dont les choses humaines sont capables. Mais je ne demeure point d'accord qu'en mathématiques les démonstrations particulières sur la figure qu'on trace fournissent cette certitude générale, comme vous semblez le prendre. Car il faut savoir que ce ne sont pas les figures qui donnent la preuve chez les géomètres, quoique le style ecthétique [202] le fasse croire. La force de la démonstration est indépendante de la figure tracée, qui n'est que pour faciliter l'intelligence de ce qu'on veut dire et fixer l'attention ; ce sont les propositions universelles, c'est-à-dire les définitions, les axiomes, et les théorèmes déjà démontrés qui font le raisonnement et le soutiendraient quand la figure n'y serait pas. C'est pourquoi un savant géomètre, [nommé] Scheubelius [203], a donné les figures d'Euclide sans leurs lettres qui les puissent lier avec la démonstration qu'il y joint ; et un autre, [nommé] Herlinus, a réduit les mêmes démonstrations en syllogismes et prosyllogismes.

CHAPITRE II

DES DEGRÉS DE NOTRE CONNAISSANCE

§ 1. PHILALÈTE. *La connaissance est donc intuitive lorsque l'esprit aperçoit la convenance* [ou disconvenance] *de deux idées immédiatement par elles-mêmes sans l'intervention d'aucune autre. En ce cas l'esprit ne prend aucune peine pour prouver ou examiner la vérité. C'est comme l'œil voit la lumière que l'esprit voit que le blanc n'est pas le noir, qu'un cercle n'est pas un triangle, que trois est deux et un. Cette connaissance est la plus claire et la plus certaine dont la faiblesse humaine soit capable ; elle agit d'une manière irrésistible sans permettre à l'esprit d'hésiter. C'est connaître que l'idée est dans l'esprit telle qu'on l'aperçoit. Quiconque demande une plus grande certitude ne sait pas ce qu'il demande.*

THÉOPHILE. Les vérités primitives qu'on sait par intuition sont de deux sortes, comme les dérivatives. Elles sont du nombre des vérités de raison ou des vérités de fait. Les vérités de raison sont nécessaires, et celles de fait sont contingentes. Les vérités primitives de raison sont celles que j'appelle d'un nom général identiques, parce qu'il semble qu'elles ne font que répéter la même chose, sans nous rien apprendre. Elles sont affirmatives ou négatives. Les affirmatives sont comme les suivantes : [Ce qui est est]. Chaque chose est ce qu'elle est, et dans autant d'exemples qu'on voudra A est A, B est B. Je serai ce que je serai. J'ai écrit ce que j'ai écrit. Et rien, en vers comme en prose, c'est être rien ou peu de chose. [Le rectangle équilatéral est un rectangle équilatéral ; et avec diminution.] Le rectangle équilatéral est un rectangle. L'animal raisonnable est toujours un animal. Et dans les hypothétiques : Si la figure régulière de quatre côtés est un rectangle équilatéral, cette figure est un rectangle. Les copulatives, les disjonctives et autres propositions sont encore susceptibles de cet identicisme, et je compte même parmi les affirmatives : Non-A est non-A. Et cette hypothétique : Si A est non-B, il s'ensuit que A est non-B, Item, si non-A est B, il s'ensuit que non-A est B. Si une figure qui n'a point d'angle obtus peut être un triangle régulier, une figure qui n'a point d'angle obtus peut être régulière. Je viens maintenant aux identiques négatives, qui sont ou du principe de contradiction ou des disparates. Le principe de contradiction est en général : une proposition est ou vraie ou fausse ; ce qui renferme deux énonciations vraies, l'une que le vrai et le faux ne sont point compatibles dans une même proposition, ou qu'une proposition ne saurait être vraie et fausse à la fois ; l'autre que l'opposé ou la négation du vrai et du faux ne sont pas compatibles, qu'il n'y a point de milieu entre le vrai et le faux, ou bien : il ne se peut pas qu'une proposition soit ni vraie ni fausse. Or tout cela est encore vrai dans toutes les propositions imaginables en particulier, comme ce qui est A ne saurait être non-A. Item A B ne saurait être non-A. Un rectangle équilatéral ne saurait être non-rectangle. Item il est vrai que tout homme est un animal, donc il est faux que quelque homme se trouve qui ne soit pas un animal. On peut varier ces énonciations de bien des façons, et les appliquer aux [hypothétiques] copulatives, disjonctives et autres. Quant aux disparates, ce sont ces propositions qui disent que l'objet d'une idée n'est pas l'objet d'une autre idée ; comme : que la chaleur n'est pas la même chose que la couleur, item l'homme et l'animal n'est pas le même, quoique tout homme soit [un] animal. Tout cela se peut assurer indépendamment de toute preuve ou de la réduction à l'opposition, ou au principe de contradiction, lorsque ces idées sont assez entendues pour n'avoir point besoin ici d'analyse ; autrement on est sujet à se méprendre : car disant : le triangle et le trilatère n'est pas le même, on se tromperait, puisque en le bien considérant, on trouve que les trois côtés et les trois angles vont toujours ensemble. En disant : le rectangle quadrilatère et le rectangle n'est pas le même, on se tromperait encore. Car il se trouve que la seule figure à quatre côtés peut avoir tous les angles droits. Cependant on peut toujours dire dans l'abstrait que [la triangularité n'est pas la trilatérité,] ; ou que les raisons formelles du triangle et du trilatère ne sont pas les mêmes, comme parlent les philosophes. Ce sont de différents rapports d'une même chose.

Quelqu'un, après avoir entendu avec patience ce que nous venons de dire jusqu'ici, la perdra enfin et dira que nous nous amusons à des énonciations frivoles, et que toutes les vérités identiques ne servent de rien. Mais on fera ce jugement faute d'avoir assez médité sur ces matières. Les conséquences de logique (par exemple) se démontrent par les principes identiques ; et les géomètres ont besoin du principe de contradiction dans leurs démonstrations, qui réduisent à l'impossible. Contentons-nous ici de faire voir l'usage des identiques dans les démonstrations des conséquences du raisonnement. Je dis donc que le seul principe de contradiction suffit pour démontrer la seconde et la troisième figure des syllogismes par la première. Par exemple, on peut conclure dans la première figure, en Barbara :

Tout B est C,
Tout A est B,
Donc Tout A est C.

Supposons que la conclusion soit fausse (ou qu'il soit vrai que quelque A n'est point C), donc l'une ou l'autre des prémisses sera fausse aussi. Supposons que la seconde est véritable, il faudra que la première soit fausse, qui prétend que tout B est C. Donc sa contradictoire sera vraie, c'est-à-dire : quelque B ne sera point C. Et ce sera la conclusion d'un argument nouveau, tiré de la fausseté de la conclusion et de la vérité de l'une des prémisses du précédent. Voici cet argument nouveau :
Quelque A n'est point C.
Ce qui est opposé à la conclusion précédente supposée fausse.
Tout A est B.
C'est la prémisse précédente supposée vraie.
Donc quelque B n'est point C.
C'est la conclusion présente vraie, opposée à la prémisse précédente fausse.
Cet argument est dans le mode Disamis [204] de la troisième figure, qui se démontre ainsi manifestement et d'un coup d'œil du mode Barbara de la première figure, sans employer que le principe de contradiction. Et j'ai remarqué dans ma jeunesse, lorsque j'épluchais ces choses, que tous les modes de la seconde et de la troisième figure se peuvent tirer de la première par cette seule méthode, en supposant que le mode de la première soit bon, et par conséquent que, la conclusion étant fausse, ou sa contradictoire étant prise pour vraie, et une des prémisses étant prise pour vraie aussi, il faut que la contradictoire de l'autre prémisse soit vraie. Il est vrai que dans les écoles logiques on aime mieux se servir des conversions pour tirer les figures moins principales de la première qui est la principale, parce que cela paraît plus commode pour les écoliers. Mais pour ceux qui cherchent les raisons démonstratives, où il faut employer le moins de suppositions qu'on peut, on ne démontrera pas par la supposition de la conversion ce qui se peut démontrer par le seul principe primitif, qui est celui de la contradiction et qui ne suppose rien. J'ai même fait cette observation qui paraît remarquable, c'est que les seules figures moins principales qu'on appelle directes, savoir la seconde et la troisième, se peuvent démontrer par le principe de contradiction tout seul : mais la figure moins principale indirecte, qui est la quatrième, et dont les Arabes

attribuent l'invention à Galien[205], quoique nous n'en trouvions rien dans les ouvrages qui nous restent de lui, ni dans les autres auteurs grecs, la quatrième, dis-je, a ce désavantage qu'elle ne saurait être tirée de la première ou principale par cette méthode seule, et qu'il faut encore employer une autre supposition, savoir les conversions, de sorte qu'elle est plus éloignée d'un degré que la seconde et la troisième, qui sont de niveau et également éloignées de la première ; au lieu que la quatrième a besoin encore de la seconde et de la troisième pour être démontrée. Car il se trouve fort à propos que les conversions mêmes dont elle a besoin se démontrent par la figure seconde ou troisième, démontrables indépendamment des conversions, comme je viens de faire voir. C'est Pierre de la Ramée[206] qui fit déjà cette remarque de la démontrabilité de la conversion par ces figures ; et (si je ne me trompe) il objecta le cercle aux logiciens qui se servent de la conversion pour démontrer ces figures, quoique ce n'était pas tant le cercle qu'il leur fallait objecter (car ils ne se servaient point de ces figures à leur tour pour justifier les conversions) que l'*hysteron proteron*[207] ou le rebours ; parce que les conversions méritaient plutôt d'être démontrées par ces figures que ces figures par les conversions. Mais comme cette démonstration des conversions fait encore voir l'usage des identiques affirmatives, que plusieurs prennent pour frivoles tout à fait, il sera d'autant plus à propos de la mettre ici. Je ne veux parler que des conversions sans contraposition, qui me suffisent ici, et qui sont simples ou par accident, comme on les appelle. Les conversions simples sont de deux sortes : celle de l'universelle négative, comme : Nul carré est obtusangle, donc nul obtusangle est carré ; et celle de la particulière affirmative, comme : quelque triangle est obtusangle, donc quelque obtusangle est un triangle. Mais la conversion par accident, comme on l'appelle, regarde l'universelle affirmative, comme : Tout carré est rectangle, donc quelque rectangle est carré. On entend toujours ici par rectangle une figure dont tous les angles sont droits, et par le carré on entend un quadrilatère régulier. Maintenant il s'agit de démontrer ces trois sortes de conversions, qui sont :

(1) Nul A est B, donc nul B est A.
(2) Quelque A est B, donc quelque B est A.
(3) Tout A est B, donc : quelque B est A.
[Voici ces démonstrations en forme]

Démonstration de la première conversion en Cesare, qui est de la seconde figure :
 Nul A est B,
 Tout B est B,
Donc nul B est A.

Démonstration de la seconde conversion en Datisi, qui est de la troisième figure :
 Tout A est A,
 Quelque A est B,

Donc quelque B est A.

Démonstration de la troisième conversion en Darapti, qui est de la troisième figure :

Tout A est A,
Tout B est B,
Donc quelque B est A.

Ce qui fait voir que les propositions identiques les plus pures et qui paraissent les plus inutiles sont d'un usage considérable dans l'abstrait et général ; et cela nous peut apprendre qu'on ne doit mépriser aucune vérité. Pour ce qui est de cette proposition, que trois est autant que deux et un, que vous alléguez encore, Monsieur, comme un exemple de la connaissance intuitive, je vous dirai que ce n'est que la définition du terme trois, car les définitions les plus simples des nombres se forment de cette façon : Deux est un et un, Trois est deux et un, Quatre est trois et un, et ainsi de suite. Il est vrai qu'il y a là-dedans une énonciation cachée, que j'ai déjà remarquée, savoir que ces idées sont possibles : et cela se connaît ici intuitivement, de sorte qu'on peut dire qu'une connaissance intuitive est comprise dans les définitions lorsque leur possibilité paraît d'abord. Et de cette manière, toutes les définitions adéquates contiennent des vérités primitives de raison et par conséquent des connaissances intuitives. Enfin on peut dire en général que toutes les vérités primitives de raison sont immédiates d'une immédiation d'idées.

Pour ce qui est des vérités primitives de fait, ce sont les expériences immédiates internes d'une immédiation de sentiment. Et c'est ici où a lieu la première vérité des cartésiens ou de saint Augustin [208] : Je pense, donc je suis, c'est-à-dire : Je suis une chose qui pense. Mais il faut savoir que de même que les identiques sont générales ou particulières, et que les unes sont aussi claires que les autres (puisqu'il est aussi clair de dire que A est A, que de dire qu'une chose est ce qu'elle est), il en est encore ainsi des premières vérités de fait. Car non seulement il m'est clair immédiatement que je pense, mais il m'est tout aussi clair que j'ai des pensées différentes, que tantôt je pense à A, et que tantôt je pense à B, etc. Ainsi le principe cartésien est bon, mais il n'est pas le seul de son espèce. On voit par là que toutes les vérités primitives de raison ou de fait ont cela de commun qu'on ne saurait les prouver par quelque chose de plus certain.

§ 2. PHILALÈTHE. Je suis bien aise, Monsieur, que vous poussiez plus loin ce que je n'avais fait que toucher sur les connaissances intuitives. *Or la connaissance démonstrative n'est qu'un enchaînement des connaissances intuitives dans toutes les connexions des idées médiates. Car souvent l'esprit ne peut joindre, comparer ou appliquer immédiatement les idées l'une à l'autre, ce qui l'oblige de se servir d'autres idées moyennes (une ou plusieurs) pour découvrir la convenance ou disconvenance qu'on cherche, et c'est ce qu'on appelle raisonner. Comme en démontrant que les trois angles d'un triangle sont égaux à deux droits, on trouve quelques autres angles qu'on voit égaux tant aux trois angles du triangle qu'à deux droits. § 3. Ces idées qu'on fait intervenir se nomment p r e u v e s, et la disposition de l'esprit à les trouver, c'est la s a g a c i t é. § 4. Et même quand elles sont trouvées, ce n'est pas sans peine et sans attention, ni par une seule vue passagère, qu'on peut acquérir cette connaissance ; car il se faut engager dans une progression d'idées, faite peu à peu et par degrés, § 5, et il y a du doute avant la démonstration. § 6. Elle est moins claire que l'intuitive, comme l'image réfléchie par plusieurs miroirs de l'un à l'autre s'affaiblit de plus en plus à chaque réflexion, et n'est plus d'abord si reconnaissable surtout à des yeux faibles. Il en est de même d'une connaissance produite par une longue suite de preuves. § 7. Et quoique chaque pas que la raison fait en démontrant soit une connaissance intuitive ou de simple vue, néanmoins, comme dans cette longue suite de preuves, la mémoire ne conserve pas si exactement cette liaisons d'idées, les hommes prennent souvent des faussetés pour des démonstrations.*

THÉOPHILE. Outre la sagacité naturelle ou acquise par l'exercice, il y a un art de trouver les idées moyennes (le *medium*) et cet art est l'analyse. Or il est bon de considérer ici qu'il s'agit tantôt de trouver la vérité ou la fausseté d'une proposition donnée, ce qui n'est autre chose que de répondre à la question *An* ? c'est-à-dire si cela est ou n'est pas. Tantôt il s'agit de répondre à une question plus difficile (*caeteris paribus*[209]) où l'on demande par exemple p a r q u i et c o m m e n t ? et où il y a plus à suppléer. Et ce sont seulement ces questions, qui laissent une partie de la proposition en blanc, que les mathématiciens appellent p r o b l è m e s. Comme, lorsqu'on demande de trouver un miroir qui ramasse tous les rayons du soleil en un point, c'est-à-dire, on en demande la figure, ou comment il est fait. Quant aux premières questions, où il s'agit seulement du vrai et du faux et où il n'y a rien à suppléer dans le sujet ou prédicat, il y a moins d'i n v e n t i o n, cependant il y en a, et le seul jugement n'y suffit pas. Il est vrai qu'un homme de jugement, c'est-à-dire qui est capable d'attention et de réserve, et qui a le loisir, la patience et la liberté d'esprit nécessaire, peut entendre la plus difficile démonstration si elle est proposée comme il le faut. Mais l'homme le plus judicieux de la terre, sans autre aide, ne sera pas toujours capable de trouver cette démonstration. Ainsi il y a l'invention encore en cela : et chez les géomètres il y en avait plus autrefois qu'il n'y en a maintenant. Car lorsque l'analyse était moins cultivée, il fallait plus de sagacité pour y arriver, et c'est pour cela qu'encore quelques géomètres de la vieille roche, ou d'autres qui n'ont pas encore assez d'ouverture dans les nouvelles méthodes, croient d'avoir fait merveille quand ils trouvent la démonstration de quelque théorème, que d'autres ont inventé. Mais ceux qui sont versés dans l'art d'inventer savent quand cela est estimable ou non ; par exemple, si quelqu'un publie la q u a d r a t u r e d'un espace compris d'une ligne courbe et d'une droite, qui réussit dans tous ses segments et que j'appelle g é n é r a l e, il est toujours en notre pouvoir, suivant nos méthodes, d'en trouver la démonstration, pourvu qu'on en veuille prendre la peine. Mais il y a des quadratures particulières de certaines portions, où la chose pourra être si enveloppée qu'il ne sera pas toujours *in potestate*[210] jusqu'ici de la développer. Il arrive aussi que l'induction nous présente des vérités dans les nombres et dans les figures dont on n'a pas encore découvert la raison générale. Car il s'en faut beaucoup qu'on soit parvenu à la perfection de l'analyse en géométrie et en nombres, comme plusieurs se sont imaginé sur les gasconnades de quelques hommes excellents d'ailleurs, mais un peu trop prompts ou trop ambitieux.

Mais il est bien plus difficile de trouver des vérités importantes, et encore plus de trouver les moyens de faire ce qu'on cherche, lors justement qu'on le cherche, que de trouver la démonstration des vérités qu'un autre a découvertes. On arrive souvent à de belles vérités par la synthèse, en allant du simple au composé ; mais lorsqu'il s'agit de trouver justement le moyen de faire ce qui se propose, la synthèse ne suffit pas ordinairement, et souvent ce serait la mer à boire que de vouloir faire toutes les combinaisons requises, quoiqu'on puisse souvent s'y aider par la méthode des exclusions, qui retranche une bonne partie des combinaisons inutiles, et souvent la nature n'admet point d'autre méthode. Mais on n'a pas toujours les moyens de bien suivre celle-ci. C'est donc à l'analyse de nous donner un fil dans ce labyrinthe, lorsque cela se peut, car il y a des cas où la nature même de la question exige qu'on aille tâtonner partout, les abrégés n'étant pas toujours possibles.

§ 8. PHILALÈTHE. Or comme en démontrant l'on suppose toujours les connaissances intuitives, cela, je pense, a donné occasion à cet axiome que tout raisonnement vient des choses déjà connues et déjà accordées *(ex praecognitis et praeconcessis)*. Mais nous aurons occasion de parler du faux qu'il y a dans cet axiome, lorsque nous parlerons des maximes qu'on prend mal à propos pour les fondements de nos raisonnements.

THÉOPHILE. Je serais curieux d'apprendre quel faux vous pourrez trouver dans un axiome qui paraît si raisonnable. S'il fallait toujours tout réduire aux connaissances intuitives, les démonstrations seraient souvent d'une prolixité insupportable. C'est pourquoi les mathématiciens ont eu l'adresse de partager les difficultés, et de démontrer à part des propositions intervenantes. Et il y a de l'art encore en cela ; car comme les vérités moyennes (qu'on appelle les lemmes, lorsqu'elles paraissent être hors d'œuvre) se peuvent assigner de plusieurs façons, il est bon, pour aider la compréhension et la mémoire, d'en choisir qui abrègent beaucoup et qui paraissent mémorables et dignes par elles-mêmes d'être démontrées. Mais il y a un autre empêchement, c'est qu'il n'est pas aisé de démontrer tous les axiomes, et de réduire entièrement les démonstrations aux connaissances intuitives. Et si on avait voulu attendre cela, peut-être que nous n'aurions pas encore la science de la géométrie. Mais c'est de quoi nous avons déjà parlé dans nos premières conversations, et nous aurons l'occasion d'en dire davantage.

§ 9. PHILALÈTHE. Nous y viendrons tantôt : maintenant je remarquerai encore ce que j'ai déjà touché plus d'une fois, que *c'est une commune opinion qu'il n'y a que les sciences mathématiques qui soient capables d'une certitude démonstrative ; mais comme la convenance et la disconvenance qui se peut connaître intuitivement n'est pas un privilège attaché seulement aux idées des nombres et des figures, c'est peut-être faute d'application de notre part que les mathématiciens seuls sont parvenus à des démonstrations. § 10. Plusieurs raisons y ont concouru. Les sciences mathématiques sont d'une utilité fort générale ; la moindre différence y est fort aisée à reconnaître. § 11. Ces autres idées simples, qui sont des apparences ou situations produites en nous, n'ont aucune mesure exacte de leurs différents degrés. § 12. Mais lorsque la différence de ces qualités visibles, par exemple, est assez grande pour exciter dans l'esprit des idées clairement distinguées, comme celles du bleu et du rouge, elles sont aussi capables de démonstration que celles du nombre et de l'étendue.*

THÉOPHILE. Il y a des exemples assez considérables des démonstrations hors des mathématiques, et on peut dire qu'Aristote en a donné déjà dans ses premiers analytiques. En effet la logique est aussi susceptible de démonstrations que la géométrie, et l'on peut dire que la logique des géomètres, ou les manières d'argumenter qu'Euclide a expliquées et établies en parlant des propositions, sont une extension ou promotion particulière de la logique générale. Archimède est le premier, dont nous avons des ouvrages, qui ait excercé l'art de démontrer dans une occasion où il entre du physique, comme il a fait dans son livre *De l'Equilibre*. De plus, on peut dire que les jurisconsultes ont plusieurs bonnes démonstrations ; surtout les anciens jurisconsultes romains, dont les fragments nous ont été conservés dans les *Pandectes*. Je suis tout à fait de l'avis de Laurent Valle[211], qui ne peut assez admirer ces auteurs, entre autres parce qu'ils parlent tous d'une manière si juste et si nette et qu'ils raisonnent en effet d'une façon qui approche fort de la démonstrative, et souvent est démonstrative tout à fait. Aussi ne sais-je aucune science, hors de celle du droit et celle des armes, où les Romains aient ajouté quelque chose de considérable à ce qu'ils avaient reçu des Grecs.

Tu regere imperio populos Romane, memento,
Hae tibi erunt artes : pacique imponere morem,
Parcere subjectis, et debellare superbos[212].

Cette manière précise de s'expliquer a fait que tous ces jurisconsultes des *Pandectes*, quoique assez éloignés quelquefois les uns du temps des autres, semblent être tous un seul auteur, et qu'on aurait bien de la peine à les discerner, si les noms des écrivains n'étaient pas à la tête des extraits ; comme on aurait de la peine à distinguer Euclide, Archimède et Apollonius en lisant leurs démonstrations sur des matières, que l'un aussi bien que l'autre a touchées. Il faut avouer que les Grecs ont raisonné avec toute la justesse possible dans les mathématiques, et qu'ils ont laissé au genre humain les modèles de l'art de démontrer : car si les Babyloniens et les Egyptiens ont eu une géométrie un peu plus qu'empirique, au moins n'en reste-t-il rien ;

mais il est étonnant que les mêmes Grecs en sont tant déchus d'abord, aussitôt qu'ils se sont éloignés tant soit peu des nombres et des figures pour venir à la philosophie. Car il est étrange qu'on ne voie point d'ombre de démonstration dans Platon et dans Aristote (excepté ses *Analytiques Premiers*) et dans tous les autres philosophes anciens. Proclus était un bon géomètre, mais il semble que c'est un autre homme quand il parle de philosophie. Ce qui a fait qu'il a été plus aisé de raisonner démonstrativement en mathématiques, c'est en bonne partie parce que l'expérience y peut garantir le raisonnement à tout moment, comme il arrive aussi dans les figures des syllogismes. Mais dans la métaphysique et dans la morale ce parallélisme des raisons et des expériences ne se trouve plus ; et dans la physique les expériences demandent de la peine et de la dépense. Or les hommes se sont d'abord relâchés de leur attention, et égarés par conséquent, lorsqu'ils ont été destitués de ce guide fidèle de l'expérience qui les aidait et soutenait dans leur démarche, comme fait cette petite machine roulante qui empêche les enfants de tomber en marchant. Il y avait quelque *succedaneum*, mais c'est de quoi on ne s'était pas et ne s'est pas encore avisé assez. Et j'en parlerai en son lieu. Au reste, le bleu et le rouge ne sont guère capables de fournir matière à des démonstrations par les idées que nous en avons, parce que ces idées sont confuses. Et ces couleurs ne fournissent de la matière au raisonnement qu'autant que par l'expérience on les trouve accompagnées de quelques idées distinctes, mais où la connexion avec leurs propres idées ne paraît point.

§ 14. PHILALÈTHE. *Outre l'intuition et la démonstration, qui sont les deux degrés de notre connaissance, tout le reste est foi ou opinion et non pas connaissance, du moins à l'égard de toutes les vérités générales. Mais l'esprit a encore une autre perception, qui regarde l'existence particulière des êtres finis hors de nous, et c'est la connaissance sensitive.*

THÉOPHILE. L'opinion, fondée dans le vraisemblable, mérite peut-être aussi le nom de connaissance ; autrement presque toute connaissance historique et beaucoup d'autres tomberont. Mais sans disputer des noms, je tiens que la recherche des degrés de probabilité serait très importante et nous manque encore, et c'est un grand défaut de nos logiques. Car lorsqu'on ne peut point décider absolument la question, on pourrait toujours déterminer le degré de vraisemblance *ex datis*[213], et par conséquent on peut juger raisonnablement quel parti est le plus apparent. Et lorsque nos moralistes (j'entends les plus sages, tels que le général moderne des jésuites[214]) joignent le plus sûr avec le plus probable, et préfèrent même le sûr au probable, ils ne s'éloignent point du plus probable en effet ; car la question de la sûreté est ici celle du peu de probabilité d'un mal à craindre. Le défaut des moralistes, relâchés sur cet article, a été, en bonne partie, d'avoir eu une notion trop limitée et trop insuffisante du probable, qu'ils ont confondue avec l'endoxe[215] ou opinable d'Aristote ; car Aristote dans ses *Topiques* n'a voulu que s'accommoder aux opinions des autres, comme faisaient les orateurs et les sophistes. Endoxe lui est ce qui est reçu du plus grand nombre ou des plus autorisés : il a tort d'avoir restreint ses topiques à cela, et cette vue a fait qu'il ne s'y est attaché qu'à des maximes reçues, la plupart vagues, comme si on ne voulait raisonner que par quolibets ou proverbes. Mais le probable ou le vraisemblable est plus étendu : il faut le tirer de la nature des choses ; et l'opinion des personnes dont l'autorité est de poids est une des choses qui peuvent contribuer à rendre une opinion vraisemblable, mais ce n'est pas ce qui achève toute la vérisimilitude. Et lorsque Copernic était presque seul de son opinion, elle était toujours incomparablement plus vraisemblable que celle de tout le reste du genre humain. Or je ne sais si l'établissement de l'art d'estimer les vérisimilitudes ne serait plus utile qu'une bonne partie de nos sciences démonstratives, et j'y ai pensé plus d'une fois.

PHILALÈTHE. *La connaissance sensitive, ou qui établit l'existence des êtres particuliers hors de nous, va au-delà de la simple probabilité ; mais elle n'a pas toute la certitude des deux degrés de connaissance dont on vient de parler. Que l'idée que nous recevons d'un objet extérieur soit dans notre esprit, rien n'est plus certain, et c'est une connaissance intuitive : mais de savoir si de là nous pouvons inférer certainement l'existence d'aucune chose hors de nous qui corresponde à cette idée, c'est ce que certaines gens croient qu'on peut mettre en question, parce que les hommes peuvent avoir de telles idées dans leur esprit, lorsque rien de tel n'existe actuellement. Pour moi, je crois pourtant qu'il y a un degré d'évidence qui nous élève au-dessus du doute. On est invinciblement convaincu qu'il y a une grande différence entre les perceptions qu'on a lorsque de jour on vient à regarder le soleil, et lorsque de nuit on pense à cet astre ; et l'idée qui est renouvelée par le secours de la mémoire est bien différente de celle qui nous vient actuellement par le moyen des sens. Quelqu'un dira qu'un songe peut faire le même effet ; je réponds premièrement qu'il n'importe pas beaucoup que je lève ce doute, parce que si tout n'est que songe, les raisonnements sont inutiles, la vérité et la connaissance n'étant rien du tout. En second lieu, il reconnaîtra à mon avis la différence qu'il y a entre songer d'être dans un feu et y être actuellement. Et s'il persiste à paraître sceptique, je lui dirai que c'est assez que nous trouvions certainement que le plaisir ou la douleur suivent l'application de certains objets sur nous, vrais ou songés, et que cette certitude est aussi grande que notre bonheur ou notre misère : deux choses au-delà desquelles nous n'avons aucun intérêt. Ainsi je crois que nous pouvons compter trois sortes de connaissances : l'intuitive, la démonstrative, et la sensitive.*

THÉOPHILE. Je crois que vous avez raison, Monsieur et je pense même qu'à ces espèces de la certitude ou à la connaissance certaine vous pourriez ajouter la connaissance du vraisemblable ; ainsi il y aura deux sortes de connaissances, comme il y a deux sortes de preuves, dont les unes produisent la certitude, et les autres ne se terminent qu'à la probabilité. Mais venons à cette querelle que les sceptiques font aux dogmatiques sur l'existence des choses hors de nous. Nous y avons déjà touché, mais il y faut revenir ici. J'ai fort disputé autrefois là-dessus de vive voix et par écrit avec feu M. l'abbé Foucher[216], chanoine de Dijon, savant homme et subtil, mais un peu trop entêté de ses académiciens, dont il aurait été bien aise de ressusciter la secte, comme M. Gassendi avait fait remonter sur le théâtre celle d'Epicure. Sa critique de la *Recherche de la vérité* et les autres petits traités qu'il a fait imprimer ensuite ont fait connaître leur auteur assez avantageusement. Il mit aussi dans le *Journal des savants* des objections contre mon système de l'harmonie préétablie, lorsque j'en fis part au public après l'avoir digéré plusieurs années ; mais la mort l'empêcha de répliquer à ma réponse. Il prêchait toujours qu'il fallait se garder des préjugés et apporter une grande exactitude, mais outre que lui-même ne se mettait pas en devoir d'exécuter ce qu'il conseillait, en quoi il était assez excusable, il me semblait qu'il ne prenait pas garde si un autre le faisait, prévenu sans doute que personne ne le ferait jamais. Or je lui fis connaître que la vérité des choses sensibles ne consistait que dans la liaison des phénomènes, qui devait avoir sa raison, et que c'est ce qui les distingue des songes : mais que la vérité de notre existence et de la cause des phénomènes est d'une autre nature, parce qu'elle établit des substances, et que les sceptiques gâtaient ce qu'ils disent de bon en le portant trop loin, et en voulant même étendre leurs doutes jusqu'aux expériences immédiates, et jusques aux vérités géométriques, ce que M. Foucher pourtant ne faisait pas, et aux autres vérités de raison, ce qu'il faisait un peu trop. Mais pour revenir à vous, Monsieur, vous avez raison de dire qu'il y a de la différence pour l'ordinaire entre les sentiments et les imaginations ; mais les sceptiques diront que le plus et le moins ne varie point l'espèce. D'ailleurs, quoique les sentiments aient coutume d'être plus vifs que les imaginations, l'on sait pourtant qu'il y a des cas où des personnes imaginatives sont frappées par leurs imaginations autant ou peut-être plus qu'un autre ne l'est par la vérité des choses ; de sorte que je crois que le vrai c r i t e r i o n en matière des objets des sens est la liaison des phénomènes, c'est-à-dire la connexion de ce qui se passe en différents lieux et temps, et dans l'expérience de différents hommes, qui sont eux-mêmes les uns aux autres des phénomènes très importants sur cet article. Et la liaison des phénomènes, qui garantit les v é r i t é s d e f a i t à l'égard des choses sensibles hors de nous, se vérifie par le moyen des v é r i t é s d e r a i s o n, comme les apparences de l'optique s'éclaircissent par la géométrie. Cependant il faut avouer que toute cette certitude n'est pas du suprême degré, comme vous l'avez bien reconnu. Car il n'est point impossible, métaphysiquement parlant, qu'il y ait un songe suivi et durable comme la vie d'un homme ; mais c'est une chose aussi contraire à la raison que pourrait être la fiction d'un livre qui se formerait par le hasard en jetant pêle-mêle les caractères d'imprimerie. Au reste, il est vrai aussi que pourvu que les phénomènes soient liés, il n'importe qu'on les appelle songes ou non, puisque l'expérience montre qu'on ne se trompe point dans les mesures qu'on prend sur les phénomènes lorsqu'elles sont prises selon les vérités de raison.

§ 15. PHILALÈTHE. *Au reste, la connaissance n'est pas toujours claire, quoique les idées le soient. Un homme qui a des idées aussi claires des angles d'un triangle et de l'égalité à deux droits qu'aucun mathématicien qu'il y ait au monde peut pourtant avoir une perception fort obscure de leur convenance.*

THÉOPHILE. Ordinairement, lorsque les idées sont entendues à fond, leurs convenances et disconvenances paraissent. Cependant j'avoue qu'il y en a quelquefois de si composées qu'il faut beaucoup de soin pour développer ce qui y est caché ; et à cet égard certaines convenances ou disconvenances peuvent rester encore obscures. Quant à votre exemple, je remarque que, pour avoir dans l'imagination les angles d'un triangle, on n'en a pas des idées claires pour cela. L'imagination ne nous saurait fournir une image commune aux triangles acutangles et obtusangles, et cependant l'idée du triangle leur est commune ; ainsi cette idée ne consiste pas dans les images et il n'est pas aussi aisé qu'on pourrait penser d'entendre à fond les angles d'un triangle.

CHAPITRE III

DE L'ÉTENDUE DE LA CONNAISSANCE HUMAINE

§ 1. PHILALÈTHE. *Notre connaissance ne va pas au-delà de nos idées,* § 2, *ni au-delà de la perception de leur convenance ou disconvenance.* § 3. *Elle ne saurait toujours être intuitive, parce qu'on ne peut pas toujours comparer les choses immédiatement, par exemple, les grandeurs de deux triangles sur une même base égaux mais fort différents.* § 4. *Notre connaissance aussi ne saurait toujours être démonstrative, car on ne saurait toujours trouver les idées moyennes.* § 5. *Enfin notre connaissance sensitive ne regarde que l'existence des choses qui frappent actuellement nos sens.* § 6. *Ainsi non seulement nos idées sont fort bornées, mais encore notre connaissance est plus bornée que nos idées. Je ne doute pourtant pas que la connaissance humaine ne puisse être portée beaucoup plus loin si les hommes voulaient s'attacher sincèrement à trouver les moyens de perfectionner la vérité, avec une entière liberté d'esprit et avec toute l'application et toute l'industrie qu'ils emploient à colorer ou à soutenir la fausseté, à défendre un système pour lequel ils se sont déclarés, ou bien certain parti et certains intérêts où ils se trouvent engagés. Mais après tout notre connaissance ne saurait jamais embrasser tout ce que nous pouvons désirer de connaître touchant les idées que nous avons. Par exemple nous ne serons peut-être jamais capables de trouver un cercle égal à un carré, et de savoir certainement s'il y en a.*

THÉOPHILE. Il y a des idées confuses, où nous ne pouvons point promettre une entière connaissance, comme sont celles de quelques qualités sensibles. Mais quand elles sont distinctes, il y a lieu de tout espérer. Pour ce qui est du carré égal au cercle,

Archimède a déjà montré qu'il y en a. Car c'est celui dont le côté est la moyenne proportionnelle entre le demi-diamètre et la demi-circonférence. Et il a même déterminé une droite égale à la circonférence du cercle par le moyen d'une droite tangente de la spirale, comme d'autres par la tangente de la quadratrice : manière de quadrature dont Clavius[217] était tout à fait content ; sans parler d'un fil appliqué à la circonférence, et puis étendu, ou de la circonférence, qui roule pour décrire la cycloïde, et se change en droite. Quelques-uns demandent que la construction se fasse en n'employant que la règle et le compas ; mais la plupart des problèmes de géométrie ne sauraient être construits par ce moyen. Il s'agit donc plutôt de trouver la proportion entre le carré et le cercle. Mais cette proportion ne pouvant être exprimée en nombres rationnels finis, il a fallu, pour n'employer que les nombres rationnels, exprimer cette même proportion par une série infinie de ces nombres, que j'ai assignée d'une manière assez simple. Maintenant on voudrait savoir s'il n'y a pas quelque quantité finie, quand elle ne serait que sourde, ou plus que sourde, qui puisse exprimer cette série infinie, c'est-à-dire si l'on peut trouver justement un abrégé pour cela. Mais les expressions finies, irrationnelles surtout, si l'on va aux plus que sourdes, peuvent varier de trop de manières pour qu'on en puisse faire un dénombrement et déterminer aisément tout ce qui se peut. Il y aurait peut-être moyen de le faire, si cette surdité doit être explicable par une équation ordinaire, ou même extraordinaire encore, qui fasse entrer l'irrationnel ou même l'inconnu dans l'exposant, quoiqu'il faudrait un grand calcul pour achever encore cela, et où l'on ne se résoudra pas facilement, si ce n'est qu'on trouve un jour un abrégé pour en sortir. Mais d'exclure toutes les expressions finies, cela ne se peut, car moi-même j'en sais, et d'en déterminer justement la meilleure, c'est une grande affaire. Et tout cela fait voir que l'esprit humain se propose des questions si étranges, surtout lorsque l'infini y entre, qu'on ne doit point s'étonner s'il a de la peine à en venir à bout ; d'autant que tout dépend souvent d'un abrégé dans ces matières géométriques, qu'on ne peut pas toujours se promettre, tout comme on ne peut pas toujours réduire les fractions à des moindres termes, ou trouver les diviseurs d'un nombre. Il est vrai qu'on peut toujours avoir ces diviseurs s'il se peut, parce que leur dénombrement est fini ; mais quand ce qu'on doit examiner est variable à l'infini et monte de degré en degré, on n'en est pas le maître quand on le veut, et il est trop pénible de faire tout ce qu'il faut pour tenter par méthode de venir à l'abrégé ou à la règle de progression, qui exempte de la nécessité d'aller plus avant. Et comme l'utilité ne répond pas à la peine, on en abandonne le succès à la postérité, qui en pourra jouir quand cette peine ou prolixité sera diminuée par des préparations et ouvertures nouvelles, que le temps peut fournir. Ce n'est pas que, si les personnes qui se mettent de temps en temps à ces études voulaient faire justement ce qu'il faut pour passer plus avant, on ne puisse espérer d'avancer beaucoup en peu de temps. Et on ne doit point s'imaginer que tout est fait, puisque même dans la géométrie ordinaire, on n'a pas encore de méthode pour déterminer les meilleures constructions, quand les problèmes sont un peu composés. Une certaine progression de synthèse devrait être mêlée avec notre analyse pour y mieux réussir. Et je me souviens d'avoir ouï dire que M. le pensionnaire de Witt[218] avait quelques méditations sur ce sujet.

PHILALÈTHE. *C'est bien une autre difficulté de savoir si un être purement matériel pense ou non ; et peut-être ne serons-nous jamais capables de le connaître, quoique nous ayons les idées de la matière et de la pensée, par la raison qu'il nous est impossible de découvrir par la contemplation de nos propres idées, sans la révélation, si Dieu n'a point donné à quelques amas de matière, disposés comme il le trouve à propos, la puissance d'apercevoir et de penser, ou s'il n'a pas uni et joint à la matière, ainsi disposée, une substance immatérielle qui pense. Car par rapport à nos notions il ne nous est pas plus malaisé de concevoir que Dieu peut, s'il lui plaît, ajouter à notre idée de la matière la faculté de penser que de comprendre qu'il y joigne une autre substance avec la faculté de penser, puisque nous ignorons en quoi consiste la pensée, et à quelle espèce de substance cet être tout-puissant a trouvé à propos d'accorder cette puissance, qui ne saurait être dans aucun être créé qu'en vertu du bon plaisir et de la bonté du Créateur.*

THÉOPHILE. Cette question sans doute est incomparablement plus importante que la précédente ; mais j'ose vous dire, Monsieur, que je souhaiterais qu'il fût aussi aisé de toucher les âmes pour les porter à leur bien et de guérir les corps de leurs maladies que je crois qu'il est en notre pouvoir de la déterminer. J'espère que vous avouerez au moins que je le puis avancer sans choquer la modestie et sans prononcer en maître au défaut de bonnes raisons ; car outre que je ne parle que suivant le sentiment reçu et commun, je pense y avoir apporté une attention non commune. Premièrement je vous avoue, Monsieur, que lorsqu'on n'a que des idées confuses de la pensée et de la matière, comme l'on en a ordinairement, il ne faut pas s'étonner si on ne voit pas le moyen de résoudre de telles questions. C'est comme j'ai remarqué un peu auparavant qu'une personne qui n'a des idées des angles d'un triangle que de la manière qu'on les a communément, ne s'avisera jamais de trouver qu'ils sont toujours égaux à deux angles droits. Il faut considérer que la matière, prise pour un être complet (c'est-à-dire la matière seconde opposée à la première, qui est quelque chose de purement passif, et par conséquent incomplet), n'est qu'un amas, ou ce qui en résulte, et que tout amas réel suppose des substances simples ou des unités réelles, et quand on considère encore ce qui est de la nature de ces unités réelles, c'est-à-dire la perception et ses suites, ont est transféré pour ainsi dire dans un autre monde, c'est-à-dire dans le monde intelligible des substances, au lieu qu'auparavant on n'a été que parmi les phénomènes des sens. Et cette connaissance de l'intérieur de la matière fait assez voir de quoi elle est capable naturellement, et que toutes les fois que Dieu lui donnera des organes propres à exprimer le raisonnement, la substance immatérielle, qui raisonne, ne manquera pas de lui être aussi donnée, en vertu de cette harmonie, qui est encore une suite naturelle des substances. La matière ne saurait subsister sans substances immatérielles, c'est-à-dire sans les unités ; après quoi on ne doit plus demander s'il est libre à Dieu de lui en donner ou non ; et si ces substances n'avaient pas en elles la correspondance ou l'harmonie, dont je viens de parler, Dieu n'agirait pas suivant l'ordre naturel. Quand on parle tout simplement de donner, ou d'accorder des puissances, c'est retourner aux facultés nues des écoles et se figurer des petits êtres subsistants, qui peuvent entrer et sortir comme les pigeons d'un colombier. C'est en faire des substances sans y penser. Les puissances primitives constituent les substances mêmes, et les puissances dérivatives, ou, si vous voulez, les facultés, ne sont que des façons d'être, qu'il faut dériver des substances, et on ne les dérive pas de la matière en tant qu'elle n'est que machine, c'est-à-dire en tant qu'on ne considère par abstraction que l'être incomplet de la matière première, ou le passif tout pur. C'est de quoi je pense que vous demeurez d'accord, Monsieur, qu'il n'est pas dans le pouvoir d'une machine toute nue de faire naître la perception, sensation, raison. Il faut donc qu'elles naissent de quelque autre chose substantielle. Vouloir que Dieu en agisse autrement et donne aux choses des accidents, qui ne sont pas des façons d'être ou modifications dérivées des substances, c'est recourir aux miracles, et à ce que les écoles appelaient la puissance obédientiale, par une manière d'exaltation surnaturelle, comme lorsque certains théologiens prétendent que le feu de l'enfer brûle les âmes séparées. En quel cas l'on peut même douter si ce serait le feu qui agirait, et si Dieu ne ferait pas lui-même l'effet, en agissant au lieu du feu.

PHILALÈTHE. Vous me surprenez un peu par vos éclaircissements et vous allez au-devant de bien des choses que j'allais vous dire sur les bornes de nos connaissances. Je vous aurais dit que *nous ne sommes pas dans un état de vision, comme parlent les théologiens, que la foi et la probabilité nous doivent suffire sur plusieurs choses, et particulièrement à l'égard de l'immatérialité de l'âme ; que toutes les grandes fins de la morale et de la religion sont établies sur d'assez bons fondements sans le secours des preuves de cette immatérialité, tirées de la philosophie ; et qu'il est évident que celui qui a commencé à nous faire subsister ici comme des êtres sensibles et intelligents, et qui nous a conservés plusieurs années dans cet état, peut et veut nous faire jouir encore d'un pareil état de sensibilité dans l'autre vie et nous y rendre capables de recevoir la rétribution qu'il a destinée aux hommes selon qu'ils se seront conduits dans cette vie ; enfin qu'on peut juger par là que la nécessité de se déterminer pour et contre l'immatérialité de l'âme n'est pas si grande que des gens trop passionnés pour leurs propres sentiments ont voulu le persuader.* J'allais vous dire tout cela, et encore davantage dans ce sens, mais je vois maintenant combien il est différent de dire que nous sommes sensibles, pensants et immortels naturellement et que nous ne le sommes que par miracle. C'est un miracle en effet que je reconnais qu'il faudra admettre si l'âme n'est point immatérielle : mais cette opinion du miracle, outre qu'elle est sans fondement, ne fera pas un assez bon effet dans l'esprit de bien des gens. Je vois bien aussi que, de la manière que vous prenez la chose, on peut se déterminer raisonnablement sur la question présente sans avoir besoin d'aller jouir de l'état de la vision et de se trouver dans la compagnie de ces génies supérieurs, qui pénètrent bien avant dans la constitution intérieure des choses, et dont la vue vive et perçante, et le vaste champ de connaissance, nous peut faire imaginer par conjecture de quel bonheur ils doivent jouir. *J'avais cru qu'il était tout à fait au-dessus de notre connaissance d'allier la sensation avec une matière étendue, et l'existence avec une chose qui n'ait absolument point d'étendue. C'est pourquoi je m'étais persuadé que ceux qui prenaient parti ici suivaient la méthode déraisonnable de certaines personnes qui, voyant que des choses, considérées d'un certain côté, sont incompréhensibles, se jettent tête baissée dans le parti opposé, quoiqu'il ne soit pas moins inintelligible; ce qui venait à mon avis de ce que les uns, ayant l'esprit trop enfoncé pour ainsi dire dans la matière, ne sauraient accorder aucune existence à ce qui n'est pas matériel; et les autres, ne trouvant point que la pensée soit renfermée dans les facultés naturelles de la matière, en concluaient que Dieu même ne pouvait donner la vie et la perception à une substance solide sans y mettre quelque substance immatérielle* : au lieu que je vois maintenant que s'il le faisait, ce serait par miracle, et que cette incompréhensibilité de l'union de l'âme et du corps ou de l'alliance de la sensation avec la matière semble cesser par votre hypothèse de l'accord préétabli entre substances différentes.

THÉOPHILE. En effet il n'y a rien d'inintelligible dans cette hypothèse nouvelle, puisqu'elle n'attribue à l'âme et aux corps que des modifications que nous expérimentons en nous et en eux; et qu'elle les établit seulement plus réglées et plus liées qu'on n'a cru jusqu'ici. La difficulté qui reste n'est que par rapport à ceux qui veulent imaginer ce qui n'est qu'intelligible, comme s'ils voulaient voir les sons, ou écouter les couleurs; et ce sont ces gens-là qui refusent l'existence à tout ce qui n'est point étendu, ce qui les obligera de la refuser à Dieu lui-même, c'est-à-dire de renoncer aux causes et aux raisons des changements et de tels changements : ces raisons ne pouvant venir de l'étendue et des natures purement passives, et pas même entièrement des natures actives particulières et inférieures sans l'acte pur et universel de la suprême substance.

PHILALÈTHE. Il me reste une objection au sujet des choses dont la matière est susceptible naturellement. *Le corps, autant que nous pouvons le concevoir, n'est capable que de frapper et d'affecter un corps, et le mouvement ne peut produire autre chose que du mouvement : de sorte que lorsque nous convenons que le corps produit le plaisir ou la douleur, ou bien l'idée d'une couleur ou d'un son, il semble que nous sommes obligés d'abandonner notre raison et d'aller au-delà de nos propres idées, et d'attribuer cette production au seul bon plaisir de notre Créateur. Quelle raison aurons-nous donc de conclure qu'il n'en soit de même de la perception dans la matière ?* je vois à peu près ce qu'on y peut répondre, et quoique vous en ayez déjà dit quelque chose plus d'une fois, je vous entends mieux à présent, Monsieur, que je n'avais fait. Cependant je serai bien aise d'entendre encore ce que vous y répondrez dans cette occasion importante.

THÉOPHILE. Vous jugez bien, Monsieur, que je dirai que la matière ne saurait produire du plaisir, de la douleur, ou du sentiment en nous. C'est l'âme qui se les produit elle-même conformément à ce qui se passe dans la matière. Et quelques habiles gens parmi les modernes commencent à se déclarer qu'ils n'entendent les causes occasionnelles que comme moi. Or cela étant posé, il n'arrive rien d'inintelligible, excepté que nous ne saurions démêler tout ce qui entre dans nos perceptions confuses, qui tiennent même de l'infini, et qui sont des expressions du détail de ce qui arrive dans les corps. Et quant au bon plaisir du Créateur, il faut dire qu'il est réglé selon les natures des choses, en sorte qu'il n'y produit et conserve que ce qui leur convient et qui se peut expliquer par leurs natures, au moins en général ; car le détail nous passe souvent, autant que le soin et le pouvoir de ranger les grains d'une montagne de sable selon l'ordre des figures, quoiqu'il n'y ait rien là de difficile à entendre que la multitude. Autrement, si cette connaissance nous passait en elle-même, et si nous ne pouvions pas même concevoir la raison des rapports de l'âme et du corps en général, enfin si Dieu donnait aux choses des **puissances accidentelles détachées de leur nature**, et par conséquent éloignées de la raison en général, ce serait une porte de derrière pour rappeler les **qualités trop occultes** qu'aucun esprit ne peut entendre, et ces petits lutins **de facultés incapables de raisons**.

Et quidquid Schola finxit otiosa[219] :

lutins secourables, qui viennent paraître comme les dieux de théâtre, ou comme les fées de l'*Amadis*, et qui feront au besoin tout ce que voudra un philosophe, sans façon et sans outils. Mais d'en attribuer l'origine au bon plaisir de Dieu, c'est ce qui ne paraît pas trop convenable à celui qui est la suprême raison, chez qui tout est réglé, tout est lié. Ce bon plaisir ne serait pas même **bon**, ni **plaisir**, s'il n'y avait un parallélisme perpétuel entre la puissance et la sagesse de Dieu.

§ 8. PHILALÈTHE. *Notre connaissance de l'identité et de la diversité va aussi loin que nos idées, mais celle de la liaison de nos idées,* § 9, 10, *par rapport à leur coexistence dans un même sujet est très imparfaite et presque nulle,* § 11, *surtout à l'égard des qualités secondes comme couleurs, sons et goûts,* § 12, *parce que nous ne savons pas leur connexion avec les qualités premières, c'est-à-dire,* § 13, *comment elles dépendent de la grandeur de la figure ou du mouvement.* § 15. *Nous savons un peu davantage de l'incompatibilité de ces qualités secondes ; car*

un *sujet ne peut avoir deux couleurs par exemple en même temps, et lorsqu'il semble qu'on les voit dans une opale, ou dans une infusion du lignum nephriticum*[220], *c'est dans les différentes parties de l'objet.* §
16. *Il en est de même des puissances actives et passives des corps. Nos recherches en cette occasion doivent dépendre de l'expérience.*

THÉOPHILE. Les idées des qualités sensibles sont confuses, et les puissances qui les doivent produire ne fournissent aussi par conséquent que des idées où il entre du confus : ainsi on ne saurait connaître les liaisons de ces idées autrement que par l'expérience qu'autant qu'on les réduit à des idées distinctes, qui les accompagnent, comme on a fait (par exemple) à l'égard des couleurs de l'arc-en-ciel et des prismes. Et cette méthode donne quelque commencement d'analyse, qui est de grand usage dans la physique ; et en la poursuivant je ne doute point que la médecine ne se trouve plus avancée considérablement avec le temps, surtout si le public s'y intéresse un peu mieux que jusqu'ici.

§ 18. PHILALÈTHE. *Pour ce qui est de la connaissance des rapports, c'est le plus vaste champ de nos connaissances et il est difficile de déterminer jusqu'où il peut s'étendre. Les progrès dépendent de la sagacité à trouver des idées moyennes. Ceux qui ignorent l'algèbre ne sauraient se figurer les choses étonnantes qu'on peut faire en ce genre par le moyen de cette science. Et je ne vois pas qu'il soit facile de déterminer quels nouveaux moyens de perfectionner les autres parties de nos connaissances peuvent être encore inventées par un esprit pénétrant. Au moins les idées qui regardent la quantité ne sont pas les seules capables de démonstration ; il y en a d'autres qui font peut-être la plus importante partie de nos contemplations, dont on pourrait déduire des connaissances certaines si les vices, les passions et les intérêts dominants ne s'opposaient directement à l'exécution d'une telle entreprise.*

THÉOPHILE. Il n'y a rien de si vrai que ce que vous dites ici, Monsieur. Qu'y a-t-il de plus important, supposé qu'il soit vrai, que ce que je crois que nous avons déterminé sur la nature des substances, sur les unités et les multitudes, sur l'identité et la diversité, sur la constitution des individus, sur l'impossibilité du vide et des atomes, sur l'origine de la cohésion, sur la loi de la continuité, et sur les autres lois de la nature ; mais principalement sur l'harmonie des choses, l'immatérialité des âmes, l'union de l'âme et du corps, la conservation des âmes, et même de l'animal, au-delà de la mort. Et il n'y a rien en tout cela que je ne croie démontré ou démontrable.

PHILALÈTHE. Il est vrai que votre hypothèse paraît extrêmement liée et d'une grande simplicité : un habile homme qui l'a voulu réfuter en France[221] avoue publiquement en avoir été frappé. Et c'est une simplicité extrêmement féconde à ce que je vois. Il sera bon de mettre cette doctrine de plus en plus dans son jour. Mais en parlant des choses qui nous importent le plus, j'ai pensé à la morale, dont j'avoue que votre métaphysique donne des fondements merveilleux : mais sans creuser si avant, elle en a d'assez fermes, quoiqu'ils ne s'étendent peut-être pas si loin (comme je me souviens que vous l'avez remarqué) lorsqu'une théologie naturelle, telle que la vôtre, n'en est pas la base. Cependant la seule considération des biens de cette vie sert déjà à établir des conséquences importantes pour régler les sociétés humaines. *On peut juger du juste et de l'injuste aussi incontestablement que dans les mathématiques ; par exemple cette proposition : Il ne saurait y avoir de l'injustice où il n'y a point de propriété, est aussi certaine qu'aucune démonstration qui soit dans Euclide ; la propriété étant le droit à une certaine chose, et l'injustice la violation d'un droit. Il en est de même de cette proposition : Nul gouvernement n'accorde une absolue liberté. Car le gouvernement est un établissement de certaines lois, dont il exige l'exécution, et la liberté absolue est la puissance que chacun a de faire tout ce qui lui plaît.*

THÉOPHILE. On se sert du mot de propriété un peu autrement pour l'ordinaire, car on entend un droit de l'un sur la chose, avec l'exclusion du droit d'un autre. Ainsi, s'il n'y avait point de propriété, comme si tout était commun, il pourrait y avoir de l'injustice néanmoins. Il faut aussi que dans la définition de la propriété, par *chose* vous entendiez encore action ; car autrement, quand il n'y aurait point de droit sur les choses, ce serait toujours une injustice d'empêcher les hommes d'agir où ils en ont besoin. Mais suivant cette explication il est impossible qu'il n'y ait point de propriété. Pour ce qui est de la proposition de l'incompatibilité du gouvernement avec la liberté absolue, elle est du nombre des corollaires, c'est-à-dire des propositions qu'il suffit de faire remarquer. Il y en a en jurisprudence qui sont plus composées, comme, par exemple, touchant ce qu'on appelle *jus accrescendi*[222], touchant les conditions, et plusieurs autres matières ; et je l'ai fait voir en publiant dans ma jeunesse des thèses sur les conditions, où j'en démontrai quelques-unes. Et si j'en avais le loisir, j'y retoucherais.

PHILALÈTHE. Ce serait faire plaisir aux curieux, et servirait à prévenir quelqu'un qui pourrait les faire réimprimer sans être retouchées.

THÉOPHILE. C'est ce qui est arrivé à mon *Art des combinaisons*[223], comme je m'en suis déjà plaint. C'était un fruit de ma première adolescence, et cependant on le réimprima longtemps après sans me consulter et sans marquer même que c'était une seconde édition, ce qui fit croire à quelques-uns, à mon préjudice, que j'étais capable de publier une telle pièce dans un âge avancé ; car quoiqu'il y ait des pensées de quelque conséquence, que j'approuve encore, il y en avait pourtant aussi qui ne pouvaient convenir qu'à un jeune étudiant.

§ 19. PHILALÈTHE. *Je trouve que les figures sont un grand remède à l'incertitude des mots, et c'est ce qui ne peut point avoir lieu dans les idées morales. De plus les idées de morale sont plus composées que les figures qu'on considère ordinairement dans les mathématiques ; ainsi l'esprit a de la peine à retenir les combinaisons précises de ce qui entre dans les idées morales, d'une manière aussi parfaite qu'il serait nécessaire lorsqu'il faut de longues déductions. Et si dans l'arithmétique on ne désignait les différents postes par des marques dont la signification précise soit connue, et qui restent et demeurent en vue, il serait presque impossible de faire de grands comptes. § 20. Les définitions donnent quelque remède pourvu qu'on les emploie constamment dans la morale. Et du reste, il n'est pas aisé de prévoir quelles méthodes peuvent être suggérées par l'algèbre ou par quelque autre moyen de cette nature pour écarter les autres difficultés.*

THÉOPHILE. Feu M. Erhard Weigel[224], mathématicien de Iéna, en Thuringe, inventa ingénieusement des figures qui représentaient des choses morales. Et lorsque feu M. Samuel de Puffendorf[225], qui était son disciple, publia ses *Eléments de la jurisprudence universelle*, assez conforme aux pensées de M. Weigelius, on y ajouta dans l'édition de Iéna la *Sphère morale* de ce mathématicien. Mais ces figures sont une manière d'allégorie à peu près comme la *Table de Cébès*[226], quoique moins populaire, et servent plutôt à la mémoire pour retenir et ranger les idées qu'au jugement pour acquérir des connaissances démonstratives. Elles ne laissent pas d'avoir leur usage pour éveiller l'esprit. Les figures géométriques paraissent plus simples que les choses morales ; mais elles ne le sont pas, parce que le continu enveloppe l'infini, d'où il faut choisir. Par exemple, pour couper un triangle en quatre parties égales par deux droites perpendiculaires entre elles, c'est une question qui paraît simple et qui est assez difficile. Il n'en est pas de même dans les questions de morale, lorsqu'elles sont déterminables par la seule raison. Au reste ce n'est pas le lieu ici de parler de *proferendis scientiae demonstrandi pomoeriis*, et de proposer les vrais moyens d'étendre l'art de démontrer au-delà de ses anciennes limites, qui ont été presque les mêmes jusqu'ici que ceux du pays mathématique. J'espère, si Dieu me donne le temps qu'il faut pour cela, d'en faire voir quelque essai un jour, en mettant ces moyens en usage effectivement, sans me borner aux préceptes.

PHILALÈTHE. Si vous exécutez ce dessein, Monsieur, et comme il faut, vous obligerez infiniment les *Philalèthes* comme moi, c'est-à-dire des gens qui désirent sincèrement de connaître la vérité. *Elle est agréable naturellement aux esprits et il n'y a rien de si difforme et de si incompatible avec l'entendement que le mensonge. Cependant il ne faut pas espérer qu'on s'applique beaucoup à ces découvertes tandis que le désir de l'estime des richesses ou de la puissance portera les hommes à épouser les opinions autorisées par la mode, et à chercher ensuite des arguments, ou pour les faire passer pour bonnes, ou pour les farder et couvrir leur difformité. Et pendant que les différents partis font recevoir leurs opinions à tous ceux qu'ils peuvent avoir en leur puissance, sans examiner si elles sont fausses ou véritables, quelle nouvelle lumière peut-on espérer dans les sciences qui appartiennent à la morale ? Cette partie du genre humain qui est sous le joug devrait attendre au lieu de cela, dans la plupart des lieux du monde, des ténèbres aussi épaisses que celles d'Egypte, si la lumière du Seigneur ne se trouvait pas elle-même présente à l'esprit des hommes, lumière sacrée que tout le pouvoir humain ne saurait éteindre entièrement.*

THÉOPHILE. Je ne désespère point que dans un temps ou dans un pays plus tranquille les hommes ne se mettent plus à la raison qu'ils n'ont fait. Car en effet il ne faut désespérer de rien ; et je crois que de grands changements en mal et en bien sont réservés au genre humain, mais plus en bien enfin qu'en mal. Supposons qu'on voie un jour quelque grand prince, qui comme les anciens rois d'Assyrie ou d'Egypte, ou comme un autre Salomon, règne longtemps dans une paix profonde, et que ce prince, aimant la vertu et la vérité et doué d'un esprit grand et solide, se mette en tête de rendre les hommes plus heureux et plus accommodants entre eux, et plus puissants sur la nature : quelles merveilles ne fera-t-il pas en peu d'années ? Car il est sûr qu'en ce cas on ferait plus en dix ans qu'on ne ferait en cent, ou peut-être en mille, en laissant aller les choses leur train ordinaire. Mais sans cela, si le chemin était ouvert une bonne fois, bien des gens y entreraient comme chez les géomètres, quand ce ne serait que pour leur plaisir, et pour acquérir de la gloire. Le public mieux policé se tournera un jour plus qu'il n'a fait jusqu'ici à l'avancement de la médecine ; on donnera par tous les pays des *Histoires naturelles* comme des almanachs ou comme des *Mercure galant*[227] ; on ne laissera aucune bonne observation sans être enregistrée ; on aidera ceux qui s'y appliqueront ; on perfectionnera l'art de faire de telles observations, et encore celui de les employer pour établir des aphorismes. Il y aura un temps où le nombre des bons médecins étant devenu plus grand et le nombre des gens de certaines professions, dont on aura moins besoin alors, étant diminué à proportion, le public sera en état de donner plus d'encouragement à la recherche de la nature, et surtout à l'avancement de la médecine, et alors cette science importante sera bientôt portée fort au-delà de son présent état et croîtra à vue d'œil. Je crois en effet que cette partie de la police devrait être l'objet des plus grands soins de ceux qui gouvernent, après celui de la vertu, et qu'un des plus grands fruits de la bonne morale ou politique sera de nous amener une meilleure médecine, quand les hommes commenceront à être plus sages qu'ils ne sont, et quand les grands auront appris à mieux employer leurs richesses et leur puissance pour leur propre bonheur.

§ 21. PHILALÈTHE. *Pour ce qui est de la connaissance de l'existence réelle (qui est la quatrième sorte des connaissances), il faut dire que nous avons une connaissance intuitive de notre existence, une démonstrative de celle de Dieu, et une sensitive des autres choses. Et nous en parlerons amplement dans la suite.*

THÉOPHILE. On ne saurait rien dire de plus juste.

§ 22. PHILALÈTHE. *Maintenant, ayant parlé de la connaissance, il paraît à propos que, pour mieux découvrir l'état présent de notre esprit, nous en considérions un peu le côté obscur, et prenions connaissance de notre ignorance ; car elle est infiniment plus grande que notre connaissance. Voici les causes de cette ignorance. C'est 1) que nous manquons d'idées ; 2) que nous ne saurions découvrir la connexion entre les idées que nous avons ; 3) que nous négligeons de les suivre et de les examiner exactement. § 23. Quant au défaut des idées, nous n'avons d'idées simples que celles qui nous viennent des sens* internes ou externes. *Ainsi, à l'égard d'une infinité de créatures de l'univers et de leurs qualités, nous sommes comme les aveugles par rapport aux couleurs, n'ayant pas même les facultés qu'il faudrait pour les connaître ; et, selon toutes les apparences, l'homme tient le dernier rang parmi tous les êtres intellectuels.*

THÉOPHILE. Je ne sais s'il n'y en a pas aussi au-dessous de nous. Pourquoi voudrions-nous nous dégrader sans nécessité ? peut-être tenons-nous un rang assez honorable parmi les animaux raisonnables ; car des génies supérieurs pourraient avoir des corps d'une autre façon, de sorte que le nom d'animal pourrait ne leur point convenir. On ne saurait dire si notre soleil parmi le grand nombre d'autres en a plus au-dessus qu'au-dessous de lui, et nous sommes bien placés dans son système : car la Terre tient le milieu entre les planètes, et sa distance paraît bien choisie pour un animal contemplatif qui la devait habiter. D'ailleurs nous avons incomparablement plus de sujets de nous louer que de nous plaindre de notre sort, la plupart de nos maux devant être imputés à notre faute. Et surtout nous aurions grand tort de nous plaindre des défauts de notre connaissance, puisque nous nous servons si peu de celles que la nature charitable nous présente.

§ 24. PHILALÈTHE. *Il est vrai cependant que l'extrême distance de presque toutes les parties du monde qui sont exposées à notre vue les dérobe à notre connaissance, et apparemment le monde visible n'est qu'une petite partie de cet immense univers. Nous sommes renfermés dans un petit coin de l'espace, c'est-à-dire dans le système de notre soleil, et cependant nous ne savons pas même ce qui se passe dans les autres planètes qui tournent à l'entour de lui aussi bien que notre boule.* § 25. *Ces connaissances nous échappent à cause de la grandeur et de l'éloignement ; mais d'autres corps nous sont cachés à cause de leur petitesse, et ce sont ceux qu'il nous importerait le plus de connaître ; car de leur contexture nous pourrions inférer les usages et opérations de ceux qui sont visibles, et savoir pourquoi la rhubarbe purge, la ciguë tue, et l'opium fait dormir. Ainsi,* § 26, *quelque loin que l'industrie humaine puisse porter la philosophie expérimentale sur les choses physiques, je suis tenté de croire que nous ne pourrons jamais parvenir sur ces matières à une* connaissance scientifique.

THÉOPHILE. Je crois bien que nous n'irons jamais aussi loin qu'il serait à souhaiter ; cependant il me semble qu'on fera quelques progrès considérables avec le temps dans l'explication de quelques phénomènes, parce que le grand nombre des expériences que nous sommes à portée de faire, nous peut fournir des *data* plus que suffisants, de sorte qu'il manque seulement l'art de les employer, dont je ne désespère point qu'on poussera les petits commencements depuis que l'analyse infinitésimale nous a donné le moyen d'allier la géométrie avec la physique et que la dynamique nous a fourni les lois générales de la nature.

§ 27. PHILALÈTHE. *Les esprits sont encore plus éloignés de notre connaissance ; nous ne saurions nous former aucune idée de leurs différents ordres, et cependant le monde* intellectuel *est certainement plus grand et plus beau que le monde matériel.*

THÉOPHILE. Ces mondes sont toujours parfaitement parallèles

quant aux causes efficientes, mais non pas quant aux finales. Car à mesure que les esprits dominent dans la matière, ils y produisent des ordonnances merveilleuses. Cela paraît par les changements que les hommes ont faits pour embellir la surface de la terre, comme des petits dieux qui imitent le grand architecte de l'univers, quoique ce ne soit que par l'emploi des corps et de leurs lois. Que ne peut-on pas conjecturer de cette immense multitude des esprits qui nous passent ? Et comme les esprits forment tous ensemble une espèce d'Etat sous Dieu, dont le gouvernement est parfait, nous sommes bien éloignés de comprendre le système de ce monde intelligible et de concevoir les peines et les récompenses qui y sont préparées à ceux qui les méritent suivant la plus exacte raison, et de nous figurer ce qu'aucun œil n'a vu, ni aucune oreille n'a entendu, et qui n'est jamais entré dans le cœur de l'homme. Cependant tout cela fait connaître que nous avons toutes les idées distinctes qu'il faut pour connaître les corps et les esprits, mais non pas le détail suffisant des faits, ni des sens assez pénétrants pour démêler les idées confuses, ou assez étendus pour les apercevoir toutes.

§ 28. PHILALÈTHE. *Quant à la connexion, dont la connaissance nous manque dans les idées que nous avons,* j'allais vous dire que *les affections mécaniques des corps n'ont aucune liaison avec les idées des couleurs, des sons, des odeurs et des goûts, de plaisir et de douleur ; et que leur connexion ne dépend que du bon plaisir et de la volonté arbitraire de Dieu.* Mais je me souviens que vous jugez qu'il y a une parfaite correspondance, quoique ce ne soit pas toujours une ressemblance entière. Cependant vous reconnaissez que le trop grand détail des petites choses qui y entrent nous empêche de démêler ce qui y est caché, quoique vous espériez encore que nous y approcherons beaucoup ; et qu'ainsi vous ne voudriez pas qu'on dise avec mon illustre auteur, § 29, *que c'est perdre sa peine que de s'engager dans une telle recherche, de peur que cette croyance ne fasse du tort à l'accroissement de la science. Je vous aurais parlé aussi de la difficulté qu'on a eue jusqu'ici d'expliquer la connexion qu'il y a entre l'âme et le corps, puisqu'on ne saurait concevoir qu'une pensée produise un mouvement dans le corps, ni qu'un mouvement produise une pensée dans l'esprit.* Mais depuis que je conçois votre hypothèse de l'harmonie préétablie, cette difficulté dont on désespérait me paraît levée tout d'un coup et comme par enchantement. § 30. *Reste donc la troisième cause de notre ignorance, c'est que nous ne suivons pas les idées que nous avons ou que nous pouvons avoir, et ne nous appliquons pas à trouver les idées moyennes, c'est ainsi qu'on ignore les vérités mathématiques, quoiqu'il n'y ait aucune imperfection dans nos facultés, ni aucune incertitude dans les choses mêmes. Le mauvais usage des mots a le plus contribué à nous empêcher de trouver la convenance et disconvenance des idées ; et les mathématiciens qui forment leurs pensées indépendamment des noms et s'accoutumant à se présenter à leur esprit les idées mêmes au lieu des sons, ont évité par là une grande partie de l'embarras. Si les hommes avaient agi dans leurs découvertes du monde matériel comme ils en ont usé à l'égard de celles qui regardent le monde intellectuel et s'ils avaient tout confondu dans un chaos de termes d'une signification incertaine, ils auraient disputé sans fin sur les zones, les marées, le bâtiment des vaisseaux, et les routes ; on ne serait jamais allé au-delà de la ligne, et les antipodes seraient encore aussi inconnus qu'ils étaient lorsqu'on avait déclaré que c'était une hérésie de les soutenir.*

THÉOPHILE. Cette troisième cause de notre ignorance est la seule blâmable. Et vous voyez, Monsieur, que le désespoir d'aller plus loin y est compris. Ce découragement nuit beaucoup, et des personnes habiles et considérables ont empêché les progrès de la médecine par la fausse persuasion que c'est peine perdue que d'y travailler. Quand vous verrez les philosophes aristotéliciens du temps passé parler des météores, comme de l'arc-en-ciel par exemple, vous trouverez qu'ils croyaient qu'on ne devait pas seulement penser à expliquer distinctement ce phénomène ; et les entreprises de Maurolycus[228] et puis de Marc-Antoine de Dominis leur paraissaient comme un vol d'Icare. Cependant la suite en a désabusé le monde. Il est vrai que le mauvais usage des termes a causé une bonne partie du désordre qui se trouve dans nos connaissances, non seulement dans la morale et métaphysique, ou dans ce que vous appelez le monde intellectuel, mais encore dans la médecine, où cet abus des termes augmente de plus en plus. Nous ne nous pouvons pas toujours aider par les figures comme dans la géométrie : mais l'algèbre fait voir qu'on peut faire de grandes découvertes sans recourir toujours aux idées mêmes des choses. Au sujet de l'hérésie prétendue des antipodes, je dirai en passant qu'il est vrai que Boniface, archevêque de Mayence, a accusé Virgile de Salzbourg[229] dans une lettre qu'il a écrite au Pape contre lui sur ce sujet, et que le Pape y répond d'une manière qui fait paraître qu'il donnait assez dans le sens de Boniface ; mais on ne trouve point que cette accusation ait eu des suites. Virgile s'est toujours maintenu. Les deux antagonistes passent pour saints, et les savants de Bavière, qui regardent Virgile comme un apôtre de la Carinthie et des pays voisins, en ont justifié la mémoire.

CHAPITRE IV

DE LA RÉALITÉ DE NOTRE CONNAISSANCE

§ 1. PHILALÈTHE. *Quelqu'un qui n'aura pas compris l'importance qu'il y a d'avoir de bonnes idées et d'en entendre la convenance et la disconvenance croira qu'en raisonnant là-dessus avec tant de soin nous bâtissons des châteaux en l'air, et qu'il n'y aura dans tout notre système que l'idéal et de l'imaginaire. Un extravagant, dont l'imagination est échauffée, aura l'avantage d'avoir des idées plus vives et en plus grand nombre ; ainsi il aurait aussi plus de connaissance. Il y aura autant de certitude dans les visions d'un enthousiaste que dans les raisonnements d'un homme de bon sens, pourvu que cet enthousiaste parle conséquemment ; et il sera aussi vrai de dire qu'une harpie n'est pas un centaure que de dire qu'un carré n'est pas un cercle. § 2. Je réponds que nos idées s'accordent avec les choses. § 3. Mais on en demandera le criterion. § 4. Je réponds encore premièrement que cet accord est manifeste à l'égard des idées simples de notre esprit, car ne pouvant pas se les former lui-même, il faut qu'elles soient produites par les choses qui agissent sur l'esprit ; et secondement, § 5, que toutes nos idées complexes (excepté celles des substances) étant des archétypes que l'esprit a formés lui-même, qu'il n'a pas destinés à être des copies de quoi que ce soit, ni rapportés à l'existence d'aucune chose comme à leurs originaux, elles ne peuvent manquer d'avoir toute la conformité avec les choses nécessaire à une connaissance réelle.*

THÉOPHILE. Notre certitude serait petite ou plutôt nulle, si elle n'avait point d'autre fondement des idées simples que celui qui vient des sens. Avez-vous oublié, Monsieur, comment j'ai montré que les idées sont originairement dans notre esprit et que même nos pensées nous viennent de notre propre fonds, sans que les autres créatures puissent avoir une influence immédiate sur l'âme ? D'ailleurs le fondement de notre certitude à l'égard des vérités universelles et éternelles est dans les idées mêmes, indépendamment des sens, comme aussi les idées pures et intelligibles ne dépendent point des sens, par exemple celle de l'être, de l'un, du même, etc. Mais les idées des qualités sensibles, comme de la couleur, de la saveur, etc. (qui en effet ne sont que des fantômes), nous viennent des sens, c'est-à-dire de nos perceptions confuses. Et le fondement de la vérité des choses contingentes et singulières est dans le succès, qui fait que les phénomènes des sens sont liés justement comme les vérités intelligibles le demandent. Voilà la différence qu'on y doit faire, au lieu que celle que vous faites ici entre les idées simples et composées et idées composées appartenant aux substances et aux accidents ne me paraît point fondée, puisque toutes les idées intelligibles ont leurs archétypes dans la possibilité éternelle des choses.

§ 6. PHILALÈTHE. *Il est vrai que nos idées composées n'ont besoin d'archétypes hors de l'esprit que lorsqu'il s'agit d'une substance existante qui doit unir effectivement hors de nous ces idées complexes et les idées simples dont elles sont composées. La connaissance des vérités mathématiques est réelle, quoiqu'elle ne roule que sur nos idées et qu'on ne trouve nulle part des cercles exacts. Cependant on est assuré que les choses existantes conviendront avec nos archétypes à mesure que ce qu'on y suppose se trouve existant. § 7. Ce qui sert encore à justifier la réalité des choses morales. § 8. Et les offices de Cicéron*[230] *n'en sont pas moins conformes à la vérité, parce qu'il n'y a personne dans le monde qui règle sa vie exactement sur le modèle d'un homme de bien tel que Cicéron nous l'a dépeint. § 9. Mais (dira-t-on) si les idées morales sont de notre invention, quelle étrange notion aurons-nous de la justice et de la tempérance ? § 10. Je réponds que l'incertitude ne sera que dans le langage, parce qu'on n'entend pas toujours ce qu'on dit, ou ne l'entend pas toujours de même.*

THÉOPHILE. Vous pouviez répondre encore, Monsieur, et bien

mieux à mon avis, que les idées de la justice et de la tempérance ne sont pas de notre invention, non plus que celles du cercle et du carré. Je crois l'avoir assez montré.

§ 11. PHILALÈTHE. *Pour ce qui est des idées des substances, qui existent hors de nous, notre connaissance est réelle autant qu'elle est conforme à ces archétypes : et à cet égard l'esprit ne doit point combiner les idées arbitrairement, d'autant plus qu'il y a fort peu d'idées simples dont nous puissions assurer qu'elles peuvent ou ne peuvent pas exister ensemble dans la nature au-delà de ce qui paraît par des observations sensibles.*

THÉOPHILE. C'est, comme j'ai dit plus d'une fois, parce que ces idées, quand la raison ne saurait juger de leur compatibilité ou connexion, sont confuses, comme sont celles des qualités particulières des sens.

§ 13. PHILALÈTHE. *Il est bon encore à l'égard des substances existantes de ne se point borner aux noms, ou aux espèces, qu'on suppose établies par les noms. Cela me fait revenir à ce que nous avons discuté assez souvent à l'égard de la définition de l'homme. Car parlant d'un innocent, qui a vécu quarante ans sans donner le moindre signe de raison, ne pourrait-on point dire qu'il tient le milieu entre l'homme et la bête ? cela passerait peut-être pour un paradoxe bien hardi, ou même pour une fausseté de très dangereuse conséquence.* Cependant il me semblait autrefois, et il semble encore à quelques-uns de mes amis, que je ne saurais encore désabuser, que *ce n'est qu'en vertu d'un préjugé fondé sur cette fausse supposition que ces deux noms* homme *et* bête *signifient des espèces distinctes, si bien marquées par des essences réelles dans la nature que nulle autre espèce ne peut intervenir entre elles, comme si toutes les choses étaient jetées au moule suivant le nombre précis de ces essences.* § 14. *Quand on demande à ces amis quelle espèce d'animaux sont ces* innocents, *s'ils ne sont ni hommes ni bêtes, ils répondent que ce sont des innocents et que cela suffit. Quand on demande encore ce qu'ils deviendront dans l'autre monde, nos amis répondent qu'il ne leur importe pas de le savoir ni de le rechercher. Qu'ils tombent ou qu'ils se soutiennent, que cela regarde leur maître* (Rom., XIV, 4), *qui est bon et fidèle et ne dispose point de ses créatures suivant les bornes étroites de nos pensées ou de nos opinions particulières, et ne les distingue pas conformément aux noms et espèces qu'il nous plaît d'imaginer ; qu'il nous suffit que ceux qui sont capables d'instruction seront appelés à rendre compte de leur conduite et qu'ils recevront leur salaire selon ce qu'ils auront fait dans leur corps* (2 Corinth. V, 10). § 15. *Je vous représenterai encore le reste de leurs raisonnements. La question (disent-ils) s'il faut priver les imbéciles d'un état à venir roule sur deux suppositions également fausses ; la première que tout être qui a la forme et apparence extérieure d'homme est destiné à un état d'immortalité après cette vie ; et la seconde que tout ce qui a une naissance humaine doit jouir de ce privilège. Otez ces imaginations, et vous verrez que ces sortes de questions sont ridicules et sans fondement. Et en effet je crois qu'on désavouera la première supposition et qu'on n'aura pas l'esprit assez enfoncé dans la matière pour croire que la vie éternelle est due à aucune figure d'une masse matérielle, en sorte que la masse doive avoir éternellement du sentiment, parce qu'elle a été moulée sur une telle figure.* § 16. *Mais la seconde supposition vient au secours : on dira que cet innocent vient de parents raisonnables et que par conséquent il faut qu'il ait une âme raisonnable. Je ne sais par quelle règle de logique on peut établir une telle conséquence et comment après cela on oserait détruire des productions mal formées et contrefaites. Oh, dira-t-on, ce sont des monstres ! Eh bien, soit. Mais que sera cet innocent toujours intraitable ? Un défaut dans le corps fera-t-il un monstre, et non un défaut dans l'esprit ? C'est retourner à la première supposition, déjà réfutée, que l'extérieur suffit. Un innocent bien formé est un homme, à ce qu'on croit, il a une âme raisonnable, quoiqu'elle ne paraisse pas : mais faites les oreilles un peu plus longues et plus pointues, et le nez un peu plus plat qu'à l'ordinaire, alors vous commencez à hésiter. Faites le visage plus étroit, plus plat et plus long ; vous voilà tout à fait déterminé. Et si la tête est parfaitement celle de quelque animal, c'est un monstre sans doute, et ce vous est une démonstration qu'il n'a point d'âme raisonnable et qu'il doit être détruit. Je vous demande maintenant où trouver la juste mesure et les dernières bornes qui emportent avec elles une âme raisonnable. Il y a des fœtus humains, moitié bête, moitié homme, d'autres dont les trois parties participent de l'un, et l'autre partie de l'autre. Comment déterminer au juste les linéaments qui marquent la raison ? De plus, ce monstre, ne sera-ce pas une espèce moyenne entre l'homme et la bête ? Et tel est l'innocent dont il s'agit.*

THÉOPHILE. Je m'étonne que vous retourniez à cette question, que nous avons assez examinée, et cela plus d'une fois, et que vous n'ayez pas mieux catéchisé vos amis. Si nous distinguons l'homme de la bête par la faculté de raisonner, il n'y a point de milieu, il faut que l'animal dont il s'agit l'ait ou ne l'ait pas : mais comme cette faculté ne paraît pas quelquefois, on en juge par des indices, qui ne sont pas démonstratifs à la vérité, jusqu'à ce que cette raison se montre : car l'on sait par l'expérience de ceux qui l'ont perdue ou qui enfin en ont obtenu l'exercice que sa fonction peut être suspendue. La naissance et la figure donnent des présomptions de ce qui est caché. Mais la présomption de la naissance est effacée (*eliditur*) par une figure extrêmement différente de l'humaine, telle qu'était celle de l'animal né d'une femme de Zélande, chez Levinus Lemnius[231] (livre I, ch. 8), qui avait un bec crochu, un col long et rond, des yeux étincelants, une queue pointue, une grande agilité à courir d'abord par la chambre. Mais on dira qu'il y a des monstres ou des frères des Lombards (comme les médecins les appelaient autrefois à cause qu'on disait que les femmes de Lombardie étaient sujettes à ces sortes d'enfantements) qui approchent davantage de la figure humaine. Eh bien, soit. Comment donc (direz-vous) peut-on déterminer les justes limites de la figure qui doit passer pour humaine ? je réponds que dans une matière conjecturale, on n'a rien de précis. Et voilà l'affaire finie. On objecte que l'innocent ne montre point de raison, et cependant il passe pour homme, mais s'il avait une figure monstrueuse, il ne le serait point et qu'ainsi on a plus d'égard à la figure qu'à la raison. Mais ce monstre montre-t-il de la raison ? non, sans doute. Vous voyez donc qu'il lui manque plus qu'à l'innocent. Le défaut de l'exercice de la raison est souvent temporel, mais il ne cesse pas dans ceux où il est accompagné d'une tête de chien. Au reste, si cet animal de figure humaine n'est pas un homme, il n'y a pas grand mal à le garder pendant l'incertitude de son sort. Et soit qu'il ait une âme raisonnable, ou qu'il en ait une qui ne le soit pas, Dieu ne l'aura point faite pour rien et l'on dira de celles des hommes qui demeurent dans un état toujours semblable à celui de la première enfance que leur sort pourra être le même que celui des âmes de ces enfants qui meurent dans le berceau.

CHAPITRE V

DE LA VÉRITÉ EN GÉNÉRAL

§ 1. PHILALÈTHE. *Il y a plusieurs siècles qu'on a demandé ce que c'est que la vérité.* § 2. Nos amis croient que c'est *la conjonction ou la séparation des signes suivant que les choses mêmes conviennent ou disconviennent entre elles. Par la conjonction ou la séparation des signes il faut entendre ce qu'on appelle autrement* p r o p o s i t i o n.

THÉOPHILE. Mais une é p i t h è t e ne fait pas une proposition ; par exemple l ' h o m m e s a g e. Cependant il y a une conjonction de deux termes. N é g a t i o n aussi est autre chose que séparation ; car disant l ' h o m m e, et après quelque intervalle prononçant sage, ce n'est pas nier. La c o n v e n a n c e aussi ou la d i s c o n v e n a n c e n'est pas proprement ce qu'on exprime par la proposition. Deux œufs ont de la convenance et deux ennemis ont de la disconvenance. Il s'agit ici d'une manière de convenir ou de disconvenir toute particulière. Ainsi je crois que cette définition n'explique point le point dont il s'agit. Mais ce que je trouve le moins à mon gré dans votre définition de la vérité, c'est qu'on y cherche la vérité dans les mots. Ainsi le même sens, étant exprimé en latin, allemand, anglais, français, ce ne sera pas la même vérité, et il faudra dire avec M. Hobbes[232] que la vérité dépend du bon plaisir des hommes ; ce qui est parler d'une manière bien étrange. On attribue même la vérité à Dieu, que vous m'avouerez (je crois) de n'avoir point besoin de signes. Enfin je me suis déjà étonné plus d'une fois de l'humeur de vos amis qui se plaisent à rendre les essences, espèces, vérités n o m i n a l e s.

PHILALÈTHE. N'allez point trop vite. Sous les signes ils comprennent les idées ; ainsi *les vérités seront ou* m e n t a l e s *ou* n o m i n a l e s, *selon les espèces des signes.*

THÉOPHILE. Nous aurons donc encore des vérités l i t t é r a l e s, qu'on pourra distinguer en vérités de papier ou de parchemin, de noir d'encre ordinaire, ou d'encre d'imprimerie, s'il faut distinguer les vérités par les signes. Il vaut donc mieux placer les vérités dans le rapport entre les objets des idées, qui fait que l'une est comprise ou non comprise dans l'autre. Cela ne dépend point des langues, et nous est commun avec Dieu et les anges ; et lorsque Dieu nous manifeste une vérité, nous acquérons celle qui est dans son entendement, car quoiqu'il y ait une différence infinie entre ses idées et les nôtres quant à la perfection et à l'étendue, il est toujours vrai qu'on convient dans le même rapport. C'est donc dans ce rapport qu'on doit placer la vérité, et nous pouvons distinguer entre les vérités, qui sont indépendantes de notre bon plaisir, et entre les expressions, que nous inventons comme bon nous semble.

§ 3. PHILALÈTHE. *Il n'est que trop vrai que les hommes, même dans leur esprit, mettent les mots à la place des choses, surtout quand les idées sont complexes et indéterminées.* Mais il est vrai aussi, comme vous l'avez observé, qu'alors l'esprit se contente de marquer seulement la vérité sans l'entendre pour le présent, dans la persuasion où il est qu'il dépend de lui de l'entendre quand il voudra. Au reste § 5 *l'action qu'on exerce en affirmant ou en niant est plus facile à concevoir en réfléchissant sur ce qui se passe en nous qu'il n'est aisé de l'expliquer par paroles.* § 6. *C'est pourquoi ne trouvez point mauvais qu'au défaut de mieux on a parlé de joindre ensemble ou de séparer.* § 8. Vous accorderez aussi que *les propositions au moins peuvent être appelées verbales, et que lorsqu'elles sont vraies, elles sont et verbales et encore réelles, car,* § 9, *la fausseté consiste à joindre les noms autrement que leurs idées ne conviennent ou disconviennent. Au moins,* § 10, *les mots sont des grands véhicules de la vérité.* § 11. *Il y a aussi une vérité morale, qui consiste à parler des choses selon la persuasion de notre esprit ; il y a enfin une vérité métaphysique, qui est l'existence réelle des choses, conforme aux idées que nous en avons.*

THÉOPHILE. La vérité morale est appelée véracité par quelques-uns, et la vérité métaphysique est prise vulgairement par les métaphysiciens pour un attribut de l'être, mais c'est un attribut bien inutile et presque vide de sens. Contentons-nous de chercher la vérité dans la correspondance des propositions qui sont dans l'esprit avec les choses dont il s'agit. Il est vrai que j'ai attribué aussi la vérité aux idées en disant que les idées sont vraies ou fausses ; mais alors je l'entends en effet de la vérité des propositions qui affirment la possibilité de l'objet de l'idée. Et dans ce même sens on peut dire encore qu'un être est vrai, c'est-à-dire la proposition qui affirme son existence actuelle ou du moins possible.

CHAPITRE VI

DES PROPOSITIONS UNIVERSELLES, DE LEUR VÉRITÉ, ET DE LEUR CERTITUDE

§ 2. PHILALÈTHE. *Toute notre connaissance est des vérités générales ou particulières. Nous ne saurions jamais faire bien entendre les premières, qui sont les plus considérables, ni les comprendre que fort rarement nous-mêmes, qu'autant qu'elles sont conçues et exprimées par des paroles.*

THÉOPHILE. Je crois qu'encore d'autres marques pourraient faire cet effet ; on le voit par les caractères des Chinois. Et on pourrait introduire un caractère universel fort populaire et meilleur que le leur, si on employait de petites figures à la place des mots, qui représentassent les choses visibles par leurs traits, et les invisibles par des visibles qui les accompagnent, y joignant de certaines marques additionnelles, convenables pour faire entendre les flexions et les particules. Cela servirait d'abord pour communiquer aisément avec les nations éloignées ; mais si on l'introduisait aussi parmi nous sans renoncer pourtant à l'écriture ordinaire, l'usage de cette manière d'écrire serait d'une grande utilité pour enrichir l'imagination et pour donner des pensées moins sourdes et moins verbales qu'on n'a maintenant. Il est vrai que l'art de dessiner n'étant point connu de tous, il s'ensuit qu'excepté les livres imprimés de cette façon (que tout le monde apprendrait bientôt à lire), tout le monde ne pourrait point s'en servir autrement que par une manière d'imprimerie, c'est-à-dire ayant des figures gravées toutes prêtes pour les imprimer sur du papier, et y ajoutant par après avec la plume les marques des flexions [et] des particules. Mais avec le temps tout le monde apprendrait le dessin dès la jeunesse, pour n'être point privé de la commodité de ce caractère figuré, qui parlerait véritablement aux yeux, et qui serait fort au gré du peuple, comme en effet les paysans ont déjà certains almanachs qui leur disent sans paroles une bonne partie de ce qu'ils demandent ; et je me souviens d'avoir vu des imprimés satiriques en taille-douce, qui tenaient un peu de l'énigme, où il y avait des figures significantes par elles-mêmes, mêlées avec des paroles, au lieu que nos lettres et les caractères chinois ne sont significatifs que par la volonté des hommes (*ex instituto*[233]).

§ 3. PHILALÈTHE. Je crois que votre pensée s'exécutera un jour, tant cette écriture me paraît agréable et naturelle : et il semble qu'elle ne serait pas de petite conséquence pour augmenter la perfection de notre esprit et pour rendre nos conceptions plus réelles. Mais pour revenir aux connaissances générales et à leur certitude, *il sera à propos de remarquer qu'il y a certitude de vérité et qu'il y a aussi certitude de connaissance. Lorsque les mots sont joints de telle manière dans des propositions qu'ils expriment exactement la convenance ou la disconvenance telle qu'elle est réellement, c'est une certitude de vérité ; et la certitude de connaissance consiste à apercevoir la convenance ou la disconvenance des idées, en tant qu'elle est exprimée dans des propositions. C'est ce que nous appelons ordinairement être certain d'une proposition.*

THÉOPHILE. En effet cette dernière sorte de certitude suffira encore sans l'usage des mots et n'est autre chose qu'une parfaite connaissance de la vérité ; au lieu que la première espèce de certitude ne paraît être autre chose que la vérité même.

§ 4. PHILALÈTHE. *Or comme nous ne saurions être assurés de la vérité d'aucune proposition générale, à moins que nous ne connaissions les bornes précises de la signification des termes dont elle est composée, il serait nécessaire que nous connussions l'essence de chaque espèce, ce qui n'est pas malaisé à l'égard des idées simples et des modes. Mais dans les substances, où une essence réelle, distincte de la nominale, est supposée déterminer les espèces, l'étendue du terme général est fort incertaine, parce que nous ne connaissons pas cette essence réelle ; et par conséquent dans ce sens nous ne saurions être assurés d'aucune proposition générale faite sur le sujet de ces substances. Mais lorsqu'on suppose que les espèces des substances ne sont autre chose que la réduction des individus substantiels en certaines sortes, rangées sous divers noms généraux, selon qu'elles conviennent aux différentes idées abstraites que nous désignons par ces noms-là, on ne saurait douter si une proposition bien connue comme il faut est véritable ou non.*

THÉOPHILE. Je ne sais, Monsieur, pourquoi vous revenez encore à un point assez contesté entre nous et que je croyais vidé. Mais enfin j'en suis bien aise, parce que vous me donnez une occasion fort propre (ce me semble) à vous désabuser de nouveau. Je vous dirai donc que nous pouvons être assurés par exemple de mille vérités qui regardent l'or ou ce corps dont l'essence interne se fait connaître par la plus grande pesanteur connue ici-bas, ou par la plus grande ductilité, ou par d'autres marques. Car nous pouvons dire que le corps de la plus grande ductilité connue est aussi le plus pesant de tous les corps connus. Il est vrai qu'il ne serait point impossible que tout ce qu'on a remarqué jusqu'ici dans l'or se trouvât un jour en deux corps discernables par d'autres qualités nouvelles, et qu'ainsi ce ne fût plus la plus basse espèce, comme on le prend jusqu'ici par provision. Il se pourrait aussi qu'une sorte demeurant rare et l'autre étant commune, on jugeât à propos de réserver le nom de vrai or à la seule espèce rare, pour la retenir dans l'usage de la monnaie par le moyen de nouveaux essais qui lui seraient propres. Après quoi l'on ne doutera point aussi que l'essence interne de ces deux espèces ne soit différente ; et quand même la définition d'une substance actuellement existante ne serait pas bien déterminée à tous égards (comme en effet celle de l'homme ne l'est pas à l'égard de la figure externe), on ne laisserait pas d'avoir une infinité de propositions générales sur son sujet, qui suivraient de la raison et des autres qualités que l'on reconnaît en lui. Tout ce que l'on peut dire sur ces propositions générales, c'est qu'en cas qu'on prenne l'homme pour la plus basse espèce et le restreigne à la race d'Adam, on n'aura point de propriétés de l'homme de celles qu'on appelle *in quarto modo*, ou qu'on puisse énoncer de lui par une proposition réciproque ou simplement convertible, si ce n'est par provision, comme en disant : L'homme est le seul animal raisonnable. Et prenant l'homme pour ceux de notre race, le provisionnel consiste à sous-entendre qu'il est le seul animal raisonnable de ceux qui nous sont connus ; car il se pourrait qu'il y eût un jour d'autres animaux à qui fût commun avec la postérité des hommes d'à présent tout ce que nous y remarquons jusqu'ici, mais qui fussent d'une autre origine. C'est comme si les Australiens imaginaires venaient inonder nos contrées, il y a de l'apparence qu'alors on trouverait quelque moyen de les distinguer de nous. Mais en cas que non, et supposé que Dieu eût défendu le mélange de ces races et que Jésus-Christ n'eût racheté que la nôtre, il faudrait tâcher de faire des marques artificielles pour les distinguer entre elles. Il y aurait sans doute une différence interne, mais comme elle ne se rendrait point reconnaissable, on serait réduit à la seule dénomination extrinsèque de la naissance, qu'on tâcherait d'accompagner d'une marque artificielle durable, laquelle donnerait une dénomination intrinsèque, et un moyen constant de discerner notre race des autres. Ce sont des fictions que tout cela, car nous n'avons point besoin de recourir à ces distinctions, étant les seuls animaux raisonnables de ce globe. Cependant ces fictions servent à connaître la nature des idées, des substances et des vérités générales à leur égard. Mais si l'homme n'était point pris pour la plus basse espèce ni pour celle des animaux raisonnables de la race d'Adam, et si au lieu de cela il signifiait un genre commun à plusieurs espèces, qui appartient maintenant à une seule race connue, mais qui pourrait encore appartenir à d'autres, distinguables ou par la [seule] naissance ou même par d'autres marques naturelles, comme par exemple aux feints Australiens ; alors, dis-je, ce genre aurait des propositions réciproques, et la définition présente de l'homme ne serait point provisionnelle. Il en est de même de l'or ; car supposé qu'on en eût un jour deux sortes discernables, l'une rare et connue jusqu'ici, et l'autre commune et peut-être artificielle, trouvée dans la suite des temps : alors supposé que le nom de l'or doive demeurer à l'espèce présente, c'est-à-dire à l'or naturel et rare, pour conserver par son moyen la commodité de la monnaie d'or, fondée sur la rareté de cette matière, sa définition connue jusqu'ici par des dénominations intrinsèques n'aurait été que provisionnelle, et devra être augmentée par les nouvelles marques qu'on découvrira, pour distinguer l'or rare ou de l'espèce ancienne de l'or nouveau artificiel. Mais, si le nom de l'or devait demeurer alors commun aux deux espèces, c'est-à-dire si par l'or on entend un genre dont jusqu'ici nous ne connaissons point de sous-division et que nous prenons maintenant pour la plus basse espèce (mais seulement par provision, jusqu'à ce que la subdivision soit connue), et si l'on en trouvait quelque jour une nouvelle espèce, c'est-à-dire un or artificiel aisé à faire et qui pourrait devenir commun ; je dis que dans ce sens la définition de ce genre ne doit point être jugée provisionnelle, mais perpétuelle. Et même, sans se mettre en peine des noms de l'homme ou de l'or, quelque nom qu'on donne au genre ou à la plus basse espèce connue, et quand même on ne leur en donnerait aucun, ce qu'on vient de dire serait toujours vrai des idées, des genres, ou des espèces, et les espèces ne seront définies que provisionnellement quelquefois par les définitions des genres. Cependant il sera toujours permis et raisonnable d'entendre qu'il y a une essence réelle interne appartenant par une proposition réciproque, soit au genre, soit aux espèces, laquelle se fait connaître ordinairement par les marques externes. J'ai supposé jusqu'ici que la race ne dégénère ou ne change point : mais si la même race passait dans une autre espèce, on serait d'autant plus obligé de recourir à d'autres marques et dénominations intrinsèques ou extrinsèques, sans s'attacher à la race.

§ 7. PHILALÈTHE. *Les idées complexes, que les noms que nous donnons aux espèces des substances justifient, sont des collections des idées de certaines qualités que nous avons remarqué* coexister *dans un* soutien *inconnu que nous appelons substance. Mais nous ne saurions connaître certainement quelles autres qualités coexistent nécessairement avec de telles combinaisons, à moins que nous ne puissions découvrir leur dépendance à l'égard de leurs premières qualités.*

THÉOPHILE. J'ai déjà remarqué autrefois que le même se trouve dans les idées des accidents, dont la nature est un peu abstruse, comme sont par exemple les figures de géométrie ; car lorsqu'il s'agit par exemple de la figure d'un miroir, qui ramasse tous les rayons parallèles dans un point comme foyer, on peut trouver plusieurs propriétés de ce miroir avant que d'en connaître la construction, mais on sera en incertitude sur beaucoup d'autres affections qu'il peut avoir, jusqu'à ce qu'on trouve en lui ce qui répond à la constitution interne des substances, c'est-à-dire la construction de cette figure du miroir, qui sera comme la clef de la connaissance ultérieure.

PHILALÈTHE. Mais quand nous aurions connu la constitution intérieure de ce corps, nous n'y trouverions que la dépendance que les qualités premières, ou que vous appelez manifestes, en peuvent avoir, c'est-à-dire : on connaîtrait quelles grandeurs, figures et forces mouvantes en dépendent ; mais *on ne connaîtrait jamais la connexion qu'elles peuvent avoir avec les* qualités secondes *ou confuses, c'est-à-dire avec les qualités sensibles comme les couleurs, les goûts, etc.*

THÉOPHILE. C'est que vous supposez encore que ces qualités sensibles ou plutôt les idées que nous en avons ne dépendent point des figures et mouvements naturellement, mais seulement du bon plaisir de Dieu, qui nous donne ces idées. Vous paraissez donc avoir oublié, Monsieur, ce que je vous ai remontré plus d'une fois contre cette opinion, pour vous faire juger plutôt que ces idées sensitives dépendent du détail des figures et mouvements et les expriment exactement, quoique nous ne puissions pas y démêler ce détail dans la confusion d'une trop grande multitude et petitesse des actions mécaniques qui frappent nos sens. Cependant si nous étions parvenus à la constitution interne de quelques corps, nous verrions aussi quand ils devraient avoir ces qualités, qui seraient réduites elles-mêmes à leurs raisons intelligibles ; quand même il ne serait jamais dans notre pouvoir de les reconnaître sensiblement dans ces idées sensitives, qui sont un résultat confus des actions des corps sur nous, comme maintenant que nous avons la parfaite analyse du vert en bleu et jaune, et n'avons presque plus rien à demander à son égard que par rapport à ces ingrédients, nous ne sommes pourtant point capables de démêler les idées du bleu et du jaune dans notre idée sensitive du vert, pour cela même que c'est une idée confuse. C'est à peu près comme on ne saurait démêler l'idée des dents de la roue, c'est-à-dire de la cause dans la perception d'un transparent artificiel, que j'ai remarqué chez les horlogers, fait par la prompte rotation d'une roue dentelée, ce qui en fait disparaître les dents et paraître à leur place un transparent continuel imaginaire, composé des apparences successives des dents et de leurs intervalles, mais où la succession est si prompte que notre fantaisie ne la saurait distinguer. On trouve donc bien ces dents dans la notion distincte de cette transparence, mais non pas dans cette perception sensitive confuse, dont la nature est d'être et demeurer confuse : autrement, si la confusion cessait (comme si le mouvement était si lent qu'on en pourrait observer les parties et leur succession), ce ne serait plus elle, c'est-à-dire : ce ne serait plus ce fantôme de transparence. Et comme on n'a point besoin de se figurer que Dieu par son bon plaisir nous donne ce fantôme et qu'il est indépendant du mouvement des dents de la roue et de leurs intervalles, et comme au contraire on conçoit que ce n'est qu'une expression confuse de ce qui se passe dans ce mouvement, expression, dis-je, qui consiste en ce que des choses successives sont confondues dans une simultanéité apparente, ainsi est aisé de juger qu'il en sera de même à l'égard des autres fantômes sensitifs, dont nous n'avons pas encore une si parfaite analyse, comme des couleurs, des goûts, etc. Car pour dire la vérité, ils méritent ce nom de fantômes plutôt que celui de qualités, ou même d'idées. Et il nous suffirait à tous égards de les entendre aussi bien que cette transparence artificielle, sans qu'il soit raisonnable ni possible de prétendre en savoir davantage ; car de vouloir que ces fantômes confus demeurent et que cependant on y démêle les ingrédients par la fantaisie même, c'est se contredire, c'est vouloir avoir le plaisir d'être trompé par une agréable perspective, et vouloir qu'en même temps l'œil voie la tromperie, ce qui serait la gâter. C'est un cas enfin où

nihilo plus agas
Quam si des operam, ut cum ratione insanias[234].

Mais il arrive souvent aux hommes de chercher *nodum in scirpo* et de se faire des difficultés où il n'y en a point, en demandant ce qui ne se peut et se plaignant par après de leur impuissance et des bornes de leur lumière.

§ 8. PHILALÈTHE. *Tout or est fixe, c'est une proposition dont nous ne pouvons pas connaître certainement la vérité. Car si l'or signifie une espèce de choses distinguée par une essence réelle que la nature lui a donnée, on ignore quelles substances particulières sont de cette espèce : ainsi on ne saurait affirmer avec certitude, quoique ce soit de l'or. Et si l'on prend l'or pour un corps doué d'une certaine couleur jaune, malléable, fusible, et plus pesant qu'un autre corps connu, il n'est pas difficile de connaître ce qui est ou n'est pas or ; mais avec tout cela, nulle autre qualité ne peut être affirmée ou niée avec certitude de l'or que ce qui avec cette idée a une connexion ou une incompatibilité qu'on peut découvrir. Or la fixité n'ayant aucune connexion nécessaire connue avec la couleur, la pesanteur et les autres idées simples que j'ai supposé faire l'idée complexe que nous avons de l'or, il est impossible que nous puissions connaître certainement la vérité de cette proposition, que tout or est fixe.*

THÉOPHILE. Nous savons presque aussi certainement que le plus pesant de tous les corps connus ici-bas est fixe que nous savons certainement qu'il fera jour demain. C'est parce qu'on l'a expérimenté cent mille fois, c'est une certitude expérimentale et de fait, quoique nous ne connaissions point la liaison de la fixité avec les autres qualités de ce corps. Au reste il ne faut point opposer deux choses qui s'accordent et qui reviennent au même. Quand je pense à un corps, qui est en même temps jaune, fusible et résistant à la coupelle, je pense à un corps dont l'essence spécifique, quoique inconnue [à moi] dans son intérieur, fait émaner ces qualités de son fond et se fait connaître confusément au moins par elles. Je ne vois rien de mauvais en cela, ni qui mérite qu'on revienne si souvent à la charge pour l'attaquer.

§ 10. PHILALÈTHE. *C'est assez pour moi maintenant que cette connaissance de la fixité du plus pesant des corps ne nous est point connue par la convenance ou disconvenance des idées. Et je crois pour moi que parmi les secondes qualités des corps et les puissances qui s'y rapportent, on n'en saurait nommer deux dont la coexistence nécessaire ou l'incompatibilité puisse être connue certainement, hormis les qualités qui appartiennent au même sens et s'excluent nécessairement l'une l'autre, comme lorsqu'on peut dire que ce qui est blanc n'est pas noir.*

THÉOPHILE. Je crois pourtant qu'on en trouverait peut-être ; par exemple, tout corps palpable (ou qu'on peut sentir par l'attouchement) est visible. Tout corps dur fait du bruit, quand on le frappe dans l'air. Les tons des cordes ou des fils sont en raison sous-doublée des poids qui causent leur tension. Il est vrai que ce que vous demandez ne réussit qu'autant qu'on conçoit des idées distinctes, jointes aux idées sensitives confuses.

§ 11. PHILALÈTHE. *Toujours ne faut-il point s'imaginer que les corps ont leurs qualités par eux-mêmes indépendamment d'autre chose. Une pièce d'or, séparée de l'impression et de l'influence de tout autre corps, perdrait aussitôt sa couleur jaune et sa pesanteur ; peut-être aussi deviendrait-elle friable et perdrait sa malléabilité. L'on sait combien les végétaux et les animaux dépendent de la terre, de l'air, et du soleil ; que sait-on si les étoiles fixes fort éloignées n'ont pas encore de l'influence sur nous ?*

THÉOPHILE. Cette remarque est très bonne, et quand la contexture de certains corps nous serait connue, nous ne saurions assez juger de leurs effets sans connaître l'intérieur de ceux qui les touchent et les traversent.

§ 13. PHILALÈTHE. *Cependant notre jugement peut aller plus loin que notre connaissance. Car des gens appliqués à faire des observations peuvent pénétrer plus avant, et par le moyen de quelques probabilités d'une observation exacte et de quelques apparences, réunies à propos, faire souvent de justes conjectures sur ce que l'expérience ne leur a pas encore découvert : mais ce n'est toujours que conjecturer.*

THÉOPHILE. Mais si l'expérience justifie ces conséquences d'une manière constante, ne trouvez-vous pas qu'on puisse acquérir des propositions certaines par ce moyen ? certaines, dis-je, au moins autant que celles qui assurent par exemple que le plus pesant de nos corps est fixe et que celui qui est le plus pesant après lui est volatile ; car il me semble que la certitude (morale, s'entend, ou physique), mais non pas la nécessité (ou certitude métaphysique) de ces propositions qu'on a apprises par l'expérience seule et non pas par l'analyse et la liaison des idées, est établie parmi nous et avec raison.

CHAPITRE VII

DES PROPOSITIONS QU'ON NOMME MAXIMES OU AXIOMES

§ 1. PHILALÈTHE. *Il y a une espèce de propositions qui, sous le nom de maximes ou d'axiomes, passent pour les principes des sciences, et parce qu'elles sont évidentes par elles-mêmes, on s'est contenté de les appeler innées, sans que personne ait jamais tâché, que je sache, de faire voir la raison et le fondement de leur extrême clarté, qui nous force, pour ainsi dire, à leur donner notre consentement. Il n'est pourtant pas inutile d'entrer dans cette recherche et de voir si cette grande évidence est particulière à ces seules propositions, comme aussi d'examiner jusqu'à où elles contribuent à nos autres connaissances.*

THÉOPHILE. Cette recherche est fort utile et même importante. Mais il ne faut point vous figurer, Monsieur, qu'elle ait été entièrement négligée. Vous trouverez en cent lieux que les philosophes de l'Ecole ont dit que ces propositions sont évidentes *ex terminis*, aussitôt qu'on en entend les termes, de sorte qu'ils étaient persuadés que la force de la conviction était fondée dans l'intelligence des termes, c'est-à-dire dans la liaison de leurs idées. Mais les géomètres ont bien fait davantage : c'est qu'ils ont entrepris de les démontrer bien souvent. Proclus attribue déjà à Thalès de Milet, un des plus anciens géomètres connus, d'avoir voulu démontrer des propositions qu'Euclide a supposées depuis comme évidentes [235]. On rapporte qu'Apollonius a démontré d'autres axiomes, et Proclus le fait aussi. Feu M. Roberval, déjà octogénaire ou environ, avait dessein de publier de nouveaux *Eléments de géométrie*, dont je crois vous avoir déjà parlé. Peut-être que les nouveaux *Eléments* de M. Arnaud [236], qui faisaient du bruit alors, y avaient contribué. Il en montra quelque chose dans l'Académie royale des sciences, et quelques-uns trouvèrent à redire que, supposant cet axiome, que, si, à des égaux on ajoute des grandeurs égales, il en provient des égaux, il démontrait cet autre, qu'on juge de pareille évidence, que, si des égaux on ôte des grandeurs égales, il en reste des égaux. On disait qu'il devait les supposer tous deux, ou les démontrer tous deux. Mais je n'étais pas de cet avis, et je croyais que c'était toujours autant de gagné que d'avoir diminué le nombre des axiomes. Et l'addition sans doute est antérieure à la soustraction et plus simple, parce que les deux termes sont employés dans l'addition l'un comme l'autre, ce qui n'est pas dans la soustraction. M. Arnaud faisait le contraire de M. Roberval. Il supposait encore plus qu'Euclide. Cela pourra être bon pour les commençants, que la scrupulosité arrête ; mais quand il s'agit de l'établissement de la science, c'est autre chose. Ainsi l'un et l'autre pouvait avoir raison. Pour ce qui est des Maximes, on les prend quelquefois pour des propositions établies, soit qu'elles soient évidentes ou non. C'est ainsi qu'on les prend souvent dans la morale et même chez les logiciens dans leurs topiques, où il y en a une bonne provision, mais dont une partie en contient d'assez vagues et obscures. Au reste, il y a longtemps que j'ai dit publiquement et en particulier qu'il serait important de démontrer tous nos axiomes secondaires, dont on se sert ordinairement en les réduisant aux axiomes primitifs ou immédiats et indémontrables, qui sont ce que j'appelais dernièrement et ailleurs les identiques.

§ 2. PHILALÈTHE. *La connaissance est évidente par elle-même, lorsque la convenance ou disconvenance des idées est aperçue immédiatement.* § 3. *Mais il y a des vérités, qu'on ne reconnaît point pour axiomes, qui ne sont pas moins évidentes par elles-mêmes. Voyons si les quatre espèces de convenance dont nous avons parlé il n'y a pas longtemps* (chap. I, § 3, et chap. 3, § 7), *savoir l'identité, la connexion, la relation, et l'existence réelle, nous en fournissent.* § 4. *Quant à l'identité ou la diversité, nous avons autant de propositions évidentes que nous avons d'idées distinctes ; car nous pouvons nier l'une de l'autre, comme en disant que l'homme n'est pas un cheval, que le rouge n'est pas bleu. De plus il est aussi évident de dire : Ce qui est, est, que de dire : Un homme est un homme.*

THÉOPHILE. Il est vrai, et j'ai déjà remarqué qu'il est aussi évident de dire ecthétiquement en particulier : A est A que de dire en général : On est ce qu'on est. Mais il n'est pas toujours sûr, comme j'ai déjà remarqué aussi, de nier les sujets des idées différentes l'une de l'autre ; comme si quelqu'un voulait dire le trilatère (ou ce qui a trois côtés) n'est pas triangle, parce qu'en effet la trilatérité n'est pas la triangularité ; item, si quelqu'un avait dit que les perles de M. Slusius[237] (dont je vous ai parlé il n'y a pas longtemps) ne sont pas des lignes de la parabole cubique, il se serait trompé et cependant cela aurait paru évident à bien des gens. Feu M. Hardy[238], conseiller au Châtelet de Paris, excellent géomètre et orientaliste et bien versé dans les anciens géomètres, qui a publié le commentaire de Marinus sur les *Data* d'Euclide, était tellement prévenu que la section du cône, qu'on appelle ellipse, est différente de la section oblique du cylindre que la démonstration de Serenus lui paraissait paralogistique et je ne pus rien gagner sur lui par mes remontrances : aussi était-il à peu près de l'âge de M. Roberval quand je le voyais, et moi j'étais fort jeune homme, différence qui ne pouvait pas me rendre fort persuasif à son égard, quoique d'ailleurs je fusse fort bien avec lui. Cet exemple peut faire voir en passant ce que peut la prévention encore sur des habiles gens, car il l'était véritablement, et il est parlé de M. Hardy avec estime dans les lettres de M. Descartes. Mais je l'ai allégué seulement pour montrer combien on se peut tromper en niant une idée de l'autre, quand on ne les a pas assez approfondies où il en est besoin.

§ 5. PHILALÈTHE. *Par rapport à la connexion ou coexistence, nous avons fort peu de propositions évidentes par elles-mêmes; il y en a pourtant et il paraît que c'est une proposition évidente par elle-même que deux corps ne sauraient être dans le même lieu.*

THÉOPHILE. Beaucoup de chrétiens vous le disputent, comme j'ai déjà marqué, et même Aristote et ceux qui après lui admettent des condensations réelles et exactes, qui réduisent un même corps entier dans un plus petit lieu que celui qu'il remplissait auparavant, et qui, comme feu M. Comenius[239] dans un petit livre exprès, prétendent renverser la philosophie moderne par l'expérience de l'arquebuse à vent, n'en doivent point convenir. Si vous prenez le corps pour une masse impénétrable, votre énonciation sera vraie, parce qu'elle sera identique ou à peu près : mais on vous niera que le corps réel soit tel. Au moins dira-t-on que Dieu le pouvait faire autrement, de sorte qu'on admettra seulement cette impénétrabilité comme conforme à l'ordre naturel des choses que Dieu a établi et dont l'expérience nous a assurés, quoique d'ailleurs il faille avouer qu'elle est aussi très conforme à la raison.

§ 6. PHILALÈTHE. *Quant aux relations des modes, les mathématiciens ont formé plusieurs axiomes sur la seule relation d'égalité, comme celui dont vous venez de parler, que si de choses égales on ôte des choses égales, le reste est égal. Mais il n'est pas moins évident, je pense, qu'un et un sont égaux à deux, et que si de cinq doigts d'une main vous en ôtez deux et encore deux des cinq de l'autre main, le nombre des doigts qui restera sera égal.*

THÉOPHILE. Qu'un et un font deux, ce n'est pas une vérité proprement, mais c'est la définition de *deux*. Quoiqu'il y ait cela de vrai et d'évident que c'est la définition d'une chose possible. Pour ce qui est de l'axiome d'Euclide, appliqué aux doigts de la main, je veux accorder qu'il est aussi aisé de concevoir ce que vous dites des doigts que de le voir d'A et B ; mais pour ne pas faire souvent la même chose, on le marque généralement et après cela il suffit de faire des subsomptions. Autrement, c'est comme si l'on préférait le calcul en nombres particuliers aux règles universelles ; ce qui serait moins obtenir qu'on ne peut. Car il vaut mieux de résoudre ce problème général : trouver deux nombres dont la somme fasse un nombre donné, et dont la différence fasse aussi un nombre donné, que de chercher seulement deux nombres dont la somme fasse 10, et dont la différence fasse 6. Car si je procède dans ce second problème à la mode de l'algèbre numérique, mêlée de la spécieuse[240], le calcul sera tel : Soit $a + b = 10$, et $a - b = 6$; dont en ajoutant ensemble le côté droit au droit et le côté gauche au gauche, je fais ce qu'il en vient $a + b + a - b = 10 + 6$, c'est-à-dire (puisque $+ b$ et $- b$ se détruisent) $2a = 16$ ou $a = 8$. Et en soustrayant le côté droit du droit et le gauche du gauche (puisque ôter $a - b$ est ajouter $- a + b$) je fais qu'il en vient $a + b - a + b = 10 - 6$, c'est-à-dire $2b = 4$ ou $b = 2$. Ainsi j'aurai à la vérité les [nombres] a et b que je demande, qui sont 8 et 2, qui satisfont à la question, c'est-à-dire dont la somme fait 10 et dont la différence fait 6 ; mais je n'ai pas par là la méthode générale pour quelques autres nombres, qu'on voudra ou qu'on pourra mettre au lieu de 10 ou 6, méthode que je pouvais pourtant trouver avec la même facilité que ces deux nombres 8 et 2, en mettant x et v au lieu des nombres 10 et 6. Car en procédant de même qu'auparavant, il y aura $a + b + a - b = x + v$, c'est-à-dire $2a = x + v$ ou $a = 1/2\,(x + v)$, et il y aura encore $a + b - a + b = x - v$, c'est-à-dire $2b = x - v$ ou $b = 1/2\,(x - v)$. Et ce calcul donne ce théorème ou canon général, que lorsqu'on demande deux nombres dont la somme et la différence sont données, on n'a qu'à prendre pour le plus grand des nombres demandés la moitié de la somme faite de la somme et la différence données, et pour le moindre des nombres demandés, la moitié de la différence entre la somme et la différence données. On voit aussi que j'aurais pu me passer de lettres, si j'avais traité les nombres comme lettres, c'est-à-dire si, au lieu de mettre $2a = 16$ et $2b = 4$, j'avais écrit $2a = 10 + 6$ et $2b = 10 - 6$, ce qui m'aurait donné $a = 1/2\,(10 + 6)$ et $b = 1/2\,(10 - 6)$. Ainsi, dans le calcul particulier même, j'aurais eu le calcul général, prenant ces notes 10 et 6 pour des nombres généraux, comme si c'étaient des lettres x et v ; afin d'avoir une vérité ou méthode plus générale et prenant ces mêmes caractères 10 et 6 encore pour les nombres qu'ils signifient ordinairement, j'aurai un exemple sensible, et qui peut servir même d'épreuve. Et comme Viète [241] a substitué les lettres aux nombres pour avoir plus de généralité, j'ai voulu réintroduire les caractères des nombres, puisqu'ils sont plus propres que les lettres, dans la spécieuse même. J'ai trouvé cela de beaucoup d'usage dans les grands calculs, pour [y] éviter les erreurs, et même pour y appliquer des épreuves, telles que l'abjection du novénaire [242] au milieu du compte, sans en attendre le résultat, quand il n'y a que des nombres au lieu des lettres ; ce qui se peut souvent, lorsqu'on se sert d'adresse dans les positions, en sorte que les suppositions se trouvent vraies dans le particulier, outre l'usage qu'il y a de voir des liaisons et ordres, que les seules lettres ne sauraient toujours faire si bien démêler à l'esprit, comme j'ai montré ailleurs, ayant trouvé que la bonne caractéristique est une des plus grandes aides de l'esprit humain.

§ 7. PHILALÈTHE. *Quant à l'existence réelle que j'avais comptée pour la quatrième espèce de convenance qu'on peut remarquer dans les idées, elle ne nous saurait fournir aucun axiome, car nous n'avons pas même une connaissance démonstrative des êtres hors de nous, Dieu seul excepté.*

THÉOPHILE. On peut toujours dire que cette proposition :

j'existe, est de la dernière évidence, étant une proposition qui ne saurait être prouvée par aucune autre, ou bien une **vérité immédiate**. Et de dire : je pense, donc je suis, ce n'est pas prouver proprement l'existence par la pensée, puisque penser et être pensant est la même chose ; et dire : je suis pensant, est déjà dire : je suis. Cependant vous pouvez exclure cette proposition du nombre des axiomes avec quelque raison, car c'est une proposition de fait, fondée sur une expérience immédiate et ce n'est pas une proposition nécessaire, dont on voie la nécessité dans la convenance immédiate des idées. Au contraire, il n'y a que Dieu qui voie comment ces deux termes, **moi** et **l'existence**, sont liés, c'est-à-dire pourquoi j'existe. Mais si l'axiome se prend plus généralement pour une vérité immédiate ou **non prouvable**, on peut dire que cette proposition : je suis, est un axiome, et en tout cas on peut assurer que c'est une **vérité primitive**, ou bien *unum ex primis cognitis inter terminos complexos* [243], c'est-à-dire que c'est une des énonciations premières connues, ce qui s'entend dans l'ordre naturel de nos connaissances, car il se peut qu'un homme n'ait jamais pensé à former expressément cette proposition, qui lui est pourtant **innée**.

§ 8. PHILALÈTHE. J'avais toujours cru que les axiomes ont peu d'influence sur les autres parties de notre connaissance. Mais vous m'avez désabusé, puisque vous avez même montré un usage important des identiques. Souffrez pourtant, Monsieur, que je vous représente encore ce que j'avais dans l'esprit sur cet article, car vos éclaircissements pourront servir encore à faire revenir d'autres de leur erreur. § 8. *C'est une règle célèbre dans les écoles que tout raisonnement vient des choses déjà connues et accordées, ex praecognitis et praeconcessis. Cette règle semble faire regarder ces maximes comme des vérités connues à l'esprit avant les autres, et les autres parties de notre connaissance comme des vérités dépendantes des axiomes*. § 9. Je croyais avoir montré (liv. I, chap. I) que ces axiomes ne sont pas les premiers connus, l'enfant connaissant bien plus tôt que la verge que je lui montre n'est pas le sucre qu'il a goûté que tout axiome qu'il vous plaira. Mais vous avez distingué entre les connaissances singulières ou expériences des faits et entre les principes d'une connaissance universelle et nécessaire (et où je reconnais qu'il faut recourir aux axiomes) comme aussi entre l'ordre accidentel et naturel.

THÉOPHILE. J'avais encore ajouté que dans l'ordre naturel il est antérieur de dire qu'une chose est ce qu'elle est que de dire qu'elle n'est pas une autre ; car il ne s'agit pas ici de l'histoire de nos découvertes, qui est différente en différents hommes, mais de la liaison et de l'ordre naturel des vérités, qui est toujours le même. Mais votre remarque, savoir que ce que l'enfant voit n'est qu'un fait, mérite encore plus de réflexion ; car les expériences des sens ne donnent point des vérités absolument certaines (comme vous l'aviez observé vous-même, Monsieur, il n'y a pas longtemps) ni qui soient exemptes de tout danger d'illusion. Car s'il est permis de faire des fictions métaphysiquement possibles, le sucre se pourrait changer en verge d'une manière imperceptible, pour punir l'enfant s'il a été méchant, comme l'eau se change en vin chez nous la veille de Noël [pour le récompenser], s'il a été bien morigéné. Mais toujours la douleur (direz-vous) que la verge imprime ne sera jamais le plaisir que donne le sucre. Je réponds que l'enfant s'avisera aussi tard d'en faire une proposition expresse que de remarquer cet axiome, qu'on ne saurait dire véritablement que ce qui est n'est pas en même temps, quoiqu'il puisse fort bien s'apercevoir de la différence du plaisir et de la douleur, aussi bien que de la différence entre apercevoir et ne pas apercevoir.

§ 10. PHILALÈTHE. *Voici cependant quantité d'autres vérités, qui sont autant évidentes par elles-mêmes que ces maximes. Par exemple qu'un et deux sont égaux à trois, c'est une proposition aussi évidente que cet axiome qui dit que le tout est égal à toutes ses parties prises ensemble.*

THÉOPHILE. Vous paraissez avoir oublié, Monsieur, comment je vous ai fait voir plus d'une fois que de dire un et deux est trois n'est que la définition du terme de trois, de sorte que de dire qu'un et deux est égal à trois, c'est dire qu'une chose est égale à elle-même. Pour ce qui est de cet axiome, que le tout est égal à toutes ses parties prises ensemble, Euclide ne s'en sert point expressément. Aussi cet axiome a-t-il besoin de limitation, car il faut ajouter que ces parties ne doivent pas avoir elles-mêmes de partie commune, car 7 et 8 sont parties de 12, mais elles composent plus que 12. Le buste et le tronc pris ensemble sont plus que l'homme, en ce que le thorax est commun à tous les deux. Mais Euclide dit que le tout est plus grand que sa partie, ce qui n'est point sujet à caution. Et dire que le corps est plus grand que le tronc, ne diffère de l'axiome d'Euclide qu'en ce que cet axiome se borne à ce qu'il faut précisément : mais en l'exemplifiant et revêtissant de corps, on fait que l'intelligible devient encore sensible, car dire : un tel tout est plus grand que sa partie telle, c'est en effet la proposition qu'un tout est plus grand que sa partie, mais dont les traits sont chargés de quelque enluminure ou addition ; c'est comme qui dit AB dit A. Ainsi il ne faut point opposer ici l'axiome et l'exemple comme de différentes vérités à cet égard, mais considérer l'axiome comme incorporé dans l'exemple et rendant l'exemple véritable. Autre chose est quand l'évidence ne se remarque pas dans l'exemple même, et que l'affirmation de l'exemple est une conséquence et non seulement une subsomption de la proposition universelle, comme il peut arriver encore à l'égard des axiomes.

PHILALÈTHE. Notre habile auteur dit ici : *Je voudrais bien demander à ces Messieurs, qui prétendent que toute autre connaissance* (qui n'est pas de fait) *dépend des principes généraux innés et évidents par eux-mêmes, de quel principe ils ont besoin pour prouver que deux et deux est quatre ? car on connaît* (selon lui) *la vérité de ces sortes de propositions sans le secours d'aucune preuve. Qu'en dites-vous, Monsieur ?*

THÉOPHILE. Je dis que je vous attendais là bien préparé. Ce

n'est pas une vérité tout à fait immédiate que deux et deux sont quatre, supposé que quatre signifie trois et un. On peut donc la démontrer, et voici comment :

Définitions :
1) Deux est un et un.
2) Trois est deux et un.
3) Quatre est trois et un.

Axiome. Mettant des choses égales à la place, l'égalité demeure.

Démonstration :

2 et 2 est 2 et 1 et 1 (par la déf. 1)	$\overbrace{2+2}$
2 et 1 et 1 est 3 et 1 (par la déf. 2)	$2+\overbrace{1+1}$
3 et 1 est 4 (par la déf. 3)	$\underbrace{3+1}$
	4

Donc (par l'axiome)
2 et 2 est 4. Ce qu'il fallait démontrer.

Je pouvais, au lieu de dire que 2 et 2 est 2 et 1 et 1, mettre que 2 et 2 est égal à 2 et 1 et 1, et ainsi des autres. Mais on le peut sous-entendre partout, pour avoir plus tôt fait ; et cela en vertu d'un autre axiome qui porte qu'une chose est égale à elle-même, ou que ce qui est le même est égal.

PHILALÈTHE. Cette démonstration, quelque peu nécessaire qu'elle soit par rapport à sa conclusion trop connue, sert à montrer comment les vérités ont de la dépendance des définitions et des axiomes. Ainsi je prévois ce que vous répondrez à plusieurs objections qu'on fait contre l'usage des axiomes. On objecte qu'il y aura une multitude innombrable de principes ; mais c'est quand on compte entre les principes les corollaires qui suivent des définitions avec l'aide de quelque axiome. Et puisque les définitions ou idées sont innombrables, les principes le seront aussi dans ce sens, et supposant même avec vous que les principes indémontrables sont les axiomes identiques. Ils deviennent innombrables aussi par l'exemplification, mais dans le fond on peut compter A est A, et B est B pour un même principe revêtu diversement.

THÉOPHILE. De plus cette différence des degrés qu'il y a dans l'évidence fait que je n'accorde point à votre célèbre auteur que toutes ces vérités, qu'on appelle principes, et qui passent pour évidentes par elles-mêmes, parce qu'elles sont si voisines des premiers axiomes indémontrables, sont entièrement indépendantes et incapables de recevoir les unes des autres aucune lumière ni preuve. Car on les peut toujours réduire ou aux axiomes mêmes, ou à d'autres vérités plus voisines des axiomes, comme cette vérité que deux et deux font quatre vous l'a fait voir. Et je viens de vous raconter comment M. Roberval diminuait le nombre des axiomes d'Euclide, en réduisant quelquefois l'un à l'autre.

§ 11. PHILALÈTHE. Cet écrivain judicieux, qui a fourni occasion à nos conférences, accorde que *les maximes ont leur usage*, mais il croit que *c'est plutôt celui de fermer la bouche aux obstinés que d'établir les sciences. Je serais fort aise*, dit-il, *qu'on me montrât quelqu'une de ces sciences bâties sur ces axiomes généraux dont on ne puisse faire voir qu'elle se soutient aussi bien sans axiomes.*

THÉOPHILE. La géométrie est sans doute une de ces sciences. Euclide emploie expressément les axiomes dans les démonstrations, et cet axiome : que deux grandeurs homogènes sont égales lorsque l'une n'est ni plus grande ni plus petite que l'autre, est le fondement des démonstrations d'Euclide et d'Archimède sur la grandeur des curvilignes. Archimède a employé des axiomes dont Euclide n'avait point besoin; par exemple, que de deux lignes dont chacune a sa concavité toujours du même côté, celle qui enferme l'autre est la plus grande. On ne saurait aussi se passer des axiomes identiques en géométrie, comme par exemple du principe de contradiction ou des démonstrations qui mènent à l'impossible. Et quant aux autres axiomes, qui en sont démontrables, on pourrait s'en passer, absolument parlant, et tirer les conclusions immédiatement des identiques et des définitions ; mais la prolixité des démonstrations et les répétitions sans fin où l'on tomberait alors causeraient une confusion horrible, s'il fallait toujours recommencer *ab ovo*[244] : au lieu que supposant les propositions moyennes, déjà démontrées, on passe aisément plus loin. Et cette supposition des vérités déjà connues est utile surtout à l'égard des axiomes, car ils reviennent si souvent que les géomètres sont obligés de s'en servir à tout moment sans les citer ; de sorte qu'on se tromperait de croire qu'ils n'y sont pas parce qu'on ne les voit peut-être pas toujours allégués à la marge.

PHILALÈTHE. Mais il objecte *l'exemple de la théologie. C'est de la révélation* (dit notre auteur) *que nous est venue la connaissance de cette sainte religion, et sans ce secours les maximes n'auraient jamais été capables de nous la faire connaître. La lumière nous vient donc des choses mêmes, ou immédiatement de l'infaillible véracité de Dieu.*

THÉOPHILE. C'est comme si je disais : la médecine est fondée sur l'expérience, donc la raison n'y sert de rien. La théologie chrétienne, qui est la vraie médecine des âmes, est fondée sur la révélation, qui répond à l'expérience ; mais pour en faire un corps accompli, il y faut joindre la théologie naturelle, qui est tirée des axiomes de la raison éternelle. Ce principe même que la véracité est un attribut de Dieu, sur lequel vous reconnaissez que la certitude de la révélation est fondée, n'est-il pas une maxime prise de la théologie naturelle ?

PHILALÈTHE. Notre auteur veut *qu'on distingue entre le moyen d'acquérir la connaissance et celui de l'enseigner, ou bien entre enseigner et communiquer. Après qu'on eut érigé les écoles et établi des professeurs pour enseigner les sciences que d'autres avaient inventées, ces professeurs se sont servis de ces maximes pour imprimer les sciences dans l'esprit de leurs écoliers et pour les convaincre par le moyen des axiomes de quelques vérités particulières ; au lieu que les vérités particulières ont servi aux premiers inventeurs à trouver la vérité sans les maximes générales.*

THÉOPHILE. Je voudrais qu'on nous eût justifié cette procédure prétendue par des exemples de quelques vérités particulières. Mais à bien considérer les choses, on ne la trouvera point pratiquée dans l'établissement des sciences. Et si l'inventeur ne trouve qu'une vérité particulière, il n'est inventeur qu'à demi. Si Pythagore avait seulement observé que le triangle dont les côtés sont 3, 4, 5 a la propriété de l'égalité du carré de l'hypoténuse avec ceux des côtés (c'est-à-dire que 9 + 16 fait 25), aurait-il été inventeur pour cela de cette grande vérité, qui comprend tous les triangles rectangles, et qui est passée en maxime chez les géomètres ? Il est vrai que souvent un exemple, envisagé par hasard, sert d'occasion à un homme ingénieux pour s'aviser de chercher la vérité générale, mais c'est encore une affaire bien souvent que de la trouver ; outre que cette voie d'invention n'est pas la meilleure ni la plus employée chez ceux qui procèdent par ordre et par méthode, et ils ne s'en servent que dans les occasions où de meilleures méthodes se trouvent courtes. C'est comme quelques-uns ont cru qu'Archimède a trouvé la quadrature de la parabole en pesant un morceau de bois taillé paraboliquement, et que cette expérience particulière lui a fait trouver la vérité générale ; mais ceux qui connaissent la pénétration de ce grand homme voient bien qu'il n'avait point besoin d'un tel secours. Cependant quand cette voie empirique des vérités particulières aurait été l'occasion de toutes les découvertes, elle n'aurait pas été suffisante pour les donner ; et les inventeurs mêmes ont été ravis de remarquer les maximes et les vérités générales quand ils ont pu les atteindre, autrement leurs inventions auraient été fort imparfaites. Tout ce qu'on peut donc attribuer aux écoles et aux professeurs, c'est d'avoir recueilli et rangé les maximes et les autres vérités générales : et plût à Dieu qu'on l'eût fait encore davantage et avec plus de soin et de choix, les sciences ne se trouveraient pas si dissipées et si embrouillées. Au reste, j'avoue qu'il y a souvent de la différence entre la méthode dont on se sert pour enseigner les sciences et celle qui les a fait trouver : mais ce n'est pas le point dont il s'agit. Quelquefois, comme j'ai déjà observé, le hasard a donné occasion aux inventions. Si l'on avait remarqué ces occasions et en avait conservé la mémoire à la postérité (ce qui aurait été fort utile), ce détail aurait été une partie très considérable de l'histoire des arts, mais il n'aurait pas été propre à en faire les systèmes. Quelquefois aussi les inventeurs ont procédé raisonnablement à la vérité, mais par de grands circuits. Je trouve qu'en des rencontres d'importance les auteurs auraient rendu service au public s'ils avaient voulu marquer sincèrement dans leurs écrits les traces de leurs essais ; mais si le système de la science devait être fabriqué sur ce pied-là, ce serait comme si dans une maison achevée l'on voulait garder tout l'appareil dont l'architecte a eu besoin pour l'élever. Les bonnes méthodes d'enseigner sont toutes telles que la science aurait pu être trouvée certainement par leur chemin ; et alors si elles ne sont pas empiriques, c'est-à-dire si les vérités sont enseignées par des raisons ou par des preuves tirées des idées, ce sera toujours par axiomes, théorèmes, canons et autres telles propositions générales. Autre chose est quand les vérités sont des **aphorismes**, comme ceux d'Hippocrate [245], c'est-à-dire des vérités de fait ou générales, ou du moins vraies le plus souvent, apprises par l'observation ou fondées en expériences, et dont on n'a pas des raisons tout à fait convaincantes. Mais ce n'est pas de quoi il s'agit ici, car ces vérités ne sont point connues par la liaison des idées.

PHILALÈTHE. Voici la manière par laquelle notre ingénieux auteur conçoit que le besoin des maximes a été introduit. *Les écoles ayant établi la* **dispute** *comme la pierre de touche de l'habileté des gens, elles adjugeaient la victoire à celui à qui le champ de bataille demeurait et qui parlait le dernier. Mais pour donner moyen de convaincre les opiniâtres, il fallait établir les maximes.*

THÉOPHILE. Les écoles de philosophie auraient mieux fait sans doute de joindre la pratique à la théorie, comme font les écoles de médecine, de chimie et de mathématique ; et de donner le prix à celui qui aurait le mieux fait, surtout en morale, plutôt qu'à celui qui aurait le mieux parlé. Cependant comme il y a des matières où le discours même est un effet et quelquefois le seul effet et chef-d'œuvre qui peut faire connaître l'habileté d'un homme, comme dans les matières métaphysiques, on a eu raison en quelques rencontres de juger de l'habileté des gens par le succès qu'ils ont eu dans les conférences. L'on sait même qu'au commencement de la *Réformation* les protestants ont provoqué leurs adversaires à venir à des colloques et disputes, et quelquefois sur le succès de ces disputes le public a conclu pour la Réforme. L'on sait aussi combien l'art de parler et de donner du jour et de la force aux raisons, et si l'on le peut appeler ainsi, l'art de disputer, peut dans un Conseil d'Etat et de guerre, dans une cour de justice, dans une consultation de médecine, et même dans une conversation. Et l'on est obligé de recourir à ce moyen et de se contenter de paroles au lieu de faits dans ces rencontres, par cette raison même qu'il s'agit alors d'un événement ou fait futur, où il serait trop tard d'apprendre la vérité par l'effet. Ainsi l'art de disputer ou de combattre par raisons (où je comprends ici l'allégation des autorités et des exemples) est très grand et très important ; mais par malheur il est fort mal réglé, et c'est aussi pour cela que souvent on ne conclut rien, ou qu'on conclut mal. C'est pourquoi j'ai eu plus d'une fois le dessein de faire des remarques sur les colloques des théologiens dont nous avons des relations, pour montrer les défauts qui s'y peuvent remarquer, et les remèdes qu'on y pourrait employer. Dans des consultations sur les affaires, si ceux qui ont le plus de pouvoir n'ont pas l'esprit fort solide, l'autorité ou l'éloquence l'emportent ordinairement quand elles sont bandées contre la vérité. En un mot l'art de conférer et disputer aurait besoin d'être tout refondu. Pour ce qui est de l'avantage de celui qui parle le dernier, il n'a presque lieu que dans les conversations libres ; car dans les conseils, les suffrages ou votes vont par ordre, soit qu'on commence ou qu'on finisse par le dernier en rang. Il est vrai que c'est ordinairement au président de commencer et de finir, c'est-à-dire de proposer et de conclure ; mais il conclut selon la pluralité des voix. Et dans les disputes académiques, c'est le répondant ou le soutenant qui parle le dernier, et le champ de bataille lui demeure presque toujours pas une coutume établie. Il s'agit de le tenter, et non pas de le confondre ; autrement ce serait agir en ennemi. Et pour dire le vrai, il n'est presque point question de la vérité dans ces rencontres ; aussi soutient-on en différents temps des thèses opposées dans la même chaire. On montra à Casaubon [246] la salle de la Sorbonne, et on lui dit : Voici un lieu où l'on a disputé durant tant de siècles ; il répondit : Qu'y a-t-on conclu ?

PHILALETHE. *On a pourtant voulu empêcher que la dispute n'allât à l'infini, et faire qu'il y eût moyen de décider entre deux combattants également experts, afin qu'elle n'engageât dans une suite infinie de syllogismes. Et ce moyen a été d'introduire certaines propositions générales, la plupart évidentes par elles-mêmes, et qui, étant de nature à être reçues de tous les hommes avec un entier consentement, devaient être considérées comme des mesures générales de la vérité et tenir lieu de principes (lorsque les disputants n'en avaient posé d'autres), au-delà desquels on ne pouvait point aller et auxquels on serait obligé de se tenir de part et d'autre. Ainsi, ces maximes ayant reçu le nom de principes qu'on ne pouvait point nier dans la dispute et qui terminaient la question, on les prit par erreur* (selon mon auteur) *pour la source des connaissances et pour les fondements des sciences.*

THÉOPHILE. Plût à Dieu qu'on en usât de la sorte dans les disputes, il n'y aurait rien à redire ; car on déciderait quelque chose. Et que pourrait-on faire de meilleur que de réduire la controverse, c'est-à-dire les vérités contestées, à des vérités évidentes et incontestables ? ne serait-ce pas les établir d'une manière démonstrative ? Et qui peut douter que ces principes qui finiraient les disputes en établissant la vérité ne seraient en même temps les sources des connaissances ? Car pourvu que le raisonnement soit bon, il n'importe qu'on le fasse tacitement dans son cabinet, ou qu'on l'étale publiquement en chaire. Et quand même ces principes seraient plutôt des demandes que des axiomes, prenant les demandes non pas comme Euclide, mais comme Aristote, c'est-à-dire comme des suppositions qu'on veut accorder, en attendant qu'il y ait lieu de les prouver, ces principes auraient toujours cet usage que par ce moyen toutes les autres questions seraient réduites à un petit nombre de propositions. Ainsi je suis le plus surpris du monde de voir blâmer une chose louable par je ne sais quelle prévention, dont on voit bien par l'exemple de votre auteur que les plus habiles hommes sont susceptibles faute d'attention. Par malheur on fait tout autre chose dans les disputes académiques. Au lieu d'établir des axiomes généraux, on fait tout ce qu'on peut pour les affaiblir par des distinctions [vagues] et peu entendues, et l'on se plaît à employer certaines règles philosophiques, dont il y a de grands livres tout pleins, mais qui sont peu sûres et peu déterminées, et qu'on a le plaisir d'éluder en les distinguant. Ce n'est pas le moyen de terminer les disputes, mais de les rendre infinies et de lasser enfin l'adversaire.

Et c'est comme si on le menait dans un lieu obscur, où l'on frappe à tort et à travers et où personne ne peut juger des coups. Cette invention est admirable pour les soutenants (*respondentes*), qui se sont engagés à soutenir certaines thèses. C'est un bouclier de Vulcain, qui les rend invulnérables ; c'est *Orci galea*[247], le heaume de Pluton, qui les rend invisibles. Il faut qu'ils soient bien malhabiles ou bien malheureux, si avec cela on les peut attraper. Il est vrai qu'il y a des règles, qui ont des exceptions, surtout dans les questions où il entre beaucoup de circonstances, comme dans la jurisprudence. Mais pour en rendre l'usage sûr, il faut que ces exceptions soient déterminées en nombre et en sens, autant qu'il est possible : et alors il peut arriver que l'exception ait elle-même ses sous-exceptions, c'est-à-dire ses réplications, et que la réplication ait des duplications, etc., mais au bout du compte, il faut que toutes ces exceptions et sous-exceptions, bien déterminées, jointes avec la règle, achèvent l'universalité. C'est de quoi la jurisprudence fournit des exemples très remarquables. Mais si ces sortes de règles, chargées d'exceptions et sous-exceptions, devaient entrer dans les disputes académiques, il faudrait toujours disputer la plume à la main, en tenant comme un protocole de ce qui se dit de part et d'autre. Et cela serait encore nécessaire d'ailleurs, en disputant constamment en forme par plusieurs syllogismes [et prosyllogismes et proprosyllogismes], mêlés de temps en temps de distinctions, où la meilleure mémoire du monde se doit confondre. Mais on n'a garde de se donner cette peine, de pousser assez les syllogismes en forme et de les enregistrer pour découvrir la vérité quand elle est sans récompense, et l'on n'en viendrait pas même à bout quand on voudrait, à moins que les distinctions ne soient exclues ou mieux réglées.

PHILALÈTHE. *Il est pourtant vrai*, comme notre auteur l'observe, *que la méthode de l'École, ayant été introduite encore dans les conversations hors des écoles, pour fermer aussi la bouche aux chicaneurs, y a fait un méchant effet. Car pourvu qu'on ait les idées moyennes, on en peut voir la liaison sans les secours des maximes et avant qu'elles aient été produites, et cela suffirait pour des gens sincères et traitables. Mais, la méthode des écoles ayant autorisé et encouragé les hommes à s'opposer et à résister à des vérités évidentes jusqu'à ce qu'ils soient réduits à se contredire, ou à combattre des principes établis, il ne faut point s'étonner que dans la conversation ordinaire ils n'aient pas honte de faire ce qui est un sujet de gloire et passe pour vertu dans les écoles. L'auteur ajoute que des gens raisonnables, répandus dans le reste du monde, qui n'ont pas été corrompus par l'éducation, auront bien de la peine à croire qu'une telle méthode ait jamais été suivie par des personnes qui font profession d'aimer la vérité et qui passent leur vie à étudier la religion ou la nature. Je n'examinerai point ici* (dit-il) *combien cette manière d'instruire est propre à détourner l'esprit des jeunes gens de l'amour et d'une recherche sincère de la vérité, ou plutôt à les faire douter s'il y a effectivement quelque vérité dans le monde, ou du moins qui mérite qu'on s'y attache. Mais ce que je crois fortement* (ajoute-t-il), *c'est qu'excepté les lieux qui ont admis la philosophie péripatéticienne dans leurs écoles, où elle a régné plusieurs siècles sans enseigner autre chose au monde que l'art de disputer, on n'a regardé nulle part ces maximes comme les fondements des sciences et comme des secours importants pour avancer dans la connaissance des choses.*

THÉOPHILE. Votre habile auteur veut que les écoles seules soient portées à former des maximes ; et cependant c'est l'instinct général et très raisonnable du genre humain. Vous le pouvez juger par les proverbes qui sont en usage chez toutes nations, et qui ne sont ordinairement que des maximes dont le public est convenu. Cependant, quand des personnes de jugement prononcent quelque chose qui nous paraît contraire à la vérité, il faut leur rendre la justice de soupçonner qu'il y a plus de défaut dans leurs expressions que dans leurs sentiments : c'est ce qui se confirme ici dans notre auteur, dont je commence à entrevoir le motif qui l'anime contre les maximes. C'est qu'effectivement dans les discours ordinaires, où il ne s'agit point de s'exercer comme dans les écoles, c'est chicaner que de vouloir être convaincu pour se rendre ; d'ailleurs, le plus souvent on y a meilleure grâce de supprimer les majeures qui s'entendent et de se contenter des enthymèmes, et même sans former des prémisses il suffit souvent de mettre le simple *medius terminus* ou l'idée moyenne, l'esprit en comprenant assez la liaison sans qu'on l'exprime. Et cela va bien quand cette liaison est incontestable ; mais vous m'avouerez aussi, Monsieur, qu'il arrive souvent qu'on va trop vite à la supposer, et qu'il en naît des paralogismes, de sorte qu'il vaudrait mieux bien souvent d'avoir égard à la sûreté, en s'exprimant, que de lui préférer la brièveté et l'élégance. Cependant la prévention de votre auteur contre les maximes la fait rejeter tout à fait leur utilité pour l'établissement de la vérité et va jusqu'à les rendre complices des désordres de la conversation. Il est vrai que les jeunes gens qui se sont accoutumés aux exercices académiques, où l'on s'occupe un peu trop à s'exercer et pas assez à tirer de l'exercice le plus grand fruit qu'il doit avoir, qui est la connaissance, ont de la peine à s'en défaire dans le monde. Et une de leurs chicanes est de ne vouloir point se rendre à la vérité que lorsqu'on la leur a rendue tout à fait palpable, quoique la sincérité et même la civilité les dût obliger de ne pas attendre ces extrémités, qui les font devenir incommodes et en donnent mauvaise opinion. Et il faut avouer que c'est un vice dont les gens de lettres se trouvent souvent infectés. Cependant la faute n'est pas de vouloir réduire les vérités aux maximes, mais de le vouloir faire à contretemps et sans besoin, car l'esprit humain envisage beaucoup tout d'un coup et c'est le gêner que de le vouloir obliger à s'arrêter à chaque pas qu'il fait et à exprimer tout ce qu'il pense. C'est justement comme si en faisant son compte avec un marchand ou avec un hôte, on le voulait obliger de tout compter avec les doigts pour en être plus sûr. Et pour demander cela, il faudrait être ou stupide ou capricieux. En effet quelquefois on trouve que Pétrone a eu raison de dire *adolescentes in scholis stultissimos fieri*[248], que les jeunes gens deviennent stupides et même écervelés quelquefois dans les lieux qui devraient être les écoles de la sagesse ; *corruptio optimi pessima*[249]. Mais encore plus souvent ils deviennent vains, brouillons et brouillés, capricieux, incommodes, et cela dépend souvent de l'humeur des maîtres qu'ils ont. Au reste je trouve qu'il y a des fautes bien plus grandes dans la conversation que celle de demander trop de clarté. Car ordinairement on tombe dans le vice opposé et l'on n'en donne ou n'en demande pas assez. Si l'un est incommode, l'autre est dommageable et dangereux.

§ 12. PHILALÈTHE. *L'usage des maximes l'est aussi quelquefois, quand on les attache à des notions fausses, vagues et incertaines ; car alors les maximes servent à nous confirmer dans nos erreurs, et même à prouver des contradictions. Par exemple, celui qui avec Descartes se forme une idée de ce qu'il appelle* corps *comme d'une chose qui n'est qu'étendue peut démontrer aisément par cette maxime,* ce qui est, est, *qu'il n'y a point de vide, c'est-à-dire d'espace sans corps. Car il connaît sa propre idée, il connaît qu'elle est ce qu'elle est et non une autre idée ; ainsi étendue, corps et espace étant chez lui trois mots qui signifient une même chose, il lui est aussi véritable de dire que l'espace est corps que de dire que le corps est corps.* § 13. *Mais un autre, à qui corps signifie un étendu solide, conclura de la même façon que de dire que l'espace n'est pas corps est aussi sûr qu'aucune proposition qu'on puisse prouver par cette maxime :* il est impossible qu'une chose soit et ne soit pas en même temps.

THÉOPHILE. Le mauvais usage des maximes ne doit pas faire blâmer leur usage en général ; toutes les vérités sont sujettes à cet inconvénient, qu'en les joignant à des faussetés, on peut conclure faux, ou même les contradictoires. Et dans cet exemple, on n'a guère besoin de ces axiomes identiques à qui l'on impute la cause de l'erreur et de la contradiction. Cela se verrait si l'argument de ceux qui concluent de leurs définitions que l'espace est corps, ou que l'espace n'est point corps, était réduit en forme. Il y a même quelque chose de trop dans cette conséquence : le corps est étendu et solide, donc l'extension, c'est-à-dire l'étendu n'est point corps, et l'étendue n'est point chose corporelle : car j'ai déjà remarqué qu'il y a des expressions superflues des idées, qui ne multiplient point les choses, comme si quelqu'un disait : Par *triquetrum* j'entends un triangle trilatéral, et conclurait de là que tout trilatéral n'est pas triangle. Ainsi un cartésien pourra dire que l'idée de l'étendu solide est de cette même nature, c'est-à-dire qu'il y a du superflu ; comme en effet, prenant l'étendue pour quelque chose de substantiel, toute étendue sera solide, ou bien toute étendue sera corporelle. Pour ce qui est du vide, un cartésien aura droit de conclure de son idée ou façon d'idée qu'il n'y en a point, supposé que son idée soit bonne ; mais un autre n'aura point raison de conclure d'abord de la sienne qu'il en peut avoir, comme en effet, quoique je ne sois pas pour l'opinion cartésienne, je crois pourtant qu'il n'y a point de vide, et je trouve qu'on fait dans cet exemple un plus mauvais usage des idées que des maximes.

§ 15. PHILALÈTHE. Au moins il semble que, *tel usage qu'on voudra faire des maximes dans les propositions verbales, elles ne nous sauraient donner la moindre connaissance sur les substances qui existent hors de nous.*

THÉOPHILE. Je suis tout d'un autre sentiment. Par exemple cette maxime, que la nature agit par les plus courtes voies, ou du moins par les plus déterminées, suffit seule pour rendre raison presque de toute l'optique, catoptrique et dioptrique, c'est-à-dire de ce qui se passe hors de nous dans les actions de la lumière, comme je l'ai montré autrefois, et M. Molineux l'a fort approuvé dans sa *Dioptrique*, qui est un très bon livre [250].

PHILALÈTHE. *On prétend pourtant que lorsqu'on se sert des principes identiques pour prouver des propositions où il y a des mots qui signifient des idées composées comme* homme, *ou* vertu, *leur usage est extrêmement dangereux et engage les hommes à regarder ou à recevoir la fausseté comme une vérité manifeste. Et que c'est parce que les hommes croient que, lorsqu'on retient les mêmes termes, les propositions roulent sur les mêmes choses, quoique les idées que ces termes signifient soient différentes ; de sorte que, les hommes prenant les mots pour les choses, comme ils le font ordinairement, ces maximes servent communément à prouver des propositions contradictoires.*

THÉOPHILE. Quelle injustice de blâmer les pauvres maximes de ce qui doit être imputé au mauvais usage des termes et à leurs équivocations ! Pour la même raison on blâmera les syllogismes, parce qu'on conclut mal, lorsque les termes sont équivoques. Mais le syllogisme en est innocent, parce qu'en effet il y a quatre termes alors contre les règles des syllogismes. Par la même raison, on blâmerait aussi le calcul des arithméticiens ou des algébristes, parce qu'en mettant X pour V, ou en prenant *a* pour *b*, par mégarde, l'on en tirera des conclusions fausses et contradictoires.

§ 19. PHILALÈTHE. *Je croirais pour le moins que les maximes sont peu utiles quand on a des idées claires et distinctes ; et d'autres veulent même qu'alors elles ne sont absolument de nul usage, et prétendent que quiconque, dans ces rencontres, ne peut pas discerner la vérité et la fausseté sans ces sortes de maximes ne pourra le faire par leur entremise ; et notre auteur (§ 16, 17) fait même voir qu'elles ne servent point à décider si un tel est homme ou non.*

THÉOPHILE. Si les vérités sont fort simples et évidentes et fort proches des identiques et des définitions, on n'a guère besoin d'employer expressément des maximes pour en tirer ces vérités, car l'esprit les emploie virtuellement et fait sa conclusion tout d'un coup sans entrepôts. Mais sans les axiomes et les théorèmes déjà connus, les mathématiciens auraient bien de la peine à avancer ; car dans les longues conséquences, il est bon de s'arrêter de temps en temps et de se faire comme des colonnes militaires au milieu du chemin, qui serviront encore aux autres à le marquer. Sans cela, ces longs chemins seront trop incommodes et paraîtront même confus et obscurs, sans qu'on y puisse rien discerner et relever que l'endroit où l'on est. C'est aller sur mer sans compas dans une nuit obscure sans voir fond, ni rive, ni étoiles ; [ou] c'est marcher dans de vastes landes, où il n'y a ni arbres, ni collines, ni ruisseaux ; c'est aussi comme une chaîne à anneaux, destinée à mesurer des longueurs, où il y aurait quelques centaines d'anneaux semblables entre eux tout de suite, sans une distinction de chapelet, ou de plus gros grains, ou de plus grands anneaux ou d'autres divisions qui pourraient marquer les pieds, les toises, les perches, etc. L'esprit qui aime l'unité dans la multitude joint donc ensemble quelques-unes des conséquences pour en former des conclusions moyennes et c'est l'usage des maximes et des théorèmes. Par ce moyen il y a plus de plaisir, plus de lumière, plus de souvenir, plus d'application et moins de répétition. Si quelque analyste ne voulait point supposer, en calculant ces deux maximes géométriques, que le carré de l'hypoténuse est égal aux deux carrés des côtés de l'angle droit, et que les côtés correspondants des triangles semblables sont proportionnels, s'imaginant que parce qu'on a la démonstration de ces deux théorèmes par la liaison des idées qu'ils enferment, il pourrait s'en passer aisément en mettant les idées mêmes à leur place, il se trouvera fort éloigné de son compte. Mais afin que vous ne pensiez pas, Monsieur, que le bon usage de ces maximes est resserré dans les bornes des seules sciences mathématiques, vous trouverez qu'il n'est pas moindre dans la jurisprudence, et un des principaux moyens de la rendre plus facile et d'en envisager le vaste océan comme dans une carte de géographie, c'est de réduire quantité de décisions particulières à des principes plus généraux. Par exemple, on trouvera que quantité de lois, de digestes, d'actions ou d'exceptions, de celles qu'on appelle *in factum*[251], dépendent de cette maxime : *ne quis alterius damno fiat locupletior*, qu'il ne faut pas que l'un profite du dommage qui en arriverait à l'autre, ce qu'il faudrait pourtant exprimer un peu plus précisément. Il est vrai qu'il y a une grande distinction à faire entre les règles de droit. Je parle des bonnes et non de certains brocards (*brocardica*[252]) introduits par les docteurs, qui sont vagues et obscurs; quoique ces règles encore pourraient devenir souvent bonnes et utiles si on les réformait, au lieu qu'avec leurs distinctions infinies (*cum suis fallentiis*) elles ne servent qu'à embrouiller. Or les bonnes règles sont ou des aphorismes, ou des maximes, et sous les maximes, je comprends tant axiomes que théorèmes. Si ce sont des **aphorismes**, qui se forment par induction et observation et non par raison *a priori*, et que les habiles gens ont fabriqués après une revue du droit établi, ce texte du jurisconsulte[253]... dans le titre des digestes, qui parle des règles de droit, a lieu : *non ex regula jus sumi, sed ex jure quod est regulam fieri*, c'est-à-dire qu'on tire des règles d'un droit déjà connu, pour s'en mieux souvenir, mais qu'on n'établit pas le droit sur ces règles. Mais il y a des **maximes fondamentales** qui constituent le droit même et forment les actions, exceptions, réplications, etc. qui lorsqu'elles sont enseignées par la pure raison et ne viennent pas du pouvoir arbitraire de l'Etat, constituent le droit naturel, et telle est la règle dont je viens de parler qui défend le profit dommageable. Il y a aussi des règles dont les exceptions sont rares et par conséquent qui passent pour universelles. Telle est la règle des Institutions de l'empereur Justinien dans le § 2 du titre des Actions, qui porte que, lorsqu'il s'agit des choses corporelles, l'acteur ne possède point, excepté dans un seul cas, que l'empereur dit être marqué dans les digestes. Mais on est encore après pour le chercher. Il est vrai que quelques-uns, au lieu de *sane uno casu*, lisent : *sane non uno*[254]. Et d'un cas on peut faire plusieurs quelquefois. Chez les médecins, feu M. Barner[255], qui nous avait fait espérer un *nouveau Sennertus* ou système de médecine accommodé aux nouvelles découvertes ou opinions, en nous donnant son *Prodromus*, avance que la manière que les médecins observent ordinairement dans leurs systèmes de pratique est d'expliquer l'art de guérir, en traitant d'une maladie après l'autre, suivant l'ordre des parties du corps humain ou autrement, sans avoir donné des préceptes de pratique universels, communs à plusieurs maladies et symptômes, et que cela les engage à une infinité de répétitions ; en sorte qu'on pourrait retrancher, selon lui, les trois quarts de Sennertus et abréger la science infiniment par des propositions générales et surtout par celles à qui convient le καθόλου πρῶτον d'Aristote, c'est-à-dire qui sont réciproques, ou y approchent. Je crois qu'il a raison de conseiller cette méthode, surtout à l'égard des préceptes, où la médecine est ratiocinative ; mais à proportion qu'elle est empirique, il n'est pas si aisé ni si sûr de former des propositions universelles. Et de plus, il y a ordinairement des complications dans les maladies particulières, qui forment comme une imitation des substances, tellement qu'une maladie est comme une plante ou un animal, qui demande une histoire à part, c'est-à-dire : ce sont des modes ou façons d'être, à qui convient ce que nous avons dit des corps ou choses substantielles, une fièvre quarte étant aussi difficile à approfondir que l'or ou le vif-argent. Ainsi il est bon, nonobstant les préceptes universels, de chercher dans les espèces des maladies des méthodes de guérir et des remèdes qui satisfont à plusieurs indications et concours de causes ensemble, et surtout de recueillir ceux que l'expérience [y] a autorisés. Ce que Sennertus n'a pas assez fait, car des habiles gens ont remarqué que les compositions des recettes qu'il propose sont souvent plus formées *ex ingenio*, par estime, qu'autorisées par l'expérience, comme il le faudrait pour être plus sûr de son fait. Je crois donc que le meilleur sera de joindre les deux voies et de ne pas se plaindre des répétitions dans une matière si délicate et si importante comme est la médecine, où je trouve qu'il nous manque ce que nous avons de trop à mon avis dans la jurisprudence, c'est-à-dire des livres des cas particuliers et des répertoires de ce qui a déjà été observé. Car je crois que la millième partie des livres des jurisconsultes nous suffirait, mais que nous n'aurions rien de trop en matière de médecine si nous avions mille fois plus d'observations bien circonstanciées. C'est que la jurisprudence est toute fondée en raisons à l'égard de ce qui n'est pas expressément marqué par les lois ou par les coutumes. Car on le peut toujours tirer ou de la loi ou du droit naturel au défaut de la loi, par le moyen de la raison. Et les lois de chaque pays sont finies et déterminées, ou peuvent le devenir ; au lieu qu'en médecine les principes d'expérience, c'est-à-dire les observations, ne sauraient être trop multipliées, pour donner plus d'occasion à la raison de déchiffrer ce que la nature ne nous donne à connaître qu'à demi. Au reste je ne sache personne qui emploie les axiomes de la manière que l'auteur habile dont vous parlez le fait faire (§ 16, 17), comme si quelqu'un, pour démontrer à un enfant qu'un Nègre est un homme, se servait du principe : ce qui est, est, en disant : un Nègre a l'âme raisonnable : or l'âme raisonnable et l'homme est la même chose, et par conséquent si, ayant l'âme raisonnable, il n'était pas homme, il serait faux que ce qui est, est, ou bien une même chose serait et ne serait pas en même temps. Car sans employer ces maximes, qui ne sont point de saison ici et n'entrent pas directement dans le raisonnement, comme aussi elles n'y avancent rien, tout le monde se contentera de raisonner ainsi : un Nègre a l'âme raisonnable, quiconque a l'âme raisonnable est homme, donc le Nègre est homme. Et si quelqu'un prévenu qu'il n'y a point d'âme raisonnable quand elle ne nous paraît point, concluait que les enfants qui ne viennent que de naître et les imbéciles ne sont point de l'espèce humaine (comme en effet l'auteur rapporte d'avoir discouru avec des personnes fort raisonnables qui le niaient), je ne crois point que le mauvais usage de la maxime qu'il est impossible qu'une [même] chose soit et ne soit pas les séduirait, ni qu'ils y pensent même en faisant ce raisonnement. La source de leur erreur serait une extension du principe de notre auteur, qui nie qu'il y a quelque chose dans l'âme dont elle ne s'aperçoit pas, au lieu que ces Messieurs iraient jusqu'à nier l'âme même, lorsque d'autres ne l'aperçoivent point.

CHAPITRE VIII

DES PROPOSITIONS FRIVOLES

PHILALÈTHE. Je crois bien que les personnes raisonnables n'ont garde d'employer les axiomes identiques de la manière dont nous venons de parler. § 2. Aussi semble-t-il que ces maximes purement identiques ne sont que des propositions frivoles ou *nugatoriae*, comme les écoles même les appellent. Et je ne me contenterais pas de dire que cela semble ainsi, si votre surprenant exemple de la démonstration de la conversion par l'entremise des identiques ne me faisait aller bride en main dorénavant lorsqu'il s'agit de mépriser quelque chose. Cependant je vous rapporterai ce qu'on allègue pour les déclarer frivoles entièrement. C'est, § 3, qu'on reconnaît à la première vue qu'elles ne renferment aucune instruction, si ce n'est pour faire voir quelquefois à un homme l'absurdité où il s'est engagé.

THÉOPHILE. Comptez-vous cela pour rien, Monsieur, et ne reconnaissez-vous pas que réduire une proposition à l'absurdité, c'est démontrer sa contradictoire ? Je crois bien qu'on n'instruira pas un homme en lui disant qu'il ne doit pas nier et affirmer le même en même temps, mais on l'instruit en lui montrant par la force des conséquences qu'il le fait sans y penser. Il est difficile à mon avis de se passer toujours de ces démonstrations apagogiques, c'est-à-dire qui réduisent à l'absurdité, et de tout prouver par les ostensives, comme on les appelle ; et les géomètres, qui sont fort curieux là-dessus, l'expérimentent assez. Proclus le remarque de temps en temps, lorsqu'il voit que certains géomètres anciens, venus après Euclide, ont trouvé une démonstration plus directe (comme on le croit) que la sienne. Mais le silence de cet ancien commentateur fait assez voir qu'on ne l'a point fait toujours.

§ 3. PHILALÈTHE. Au moins avouerez-vous, Monsieur, qu'on peut former un million de propositions à peu de frais, mais aussi fort peu utiles ; car n'est-il pas frivole de remarquer, par exemple, que l'huître est l'huître et qu'il est faux de le nier, ou de dire que l'huître n'est point l'huître ? Sur quoi notre auteur dit agréablement qu'un homme qui ferait de cette huître tantôt le sujet, tantôt l'attribut ou le *predicatum, serait justement comme un singe qui s'amuserait à jeter une huître d'une main à l'autre, ce qui pourrait tout aussi bien satisfaire la faim du singe que ces propositions sont capables de satisfaire l'entendement de l'homme.*

THÉOPHILE. Je trouve que cet auteur, aussi plein d'esprit que doué de jugement, a toutes les raisons du monde de parler contre ceux qui en useraient ainsi. Mais vous voyez bien comment il faut employer les identiques pour les rendre utiles ; c'est en montrant à force de conséquences et de définitions que d'autres vérités, qu'on veut établir, s'y réduisent.

§ 4. PHILALÈTHE. Je le reconnais et je vois bien qu'on le peut appliquer à plus forte raison aux *propositions qui paraissent frivoles et le sont en bien des occasions, où une partie de l'idée complexe est affirmée de l'objet de cette idée, comme en disant : le plomb est un métal ; dans l'esprit d'un homme qui connaît la signification de ces termes et qui sait que le plomb signifie un corps fort pesant, fusible et malléable, il y a ce seul usage qu'en disant métal, on lui désigne tout d'un coup plusieurs des idées simples, au lieu de les lui compter une à une.* § 5. *Il en est de même lorsqu'une partie de la définition est affirmée du terme défini ; comme en disant : tout or est fusible, supposé qu'on a défini l'or, que c'est un corps jaune, pesant, fusible et malléable. Item de dire que le triangle a trois côtés, que l'homme est un animal, qu'un palefroi (vieux français) est un animal qui hennit, ce qui sert pour définir les mots, et non pas pour apprendre quelque chose outre la définition. Mais on nous apprend quelque chose en disant que l'homme a une notion de Dieu, et que l'opium le plonge dans le sommeil.*

THÉOPHILE. Outre ce que j'ai dit des identiques, qui le sont entièrement, on trouvera que ces identiques à demi ont encore une utilité particulière. Par exemple : un homme sage est toujours un homme ; cela donne à connaître qu'il n'est pas infaillible, qu'il est mortel, etc. Quelqu'un a besoin dans le danger d'une balle de pistolet, et manque de plomb pour en fondre dans la forme qu'il a ; un ami lui dit : Souvenez-vous que l'argent que vous avez dans votre bourse est fusible ; cet ami ne lui apprendra point une qualité de l'argent, mais il le fera penser à un usage qu'il en peut faire, pour avoir des balles à pistolet dans ce pressant besoin. Une bonne partie des vérités morales et des plus belles sentences des auteurs est de cette nature : elles n'apprennent rien bien souvent, mais elles font penser à propos à ce que l'on sait. Ce ïambe sénaire de la tragédie latine :

cuivis potest accidere, quod cuiquam potest[256],

qu'on pourrait exprimer ainsi, quoique moins joliment : ce qui peut arriver à l'un peut arriver à un chacun, ne fait que nous faire souvenir de la condition humaine, *quod nihil humani a nobis alienum putare debemus*[257]. Cette règle des jurisconsultes : *qui jure suo utitur, nemini facit injuriam* (celui qui use de son droit ne fait tort à personne) paraît frivole. Cependant elle a un usage fort bon en certaines rencontres et y fait penser justement à ce qu'il faut. Comme si quelqu'un haussait sa maison, autant qu'il est permis par les statuts et usances, et qu'ainsi il ôtait quelque vue à un voisin, on paierait ce voisin d'abord de cette même règle de droit, s'il s'avisait de se plaindre. Au reste les propositions de fait, ou les expériences, comme celle qui dit que l'opium est narcotique, nous mènent plus loin que les vérités de la pure raison, qui ne nous peuvent jamais faire aller au-delà de ce qui est dans nos idées distinctes. Pour ce qui est de cette proposition, que tout homme a une notion de Dieu, elle est de la raison, quand notion signifie idée. Car l'idée de Dieu selon moi est innée dans tous les hommes : mais si cette notion signifie une idée où l'on pense actuellement, c'est une proposition de fait, qui dépend de l'histoire du genre humain. § 7. Enfin, dire qu'un triangle a trois côtés, cela n'est pas si identique qu'il semble, car il faut un peu d'attention pour voir qu'un polygone doit avoir autant d'angles que de côtés ; aussi y aurait-il un côté de plus, si le polygone n'était point supposé fermé.

§ 9. PHILALÈTHE. *Il semble que les propositions générales qu'on forme sur les substances sont pour la plupart frivoles, si elles sont certaines. Et qui sait les significations des mots : substance, homme, animal, forme, âme végétative, sensitive, raisonnable, en formera plusieurs propositions indubitables, mais inutiles, particulièrement sur l'âme, dont on parle souvent sans savoir ce qu'elle est réellement. Chacun peut voir une infinité de propositions, de raisonnements et de conclusions de cette nature dans les livres de métaphysique, de théologie scolastique, et d'une certaine espèce de physique, dont la lecture ne lui apprendra rien de plus de Dieu, des esprits et des corps que ce qu'il en savait avant que d'avoir parcouru ces livres.*

THÉOPHILE. Il est vrai que les abrégés de métaphysique et tels autres livres de cette trempe, qui se voient communément, n'apprennent que des mots. De dire, par exemple, que la métaphysique est la science de l'être en général, qui en explique les principes et les affections qui en émanent ; que les principes de l'être sont l'essence et l'existence ; et que les affections sont ou primitives, savoir l'un, le vrai, le bon, ou dérivatives, savoir le même et divers, le simple et le composé, etc., et, en parlant de chacun de ces termes, ne donner que des notions vagues, et des distinctions de mots, c'est bien abuser du nom de science. Cependant il faut rendre cette justice aux scolastiques plus profonds, comme Suarès[258] (dont Grotius faisait si grand cas), de reconnaître qu'il y a quelquefois chez eux des discussions considérables, comme sur le continuum, sur l'infini, sur la contingence, sur la réalité des abstraits, sur le principe de l'individuation, sur l'origine et le vide des formes, sur l'âme et sur ses facultés, sur le concours de Dieu avec les créatures, etc., et même en morale, sur la nature de la volonté et sur les principes de la justice ; en un mot, il faut avouer qu'il y a encore de l'or dans ces scories, mais il n'y a que des personnes éclairées qui en puissent profiter ; et de charger la jeunesse d'un fatras d'inutilités, parce qu'il y a quelque chose de bon par-ci par-là, ce serait mal ménager la plus précieuse de toutes les choses, qui est le temps. Au reste nous ne sommes pas tout à fait dépourvus de propositions générales sur les substances, qui soient certaines, et qui méritent d'être sues : il y a de grandes et belles vérités sur Dieu et sur l'âme, que notre habile auteur a enseignées ou de son chef ou en partie après d'autres. Nous y avons peut-être ajouté quelque chose aussi. Et quant aux connaissances générales touchant les corps, on en ajoute d'assez considérables à celles qu'Aristote avait laissées, et l'on doit dire que la physique, même la générale, est devenue bien plus réelle qu'elle n'était auparavant. Et quant à la métaphysique réelle, nous commençons quasi à l'établir, et nous trouvons des vérités importantes fondées en raison et confirmées par l'expérience, qui appartiennent aux substances en général. J'espère aussi d'avoir avancé un peu la connaissance générale de l'âme et des esprits. Une telle métaphysique est ce qu'Aristote demandait, c'est la science qui s'appelle chez lui Ζητουμένη, la désirée[259], ou qu'il cherchait, qui doit être à l'égard des autres sciences théorétiques ce que la science de la félicité est aux arts dont elle a besoin et ce que l'architecte est aux ouvriers. C'est pourquoi Aristote disait que les autres sciences dépendent de la métaphysique comme de la plus générale et en devaient emprunter leurs principes, démontrés chez elle. Aussi faut-il savoir que la vraie morale est à la métaphysique ce que la pratique est à la théorie, parce que de la doctrine des substances en commun dépend la connaissance des esprits et particulièrement de Dieu et de l'âme, qui donne une juste étendue à la justice et à la vertu. Car comme j'ai remarqué ailleurs, s'il n'y avait ni providence ni vie future, le sage serait plus borné dans les pratiques de la vertu, car il ne rapporterait tout qu'à son contentement présent et même ce contentement, qui paraît déjà chez Socrate, chez l'empereur Marc-Antonin, chez Epictète et autres Anciens, ne serait pas si bien fondé toujours sans ces belles et grandes vues que l'ordre et l'harmonie de l'univers nous ouvrent jusque dans un avenir sans bornes ; autrement la tranquillité de l'âme ne sera que ce qu'on appelle patience par force, de sorte qu'on peut dire que la théologie naturelle, comprenant deux parties, la théorétique et la pratique, contient tout à la fois la métaphysique réelle et la morale la plus parfaite.

§ 12. PHILALÈTHE. *Voilà des connaissances sans doute qui sont bien éloignées d'être frivoles, ou purement verbales. Mais il semble que ces dernières sont celles où deux abstraits sont affirmés l'un de l'autre ; par exemple, que l'épargne est frugalité, que la gratitude est justice ; et quelque spécieuses que ces propositions et autres paraissent quelquefois du premier coup d'œil, cependant, si nous en pressons la force, nous trouvons que tout cela n'emporte autre chose que la signification des termes.*

THÉOPHILE. Mais les significations des termes, c'est-à-dire les définitions, jointes aux axiomes identiques, expriment les principes de toutes les démonstrations : et comme ces définitions peuvent faire connaître en même temps les idées et leur possibilité, il est visible que ce qui en dépend n'est pas toujours purement verbal. Pour ce qui est de l'exemple que la gratitude est justice, ou plutôt une partie de la justice, il n'est pas à mépriser, car il fait connaître que ce qui s'appelle *actio ingrati*, ou la plainte qu'on peut faire contre les ingrats, devrait être moins négligée dans les tribunaux. Les Romains recevaient cette action contre les libertes ou affranchis, et encore aujourd'hui elle doit avoir lieu à l'égard de la révocation des dons. Au reste j'ai déjà dit ailleurs qu'encore des idées abstraites peuvent être attribuées l'une à l'autre, le genre à l'espèce, comme en disant : La durée est une continuité, la vertu est une habitude ; mais la justice universelle est non seulement une vertu, mais même c'est la vertu morale entière.

CHAPITRE IX

DE LA CONNAISSANCE QUE NOUS AVONS DE NOTRE EXISTENCE

§ 1. PHILALÈTHE. *Nous n'avons considéré jusqu'ici que les essences des choses, et, comme notre esprit ne les connaît que par abstraction, en les détachant de toute existence particulière autre que celle qui est dans notre entendement, elles ne nous donnent absolument point de connaissance d'aucune existence réelle. Et les propositions universelles, dont nous pouvons avoir une connaissance certaine, ne se rapportent point à l'existence. Et d'ailleurs, toutes les fois qu'on attribue quelque chose à un individu d'un genre ou d'une espèce par une proposition qui ne serait point certaine, si le même était attribué au genre ou à l'espèce en général, la proposition n'appartient qu'à l'existence et ne fait connaître qu'une liaison accidentelle dans ces choses existantes en particulier, comme lorsqu'on dit qu'un tel homme est docte.*

THÉOPHILE. Fort bien, et c'est dans ce sens que les philosophes aussi, distinguant si souvent entre ce qui est de l'essence et ce qui est de l'existence, rapportent à l'existence tout ce qui est accidentel ou contingent. Bien souvent, on ne sait pas même si les propositions universelles, que nous ne savons que par expérience, ne sont pas peut-être accidentelles aussi, parce que notre expérience est bornée ; comme dans les pays où l'eau n'est point glacée, cette proposition qu'on y formera que l'eau est toujours dans un état fluide n'est pas essentielle, et on le connaît en venant dans les pays plus froids. Cependant on peut prendre l'accidentel d'une manière plus rétrécie, en sorte qu'il y a comme un milieu entre lui et l'essentiel ; et ce milieu est le naturel, c'est-à-dire ce qui n'appartient pas à la chose nécessairement, mais qui cependant lui convient de soi, si rien ne l'empêche. Ainsi, quelqu'un pourrait soutenir qu'à la vérité il n'est pas essentiel à l'eau, mais qu'il lui est naturel au moins d'être fluide. On le pourrait soutenir, dis-je, mais ce n'est pas pourtant une chose démontrée, et peut-être que les habitants de la Lune, s'il y en avait, auraient sujet de ne pas se croire moins fondés de dire qu'il est naturel à l'eau d'être glacée. Cependant il y a d'autres cas où le naturel est moins douteux, par exemple : un rayon de lumière va toujours droit dans le même milieu, à moins que par accident il ne rencontre quelque surface qui le réfléchit. Au reste Aristote a coutume de rapporter à la matière la source des choses accidentelles ; mais alors il y faut entendre la matière seconde, c'est-à-dire le tas ou la masse des corps.

§ 2. PHILALÈTHE. J'ai remarqué déjà, suivant l'excellent auteur anglais qui a écrit l'*Essai concernant l'Entendement*, que *nous connaissons notre existence par l'intuition, celle de Dieu par démonstration et celle des autres par sensation. Et je me souviens que vous y avez fort applaudi.* § 3. *Or cette intuition qui fait connaître notre existence à nous-mêmes fait que nous la connaissons avec une évidence entière, qui n'est point capable d'être prouvée et n'en a point besoin ; tellement que lors même que j'entreprends de douter de toutes choses, ce doute même ne me permets pas de douter de mon existence. Enfin nous avons là-dessus le plus haut degré de certitude qu'on puisse imaginer.*

THÉOPHILE. Je suis entièrement d'accord de tout ceci. Et j'ajoute que l'aperception immédiate de notre existence et de nos pensées nous fournit les premières vérités *a posteriori*, ou de fait, c'est-à-dire les premières expériences, comme les propositions identiques contiennent les premières vérités *a priori*, ou de raison, c'est-à-dire les premières lumières. Les unes et les autres sont incapables d'être prouvées et peuvent être appelées immédiates : celles-là parce qu'il y a immédiation entre l'entendement et son objet, celles-ci parce qu'il y a immédiation entre le sujet et le predicatum.

CHAPITRE X

DE LA CONNAISSANCE
QUE NOUS AVONS DE L'EXISTENCE DE DIEU

§ 1. PHILALÈTHE. *Dieu ayant donné à notre âme les facultés dont elle est ornée, il ne s'est point laissé sans témoignage; car les sens, l'intelligence et la raison nous fournissent des preuves manifestes de son existence.*

THÉOPHILE. Dieu n'a pas seulement donné à l'âme des facultés propres à le connaître, mais il lui a aussi imprimé des caractères qui le marquent, quoiqu'elle ait besoin des facultés pour s'apercevoir de ces caractères. Mais je ne veux point répéter ce qui a été discuté entre nous sur les idées et les vérités innées, parmi lesquelles je compte l'idée de Dieu et la vérité de son existence. Venons plutôt au fait.

PHILALÈTHE. *Or encore que l'existence de Dieu soit la vérité la plus aisée à prouver par la raison, et que son évidence égale, si je ne me trompe, celle des démonstrations mathématiques, elle demande pourtant de l'attention. Il n'est besoin d'abord que de faire réflexion sur nous-mêmes et sur notre propre existence indubitable.* § 2. *Ainsi je suppose que chacun connaît qu'il est quelque chose qui existe actuellement, et qu'ainsi il y a un être réel. S'il y a quelqu'un qui puisse douter de sa propre existence, je déclare que ce n'est pas à lui que je parle.* § 3. *Nous savons encore par une connaissance de simple vue que le pur néant ne peut point produire un être réel. D'où il s'ensuit, d'une évidence mathématique, que quelque chose a existé de toute éternité, puisque tout ce qui a un commencement doit avoir été produit par quelque autre chose.* § 4. *Or tout être qui tire son existence d'un autre, tire aussi de lui tout ce qu'il a et toutes ses facultés. Donc la source éternelle de tous les êtres est aussi le principe de toutes leurs puissances, de sorte que cet être éternel doit être aussi tout-puissant.* § 5. *De plus, l'homme trouve en lui-même de la connaissance. Donc il y a un être intelligent. Or il est impossible qu'une chose absolument destituée de connaissance et de perception produise un être intelligent, et il est contraire à l'idée de la matière, privée de sentiment, de s'en produire à elle-même. Donc la source des choses est intelligente, et il y a eu un être intelligent de toute éternité.* § 6. *Un être éternel, très puissant et très intelligent, est ce qu'on appelle DIEU. Que s'il se trouvait quelqu'un assez déraisonnable pour supposer que l'homme est le seul être qui ait de la connaissance et de la sagesse, mais que néanmoins il a été formé par le pur hasard, et que c'est ce même principe aveugle et sans connaissance qui conduit tout le reste de l'univers, je l'avertirai d'examiner à loisir la censure tout à fait solide et pleine d'emphase de* Cicéron (De legibus, liv. 2). *Certainement, dit-il, personne ne devrait être si sottement orgueilleux que de s'imaginer qu'il y a au-dedans de lui un entendement et de la raison, et que cependant il n'y a aucune intelligence qui gouverne tout ce vaste univers. De ce que je viens de dire il s'ensuit clairement que nous avons une connaissance plus certaine de l'existence de Dieu que de quelque autre chose que ce soit hors de nous.*

THÉOPHILE. Je vous assure, Monsieur, avec une parfaite sincérité, que je suis extrêmement fâché d'être obligé de dire quelque chose contre cette démonstration : mais je le fais seulement afin de vous donner occasion d'en remplir le vide. C'est principalement à l'endroit où vous concluez (§ 3) que quelque chose a existé de toute éternité. J'y trouve de l'ambiguïté. Si cela veut dire qu'il n'y a jamais eu un temps où rien n'existait, j'en demeure d'accord, et cela suit véritablement des précédentes propositions, par une conséquence toute mathématique. Car si jamais il y avait eu rien, il y aurait toujours eu rien, le rien ne pouvant point produire un être ; donc nous-mêmes ne serions pas, ce qui est contre la première vérité d'expérience. Mais la suite fait voir d'abord que, disant que quelque chose a existé de toute éternité, vous entendez une chose éternelle. Cependant il ne s'ensuit point, en vertu de ce que vous avez avancé jusqu'ici, que s'il y a toujours eu quelque chose, il y a toujours eu une certaine chose, c'est-à-dire qu'il y a un être éternel. Car quelques adversaires diront que moi j'ai été produit par d'autres choses, et ces choses encore par d'autres. De plus, si quelques-uns admettent des êtres éternels (comme les épicuriens leurs atomes), ils ne se croiront pas être obligés pour cela d'accorder un être éternel, qui soit seul la source de tous les autres. Car quand ils reconnaîtraient que ce qui donne l'existence donne aussi les autres qualités et puissances de la chose, ils nieront qu'une seule chose donne l'existence aux autres, et ils diront même qu'à chaque chose plusieurs autres doivent concorrir. Ainsi nous n'arriverons pas par cela seul à une source de toutes les puissances. Cependant il est très raisonnable de juger qu'il y en a une et même que l'univers est gouverné avec sagesse. Mais quand on croit la matière susceptible de sentiment, on pourra être disposé à croire qu'il n'est point impossible qu'elle le puisse produire. Au moins il sera difficile d'en apporter une preuve qui ne fasse voir en même temps qu'elle en est incapable tout à fait ; et supposé que notre pensée vienne d'un être pensant, peut-on prendre pour accordé, sans préjudice de la démonstration, que ce doit être Dieu ?

§ 7. PHILALÈTHE. Je ne doute point que l'excellent homme dont j'ai emprunté cette démonstration ne soit capable de la perfectionner : et je tâcherai de l'y porter, puisqu'il ne saurait guère rendre un meilleur service au public. Vous-même le souhaitez, et cela me fait croire que *vous ne croyez point que pour fermer la bouche aux athées, on doit faire rouler tout sur l'existence de l'idée de Dieu en nous, comme font quelques-uns, qui s'attachent trop fortement à cette découverte favorite, jusqu'à rejeter toutes les autres démonstrations de l'existence de Dieu, ou du moins à tâcher de les affaiblir et à défendre de les employer, comme si elles étaient faibles ou fausses : quoique dans le fond ce soient des preuves qui nous font voir si clairement et d'une manière si convaincante l'existence de ce souverain être par la considéra-*

tion de notre propre existence et des parties sensibles de l'univers que je ne pense pas qu'un homme sage y puisse résister.

THÉOPHILE. Quoique je sois pour les idées innées et particulièrement pour celle de Dieu, je ne crois point que les démonstrations des cartésiens, tirées de l'idée de Dieu, soient parfaites. J'ai montré amplement ailleurs (dans les *Actes de Leipzig*, et dans les Mémoires de Trévoux) que celle que M. Descartes a empruntée d'Anselme, archevêque de Cantorbery, est très belle et très ingénieuse à la vérité, mais qu'il y a encore un vide à remplir[260]. Ce célèbre archevêque, qui a sans doute été un des plus capables hommes de son temps, se félicite, non sans raison, d'avoir trouvé un moyen de prouver l'existence de Dieu *a priori*, par sa propre notion, sans recourir à ses effets. Et voici à peu près la force de son argument : Dieu est le plus grand, ou (comme parle Descartes) le plus parfait des êtres, ou bien c'est un être d'une grandeur et d'une perfection suprême, qui en enveloppe tous les degrés. C'est là la notion de Dieu. Voici maintenant comment l'existence suit de cette notion. C'est quelque chose de plus d'exister que de ne pas exister, ou bien l'existence ajoute un degré à la grandeur ou à la perfection, et comme l'énonce M. Descartes, l'existence est elle-même une perfection. Donc ce degré de grandeur et de perfection, ou bien cette perfection, qui consiste dans l'existence, est dans cet être suprême, tout grand, tout parfait : car autrement quelque degré lui manquerait, contre sa définition. Et par conséquent cet être suprême existe. Les scolastiques, sans excepter même leur docteur Angélique[261], ont méprisé cet argument, et l'ont fait passer pour un paralogisme ; en quoi ils ont eu grand tort, et M. Descartes, qui avait étudié assez longtemps la philosophie scolastique au collège des jésuites de La Flèche, a eu grande raison de le rétablir. Ce n'est pas un paralogisme, mais c'est une démonstration imparfaite, qui suppose quelque chose qu'il fallait encore prouver pour le rendre d'une évidence mathématique ; c'est qu'on suppose tacitement que cette idée de l'être tout grand, ou tout parfait, est possible et n'implique point de contradiction. Et c'est déjà quelque chose que par cette remarque on prouve que, supposé que Dieu soit possible, il existe, ce qui est le privilège de la seule divinité. On a droit de présumer la possibilité de tout être et surtout celle de Dieu jusqu'à ce que quelqu'un prouve le contraire. De sorte que cet argument métaphysique donne déjà une conclusion morale démonstrative, qui porte que suivant l'état présent de nos connaissances il faut juger que Dieu existe, et agir conformément à cela. Mais il serait pourtant à souhaiter que des habiles gens achevassent la démonstration dans la rigueur d'une évidence mathématique, et je crois d'avoir dit quelque chose ailleurs, qui y pourra servir. L'autre argument de M. Descartes, qui entreprend de prouver l'existence de Dieu, parce que son idée est en notre âme, et qu'il faut qu'elle soit venue de l'original, est encore moins concluant. Car premièrement cet argument à ce défaut, commun avec le précédent, qu'il suppose qu'il y a en nous une telle idée, c'est-à-dire que Dieu est possible. Car ce qu'allègue M. Descartes, qu'en parlant de Dieu, nous savons ce que nous disons et que par conséquent nous en avons l'idée, est un indice trompeur, puisqu'en parlant du mouvement perpétuel mécanique, par exemple, nous savons ce que nous disons, et cependant ce mouvement est une chose impossible, dont par conséquent on ne saurait avoir d'idée qu'en apparence. Et secondement ce même argument ne prouve pas assez que l'idée de Dieu, si nous l'avons, doit venir de l'original. Mais je ne veux point m'y arrêter présentement. Vous me direz, Monsieur, que reconnaissant en nous l'idée innée de Dieu, je ne dois point dire qu'on peut révoquer en doute s'il y en a une ? Mais je ne permets ce doute que par rapport à une démonstration rigoureuse, fondée sur l'idée toute seule. Car on est assez assuré d'ailleurs de l'idée et de l'existence de Dieu. Et vous vous souviendrez que j'ai montré comment les idées sont en nous, non pas toujours en sorte qu'on s'en aperçoive, mais toujours en sorte qu'on les peut tirer de son propre fond et rendre apercevables. Et c'est aussi ce que je crois de l'idée de Dieu, dont je tiens la possibilité et l'existence démontrées de plus d'une façon. Et l'harmonie préétablie même en fournit un nouveau moyen incontestable. Je crois d'ailleurs que presque tous les moyens qu'on a employés pour prouver l'existence de Dieu sont bons et pourraient servir si on les perfectionnait, et je ne suis nullement d'avis qu'on doive négliger celui qui se tire de l'ordre des choses.

§ 9. PHILALÈTHE. Il sera peut-être à propos d'insister un peu sur cette question, *si un être pensant peut venir d'un être non pensant et privé de tout sentiment et connaissance, tel que pourrait être la matière.*
§ 10. *Il est même assez manifeste qu'une partie de la matière est incapable de rien produire par elle-même et de se donner du mouvement ; il faut donc, ou que son mouvement soit éternel, ou qu'il lui soit imprimé par un être plus puissant. Quand ce mouvement serait éternel, il serait toujours incapable de produire de la connaissance. Divisez-la en autant de petites parties qu'il vous plaira, comme pour la spiritualiser, donnez-lui toute les figures et tous les mouvements que vous voudrez, faites-en un globe, un cube, un cône, un prisme, un cylindre, etc., dont les diamètres ne soient que la 1 000 000 partie d'un gry, qui est 1/10 d'une ligne, qui est 1/10 d'un pouce, qui est 1/10 d'un pied philosophique, qui est 1/3 d'un pendule, dont chaque vibration dans la latitude de 45 degrés est égale à une seconde de temps, cette particule de matière, quelque petite qu'elle soit, n'agira pas autrement sur d'autres corps d'une grosseur qui lui soit proportionnée que les corps qui ont un pouce ou un pied de diamètre agissent entre eux. Et l'on peut espérer avec autant de raison de produire du sentiment, des pensées, et de la connaissance, en joignant ensemble des grosses parties de la matière de certaine figure et de certain mouvement que par le moyen des plus petites parties de matière qu'il y ait au monde. Ces dernières se heurtent, se poussent, et résistent l'une à l'autre justement comme les grosses, et c'est tout ce qu'elles peuvent faire. Mais si la matière pouvait tirer de son sein le sentiment, la perception, et la connaissance, immédiatement et sans machine, ou sans le secours des figures et des mouvements, en ce cas-là ce devrait être une propriété inséparable de la*

matière et de toutes ses parties d'en avoir. A quoi l'on pourrait ajouter qu'encore que l'idée générale et spécifique que nous avons de la matière nous porte à en parler comme si c'était une chose unique en nombre, cependant toute la matière n'est pas proprement une chose individuelle, qui existe comme un être matériel, ou un corps singulier que nous connaissons, ou que nous pouvons concevoir. De sorte que si la matière était le premier être éternel pensant, il n'y aurait pas un être unique éternel, infini et pensant, mais un nombre infini d'êtres éternels, infinis, pensants, qui seraient indépendants les uns des autres, dont les forces seraient bornées et les pensées distinctes, et qui par conséquent ne pourraient jamais produire cet ordre, cette harmonie et cette beauté qu'on remarque dans la nature. D'où il s'ensuit nécessairement que le premier être éternel ne peut être la matière. J'espère que vous serez plus content, Monsieur, de ce raisonnement pris de l'auteur célèbre de la démonstration précédente que vous n'avez paru l'être de sa démonstration.

THÉOPHILE. Je trouve le présent raisonnement le plus solide du monde, et non seulement exact, mais encore profond et digne de son auteur. Je suis parfaitement de son avis, qu'il n'y a point de combinaison et de modification des parties de la matière, quelques petites qu'elles soient, qui puisse produire de la perception ; d'autant que les parties grosses n'en sauraient donner (comme on reconnaît manifestement) et que tout est proportionnel dans les petites parties à ce qui peut se passer dans les grandes. C'est encore une importante remarque sur la matière que celle que l'auteur fait ici, qu'on ne la doit point prendre pour une chose unique en nombre, ou (comme j'ai coutume de parler) pour une vraie parfaite mo n a d e ou u n i t é, puisqu'elle n'est qu'un a m a s d'un nombre infini d'êtres. Il ne fallait ici qu'un pas à cet excellent auteur pour parvenir à mon système. Car en effet je donne de la perception à tous ces êtres infinis, dont chacun est comme un animal, doué d'âme (ou de quelque principe actif analogique, qui en fait la vraie unité) avec ce qu'il faut à cet être pour être passif et doué d'un corps organique. Or ces êtres ont reçu leur nature tant active que passive (c'est-à-dire ce qu'ils ont d'immatériel et de matériel) d'une cause générale et suprême, parce qu'autrement, comme l'auteur le remarque très bien, étant indépendants les uns des autres, ils ne pourraient jamais produire cet o r d r e, cette h a r m o nie, cette b e a u t é, qu'on remarque dans la nature. Mais cet argument, qui ne paraît être que d'une certitude morale, est poussé à une nécessité tout à fait métaphysique par la n o u v e l l e e s p è c e d'h a r m o n i e que j'ai introduite, qui est l'h a r m o n i e p r é é t a b l i e. Car chacune de ces âmes exprimant à sa manière ce qui se passe audehors et ne pouvant avoir aucune influence des autres êtres particuliers, ou plutôt, devant tirer cette expression du propre fonds de sa nature, il faut nécessairement que chacune ait reçu cette nature (ou cette raison interne des expressions de ce qui est au-dehors) d'une cause universelle, dont ces êtres dépendent tous, et qui fasse que l'un soit parfaitement d'accord et correspondant avec l'autre ; ce qui ne se peut sans une connaissance et puissance infinies, et par un artifice si grand par rapport surtout au consentement spontané de la machine avec les actions de l'âme raisonnable, qu'un illustre auteur, qui fit des objections à l'encontre dans son merveilleux *Dictionnaire* [262], douta quasi s'il ne passait pas toute la sagesse possible, en disant que celle de Dieu ne lui paraissait point trop grande pour un tel effet, et reconnut au moins qu'on n'avait jamais donné un si grand relief aux faibles conceptions que nous pouvons avoir de la perfection divine.

§ 12. PHILALÈTHE. Que vous me réjouissez par cet accord de vos pensées avec celles de mon auteur ! J'espère que vous ne serez point fâché, Monsieur, que je vous rapporte encore le reste de son raisonnement sur cet article. *Premièrement il examine si l'être pensant, dont tous les autres êtres intelligents dépendent (et par plus forte raison tous les autres êtres) est matériel ou non.* § 13. *Il s'objecte qu'un être pensant pourrait être matériel. Mais il répond que quand cela serait, c'est assez que ce soit un être éternel qui ait une science et une puissance infinie. De plus, si la pensée et la matière peuvent être séparées, l'existence éternelle de la matière ne sera pas une suite de l'existence éternelle d'un être pensant.* § 14. *On demandera encore à ceux qui font Dieu matériel s'ils croient que chaque partie de la matière pense. En ce cas il s'ensuivra qu'il y aurait autant de dieux que de particules de la matière. Mais si chaque partie de la matière ne pense point, voilà encore un être pensant composé de parties non pensantes, ce qu'on a déjà réfuté.* § 15. *Que si quelque atome de matière pense seulement, et que les autres parties, quoique également éternelles, ne pensent point, c'est dire* gratis *qu'une partie de la matière est infiniment au-dessus de l'autre, et produit les êtres pensants non éternels.* § 16. *Que si l'on veut que l'être pensant, éternel et matériel, est un certain amas particulier de matière dont les parties sont non pensantes, nous retombons dans ce qui a été réfuté : car les parties de matière ont beau être jointes, elles n'en peuvent acquérir qu'une nouvelle relation locale, qui ne saurait leur communiquer la connaissance.* § 17. *Il n'importe si cet amas est en repos ou en mouvement. S'il est en repos, ce n'est qu'une masse sans action, qui n'a point de privilège sur un atome ; s'il est en mouvement, ce mouvement, qui le distingue d'autres parties, devant produire la pensée, toutes ces pensées seront accidentelles et limitées, chaque partie à part étant sans pensées et n'ayant rien qui règle ses mouvements. Ainsi il n'y aura ni liberté, ni choix, ni sagesse, non plus que dans la simple matière brute.* § 18. *Quelques-uns croiront que la matière est au moins coéternelle avec Dieu. Mais ils ne disent point pourquoi : et la production d'un être pensant, qu'ils admettent, est bien plus difficile que celle de la matière, qui est moins parfaite. Et peut-être* (dit l'auteur), *si nous voulions nous éloigner un peu des idées communes, donner l'essor à notre esprit et nous engager dans l'examen le plus profond que nous pourrions faire de la nature des choses, nous pourrions en venir jusqu'à concevoir, quoique d'une manière imparfaite, comment la matière peut d'abord avoir été faite, et comment elle a commencé d'exister par le pouvoir de ce premier être éternel. Mais on verrait en même temps que de donner l'être à un esprit, c'est un effet de cette puissance éternelle et infinie beaucoup plus malaisé à comprendre. Mais parce que cela m'écarterait peut-être trop* (ajoute-t-il) *des notions sur lesquelles la philosophie est présentement fondée dans le monde, je ne serais pas excusable de m'en éloigner si fort, ou de rechercher, autant que la grammaire le pourrait permettre, si dans le fond l'opinion communément établie est contraire à ce sentiment particulier ; j'aurais tort, dis-je, de m'engager dans cette discussion, surtout dans cet endroit de la terre, où la doctrine reçue est assez bonne pour mon dessein, puisqu'elle pose comme une chose indubitable que si l'on admet une fois la création ou le commencement de quelque substance que ce soit, tirée du néant, on peut supposer avec la même facilité la création de toute autre substance, excepté le Créateur lui-même.*

THÉOPHILE. Vous m'avez fait un vrai plaisir, Monsieur, de me rapporter quelque chose d'une pensée profonde de votre habile auteur, que sa prudence trop scrupuleuse a empêché de produire tout entière. Ce serait grand dommage s'il la supprimait et nous laissait là, après nous avoir fait venir l'eau à la bouche. Je vous assure, Monsieur, que je crois qu'il y a quelque chose de beau et d'important caché sous cette manière d'énigme. La substance en grosses lettres pourrait faire soupçonner qu'il conçoit la production de la matière comme celle des accidents, qu'on ne fait point de difficulté de tirer du néant : et distinguant sa pensée singulière de la philosophie qui est présentement fondée dans le monde ou dans cet endroit de la terre, je ne sais s'il n'a pas eu en vue les platoniciens, qui prenaient la matière pour quelque chose de fuyant et de passager, à la manière des accidents, et avaient une tout autre idée des esprits et des âmes.

§ 19. PHILALÈTHE. Enfin si quelques-uns nient la création, par laquelle les choses sont faites de rien, parce qu'ils ne la sauraient concevoir, notre auteur, écrivant avant qu'il ait su votre découverte sur la raison de l'union de l'âme et du corps, leur objecte *qu'ils ne comprennent pas comment les mouvements volontaires sont produits dans les corps par la volonté de l'âme et ne laissent pas de le croire, convaincus par l'expérience ; et il réplique avec raison à ceux qui répondent que l'âme, ne pouvant produire un nouveau mouvement, produit seulement une nouvelle détermination des esprits animaux, il leur réplique, dis-je, que l'un est aussi inconcevable que l'autre. Et rien ne peut être mieux dit que ce qu'il ajoute à cette occasion, que vouloir borner ce que Dieu peut faire à ce que nous pouvons comprendre, c'est donner une étendue infinie à notre compréhension, ou faire Dieu lui-même fini.*

THÉOPHILE. Quoique maintenant la difficulté sur l'union de l'âme et du corps soit levée à mon avis, il en reste ailleurs. J'ai montré *a posteriori* par l'harmonie préétablie que toutes les monades ont reçu leur origine de Dieu et en dépendent. Cependant on n'en saurait comprendre le comment en détail ; et dans le fond leur conservation n'est autre chose qu'une création continuelle, comme les scolastiques l'ont fort bien reconnu.

CHAPITRE XI

DE LA CONNAISSANCE QUE NOUS AVONS DE L'EXISTENCE DES AUTRES CHOSES

§ 1. PHILALÈTHE. *Comme donc la seule existence de Dieu a une liaison nécessaire avec la nôtre, nos idées que nous pouvons avoir de quelque chose ne prouvent pas plus l'existence de cette chose que le portrait d'un homme prouve son existence dans le monde.* § 2. *La certitude, cependant, que j'ai du blanc et du noir sur ce papier par la voie de la* s e n s a t i o n *est aussi grande que celle du mouvement de ma main, qui ne cède qu'à la connaissance de notre existence et de celle de Dieu.* § 3. *Cette certitude mérite le nom de connaissance. Car je ne crois pas que personne puisse être sérieusement si sceptique que d'être incertain de l'existence des choses qu'il voit et qu'il sent. Du moins, celui qui peut porter ses doutes si avant n'aura jamais aucun différend avec moi, puisqu'il ne pourra jamais être assuré que je dise quoi que ce soit contre son sentiment. Les perceptions des choses sensibles,* § 4, *sont produites par des causes extérieures, qui affectent nos sens, car nous n'acquérons point ces perceptions sans les organes et si les organes suffisaient, ils les produiraient toujours.* § 5. *De plus, j'éprouve quelquefois que je ne saurais empêcher qu'elles ne soient produites dans mon esprit, comme, par exemple, la lumière, quand j'ai les yeux ouverts dans un lieu où le jour peut entrer; au lieu que je puis quitter les idées qui sont dans ma mémoire. Il faut donc qu'il y ait quelque cause extérieure de cette impression vive dont je ne puis surmonter l'efficace.* § 6. *Quelques-unes de ces perceptions sont produites en nous avec douleur, quoique ensuite nous nous en souvenions sans ressentir la moindre incommodité. Bien qu'aussi les démonstrations mathématiques ne dépendent point des sens, cependant l'examen qu'on en fait par le moyen des figures sert beaucoup à prouver l'évidence de notre vue et semble lui donner une certitude qui approche de celle de la démonstration même.* § 7. *Nos sens aussi en plusieurs cas se rendent témoignage l'un à l'autre. Celui qui voit le feu peut le sentir s'il en doute. Et en écrivant ceci, je vois que je puis changer les apparences du papier et dire par avance quelle nouvelle idée il va présenter à l'esprit : mais quand ces caractères sont tracés, je ne puis plus éviter de les voir tels qu'ils sont, outre que la vue de ces caractères fera prononcer à un autre homme les mêmes sons.* § 8. *Si quelqu'un croit que tout cela n'est qu'un long songe, il pourra songer, s'il lui plaît, que je lui fais cette réponse, que notre certitude, fondée sur le témoignage des sens, est aussi parfaite que notre nature le permet et que notre condition le demande. Qui voit brûler une chandelle et éprouve la chaleur de la flamme qui lui fait du mal s'il ne retire le doigt ne demandera pas une plus grande certitude pour régler son action, et si ce* s o n g e u r *ne le faisait, il se trouverait éveillé. Une telle assurance nous suffit donc, qui est aussi certaine que le plaisir ou la douleur, deux choses au-delà desquelles nous n'avons aucun intérêt dans la connaissance ou existence des choses.* § 9.

Mais au-delà de notre sensation actuelle, il n'y a point de connaissance, et ce n'est que vraisemblance, comme lorsque je crois qu'il y a des hommes dans le monde ; en quoi il y a une extrême probabilité, quoique maintenant, seul dans mon cabinet, je n'en voie aucun. § 10. *Aussi serait-ce une folie d'attendre une démonstration sur chaque chose et de ne point agir suivant les vérités claires et évidentes quand elles ne sont point démontrables. Et un homme qui voudrait en user ainsi ne pourrait s'assurer d'autre chose que de périr en fort peu de temps.*

THÉOPHILE. J'ai déjà remarqué dans nos conférences précédentes que la vérité des choses sensibles se justifie par leur liaison, qui dépend des vérités intellectuelles, fondées en raison, et des observations constantes dans les choses sensibles mêmes, lors même que les raisons ne paraissent pas. Et comme ces raisons et observations nous donnent moyen de juger de l'avenir par rapport à notre intérêt et que le succès répond à notre jugement raisonnable, on ne saurait demander ni avoir même une plus grande certitude sur ces objets. Aussi peut-on rendre raison des songes mêmes et de leur peu de liaison avec d'autres phénomènes. Cependant je crois qu'on pourrait étendre l'appellation de la connaissance et de la certitude au-delà des sensations actuelles, puisque la clarté et l'évidence vont au-delà, que je considère comme une espèce de la certitude : et ce serait sans doute une folie de douter sérieusement s'il y a des hommes au monde, lorsque nous n'en voyons point. Douter sérieusement est douter par rapport à la pratique, et l'on pourrait prendre la certitude pour une connaissance de la vérité, avec laquelle on n'en peut point douter par rapport à la pratique sans folie ; et quelquefois on la prend encore plus généralement et on l'applique aux cas où l'on ne saurait douter sans mériter d'être fort blâmé. Mais l'évidence serait une certitude lumineuse, c'est-à-dire où l'on ne doute point à cause de la liaison qu'on voit entre les idées. Suivant cette définition de la certitude, nous sommes certains que Constantinople est dans le monde, que Constantin et Alexandre le Grand, que Jules César ont vécu. Il est vrai que quelque paysan des Ardennes en pourrait douter avec justice, faute d'information ; mais un homme de lettres et du monde ne le pourrait faire sans un grand dérèglement d'esprit.

§ 11. PHILALÈTHE. *Nous sommes assurés véritablement par notre mémoire de beaucoup de choses qui sont passées, mais nous ne pouvons pas bien juger si elles subsistent encore. Je vis hier de l'eau, et un certain nombre de belles couleurs sur des bouteilles*[263] *qui se formèrent sur cette eau. Maintenant je suis certain que ces bouteilles ont existé aussi bien que cette eau, mais je ne connais pas plus certainement l'existence présente de l'eau que celle des bouteilles, quoique la première soit infiniment plus probable, parce qu'on a observé que l'eau est durable et que les bouteilles disparaissent.* § 12. *Enfin hors de nous et de Dieu, nous ne connaissons d'autres esprits que par la révélation, et n'en avons que la certitude de la foi.*

THÉOPHILE. Il a été remarqué déjà que notre mémoire nous trompe quelquefois. Et nous y ajoutons foi ou non, selon qu'elle est plus ou moins vive, et plus ou moins liée avec les choses que nous savons. Et quand même nous sommes assurés du principal, nous pouvons souvent douter des circonstances. Je me souviens d'avoir connu un certain homme, car je sens que son image ne m'est point nouvelle, non plus que sa voix ; et ce double indice m'est un meilleur garant que l'un des deux, mais je ne saurais me souvenir où je l'ai vu. Cependant il arrive, quoique rarement, qu'on voit une personne en songe avant que de la voir en chair et en os. Et on m'a assuré qu'une demoiselle d'une cour connue vit en songeant et dépeignit à ses amies celui qu'elle épousa depuis et la salle où les fiançailles se célébrèrent, ce qu'elle fit avant que d'avoir vu et connu ni l'homme ni le lieu. On l'attribuait à je ne sais quel pressentiment secret ; mais le hasard peut produire cet effet, puisqu'il est assez rare que cela arrive, outre que les images des songes étant un peu obscures, on a plus de liberté de le rapporter par après à quelques autres.

§ 13. PHILALÈTHE. Concluons *qu'il y a deux sortes de propositions, les unes particulières et sur l'existence, comme par exemple qu'un éléphant existe ; les autres générales sur la dépendance des idées, comme par exemple, que les hommes doivent obéir à Dieu.* § 14. *La plupart de ces propositions générales et certaines portent le nom de vérités éternelles, et en effet elles le sont toutes. Ce n'est pas que ce soient des propositions formées actuellement quelque part de toute éternité, ou qu'elles soient gravées dans l'esprit après quelque modèle qui existait toujours, mais c'est parce que nous sommes assurés que lorsqu'une créature, enrichie de facultés et de moyens pour cela, appliquera ses pensées à la considération de ses idées, elle trouvera la vérité de ces propositions.*

THÉOPHILE. Votre division paraît revenir à la mienne des propositions de fait et des propositions de raison. Les propositions de fait aussi peuvent devenir générales en quelque façon, mais c'est par l'induction ou observation, de sorte que ce n'est qu'une multitude de faits semblables, comme lorsqu'on observe que tout vif-argent s'évapore par la force du feu, et ce n'est pas une généralité parfaite, parce qu'on n'en voit point la nécessité. Les propositions générales de raison sont nécessaires, quoique la raison en fournisse aussi qui ne sont pas absolument générales, et ne sont que vraisemblables, comme, par exemple, lorsque nous présumons qu'une idée est possible, jusqu'à ce que le contraire se découvre par une plus exacte recherche. Il y a enfin des propositions mixtes, qui sont tirées de prémisses dont quelques-unes viennent des faits et des observations, et d'autres sont des propositions nécessaires : et telles sont quantité de conclusions géographiques et astronomiques sur le globe de la terre et sur le cours des astres, qui naissent par la combinaison des observations des voyageurs et des astronomes avec les théorèmes de géométrie et d'arithmétique. Mais comme selon [la règle] des logiciens la conclusion suit la plus faible des prémisses et ne saurait avoir plus de certitude qu'elles, ces propositions mixtes n'ont que la certitude et la généralité qui appartient à des observations. Pour ce qui est des vérités éternelles, il faut [considérer] que dans le fond elles sont toutes conditionnelles et disent en effet : Telle chose posée, telle autre chose est. Par exemple disant : Toute figure qui a trois côtés aura aussi trois angles, je ne dis autre chose, sinon que, supposé qu'il y ait une figure à trois côtés, cette même figure aura trois angles. Je dis cette même, et c'est en quoi les propositions catégoriques qui peuvent être énoncées sans condition, quoiqu'elles soient conditionnelles dans le fond, diffèrent de celles qu'on appelle hypothétiques, comme serait cette proposition : Si une figure a trois côtés, ses angles sont égaux à deux droits, où l'on voit que la proposition antécédente (savoir la figure de trois côtés) et la conséquente (savoir les angles de la figure de trois côtés sont égaux à deux droits) n'ont pas le même sujet, comme elles l'avaient dans le cas précédent, où l'antécédent était : Cette figure est de trois côtés, et le conséquent : Ladite figure est de trois angles. Quoique encore l'hypothétique souvent puisse être transformée en catégorique, mais en changeant un peu les termes, comme si au lieu de l'hypothétique précédente, je disais : Les angles de toute figure à trois côtés sont égaux à deux droits. Les scolastiques ont fort disputé de *constantia subjecti,* comme ils l'appelaient, c'est-à-dire comment la proposition faite sur un sujet peut avoir une vérité réelle si ce sujet n'existe point. C'est que la vérité n'est que conditionnelle, et dit qu'en cas que le sujet existe jamais, on le trouvera tel. Mais on demandera encore en quoi est fondée cette connexion, puisqu'il y a de la réalité là-dedans qui ne trompe pas. La réponse sera qu'elle est [fondée] dans la liaison des idées. Mais on demandera en répliquant où seraient ces idées si aucun esprit n'existait, et que deviendrait alors le fondement réel de cette certitude des vérités éternelles. Cela nous mène enfin au dernier fondement des vérités, savoir à cet esprit suprême et universel qui ne peut manquer d'exister, dont l'entendement, à dire vrai, est la région des vérités éternelles, comme saint Augustin l'a reconnu et l'exprime d'une manière assez vive. Et afin qu'on ne pense pas qu'il n'est point nécessaire d'y recourir, il faut considérer que ces vérités nécessaires contiennent la raison déterminante et le principe régulatif des existences mêmes, et en un mot les lois de l'univers. Ainsi, ces vérités nécessaires étant antérieures aux existences des êtres contingents, il faut bien qu'elles soient fondées dans l'existence d'une substance nécessaire. C'est là où je trouve l'original des idées et des vérités qui sont gravées dans nos âmes, non pas en forme de propositions, mais comme des sources dont l'application et les occasions feront naître des énonciations actuelles.

CHAPITRE XII

DES MOYENS D'AUGMENTER [NOTRE CONNAISSANCE]

§ 1. PHILALÈTHE. *Nous avons parlé des espèces de connaissance que nous avons. Maintenant venons aux moyens d'augmenter la connaissance ou de trouver la vérité. C'est une opinion reçue parmi les savants que les maximes sont les fondements de toute connaissance, et que chaque science en particulier est fondée sur certaines choses déjà connues (praecognita). § 2. J'avoue que les mathématiques semblent favoriser cette méthode par leur bon succès, et vous avez assez appuyé là-dessus. Mais on doute encore si ce ne sont pas plutôt les idées qui y ont servi par leur liaison, bien plus que deux ou trois maximes générales qu'on a posées au commencement. Un jeune garçon connaît que son corps est plus grand que son petit doigt, mais non pas en vertu de cet axiome que le tout est plus grand que sa partie. La connaissance a commencé par les propositions particulières ; mais depuis on a voulu décharger la mémoire par le moyen des notions générales d'un tas embarrassant d'idées particulières. Si le langage était si imparfait qu'il n'y eût point les termes relatifs tout et partie, ne pourrait-on point connaître que le corps est plus grand que le doigt ? Au moins je vous représente les raisons de mon auteur, quoique je croie entrevoir ce que vous y pourrez dire en conformité de ce que vous avez déjà dit.*

THÉOPHILE. Je ne sais pourquoi l'on en veut tant aux maximes pour les attaquer encore de nouveau ; si elles servent à décharger la mémoire de quantité d'idées particulières, comme on le reconnaît, elles doivent être fort utiles, quand elles n'auraient point d'autre usage. Mais j'ajoute qu'elles n'en naissent point, car on ne les trouve point par l'induction des exemples. Celui qui connaît que dix est plus que neuf, que le corps est plus grand que le doigt, et que la maison est trop grande pour pouvoir s'enfuir par la porte, connaît chacune de ces propositions particulières par une même raison générale qui y est comme incorporée et enluminée, tout comme l'on voit des traits chargés de couleurs où la proportion et la configuration consiste proprement dans les traits, quelle que soit la couleur. Or cette raison commune est l'axiome même qui est connu pour ainsi dire implicitement, quoiqu'il ne le soit pas d'abord d'une manière abstraite et séparée. Les exemples tirent leur vérité de l'axiome incorporé, et l'axiome n'a pas le fondement dans les exemples. Et comme cette raison commune de ces vérités particulières est dans l'esprit de tous les hommes, vous voyez bien qu'elle n'a point besoin que les mots tout et partie se trouvent dans le langage de celui qui en est pénétré.

§ 4. PHILALÈTHE. *Mais n'est-il pas dangereux d'autoriser les suppositions, sous prétexte d'axiomes ? L'un supposera avec quelques Anciens que tout est matière ; l'autre avec Polémon*[264] *que le monde est*

Dieu ; un troisième mettra en fait que le soleil est la principale divinité. Jugez quelle religion nous aurions si cela était permis. Tant il est vrai qu'il est dangereux de recevoir des principes sans les mettre en question, surtout s'ils intéressent la morale. Car quelqu'un attendra une autre vie semblable plutôt à celle d'Aristippe [265], qui mettait la béatitude dans les plaisirs du corps, qu'à celle d'Antisthène [266], qui soutenait que la vertu suffit pour rendre heureux. Et Archelaus [267], qui posera pour principe que le juste et l'injuste, l'honnête et le déshonnête sont uniquement déterminés par les lois et non par la nature, aura sans doute d'autres mesures du bien et du mal moral que ceux qui reconnaissent des obligations antérieures aux constitutions humaines. § 5. Il faut donc que les principes soient certains. § 6. Mais cette certitude ne vient que de la comparaison des idées ; ainsi nous n'avons point de besoin d'autres principes, et suivant cette seule règle, nous irons plus loin qu'en soumettant notre esprit à la discrétion d'autrui.

THÉOPHILE. Je m'étonne, Monsieur, que vous tourniez contre les maximes, c'est-à-dire contre les principes évidents, ce qu'on peut et doit dire contre des principes supposés gratis. Quand on demande des *praecognita* dans les sciences, ou des connaissances antérieures, qui servent à fonder la science, on demande des *principes connus*, et non pas des positions arbitraires, dont la vérité n'est point connue. Et même Aristote l'entend ainsi que les sciences inférieures et subalternes empruntent leurs principes d'autres sciences supérieures, où ils ont été démontrés, excepté la première des sciences, que nous appelons la métaphysique, qui selon lui ne demande rien aux autres, et leur fournit les principes dont elles ont besoin ; et quand il dit : δεῖ πιστεύειν τὸν μνάνοντα [268], l'apprenti doit croire son maître, son sentiment est qu'il ne le doit faire qu'en attendant, lorsqu'il n'est pas encore instruit dans les sciences supérieures, de sorte que ce n'est que par provision. Ainsi l'on est bien éloigné de recevoir des principes gratuits. A quoi il faut ajouter que même des principes dont la certitude n'est pas entière peuvent avoir leur usage, si l'on ne bâtit là-dessus que par démonstration. Car quoique toutes les conclusions en ce cas ne soient que conditionnelles et vaillent seulement en supposant que ce principe est vrai, néanmoins cette liaison même et ces énonciations conditionnelles seraient au moins démontrées ; de sorte qu'il serait fort à souhaiter que nous eussions beaucoup de livres écrits de cette manière, où il n'y aurait aucun danger d'erreur, le lecteur ou disciple étant averti de la condition. Et on ne réglera point la pratique sur ces conclusions qu'à mesure que la supposition se trouvera vérifiée ailleurs. Cette méthode sert encore elle-même bien souvent à vérifier les suppositions ou hypothèses, quand il en naît beaucoup de conclusions, dont la vérité est connue d'ailleurs, et quelquefois cela donne un parfait retour, suffisant à démontrer la vérité de l'hypothèse. M. Conring [269], médecin de profession, mais habile homme en toute sorte d'érudition, excepté peut-être les mathématiques, avait écrit une lettre à un ami, occupé à faire réimprimer à Helmstaedt le livre de Viottus, philosophe péripatéticien estimé, qui tâche d'expliquer la démonstration et les *Analytiques postérieurs* d'Aristote. Cette lettre fut jointe au livre, et M. Conring y reprenait Pappus, lorsqu'il dit que l'analyse propose de trouver l'inconnu en le supposant et en parvenant de là par conséquence à des vérités connues ; ce qui est contre la logique (disait-il), qui enseigne que des faussetés on ne peut conclure des vérités. Mais je lui fis connaître par après que l'analyse se sert des définitions et autres propositions réciproques, qui donnent moyen de faire le *retour* et de trouver des démonstrations synthétiques. Et même lorsque ce retour n'est point démonstratif, comme dans la physique, il ne laisse pas quelquefois d'être d'une grande vraisemblance, lorsque l'hypothèse explique facilement beaucoup de phénomènes, difficiles sans cela et fort indépendants les uns des autres. Je tiens à la vérité, Monsieur, que le principe des principes est en quelque façon le bon usage des idées et des expériences ; mais en l'approfondissant, on trouvera qu'à l'égard des idées, ce n'est autre chose que de lier les définitions par le moyen des axiomes identiques. Cependant ce n'est pas toujours une chose aisée de venir à cette dernière analyse, et quelque envie que les géomètres, au moins les anciens, aient témoignée d'en venir à bout, ils ne l'ont pas encore pu faire. Le célèbre auteur de l'*Essai concernant l'Entendement humain* leur ferait bien du plaisir s'il achevait cette recherche, un peu plus difficile qu'on ne pense. Euclide, par exemple, a mis parmi les axiomes ce qui revient à dire que deux lignes droites ne se peuvent rencontrer qu'une seule fois. L'imagination, prise de l'expérience des sens, ne nous permet pas de nous figurer plus d'une rencontre de deux droites ; mais ce n'est pas sur quoi la science doit être fondée. Et si quelqu'un croit que cette imagination donne la liaison des idées distinctes, il n'est pas assez instruit de la source des vérités, et quantité de propositions, démontrables par d'autres antérieures, passeraient chez lui pour immédiates. C'est ce que bien des gens qui ont repris Euclide n'ont pas assez considéré : ces sortes d'images ne sont qu'idées confuses, et celui qui ne connaît la ligne droite que par ce moyen ne sera pas capable d'en rien démontrer. C'est pourquoi Euclide, faute d'une idée distinctement exprimée, c'est-à-dire d'une définition de la ligne droite (car celle qu'il donne en attendant est obscure, et ne lui sert point dans ses démonstrations) a été obligé de [recourir] à deux axiomes, qui lui ont tenu lieu de définition et qu'il emploie dans ses démonstrations : l'un que deux droites n'ont point de partie commune, l'autre qu'elles ne comprennent point d'espace. Archimède a donné une manière de définition de la droite, en disant que c'est la plus courte ligne entre deux points. Mais il suppose tacitement (en employant dans ses démonstrations des éléments tels que ceux d'Euclide, fondés sur les deux axiomes dont je viens de faire mention) que les affections dont parlent ces axiomes conviennent à la ligne qu'il définit. Ainsi, si vous croyez avec vos amis, sous prétexte de la convenance et disconvenance des idées, qu'il était permis et l'est encore de recevoir en géométrie ce que les images nous disent, sans chercher cette rigueur de démonstrations par les définitions et les axiomes, que les Anciens ont exigée dans cette science (comme, je crois [que] bien des gens jugeront faute d'information), je vous avouerai, Monsieur, qu'on peut s'en contenter pour ceux qui ne se mettent en peine que de la géométrie pratique telle quelle, mais non pas pour ceux qui [en] veulent avoir la science qui sert même à perfectionner la pratique. Et si les Anciens avaient été de cet avis et s'étaient relâchés sur ce point, je crois qu'ils ne seraient allés guère avant, et ne nous auraient laissé qu'une géométrie empirique, telle qu'était apparemment celle des Egyptiens, et telle qu'il semble que celle des Chinois est encore : ce qui nous aurait privés des plus belles connaissances physiques et mécaniques que la géométrie nous a fait trouver, et qui sont inconnues partout où l'est notre géométrie. Il y a aussi de l'apparence qu'en suivant les sens et leurs images, on serait tombé dans des erreurs ; à peu près comme l'on voit que tous ceux qui ne sont point instruits dans la géométrie exacte reçoivent pour une vérité indubitable, sur la foi de leur imagination, que deux lignes qui s'approchent continuellement doivent se rencontrer enfin, au lieu que les géomètres donnent des instances contraires dans certaines lignes, qu'ils appellent asymptotes. Mais outre cela, nous serions privés de ce que j'estime le plus dans la géométrie par rapport à la contemplation, qui est de laisser entrevoir la vraie source des vérités éternelles et du moyen de nous en faire comprendre la nécessité, que les idées confuses des images des sens ne sauraient faire voir distinctement. Vous me direz qu'Euclide a été obligé pourtant de se borner à certains axiomes, dont on ne voit l'évidence que confusément par le moyen des images. Je vous avoue qu'il s'est borné à ces axiomes, mais il valait mieux se borner à un petit nombre de vérités de cette nature, qui lui paraissaient les plus simples, et en déduire les autres, qu'un autre moins exact aurait prises aussi pour certaines sans démonstration, que d'en laisser beaucoup d'indémontrées, et, qui pis est, de laisser la liberté aux gens d'étendre leur relâchement suivant leur humeur. Vous voyez donc, Monsieur, que ce que vous avez dit avec vos amis sur la liaison des idées comme la vraie source des vérités a besoin d'explication. Si vous voulez vous contenter de voir confusément cette liaison, vous affaiblissez l'exactitude des démonstrations, et Euclide a mieux fait sans comparaison de tout réduire aux définitions et à un petit nombre d'axiomes. Que si vous voulez que cette liaison des idées se voie et s'exprime distinctement, vous serez obligé de recourir aux définitions et aux axiomes identiques, comme je le demande ; et quelquefois vous serez obligé de vous contenter de quelques axiomes moins primitifs, comme Euclide et Archimède ont fait, lorsque vous aurez de la peine à parvenir à une parfaite analyse, et vous ferez mieux en cela que de négliger ou différer quelques belles découvertes, que vous pouvez déjà trouver par leur moyen : comme, en effet, je vous ai déjà dit une autre fois, Monsieur, que je crois que nous n'aurions point de géométrie (j'entends une science démonstrative) si les Anciens n'avaient point voulu avancer avant que d'avoir démontré les axiomes qu'ils ont été obligés d'employer.

§ 7. PHILALÈTHE. *Je commence à entendre ce que c'est qu'une liaison des idées distinctement connue, et je vois bien qu'en cette façon les axiomes sont nécessaires. Je vois bien aussi comment il faut que la méthode que nous suivons dans nos recherches quand il s'agit d'examiner les idées soit réglée sur l'exemple des mathématiciens, qui depuis certains commencements fort clairs et fort faciles (qui ne sont autre chose que les axiomes et les définitions) montent par de petits degrés et par une enchaînure continuelle de raisonnements à la découverte et à la démonstration des vérités qui paraissent d'abord au-dessus de la capacité humaine. L'art de trouver des preuves et ces méthodes admirables qu'ils ont inventées pour démêler et mettre en ordre les idées moyennes, est ce qui a produit des découvertes si étonnantes et si inespérées. Mais de savoir si avec le temps on ne pourra point inventer quelque semblable méthode qui serve aux autres idées, aussi bien qu'à celles qui appartiennent à la grandeur, c'est ce que je ne veux point déterminer. Du moins, si d'autres idées étaient examinées selon la méthode ordinaire aux mathématiciens, elles conduiraient nos pensées plus loin que nous ne sommes peut-être portés à nous le figurer.* § 8. *Et cela se pourrait faire particulièrement dans la morale, comme j'ai dit plus d'une fois.*

THÉOPHILE. Je crois que vous avez raison, Monsieur, et je suis disposé depuis longtemps à me mettre en devoir d'accomplir vos prédictions.

§ 9. PHILALÈTHE. *A l'égard de la connaissance des corps, il faut prendre une route directement contraire ; car n'ayant aucune idée de leurs essences réelles, nous sommes obligés de recourir à l'expérience.* § 10. *Cependant je ne nie pas qu'un homme accoutumé à faire des expériences raisonnables et régulières ne soit capable de former des conjectures plus justes qu'un autre sur leurs propriétés encore inconnues, mais c'est jugement et opinion, et non connaissance et certitude. Cela me fait croire que la physique n'est pas capable de devenir science entre nos mains. Cependant les expériences et les observations historiques peuvent nous servir par rapport à la santé de nos corps et aux commodités de la vie.*

THÉOPHILE. Je demeure d'accord que la physique entière ne sera jamais une science parfaite parmi nous, mais nous ne laisserons pas de pouvoir avoir quelque science physique, et même nous en avons déjà des échantillons. Par exemple la magnétologie peut passer pour une telle science, car faisant peu de suppositions fondées dans l'expérience, nous en pouvons démontrer par une conséquence certaine quantité de phénomènes qui arrivent effectivement comme nous voyons que la raison le porte. Nous ne devons pas espérer de rendre raison de toutes les expériences, comme même les géomètres n'ont pas encore prouvé tous leurs axiomes ; mais de même qu'ils se sont contentés de déduire un grand nombre de théorèmes d'un petit nombre de principes de la raison, c'est assez aussi que les physiciens par le moyen de quelques principes d'expérience rendent raison de quantité de phénomènes et peuvent même les prévoir dans la pratique.

§ 11. PHILALÈTHE. *Puis donc que nos facultés ne sont pas disposées à nous faire discerner la fabrique intérieure des corps, nous devons juger que c'est assez qu'elles nous découvrent l'existence de Dieu, et une assez grande connaissance de nous-mêmes pour nous instruire de nos devoirs et de nos plus grands intérêts par rapport surtout à l'éternité. Et je crois être en droit d'inférer de là que* **la morale est la propre science et la grande affaire des hommes en général, comme d'autre part les différents arts qui regardent différentes parties de la nature sont le partage des particuliers.** *On peut dire par exemple que l'ignorance de l'usage du fer est cause que dans les pays de l'Amérique, où la nature a répandu abondamment toutes sortes de biens, il manque la plus grande partie des commodités de la vie. Ainsi, bien loin de mépriser la science de la nature,* § 12, *je tiens que, si cette étude est dirigée comme il faut, elle peut être d'une plus grande utilité au genre humain que tout ce qu'on a fait jusqu'ici ; et celui qui inventa l'imprimerie, qui découvrit l'usage de la boussole et qui fit connaître la vertu du quinquina, a plus contribué à la propagation de la connaissance et à l'avancement des commodités utiles à la vie et a sauvé plus de gens du tombeau que les fondateurs des collèges et des hôpitaux et d'autres monuments de la plus insigne charité, qui ont été élevés à grands frais.*

THÉOPHILE. Vous ne pouviez rien dire, Monsieur, qui fût plus à mon gré. La vraie morale ou piété nous doit pousser à cultiver les arts, bien loin de favoriser la paresse de quelques quiétistes fainéants. Et comme je l'ai dit il n'y a pas longtemps, une meilleure police serait capable de nous amener un jour une médecine beaucoup meilleure que celle d'à présent. C'est ce qu'on ne saurait assez prêcher, après le soin de la vertu.

§ 13. PHILALÈTHE. *Quoique je recommande l'expérience, je ne méprise point les hypothèses probables. Elles peuvent mener à de nouvelles découvertes et sont du moins d'un grand secours à la mémoire. Mais notre esprit est fort porté à aller trop vite et à se payer de quelques apparences légères, faute de prendre la peine et le temps qu'il faut pour les appliquer à quantité de phénomènes.*

THÉOPHILE. L'art de découvrir les causes des phénomènes, ou les hypothèses véritables, est comme l'art de déchiffrer, où souvent une conjecture ingénieuse abrège beaucoup de chemin. Lord Bacon [270] a commencé à mettre l'art d'expérimenter en préceptes, et le chevalier Boyle a eu un grand talent pour le pratiquer. Mais si l'on n'y joint point l'art d'employer les expériences et d'en tirer des conséquences, on n'arrivera pas avec des dépenses royales à ce qu'un homme d'une grande pénétration pouvait découvrir d'abord. M. Descartes, qui l'était assurément, a fait une remarque semblable dans une de ses lettres [271] à l'occasion de la *Méthode* du chancelier d'Angleterre ; et Spinoza (que je ne fais point de difficulté de citer, quand il dit de bonnes choses), dans une de ses lettres à feu M. Oldenbourg, secrétaire de la Société royale d'Angleterre, imprimées parmi les œuvres posthumes de ce Juif subtil, fait une réflexion approchante sur un ouvrage de M. Boyle, qui s'arrête un peu trop, pour dire la vérité, à ne tirer qu'une infinité de belles expériences d'autre conclusion que celle qu'il pouvait prendre pour principe, savoir que tout se fait mécaniquement dans la nature, principe qu'on peut rendre certain par la seule raison, et jamais par les expériences, quelque nombre qu'on en fasse.

§ 14. PHILALÈTHE. *Après avoir établi des idées claires et distinctes avec des noms fixes, le grand moyen d'étendre nos connaissances est l'art de trouver des idées moyennes, qui nous puissent faire voir la connexion ou l'incompatibilité des idées extrêmes. Les maximes au moins ne servent pas à les donner. Supposé qu'un homme n'ait point d'idée exacte d'un angle droit, il se tourmentera en vain à démontrer quelque chose du triangle rectangle : et, quelques maximes qu'on emploie, on aura de la peine à arriver par leur secours à prouver que les carrés de ses côtés qui comprennent l'angle droit sont égaux au carré de l'hypoténuse. Un homme pourrait ruminer longtemps ces axiomes, sans voir jamais plus clair dans les [vérités] mathématiques.*

THÉOPHILE. Il ne sert de rien de ruminer les axiomes sans avoir de quoi les appliquer. Les axiomes servent souvent à lier les idées, comme par exemple cette maxime, que les étendus semblables de la seconde et de la troisième dimension sont en raison doublée et triplée des étendus correspondants de la dimension première, est d'un grandissime usage ; et la quadrature, par exemple, de la lunule d'Hippocrate [272] en naît d'abord dans le cas des cercles, en y joignant l'application de ces deux figures l'une à l'autre, quand leur position donnée y fournit la commodité, comme leur comparaison connue en promet des lumières.

CHAPITRE XIII

AUTRES CONSIDÉRATIONS SUR NOTRE CONNAISSANCE

§ 1. PHILALÈTHE. Il sera peut-être encore à propos d'ajouter que *notre connaissance a beaucoup de rapport avec la vue en ceci, aussi bien qu'en autres choses, qu'elle n'est ni entièrement nécessaire, ni entièrement volontaire. On ne peut manquer de voir quand on a les yeux ouverts à la lumière, mais on peut la tourner vers certains objets,* § 2, *et les considérer avec plus ou moins d'application. Ainsi quand la faculté est une fois appliquée, il ne dépend pas de la volonté de déterminer la connaissance ; non plus qu'un homme peut s'empêcher de voir ce qu'il voit. Mais il faut employer ses facultés comme il faut pour s'instruire.*

THÉOPHILE. Nous avons parlé autrefois de ce point et établi qu'il ne dépend pas de l'homme d'avoir un tel ou tel sentiment dans l'état présent, mais il dépend de lui de se préparer pour l'avoir et pour ne le point avoir dans la suite, et qu'ainsi les opinions ne sont volontaires que d'une manière indirecte.

CHAPITRE XIV

DU JUGEMENT

§ 1. PHILALÈTHE. *L'homme se trouverait indéterminé dans la plupart des actions de sa vie, s'il n'avait rien à se conduire dès qu'une connaissance certaine lui manque.* § 2. *Il faut souvent se contenter d'un simple crépuscule de probabilité.* § 3. *Et la faculté de s'en servir est le jugement. On s'en contente souvent par nécessité, mais souvent c'est faute de diligence, de patience, et d'adresse.* § 4. *On l'appelle assentiment ou dissentiment, et il a lieu lorsqu'on présume quelque chose, c'est-à-dire quand on la prend pour vraie avant la preuve. Quand cela se fait conformément à la réalité des choses, c'est un jugement droit.*

THÉOPHILE. D'autres appellent juger l'action qu'on fait toutes les fois qu'on prononce après quelque connaissance de cause ; et il y en aura même qui distingueront le jugement de l'opinion, comme ne devant pas être si incertain. Mais je ne veux point faire le procès à personne sur l'usage des mots, et il vous est permis, Monsieur, de prendre le jugement pour un sentiment probable. Quant à la présomption, qui est un terme des jurisconsultes, le bon usage chez eux le distingue de la conjecture. C'est quelque chose de plus, et qui doit passer pour vérité provisionnellement, jusqu'à ce qu'il y ait preuve du contraire, au lieu qu'un indice, une conjecture doit être pesée souvent contre une autre conjecture. C'est ainsi que celui qui avoue d'avoir emprunté de l'argent d'un autre est présumé de le devoir payer, à moins qu'il ne fasse voir qu'il l'a fait déjà, ou que la dette cesse par quelque autre principe. Présumer n'est donc pas dans ce sens prendre avant la preuve, ce qui n'est point permis, mais prendre par avance mais avec fondement, en attendant une preuve contraire.

CHAPITRE XV

DE LA PROBABILITÉ

§ 1. PHILALÈTHE. *Si la démonstration fait voir la liaison des idées, la probabilité n'est autre chose que l'apparence de cette liaison fondée sur des preuves où l'on ne voit point de connexion immuable.* § 2. *Il y a plusieurs degrés d'assentiment depuis l'assurance jusqu'à la conjecture, au doute, à la défiance.* § 3. *Lorsqu'on a certitude, il y a intuition dans toutes les parties du raisonnement, qui en marquent la liaison ; mais ce qui me fait croire est quelque chose d'étranger.* § 4.

Or la probabilité est fondée en des conformités avec ce que nous savons, ou dans le témoignage de ceux qui le savent.

THÉOPHILE. J'aimerais mieux de soutenir qu'elle est toujours fondée dans la vraisemblance ou dans la conformité avec la vérité : et le témoignage d'autrui est encore une chose que le vrai a coutume d'avoir pour lui à l'égard des faits qui sont à portée. On peut donc dire que la similitude du probable avec le vrai est prise ou de la chose même, ou de quelque chose étrangère. Les rhétoriciens mettent deux sortes d'**arguments** : les artificiels, qui sont tirés des choses par le raisonnement, et les **inartificiels**, qui ne se fondent que dans le témoignage exprès ou de l'homme ou peut-être encore de la chose même. Mais il y en a de mêlés encore, car le témoignage peut fournir lui-même un fait, qui sert à former un argument artificiel.

§ 5. PHILALÈTHE. *C'est faute de similitude avec le vrai que nous ne croyons pas facilement ce qui n'a rien d'approchant à ce que nous savons. Ainsi lorsqu'un ambassadeur dit au roi de Siam que l'eau s'endurcissait tellement en hiver chez nous qu'un éléphant pourrait marcher dessus sans enfoncer, le roi lui dit : Jusqu'ici je vous ai cru homme de bonne foi, maintenant je vois que vous mentez.* § 6. *Mais si le témoignage des autres peut rendre un fait probable, l'opinion des autres ne doit pas passer par elle-même pour un vrai fondement de probabilité. Car il y a plus d'erreur que de connaissance parmi les hommes, et si la créance de ceux que nous connaissons et estimons est un fondement légitime d'assentiment, les hommes auront raison d'être païens dans le Japon, mahométans en Turquie, papistes en Espagne, calvinistes en Hollande et luthériens en Suède.*

THÉOPHILE. Le témoignage des hommes est sans doute de plus de poids que leur opinion, et on y fait aussi plus de réflexion en justice. Cependant l'on sait que le juge fait quelquefois prêter serment de **crédulité**, comme on l'appelle ; que dans les **interrogatoires** on demande souvent aux témoins, non seulement ce qu'ils ont vu, mais aussi ce qu'ils jugent, en leur demandant en même temps les raisons de leur jugement, et qu'on y fait telle réflexion qu'il appartient. Les juges aussi défèrent beaucoup aux sentiments et opinions des experts en chaque profession ; les particuliers ne sont pas moins obligés de le faire, à mesure qu'il ne leur convient pas de venir au propre examen. Ainsi un enfant, et autre homme dont l'état ne vaut guère mieux à cet égard, est obligé, même lorsqu'il se trouve dans une certaine situation, de suivre la religion du pays, tant qu'il n'y voit aucun mal et tant qu'il n'est pas en état de chercher s'il y en a une meilleure. Et un gouverneur des pages, de quelque parti qu'il soit, les obligera d'aller chacun dans l'Eglise où vont ceux de la créance que ce jeune homme professe. On peut consulter les disputes entre M. Nicole[273] et autres sur l'**argument du grand nombre** en matière de foi, où quelquefois l'un lui défère trop, et l'autre ne le considère pas assez. Il y a d'autres **préjugés** semblables, par lesquels les hommes seraient bien aises de s'exempter de la discussion. C'est ce que Tertullien dans un traité exprès appelle **prescriptions**[274], se servant d'un terme que les anciens jurisconsultes (dont le langage ne lui était point inconnu) entendaient de plusieurs sortes d'exceptions ou allégations étrangères et prévenantes, mais qu'aujourd'hui on n'entend guère que de la prescription temporelle lorsqu'on prétend rebuter la demande d'autrui parce qu'elle n'a point été faite dans le temps fixé par les lois. C'est ainsi qu'on a eu de quoi publier des *préjugés légitimes* tant du côté de l'Eglise romaine que de celui des protestants [275]. On a trouvé qu'il y a moyen d'opposer la nouveauté, par exemple, tant aux uns qu'aux autres à certains égards ; comme par exemple, lorsque les protestants pour la plupart ont quitté la forme des anciennes ordinations des ecclésiastiques, et que les romanistes ont changé l'ancien canon des livres de la Sainte Ecriture du Vieux Testament, comme j'ai montré assez clairement dans une dispute que j'ai eue par écrit et à reprises avec M. l'évêque de Meaux, qu'on vient de perdre suivant les nouvelles qui en sont venues depuis quelques jours [276]. Ainsi ces reproches étant réciproques, la nouveauté, quoiqu'elle donne quelque soupçon d'erreur en ces matières, n'en est pas une preuve certaine.

CHAPITRE XVI

DES DEGRÉS D'ASSENTIMENT

§ 1. PHILALÈTHE. *Pour ce qui est des degrés d'assentiment, il faut prendre garde que les fondements de probabilité que nous avons n'opèrent point en cela au-delà du degré de l'a p p a r e n c e qu'on y trouve, ou qu'on y a trouvé lorsqu'on l'a examinée. Car il faut avouer que l'assentiment ne saurait être toujours fondé sur une vue actuelle des raisons qui ont prévalu sur l'esprit, et il serait très difficile, même à ceux qui ont une mémoire admirable, de toujours retenir toutes les preuves qui les ont engagés dans un certain assentiment, et qui pourraient quelquefois remplir un volume sur une seule question. Il suffit qu'une fois ils aient épluché la matière sincèrement et avec soin et qu'ils aient pour ainsi dire a r r ê t é l e c o m p t e. § 2. Sans cela il faudrait que les hommes fussent fort sceptiques, ou changeassent d'opinion à tout moment, pour se rendre à tout homme qui, ayant examiné la question depuis peu, leur propose des arguments auxquels ils ne sauraient satisfaire entièrement sur-le-champ, faute de mémoire ou d'application à loisir. § 3. Il faut avouer que cela rend souvent les hommes o b s t i n é s dans l'erreur : mais la faute est, non pas de ce qu'ils se reposent sur leur mémoire, mais de ce qu'ils ont mal jugé auparavant. Car souvent il tient lieu d'examen et de raison aux hommes de remarquer qu'ils n'ont jamais pensé autrement. Mais ordinairement ceux qui ont le moins examiné leurs opinions y sont les plus attachés. Cependant l'attachement à ce qu'on a v u est louable, mais non pas toujours à ce qu'on a c r u, parce qu'on peut avoir laissé quelque considération en arrière, capable de tout renverser. Et il n'y a peut-*

être personne au monde qui ait le loisir, la patience et les moyens d'assembler toutes les preuves de part et d'autre sur les questions où il a ses opinions, pour comparer ces preuves et pour conclure sûrement qu'il ne lui reste plus rien à savoir pour une plus ample instruction. Cependant le soin de notre vie et de nos plus grands intérêts ne saurait souffrir de délai, et il est absolument nécessaire que notre jugement se détermine sur des articles où nous ne sommes pas capables d'arriver à une connaissance certaine.

THÉOPHILE. Il n'y a rien que de bon et de solide dans ce que vous venez de dire, Monsieur. Il serait à souhaiter cependant que les hommes eussent en quelques rencontres des abrégés par écrit (en forme de mémoires) des raisons qui les ont portés à quelque sentiment de conséquence, qu'ils sont obligés de justifier souvent dans la suite, à eux-mêmes ou aux autres. D'ailleurs quoiqu'en matière de justice il ne soit pas ordinairement permis de rétracter les jugements qui ont passé, et de revoir des comptes arrêtés (autrement il faudrait être perpétuellement en inquiétude, ce qui serait d'autant plus intolérable qu'on ne saurait toujours garder les notices des choses passées), néanmoins on est reçu quelquefois sur de nouvelles lumières à se pourvoir en justice et à obtenir même ce qu'on appelle restitution *in integrum*[277] contre ce qui a été réglé. Et de même dans nos propres affaires, surtout dans les matières fort importantes où il est encore permis de s'embarquer ou de reculer, et où il n'est point préjudiciable de suspendre l'exécution et d'aller bride en main, les arrêts de notre esprit, fondés sur des probabilités, ne doivent jamais tellement passer *in rem judicatam*, comme les jurisconsultes l'appellent, c'est-à-dire pour établis qu'on ne soit disposé à la révision du raisonnement, lorsque de nouvelles raisons considérables se présentent à l'encontre. Mais quand il n'est plus temps de délibérer, il faut suivre le jugement qu'on a fait avec autant de fermeté que s'il était infaillible, mais non pas toujours avec autant de rigueur.

§ 4. PHILALÈTHE. *Puis donc que les hommes ne sauraient éviter de s'exposer à l'erreur en jugeant, et d'avoir de divers sentiments lorsqu'ils ne sauraient regarder les choses par les mêmes côtés, ils doivent conserver la paix entre eux et les devoirs d'humanité, parmi cette diversité d'opinions, sans prétendre qu'un autre doive changer promptement sur nos objections une opinion enracinée, surtout s'il a lieu de se figurer que son adversaire agit par intérêt ou ambition ou par quelque autre motif particulier. Et le plus souvent ceux qui voudraient imposer aux autres la nécessité de se rendre à leurs sentiments, n'ont guère bien examiné les choses. Car ceux qui sont entrés assez avant dans la discussion pour sortir du doute sont en si petit nombre et trouvent si peu de sujet de condamner les autres qu'on ne doit s'attendre à rien de violent de leur part.*

THÉOPHILE. Effectivement, ce qu'on a le plus de droit de blâmer dans les hommes, ce n'est pas leur opinion, mais leur jugement téméraire à blâmer celle des autres, comme s'il fallait être stupide ou méchant pour juger autrement qu'eux ; ce qui dans les auteurs de ces passions et haines, qui les répandent parmi le public, est l'effet d'un esprit hautain et peu équitable, qui aime à dominer et ne peut point souffrir de contradiction. Ce n'est pas qu'il n'y ait véritablement du sujet bien souvent de censurer les opinions des autres, mais il faut le faire avec un esprit d'équité, et compatir avec la faiblesse humaine. Il est vrai qu'on a droit de prendre des précautions contre de mauvaises doctrines, qui ont de l'influence dans les mœurs et dans la pratique de la piété : mais on ne doit pas les attribuer aux gens à leur préjudice sans en avoir de bonnes preuves. Si l'équité veut qu'on épargne les personnes, la piété ordonne de représenter où il appartient le mauvais effet de leurs dogmes, quand ils sont nuisibles, comme sous ceux qui vont contre la providence d'un Dieu parfaitement sage, bon et juste, et contre cette immortalité des âmes qui les rend susceptibles des effets de sa justice, sans parler d'autres opinions dangereuses par rapport à la morale et à la police. Je sais que d'excellents hommes et bien intentionnés soutiennent que ces opinions théoriques ont moins d'influence dans la pratique qu'on ne pense, et je sais aussi qu'il y a des personnes d'un excellent naturel, que les opinions ne feront jamais rien faire d'indigne d'elles : comme d'ailleurs ceux qui sont venus à ces erreurs par la spéculation ont coutume d'être naturellement plus éloignés des vices dont le commun des hommes est susceptible, outre qu'ils ont soin de la dignité et de la secte où ils sont comme des chefs ; et l'on peut dire qu'Epicure et Spinoza par exemple ont mené une vie tout à fait exemplaire. Mais ces raisons cessent le plus souvent dans leurs disciples ou imitateurs, qui se croyant déchargés de l'importune crainte d'une providence surveillante et d'un avenir menaçant, lâchent la bride à leurs passions brutales, et tournent leur esprit à séduire et à corrompre les autres ; et s'ils sont ambitieux et d'un naturel un peu dur, ils seront capables pour leur plaisir ou avancement de mettre le feu aux quatre coins de la terre, comme j'en ai connu de cette trempe que la mort a enlevés. Je trouve même que des opinions approchantes, s'insinuant peu à peu dans l'esprit des hommes du grand monde, qui règlent les autres, et dont dépendent les affaires, et se glissant dans les livres à la mode, disposent toutes choses à la révolution générale dont l'Europe est menacée, et achèvent de détruire ce qui reste encore dans le monde des sentiments généreux des anciens Grecs et Romains, qui préféraient l'amour de la patrie et du bien public et le soin de la postérité à la fortune et même à la vie. Ces *publiks spirits*[278], comme les Anglais les appellent, diminuent extrêmement, et ne sont plus à la mode ; et ils cesseront davantage quand ils cesseront à être soutenus par la bonne morale et par la vraie religion, que la raison naturelle même nous enseigne. Les meilleurs du caractère opposé, qui commence de régner, n'ont plus d'autre p r i n c i p e que celui qu'ils appellent de l'h o n n e u r. Mais la marque de l'honnête homme et de l'homme d'honneur chez eux est seulement de ne faire aucune bassesse comme ils la prennent. Et si pour la grandeur, ou par caprice, quelqu'un versait un déluge de sang, s'il renversait tous sens dessus dessous, on compterait cela pour rien, et un Hérostrate[279] des Anciens ou bien un Don Juan dans *Le Festin de pierre* passerait pour un héros. On se moque hautement de l'amour de la patrie, on tourne en ridicule ceux qui ont soin du public, et quand quelque homme bien intentionné parle de ce que deviendra la postérité, on répond : alors comme alors. Mais il pourra arriver à ces personnes d'éprouver eux-mêmes les maux qu'ils croient réservés à d'autres. Si l'on se corrige encore de cette maladie d'esprit épidémique dont les mauvais effets commencent à être visibles, ces maux peut-être seront prévenus ; mais si elle va croissant, la providence corrigera les hommes par la révolution même qui en doit naître : car quoiqu'il puisse arriver, tout tournera toujours pour le mieux en général au bout du compte, quoique cela ne doive et ne puisse pas arriver sans le châtiment de ceux qui ont contribué même au bien par leurs actions mauvaises. Mais je reviens d'une digression, où la considération des opinions nuisibles et du droit de les blâmer m'a mené. Or comme en théologie les c e n s u r e s vont encore plus loin qu'ailleurs et que ceux qui font valoir leur orthodoxie, condamnent souvent les adversaires, à quoi s'opposent dans le parti même ceux qui sont appelés s y n c r é t i s t e s par leurs adversaires, cette opinion a fait naître des guerres civiles entre les rigides et les condescendants dans un même parti. Cependant, comme refuser le salut éternel à ceux qui sont d'une autre opinion est entreprendre sur les droits de Dieu, les plus sages des condamnants ne l'entendent que du péril où ils croient voir les âmes errantes et ils abandonnent à la miséricorde singulière de Dieu ceux dont la méchanceté ne les rend pas incapables d'en profiter, et de leur côté ils se croient obligés à faire tous les efforts imaginables pour les retirer d'un état si dangereux. Si ces personnes qui jugent ainsi du péril des autres sont parvenues à cette opinion après un examen convenable, et s'il n'y a pas moyen de les en désabuser, on ne saurait blâmer leur conduite tant qu'ils n'usent que des voies de douceur. Mais aussitôt qu'ils vont plus loin, c'est violer les lois de l'équité. Car ils doivent penser que d'autres, aussi persuadés qu'eux, ont autant de droit de maintenir leurs sentiments et même de les répandre, s'ils les croient importants. On doit excepter les opinions qui enseignent des crimes qu'on ne doit point souffrir, et qu'on a droit d'étouffer par les voies de la rigueur, quand il serait vrai même que celui qui les soutient ne peut point s'en défaire ; comme on a droit de détruire même une bête venimeuse, tout innocente qu'elle est. Mais je parle d'étouffer la secte et non les hommes, puisqu'on peut les empêcher de nuire et de dogmatiser.

§ 5. PHILALÈTHE. *Pour revenir au fondement et aux degrés de l'assentiment, il est à propos de remarquer que les propositions sont de deux sortes : les unes sont de fait, qui, dépendant de l'observation, peuvent être fondées sur un témoignage humain ; les autres sont de spéculation, qui, regardant les choses que nos sens ne sauraient nous découvrir, ne sont pas capables d'un semblable témoignage.* § 6. *Quand un fait particulier est conforme à nos observations constantes, et aux rapports uniformes des autres, nous nous y appuyons aussi fermement que si c'était une connaissance certaine, et quand il est conforme au témoignage de tous les hommes, dans tous les siècles, autant qu'il peut être connu, c'est le premier et le plus haut degré de probabilité ; par exemple que le feu échauffe, que le fer coule au fond de l'eau. Notre* créance *bâtie sur de tels fondements s'élève jusqu'à l'*assurance. § 7. *En second lieu, tous les historiens rapportent qu'un tel a préféré l'intérêt particulier au public, et comme on a toujours observé que c'est la coutume de la plupart des hommes, l'assentiment que je donne à ces histoires est une* confiance. § 8. *En troisième lieu, quand la nature des choses n'a rien qui soit ni pour ni contre, un fait attesté par le témoignage de gens non suspects, par exemple, que Jules César a vécu, est reçu avec une ferme* créance. § 9. *Mais lorsque les témoignages se trouvent contraires au cours ordinaire de la nature, ou entre eux, les degrés de probabilité se peuvent diversifier à l'infini, d'où viennent ces degrés que nous appelons* croyance, conjecture, doute, incertitude, défiance ; *et c'est là où il faut de l'exactitude pour former un jugement droit et proportionner notre assentiment aux degrés de probabilité.*

THÉOPHILE. Les jurisconsultes, en traitant des preuves, présomptions, conjectures et indices, ont dit quantité de bonnes choses sur ce sujet, et sont allés à quelque détail considérable. Ils commencent par la notoriété, où l'on n'a point besoin de preuve. Par après ils viennent à des preuves entières, ou qui passent pour telles, sur lesquelles, on prononce, au moins en matière civile, mais où en quelques lieux on est plus réservé en matière criminelle ; et on n'a pas tort d'y demander des preuves plus que pleines et surtout ce qu'on appelle *corpus delicti*[280] selon la nature du fait. Il y a donc preuves plus que pleines, et il y a aussi des preuves pleines ordinaires. Puis il y a présomptions, qui passent pour preuves entières provisionnellement, c'est-à-dire tandis que le contraire n'est point prouvé. Il y a preuves plus que demi-pleines (à proprement parler) où l'on permet à celui qui s'y fonde de jurer pour y suppléer (c'est *juramentum suppletorium*) ; il y en a d'autres moins que demi-pleines, où tout au contraire on défère le serment à celui qui nie le fait, pour se purger (c'est *juramentum purgationis*). Hors de cela il y a quantité de degrés des conjectures et des indices. Et particulièrement en matière criminelle il y a indices (*ad torturam*) pour aller à la question (laquelle a elle-même ses degrés marqués par les formules de l'arrêt) ; il y a indices (*ad terrendum*) suffisants à faire montrer les instruments de la torture et préparer les choses comme si l'on y voulait venir. Il y en a (*ad capturam*) pour s'assurer d'un homme suspect ; et (*ad inquirendum*) pour s'informer sous main et sans bruit. Et ces différences peuvent encore servir en d'autres occasions proportionnelles. Et toute la forme des procédures en justice n'est autre chose en effet qu'une espèce de logique, appliquée aux questions de droit. Les médecins encore ont quantité de degrés et de différences de leurs signes et indications qu'on peut voir chez eux. Les mathématiciens de notre temps ont commencé à estimer les hasards à l'occasion des jeux. Le chevalier de Méré[281], dont les *Agréments* et autres ouvrages ont été imprimés, homme d'un esprit pénétrant et qui était joueur et philosophe, y donna occasion en formant des questions sur les partis, pour savoir combien vaudrait le jeu s'il était interrompu dans un tel ou tel état. Par là il engagea M. Pascal, son ami, à examiner un peu ces choses. La question éclata et donna occasion à M. Hugens de faire son traité *De Alea*. D'autres savants hommes y entrèrent. On établit quelques principes dont se servit aussi M. le pensionnaire de Witt dans un petit discours imprimé en hollandais sur les rentes à vie [282]. Le fondement sur lequel on a bâti revient à la prosthaphérèse, c'est-à-dire à prendre un moyen arithmétique entre plusieurs suppositions également recevables. Et nos paysans s'en sont servis il y a longtemps suivant leur mathématique naturelle. Par exemple, quand quelque héritage ou terre doit être vendue, ils forment trois bandes d'estimateurs ; ces bandes sont appelées *Schurzen* en bas saxon, et chaque bande fait une estime du bien en question. Supposé donc que l'une l'estime être de la valeur de 1 000 écus, l'autre de 1 400, la troisième de 1 500, on prend la somme de ces trois estimes, qui est 3 900, et parce qu'il y a eu trois bandes, on en prend le tiers, qui est 1 300 pour la valeur moyenne demandée ; ou bien, ce qui est la même chose, on prend la somme des troisièmes parties de chaque estimation. C'est l'axiome : *aequalibus aequalia*, pour les suppositions égales il faut avoir des considérations égales. Mais quand les suppositions sont inégales, on les compare entre elles. Soit supposé par exemple qu'avec deux dés, l'un doit gagner s'il fait 7 points, l'autre s'il en fait 9 ; on demande quelle proportion se trouve entre leurs apparences de gagner. Je dis que l'apparence pour le dernier ne vaut que deux tiers de l'apparence pour le premier, car le premier peut faire 7 de trois façons avec deux dés, savoir par 1 et 6, ou 2 et 5, ou 3 et 4 ; et l'autre ne peut faire 9 que de deux façons, en jetant 3 et 6 ou 4 et 5. Et toutes ces manières sont également possibles. Donc les apparences qui sont comme les nombres des possibilités égales, seront comme 3 à 2, ou comme 1 à 2/3. J'ai dit plus d'une fois qu'il faudrait une nouvelle espèce de logique, qui traiterait des degrés de probabilité, puisque Aristote dans ses *Topiques* n'a rien moins fait que cela, et s'est contenté de mettre en quelque ordre certaines règles populaires, distribuées selon les lieux communs, qui peuvent servir dans quelque occasion où il s'agit d'amplifier le discours et de lui donner quelque apparence, sans se mettre en peine de nous donner une balance nécessaire pour peser les apparences et pour former là-dessus un jugement solide. Il serait bon que celui qui voudrait traiter cette matière poursuivît l'examen des jeux de hasard ; et généralement je souhaiterais qu'un habile mathématicien voulût faire un ample ouvrage bien circonstancié et bien raisonné sur toute sorte de jeux, ce qui serait de grand usage pour perfectionner l'art d'inventer, l'esprit humain paraissant mieux dans les jeux que dans les matières les plus sérieuses.

§ 10. PHILALÈTHE. *La loi d'Angleterre observe cette règle, que la copie d'un acte, reconnue authentique par des témoins, est une bonne preuve ; mais la copie d'une copie, quelque attestée qu'elle soit et par les témoins les plus accrédités, n'est jamais admise pour preuve en jugement. Je n'ai encore ouï blâmer à personne cette sage précaution.* On *en peut tirer au moins cette observation, qu'un témoignage a moins de force à mesure qu'il est plus éloigné de la vérité originale, qui est dans la chose même ; au lieu que chez certaines gens on en use d'une manière directement contraire, les opinions acquièrent des forces en vieillissant, et ce qui n'aurait point paru probable il y a mille ans à un homme raisonnable contemporain de celui qui l'a certifié le premier, passe présentement pour certain parce que plusieurs l'ont rapporté sur son témoignage.*

THÉOPHILE. Les critiques en matière d'histoire ont grand égard aux témoins contemporains des choses : cependant un contemporain même ne mérite d'être cru que principalement sur les événements publics ; mais quand il parle des motifs, des secrets, des ressorts cachés, et des choses disputables, comme par exemple des empoisonnements, des assassinats, on apprend au moins ce que plusieurs ont cru. Procope [283] est fort croyable quand il parle de la guerre de Bélisaire contre les Vandales et les Goths ; mais quand il débite des médisances horribles contre l'impératrice Théodora dans ses *Anecdotes*, les croie qui voudra. Généralement on doit être fort réservé à croire les satires : nous en voyons qu'on a publiées de notre temps, contraires à toute apparence, qui ont pourtant été gobées avidement par les ignorants. Et on dira peut-être un jour : est-il possible qu'on aurait osé publier ces choses en ce temps-là, s'il n'y avait quelque fondement apparent ? Mais si on le dit un jour, on jugera fort mal. Le monde cependant est incliné à donner dans le satirique ; et pour n'en alléguer qu'un exemple : feu M. du Maurier le fils [284], ayant publié par je ne sais quel travers, dans ses Mémoires imprimés il y a quelques années, certaines choses tout à fait mal fondées contre l'incomparable Hugo Grotius, ambassadeur de Suède en France, piqué apparemment par je ne sais quoi contre la mémoire de cet illustre ami de son père, j'ai vu que quantité d'auteurs les ont répétées à l'envi, quoique les négociations et lettres de ce grand homme fassent assez connaître le contraire. On s'émancipe même d'écrire des romans dans l'histoire, et celui qui a fait la dernière *Vie de Cromwell* [285] a cru que pour égayer la matière, il lui était permis, en parlant de la vie encore privée de cet habile usurpateur, de le faire voyager en France, où il le suit dans les auberges de Paris, comme s'il avait été son gouverneur. Cependant il paraît par l'*Histoire de Cromwell*, faite par Carrington, homme informé, et dédiée à Richard son fils quand il faisait encore le protecteur, que Cromwell n'est jamais sorti des îles Britanniques. Le détail sur tout est peu sûr. On n'a presque point de bonnes relations des batailles ; la plupart de celles de Tite-Live paraissent imaginaires, autant que celles de Quinte-Curce. Il faudrait avoir de part et d'autre les rapports de gens exacts et capables, qui en dressassent même des plans semblables à ceux que le comte de Dahlberg [286], qui avait déjà servi avec distinction sous le roi de Suède Charles-Gustave, et qui, étant gouverneur général de la Livonie, a défendu Riga dernièrement, a fait graver touchant les actions et batailles de ce prince. Cependant il ne faut point d'abord décrier un bon historien sur un mot de quelque prince ou ministre, qui se récrie contre lui en quelque occasion, ou sur quelque sujet qui n'est pas à son gré et où véritablement il y a peut-être quelque faute. On rapporte que Charles Quint, voulant se faire lire quelque chose de Sleidan[287], disait : Apportez-moi mon menteur, et que Carlowitz, gentilhomme saxon fort employé dans ce temps-là, disait que l'histoire de Sleidan détruisait dans son esprit toute la bonne opinion qu'il avait eue des anciennes histoires. Cela, dis-je, ne sera d'aucune force dans l'esprit des personnes informées pour renverser l'autorité de l'histoire de Sleidan, dont la meilleure partie est un tissu d'actes publics des diètes et assemblées et des écrits autorisés par les princes. Et quand il resterait le moindre scrupule là-dessus, il vient d'être levé par l'excellente histoire de mon illustre ami, feu M. de Seckendorf[288] (dans lequel je ne puis m'empêcher pourtant de désapprouver le nom de luthéranisme sur le titre, qu'une mauvaise coutume a autorisé en Saxe), où la plupart des choses sont justifiées par les extraits d'une infinité de pièces, tirées des archives saxonnes, qu'il avait à sa disposition, quoique M. de Meaux, qui y est attaqué et à qui je l'envoyai, me répondit seulement que ce livre est d'une horrible prolixité ; mais je souhaiterais qu'il fût deux fois plus grand sur le même pied. Plus il est ample, plus il devait donner de prise, puisqu'on n'avait qu'à choisir les endroits ; outre qu'il y a des ouvrages historiques estimés qui sont bien plus grands. Au reste on ne méprise pas toujours les auteurs postérieurs au temps dont ils parlent, quand ce qu'ils rapportent est apparent d'ailleurs. Et il arrive quelquefois qu'ils conservent des morceaux des plus anciens. Par exemple on a douté de quelle famille est Suibert, évêque de Bamberg, depuis pape sous le nom de Clément II[289]. Un auteur anonyme de l'histoire de Brunswick, qui a vécu dans le XIVᵉ siècle, avait nommé sa famille, et des personnes savantes dans notre histoire n'y avaient point voulu avoir égard : mais j'ai eu une chronique beaucoup plus ancienne, non encore imprimée, où la même chose est dite avec plus de circonstances, d'où il paraît qu'il était de la famille des anciens seigneurs allodiaux de Hornbourg (guère loin de Wolfenbuttel), dont le pays fut donné par le dernier possesseur à l'église cathédrale de Halberstadt.

§ 11. PHILALÈTHE. *Je ne veux pas aussi qu'on croie que j'ai voulu diminuer l'autorité et l'usage de l'histoire par ma remarque. C'est de cette source que nous recevons avec une évidence convaincante une grande partie de nos vérités utiles. Je ne vois rien de plus estimable que les mémoires qui nous restent de l'Antiquité, et je voudrais que nous en eussions un plus grand nombre et de moins corrompus. Mais il est toujours vrai que nulle copie ne s'élève au-dessus de la certitude de son premier original.*

THÉOPHILE. Il est sûr que lorsqu'on a un seul auteur de l'antiquité pour garant d'un fait, tous ceux qui l'ont copié n'y ajoutent aucun poids, ou plutôt doivent être comptés pour rien. Et ce doit être tout autant que si ce qu'ils disent était du nombre τῶν ἅπαξ λεγομένων, des choses qui n'ont été dites qu'une seule fois, dont M. Ménage[290] voulait faire un livre. Et encore aujourd'hui, quand cent mille petits écrivains répéteraient les médisances de Bolsec [291] (par exemple), un homme de jugement n'en ferait pas plus de cas que du bruit des oisons. Des jurisconsultes ont écrit *de fide historica* [292] ; mais la matière mériterait une plus exacte recherche, et quelques-uns de ces messieurs ont été trop indulgents. Pour ce qui est de la grande Antiquité, quelques-uns des faits les plus éclatants sont douteux. Des habiles gens ont douté avec sujet si Romulus a été le premier fondateur de la ville de Rome. On dispute sur la mort de Cyrus, et d'ailleurs l'opposition entre Hérodote et Ctésias a répandu des doutes sur l'histoire des Assyriens, Babyloniens et Persans. Celle de Nabuchodonosor, de Judith et même de l'Assuérus d'Esther souffre des grandes difficultés. Les Romains en parlant de l'or de Toulouse contredisent à ce qu'ils racontent de la défaite des Gaulois par Camille. Surtout l'histoire propre et privée des peuples est sans crédit, quand elle n'est point prise des originaux fort anciens, ni assez conforme à l'histoire publique. C'est pourquoi ce qu'on nous raconte des anciens rois germains, gaulois, britanniques, écossais, polonais, et autres, passe avec raison pour fabuleux et fait à plaisir. Ce Trebeta, fils de Ninus, fondateur de Trèves, ce Brutus, auteur des Britons ou Brittains, sont aussi véritables que les Amadis. Les contes pris de quelques fabulateurs, que Trithemius [293], Aventin et même Albinus et Sifrid Petri ont pris la liberté de débiter des anciens princes francs, boïens, saxons, frisons, et ce que Saxon le Grammairien et l'Edda nous racontent des antiquités reculées du Septentrion, ne saurait avoir plus d'autorité que ce que Kadlubko, premier historien polonais nous débite plaisamment d'un de leurs rois, gendre de Jules César. Mais quand les histoires des différents peuples se rencontrent dans les cas où il n'y a pas d'apparence que l'un ait copié l'autre, c'est un grand indice de la vérité. Tel est l'accord d'Hérodote avec l'histoire du Vieux Testament en bien des choses, par exemple lorsqu'il parle de la bataille de Megiddo entre le roi d'Egypte et les Syriens de la Palestine, c'est-à-dire les Juifs, où suivant le rapport de l'histoire sainte que nous avons des Hébreux, le roi Josias fut blessé mortellement. Le consentement encore des historiens arabes, persans et turcs avec les Grecs, Romains et autres Occidentaux, fait plaisir à ceux qui recherchent les faits ; comme aussi les témoignages que les médailles et suscriptions, restées de l'Antiquité, rendent aux livres venus des Anciens jusqu'à nous, et qui sont à la vérité copies de copies. Il faut attendre ce que nous apprendra encore l'histoire de la Chine, quand nous serons plus en état d'en juger, et jusqu'où elle portera sa crédibilité avec soi. L'usage de l'histoire consiste principalement dans le plaisir qu'il y a de connaître les origines, dans la justice qu'on rend aux hommes qui ont bien mérité des autres hommes, dans l'établissement de la critique historique, et surtout de l'histoire sacrée, qui [contient] les fondements de la révélation, et (mettant encore à part les généalogies et droits des princes et puissances) dans les enseignements utiles que les exemples nous fournissent. Je ne méprise point qu'on épluche les antiquités jusqu'aux moindres bagatelles ; car quelquefois la connaissance que les critiques en tirent peut servir aux choses plus importantes. Je consens par exemple qu'on écrive même toute l'histoire des vêtements et de l'art des tailleurs depuis les habits des pontifes des Hébreux, ou si l'on veut depuis les pelleteries que Dieu donna aux premiers mariés au sortir du Paradis, jusqu'aux fontanges et falbalas (*Falt-blats*) de notre temps, et qu'on y joigne tout ce qu'on peut tirer des anciennes sculptures et des peintures encore faites depuis quelques siècles. J'y fournirai même, si quelqu'un le désire, les Mémoires d'un homme d'Augsbourg du siècle passé, qui s'est peint avec tous les habits qu'il a portés depuis son enfance jusqu'à l'âge de soixante-trois ans. Et je ne sais qui m'a dit que feu M. le duc d'Aumont[294], grand connaisseur des belles antiquités, a eu une curiosité approchante. Cela pourra peut-être servir à discerner les monuments légitimes de ceux qui ne le sont pas, sans parler de quelques autres usages. Et puisqu'il est permis aux hommes de jouer, il leur sera encore plus permis de se divertir à ces sortes de travaux, si les devoirs essentiels n'en souffrent point. Mais je désirerais qu'il y eût des personnes qui s'appliquassent préférablement à tirer de l'histoire ce qu'il y a de plus utile, comme seraient des exemples extraordinaires de vertu, des remarques sur les commodités de la vie, des stratagèmes de politique et de guerre. Et je voudrais qu'on fît exprès une espèce d'histoire universelle qui ne marquât que de telles choses et quelque peu d'autres le plus de conséquence ; car quelquefois on lira un grand livre d'histoire, savant, bien écrit, propre même au but de l'auteur, et excellent en son genre, mais qui ne contiendra guère d'enseignements utiles, par lesquels je n'entends pas ici de simples moralités, dont le *Theatrum vitae humanae*[295] et tels autres florilèges sont remplis, mais des adresses et connaissances dont tout le monde ne s'aviserait pas au besoin. Je voudrais encore qu'on tirât des livres des voyages une infinité de choses de cette nature dont on pourrait profiter, et qu'on les rangeât selon l'ordre des matières. Mais il est étonnant que, tant de choses utiles restant à faire, les hommes s'amusent presque toujours à ce qui est déjà fait, ou à des inutilités pures, ou du moins à ce qui est le moins important ; et je n'y vois guère de remède jusqu'à ce que le public s'en mêle davantage dans des temps plus tranquilles.

§ 12. PHILALÈTHE. Vos digressions donnent du plaisir et du profit. *Mais des probabilités des faits venons à celles des opinions touchant les choses, qui ne tombent pas sous les sens. Elles ne sont capables d'aucun témoignage, comme sur l'existence de la nature des esprits, anges, démons, etc., sur les substances corporelles qui sont dans les planètes et dans d'autres demeures de ce vaste univers, enfin sur la manière d'opérer de la plupart des ouvrages de la nature, et de toutes ces choses nous ne pouvons avoir que des conjectures, où l'analogie est la grande règle de la probabilité. Car ne pouvant point être attestées, elles ne peuvent paraître probables qu'en tant qu'elles conviennent plus ou moins avec les vérités établies. Un frottement violent de deux corps produisant de la chaleur et même du feu, les réfractions des corps transparents faisant paraître des couleurs, nous jugeons que le feu consiste dans une agitation violente des parties imperceptibles, et qu'encore les couleurs dont nous ne voyons pas l'origine viennent d'une semblable réfraction ; et trouvant qu'il y a une connexion graduelle dans toutes les parties de la création, qui peuvent être sujettes à l'observation humaine sans aucun vide considérable entre deux, nous avons tout sujet de penser que les choses s'élèvent aussi vers la perfection peu à peu et par des degrés insensibles. Il est malaisé de dire où le sensible et le raisonnable commence, et quel est le plus bas degré des choses vivantes ; c'est comme la quantité augmente ou diminue dans un cône régulier. Il y a une différence excessive entre certains hommes et certains animaux brutes ; mais si nous voulons comparer l'entendement et la capacité de certains hommes et de certaines bêtes, nous y trouverons si peu de différence qu'il sera bien malaisé d'assurer que l'entendement de ces hommes soit plus net ou plus étendu que celui de ces bêtes. Lors donc que nous observons une telle gradation insensible entre les parties de la création depuis l'homme jusqu'aux parties les plus basses, qui sont au-dessous de lui, la règle de l'analogie nous fait regarder comme probable qu'il y a une pareille gradation dans les choses qui sont au-dessus de nous et hors de la sphère de nos observations, et cette espèce de probabilité est le grand fondement des hypothèses raisonnables.*

THÉOPHILE. C'est sur cette analogie que M. Hugens juge, dans son *Cosmotheoros*[296], que l'état des autres planètes principales est assez approchant du nôtre, excepté ce que la différente distance du soleil doit causer de différence : et M. de Fontenelle, qui avait donné déjà auparavant ses *Entretiens* pleins d'esprit et de savoir *sur la pluralité des mondes*[297], a dit de jolies choses là-dessus, et a trouvé l'art d'égayer une matière difficile. On dirait quasi que c'est comme dans l'empire de la lune d'Arlequin *tout comme ici*[298]. Il est vrai qu'on juge tout autrement des lunes (qui sont des satellites seulement) que des planètes principales. Képler a laissé un petit livre qui contient une fiction ingénieuse sur l'état de la lune[299], et un Anglais, homme d'esprit, a donné la plaisante description du voyage d'un Espagnol de son invention[300], que des oiseaux de passage transportèrent dans la lune, sans parler de Cyrano, qui alla depuis trouver cet Espagnol. Quelques hommes d'esprit, voulant donner un beau tableau de l'autre vie, promènent les âmes bienheureuses de monde en monde ; et notre imagination y trouve une partie des belles occupations qu'on peut donner aux génies. Mais quelque effort qu'elle se donne, je doute qu'elle puisse rencontrer, à cause du grand intervalle entre nous et ces génies et de la grande variété qui s'y trouve. Et jusqu'à ce que nous trouvions des lunettes telles que M. Descartes nous faisait espérer pour discerner des parties du globe de la lune pas plus grandes que nos maisons, nous ne saurions déterminer ce qu'il y a dans un globe différent du nôtre. Nos conjectures seront plus utiles et plus vérifiables sur les parties intérieures de nos corps. J'espère qu'on ira au-delà de la conjecture en bien des occasions, et je crois déjà maintenant qu'au moins la violente agitation des parties du feu dont vous venez de parler ne doit pas être comptée parmi les choses qui ne sont que probables. C'est dommage que l'hypothèse de M. Descartes sur la contexture des parties de l'univers visible a été si peu confirmée par les recherches et découvertes faites depuis, ou que M. Descartes n'a pas vécu cinquante ans plus tard pour nous donner une hypothèse sur les connaissances présentes, aussi ingénieuse que celle qu'il donna sur celles de son temps. Pour ce qui est de la connexion graduelle des espèces, nous en avons dit quelque chose dans une conférence précédente, où je remarquai que déjà des philosophes avaient raisonné sur le vide dans les formes ou espèces. Tout va par degrés dans la nature, et rien par saut, et cette règle à l'égard des changements est une partie de ma loi de la continuité. Mais la beauté de la nature, qui veut des perceptions distinguées, demande des apparences de sauts, et pour ainsi dire des chutes de musique dans les phénomènes, et prend plaisir de mêler les espèces. Ainsi quoiqu'il puisse y avoir dans quelque autre monde des espèces moyennes entre l'homme et la bête (selon qu'on prend le sens de ces mots) et qu'il y ait apparemment quelque part des animaux raisonnables qui nous passent, la nature a trouvé bon de les éloigner de nous, pour nous donner sans contredit la supériorité que nous avons dans notre globe. Je parle des espèces moyennes, et je ne voudrais pas me régler ici sur les individus humains qui approchent des brutes, parce que apparemment ce n'est pas un défaut de la faculté, mais en empêchement de l'exercice ; de sorte que je crois que le plus stupide des hommes (qui n'est pas dans un état contraire à la nature par quelque maladie ou par un autre défaut permanent, tenant lieu de maladie) est incomparablement plus raisonnable et plus docile que la plus spirituelle de toutes les bêtes, quoiqu'on dise quelquefois le contraire par un jeu d'esprit. Au reste j'approuve fort la recherche des analogies : les plantes, les insectes et l'anatomie comparative des animaux nous fourniront de plus en plus, surtout quand on continuera à se servir du microscope encore plus qu'on ne fait. Et dans les matières plus générales on trouvera que mes sentiments sur les monades répandues partout, sur leur durée interminable, sur la conservation de l'animal avec l'âme, sur les perceptions peu distinguées dans un certain état, tel que la mort des simples animaux, sur les corps qu'il est raisonnable d'attribuer aux génies, sur l'harmonie des âmes et des corps qui fait que chacun suit parfaitement ses propres lois sans être troublé par l'autre et sans que le volontaire ou l'involontaire y doivent être distingués : on trouvera, dis-je, que tous ces sentiments sont tout à fait conformes à l'analogie des choses que nous remarquons et que j'étends seulement au-delà de nos observations, sans les borner à certaines portions de la matière, ou à certaines espèces d'actions, et qu'il n'y a de la différence que du grand au petit, du sensible à l'insensible.

§ 13. PHILALÈTHE. *Néanmoins il y a un cas où nous déférons moins à l'analogie des choses naturelles, que l'expérience nous fait connaître, qu'au témoignage contraire d'un fait étrange, qui s'en éloigne. Car lorsque des événements surnaturels sont conformes aux fins de celui qui a le pouvoir de changer le cours de la nature, nous n'avons point de sujet de refuser de les croire quand ils sont bien attestés, et c'est le cas des miracles, qui ne trouvent pas seulement créance pour eux-mêmes, mais la communiquent encore à d'autres vérités qui ont besoin d'une telle confirmation.* § 14. *Enfin il y a un témoignage qui l'emporte sur tout autre assentiment, c'est la* révélation, *c'est-à-dire le témoignage de Dieu, qui ne peut ni tromper ni être trompé ; et l'assentiment que nous lui donnons s'appelle* foi, *qui exclut tout doute aussi parfaitement que la connaissance la plus certaine. Mais le point est d'être assuré que la révélation est divine et de savoir que nous en comprenons le véritable sens ; autrement on s'expose au fanatisme et à des erreurs d'une fausse interprétation. Et lorsque l'existence et le sens de la révélation ne sont que probables, l'assentiment ne saurait avoir une probabilité plus grande que celle qui se trouve dans les preuves. Mais nous en parlerons encore, davantage.*

THÉOPHILE. Les théologiens distinguent entre les motifs de crédibilité (comme ils les appellent) avec l'assentiment naturel, qui en doit naître et ne peut avoir plus de probabilité que ces motifs, et entre l'assentiment surnaturel qui est un effet de la grâce divine. On a fait des livres exprès sur l'analyse de la foi, qui ne s'accordent pas tout à fait entre eux, mais puisque nous en parlerons dans la suite, je ne veux point anticiper ici sur ce que nous aurons à dire en son lieu.

CHAPITRE XVII

DE LA RAISON

§ 1. PHILALÈTHE. *Avant de parler distinctement de la foi, nous traiterons de la* raison. *Elle signifie quelquefois des principes clairs et véritables, quelquefois des conclusions déduites de ces principes, et quelquefois la cause, et particulièrement la cause finale. Ici on la considère comme une faculté, par où l'on suppose que l'homme est distingué de la bête, et en quoi il est évident qu'il les surpasse de beaucoup.* § 2. *Nous en avons besoin, tant pour étendre notre connaissance que pour régler notre* opinion, *et elle constitue, à le bien prendre, deux facultés, qui sont la* sagacité, *pour trouver des idées moyennes, et la faculté de tirer des conclusions ou d'*inférer. § 3. *Et nous pouvons considérer dans la raison ces quatre degrés : 1) Découvrir des preuves. 2) Les ranger dans un ordre qui en fasse voir la connexion. 3) S'apercevoir de la connexion dans chaque partie de la déduction. 4) En tirer la conlusion. Et on peut observer ces degrés dans les démonstrations mathématiques.*

THÉOPHILE. La raison est la vérité connue dont la liaison avec une autre moins connue fait donner notre assentiment à la dernière. Mais particulièrement et par excellence on l'appelle raison, si c'est la cause non seulement de notre jugement, mais encore de la vérité même, ce qu'on appelle aussi raison *a priori*, et la cause dans les choses répond à la raison dans les vérités. C'est pourquoi la cause même est souvent appelée raison, et particulièrement la cause finale.

Enfin la faculté qui s'aperçoit de cette liaison des vérités, ou la faculté de raisonner, est aussi appelée raison, et c'est le sens que vous employez ici. Or cette faculté est véritablement affectée à l'homme seul ici-bas, et ne paraît pas dans les autres animaux ici-bas ; car j'ai déjà fait voir ci-dessus que l'ombre de la raison qui se fait voir dans les bêtes n'est que l'attente d'un événement semblable dans un cas qui paraît semblable au passé, sans connaître si la même raison a lieu. Les hommes mêmes n'agissent pas autrement dans les cas où ils sont empiriques seulement. Mais ils s'élèvent au-dessus des bêtes en tant qu'ils voient les liaisons des vérités, les liaisons, dis-je, qui constituent encore elles-mêmes des vérités nécessaires et universelles. Ces liaisons sont même nécessaires quand elles ne produisent qu'une opinion, lorsque après une exacte recherche la prévalence de la probabilité, autant qu'on en peut juger, peut être démontrée, de sorte qu'il y a démonstration alors, non pas de la vérité de la chose, mais du parti que la prudence veut qu'on prenne. En partageant cette faculté de la raison, je crois qu'on ne fait pas mal d'en reconnaître deux parties, suivant un sentiment assez reçu qui distingue l'invention et le jugement. Quant à vos quatre degrés que vous remarquez dans les démonstrations des mathématiciens, je trouve qu'ordinairement le premier, qui est de découvrir les preuves, n'y paraît pas, comme il serait à souhaiter. Ce sont des synthèses, qui ont été trouvées quelquefois sans analyse, et quelquefois l'analyse a été supprimée. Les géomètres dans leurs démonstrations mettent premièrement la proposition qui doit être prouvée, et pour venir à la démonstration ils exposent par quelque figure ce qui est donné. C'est ce qu'on appelle ecthèse [30]. Après quoi ils viennent à la préparation et tracent de nouvelles lignes dont ils ont besoin pour le raisonnement ; et souvent le plus grand art consiste à trouver cette préparation. Cela fait, ils font le raisonnement même, en tirant des conséquences de ce qui était donné dans l'ecthèse et de ce qui y a été ajouté par la préparation ; et employant pour cet effet les vérités déjà connues ou démontrées, ils viennent à la conclusion. Mais il y a des cas où l'on se passe de l'ecthèse et de la préparation.

§ 4. PHILALÈTHE. *On croit généralement que le syllogisme est le grand instrument de la raison et le meilleur moyen de mettre cette faculté en usage. Pour moi j'en doute, car il ne sert qu'à voir la connexion des preuves dans un seul exemple et non au-delà : mais l'esprit la voit aussi facilement et peut-être mieux sans cela. Et ceux qui savent se servir des figures et des modes en supposent le plus souvent l'usage par une foi implicite pour leurs maîtres, sans en entendre la raison. Si le syllogisme est nécessaire, personne ne connaissait quoi que ce soit par raison avant son invention, et il faudra dire que Dieu, ayant fait de l'homme une créature à deux jambes, a laissé à Aristote le soin d'en faire un animal raisonnable ; je veux dire de ce petit nombre d'hommes qu'il pourrait engager à examiner les fondements des syllogismes, où, entre plus de soixante manières de former les trois propositions, il n'y en a qu'environ quatorze de sûres. Mais Dieu a eu beaucoup plus de bonté pour les hommes ; il leur a donné un esprit capable de raisonner. Je ne dis point ceci pour rabaisser Aristote, que je regarde comme un des plus grands hommes de l'Antiquité, que peu ont égalé en étendue, en subtilité, en pénétration d'esprit et par la force du jugement, et qui, en cela même qu'il a inventé ce petit système des formes de l'argumentation, a rendu un grand service aux savants contre ceux qui n'ont pas honte de nier tout. Mais cependant ces formes ne sont pas le seul ni le meilleur moyen de raisonner; et Aristote ne les trouva pas par le moyen des formes mêmes, mais par la voie originale de la convenance manifeste des idées : et la connaissance qu'on en acquiert par l'ordre naturel dans les démonstrations mathématiques paraît mieux sans le secours d'aucun syllogisme. Inférer c'est tirer une proposition comme véritable d'une autre déjà avancée pour véritable, en supposant une certaine connexion d'idées moyennes; par exemple, de ce que les hommes seront punis en l'autre monde on inférera qu'ils se peuvent déterminer ici eux-mêmes. En voici la liaison : Les hommes seront punis et Dieu est celui qui punit; donc la punition est juste; donc le puni est coupable; donc il aurait pu faire autrement; donc il [y] a liberté en lui; donc enfin il a la puissance de se déterminer. La liaison se voit mieux ici que s'il y avait cinq ou six syllogismes embrouillés, où les idées seraient transposées, répétées et enchâssées dans les formes artificielles. Il s'agit de savoir quelle connexion a une idée moyenne avec les extrêmes dans le syllogisme : mais c'est ce que nul syllogisme ne peut montrer. C'est l'esprit qui peut apercevoir ces idées placées ainsi par une espèce de juxtaposition, et cela par sa propre vue. A quoi sert donc le syllogisme ? Il est d'usage dans les écoles, où l'on n'a pas la honte de nier la convenance des idées qui conviennent visiblement. D'où vient que les hommes ne font jamais de syllogismes en eux-mêmes lorsqu'ils cherchent la vérité ou qu'ils l'enseignent à ceux qui désirent sincèrement de la connaître. Il est assez visible aussi que cet ordre est plus naturel*

homme — animal — vivant,

c'est-à-dire l'homme est un animal, et l'animal est vivant, donc l'homme est vivant, que celui du syllogisme

Animal — vivant.   Homme — animal
Homme — vivant.

c'est-à-dire l'animal est vivant, l'homme est un animal, donc l'homme est vivant. Il est vrai que les syllogismes peuvent servir à découvrir une fausseté cachée sous l'éclat brillant d'un ornement emprunté de la rhétorique, et j'avais cru autrefois que le syllogisme était nécessaire, au moins pour se garder des sophismes déguisés sous des discours fleuris; mais après un plus sévère examen, j'ai trouvé qu'on n'a qu'à démêler les idées dont dépend la conséquence de celles qui sont superflues, et les ranger dans un ordre naturel pour en montrer l'incohérence. J'ai connu un homme, à qui les règles du syllogisme étaient entièrement inconnues, qui apercevait d'abord la faiblesse et les faux raisonnements d'un long discours artificieux et plausible, auquel d'autres gens exercés à toute la finesse de la logique se sont laissé attraper ; et je crois qu'il y aura peu de mes lecteurs qui ne connaissent de telles personnes. Et si cela n'était ainsi, les princes dans les matières qui intéressent leur couronne et leur dignité ne manqueraient pas de faire entrer les syllogismes dans les discussions les plus importantes, où cependant tout le monde croit que ce serait une chose ridicule de s'en servir. En Asie, en Afrique et en Amérique, parmi les peuples indépendants des Européens, personne n'en a presque jamais ouï parler. Enfin il se trouve au bout du compte que ces formes scolastiques ne sont pas moins sujettes à tromper ; les gens aussi sont rarement réduits au silence par cette méthode scolastique et encore plus rarement convaincus et gagnés. Ils reconnaîtront tout au plus que leur adversaire est plus adroit, mais ils ne laissent pas d'être persuadés de la justice de leur cause. Et si l'on peut envelopper des raisonnements fallacieux dans le syllogisme, il faut que la fallace puisse être découverte par quelque autre moyen que celui du syllogisme. Cependant je ne suis point d'avis qu'on rejette les syllogismes, ni qu'on se prive d'aucun moyen capable d'aider l'entendement. Il y a des yeux qui ont besoin de lunettes ; mais ceux qui s'en servent ne doivent pas dire que personne ne peut bien voir sans lunettes. Ce serait trop rabaisser la nature en faveur d'un art auquel ils sont peut-être redevables. Si ce n'est qu'il leur soit arrivé tout au contraire ce qui a été éprouvé par des personnes qui se sont servies des lunettes trop ou trop tôt, qu'ils ont si fort offusqué la vue par leur moyen qu'ils n'ont plus pu voir sans leur secours.

THÉOPHILE. Votre raisonnement sur le peu d'usage des syllogismes est plein de quantité de remarques solides et belles. Et il faut avouer que la forme scolastique des syllogismes est peu employée dans le monde et qu'elle serait trop longue et embrouillerait si on la voulait employer sérieusement. Et cependant, le croiriez-vous ? Je tiens que l'invention de la forme des syllogismes est une des plus belles de l'esprit humain, et même des plus considérables. C'est une espèce de mathématique universelle dont l'importance n'est pas assez connue ; et l'on peut dire qu'un art d'infaillibilité y est contenu, pourvu qu'on sache et qu'on puisse s'en bien servir, ce qui n'est pas toujours permis. Or il faut savoir que par les arguments en forme, je n'entends pas seulement cette manière scolastique d'argumenter dont on se sert dans les collèges, mais tout raisonnement qui conclut par la force de la forme, et où l'on n'a besoin de suppléer aucun article, de sorte qu'un sorite [302], un autre tissu de syllogisme qui évite la répétition, même un compte bien dressé, un calcul d'algèbre, une analyse des infinitésimales me seront à peu près des arguments en forme, parce que leur forme de raisonner a été prédémontrée, en sorte qu'on est sûr de ne s'y point tromper. Et peu s'en faut que les démonstrations d'Euclide ne soient des arguments en forme le plus souvent ; car quand il fait des enthymèmes en apparence, la proposition supprimée et qui semble manquer est suppléée par la citation à la marge, où l'on donne le moyen de la trouver déjà démontrée ; ce qui donne un grand abrégé sans rien déroger à la force. Ces inversions, compositions et divisions des raisons dont il se sert ne sont que des espèces de formes d'argumenter particulières et propres aux mathématiciens et à la matière qu'ils traitent ; et ils démontrent ces formes avec l'aide des formes universelles de la logique commune. De plus il faut savoir qu'il y a des conséquences asyllogistiques bonnes et qu'on ne saurait démontrer à la rigueur par aucun syllogisme sans en changer un peu les termes ; et ce changement même des termes est la conséquence asyllogistique. Il y en a plusieurs, comme entre autres *a recto ad obliquum*[303] ; par exemple : [si] Jésus-Christ est Dieu ; donc la mère de Jésus-Christ est la mère de Dieu. Item, celle que les habiles logiciens ont appelée inversion de relation, comme par exemple cette conséquence : si David est père de Salomon, sans doute Salomon est le fils de David. Et ces conséquences ne laissent pas d'être démontrables par des vérités dont les syllogismes vulgaires mêmes dépendent. Les syllogismes aussi ne sont pas seulement catégoriques, mais encore hypothétiques, où les disjonctifs sont compris. Et l'on peut dire que les catégoriques sont simples ou composés. Les catégoriques simples sont ceux qu'on compte ordinairement, c'est-à-dire selon les modes des figures : et j'ai trouvé que les quatre figures ont chacune six modes, de sorte qu'il y a vingt-quatre modes en tout. Les quatre modes vulgaires de la première figure ne sont que l'effet de la signification des signes : Tout, Nul, Quelqu'un. Et les deux que j'y ajoute, pour ne rien omettre, ne sont que les subalternations des propositions universelles. Car de ces deux modes ordinaires : Tout B est C, et tout A est B, donc tout A est C ; item nul B est C, tout A est B, donc nul A est C, on peut faire ces deux modes additionnels : Tout B est C, tout A est B, donc quelque A est C ; item nul B est C, tout A est B, donc quelque A n'est point C. Car il n'est point nécessaire de démontrer la subalternation et de prouver ses conséquences : Tout A est C, donc quelque A est C ; item nul A est C, donc quelque A n'est point C, quoiqu'on la puisse pourtant démontrer par les identiques, joints aux modes déjà reçus de la première figure, en cette façon : Tout A est C, quelque A est A, donc quelque A est C ; item : nul A est C, quelque A est A, donc quelque A n'est point C. De sorte que les deux modes additionnels de la première figure se démontrent par les deux premiers modes ordinaires de ladite figure avec l'intervention de la subalternation, démontrable elle-même par les deux autres modes de la même figure. Et de la même façon la seconde figure en reçoit aussi deux nouveaux. Ainsi la première et la seconde en ont six ; la troisième en a eu six de tout temps ; on en donnait cinq à la quatrième, mais il se trouve qu'elle en a six aussi par le même principe d'addition. Mais il faut savoir que la forme logique ne nous oblige pas à cet ordre de propositions dont on se sert communément, et je suis de votre opinion, Monsieur, que cet autre arrangement vaut mieux : Tout A est B, tout B est C, donc tout A est C, ce qui se voit particulièrement par les sorites, qui sont un tissu de tels syllogismes. Car s'il y en avait encore un : Tout A est C, tout C est D, donc tout A est D, on peut faire un tissu de ces deux syllogismes, qui évite la répétition en disant : Tout A est B, tout B est C, tout C est D, donc tout A est D, où l'on voit que la proposition inutile, tout A est C, est négligée, et la répétition inutile de cette même proposition que les deux syllogismes demandaient est évitée ; car cette proposition est inutile désormais, et le tissu est un argument parfait et bon en forme sans cette même proposition quand la force du tissu a été démontrée une fois pour toutes par le moyen de ces deux syllogismes. Il y a une infinité d'autres tissus plus composés, non seulement parce qu'un plus grand nombre de syllogismes simples y entre, mais encore parce que les syllogismes ingrédients sont plus différents entre eux, car on y peut faire entrer non seulement des catégoriques simples, mais encore des copulatifs, et non seulement des catégoriques, mais encore des hypothétiques ; et non seulement des syllogismes pleins, mais encore des enthymèmes, où les propositions qu'on croit évidentes sont supprimées. Et tout cela, joint avec des conséquences asyllogistiques, et avec les transpositions des propositions, et avec quantité de tours et [phrases] qui cachent ces propositions par l'inclination naturelle de l'esprit à abréger, et par les propriétés du langage, qui paraissent en partie dans l'emploi des particules, fera un tissu de raisonnement qui représentera toute argumentation, même d'un orateur, mais décharnée et dépouillée de ses ornements et réduite à la forme logique, non pas scolastiquement, mais toujours suffisamment pour en connaître la force, suivant les lois de la logique, qui ne sont autres que celles du bon sens, mises en ordre et par écrit, et qui n'en diffèrent pas davantage que la coutume d'une province diffère de ce qu'elle avait été, quand de non écrite qu'elle était, elle est devenue écrite. Si ce n'est qu'étant mise par écrit, et se pouvant mieux envisager tout d'un coup, elle fournit plus de lumière pour pouvoir être poussée et appliquée ; car le bon sens naturel sans l'aide de l'art, faisant l'analyse de quelque raisonnement sera un peu en peine quelquefois sur la force des conséquences, en trouvant par exemple qui enveloppent quelque mode, bon à la vérité mais moins usité ordinairement. Mais un logicien qui voudrait qu'on ne se servît point de tels tissus, ou ne voudrait point s'en servir lui-même, prétendant qu'on doit toujours réduire tous les arguments composés aux syllogismes simples dont ils dépendent en effet, serait, suivant ce que je vous ai déjà dit, comme un homme qui voudrait obliger les marchands dont il achète quelque chose de lui compter les nombres un à un comme on compte aux doigts, ou comme l'on compte les heures de l'horloge de la ville ; ce qui marquerait sa stupidité, s'il ne pouvait compter autrement, et s'il ne pouvait trouver qu'au bout des doigts que 5 et 3 font 8 ; ou bien cela marquerait un caprice s'il savait ces abrégés et ne voulait point s'en servir, ou permettre qu'on s'en servît. Il serait aussi comme un homme qui ne voudrait point qu'on employât les axiomes et les théorèmes déjà démontrés, prétendant qu'on doit toujours réduire tout raisonnement aux premiers principes, où se voit la liaison immédiate des idées dont en effet ces théorèmes moyens dépendent.

Après avoir expliqué l'usage des formes logiques de la manière que je crois qu'on le doit prendre, je viens à vos considérations. Et je ne vois point comment vous voulez, Monsieur, que le syllogisme ne serve qu'à voir la connexion des preuves dans un seul exemple. De dire que l'esprit voit toujours facilement les conséquences, c'est ce qui ne se trouvera pas, car on en voit quelquefois (au moins dans les raisonnements d'autrui) où l'on a lieu de douter d'abord, tant qu'on n'en voit pas la démonstration. Ordinairement on se sert des exemples pour justifier les conséquences, mais cela n'est pas toujours assez sûr, quoiqu'il y ait un art de choisir des exemples qui ne se trouveraient point vrais si la conséquence n'était bonne. Je ne croyais pas qu'il fût permis dans les écoles bien gouvernées de nier sans aucune honte les convenances manifestes des idées, et il ne me paraît pas qu'on emploie le syllogisme à les montrer. Au moins ce n'est pas son unique et principal usage. On trouvera plus souvent qu'on ne pense (en examinant les paralogismes des auteurs) qu'ils ont péché contre les règles de la logique, et j'ai moi-même expérimenté quelquefois en disputant, même par écrit, avec des personnes de bonne foi, qu'on n'a commencé à s'entendre que lorsqu'on a argumenté en forme pour débrouiller un chaos de raisonnements. Il serait ridicule sans doute de vouloir argumenter à la scolastique dans des délibérations importantes, à cause des prolixités importunes et embarrassantes de cette forme de raisonnement, et parce que c'est comme compter aux doigts. Mais cependant il n'est que trop vrai que dans les plus importantes délibérations, qui regardent la vie, l'Etat, le salut, les hommes se laissent éblouir souvent par le poids de l'autorité, par la lueur de l'éloquence, par des exemples mal appliqués, par des enthymèmes qui supposent faussement l'évidence de ce qu'ils suppriment, et même par des conséquences fautives; de sorte qu'une logique sévère, mais d'un autre tour que celle de l'école, ne leur serait que trop nécessaire, entre autres pour déterminer de quel côté est la plus grande apparence. Au reste, de ce que le vulgaire des hommes ignore la logique artificielle, et qu'on ne laisse pas d'y bien raisonner et mieux quelquefois que des gens exercés en logique, cela n'en prouve pas l'inutilité, non plus qu'on prouverait celle de l'arithmétique artificielle parce qu'on voit quelques personnes bien compter dans les rencontres ordinaires sans avoir appris à lire ou à écrire, et sans savoir manier la plume ni les jetons, jusqu'à redresser même des fautes d'un autre qui a appris à calculer, mais qui se peut négliger ou embrouiller dans les caractères ou marques. Il est vrai qu'encore les syllogismes peuvent devenir sophistiques, mais leurs propres lois servent à les reconnaître : et les syllogismes ne convertissent et même ne convainquent pas toujours ; mais c'est parce que l'abus des distinctions et des termes mal entendus en rend l'usage prolixe jusqu'à devenir insupportable s'il fallait le pousser à bout.

Il ne me reste ici qu'à considérer et à suppléer votre argument, apporté pour servir d'exemple d'un raisonnement clair sans la forme des logiciens : Dieu punit l'homme (c'est un fait supposé), Dieu punit justement celui qu'il punit (c'est une vérité de raison qu'on peut prendre pour démontrée), donc Dieu punit l'homme justement (c'est une conséquence syllogistique étendue [par la conséquence] asyllogistiquement *a recto ad obliquum*), donc l'homme est puni justement (c'est une inversion de relation mais qu'on supprime à cause de son évidence), donc l'homme est coupable (c'est un enthymème, où l'on supprime cette proposition qui en effet n'est qu'une définition : celui qu'on punit justement est coupable), donc l'homme aurait pu faire autrement (on supprime cette proposition : celui qui est coupable a pu faire autrement), donc l'homme a été libre (on supprime encore : qui a pu faire autrement a été libre), donc (par la définition du libre) il a eu la puissance de se déterminer. Ce qu'il fallait prouver. Où je remarque encore qu'on peut dire que ce donc même enferme en effet la proposition sous-entendue (que celui qui est libre a la puissance de se déterminer) et sert à éviter la répétition des termes. Et dans ce sens, il n'y aurait rien d'omis et l'argument à cet égard pourrait passer pour entier. On voit que ce raisonnement est un tissu de syllogismes entièrement conformes à la logique ; car je ne veux point maintenant considérer la matière de ce raisonnement, où il y aurait peut-être des remarques à faire ou des éclaircissements à demander. Par exemple, quand un homme ne peut point faire autrement, il y a des cas où il pourrait être coupable devant Dieu, comme s'il était bien aise de ne point pouvoir secourir son prochain pour avoir une excuse. Pour conclure, j'avoue que la forme d'argumenter scolastique est ordinairement incommode, insuffisante, mal ménagée, mais je dis en même temps que rien ne serait plus important que l'art d'argumenter en forme selon la vraie logique, c'est-à-dire pleinement quant à la matière et clairement quant à l'ordre et à la force des conséquences, soit évidentes par elles-mêmes, soit prédémontrées.

§ 5. PHILALÈTHE. *Je croyais que le syllogisme serait encore moins utile, ou plutôt absolument d'aucun usage dans les probabilités, parce qu'il ne pousse qu'un seul argument topique. Mais je vois maintenant qu'il faut toujours prouver solidement ce qu'il y a de sûr dans l'argument topique même, c'est-à-dire l'apparence qui s'y trouve, et que la force de la conséquence consiste dans la forme. § 6. Cependant si les syllogismes servent à juger, je doute qu'ils puissent servir à inventer, c'est-à-dire à trouver des preuves et à faire de nouvelles découvertes. Par exemple je ne crois pas que la découverte de la 47ᵉ proposition du premier livre d'Euclide soit due aux règles de la logique ordinaire, car on connaît premièrement, et puis on est capable de prouver en forme syllogistique.*

THÉOPHILE. Comprenant sous les syllogismes encore les tissus de syllogismes et tout ce que j'ai appelé argumentation en forme, on peut dire que la connaissance qui n'est pas évidente par elle-même s'acquiert par des conséquences, lesquelles ne sont bonnes que lorsqu'elles ont leur forme due. Dans la démonstration de ladite proposition qui fait le carré de l'hypoténuse égal aux deux carrés des côtés, on coupe le grand carré en pièces et les deux petits aussi, et il se trouve que les pièces des deux petits carrés se peuvent toutes trouver dans le grand et ni plus ni moins. C'est prouver l'égalité en forme, et les égalités des pièces se prouvent aussi par des arguments en bonne forme. L'analyse des Anciens était, suivant Pappus, de prendre ce qu'on demande et d'en tirer des conséquences jusqu'à ce qu'on vienne à quelque chose de donné ou de connu. J'ai remarqué que pour cet effet il faut que les propositions soient réciproques, afin que la démonstration synthétique puisse repasser à rebours par les traces de l'analyse, mais c'est toujours tirer des conséquences. Il est bon cependant de remarquer ici que dans les hypothèses astronomiques ou physiques, le retour n'a point de lieu ; mais aussi le succès ne démontre pas la vérité de l'hypothèse. Il est vrai qu'il la rend probable, mais comme cette probabilité paraît pécher contre la règle de logique, qui enseigne que le vrai peut être tiré du faux, on dira que les règles logiques n'auront point lieu entièrement dans les questions probables. Je réponds qu'il est possible que le vrai soit conclu du faux, mais il n'est pas toujours probable, surtout lorsqu'une simple hypothèse rend raison de beaucoup de vérités, ce qui est rare et se rencontre difficilement. On pourrait dire avec Cardan [304] que la logique des probables a d'autres conséquences que la logique des vérités nécessaires. Mais la probabilité même de ces conséquences doit être démontrée par les conséquences de la logique des nécessaires.

§ 7. PHILALÈTHE. Vous paraissez faire l'apologie de la logique vulgaire, mais je vois bien que ce que vous apportez appartient à une logique plus sublime, à qui la vulgaire n'est que ce que les rudiments abécédaires sont à l'érudition : ce qui me fait souvenir *d'un passage du judicieux Hooker* [305], *qui dans son livre intitulé* la Police ecclésiastique, *liv. I, § 6, croit que si l'on pouvait fournir les vrais secours du savoir et de l'art de raisonner, que, dans ce siècle qui passe pour éclairé, on ne connaît pas beaucoup et dont on ne se met pas fort en peine, il y aurait autant de différence par rapport à la solidité du jugement entre les hommes qui s'en serviraient et ce que les hommes sont à présent qu'entre les hommes d'à présent et les imbéciles. Je souhaite que notre conférence puisse donner occasion à faire trouver à quelques-uns ces vrais secours de l'art dont parle ce grand homme qui avait l'esprit si pénétrant. Ce ne seront pas les imitateurs qui comme le bétail suivent le chemin battu* (imitatorum servum pecus [306]). *Cependant j'ose dire qu'il y a dans ce siècle des personnes d'une telle force de jugement et d'une si grande étendue d'esprit qu'ils pourraient trouver pour l'avancement de la connaissance des chemins nouveaux, s'ils voulaient prendre la peine de tourner leurs pensées de ce côté-là.*

THÉOPHILE. Vous avez bien remarqué, Monsieur, avec feu M. Hooker, que le monde ne s'en met guère en peine ; autrement je crois qu'il y a et qu'il y a eu des personnes capables d'y réussir. Il faut avouer cependant que nous avons maintenant des grands secours, tant du côté des mathématiques que de la philosophie, où les *Essais concernant l'Entendement humain* de votre excellent ami ne sont pas le moindre. Nous verrons s'il y aura moyen d'en profiter.

§ 8. PHILALÈTHE. Il faut que je vous dise encore, Monsieur, que j'ai cru *qu'il y avait une méprise visible dans les règles du syllogisme ;*

mais depuis que nous conférons ensemble, vous m'avez fait hésiter. *Je vous représenterai pourtant ma difficulté. On dit que nul raisonnement syllogistique ne peut être concluant s'il ne contient au moins une proposition universelle. Mais il semble qu'il n'y ait que les choses particulières qui soient l'objet immédiat de nos raisonnements et de nos connaissances; elles ne roulent que sur la convenance et la disconvenance des idées, dont chacune n'a qu'une existence particulière et ne représente qu'une chose singulière.*

THÉOPHILE. Autant que vous concevez la similitude des choses, vous concevez quelque chose de plus, et l'universalité ne consiste qu'en cela. Toujours vous ne proposerez jamais distinctement aucun de nos arguments sans y employer des vérités universelles. Il est bon pourtant de remarquer qu'on comprend (quant à la forme) les propositions singulières sous les universelles. Car quoiqu'il soit vrai qu'il n'y a qu'un seul saint Pierre Apôtre, on peut pourtant dire que quiconque a été saint Pierre l'Apôtre a renié son maître. Ainsi ce syllogisme : saint Pierre a renié son maître, saint Pierre a été disciple, donc quelque disciple a renié son maître (quoiqu'il n'ait que des prémisses singulières), est jugé de les avoir universelles affirmatives et le mode sera darapti de la troisième figure.

PHILALÈTHE. Je voulais encore vous dire qu'il me paraissait mieux de transposer les prémisses des syllogismes et de dire : Tout A est B, tout B est C, donc tout A est C, que de dire : Tout B est C, tout A est B, donc tout A est C. Mais il semble par ce que vous avez dit qu'on ne s'en éloigne pas et qu'on compte l'un et l'autre pour un même mode. Il est toujours vrai, comme vous avez remarqué, que la disposition différente de la vulgaire est plus propre à faire un tissu de plusieurs syllogismes.

THÉOPHILE. Je suis tout à fait de votre sentiment. Il semble cependant qu'on a cru qu'il était plus didactique de commencer par des propositions universelles, telles que sont les majeures dans la première et dans la seconde figures ; et il y a encore des orateurs qui ont cette coutume. Mais la liaison paraît mieux comme vous le proposez. J'ai remarqué autrefois qu'Aristote peut avoir eu une raison particulière pour la disposition vulgaire. Car au lieu de dire A est B, il a coutume de dire B est en A. Et de cette façon d'énoncer, la liaison même que vous demandez lui viendra dans la disposition reçue. Car au lieu de dire : B est C, A est B, donc A est C, il l'énoncera ainsi : c'est en B, B est en A, donc C est en A. Par exemple, au lieu de dire : Le rectangle est isogone (ou à angles égaux), le carré est rectangle, donc le carré est isogone, Aristote, sans transposer les propositions, conservera la place du milieu au terme moyen par cette manière d'énoncer les propositions, qui en renverse les termes, et il dira : L'isogone est dans le rectangle, le rectangle est dans le carré, donc l'isogone est dans le carré. Et cette manière d'énoncer n'est pas à mépriser, car en effet le prédicat est dans le sujet, ou bien l'idée du prédicat est enveloppée dans l'idée du sujet. Par exemple, l'isogone est dans le rectangle, car le rectangle est la figure dont tous les angles sont droits, or tous les angles droits sont égaux entre eux, donc dans l'idée du rectangle est l'idée d'une figure dont tous les angles sont égaux, ce qui est l'idée de l'isogone. La manière d'énoncer vulgaire regarde plutôt les individus, mais celle d'Aristote a plus d'égard aux idées ou universaux. Car disant tout homme est animal, je veux dire que tous les hommes sont compris dans tous les animaux ; mais j'entends en même temps que l'idée de l'animal est comprise dans l'idée de l'homme. L'animal comprend plus d'individus que l'homme, mais l'homme comprend plus d'idée ou plus de formalités ; l'un a plus d'exemples, l'autre plus de degrés de réalité ; l'un a plus d'extension, l'autre plus d'intension. Aussi peut-on dire véritablement que toute la doctrine syllogistique pourrait être démontrée par celle *de continente et contento*, du comprenant et du compris, qui est différente de celle du tout et de la partie ; car le tout excède toujours la partie, mais le comprenant et le compris sont quelquefois égaux, comme il arrive dans les propositions réciproques.

§ 9. PHILALÈTHE. Je commence à me former une tout autre idée de la logique que je n'en avais autrefois. Je la prenais pour un jeu d'écolier, et je vois maintenant qu'il y a comme une mathématique universelle, de la manière que vous l'entendez. Plût à Dieu qu'on la poussât à quelque chose de plus qu'elle n'est encore, *afin que nous y puissions trouver ces vrais secours de la raison, dont parlait Hooker, qui élèveraient les hommes bien au-dessus de leur présent état. Et la raison est une faculté qui en a d'autant plus besoin que son étendue est assez limitée et qu'elle nous manque en bien des rencontres. C'est 1) parce que souvent les idées mêmes nous manquent*. § 10. *Et puis 2) elles sont souvent obscures et imparfaites : au lieu que là où elles sont claires (et distinctes), comme dans les nombres, nous ne trouvons point de difficultés insurmontables et ne tombons dans aucune contradiction.* § 11. *3) Souvent aussi la difficulté vient de ce que les idées moyennes nous manquent. L'on sait qu'avant que l'algèbre, ce grand instrument et cette preuve insigne de la sagacité de l'homme, eût été découverte, les hommes regardaient avec étonnement plusieurs démonstrations des anciens mathématiciens.* § 12. *Il arrive aussi 4) qu'on bâtit sur de faux principes, ce qui peut engager dans des difficultés où la raison embrouille davantage, bien loin d'éclairer.* § 13. *Enfin, 5) les termes dont la signification est incertaine embarrassent la raison.*

THÉOPHILE. Je ne sais s'il nous manque tant d'idées qu'on croit, c'est-à-dire de distinctes. Quant aux idées confuses ou images plutôt, ou si vous voulez impressions, comme couleurs, goûts, etc., qui sont un résultat de plusieurs petites idées distinctes en elles-mêmes, mais dont on ne s'aperçoit pas distinctement, il nous en manque une infinité qui sont convenables à d'autres créatures plus qu'à nous. Mais ces impressions aussi servent plutôt à donner des instincts et à fonder des observations d'expérience qu'à fournir de la matière à la raison, si ce n'est en tant qu'elles sont accompagnées de perceptions distinctes. C'est donc principalement le défaut de la connaissance que nous avons de ces idées distinctes, cachées dans les confuses, qui nous arrête, et lors même que tout est distinctement exposé à nos sens ou à notre esprit, la multitude des choses qu'il faut considérer nous embrouille quelquefois. Par exemple, lorsqu'il y a un tas de 1 000 boulets devant nos yeux, il est visible que pour bien concevoir le nombre et les propriétés de cette multitude, il sert beaucoup de les ranger en figures, comme l'on fait dans les magasins, afin d'en avoir des idées distinctes et les fixer même en sorte qu'on puisse s'épargner la peine de les compter plus d'une fois. C'est la multitude des considérations aussi qui fait que dans la science des nombres mêmes il y a des difficultés très grandes, car on y cherche des abrégés et on ne sait pas quelquefois si la nature en a dans ses replis pour le cas dont il s'agit. Par exemple, qu'y a-t-il de plus simple en apparence que la notion du nombre primitif ? c'est-à-dire du nombre entier indivisible par tout autre excepté par l'unité et par lui-même. Cependant on cherche encore une marque positive et facile pour les reconnaître certainement sans essayer tous les diviseurs primitifs, moindres que la racine carrée du primitif donné. Il y a quantité de marques qui font connaître sans beaucoup de calcul que tel nombre n'est point primitif, mais on en demande une qui soit facile et qui fasse connaître certainement qu'il est primitif quand il l'est. C'est ce qui fait aussi que l'algèbre est encore si imparfaite, quoiqu'il n'y ait rien de plus connu que les idées dont elle se sert, puisqu'elles ne signifient que des nombres en général ; car le public n'a pas encore le moyen de tirer les racines irrationnelles d'aucune équation au-delà du 4e degré (excepté dans un cas fort borné) et les méthodes dont Diophante, Scipion du Fer, et Louis de Ferrare [307] se sont servis respectivement pour le second, 3e et 4e degré, afin de les réduire au premier, ou afin de réduire une équation affectée à une pure, sont toutes différentes entre elles, c'est-à-dire celle qui sert pour un degré diffère de celle qui sert pour l'autre. Car le second degré, ou de l'équation carrée, se réduit au premier, en ôtant seulement le second terme. Le troisième degré, ou de l'équation cubique, a été résolu, parce qu'en coupant l'inconnue en parties, il en provient heureusement une équation du second degré. Et dans le 4e degré, ou des biquadrates, on ajoute quelque chose des deux côtés de l'équation pour la rendre extrayable de part et d'autre, et il se trouve encore heureusement que, pour obtenir cela, on n'a besoin que d'une équation cubique seulement. Mais tout cela n'est qu'un mélange de bonheur ou de hasard avec l'art ou méthode. Et en le tentant dans ces deux derniers degrés, on ne savait pas si l'on réussirait. Aussi faut-il encore quelque autre artifice pour réussir dans le cinquième ou sixième degré, qui sont des sursolides et des bicubes. Et quoique M. Descartes ait cru que la méthode dont il s'est servi dans le 4e en concevant l'équation comme produite par deux autres équations carrées (mais qui dans le fond ne saurait donner plus que celle de Louis de Ferrare) réussirait aussi dans le sixième, cela ne s'est point trouvé. Cette difficulté fait voir qu'encore les idées les plus claires et les plus distinctes ne nous donnent pas toujours tout ce qu'on demande et tout qui s'en peut tirer. Et cela fait encore juger qu'il s'en faut beaucoup que l'algèbre soit l'art d'inventer, puisqu'elle-même a besoin d'un art plus général ; et l'on peut même dire que la spécieuse en général, c'est-à-dire l'art des caractères, est un secours merveilleux, parce qu'elle décharge l'imagination. L'on ne doutera point, voyant l'arithmétique de Diophante et les livres géométriques d'Apollonius et de Pappus, que les anciens n'en aient eu quelque chose. Viète y a donné plus d'étendue, en exprimant non seulement ce qui est demandé, mais encore les nombres donnés, par des caractères généraux, faisant en calculant ce qu'Euclide faisait déjà en raisonnant, et Descartes a étendu l'application de ce calcul à la géométrie, en marquant les lignes par les équations. Cependant encore après la découverte de notre algèbre moderne, M. Bouillaud (Ismaël Bullialdus [308]), excellent géomètre sans doute, que j'ai encore connu à Paris, ne regardait qu'avec étonnement les démonstrations d'Archimède sur la spirale et ne pouvait point comprendre comment ce grand homme s'était avisé d'employer la tangente de cette ligne pour la dimension du cercle. Le Père Grégoire de Saint Vincent [309] le paraît avoir deviné, jugeant qu'il y est venu par le parallélisme de la spirale avec la parabole. Mais cette voie n'est que particulière, au lieu que le nouveau calcul des infinitésimales qui procède par la voie des différences, dont je me suis avisé et dont j'ai fait part au public avec succès, en donne une générale, où cette découverte par la spirale n'est qu'un jeu et qu'un essai des plus faciles, comme presque tout ce qu'on avait trouvé auparavant en matière de dimensions des courbes. La raison de l'avantage de ce nouveau calcul est encore qu'il décharge l'imagination dans les problèmes que M. Descartes avait exclus de sa *Géométrie* sous prétexte qu'ils menaient au mécanique le plus souvent, mais dans le fond parce qu'ils ne convenaient pas à son calcul. Pour ce qui est des erreurs qui viennent des termes ambigus [et des faux principes], il dépend de nous de les éviter.

§ 14. PHILALÈTHE. *Il y a aussi un cas où la raison ne peut pas être appliquée, mais où aussi on n'en a point besoin et où la vue vaut mieux que la raison. C'est dans la connaissance intuitive, où la liaison des idées et des vérités se voit immédiatement. Telle est la connaissance des maximes indubitables, et je suis tenté de croire que c'est le degré d'évidence que les anges ont présentement et que les esprits des hommes justes, parvenus à la perfection, auront dans un état à venir sur mille choses qui échappent à présent à notre entendement.* § 15. *Mais la démonstration, fondée sur des idées moyennes, donne une connaissance raisonnée. C'est parce que la liaison de l'idée moyenne avec les extrêmes est nécessaire et se voit par une juxtaposition d'évidence, semblable à celle d'une aune qu'on applique tantôt à un drap et tantôt à un autre pour faire voir qu'ils sont égaux.* § 16. *Mais si la liaison n'est que probable, le jugement ne donne qu'une opinion.*

THÉOPHILE. Dieu seul a l'avantage de n'avoir que des connaissances intuitives. Mais les âmes bienheureuses, quelque détachées qu'elles soient de ces corps grossiers, et les génies mêmes, quelque sublimes qu'ils soient, quoiqu'ils aient une connaissance plus intuitive que nous sans comparaison et qu'ils voient souvent d'un coup d'œil ce que nous ne trouvons qu'à force de conséquences, après avoir employé du temps et de la peine, doivent trouver aussi des difficultés en leur chemin, sans quoi ils n'auraient point le plaisir de faire des découvertes, qui est un des plus grands. Et il faut toujours reconnaître qu'il y aura une infinité de vérités qui leur sont cachées ou tout à fait ou pour un temps, où il faut qu'ils arrivent à force de conséquences et par la démonstration ou même souvent par conjecture.

PHILALÈTHE. Donc ces génies ne sont que des animaux plus parfaits que nous, c'est comme si vous disiez avec Arlequin l'empereur de la lune que c'est tout comme ici[310].

THÉOPHILE. Je le dirai, non pas tout à fait, mais quant au fond des choses, car les manières et les degrés de perfection varient à l'infini. Cependant le fond est partout le même, ce qui est une maxime fondamentale chez moi et qui règne dans toute ma philosophie. Et je ne conçois les choses inconnues ou confusément connues que de la manière de celles qui nous sont distinctement connues ; ce qui rend la philosophie bien aisée, et je crois même qu'il en faut user ainsi. Mais si cette philosophie est la plus simple dans le fond, elle est aussi la plus riche dans les manières, parce que la nature les peut varier à l'infini, comme elle le fait aussi avec autant d'abondance, d'ordre et d'ornements qu'il est possible de se figurer. C'est pourquoi je crois qu'il n'y a point de génie, quelque sublime qu'il soit, qui n'en ait une infinité au-dessus de lui. Cependant, quoique nous soyons fort inférieurs à tant d'êtres intelligents, nous avons l'avantage de n'être point contrôlés visiblement dans ce globe, où nous tenons sans contredit le premier rang ; et avec toute l'ignorance où nous sommes plongés, nous avons toujours le plaisir de ne rien voir qui nous surpasse. Et si nous étions vains, nous pourrions juger comme César qui aimait mieux être le premier dans une bourgade que le second à Rome. Au reste je ne parle ici que des connaissances naturelles de ces esprits et non pas de la vision béatifique, ni des lumières surnaturelles que Dieu veut bien leur accorder.

§ 19. PHILALÈTHE. *Comme chacun se sert de la raison, ou à part soi, ou envers un autre, il ne sera pas inutile de faire quelques réflexions sur quatre sortes d'arguments dont les hommes ont accoutumé de se servir pour entraîner les autres dans leurs sentiments ou du moins pour les tenir dans une espèce de respect, qui les empêche de contredire. Le premier argument se peut appeler* argumentum ad verecundiam, *quand on cite l'opinion de ceux qui ont acquis de l'autorité par leur savoir, rang, puissance ou autrement ; car lorsqu'un autre ne s'y rend pas promptement, on est porté à le censurer comme plein de vanité et même à le taxer d'insolence.* § 20. *Il y a 2)* argumentum ad ignorantiam, *c'est d'exiger que l'adversaire admette la preuve ou qu'il en assigne une meilleure.* § 21. *Il y a 3)* argumentum ad hominem, *quand on presse un homme par ce qu'il a dit lui-même.* § 22. *Enfin il y a 4)* argumentum ad judicium, *qui consiste à employer des preuves tirées de quelqu'une des sources de la connaissance ou de la probabilité. Et c'est le seul de tous qui nous avance* et instruit ; car si par respect je n'ose point contredire, ou si je n'ai rien de meilleur à dire, ou si je me contredis, il ne s'ensuit point que vous avez raison. Je puis être modeste, ignorant, trompé, et vous pouvez vous être trompé aussi.

THÉOPHILE. Il faut sans doute faire différence entre ce qui est bon à dire et ce qui est vrai à croire. Cependant comme la plupart des vérités peuvent être soutenues hardiment, il y a quelque préjugé contre une opinion qu'il faut cacher. L'argument *ad ignorantiam* est bon dans les cas à présomption, où il est raisonnable de se tenir à une opinion jusqu'à ce que le contraire se prouve. L'argument *ad hominem* a cet effet qu'il montre que l'une ou l'autre assertion est fausse, et que l'adversaire s'est trompé, de quelque manière qu'on le prenne. On pourrait encore apporter d'autres arguments dont on se sert, par exemple celui qu'on pourrait appeler *ad vertiginem*, lorsqu'on raisonne ainsi : Si cette preuve n'est point reçue, nous n'avons aucun moyen de parvenir à la certitude sur le point dont il s'agit, ce qu'on prend pour une absurdité. Cet argument est bon en certains cas, comme si quelqu'un voulait nier les vérités primitives et immédiates, par exemple que rien ne peut être et n'être pas en même temps, ou que nous existons nous-mêmes, car s'il avait raison, il n'y aurait aucun moyen de connaître quoi que ce soit. Mais quand on s'est fait certains principes et quand on les veut soutenir, parce qu'autrement tout le système de quelque doctrine reçue tomberait, l'argument n'est point décisif ; car il faut distinguer entre ce qui est nécessaire pour soutenir nos connaissances et entre ce qui sert de fondement à nos doctrines reçues ou à nos pratiques. On s'est servi quelquefois chez les jurisconsultes d'un raisonnement approchant pour justifier la condamnation ou la torture des prétendus sorciers sur la déposition d'autres accusés du même crime, car on disait : Si cet argument tombe, comment les convaincrons-nous ? et quelquefois, en matière criminelle, certains auteurs prétendent que dans les faits où la conviction est plus difficile, des preuves plus légères peuvent passer pour suffisantes. Mais ce n'est pas une raison. Cela prouve seulement qu'il faut employer plus de soin et non pas qu'on doit croire plus légèrement, excepté dans les crimes extrêmement dangereux, comme par exemple en matière de haute trahison où cette considération est de poids, non pas pour condamner un homme mais pour l'empêcher de nuire ; de sorte qu'il peut y avoir un milieu, non pas entre coupable et non coupable, mais entre la condamnation et le renvoi, dans les jugements où la loi et la coutume l'admettent. On s'est servi d'un semblable argument en Allemagne depuis quelque temps pour colorer [311] les fabriques de la mauvaise monnaie ; car (disait-on), s'il faut se tenir aux règles prescrites, on n'en pourra point battre sans y perdre. Il doit donc être permis d'en détériorer l'alliage. Mais outre qu'on devait diminuer le poids seulement et non pas l'alliage ou le titre, pour mieux obvier aux fraudes, on suppose qu'une pratique est nécessaire, qui ne l'est point ; car il n'y a point d'ordre du ciel ni de loi humaine qui oblige à battre monnaie ceux qui n'ont point de mine ni d'occasion d'avoir de l'argent en barres ; et de faire monnaie de monnaie, c'est une mauvaise pratique, qui porte naturellement la détérioration avec elle. Mais comment excercerons-nous (disent-ils) notre régale d'en battre ? La réponse est aisée. Contentez-vous de faire battre quelque peu de bon argent, même avec une petite perte, si vous croyez qu'il vous importe d'être mis sous le marteau, sans que vous ayez besoin ni droit d'inonder le monde de méchant billon.

§ 23. PHILALÈTHE. *Après avoir dit un mot du rapport de notre raison aux autres hommes, ajoutons quelque chose de son rapport à Dieu, qui fait que nous distinguons entre ce qui est contraire à la raison et ce qui est au-dessus de la raison. De la première sorte est tout ce qui est incompatible avec nos idées claires et distinctes ; de la seconde est tout sentiment dont nous ne voyons pas que la vérité ou la probabilité puisse être déduite de la sensation ou de la réflexion par le secours de la raison. Ainsi l'existence de plus d'un Dieu est contraire à la raison, et la résurrection des morts est au-dessus de la raison.*

THÉOPHILE. Je trouve quelque chose à remarquer sur votre définition de ce qui est au-dessus de la raison, au moins si vous la rapportez à l'usage reçu de cette phrase ; car il me semble que de la manière que cette définition est couchée, elle va trop loin d'un côté et pas assez loin de l'autre ; et si nous la suivons, tout ce que nous ignorons et que nous ne sommes pas en pouvoir de connaître dans notre présent état au-dessus de la raison, par exemple qu'une telle étoile fixe est plus ou moins grande que le soleil, item que le Vésuve jettera du feu dans une telle année, ce sont des faits dont la connaissance nous surpasse, non pas parce qu'ils sont au-dessus de la raison, mais parce qu'ils sont au-dessus des sens ; car nous pourrions fort bien juger de cela, si nous avions des organes plus parfaits et plus d'information des circonstances. Il y a aussi des difficultés qui sont au-dessus de notre présente faculté, mais non pas au-dessus de toute la raison ; par exemple, il n'y a point d'astronome ici-bas qui puisse calculer le détail d'une éclipse dans l'espace d'un *pater* et sans mettre la plume à la main, cependant il y a peut-être des génies à qui cela ne serait qu'un jeu. Ainsi toutes ces choses pourraient être rendues connues ou praticables par le secours de la raison, en supposant plus d'information des faits, des organes plus parfaits et l'esprit plus élevé.

PHILALÈTHE. Cette objection cesse si j'entends ma définition non seulement de notre sensation ou réflexion, mais aussi de celle de tout autre esprit créé possible.

THÉOPHILE. Si vous le prenez ainsi, vous avez raison. Mais il restera l'autre difficulté, c'est qu'il n'y aura rien au-dessus de la raison suivant notre définition, parce que Dieu pourra toujours donner des moyens d'apprendre par la sensation et la réflexion quelque vérité que ce soit ; comme en effet les plus grands mystères nous deviennent connus par le témoignage de Dieu, qu'on reconnaît par les motifs de crédibilité, sur lesquels notre religion est fondée. Et ces motifs dépendent sans doute de la sensation et de la réflexion. Il semble donc que la question est, non pas si l'existence d'un fait ou la vérité d'une proposition peut être déduite des principes dont se sert la raison, c'est-à-dire de la sensation et de la réflexion ou bien des sens externes et internes, mais si un esprit créé est capable de connaître le comment de ce fait, ou la raison *a priori* de cette vérité ; de sorte qu'on peut dire que ce qui est au-dessus de la raison peut bien être appris, mais il ne peut pas être compris par les voies et les forces de la raison créée, quelque grande et relevée qu'elle soit. Il est réservé à Dieu seul de l'entendre, comme il appartient à lui seul de le mettre en fait.

[§ 24.] PHILALÈTHE. Cette considération me paraît bonne, et c'est ainsi que je veux qu'on prenne ma définition. Et cette même considération me confirme aussi dans l'opinion où je suis que *la manière de parler qui oppose la raison à la foi, quoiqu'elle soit fort autorisée, est impropre ; car c'est par la raison que nous vérifions ce que nous devons croire. La foi est un ferme assentiment, et l'assentiment réglé comme il faut ne peut être donné que sur de bonnes raisons. Ainsi celui qui croit sans avoir aucune raison de croire peut être amoureux de ses fantaisies, mais il n'est pas vrai qu'il cherche la vérité, ni qu'il rende une obéissance légitime à son divin maître, qui voudrait qu'il fît usage des facultés dont il l'a enrichi pour le préserver de l'erreur. Autrement, s'il est dans le bon chemin, c'est par hasard ; et s'il est dans le mauvais, c'est par sa faute, dont il est comptable à Dieu.*

THÉOPHILE. Je vous applaudis fort, Monsieur, lorsque vous voulez que la foi soit fondée en raison : sans cela pourquoi préférerions-nous la Bible à l'Alcoran ou aux anciens livres des Brahmines ? Aussi nos théologiens et autres savants hommes l'ont bien reconnu, et c'est ce qui nous a fait avoir de si beaux ouvrages de la vérité de la religion chrétienne, et tant de belles preuves qu'on a mises en avant contre les païens et autres mécréants anciens et modernes. Aussi les personnages sages ont toujours tenu pour suspects ceux qui ont prétendu qu'il ne fallait point se mettre en peine des raisons et preuves quand il s'agit de croire ; chose impossible en effet à moins que croire ne signifie réciter, ou répéter et laisser passer sans s'en mettre en peine, comme font bien des gens, et comme c'est même le caractère de quelques nations plus que d'autres. C'est pourquoi quelques philosophes aristotéliciens du XVe et XVIe siècle, dont des restes ont subsisté encore longtemps depuis (comme l'on peut juger par les lettres de feu M. Naudé[312] et les *Naudeana*), ayant voulu soutenir deux vérités opposées, l'une philosophique et l'autre théologique, le dernier concile du Latran[313], sous Léon X, eut raison de s'y opposer, comme je crois avoir déjà remarqué. Et une dispute toute semblable s'éleva à Helmstaedt autrefois entre Daniel Höfman, théologien, et Corneille Martin, philosophe, mais avec cette différence que le philosophe conciliait la philosophie avec la révélation et que le théologien en voulait rejeter l'usage[314]. Mais le duc Jules, fondateur de l'université, prononça pour le philosophe. Il est vrai que de notre temps une personne de la plus grande élévation[315] disait qu'en matière de foi il fallait se crever les yeux pour voir clair, et Tertullien dit quelque part : Ceci est vrai, car il est impossible ; il le faut croire, car c'est une absurdité. Mais si l'intention de ceux qui s'expliquent de cette manière est bonne, toujours les expressions sont outrées et peuvent faire du tort. Saint Paul parle plus juste lorsqu'il dit que la sagesse de Dieu est folie devant les hommes [316] ; c'est parce que les hommes ne jugent des choses que suivant leur expérience, qui est extrêmement bornée, et tout ce qui n'y est point conforme leur paraît une absurdité. Mais ce jugement est fort téméraire, car il y a même une infinité de choses naturelles qui nous passeraient pour aussi absurdes, si on nous les racontait, comme la glace qu'on disait couvrir nos rivières le parut au roi de Siam. Mais l'ordre de la nature même, n'étant d'aucune nécessité métaphysique, n'est fondé que dans le bon plaisir de Dieu, de sorte qu'il s'en peut éloigner par des raisons supérieures de la grâce, quoiqu'il n'y faille point aller que sur des bonnes preuves, qui ne peuvent venir que du témoignage de Dieu lui-même, où l'on doit déférer absolument lorsqu'il est dûment vérifié.

CHAPITRE XVIII

DE LA FOI ET DE LA RAISON ET DE LEURS BORNES DISTINCTES

§ 1. PHILALÈTHE. Accommodons-nous cependant de la manière de parler reçue, et souffrons que dans un certain sens on distingue la foi de la raison. Mais il est juste *qu'on explique bien nettement ce sens et qu'on établisse les bornes qui sont entre ces deux choses ; car l'incertitude de ces bornes a certainement produit dans le monde de grandes disputes et peut-être causé même de grands désordres. Il est au moins manifeste que jusqu'à ce qu'on les ait déterminées, c'est en vain qu'on dispute, puisqu'il faut employer la raison en disputant de la foi. § 2. Je trouve que chaque secte se sert avec plaisir de la raison, autant qu'elle en croit pouvoir tirer quelque secours : cependant, dès que la raison vient à manquer, on s'écrie que c'est un article de foi qui est au-dessus de la raison. Mais l'antagoniste aurait pu se servir de la même défaite lorsqu'on se mêlait de raisonner contre lui, à moins qu'on ne marque pourquoi cela ne lui était pas permis dans un cas qui semble pareil. Je suppose que la raison est ici la découverte de la certitude ou de la probabilité des propositions tirées des connaissances que nous avons acquises par l'usage de nos facultés naturelles, c'est-à-dire par sensation et par réflexion, et que la foi est l'assentiment qu'on donne à une proposition fondée sur la révélation, c'est-à-dire sur une communication extraordinaire de Dieu, qui l'a fait connaître aux hommes. § 3. Mais un homme inspiré de Dieu ne peut point communiquer aux autres aucune nouvelle idée simple, parce qu'il ne se sert que de paroles ou d'autres signes, qui réveillent en nous des idées simples que la coutume y a attachées, ou de leur combinaison : et quelques idées nouvelles que saint Paul eût reçues lorsqu'il fut ravi au troisième Ciel, tout ce qu'il en a pu dire fut que ce sont des choses que l'œil n'a point vues, que l'oreille n'a point ouïes, et qui ne sont jamais entrées dans le cœur de l'homme*[317]. *Supposé qu'il y eût des créatures dans le globe de Jupiter, pourvues de six sens, et que Dieu donnât surnaturellement à un homme d'entre nous les idées de ce sixième sens, il ne pourra point les faire naître par des paroles dans l'esprit des autres hommes. Il faut donc distinguer entre* révélation originale et traditionale. *La première est une impression que Dieu fait immédiatement sur l'esprit, à laquelle nous ne pouvons fixer aucunes bornes, l'autre ne vient que par les voies ordinaires de la communication et ne saurait donner de nouvelles idées simples.* § 4. *Il est vrai qu'encore les vérités qu'on peut découvrir par la raison nous peuvent être communiquées par une révélation traditionale, comme si Dieu avait voulu communiquer aux hommes des théorèmes géométriques, mais ce ne serait pas avec autant de certitude que si nous en avions la démonstration, tirée de la liaison des idées. C'est aussi comme Noé avait une connaissance plus certaine du déluge que celle que nous en acquérons par le livre de Moïse ; et comme l'assurance de celui qui a vu que Moïse l'écrivait actuellement et qu'il faisait les miracles qui justifient son inspiration, était plus grande que la nôtre.* § 5. *C'est ce qui fait que la révélation ne peut aller contre une claire évidence de raison, parce que lors même que la révélation est immédiate et originale, il faut savoir avec évidence que nous ne nous trompons point en l'attribuant à Dieu et que nous en comprenons le sens ; et cette évidence ne peut jamais être plus grande que celle de notre connaissance intuitive ; et par conséquent nulle proposition ne saurait être reçue pour révélation divine lorsqu'elle est opposée contradictoirement à cette connaissance immédiate. Autrement il ne resterait plus de différence dans le monde entre la vérité et la fausseté, nulle mesure du croyable et de l'incroyable. Et il n'est point concevable qu'une chose vienne de Dieu, ce bienfaisant auteur de notre être, laquelle, étant reçue pour véritable, doit renverser les fondements de nos connaissances et rendre toutes nos facultés inutiles.* § 6. *Et ceux qui n'ont la révélation que médiatement, ou par tradition de bouche en bouche, ou par écrit, ont encore plus besoin de la raison pour s'en assurer.* § 7. *Cependant il est toujours vrai que les choses qui sont au-delà de ce que nos facultés naturelles peuvent découvrir sont les propres matières de la foi, comme la chute des anges rebelles, la ressuscitation des morts.* § 9. *C'est là où il faut écouter uniquement la révélation. Et même à l'égard des propositions probables, une révélation évidente nous déterminera contre la probabilité.*

THÉOPHILE. Si vous ne prenez la foi que pour ce qui est fondé dans des motifs de crédibilité (comme on les appelle) et la détachez de la grâce interne qui y détermine l'esprit immédiatement, tout ce que vous dites, Monsieur, est incontestable. [Car] il faut avouer qu'il y a bien des jugements plus évidents que ceux qui dépendent de ces motifs. Les uns y sont plus avancés que les autres, et même il y a quantité de personnes qui ne les ont jamais connus et encore moins pesés et qui par conséquent n'ont pas même ce qui pourrait passer pour un motif de probabilité. Mais la grâce interne du Saint-Esprit y supplée immédiatement d'une manière surnaturelle, et c'est ce qui fait ce que les théologiens appellent probablement une foi divine. Il est vrai que Dieu ne la donne jamais que lorsque ce qu'il fait croire est fondé en raison ; autrement il détruirait les moyens de connaître la vérité, et ouvrirait la porte à l'enthousiasme : mais il n'est point nécessaire que tous ceux qui ont cette foi divine connaissent ces raisons et encore moins qu'ils les aient toujours devant les yeux. Autrement les simples et idiots, au moins aujourd'hui, n'auraient jamais la vraie foi, et les plus éclairés ne l'auraient pas quand ils pourraient en avoir le plus de besoin, car ils ne peuvent pas se souvenir toujours des raisons de croire. La question de l'usage de la raison en théologie a été des plus agitées, tant entre les sociniens et ceux qu'on peut appeler catholiques dans un sens général qu'entre les réformés et les évangéliques, comme on nomme préférablement en Allemagne ceux que plusieurs appellent luthériens mal à propos. Je me souviens d'avoir lu un jour une *Métaphysique* d'un Stegmannus[318], socinien (différent de Josué Stegmann, qui a écrit lui-même contre eux), qui n'a pas encore été imprimée que je sache ; de l'autre côté un Keslerus[319], théologien de Saxe, a écrit une *Logique* et quelques autres sciences philosophiques opposées exprès aux sociniens. On peut dire généralement que les sociniens vont trop vite à rejeter tout ce qui n'est pas conforme à l'ordre de la nature, lors même qu'ils n'en sauraient prouver absolument l'impossibilité. Mais aussi leurs adversaires quelquefois vont trop loin et poussent le mystère jusqu'aux bords de la contradiction ; en quoi ils font du tort à la vérité qu'ils tâchent de défendre, et je fus surpris de voir un jour dans la somme de théologie du P. Honoré Fabry[320], qui d'ailleurs a été un des plus habiles de son ordre, qu'il niait dans les choses divines (comme font encore quelques autres théologiens) ce grand principe qui dit que les choses qui sont les mêmes avec une troisième sont les mêmes entre elles. C'est donner cause gagnée aux adversaires sans y penser et ôter toute certitude à tout raisonnement. Il faut dire plutôt que ce principe y est mal appliqué. Le même auteur rejette dans sa *Philosophie* les distinctions virtuelles, que les scotistes mettent dans les choses créées, parce qu'elles renverseraient, dit-il, le principe de contradiction ; et quand on lui objecte qu'il faut admettre ces distinctions en Dieu, il répond que la foi l'ordonne. Mais comment la foi peut-elle ordonner quoi que ce soit qui renverse un principe sans lequel toute créance [et] affirmation ou négation serait vaine ? Il faut donc nécessairement que deux propositions vraies en même temps ne soient point tout à fait contradictoires ; et si A et C ne sont point la même chose, il faut bien que B, qui est le même avec A, soit pris autrement que B, qui est le même avec C. Nicolaus Vedelius[321], professeur de Genève et depuis de Deventer, a publié autrefois un livre intitulé *Rationale Theologicum*, à qui Jean Musaeus[322], professeur de Iéna (qui est une université évangélique en Thuringe), opposa un autre livre sur le même sujet, c'est-à-dire *Sur l'usage de la raison en théologie*. Je me souviens de les avoir considérés autrefois, et d'avoir remarqué que la controverse principale était embrouillée par des questions incidentes, comme lorsqu'on demande ce que c'est qu'une conclusion théologique, et s'il en faut juger par les termes qui la composent ou par le moyen qui la prouve, et par conséquent si Okam[323] a eu raison ou non de dire que la science d'une même conclusion est la même, quelque moyen qu'on emploie à la prouver.. Et on s'arrête sur quantité d'autres minuties encore moins considérables, qui ne regardent que les termes. Cependant Musaeus convenait lui-même que les principes de la raison nécessaires d'une nécessité logique, c'est-à-dire dont l'opposé implique contradiction, doivent et peuvent être employés sûrement en théologie : mais il avait sujet de nier que ce qui est seulement nécessaire d'une nécessité physique (c'est-à-dire fondée sur l'induction de ce qui se pratique dans la nature, ou sur les lois naturelles, qui sont pour ainsi dire d'institution divine) suffit pour réfuter la créance d'un mystère ou d'un miracle, puisqu'il dépend de Dieu de changer le cours ordinaire des choses. C'est ainsi que selon l'ordre de la nature on peut assurer qu'une même personne ne saurait être en même temps mère et vierge, ou qu'un corps humain ne saurait manquer de tomber sous les sens, quoique le contraire de l'un et de l'autre soit possible à Dieu. Vedelius aussi paraît convenir de cette distinction. Mais on dispute quelquefois sur certains principes, s'ils sont nécessaires logiquement, ou s'ils ne le sont que physiquement. Telle est la dispute avec des sociniens, si la substance peut être multipliée lorsque l'essence singulière ne l'est pas ; et la dispute avec les zwingliens[324], si un corps ne peut être que dans un lieu. Or, il faut avouer que toutes les fois que la nécessité logique n'est point démontrée, on ne peut présumer dans une proposition qu'une nécessité physique. Mais il me semble qu'il reste une question que les auteurs dont je viens de parler n'ont pas assez examinée, que voici. Supposé que d'un côté se trouve le sens littéral d'un texte de la Sainte Écriture, et que de l'autre côté se trouve une grande apparence d'une impossibilité logique, ou du moins une impossibilité physique reconnue, s'il est plus raisonnable de renoncer au sens littéral ou de renoncer au principe philosophique ? Il est sûr qu'il y a des endroits où l'on ne fait point difficulté de quitter la lettre, comme lorsque l'Écriture donne des mains à Dieu et lui attribue la colère, la pénitence, et autres affections humaines ; autrement il faudrait se ranger du côté des anthropomorphistes, ou de certains fanatiques d'Angleterre, qui crurent qu'Hérode avait été métamorphosé effectivement en un renard lorsque Jésus-Christ l'appela de ce nom. C'est ici que les règles d'interprétation ont lieu, et si elles ne fournissent rien qui combatte le sens littéral pour favoriser la maxime philosophique, et si d'ailleurs, le sens littéral n'a rien qui attribue à Dieu quelque imperfection, ou entraîne quelque danger dans la pratique de la piété, il est plus sûr et même plus raisonnable de le suivre. Ces deux auteurs que je viens de nommer disputent encore sur l'entreprise de Kekermann[325], qui voulait démontrer la Trinité par la raison, comme Raimond Lulle[326] avait aussi tâché de faire autrefois. Mais Musaeus reconnaît avec assez d'équité que si la démonstration de l'auteur réformé avait été bonne et juste, il n'y aurait rien eu à dire; et qu'il aurait eu raison de soutenir par rapport à cet article que la lumière du Saint-Esprit pourrait être allumée par la philosophie. Ils ont agité aussi la question fameuse : si ceux qui, sans avoir connaissance de la révélation du Vieux ou Nouveau Testament, sont morts dans des sentiments d'une piété naturelle, ont pu être sauvés par ce moyen, et obtenir rémission de leurs péchés ? L'on sait que Clément d'Alexandrie, Justin Martyr et saint Chrysostome [327] en quelque façon y ont incliné, et même je fis voir autrefois à M. Pellisson [328] que quantité d'excellents docteurs de l'Eglise romaine, bien loin de condamner les protestants non opiniâtres, ont même voulu sauver des païens et soutenir que les personnes dont je viens de parler avaient pu être sauvées par un acte de contrition, c'est-à-dire de pénitence fondée sur l'amour de bienveillance, en vertu duquel on aime Dieu sur toutes choses parce que ses perfections le rendent souverainement aimable. Ce qui fait qu'ensuite on est porté de tout son cœur à se conformer avec sa volonté et à imiter ses perfections pour nous mieux joindre avec lui, puisqu'il paraît juste que Dieu ne refuse point sa grâce à ceux qui sont dans de tels sentiments. Et sans parler d'Erasme et de Ludovicus Vives [329], je produisis le sentiment de Jacques Payva Andradius [330], docteur portugais fort célèbre de son temps, qui avait été un des théologiens du concile de Trente et qui avait dit même que ceux qui n'en convenaient pas faisaient Dieu cruel au suprême degré (*neque enim, inquit, immanitas deterior ulla esse potest*). P. Pellisson eut de la peine à trouver ce livre dans Paris, marque que des auteurs estimés dans leur temps sont souvent négligés ensuite. C'est ce qui a fait juger à M. Bayle que plusieurs ne citent Andradius que sur la foi de Chemnitius [331], son antagoniste. Ce qui peut bien être; mais pour moi je l'avais lu avant que de l'alléguer. Et sa dispute avec Chemnitius l'a rendu célèbre en Allemagne, car il avait écrit pour les jésuites contre cet auteur, et on trouve dans son livre quelques particularités touchant l'origine de cette fameuse compagnie. J'ai remarqué que quelques protestants nommaient [même] andradiens ceux qui étaient de son avis sur la matière dont je viens de parler. Il y a eu des auteurs qui ont écrit exprès du salut d'Aristote sur ces mêmes principes avec approbation des censeurs. Les livres aussi de Collius [332] en latin et de M. La Mothe Le Vayer [333] en français sur le salut des païens sont fort connus. Mais un certain Franciscus Puccius [334] allait trop loin. Saint Augustin, tout habile et pénétrant qu'il a été, s'est jeté dans une autre extrémité, jusqu'à condamner les enfants morts sans baptême, et les scolastiques paraissent avoir eu raison de l'abandonner; quoique des personnes habiles d'ailleurs, et quelques-unes d'un grand mérite, mais d'une humeur un peu misanthrope à cet égard, aient voulu ressusciter cette doctrine de ce Père et l'aient peut-être outrée. Et cet esprit peut avoir eu quelque influence dans la dispute entre plusieurs docteurs trop animés et les jésuites missionnaires de la Chine, qui avaient insinué que les anciens Chinois avaient eu la vraie religion de leur temps et des vrais saints, et que la doctrine de

Confucius n'avait rien d'idolâtre ni d'athée. Il semble qu'on a eu plus de raison à Rome de ne pas vouloir condamner une des plus grandes nations sans l'entendre. Bien nous en prend que Dieu est plus philanthrope que les hommes. Je connais des personnes qui, croyant marquer leur zèle par des sentiments durs, s'imaginent qu'on ne saurait croire le péché originel sans être de leur opinion, mais c'est en quoi ils se trompent. Et il ne s'ensuit point que ceux qui sauvent les païens ou autres qui manquent des secours ordinaires, le doivent attribuer aux seules forces de la nature (quoique peut-être quelques Pères aient été de cet avis), puisqu'on peut soutenir que Dieu, leur donnant la grâce d'exciter un acte de contrition, leur donne aussi, soit explicitement soit virtuellement, mais toujours surnaturellement, avant que de mourir, quand ce ne serait qu'aux derniers moments, toute la lumière de la foi et toute l'ardeur de la charité qui leur est nécessaire pour le salut. Et c'est ainsi que des réformés expliquent chez Vedelius le sentiment de Zwinglius, qui avait été aussi exprès sur ce point du salut des hommes vertueux du paganisme que les docteurs de l'Eglise romaine l'ont pu être. Aussi cette doctrine n'a-t-elle rien de commun pour cela avec la doctrine particulière des pélagiens ou des demi-pélagiens [335], dont on sait que Zwingle était fort éloigné. Et puisqu'on enseigne contre les pélagiens une grâce surnaturelle en tous ceux qui ont la foi (en quoi conviennent les trois religions reçues, excepté peut-être les disciples de M. Pajon [336]) et qu'on accorde même ou la foi ou du moins des mouvements approchants aux enfants qui reçoivent le baptême, il n'est pas fort extraordinaire d'en accorder autant, au moins à l'article de la mort, aux personnes de bonne volonté qui n'ont pas eu le bonheur d'être instruites à l'ordinaire dans le christianisme. Mais le parti le plus sage est de ne rien déterminer sur des points si peu connus, et de se contenter de juger en général que Dieu ne saurait rien faire qui ne soit plein de bonté et de justice : *Melius est dubitare de occultis quam litigare de incertis* [337] (Augustin, liv. 8, *Genes. ad. lit.*, c. 5).

CHAPITRE XIX

DE L'ENTHOUSIASME

§ 1. PHILALÈTHE. Plût à Dieu que tous les théologiens et saint Augustin lui-même eussent toujours pratiqué la maxime exprimée dans ce passage. *Mais les hommes croient que l'esprit dogmatisant est une marque de leur zèle pour la vérité, et c'est tout le contraire. On ne l'aime véritablement qu'à proportion qu'on aime à examiner les preuves qui la font connaître pour ce qu'elle est. Et quand on précipite son jugement, on est toujours poussé par des motifs moins sincères.* § 2. *L'esprit de dominer n'est pas un des moins ordinaires, et une certaine complaisance qu'on a pour ses propres rêveries en est un autre, qui fait naître l'enthousiasme.* § 3. *C'est le nom qu'on donne au défaut de ceux qui s'imaginent une révélation immédiate lorsqu'elle n'est point fondée en raison.* § 4. *Et comme l'on peut dire que la* raison *est une révélation naturelle dont Dieu est l'auteur, de même qu'il l'est de la nature, l'on peut dire aussi que la* révélation *est une raison surnaturelle, c'est-à-dire une raison étendue par un nouveau fonds de découvertes, émanées immédiatement de Dieu. Mais ces découvertes supposent que nous avons le moyen de les discerner, qui est raison même : et la vouloir proscrire pour faire place à la révélation, ce serait s'arracher les yeux pour mieux voir les satellites de Jupiter à travers d'un télescope.* § 5. *La source de l'enthousiasme est qu'une révélation immédiate est plus commode et plus courte qu'un raisonnement long et pénible, et qui n'est pas toujours suivi d'un heureux succès. On a vu dans tous les siècles des hommes dont la mélancolie mêlée avec la dévotion, jointe à la bonne opinion qu'ils ont eue d'eux-mêmes, leur a fait accroire qu'ils avaient une tout autre familiarité avec Dieu que les autres hommes. Ils supposent qu'il l'a promise aux siens, et ils croient être son peuple préférablement aux autres.* § 6. *Leur fantaisie devient une illumination et une autorité divine, et leurs desseins sont une direction infaillible du ciel, qu'ils sont obligés de suivre.* § 7. *Cette opinion a fait des grands effets et causé des grands maux, car un homme agit plus vigoureusement lorsqu'il suit ses propres impulsions et que l'opinion d'une autorité divine est soutenue par notre inclination.* § 8. *Il est difficile de le tirer de là, parce que cette prétendue certitude sans preuve flatte la vanité et l'amour qu'on a pour ce qui est extraordinaire. Les fanatiques comparent leur opinion à la vue et au sentiment. Ils voient la lumière divine comme nous voyons celle du soleil en plein midi, sans avoir besoin que le crépuscule de la raison la leur montre.* § 9. *Ils sont assurés parce qu'ils sont assurés et leur persuasion est droite parce qu'elle est forte, car c'est à quoi se réduit leur langage figuré.* § 10. *Mais comme il y a deux perceptions, celle de la proposition et celle de la révélation, on peut leur demander où est la clarté. Si c'est dans la vue de la proposition, à quoi bon la révélation ? Il faut donc que ce soit dans le sentiment de la révélation. Mais comment peuvent-ils voir que c'est Dieu qui révèle et que ce n'est pas un feu follet qui les promène [sans cesse] autour de ce cercle : c'est une révélation parce que je le crois fortement, et je le crois parce que c'est une révélation.* § 11. *Y a-t-il quelque chose plus propre à se précipiter dans l'erreur que de prendre l'imagination pour guide ?* § 12. *Saint Paul avait un grand zèle quand il persécutait les chrétiens et ne laissait pas de se tromper. L'on sait que le diable a eu des martyrs, et s'il suffit d'être bien persuadé, on ne saura distinguer les illusions de Satan des inspirations du Saint-Esprit.* § 14. *C'est donc la raison qui fait connaître la vérité de la révélation.* § 15. *Et si notre créance la prouvait, ce serait le cercle dont je viens de parler. Les saints hommes qui recevaient des révélations de Dieu avaient des* signes extérieurs, *qui les persuadaient de la vérité de la lumière interne. Moïse vit un buisson qui brûlait sans se consumer et entendit une voix du milieu du buisson et Dieu, pour l'assurer davantage de sa mission, lorsqu'il l'envoya en Egypte pour délivrer ses frères, y employa le miracle de la verge changée en serpent. Gédéon fut envoyé par*

CHAPITRE XIX

un ange pour délivrer le peuple d'Israël du joug des Madianites. Cependant il demanda un signe pour être convaincu que cette commission lui était donnée de la part de Dieu[338]. § 16. *Je ne nie cependant pas que Dieu n'illumine quelquefois l'esprit des hommes pour leur faire comprendre certaines vérités importantes ou pour les porter à des bonnes actions par l'influence et l'assistance imédiate du Saint-Esprit, sans aucuns signes extraordinaires qui accompagnent cette influence. Mais aussi, dans ces cas, nous avons la raison et l'Ecriture, deux règles infaillibles pour juger de ces illuminations, car si elles s'accordent avec ces règles, nous ne courons du moins aucun risque en les regardant comme inspirées de Dieu, encore que ce ne soit peut-être pas une révélation imédiate.*

THÉOPHILE. L'enthousiasme était au commencement un bon nom. Et comme le sophisme marque proprement un exercice de la sagesse, l'enthousiasme signifie qu'il y a une divinité en nous. *Est Deus in nobis*[339]. Et Socrate prétendait qu'un dieu ou démon lui donnait des avertissements intérieurs, de sorte qu'enthousiasme serait un instinct divin. Mais les hommes ayant consacré leurs passions, [et fait passer] leurs fantaisies, leurs songes et jusqu'à leur fureur pour quelque chose de divin, l'enthousiasme commença à signifier un dérèglement d'esprit attribué à la force de quelque divinité, qu'on supposait dans ceux qui en étaient frappés, car les devins et les devineresses faisaient paraître une aliénation d'esprit lorsque leur dieu s'emparait d'eux, comme la sibylle de Cumes chez Virgile[340]. Depuis, on attribue à ceux qui croient sans fondement que leurs mouvements viennent de Dieu. Nisus, chez le même poète, se sentant poussé par je ne sais quelle impulsion à une entreprise dangereuse, où il périt avec son ami, la lui propose en ces termes pleins d'un doute raisonnable :

> *Di ne hunc ardorem mentibus addunt*
> *Euryale, an sua cuique Deus fit dira cupido*[341] ?

Il ne laissa pas de suivre cet instinct, qu'il ne savait pas s'il venait de Dieu ou d'une malheureuse envie de se signaler. Mais s'il avait réussi, il n'aurait point manqué de s'en autoriser dans un autre cas, et de se croire poussé par quelque puissance divine. Les enthousiastes d'aujourd'hui croient de recevoir encore de Dieu des dogmes qui les éclairent. Les trembleurs[342] sont dans cette persuasion, et Barclay, leur premier auteur méthodique, prétend qu'ils trouvent en eux une certaine lumière qui se fait connaître par elle-même. Mais pourquoi appeler lumière ce qui ne fait rien voir ? Je sais qu'il y a des personnes de cette disposition d'esprit qui voient des étincelles et même quelque chose de plus lumineux, mais cette image de lumière corporelle excitée quand leurs esprits sont échauffés ne donne point de lumière à l'esprit. Quelques personnes idiotes, ayant l'imagination agitée, se forment des conceptions, qu'ils n'avaient point auparavant ; ils sont en état de dire de belles choses à leur sens, ou du moins de fort animées ; ils admirent eux-mêmes et font admirer aux autres cette fertilité qui passe pour inspiration. Cet avantage leur vient en bonne partie d'une forte imagination que la passion anime, et d'une mémoire heureuse qui a bien retenu les manières de parler des livres prophétiques, que la lecture ou les discours des autres leur ont rendus familiers. Antoinette de Bourignon [343] se servait de la facilité qu'elle avait de parler et d'écrire comme d'une preuve de sa mission divine. Et je connais un visionnaire qui fonde la sienne sur le talent qu'il a de parler et prier tout haut presque une journée entière sans se lasser et sans demeurer à sec. Il y a des personnes qui, après avoir pratiqué des austérités ou après un état de tristesse, goûtent une paix et consolation dans l'âme qui les ravit, et ils y trouvent tant de douceur qu'ils croient que c'est un effet du Saint-Esprit. Il est bien vrai que le contentement qu'on trouve dans la considération de la grandeur et de la bonté de Dieu, dans l'accomplissement de sa volonté, dans la pratique des vertus, est une grâce de Dieu et des plus grandes : mais ce n'est pas toujours une grâce qui ait besoin d'un secours surnaturel nouveau, comme beaucoup de ces bonnes gens le prétendent. On a vu il n'y a pas longtemps une demoiselle [344] fort sage en toute autre chose, qui croyait dès sa jeunesse de parler à Jésus-Christ et d'être son épouse d'une manière toute particulière. Sa mère, à ce qu'on racontait, avait un peu donné dans l'enthousiasme, mais la fille, ayant commencé de bonne heure, était allée bien plus avant. Sa satisfaction et sa joie étaient indicibles, sa sagesse paraissait dans sa conduite, et son esprit dans ses discours. La chose alla cependant si loin qu'elle recevait des lettres qu'on adressait à notre Seigneur, et elle les renvoyait cachetées comme elle les avait reçues avec la réponse qui paraissait quelquefois faite à propos et toujours raisonnable. Mais enfin elle cessa d'en recevoir de peur de faire trop de bruit. En Espagne elle aurait été une autre sainte Thérèse. Mais toutes les personnes qui ont de pareilles visions n'ont pas la même conduite. Il y en a qui cherchent à faire secte et même à faire naître des troubles : et l'Angleterre en a fait une étrange épreuve. Quand ces personnes agissent de bonne foi, il est difficile de les ramener : quelquefois le renversement de tous leurs desseins les corrige, mais souvent c'est trop tard. Il y avait un visionnaire, mort depuis peu, qui se croyait immortel, parce qu'il était fort âgé, et se portait bien, et sans avoir lu le livre d'un Anglais publié depuis peu [345] (qui voulait faire croire que Jésus-Christ était venu encore pour exempter de la mort corporelle les vrais croyants), il était à peu près dans les mêmes sentiments depuis de longues années : mais quand il se sentit mourir, il alla jusqu'à douter de toute la religion, parce qu'elle ne répondait pas à sa chimère. Quirin Kulman [346], Silésien, homme de savoir et d'esprit, mais qui avait donné depuis dans deux sortes de visions également dangereuses, l'une des enthousiastes, l'autre des alchimistes, et qui a fait du bruit en Angleterre, en Hollande, et jusqu'à Constantinople, s'étant enfin avisé d'aller en Moscovie et de s'y mêler dans certaines intrigues contre le ministère, dans le temps que la princesse Sophie y gouvernait, fut condamné au feu et ne mourut pas en homme persuadé de ce qu'il avait prêché. Les dissensions de ces gens entre eux les devraient encore convaincre que leur prétendu témoignage interne n'est point divin ; et qu'il faut d'autres marques pour le justifier. Les labbadistes [347], par exemple, ne s'accordent pas avec Mademoiselle Antoinette, et quoique William Pen [348] paraisse avoir eu dessein dans son voyage d'Allemagne, dont on a publié une relation, d'établir une espèce d'intelligence entre ceux qui se fondent sur ce témoignage, il ne paraît pas qu'il ait réussi. Il serait à souhaiter à la vérité que les gens de bien fussent d'intelligence et agissent de concert : rien ne serait plus capable de rendre le genre humain meilleur et plus heureux, mais il faudrait qu'ils fussent eux-mêmes véritablement du nombre des gens de bien, c'est-à-dire bienfaisants et, de plus, dociles et raisonnables : au lieu qu'on n'accuse que trop ceux qu'on appelle dévots aujourd'hui d'être durs, impérieux, entêtés. Leurs dissensions font paraître au moins que leur témoignage interne a besoin d'une vérification externe pour être cru, et il leur faudrait des miracles pour avoir droit de passer pour prophètes ou inspirés. Il y aurait pourtant un cas où ces inspirations porteraient leurs preuves avec elles. Ce serait si elles éclairaient véritablement l'esprit par des découvertes importantes de quelque connaissance extraordinaire, qui seraient au-dessus des forces de la personne qui les aurait acquises sans aucun secours externe. Si Jacob Böhme [349], fameux cordonnier de la Lusace, dont les écrits ont été traduits de l'allemand en d'autres langues sous le nom de Philosophe Teutonique et ont en effet quelque chose de grand et de beau pour un homme de cette condition, avait su faire de l'or, comme quelques-uns se le persuadent, ou comme fit saint Jean l'Evangéliste si nous en croyons ce que dit un hymne fait à son honneur :

Inexhaustum fert thesaurum
Qui de virgis fecit aurum,
Gemmas de lapidibus [350],

on aurait eu quelque lieu de donner plus de créance à ce cordonnier extraordinaire. Et si Mademoiselle Antoinette Bourignon avait fourni à Bertrand Lacoste [351], ingénieur français à Hambourg, la lumière dans les sciences qu'il crut avoir reçue d'elle, comme il le marque en lui dédiant son livre *De la Quadrature du cercle* (où, faisant allusion à Antoinette et Bertrand, il l'appelait l'A en théologie, comme il se disait être lui-même le B en mathématique), on n'aurait su que dire. Mais on ne voit point d'exemples d'un succès considérable de cette nature, non plus que des prédictions bien circonstanciées qui aient réussi à de telles gens. Les prophéties de Poniatovia, de Drabitius et d'autres que le bonhomme Comenius publia dans son *Lux in tenebris* [352], et qui contribuèrent à des remuements dans les terres héréditaires de l'empereur, se trouvèrent fausses, et ceux qui y donnèrent créance furent malheureux. Ragozky, prince de Transylvanie, fut poussé par Drabitius à l'entreprise de Pologne, où il perdit son armée, ce qui lui fit enfin perdre les Etats avec la vie : et le pauvre Drabitius, longtemps après, à l'âge [de plus] de 80 ans, eut enfin la tête tranchée par ordre de l'empereur. Cependant je ne doute point qu'il n'y ait des gens maintenant qui fassent revivre ces prédictions mal à propos, dans la conjoncture présente des désordres de la Hongrie, ne considérant point que ces prétendus prophètes parlaient des événements de leur temps ; en quoi ils feraient à peu près comme celui qui après le bombardement de Bruxelles publia une feuille volante, où il y avait un passage pris d'un livre de Mademoiselle Antoinette, qui ne voulut point venir dans cette ville parce que (si je m'en souviens bien) elle avait songé de la voir en feu, mais ce bombardement arriva longtemps après sa mort. J'ai connu un homme qui alla en France, durant la guerre qui fut terminée par la paix de Nimègue, importuner M. de Montausier et M. de Pomponne sur le fondement des prophéties publiées par Comenius [353] : et il se serait cru inspiré lui-même (je pense), s'il lui fût arrivé de faire ses propositions dans un temps pareil au nôtre. Ce qui fait voir non seulement le peu de fondement, mais aussi le danger de ces entêtements. Les histoires sont pleines du mauvais effet des prophéties fausses ou mal entendues, comme l'on peut voir dans une savante et judicieuse dissertation *De officio viri boni circa futura contingentia*, que feu M. Jacobus Thomasius [354], professeur célèbre à Leipzig, donna autrefois au public. Il est vrai cependant que ces persuasions font quelquefois un bon effet et servent à des grandes choses : car Dieu se peut servir de l'erreur pour établir ou maintenir la vérité. Mais je ne crois point qu'il soit permis facilement à nous de se servir des fraudes pieuses pour une bonne fin. Et quant aux dogmes de religion, nous n'avons point besoin de nouvelles révélations : c'est assez qu'on nous propose des règles salutaires pour que nous soyons obligés de les suivre, quoique celui qui les propose ne fasse aucun miracle. Et quoique Jésus-Christ en fût muni, il ne laissa pas de refuser quelquefois d'en faire pour complaire à cette race perverse qui demandait des signes, lorsqu'il ne prêchait que la vertu et ce qui avait déjà été enseigné par la raison naturelle et les prophètes.

CHAPITRE XX

DE L'ERREUR

§ 1. PHILALÈTHE. Après avoir assez parlé de tous les moyens qui nous font connaître ou deviner la vérité, *disons encore quelque chose de nos erreurs et mauvais jugements. Il faut [bien] que les hommes se trompent souvent, puisqu'il y a tant de dissensions entre eux. Les raisons de cela se peuvent réduire à ces quatre : 1) Le manque de preuves. 2) Le peu d'habileté à s'en servir. 3) Le manque de volonté d'en faire usage. 4) Les fausses règles des probabilités. § 2. Quand je parle du défaut des preuves, je comprends encore celles qu'on pourrait trouver si on en avait les moyens et la commodité : mais c'est de quoi on manque le plus souvent. Tel est l'état des hommes dont la vie se passe à chercher de quoi subsister : ils sont aussi peu instruits de ce qui se passe dans le monde qu'un cheval de somme qui va toujours par le même chemin peut devenir habile dans la carte du pays. Il leur faudrait les langues, la lecture, la conversation, les observations de la nature et les expériences de l'art. § 3. Or, tout cela ne convenant point à leur état, dirons-nous donc que le gros des hommes n'est conduit au bonheur et à la misère que par un hasard aveugle ? Faut-il qu'ils s'abandonnent aux opinions courantes et aux guides autorisés dans le pays, même par rapport au bonheur ou malheur éternel ? Ou sera-t-on malheureux éternellement pour être né plutôt dans un pays que dans un autre ? Il faut pourtant avouer que personne n'est si fort occupé du soin de pourvoir à sa subsistance qu'il n'ait aucun temps de reste pour penser à son âme et pour s'instruire de ce qui regarde la religion, s'il y était aussi appliqué qu'il l'est à des choses moins importantes.*

THÉOPHILE. Supposons que les hommes ne soient pas toujours en état de s'instruire eux-mêmes, et que ne pouvant pas abandonner avec prudence le soin de la subsistance de leur famille pour chercher des vérités difficiles, ils soient obligés de suivre les sentiments autorisés chez eux, il faudra toujours juger que dans ceux qui ont la vraie religion sans en avoir des preuves, la grâce intérieure suppléera au défaut des motifs de la crédibilité ; et la charité nous fait juger encore, comme je vous ai déjà marqué, que Dieu fait pour les personnes de bonne volonté, élevées parmi les épaisses ténèbres des erreurs les plus dangereuses, tout ce que sa bonté et sa justice demandent, quoique peut-être d'une manière qui nous est inconnue. On a des histoires applaudies dans l'Eglise romaine des personnes qui ont été ressuscitées exprès pour ne point manquer des secours salutaires. Mais Dieu peut secourir les âmes par l'opération interne du Saint-Esprit, sans avoir besoin d'un si grand miracle ; et ce qu'il y a de bon et de consolant pour le genre humain, c'est que pour se mettre dans l'état de la grâce de Dieu, il ne faut que la bonne volonté, mais sincère et sérieuse. Je reconnais qu'on n'a pas même cette bonne volonté sans la grâce de Dieu, d'autant que tout bien naturel ou surnaturel vient de lui : mais c'est toujours assez qu'il ne faut qu'avoir la volonté et qu'il est impossible que Dieu puisse demander une condition plus facile et plus raisonnable.

§ 4. PHILALÈTHE. *Il y en a qui sont assez à leur aise pour avoir toutes les commodités propres à éclaircir leurs doutes ; mais ils sont détournés de cela par des obstacles pleins d'artifices, qu'il est assez facile d'apercevoir, sans qu'il soit nécessaire de les étaler en cet endroit. § 5. J'aime mieux parler de ceux qui manquent d'habileté pour faire valoir les preuves qu'ils ont pour ainsi dire sous la main, et qui ne sauraient retenir une longue suite de conséquences ni peser toutes les circonstances. Il y a des gens d'un seul syllogisme, et il y en a de deux seulement. Ce n'est pas le lieu ici de déterminer si cette imperfection vient d'une différence naturelle des âmes mêmes ou des organes, ou si elle dépend du défaut de l'exercice qui polit les facultés naturelles. Il nous suffit ici qu'elle est visible, et qu'on n'a qu'à aller du Palais ou de la Bourse aux hôpitaux et aux petites maisons*[355] *pour s'en apercevoir.*

THÉOPHILE. Ce ne sont pas les pauvres seuls qui sont nécessiteux, il manque plus à certains riches qu'à eux, parce que ces riches demandent trop et se mettent volontairement dans une espèce d'indigence, qui les empêche de vaquer aux considérations importantes. L'exemple y fait beaucoup. On s'attache à suivre celui de ses pareils qu'on est obligé de pratiquer sans faire paraître un esprit de contrariété, et cela fait aisément qu'on leur devient semblable. Il est bien difficile de contenter en même temps la raison et la coutume. Quant à ceux qui manquent de capacité, il y en a peut-être moins qu'on ne pense, je crois que le bon sens avec l'application peuvent suffire à tout ce qui ne demande pas de la promptitude. Je présuppose le bon sens, parce que je ne crois pas que vous vouliez exiger la recherche de la vérité des habitants des petites maisons. Il est vrai qu'il n'y en a pas beaucoup qui n'en pourraient revenir, si nous en connaissions les moyens, et quelque différence originale qu'il y ait entre nos âmes (comme je crois en effet qu'il y en a), il est toujours sûr que l'une pourrait aller aussi loin que l'autre (mais non pas peut-être si vite) si elle était menée comme il faut.

§ 6. PHILALÈTHE. *Il y a une autre sorte de gens qui ne manquent que de volonté. Un violent attachement au plaisir, une constante application à ce qui regarde leur fortune, une paresse ou négligence générale, une aversion particulière pour l'étude et la méditation, les empêchent de penser sérieusement à la vérité. Il y en a même qui craignent qu'une recherche exempte de toute partialité ne fût point favorable aux opinions qui s'accommodent le mieux à leurs préjugés et à leurs desseins. On connaît des personnes qui ne veulent pas lire une lettre qu'on suppose porter de méchantes nouvelles, et bien des gens évitent d'arrêter leurs comptes ou de s'informer de l'état de leur bien, de peur d'apprendre ce qu'ils voudraient toujours ignorer. Il y en a qui ont de grands revenus et les emploient tous à des provisions pour le corps, sans songer aux moyens de perfectionner l'entendement. Ils prennent un grand soin de paraître toujours dans un équipage propre et brillant, et ils souffrent sans peine que leur âme soit couverte de méchants haillons de la prévention et de l'erreur, et que la nudité, c'est-à-dire l'ignorance, paraisse à travers. Sans parler des intérêts qu'ils doivent prendre à un état à venir, ils ne négligent pas moins ce qu'ils sont intéressés à connaître dans la vie qu'ils mènent dans ce monde. Et c'est quelque chose d'étrange que bien souvent ceux qui regardent le pouvoir et l'autorité comme un apanage de leur naissance ou de leur fortune l'abandonnent négligemment à des gens d'une condition inférieure à la leur, mais qui les surpassent en connaissance ; car il faut bien que les aveugles soient conduits par ceux qui voient, ou qu'ils tombent dans la fosse, et il n'y a point de pire esclavage que celui de l'entendement.*

THÉOPHILE. Il n'y a point de preuve plus évidente de la négligence des hommes, par rapport à leurs vrais intérêts, que le peu de soin qu'on a de connaître et de pratiquer ce qui convient à la santé, qui est un de nos plus grands biens ; et quoique les grands se ressentent autant et plus que les autres des mauvais effets de cette négligence, ils n'en reviennent point. Pour ce qui se rapporte à la foi, plusieurs regardent la pensée qui les pourrait porter à la discussion comme une tentation du démon, qu'ils ne croient pouvoir mieux surmonter qu'en tournant l'esprit à toute autre chose. Les hommes qui n'aiment que les plaisirs, ou qui s'attachent à quelque occupation, ont coutume de négliger les autres affaires. Un joueur, un chasseur, un buveur, un débauché, et même un curieux de bagatelles perdra sa fortune et son bien, faute de se donner la peine de solliciter un procès ou de parler à des gens en poste. Il y en a comme l'empereur Honorius[356], qui, lorsqu'on lui porta la nouvelle de la perte de Rome, crut que c'était sa poule, qui portait ce nom, ce qui le fâcha plus que la vérité [lorsqu'il la sut]. Il serait à souhaiter que les hommes qui ont du pouvoir eussent de la connaissance à proportion ; mais quand le détail des sciences, des arts, de l'histoire et des langues n'y serait pas, un jugement solide et exercé et une connaissance des choses également grandes et générales, en un mot *summa rerum*[357], pourrait suffire. Et comme l'empereur Auguste avait un abrégé des forces et besoins de l'Etat qu'il appelait *Breviarium Imperii*[358], on pourrait avoir un abrégé des intérêts de l'homme qui mériterait d'être appelé *Enchiridion Sapientiae*, si les hommes voulaient avoir soin de ce qui leur importe le plus.

§ 7. PHILALÈTHE. *Enfin la plupart de nos erreurs viennent des fausses mesures de probabilité qu'on prend, soit en suspendant son jugement malgré des raisons manifestes, soit en le donnant malgré des probabilités contraires. Ces fausses mesures consistent :* 1) *dans des propositions douteuses prises pour principes,* 2) *dans des hypothèses reçues,* 3) *dans les passions ou inclinations dominantes, et* 4) *dans l'autorité.* § 8. *Nous jugeons ordinairement de la vérité par la conformité avec ce que nous regardons comme principes incontestables, et cela nous fait mépriser le témoignage des autres et même celui de nos sens quand ils y sont ou paraissent contraires : mais avant que de s'y fier avec tant d'assurance, il faudrait les examiner avec la dernière exactitude.* § 9. *Les enfants reçoivent des propositions, qui leur sont inculquées par leur père et mère, nourrices, précepteurs, et autres qui sont autour d'eux, et ces propositions, ayant pris racine, passent pour sacrées comme un* Urim *et* Thummim[359] *que Dieu aurait mis lui-même dans l'âme.* § 10. *On a de la peine à souffrir ce qui choque ces* oracles internes, *pendant qu'on digère les plus grandes absurdités qui s'y accordent. Cela paraît par l'extrême obstination qu'on remarque dans différents hommes à croire fortement des opinions directement opposées comme des articles de foi, quoiqu'elles soient fort souvent également absurdes. Prenez un homme de bon sens, mais persuadé de cette maxime qu'* on doit croire ce qu'on croit dans sa communion, *telle qu'on l'enseigne à* Wittenberg[360] *ou en* Suède, *quelle disposition n'a-t-il pas à recevoir sans peine la doctrine de la* consubstantiation *et à croire qu'une même chose est chair et pain à la fois.*

THÉOPHILE. Il paraît bien, Monsieur, que vous n'êtes pas assez instruit des sentiments des évangéliques, qui admettent la présence réelle du corps de notre Seigneur dans l'Eucharistie. Ils se sont expliqués mille fois, qu'ils ne veulent point de consubstantiation du pain et du vin avec la chair et le sang de Jésus-Christ, et encore moins qu'une même chose est chair et pain ensemble. Ils enseignent seulement qu'en recevant les symboles visibles, on reçoit d'une manière invisible et surnaturelle le corps du Sauveur, sans qu'il soit enfermé dans le pain. Et la présence qu'ils entendent n'est point locale, ou spatiale pour ainsi dire, c'est-à-dire déterminée par les dimensions des corps présent : de sorte que tout ce que les sens y peuvent opposer ne les regarde point. Et pour faire voir que les inconvénients qu'on pourrait tirer de la raison ne les touchent point non plus, ils déclarent que ce qu'ils entendent par la substance du corps ne consiste point dans l'étendue ou dimension ; et ils ne font point difficulté d'admettre que le corps glorieux de Jésus-Christ garde une certaine présence ordinaire et locale, mais convenable à son Etat dans le lieu sublime où il se trouve, toute différente de cette présence sacramentale dont il s'agit ici, ou de sa présence miraculeuse avec laquelle il gouverne l'Eglise, qui fait qu'il est non pas partout comme Dieu, mais là où il veut bien être : ce qui est le sentiment des plus modérés, de sorte que pour montrer l'absurdité de leur doctrine, il faudrait démontrer que toute l'essence du corps ne consiste que dans l'étendue et de ce qui est uniquement mesuré par là, ce que personne n'a encore fait, que je sache. Aussi toute cette difficulté ne regarde pas moins les réformés qui suivent les confessions gallicane et belgique, la déclaration de l'assemblée de Sendomir[361], composée de gens des deux confessions, augustane et helvétique, conforme à la confession saxonne, destinée pour le concile de Trente ; la profession de foi des réformés venus au colloque de Thorn[362], convoqué sous l'autorité d'Uladislas, roi de Pologne, et la doctrine constante de Calvin et de Bèze[363], qui ont déclaré le plus distinctement et le plus fortement du monde que les symboles fournissent effectivement ce qu'ils représentent et que nous devenons participants de la substance même du corps et du sang de Jésus-Christ. Et Calvin, après avoir réfuté ceux qui se contentent d'une participation métaphorique de pensée ou de sceau et d'une union de foi, ajoute qu'on ne pourra rien dire d'assez fort pour établir la réalité qu'il ne soit prêt à signer, pourvu qu'on évite tout ce qui regarde la circonscription des lieux ou la diffusion des dimensions ; de sorte qu'il paraît que dans le fond sa doctrine était celle de Mélanchton[364] et même de Luther (comme Calvin le présume lui-même dans une de ses lettres), excepté qu'outre la condition de la perception des symboles, dont Luther se contente, il demande encore la condition de la foi, pour exclure la participation des indignes. Et j'ai trouvé Calvin si positif sur cette communion réelle en cent lieux de ses ouvrages, et même dans les lettres familières, où il n'en avait point besoin, que je ne vois point de lieu de soupçonner d'artifice.

§ 11. PHILALÈTHE. Je vous demande pardon si j'ai parlé de ces Messieurs selon l'opinion vulgaire. Et je me souviens maintenant

CHAPITRE XX

d'avoir remarqué que de fort habiles théologiens de l'Eglise anglicane ont été pour cette participation réelle. Mais des principes établis passons aux hypothèses reçues. *Ceux qui reconnaissent que ce ne sont qu'hypothèses ne laissent pas souvent de les maintenir avec chaleur, à peu près comme des principes assurés, et de mépriser les probabilités contraires. Il serait insupportable à un savant professeur de voir son autorité renversée en un instant par un nouveau venu qui rejetterait ses hypothèses ; son autorité, dis-je, qui est en vogue depuis trente ou quarante ans, acquise par bien des veilles, soutenue par quantité de grec et de latin, confirmée par une tradition générale et par une barbe vénérable. Tous les arguments qu'on peut employer pour le convaincre de la fausseté de son hypothèse seront aussi peu capables de prévaloir sur son esprit que les efforts que fit Borée pour obliger le voyageur à quitter son manteau, qu'il tint d'autant plus ferme que ce vent soufflait avec plus de violence.*

THÉOPHILE. En effet les coperniciens ont éprouvé dans leurs adversaires que les hypothèses reconnues pour telles ne laissent pas d'être soutenues avec un zèle ardent. Et les cartésiens ne sont pas moins positifs pour leurs particules cannelées et petites boules du second élément que si c'étaient des théorèmes d'Euclide ; et il semble que le zèle pour nos hypothèses n'est qu'un effet de la passion que nous avons de nous faire respecter nous-mêmes. Il est vrai que ceux qui ont condamné Galilée ont cru que le repos de la terre était plus qu'une hypothèse, car ils le jugeaient conforme à l'Ecriture et à la raison. Mais depuis on s'est aperçu que la raison au moins ne la soutenait plus ; et quant à l'Ecriture, le P. Fabry[365], pénitencier de Saint-Pierre, excellent théologien et philosophe, publiant dans Rome même une apologie des observations d'Eustachio Divini, fameux opticien, ne feignit point de déclarer que ce n'était que provisionnellement, qu'on entendait dans le texte sacré un vrai mouvement du soleil, et que si le sentiment de Copernic se trouvait vérifié, on ne ferait point difficulté de l'expliquer comme ce passage de Virgile :

terraeque urbesque recedunt[366].

Cependant on ne laisse pas de continuer en Italie et en Espagne et même dans les pays héréditaires de l'empereur de supprimer la doctrine de Copernic, au grand préjudice de ces nations, dont les esprits pourraient s'élever à des plus belles découvertes, s'ils jouissaient d'une liberté raisonnable et philosophique.

§ 12. PHILALÈTHE. *Les passions dominantes paraissent être en effet, comme vous dites, la source de l'amour qu'on a pour les hypothèses ; mais elles s'étendent encore bien plus loin. La plus grande probabilité du monde ne servira de rien à faire voir son injustice à un avare et à un ambitieux ; et un amant aura toute la facilité du monde à se laisser duper par sa maîtresse, tant il est vrai que nous croyons facilement ce que nous voulons et, selon la remarque de Virgile,*

qui amant ipsi sibi somnia fingunt[367].

C'est ce qui fait qu'on se sert de deux moyens d'échapper aux probabilités les plus apparentes, quand elles attaquent nos passions et nos préjugés. § 13. *Le premier est de penser qu'il y peut avoir quelque sophistiquerie, cachée dans l'argument qu'on nous objecte.* § 14. *Et le second de supposer que nous pourrions mettre en avant de tout aussi bons ou même de meilleurs arguments pour battre l'adversaire, si nous avions la commodité, ou l'habileté, ou l'assistance qu'il nous faudrait pour les trouver.* § 15. *Ces moyens de se défendre de la conviction sont bons quelquefois, mais aussi ce sont des sophismes lorsque la matière est assez éclaircie, et qu'on a tout mis en ligne de compte; car après cela il y a moyen de connaître sur le tout de quel côté se trouve la probabilité. C'est ainsi qu'il n'y a point lieu de douter que les animaux ont été formés plutôt par des mouvements qu'un agent intelligent a conduits que par un concours fortuit des atomes; comme il n'y a personne qui doute le moins du monde si les caractères d'imprimerie qui forment un discours intelligible ont été assemblés par un homme attentif ou par un mélange confus. Je croirais donc qu'il ne dépend point de nous de suspendre notre assentiment dans ces rencontres : mais nous le pouvons faire quand la probabilité est moins évidente, et nous pouvons nous contenter même des preuves plus faibles qui conviennent le mieux avec notre inclination.* § 16. *Il me paraît impraticable à la vérité qu'un homme penche du côté où il voit le moins de probabilité : la perception, la connaissance et l'assentiment ne sont point arbitraires, comme il ne dépend point de moi de voir ou de ne point voir la convenance de deux idées quand mon esprit y est tourné. Nous pouvons pourtant arrêter volontairement le progrès de nos recherches; sans quoi l'ignorance ou l'erreur ne pourrait être un péché en aucun cas. C'est en cela que nous exerçons notre liberté. Il est vrai que dans les rencontres où l'on n'a aucun intérêt, on embrasse l'opinion commune, ou le sentiment du premier venu, mais dans les points où notre bonheur ou malheur est intéressé, l'esprit s'applique plus sérieusement à peser les probabilités, et je pense qu'en ce cas, c'est-à-dire lorsque nous avons de l'attention, nous n'avons pas le choix de nous déterminer pour le côté que nous voulons, s'il y a entre les deux partis des différences tout à fait visibles, et que ce sera la plus grande probabilité qui déterminera notre assentiment.*

THÉOPHILE. Je suis de votre avis dans le fond, et nous nous sommes assez expliqués là-dessus dans nos conférences précédentes quand nous avons parlé de la liberté. J'ai montré alors que nous ne croyons jamais ce que nous voulons, mais bien ce que nous voyons le plus apparent : et que néanmoins, nous pouvons nous faire croire indirectement ce que nous voulons, en détournant l'attention d'un objet désagréable pour nous appliquer à un autre qui nous plaît; ce qui fait qu'en envisageant davantage les raisons d'un parti favori nous le croyons enfin le plus vraisemblable. Quant aux opinions où nous ne prenons guère d'intérêt, et que nous recevons sur des raisons légères, cela se fait parce que ne remarquant presque rien qui s'y oppose, nous trouvons que l'opinion qu'on nous fait envisager favorablement surpasse autant et plus le sentiment opposé, qui n'a rien pour lui dans notre perception, que s'il y avait eu beaucoup de raisons de part et d'autre, car la différence entre 0 et 1, ou entre 2 et 3, est aussi grande qu'entre 9 et 10, et nous nous apercevons de cet avantage, sans penser à l'examen qui serait encore nécessaire pour juger, mais où rien ne nous convie.

§ 17. PHILALETHE. *La dernière fausse mesure de probabilité que j'ai dessein de remarquer est l'autorité mal entendue, qui retient plus de gens dans l'ignorance et dans l'erreur que toutes les autres ensemble. Combien voit-on de gens qui n'ont point d'autre fondement de leur sentiment que les opinions reçues parmi nos amis ou parmi les gens de notre profession ou dans notre parti ou dans notre pays ? Une telle doctrine a été approuvée par la vénérable antiquité ; elle vient à moi sous le passeport des siècles précédents ; d'autres hommes s'y rendent ; c'est pourquoi je suis à l'abri de l'erreur en la recevant. On serait aussi bien fondé à jeter à croix ou à pile pour prendre ses opinions qu'à les choisir sur de telles règles. Et outre que tous les hommes sont sujets à l'erreur, je crois que si nous pouvions voir les secrets motifs qui font agir les savants et les chefs de parti, nous trouverions souvent tout autre chose que le pur amour de la vérité. Il est sûr au moins qu'il n'y a point d'opinion si absurde qu'elle ne puisse être embrassée sur ce fondement, puisqu'il n'y a guère d'erreur qui n'ait eu ses partisans.*

THÉOPHILE. Il faut pourtant avouer qu'on ne saurait éviter en bien des rencontres de se rendre à l'autorité. Saint Augustin a fait un livre assez joli *De utilitate credendi*[368], qui mérite d'être lu sur ce sujet, et quant aux opinions reçues elles ont pour elles quelque chose d'approchant à ce qui donne ce qu'on appelle présomption chez les jurisconsultes : et quoiqu'on ne soit point obligé de les suivre toujours sans preuves, on n'est pas autorisé non plus à les détruire dans l'esprit d'autrui sans avoir des preuves contraires. C'est qu'il n'est point permis de rien changer sans raison. On a fort disputé sur l'argument tiré du grand nombre des approbateurs d'un sentiment, depuis que feu M. Nicole[369] publia son livre sur l'Eglise : mais tout ce qu'on peut tirer de cet argument, lorsqu'il s'agit d'approuver une raison et non pas d'attester un fait, ne peut être réduit qu'à ce que je viens de dire. Et comme cent chevaux ne courent pas plus vite qu'un cheval, quoiqu'ils puissent tirer davantage, il en est de même de cent hommes comparés à un seul ; ils ne sauraient aller plus droit, mais ils travailleront plus efficacement ; ils ne sauraient mieux juger, mais ils seront capables de fournir plus de matière où le jugement puisse être exercé. C'est ce que porte le proverbe : *plus vident oculi quam oculus*[370]. On le remarque dans les assemblées, où véritablement quantité de considérations sont mises sur le tapis qui seraient peut-être échappées à un ou deux, mais on court risque souvent de ne point prendre le meilleur parti en concluant sur toutes ces considérations, lorsqu'il n'y a point de personnes habiles chargées de les digérer et de les peser. C'est pourquoi quelques théologiens judicieux du parti de Rome, voyant que l'autorité de l'Eglise, c'est-à-dire celle des plus élevés en dignité et les plus appuyés par la multitude, ne pouvait être sûre en matière de raisonnement, l'ont réduite à la seule attestation des faits sous le nom de tradition. Ce fut l'opinion de Henry Holden[371], Anglais, docteur de Sorbonne, auteur d'un livre intitulé *Analyse de la foi*, où suivant les principes du *Commonitorium* de Vincent de Lérins [372], il soutient qu'on ne saurait faire des décisions nouvelles dans l'Eglise, et que tout ce que les évêques assemblés en concile peuvent faire, c'est d'attester le fait de la doctrine reçu dans leurs diocèses. Le principe est spécieux tant qu'on demeure dans les généralités ; mais quand on vient au fait, il se trouve que différents pays ont reçu des opinions différentes depuis longtemps ; et dans les mêmes pays encore on est allé du blanc au noir, malgré les arguments de M. Arnaud contre les changements insensibles [373] ; outre que souvent, sans se borner à attester, on s'est mêlé de juger. C'est aussi dans le fond l'opinion de Gretser [374], savant jésuite de Bavière, auteur d'une autre *Analyse de la foi*, approuvée des théologiens de son ordre, que l'Eglise peut juger des controverses en faisant de nouveaux articles de foi, l'assistance du Saint-Esprit lui étant promise, quoiqu'on tâche le plus souvent de déguiser ce sentiment, surtout en France, comme si l'Eglise ne faisait qu'éclaircir des doctrines déjà établies. Mais [ou] l'éclaircissement est une énonciation déjà reçue ou c'en est une nouvelle, qu'on croit tirer de la doctrine reçue. La pratique s'oppose le plus souvent au premier sens, et dans le second l'énonciation nouvelle qu'on établit, que peut-elle être qu'un article nouveau ? Cependant je ne suis point d'avis qu'on méprise l'antiquité en matière de religion ; et je crois même qu'on peut dire que Dieu a préservé les conciles véritablement œcuméniques jusqu'ici de toute erreur contraire à la doctrine salutaire. Au reste c'est une chose étrange que la prévention de parti : j'ai vu des gens embrasser avec ardeur une opinion par la seule raison qu'elle est reçue dans leur ordre, ou même seulement parce qu'elle est contraire à celle d'un homme d'une religion ou d'une nation qu'ils n'aimaient point, quoique la question n'eût presque point de connexion avec la religion ou avec les intérêts des peuples. Ils ne savaient point peut-être que c'était là véritablement la source de leur zèle : mais je reconnaissais que sur la première nouvelle qu'un tel avait écrit telle ou telle chose, ils fouillaient dans les bibliothèques et alambiquaient leurs esprits animaux pour trouver de quoi le réfuter. C'est ce qui se pratique aussi souvent par ceux qui soutiennent des thèses dans les universités et qui cherchent à se signaler contre les adversaires. Mais que dirons-nous des doctrines prescrites dans les livres symboliques du parti, même parmi les protestants, qu'on est souvent obligé d'embrasser avec serment ? que quelques-uns ne croient signifier chez nous que l'obligation de professer ce que ces livres ou formulaires ont de la Sainte Ecriture ; en quoi ils sont contredits par d'autres. Et dans les ordres religieux du parti de Rome, sans se contenter des doctrines établies dans leur Eglise, on prescrit des bornes plus étroites à ceux qui enseignent ; témoin les propositions que le général des jésuites Claude Aquaviva [375] (si je ne me trompe) défendit d'enseigner dans leurs écoles. Il serait bon (pour le dire en passant) de faire un recueil systématique des propositions décidées et censurées par des conciles, papes, évêques, supérieurs, facultés, qui servirait à l'histoire ecclésiastique. On peut distinguer entre enseigner et embrasser un sentiment. Il n'y a point de serment au monde ni de défense qui puisse forcer un homme à demeurer dans la même opinion, car les sentiments sont involontaires en eux-mêmes : mais il se peut et doit abstenir d'enseigner une doctrine qui passe pour dangereuse, à moins qu'il ne s'y trouve obligé en conscience. Et en ce cas il faut se déclarer sincèrement et sortir de son poste, quand on a été chargé d'enseigner ; supposé pourtant qu'on le puisse faire sans s'exposer à un danger extrême qui pourrait forcer de quitter sans bruit. Et on ne voit guère d'autre moyen d'accorder les droits du public et du particulier : l'un devant empêcher ce qu'il juge mauvais, et l'autre ne pouvant point se dispenser des devoirs exigés par sa conscience.

§ 18. PHILALÈTHE. *Cette opposition entre le public et le particulier et même entre les opinions publiques de différents partis est un mal inévitable. Mais souvent les mêmes oppositions ne sont qu'apparentes, et ne consistent que dans les formules. Je suis obligé aussi de dire, pour rendre justice au genre humain, qu'il n'y a pas tant de gens engagés dans l'erreur qu'on le suppose ordinairement ; non que je croie qu'ils embrassent la vérité, mais parce qu'en effet, sur les doctrines dont on fait tant de bruit, ils n'ont absolument point d'opinion positive, et que sans rien examiner et sans avoir dans l'esprit les idées les plus superficielles sur l'affaire en question, ils sont résolus de se tenir attachés à leur parti, comme des soldats qui n'examinent point la cause qu'ils défendent : et si la vie d'un homme fait voir qu'il n'a aucun égard sincère pour la religion, il lui suffit d'avoir la main et la langue prêtes à soutenir l'opinion commune pour se rendre recommandable à ceux qui lui peuvent procurer de l'appui.*

THÉOPHILE. Cette justice que vous rendez au genre humain ne tourne point à sa louange ; et les hommes seraient plus excusables de suivre sincèrement leurs opinions que de les contrefaire par l'intérêt. Peut-être pourtant qu'il y a plus de sincérité dans leurs faits que vous ne semblez donner à entendre. Car sans aucune connaissance de cause, ils peuvent être parvenus à une foi implicite en se soumettant généralement et quelquefois aveuglément, mais souvent de bonne foi, au jugement des autres dont ils ont une fois reconnu l'autorité. Il est vrai que l'intérêt qu'ils y trouvent contribue à cette soumission, mais cela n'empêche point qu'enfin l'opinion ne se forme. On se contente dans l'Eglise romaine de cette foi implicite à peu près, n'y ayant peut-être point d'article dû à la révélation qui y soit jugé absolument fondamental et qui y passe pour nécessaire *necessitate medii*[376], c'est-à-dire dont la créance soit une condition absolument nécessaire au salut. Et ils le sont tous *necessitate praecepti*, par la nécessité qu'on y enseigne d'obéir à l'Eglise, comme on l'appelle, et de donner toute l'attention due à ce qui y est proposé [comme de la part de Dieu], le tout sous peine de péché mortel. Mais cette nécessité n'exige qu'une docilité raisonnable et n'oblige point absolument à l'assentiment suivant les plus savants docteurs de cette Eglise. Le cardinal Bellarmin[377] même crut cependant que rien n'était meilleur que cette foi d'enfant qui se soumet à une autorité établie, et il raconte avec approbation l'adresse d'un moribond, qui éluda le diable par ce cercle qu'on lui entend répéter souvent :

Je crois tout ce que croit l'Eglise,
L'Eglise croit ce que je crois.

CHAPITRE XXI

DE LA DIVISION DES SCIENCES

§ 1. PHILALÈTHE. Nous voilà au bout de notre course, et toutes les opérations de l'entendement sont éclaircies. Notre dessein n'est pas d'entrer dans le détail même de nos connaissances. Cependant ici il sera peut-être à propos, avant que de finir, d'en faire une revue générale en considérant *la division des sciences. Tout ce qui peut entrer dans la sphère de l'entendement humain est ou la nature des choses en elles-mêmes, ou, en second lieu, l'homme en qualité d'agent, tendant à sa fin et particulièrement à sa félicité, ou, en troisième lieu, les moyens d'acquérir et de communiquer la connaissance. Et voilà la science divisée en trois espèces.* § 2. *La première est la physique ou la philosophie naturelle, qui comprend non seulement les corps et leurs affections comme nombre, figure, mais encore les esprits, Dieu même et les anges.* § 3. *La seconde est la philosophie pratique ou la morale, qui enseigne le moyen d'obtenir des choses bonnes et utiles, et se propose non seulement la connaissance de la vérité, mais encore la pratique de ce qui est juste.* § 4. *Enfin la troisième est la logique ou la connaissance des signes, car* λόγος *signifie parole. Et nous avons besoin des signes de nos idées pour pouvoir nous entrecommuniquer nos pensées, aussi bien que pour les enregistrer pour notre propre usage. Et peut-être que si l'on considérait distinctement et avec tout le soin possible cette dernière espèce de science qui roule sur les idées et les mots, nous aurions une logique et une critique différentes de celles qu'on a vues jusqu'ici. Et ces trois espèces, la physique, la morale et la logique, sont comme trois grandes provinces dans le monde intellectuel, entièrement séparées et distinctes l'une de l'autre.*

THÉOPHILE. Cette division a déjà été célèbre chez les Anciens ; car sous la logique ils comprenaient encore, comme vous faites, tout ce qu'on rapporte aux paroles et à l'explication de nos pensées : *artes dicendi*. Cependant il y a de la difficulté là-dedans ; car la science de raisonner, de juger, d'inventer paraît bien différente de la connaissance des étymologies des mots et de l'usage des langues, qui est quelque chose d'indéfini et d'arbitraire. De plus, en expliquant les mots, on est obligé de faire une course dans les sciences mêmes, comme il paraît par les dictionnaires ; et de l'autre côté on ne saurait traiter la science sans donner en même temps les définitions des termes. Mais la principale difficulté qui se trouve dans cette division des sciences est que chaque partie paraît engloutir le tout, premièrement la morale et la logique tomberont dans la physique, prise aussi généralement qu'on vient de dire ; car en parlant des esprits, c'est-à-dire des substances qui ont de l'entendement et de la volonté, et en expliquant cet entendement à fond, vous y ferez entrer toute la logique : et en expliquant dans la doctrine des esprits ce qui appartient à la volonté, il faudrait parler du bien et du mal, de la félicité et de la misère, et il ne tiendra qu'à vous de pousser assez cette doctrine pour y faire entrer toute la philosophie pratique. En échange, tout pourrait entrer dans la philosophie pratique comme servant à notre félicité. Vous savez qu'on considère la théologie avec raison comme une science pratique, et la jurisprudence aussi bien que la médecine ne le sont pas moins ; de sorte que la doctrine de la félicité humaine ou de notre bien et mal absorbera toutes ces connaissances lorsqu'on voudra expliquer suffisamment tous les moyens qui servent à la fin que la raison se propose. C'est ainsi que Zwingerus a tout compris dans son *Théâtre méthodique de la vie humaine,* que Beyerling a détraqué en le mettant en ordre alphabétique [378]. Et en traitant toutes les matières par dictionnaires suivant l'ordre de l'alphabet, la doctrine des langues (que vous mettez dans la logique avec les Anciens), c'est-à-dire dans la discursive, s'emparera à son tour du territoire des deux autres. Voilà donc vos trois grandes provinces de l'encyclopédie en guerre continuelle, puisque l'une entreprend toujours sur les droits des autres. Les nominaux ont cru qu'il y avait autant de sciences particulières que de vérités, lesquelles composaient après des touts, selon qu'on les arrangeait ; et d'autres comparent le corps entier de nos connaissances à un océan, qui est tout d'une pièce et qui n'est divisé en calédonien, atlantique, éthiopique, indien, que par des lignes arbitraires. Il se trouve ordinairement qu'une même vérité peut être placée en différents endroits, selon les termes qu'elle contient, et même selon les termes moyens ou causes dont elle dépend, et selon les suites et les effets qu'elle peut avoir. Une proposition catégorique simple n'a que deux termes ; mais une proposition hypothétique en peut avoir quatre, sans parler des énonciations composées. Une histoire mémorable peut être placée dans les annales de l'histoire universelle et dans l'histoire [particulière] du pays où elle est arrivée, et dans l'histoire de la vie d'un homme qui y était intéressé. Et supposé qu'il s'y agisse de quelque beau précepte de morale, de quelque stratagème de guerre, de quelque invention utile pour les arts qui servent à la commodité de la vie ou à la santé des hommes, cette même histoire sera rapportée utilement à la science ou art qu'elle regarde, et même on en pourra faire mention en deux endroits de cette science, savoir dans l'histoire de la discipline pour raconter son accroissement effectif, et aussi dans les préceptes, pour les confirmer ou éclaircir par les exemples. Par exemple ce qu'on raconte bien à propos dans la vie du cardinal Ximénès [379], qu'une femme moresque le guérit par des frictions seulement d'une hectique presque désespérée, mérite encore lieu dans un système de médecine, tant au chapitre de la fièvre hectique que lorsqu'il s'agit d'une diète médicinale en y comprenant les exercices ; et cette observation servira encore à mieux découvrir les causes de cette maladie. Mais on en pourrait parler encore dans la logique médicinale, où il s'agit de l'art de trouver les remèdes, et dans l'histoire de la médecine, pour faire voir comment les remèdes sont venus à la connaissance des hommes, et que c'est bien souvent par le secours de simples empiriques et même des charlatans. Beverovicius[380], dans un joli livre de la *Médecine ancienne*, tiré tout entier des auteurs non médecins, aurait rendu son ouvrage encore plus beau s'il fût passé jusqu'aux auteurs modernes. On voit par là qu'une même vérité peut avoir beaucoup de places selon les différents rapports qu'elle peut avoir. Et ceux qui rangent une bibliothèque ne savent bien souvent où placer quelques livres, étant suspendus entre deux ou trois endroits également convenables. Mais ne parlons maintenant que des doctrines générales, et mettons à part les faits singuliers, l'histoire et les langues. Je trouve deux dispositions principales de toutes les vérités doctrinales, dont chacune aurait son mérite, et qu'il serait bon de joindre. L'une serait synthétique et théorique, rangeant les vérités selon l'ordre des preuves, comme font les mathématiciens, de sorte que chaque proposition viendrait après celles dont elle dépend. L'autre disposition serait analytique et pratique, commençant par le but des hommes, c'est-à-dire par les biens, dont le comble est la félicité, et cherchant par ordre les moyens qui servent à acquérir ces biens ou à éviter les maux contraires. Et ces deux méthodes ont lieu dans l'encyclopédie en général, comme encore quelques-uns les ont pratiquées dans les sciences particulières ; car la géométrie même, traitée synthétiquement par Euclide comme une science, a été traitée par quelques autres comme un art et pourrait néanmoins être traitée démonstrativement sous cette forme, qui en montrerait même l'invention ; comme si quelqu'un se proposait de mesurer toutes sortes de figures plates, et commençant par les rectilignes s'avisait qu'on les peut partager en triangles et que chaque triangle est la moitié d'un parallélogramme, et que les parallélogrammes peuvent être réduits aux rectangles, dont la mesure est aisée. Mais en écrivant l'encyclopédie suivant toutes ces deux dispositions ensemble, on pourrait prendre des mesures de renvoi, pour éviter les répétitions. A ces deux dispositions il faudrait joindre la troisième suivant les termes, qui en effet ne serait qu'une espèce de répertoire, soit systématique, rangeant les termes selon certains prédicaments qui seraient communs à toutes les nations, soit alphabétique selon la langue reçue parmi les savants. Or ce répertoire serait nécessaire pour trouver ensemble toutes les propositions où le terme entre d'une manière assez remarquable ; car suivant les deux voies précédentes, où les vérités sont rangées selon leur origine ou selon leur usage, les vérités qui regardent un même terme ne sauraient se trouver ensemble. Par exemple, il n'a point été permis à Euclide, lorsqu'il enseignait de trouver la moitié d'un angle, d'y ajouter le moyen d'en trouver le tiers, parce qu'il aurait fallu parler des sections coniques, dont on ne pouvait pas encore prendre connaissance en cet endroit. Mais le répertoire peut et doit indiquer les endroits où se trouvent les propositions importantes qui regardent un même sujet. Et nous manquons encore d'un tel répertoire en géométrie, qui serait d'un grand usage pour faciliter même l'invention et pousser la science, car il soulagerait la mémoire et nous épargnerait souvent la peine de chercher de nouveau ce qui est déjà tout trouvé. Et ces répertoires encore serviraient à plus forte raison dans les autres sciences, où l'art de raisonner a moins de pouvoir, et serait surtout d'une extrême nécessité dans la médecine. Mais l'art de faire de tels répertoires ne serait pas des moindres. Or considérant ces trois dispositions, je trouve cela de curieux qu'elles répondent à l'ancienne division, que vous avez renouvelée, qui partage la science ou la philosophie en théorique, pratique et discursive, ou bien en physique, morale et logique. Car la disposition synthétique répond à la théorique, l'analytique à la pratique et celle du répertoire selon les termes à la logique : de sorte que cette ancienne division va fort bien, pourvu qu'on l'entende comme je viens d'expliquer ces dispositions, c'est-à-dire non pas comme des sciences distinctes, mais comme des arrangements divers des mêmes vérités, autant qu'on juge à propos de les répéter. Il y a encore une division civile des sciences selon les facultés et les professions. On s'en sert dans les universités et dans les arrangements des bibliothèques ; et Draudius[381] avec son continuateur Lipenius, qui nous ont laissé le plus ample, mais non pas le meilleur catalogue de livres, au lieu de suivre la méthode des *Pandectes* de Gesner[382], qui est toute systématique, se sont contentés de se servir de la grande division des matières (à peu près comme les libraires) suivant les quatre facultés (comme on les appelle) de théologie, de jurisprudence, de médecine et de philosophie, et ont rangé par après les titres de chaque faculté selon l'ordre alphabétique des termes principaux qui entrent dans l'inscription des livres : ce qui soulageait ces auteurs, parce qu'ils n'avaient pas besoin de voir le livre ni d'entendre la matière que le livre traite, mais il ne sert pas assez aux autres, à moins qu'on ne fasse des renvois des titres à d'autres de pareille signification ; car sans parler de quantité de fautes qu'ils ont faites, l'on voit que souvent une même chose est appelée de différents noms, comme, par exemple : *observationes juris, miscellanea, conjectanea, electa, semestria, probabilia, benedicta*[383], et quantité d'autres inscriptions semblables ; de tels livres de jurisconsultes ne signifient que des mélanges du droit romain. C'est pourquoi la disposition systématique des matières est sans doute la meilleure, et on y peut joindre les indices alphabétiques bien amples selon les termes et les auteurs. La division civile et reçue selon les quatre facultés n'est point à mépriser. La théologie traite de la félicité éternelle et de tout ce qui s'y rapporte, autant que cela dépend de l'âme et de la conscience ; c'est comme une jurisprudence qui regarde ce qu'on dit être *de foro interno*[384] et emploie des substances et intelligences invisibles. La jurisprudence a pour objet le gouvernement et les lois, dont le but est la félicité des hommes autant qu'on y peut contribuer par l'extérieur et le sensible ; mais elle ne regarde principalement que ce qui dépend de la nature de l'esprit, et n'entre point fort avant dans le détail des choses corporelles dont elle suppose la nature pour les employer comme des moyens. Ainsi elle se décharge d'abord d'un grand point, qui regarde la santé, la vigueur et la perfection du corps humain, dont le soin est départi à la faculté de médecine. Quelques-uns ont cru avec quelque raison qu'on pourrait ajouter aux autres la faculté économique, qui contiendrait les arts mathématiques et mécaniques, et tout ce qui regarde le détail de la subsistance des hommes et des commodités de la vie, où l'agriculture et l'architecture seraient comprises. Mais on abandonne à la faculté de la philosophie tout ce qui n'est pas compris dans les trois facultés qu'on appelle supérieures : on l'a fait assez mal, car c'est sans donner moyen à ceux qui sont de cette quatrième faculté de se perfectionner par la pratique, comme peuvent faire ceux qui enseignent les autres facultés. Ainsi, excepté peut-être les mathématiques, on ne considère la faculté de philosophie que comme une introduction aux autres. C'est pourquoi l'on veut que la jeunesse y apprenne l'histoire et les arts de parler et quelques rudiments de la théologie et de la jurisprudence naturelle, indépendantes des lois divines et humaines, sous le titre de métaphysique ou pneumatique, de morale et de politique, avec quelque peu de physique encore, pour servir aux jeunes médecins. C'est là la division civile des sciences suivant les corps et professions des savants qui les enseignent, sans parler des professions de ceux qui travaillent pour le public autrement que par leurs discours, et qui devraient être dirigés par les vrais savants, si les mesures du savoir étaient bien prises. Et même dans les arts manuels plus nobles, le savoir a été fort bien allié avec l'opération, et pourrait l'être davantage, comme en effet on les allie ensemble dans la médecine, non seulement autrefois chez les Anciens (où les médecins étaient encore chirurgiens et apothicaires), mais encore aujourd'hui, surtout chez les chimistes. Cette alliance aussi de la pratique et de la théorie se voit à la guerre, et chez ceux qui enseignent ce qu'on appelle les exercices, comme aussi chez les peintres ou sculpteurs et musiciens et chez quelques autres espèces de *virtuosi*. Et si les principes de toutes ces professions et arts, et même des métiers, étaient enseignés pratiquement chez les philosophes, ou dans quelque autre faculté de savants que ce pourrait être, ces savants seraient véritablement les précepteurs du genre humain. Mais il faudrait changer en bien des choses l'état présent de la littérature et de l'éducation de la jeunesse, et par conséquent de la police. Et quand je considère combien les hommes sont avancés en connaissance depuis un siècle ou deux, et combien il leur serait aisé d'aller incomparablement plus loin pour se rendre plus heureux, je ne désespère point qu'on ne vienne à quelque amendement considérable, dans un temps plus tranquille, sous quelque grand prince que Dieu pourra susciter pour le bien du genre humain.

NOTES

1. Esotérique.
2. Jules-César Scaliger (1484-1558), médecin et philologue italien célèbre. L'expression citée est extraite des *Electa Scaligerea*, recueil de maximes et de préceptes choisis publié en 1634.
3. Semences de l'éternité, ou encore *Zopyra*, c'est-à-dire feux vivants.
4. Archipel de l'Océan glacial arctique, au nord de la Russie.
5. Robert Boyle (1627-1691), célèbre physicien et chimiste anglais ; le livre mentionné est un *Discourse about absolute rest in bodies*, publié en 1669 (trad. latine, 1671).
6. Citation légèrement inexacte de Virgile, *Géorg.*, IV, 393 : « qui sont, qui ont été, et qui surviendront dans l'avenir ».
7. Le *Dictionnaire historique et critique* de Bayle (1697), à l'article *Rorarius*.
8. Science de l'esprit.
9. Cette revue, publiée par Bayle, avait donné en juillet 1687 un extrait d'une lettre de Leibniz « sur un principe général ».
10. Numériquement, c'est-à-dire par le seul fait qu'elles sont deux.
11. A part.
12. Cf. Jean, XI, 11 ; Matth., IX, 24 ; Marc, V, 39 ; Luc, VIII, 52.
13. Les disciples d'Averroès, illustre philosophe arabe (1126-1198), niaient l'immortalité personnelle de l'âme ; les quiétistes, comme Mme Guyon (1648-1717), prônaient l'inaction de l'âme, le dédain des œuvres extérieures et l'abandon à l'effusion mystique.
14. Edward Stillingfleet (1635-1699) critiqua les vues de Locke dans son *Discourse in vindication of the doctrine of the Trinity* (1697), et soutint avec lui une controverse animée, dont Leibniz suivit les étapes avec une grande attention.
15. Les *Philosophiae naturalis principia mathematica* avaient été publiés en 1687.
16. Citation d'Ovide, *Tristes*, I, 8, 7 : « Tout ce dont je niais la possibilité se réalisera. »
17. Simon de La Loubère (1642-1729) dirigea une mission diplomatique française au Siam, en 1687, et publia en 1691 une relation de son voyage, qu'il envoya à Leibniz (*Du royaume de Siam*).
18. Robert Fludd (1574-1637), médecin et théosophe anglais, grand adversaire des doctrines mécanistes, auteur d'une *Philosophia mosaica* publiée en 1638.
19. Nicolas Malebranche (1638-1715), dont l'ouvrage le plus célèbre est la *Recherche de la vérité* (1674).
20. Gassendi (1592-1655), philosophe célèbre, se fit contre la tradition aristotélicienne l'historien et le défenseur de l'épicurisme.
21. François Bernier (1620-1688), philosophe et voyageur français, auteur d'un *Abrégé de la philosophie de Gassendi* (1674).
22. Amie de Locke, qui hébergea et soigna le philosophe pendant sa dernière maladie ; elle fut en rapports épistolaires avec Leibniz dans les années 1703-1705.

23. Cudworth (1617-1688), représentant principal de l'école platonicienne de Cambridge, auteur du *Vrai système intellectuel de l'univers* (1678).

24. Il s'agit de Catherine Trotter-Cockburn, qui publia en 1702 une défense de l'*Essay* de Locke.

25. Cf. les *Cinquièmes Objections* aux *Méditations* de Descartes.

26. Leibniz a publié divers opuscules dans le *Journal des Savants* de Paris, les *Acta eruditorum* de Leipzig, les *Nouvelles de la République des Lettres* publiées par Bayle en Hollande.

27. Cf. Pline l'Ancien, *Hist. Nat.*, VII, 55, 189.

28. Jérôme Cardan (1501-1576), mathématicien, médecin, philosophe italien, développa une théorie animiste de la lumière et de la chaleur, en particulier dans son traité *De subtilitate* (1552).

29. Campanella (1568-1639), philosophe et utopiste italien, a attribué la sensibilité à tous les êtres de la nature dans son traité *De sensu rerum*.

30. La comtesse de Conway, femme de lettres et philosophe anglaise, membre du cercle platonicien de Cambridge, auteur d'opuscules philosophiques publiés en 1690.

31. François-Mercure van Helmont (1618-1699), alchimiste et théosophe, édita les œuvres de son père, Jean-Baptiste, médecin et chimiste célèbre. Il répandit la théorie des *archées*, ou principes de vie et de mouvement immanents à l'organisme, dont parle Leibniz quelques lignes plus bas.

32. Henry More (1614-1687), philosophe et théologien anglais, appartenant à l'école platonicienne de Cambridge.

33. Citation d'Ovide, *Métamorphoses*, XV, 158.

34. Arminius (1560-1609), théologien hollandais, dont les doctrines, dirigées contre la théorie calviniste de la prédestination, soulevèrent de longues querelles entre les *arminiens* et leurs adversaires *gomaristes*. Parmi les « habiles gens » qui soutenaient la thèse ici mentionnée, thèse qui n'est d'ailleurs pas spécifiquement arminienne, on cite le théologien hollandais Episcopius (cf. note 101).

35. Syllogismes dont l'une ou l'autre prémisse n'est pas explicitement énoncée.

36. Le *Ménon* (82 b-85 b).

37. Selon le temps ou selon la nature.

38. Sir Kenelm Digby (1603-1655), philosophe et savant anglais, auteur d'un traité d'inspiration cartésienne sur la nature des corps.

39. Il s'agit de la formule de la « quadrature arithmétique » du cercle, découverte par Leibniz en 1674 $\left(\frac{\pi}{4} = 1 - \frac{1}{3} + \frac{1}{5} - \frac{1}{7} + ...\right)$.

Le « célèbre écrivain » n'a pas été identifié.

40. On cite plusieurs mathématiciens de ce nom ; celui dont il s'agit ici est Van Ceulen Ludolf, géomètre hollandais du début du XVIIe siècle, qui travailla à l'évaluation du nombre π (que l'on appelait au XVIIe siècle le *nombre de Ludolphe*), et en détermina 35 décimales.

41. Citation d'Horace, *Epîtres*, I, 16, 54 : « S'ils ont l'espoir de l'impunité, ils ne feront plus de différence entre le sacré et le profane. »

42. Caraïbes.

43. Historien d'origine péruvienne (1530-1568), auteur d'un ouvrage important sur les Incas, publié en espagnol (1609) et traduit en français (1633).

44. Martin von Baumgarten, auteur d'un *Voyage en Egypte, Arabie, Palestine et Syrie* (1594).

45. *Romains*, II, 15.

46. Citation incomplète de Juvénal, *Satire* XV, 159 (*parcit cognatis maculis*

similis fera) : « La bête féroce épargne ses frères de race, auxquels ses taches l'apparentent. »

47. « Attendu que la nature a institué une parenté entre tous les hommes, il n'est pas permis à un homme d'attirer un autre homme dans un piège » (*Digeste*, I, 1, 3) ; l'auteur de cette maxime est le juriste Florentin.

48. *Annales*, VI, 6.

49. *Gorgias*, 524 e.

50. « Je te vois. »

51. « Ce sont là des choses qu'on chante, qu'on loue, qu'on dit, qu'on écoute, qu'on écrit, qu'on lit, et qu'on néglige une fois qu'on les a lues » ; citation d'un texte non identifié.

52. Joseph Scaliger (1540-1609), fils de Jules-César Scaliger (cf. note 2), illustre philologue ; il a critiqué les démonstrations d'Euclide et d'Archimède dans un traité intitulé *Cyclometrica Elementa* (Leyde, 1594).

53. Thomas Hobbes (1588-1679), illustre philosophe anglais, a écrit un ouvrage sur les principes et le raisonnement des géomètres, « dans lequel il est montré que l'incertitude et la fausseté ne se rencontrent pas moins dans leurs écrits que dans ceux des physiciens et des moralistes » (1666).

54. Herbert de Cherbury (1583-1648), diplomate et philosophe anglais, auteur d'un traité *De Veritate* (1624), qui s'attachait à établir une distinction entre la vérité, la révélation, la vraisemblance, la possibilité et l'erreur.

55. Citation assez inexacte de Boileau, *Satire* VIII, 63-65.

56. Il s'agit de Chrocus, roi vandale du IIIe siècle.

57. Jean-Louis Fabricius (1632-1697), théologien et philosophe suisse ; son *Apologia generis humani contra calumniam atheismi* a été publiée en 1662.

58. Nicolas Witsen (né en 1640), bourgmestre d'Amsterdam, fut en relations épistolaires avec Leibniz à propos de ce projet de recueil de traductions du *Pater Noster* en diverses langues exotiques. Il a composé une *Description de la Tartarie septentrionale et orientale* (1692-1705).

59. Royaume d'Asie centrale.

60. Charles Le Gobien (1653-1708), jésuite français, dont l'*Histoire des îles Mariannes* a paru en 1700.

61. Cf. note 2.

62. Cf. note 52.

63. Roberval (1602-1675), célèbre mathématicien français ; pour plus de détails sur ses tentatives de démonstration des axiomes d'Euclide, cf. plus loin, livre IV, chap. 7, début.

64. Apollonius de Perge (IIIe siècle av. J.-C.), l'un des plus grands géomètres de l'Antiquité.

65. Proclus (412-485), philosophe néo-platonicien, a écrit des commentaires sur les *Eléments* d'Euclide.

66. Il s'agit de John Norris, auteur de réflexions sur l'*Essay* de Locke, publiées dans un ouvrage intitulé *Christian Blessedness*, et paru en 1690.

67. On sait que Zeus partagea entre ces jumeaux légendaires le don de l'immortalité ; chacun d'eux vivait alternativement sur terre et dans les enfers.

68. Sleidan (1506-1556), historien allemand de la Réforme.

69. L'œuvre de Buridan, philosophe scolastique du XIVe siècle, ne contient pas le célèbre exemple de l'âne, incapable de choisir entre les deux prés à égale distance desquels il est placé. L'idée s'en trouve déjà chez Aristote (*De Coelo*, II, 13, 295 b 32).

70. Edme Mariotte (1620-1684), célèbre physicien français ; sa découverte du « point aveugle » est consignée dans un mémoire publié en 1668 sous le titre *Nouvelle découverte touchant la vue*. — Un peu plus bas, le *vertex* est la partie supérieure du crâne.

71. Pour le sens.

72. Torricelli (1608-1647), célèbre physicien et géomètre italien ; le « tuyau de Torricelli » est le premier baromètre.

73. Otto de Guericke (1602-1686), physicien allemand, construisit une machine pneumatique pour expérimenter les effets du vide (expérience dite des hémisphères de Magdebourg).

74. « Forces centripètes. » La théorie de l'attraction à distance et l'hypothèse des forces centripètes ont été ébauchées, avant Newton, par Kepler et par Roberval.

75. En termes propres, trait pour trait.

76. Cette illusion, qui provient du croisement des doigts l'un sur l'autre, est plusieurs fois décrite par Descartes (*Traité de l'Homme*, éd. Adam-Tannery, t. XI, p. 161 ; *Dioptrique*, Discours sixième, *ibid.*, t. VI, p. 142).

77. Des Argues (1593-1662), mathématicien français, l'un des fondateurs de la géométrie descriptive, s'est préoccupé des applications de la géométrie dans l'art du dessin et de la gravure. Le graveur Abraham Bosse a publié en 1648 la *Manière universelle de M. Desargues pour pratiquer la perspective... ensemble les places et proportions des fortes et faibles touches, teintes ou couleurs*.

78. William Molyneux (1656-1698), physicien irlandais, auteur d'un traité d'optique. Le « problème de Molyneux » exercera une durable influence sur les théories de la perception pendant tout le XVIIIe siècle.

79. Le P. Dominique Bouhours (1628-1702), critique et grammairien français. L'ouvrage cité a pour titre exact *La Manière de bien penser dans les ouvrages de l'esprit* (Paris, 1687).

80. Citation de la *Pharsale*, I, 128 : « Les dieux épousèrent la cause victorieuse, mais Caton épousa la cause perdue. »

81. Jeu de cartes d'origine espagnole.

82. John Greaves (1602-1652), mathématicien et orientaliste anglais, auteur d'une *Description des pyramides de l'Egypte* (1646).

83. L'une des œuvres capitales du physicien Christian Huygens (1629-1695) est son *Horologium oscillatorium* (1673), dans lequel il a montré comment les mouvements du pendule pouvaient être utilisés pour la mesure du temps.

84. Gabriel Mouton (1618-1694), astronome et mathématicien français.

85. Tito-Livio Burattini, auteur d'une *Misura universale*, ou traité « dans lequel on montre comment, en tout lieu du monde, on peut trouver une mesure et un poids universels ». (Vilna, 1675.)

86. Sous l'Equateur.

87. Lessius (1554-1623), jésuite flamand, a écrit entre autres un traité *De perfectionibus moribusque divinis* (Des perfections et des mœurs divines), 1620. Sur Guericke, cf. note 73.

88. *Actes*, XVII, 28.

89. Citation libre de Virgile, *Géorg.*, I, 463 : « Il ose accuser de mensonge le soleil. »

90. *Physique*, IV, 11, 219 b 1-2.

91. I *Rois*, VIII, 27.

92. Nombre rompu : nombre fractionnaire. Nombre sourd : nombre irrationnel.

93. Un peu plus loin (chap. XXI, § 47), Leibniz traduit cette expression, dont nous n'avons pas identifié la provenance, par : « Où en sommes-nous ? ». Voir l'étude érudite et subtile de Jean Deprun, *Gide, Leibniz et le pseudo-Virgile* in *Lettres et réalités* (Mélanges Henri Coulet), Aix-en-Provence, 1988.

94. *Code diplomatique du droit des gens*, œuvre juridique écrite par Leibniz en 1693.

95. 60 b-c : on vient de retirer à Socrate les chaînes qu'il portait aux pieds.

96. Du tout au tout.

97. *Métaphysique*, K 9, 1065 b 16 ; *Physique*, III 1, 201 a 11.

98. Malebranche, convaincu par les raisons que lui présentait Leibniz, a abandonné la conception cartésienne des lois du choc : la grandeur qui se conserve est la force (mv^2), et non la quantité du mouvement (mv). L'ouvrage mentionné est intitulé *Des lois de la communication des mouvements* (1692).

99. Le même numériquement, c'est-à-dire dans son individualité propre.

100. Paolo Casati (1617-1707), théologien et mathématicien italien ; on cite parmi ses œuvres un traité de mécanique en huit livres (1684).

101. Simon Bisschop, dit Episcopius (1583-1643), théologien hollandais, auteur d'un traité sur le libre arbitre. Plus haut, réaux et nominaux sont les réalistes et les nominalistes, écoles qui furent aux prises dans la Querelle des universaux.

102. Citation d'Ovide, *Métamorph.*, VII, 20 : « Je vois le meilleur parti et je l'approuve, j'adopte le pire. »

103. Mouvements primordialement premiers.

104. Secte islamique qui fleurit du XIe au XIIIe siècle. C'est à l'usage du haschich (qui a donné leur nom aux « Assassins ») que l'on attribue les visions présentées par Leibniz comme le résultat d'une mise en scène artificielle. Le chef de la secte était appelé Cheik el Djebel, Seigneur ou Vieux de la montagne. Le meurtre auquel il est fait allusion plus bas est celui de Conrad, marquis de Monferrat, assassiné en 1192.

105. Citation de Virgile, *Géorg.*, I, 513 : « Le cocher est entraîné par ses chevaux, et l'attelage n'obéit plus aux rênes. »

106. Allusion au festin de Trimalcion, dans le *Satiricon* de Pétrone (30).

107. Crainte du contraire.

108. Amants légendaires (cf. Ovide, *Héroïdes*, XIX) ; Léandre rejoignait Héro en traversant à la nage le détroit des Dardanelles.

109. Le principal, le plus important.

110. Roman célèbre de Mlle de Scudéri (1656), qui mit à la mode la géographie précieuse du « pays de Tendre ».

111. Proverbe latin, qui figure dans Plaute (*Ménechmes*, 247) : « chercher un nœud sur une tige de jonc », c'est-à-dire chercher des difficultés là où il n'y en a pas.

112. De l'un comme de l'autre.

113. Cyrano de Bergerac (1619-1655), auteur de l'*Histoire comique des états et empires de la lune* (1656) et de l'*Histoire comique des états et empires du soleil* (1662).

114. Non pas dans un lieu, mais d'une certaine manière quelque part.

115. Cf. *Traité des Passions*, I, § 31-35.

116. Saint Thomas d'Aquin, *Somme théologique*, I, qu. 52.

117. Rohaut (1620-1675), physicien français, qui a répandu les doctrines physiques de Descartes.

118. Froidmont, dit Fromondus (1587-1653), théologien et physicien liégeois, correspondant de Descartes : son *Labyrinthus sive de compositione continui* a paru en 1631.

119. L'électrice Sophie de Hanovre, amie et protectrice de Leibniz.

120. Le navire que les Athéniens envoyaient chaque année à Délos, et que l'on regardait comme celui sur lequel Thésée s'était rendu en Crète, en promettant à Apollon de lui consacrer des fêtes s'il revenait vainqueur du Minotaure.

121. Il s'agit de l'os du coccyx, que l'on considérait comme indestructible, et en qui l'on voyait par suite le noyau à partir duquel s'effectuerait la résurrection du corps.

122. Sur Van Helmont, cf. note 31. Le livre dont il est question plus bas est de l'abbé de Lanion (*Méditations sur la métaphysique*, 1678, sous le pseudonyme de G. Wander).

123. Nicolas Tulp (1593-1674), médecin hollandais, auteur d'*Observations médicales* publiées en 1641 ; c'est lui que Rembrandt a représenté, entouré de ses élèves, dans sa *Leçon d'anatomie*. Le « savant médecin » dont il est question dans la même phrase est E. Tyson, anatomiste anglais, qui publia en 1699 un *Orang-outang, sive homo sylvestris*. Plus bas, l'histoire du perroquet est empruntée à l'*Histoire comique des états et empires du soleil*, de Cyrano de Bergerac ; celle de Lucius au roman d'Apulée, *L'Ane d'or ou les métamorphoses*.

124. Sur Henry More et Van Helmont, cf. les notes 31 et 32. Van Helmont est l'auteur d'un traité sur la transmigration des âmes (*De revolutione animarum humanarum*, 1690).

125. Personnage non identifié.

126. Présomption de droit, présomption juridique.

127. Général romain du IIIe siècle de notre ère, chercha à se faire proclamer empereur et fut battu par Probus. Le trait cité dans la phrase suivante ne se rapporte pas à lui, mais à Proculus, autre usurpateur également renversé par Probus.

128. « Ici même, la louange reçoit sa récompense. » Le mot *laus* (louange) est pris ici dans le sens de *vertu, actions honorables*.

129. « La nature ne connaît rien qui ait plus de valeur que la vertu, la louange, la dignité, l'honneur. » — « Par ces différents mots, c'est une chose unique que j'entends désigner. »

130. Citation de Perse, *Satire II*, 74 : « un cœur imprégné d'une noble vertu ».

131. Il s'agit des *Méditations sur la connaissance, la vérité et les idées*.

132. Description des *anamorphoses*, tableaux fort recherchés à l'époque, qui ne deviennent lisibles que lorsqu'on les regarde sous un angle particulier ou, comme ici, dans un miroir de forme particulière.

133. *Synecdoque*, figure de rhétorique dans laquelle on fait entendre le plus (le tout, le genre) en disant le moins (la partie, l'espèce), ou inversement. *Métonymie*, figure par laquelle on désigne un objet au moyen d'un terme qui en désigne un autre, lié au premier par une relation de concomitance habituelle. *Métaphore*, figure dans laquelle ce lien est une relation d'analogie.

134. Citation de Perse, *Satire I*, 2-3 : « Qui lira ceci ? Deux lecteurs, ou personne. »

135. Vice qui consiste à prendre pour accordé quelque chose qui ne va pas de soi, à ne pas prendre conscience d'un présupposé illégitime.

136. Albert le Grand (1193-1280), illustre philosophe et savant, maître de saint Thomas, fut soupçonné de magie, comme le raconte Bayle dans son *Dictionnaire*.

137. Jurisconsulte italien du XVIIe siècle ; son *Lycurgus Italicus* (*Leges per et juxta quas fit et administratur vera, promta et expedita justitia*) parut en 1666.

138. Jacques Golius (1596-1667), mathématicien et orientaliste hollandais, professeur à l'Université de Leyde, collabora à la rédaction de l'*Atlas Sinicus* de Martini.

139. Nommé Adrien Koerbagh. Le livre cité a paru en 1668.

140. Ils sont dans le sujet, ils sont inhérents au sujet.

141. Georges Dalgarno, auteur d'un *Ars signorum, vulgo character universalis et lingua philosophica* (Arts des signes, caractéristique universelle et langue philosophique), publié en 1661, qui exerça une influence certaine sur les projets analogues de Leibniz.

142. John Wilkins (1614-1672), secrétaire de la Royal Society de Londres, auteur d'un manuel de correspondance chiffrée intitulé *Mercury* (1641) et surtout d'un *Essay towards a real character and a philosophical language* (1668), dans lequel il perfectionne la méthode de Dalgarno.

143. Argot, jargon.

144. Le P. Labbé (1607-1667), célèbre érudit français. Celui de ses nombreux ouvrages auquel Leibniz fait allusion est une *Grammatica linguae universalis* (Grammaire de la langue universelle), publiée en 1663.

145. Tudesque, ancien allemand.

146. Nithart, historien français du IXe siècle, était le fils naturel de Berthe, fille de Charlemagne et sœur de Louis le Débonnaire. C'est dans son œuvre qu'a été préservé le texte, en langue romane et en langue tudesque, des célèbres *Serments de Strasbourg* (842), échangés entre Charles le Chauve et Louis le Germanique.

147. Le *Livre des Evangiles*, poème tudesque d'Otfried de Wissembourg (vers 810-880), a été publié à Bâle en 1571 par Flacius Illyricus, théologien et historien protestant. Johann Schilter (1632-1705), historien et juriste allemand, professeur à Strasbourg, a laissé un *Thesaurus antiquitatum teutonicarum* (Trésor des antiquités teutoniques), qui fut publié après sa mort.

148. La paraphrase poétique composée par le moine Caedmon date du VIIe siècle ; on trouve des détails sur les circonstances de sa composition dans l'*Histoire ecclésiastique* de Bède le Vénérable (731).

149. Ce manuscrit, écrit en lettres argentées, contient la traduction de la Bible en langue gotique, composée au IVe siècle par l'évêque Ulfila.

150. Irlandais.

151. Kalmouks et Mongols.

152. Jacob Boehme (1575-1624), célèbre philosophe et mystique allemand. L'*adamique* est la langue d'Adam, nomenclature instituée par Adam dans le paradis terrestre.

153. Citation de Virgile, *Enéide*, VIII, 91 : « La nef lisse glisse sur les flots. »

154. Samuel Bochart (1599-1667), érudit protestant, auteur en particulier d'une *Geographia sacra* (1646).

155. Jean Bécan van Gorp, dit Goropius Becanus (1518-1572), médecin et lettré flamand ; ses recherches sur l'ancienneté des langues germaniques se trouvent dans un livre intitulé *Hermathena* (1580).

156. Johann Clauberg (1622-1665), logicien et philosophe allemand, répandit les idées cartésiennes en Allemagne et soutint une métaphysique occasionnaliste voisine de celle de Malebranche. Ses recherches de linguistique germanique (*Collectanea linguae teutonicae*) ont paru en 1663.

157. Gerardus Meierus (1646-1708), philosophe et linguiste, a composé un *Glossarium linguae saxonicae*.

158. Sur Schilter, cf. note 147. La mention faite par Leibniz de sa mort, qui eut lieu le 14 mai 1705, ainsi que de celle de Meierus, constitue, une donnée intéressante pour la chronologie de la rédaction des *Nouveaux Essais*.

159. Jean Bauhin (1541-1613), botaniste suisse, issu d'une famille dont plusieurs membres sont également connus comme naturalistes, composa entre autres un traité *De plantis absinthii nomen habentibus* (Des plantes qui portent le nom d'absinthe), paru en 1595.

160. Héros d'un procès célèbre, qui eut lieu en 1560.

161. Les *Méditations sur la connaissance, la vérité et les idées* (1684).

162. *Lune* est le nom donné par les alchimistes à l'argent. Parmi les ouvrages de Boyle (cf. note 5), on cite *An historical account of a degradation of Gold* (Compte rendu historique d'une dégradation de l'or), paru en 1678.

163. *Versura* : procédure par laquelle on emprunte de l'argent pour pouvoir éteindre une dette contractée par ailleurs. *Corban* : offrande votive, don consacré à Dieu ; cette notion semble correspondre à peu près à celle du *tabou* (cf. Marc, VII, 11-13).

164. Citation d'Horace, *Epitres*, II, 1, 47 : « Jusqu'à ce qu'il s'écroule sous le choc d'un *sorite* irrésistible. » Le *sorite* ou argument du *tas* (latin *acervus*)

consiste à demander à partir de quel nombre des grains de blé font un tas de blé.

165. « De l'issue incertaine des expériences de chimie. » On cite un livre de Boyle portant ce titre, publié en 1667.

166. « S'il existe un vide dans les formes. »

167. Citation d'Horace, *Satires*, II, 3, 103 : « qui résout un litige en soulevant un autre litige ».

168. Sur Mariotte, cf. note 70. Le quatrième de ses *Essais de physique* (1681) porte sur la nature des couleurs.

169. Auguste Ier, électeur de Saxe (1526-1586), s'adonnait à l'alchimie.

170. Héros d'un roman fantastique de Godwin (1561-1633), *The man in the moon* (L'homme dans la lune), publié en 1638 et traduit en français par Jean Baudoin (1648).

171. Dans son *Cosmotheoros*, ouvrage posthume traitant de la pluralité des mondes.

172. Gilles Ménage (1613-1692), érudit et bel esprit célèbre, dont le *Dictionnaire étymologique* (1650, rééd. 1694) est l'œuvre capitale.

173. Masse charnue qui se forme parfois dans l'utérus, après résorption de l'embryon, à partir d'un développement pathologique des enveloppes du germe ; comme elle contient souvent des fragments de squelette, on y voyait anciennement un fœtus monstrueux.

174. Jean II Casimir (1648-1668). Un peu plus bas, la formule latine signifie : « Si tu n'es pas baptisé ».

175. Célèbre géographe grec du Ier siècle av. J.-C. : cf. sa *Géographie*, XII, 11.

176. Théodore Kerckring (1640-1693), anatomiste et embryologiste hollandais, auteur d'une *Anthropogeniae ichnographia* (1671), représentant de la théorie « oviste ».

177. Citation de Virgile, *Géorg.*, II, 325-327 : « Lorsque l'éther, père tout-puissant, descend en pluies fécondes dans le sein de sa florissante épouse, et qu'en s'unissant dans toute sa grandeur à ce grand corps, il y alimente tous les germes. » Les disciples de Priscillien, hérétique du IVe siècle proche du manichéisme, chantaient ces vers, à en croire une épître de saint Jérôme, au cours des débauches auxquelles ils se livraient pendant leurs réunions ; mais on peut supposer qu'ils leur attachaient une signification religieuse.

178. Leeuwenhoeck (1632-1723), célèbre biologiste hollandais, utilisa le microscope pour étudier les phénomènes de la fécondation et découvrit le spermatozoïde, donnant ainsi naissance aux théories « animalculistes ».

179. Henrik van Roy, dit Regius (1598-1679), philosophe hollandais, d'abord cartésien, se sépara de Descartes en soutenant que l'homme est un être par accident, le corps et l'âme n'ayant pas entre eux d'union substantielle.

180. Sur Ménage, cf. note 172.

181. Fortunio Liceti (1577-1657), médecin italien, auteur d'un traité *De monstrorum caussis, natura et differentiis* (Les monstres, leurs causes, leur nature, leurs variétés), paru en 1616.

182. Pierre Alliot, médecin français, fit sur Anne d'Autriche l'essai de son prétendu remède contre le cancer.

183. *Nombres*, XXII, 28-30.

184. « Une unité par eux-mêmes. » Il faut sans doute lire : qui ne *sont* point *unum per se*.

185. Johann Strauch (1614-1679), professeur de droit à Iéna et Giessen, oncle maternel de Leibniz, exerça une influence certaine sur le développement de ses études juridiques. Le livre mentionné est un *Lexicon particularum juris* (1671).

186. Samuel Bohl (1611-1639), théologien et hébraïsant poméranien, auteur

et éditeur d'une série de dissertations ayant pour objet de dégager l'élément formel de la signification, en vue d'une explication de la Bible.

187. Ebenbitar ou Ibn-el-Beitar (1197-1248), botaniste arabe. Dioscoride, célèbre médecin et botaniste grec du Ier siècle de notre ère.

188. Reinesius (1587-1667), médecin et érudit allemand, abandonna la médecine au profit de ses études de philologie, d'épigraphie et de lexicographie.

189. En particulier dans les *Dialogues des Morts*.

190. Sur Henry More, cf. note 32. Parmi ses œuvres figure un traité de l'immortalité de l'âme (1659).

191. Cette définition figure dans les *Définitions* pseudo-platoniciennes (415 a); l'anecdote qui s'y rapporte, et à laquelle Leibniz fait allusion à la fin du paragraphe suivant, est racontée par Diogène Laërce (VI, 2, 40).

192. Du nom grec du coucou : défaut qui consiste à répéter la même chose, comme le fait cet oiseau. Nous dirions maintenant *pléonasme*.

193. *Histoires*, III, 116 et IV, 27.

194. Titre et héros d'une pastorale burlesque de Thomas Corneille (1653).

195. Sur la distinction de l'Aphrodite céleste et de l'Aphrodite vulgaire ou pandémienne, cf. Platon, *Banquet*, 180 c-181 d.

196. On cite plusieurs ouvrages portant ce titre, en particulier celui de J. Devaux, *Le Médecin de soi-même, ou l'Art de conserver la santé par l'instinct* (1682).

197. Bernard Frenicle de Bessy (1605-1675), mathématicien français, célèbre par la rapidité avec laquelle il résolvait les problèmes numériques les plus compliqués, grâce à une méthode de tâtonnement ingénieusement élaborée.

198. Le P. Grimaldi, jésuite français, correspondant de Leibniz.

199. On cite un *Vocabulaire* illustré, publié à Nuremberg en 1700.

200. Disciples de Ramus (Pierre de la Ramée), célèbre logicien français (1515-1572), qui critiqua la logique aristotélicienne.

201. Le comte de Scandiano est le poète italien Bojardo, auteur de l'*Orlando innamorato* (Roland amoureux), épopée romanesque publiée en 1495 et poursuivie par l'Arioste dans son *Orlando furioso* (1516). Amadis des Gaules est le héros d'un roman de chevalerie espagnol, qui fut célèbre dans toute l'Europe aux XVIe et XVIIe siècles.

202. Se dit d'un mode de démonstration qui consiste à exhiber une vérité générale en la faisant voir sur un exemple particulier ou sur une figure particulière.

203. Johann Scheybl (1494-1570), auteur d'une édition commentée des six premiers livres d'Euclide (1550). Plus bas, Herlinus est également un mathématicien du XVIe siècle, dont l'édition d'Euclide parut en 1566.

204. Plutôt Bocardo.

205. Célèbre médecin et philosophe du IIe siècle de notre ère; parmi ses œuvres figure un petit traité de logique connu sous le nom d'*Institutio logica*. Mais c'est sur la foi d'un témoignage mal compris qu'il passa pour l'inventeur de la quatrième figure du syllogisme (dite parfois, pour cette raison, *galénique*).

206. Cf. note 200. La doctrine ici mentionnée se trouve exposée dans les *Scholae dialecticae* (1569).

207. Du grec : vice de raisonnement qui consiste à mettre en premier ce qui vient en second dans l'ordre naturel.

208. On sait que le *cogito* cartésien est préfiguré dans plusieurs textes augustiniens, en particulier *De libero arbitrio*, II, 3. Cf. les objections d'Arnauld (*Quatrièmes objections*) aux *Méditations métaphysiques* de Descartes.

209. Toutes choses égales d'ailleurs.

210. En notre pouvoir.

211. Laurent Valla (1406-1457), philologue italien. L'éloge mentionné figure dans son traité des *Elégances de la langue latine*.

212. Citation de Virgile, *Enéide*, VI, 851-853 (au deuxième vers, les éditeurs modernes lisent *pacis*) : « Toi, Romain, souviens-toi qu'il t'appartient d'étendre ton empire sur les peuples, tels seront tes arts, à toi, et de dicter les lois de la paix, d'épargner les vaincus et d'abattre les superbes. »

213. A partir des données.

214. Tirso Gonzales (mort en 1705), auteur d'un *Theologiae moralis fundamentum (Fondement de la théologie morale)*, dans lequel il réagissait contre les doctrines probabilistes soutenues par beaucoup de jésuites du XVIIe siècle.

215. Cf. Aristote, *Topiques*, I, 100 b 21-23.

216. L'abbé Foucher (1644-1696), philosophe français, correspondant de Leibniz. Sa critique de la *Recherche de la Vérité* (de Malebranche) parut en 1675. Les Académiciens dont il voulait « ressusciter la secte » sont les représentants de la Nouvelle Académie, héritiers de Platon ayant tourné au scepticisme et au probabilisme, à la tradition desquels se rattache la philosophie de Cicéron.

217. Christophe Clavius (1537-1612), mathématicien allemand, éditeur et commentateur des *Eléments* d'Euclide (1574). Sur ce qui suit, cf. la note 39.

218. Jean de Witt (1625-1672), grand homme d'Etat hollandais, a laissé quelques ouvrages de mathématiques.

219. « Et tout ce que l'Ecole s'est donné loisir d'imaginer » (citation non identifiée).

220. Bois de ben, utilisé en parfumerie et en pharmacie.

221. Il s'agirait de François Lami (1636-1711), bénédictin français, auteur d'une *Réfutation de Spinoza* et d'un traité *De la connaissance de soi-même*.

222. « Droit d'accroissement », qui échoit à un héritier par l'élimination d'un de ses cohéritiers. Les thèses juridiques auxquelles Leibniz fait allusion ont été soutenues en 1665 et publiées en 1672 (*Specimina juris*).

223. Le traité *De arte combinatoria*, publié en 1666, a été réédité en 1690 sans l'autorisation de Leibniz, qui fit paraître une protestation dans les *Acta eruditorum* de 1691.

224. Erhard Weigel (1625-1699), philosophe et mathématicien, fut le maître de Leibniz à l'université d'Iéna en 1663 ; il exerça sur sa formation une influence importante.

225. Pufendorf (1632-1694), juriste allemand, l'un des plus importants théoriciens de l'école du droit naturel. Ses *Eléments de jurisprudence universelle* ont paru à La Haye en 1660, à Iéna en 1669.

226. Le *Pinax* ou *Tableau de Cébès* est un dialogue attribué à Cébès (disciple de Socrate, mis en scène par Platon dans le *Phédon*), mais que les modernes datent du Ier siècle de notre ère ; il se présente comme l'explication d'un tableau allégorique représentant les vertus et les vices.

227. Gazette fondée par de Visé en 1672.

228. Francisco Maurolyco (1494-vers 1575), mathématicien et physicien sicilien d'origine grecque, a étudié le problème de l'arc-en-ciel dans l'appendice d'un traité *De la lumière et de l'ombre*, paru en 1575. — Marc-Antoine de Dominis (1566-1624), physicien et théologien dalmate, professeur à l'université de Padoue, a donné une théorie du même phénomène dans un traité paru en 1611.

229. Cette controverse entre saint Boniface (680-756), apôtre de la Germanie, et saint Virgile ou Fergil, moine irlandais devenu évêque de Salzbourg, mort en 789, est évoquée dans la lettre 140 de saint Boniface.

230. Le *De officiis*, ou traité des Devoirs, l'un des principaux ouvrages de morale de Cicéron.

231. Livin Lemnens (1505-1568), auteur d'un traité *Des miracles occultes de la nature*, paru en 1559 et plusieurs fois réimprimé.

232. Dans le *De corpore* (1655), chap. 3, § 8.

233. Par institution, par convention.

234. Citation de Térence, *Eunuque*, 62-63 : « Tu n'y parviendras pas plus que si tu t'ingéniais à déraisonner raisonnablement. » Un peu plus bas, *nodum in scirpo* (un nœud sur une tige de jonc) est une expression proverbiale, déjà citée (cf. note 111).

235. Selon Proclus (*Commentaire sur les Eléments d'Euclide*, p. 157 Friedlein), Thalès de Milet (l'un des premiers philosophes et savants grecs, né vers 640 av. J.-C.) aurait démontré que le diamètre sépare le cercle en deux parties égales, proposition qu'Euclide prend pour accordée (Définition 17). Sur les essais de démonstration des axiomes d'Euclide par Apollonius, Proclus et Roberval, cf. les notes 63 à 65.

236. Parmi les œuvres d'Antoine Arnauld (1612-1694), célèbre philosophe et théologien janséniste, figurent des *Nouveaux éléments de géométrie* (1667).

237. René-François-Walter de Sluse (1623-1685), géomètre flamand. Cf. livre III, chap. X, § 21.

238. Claude Hardy (mort en 1678), avocat et mathématicien français, ami de Descartes, éditeur d'Euclide. — Marinus (né vers 440 ap. J.-C.), mathématicien grec, disciple de Proclus, auteur d'une introduction aux *Data* d'Euclide connue sous le nom de *Protheoria*. — Serenus d'Antinoé, mathématicien du IIIe-IVe siècle de notre ère, auteur d'un traité sur les sections du cylindre et du cône.

239. Jean-Amos Comenius (1592-1671), surtout connu comme pédagogue, est aussi l'auteur d'un ouvrage de physique (*Physicae ad lumen divinum reformatae synopsis*, Aperçu de la physique réformée à la lumière divine), paru en 1633, dans lequel il cherche à concilier Aristote et les doctrines alchimiques de Paracelse. L'arquebuse à vent utilisait la force de l'air comprimé.

240. Algèbre fondée sur l'emploi des lettres.

241. François Viète (1540-1603), illustre mathématicien français, fondateur de l'algèbre. Sur la technique mathématique à laquelle fait allusion Leibniz un peu plus bas, voir Couturat, *La Logique de Leibniz*, appendice III.

242. La preuve par neuf.

243. L'un des premiers connus parmi les termes complexes (c'est-à-dire parmi les énonciations composées de termes simples).

244. Depuis l'œuf, depuis le début.

245. Parmi les œuvres attribuées à Hippocrate (460-375), le plus célèbre des médecins de l'Antiquité, figurent huit livres d'*Aphorismes*, traité médical en forme de préceptes.

246. Isaac Casaubon (1559-1614), grand philologue et érudit français.

247. Le casque d'Orcus. Orcus est le dieu latin des enfers, identifié au Pluton des Grecs.

248. Citation libre du *Satyricon* de Pétrone, I.

249. Proverbe latin : « La corruption de ce qu'il y a de meilleur est ce qu'il y a de pire. »

250. Le mémoire auquel Leibniz fait allusion (*Unicum opticae, catoptricae et dioptricae principium*) a été publié dans les *Acta eruditorum* de Leipzig en juin 1682. Sur Molyneux, dont la *Dioptrica nova* date de 1692, voir la note 78.

251. Concernant le fait.

252. Aphorismes juridiques dont le nom rappelle celui de Burkard, évêque de Worms (vers 1000), jurisconsulte et canoniste qui jouissait d'une grande autorité et dont on citait les sentences.

253. Le nom de ce juriste romain, omis dans le manuscrit de Leibniz, est Paul ; la maxime citée se trouve dans le *Digeste* (50, 17, l. 1).

254. Sauf dans un cas ; sauf dans plus d'un cas.

255. Jacques Barner (1641-1686), médecin, disciple de Van Helmont, auteur d'un traité intitulé *Prodromus Sennerti novi, seu delineatio novi medicinae systematis* (Prodromes d'un nouveau Sennert, ou esquisse d'un nouveau système de médecine), paru en 1674. — Daniel Sennert (1572-1637), célèbre médecin allemand, chercha à unir les doctrines des Anciens, Aristote et Galien, avec celles des alchimistes.

256. Vers de Publilius Syrus, auteur latin du Ier siècle av. J.-C., plusieurs fois cité par Sénèque (*Consolation à Marcia*, IX, 5 ; *De la tranquillité de l'âme*, XI, 8).

257. Citation libre de Térence, *Heautontimoroumenos*, 77 : « Nous ne devons juger étranger à nous rien de ce qui est humain. »

258. Francesco Suarez (1548-1617), célèbre philosophe scolastique espagnol, auteur entre autres de *Disputationes metaphysicae* (1597). — Grotius (1583-1645), célèbre juriste et historien hollandais, l'un des fondateurs de l'école du droit naturel.

259. *Métaphysique*, A 2, 982 a 4-b 10 et Z1, 1028 b 2-7. Plus bas, l'empereur Marc-Antonin est Marc Aurèle, auteur des célèbres *Pensées pour moi-même*.

260. La critique de la preuve ontologique est exposée dans les *Méditations sur la connaissance, la vérité et les idées* (*Acta eruditorum*, novembre 1684) et dans une *Lettre touchant la démonstration cartésienne de l'existence de Dieu* (*Mémoires de Trévoux*, septembre 1701).

261. Surnom traditionnel de saint Thomas d'Aquin.

262. Bayle, *Dictionnaire historique et critique*, article *Rorarius*.

263. Bulles.

264. Polémon (340-273), successeur de Xénocrate à la tête de l'Académie platonicienne, exerça une influence non négligeable sur les débuts du stoïcisme.

265. Aristippe de Cyrène, né vers 435 av. J.-C., disciple de Socrate, fondateur de l'école hédoniste dite cyrénaïque.

266. Antisthène, autre disciple de Socrate, adversaire de Platon, fondateur de l'école cynique.

267. Archélaos, philosophe ionien du Ve siècle, disciple d'Anaxagore, passe pour avoir été le maître de Socrate. La doctrine conventionnaliste du juste et de l'injuste lui est attribuée par Diogène Laërce, II, 4, 16.

268. *Réfutations sophistiques*, 2, 165 b 3.

269. Conring (1606-1687), érudit frison, correspondant de Leibniz ; cf. les lettres de Leibniz à Conring de janvier 1678 et février 1679. — Bartolomeo Viotti, philosophe et médecin du XVIe siècle, auteur d'un traité *De la démonstration*, qui fut réédité par Frolingius en 1661. — Pappus, grand géomètre alexandrin du IVe siècle après J.-C.

270. Dans le *Novum Organum* (1620). Sur Boyle, cf. note 5.

271. Lettre de Descartes à Mersenne du 23 décembre 1630 (éd. Adam-Tannery, t. I, p. 195-196). — Plus bas, il s'agit d'une lettre de fin 1661 (lettre VI de la correspondance de Spinoza), où il est question de l'ouvrage de Boyle relatant ses expériences sur le salpêtre. La correspondance de Spinoza a été imprimée après sa mort, en même temps que l'*Ethique* (*Opera posthuma*, 1677).

272. Hippocrate de Chio, géomètre grec du Ve siècle av. J.-C., étudia le problème de la quadrature du cercle, et réalisa la quadrature d'une classe particulière de *lunules* ou *méniques*, figures délimitées par deux arcs de cercle de rayon différent.

273. Pierre Nicole (1625-1695), philosophe et théologien janséniste. Son traité *De l'unité de l'Eglise* (1687) souleva des polémiques, tournant sur la question de savoir si le catholicisme romain pouvait se prévaloir, contre les réformés, de sa position majoritaire.

274. L'ouvrage principal de Tertullien (vers 155-vers 230), apologiste et

théologien chrétien, est intitulé *De praescriptione haereticorum*. Ce titre s'explique ainsi : de même que dans le droit romain, l'adversaire se voyait, dans certaines conditions, refuser le droit d'exposer ses arguments, de même l'on doit dénier aux hérétiques, dont les doctrines ont déjà été amplement réfutées, le droit de faire entendre leurs raisons.

275. On cite deux livres portant ce titre, l'un de Nicole contre les calvinistes (1671), l'autre du protestant Jurieu contre les papistes (1685).

276. Bossuet est mort le 12 avril 1704.

277. En entier, intégralement.

278. Sentiments patriotiques, civisme.

279. Erostrate mit le feu au temple d'Ephèse (356 av. J.-C.), dans le seul dessein d'immortaliser son nom.

280. Corps du délit.

281. Méré (1610-1685) est l'auteur de divers opsuscules publiés en 1692. Le traité de Huygens sur le calcul des probabilités (*De ratiociniis in ludo aleae*, Des raisonnements dans les jeux de hasard) parut en 1657.

282. Sur Jean de Witt, cf. note 218. Son opuscule mathématique sur le problème des rentes viagères parut en 1671.

283. Procope, historien byzantin du VIe siècle, auteur d'une histoire des guerres de l'empereur Justinien ; on lui attribue également un livre d'*Anedoctes*, connu aussi sous le nom d'*Histoire secrète*.

284. Louis Aubery du Maurier, auteur de *Mémoires pour servir à l'histoire de la Hollande* (1680) ; son père, Benjamin, était ambassadeur en Hollande. Sur Grotius, cf. note 258.

285. Il s'agit de Gregorio Leti (1630-1701), historien protestant italien, auteur d'une *Vie de Cromwell*, parue sans nom d'auteur en 1694. L'*Histoire de Cromwell* de S. Carrington date de 1659.

286. Ingénieur suédois, directeur général des forteresses (1625-1703).

287. Cf. note 68.

288. Seckendorff (1626-1692), historien et homme d'Etat allemand, auteur d'un *Commentarius historicus et apologeticus de lutheranismo* (Commentaire historique et apologétique sur le luthéranisme). Plus bas, M. de Meaux : Bossuet.

289. Suibert ou Swidger, d'origine saxonne, pape de 1046 à 1047. On sait que Leibniz avait été chargé d'écrire l'histoire de la famille de Brunswick, et qu'il y consacra de longues recherches d'archives. Plus bas, seigneurs allodiaux : détenteurs d'un *alleu*, c'est-à-dire d'une terre qui ne doit aucune redevance et ne relève d'aucun suzerain (par opposition au *fief*).

290. Cf. note 172.

291. Jérôme Bolsec, pamphlétaire du XVIe siècle, auteur de libelles sur la vie et les doctrines de Calvin (1577) et de Théodore de Bèze (1582).

292. De la foi historique, c'est-à-dire de la confiance que l'on peut accorder aux historiens. On cite un livre portant ce titre de Johann Eisenhart, jurisconsulte allemand (1643-1707).

293. Tritheim ou Trithemius (1452-1516), historien allemand, auteur d'un ouvrage sur les origines franques. — Johann Thurmaier, dit Aventinus (1466-1534), auteur des *Annales Boiorum* (Annales bavaroises). — Peter Albinus (1534-1598), historien des origines de la Saxe et de la Thuringe. — Saxo Grammaticus, historien danois de la fin du XIIe siècle. — L'*Edda*, *corpus* légendaire des anciens peuples scandinaves. — Kadlubko ou Kodlubko, historien polonais (1161-1223).

294. Le duc d'Aumont (1632-1704), membre de l'Académie des Inscriptions et Belles-Lettres.

295. *Théâtre de la vie humaine*, ouvrage encyclopédique du médecin suisse Th. Zwinger (1533-1588), publié en 1586-1587, et réédité sous une forme nouvelle par Laurent Beyerling en 1631. Cf. ci-dessous, à la note 378.

296. Ouvrage posthume de Christian Huygens (1698), traduit en français sous le titre *De la pluralité des mondes* (1702).

297. En 1686.

298. Dans une comédie de Nolant de Fatouville, intitulée *Arlequin, empereur dans la lune* (1683), une scène satirique faisait l'énumération de divers traits des mœurs humaines, que les habitants de la lune commentaient en répétant : « C'est tout comme ici. »

299. Dans un ouvrage posthume sur l'astronomie lunaire, publié en 1634 sous le titre de *Songe de Képler*.

300. Sur ce roman de Godwin, cf. la note 170. Sur Cyrano de Bergerac, note 113.

301. Sur l'ecthèse ou exposition, cf. note 202.

302. Type de raisonnement cumulatif (par exemple, A est B, B est C, C est D, donc A est D) dans lequel on se dispense d'énoncer la conclusion des prémisses prises deux à deux. Ce sens du mot *sorite* est à distinguer de celui qui a été mentionné dans la note 164.

303. « Du direct à l'oblique » ; autrement dit, passant de la mention d'un terme pris comme sujet (au nominatif, cas *direct*) à une mention de ce même terme pris, par exemple, comme complément de nom (au génitif, cas *oblique*).

304. Cf. note 28.

305. Richard Hooker (1554-1600), auteur des *Laws of ecclesiastical polity* (1594).

306. Expression d'Horace, *Epîtres*, I, XIX, 19 : « le troupeau servile des imitateurs ».

307. Diophante, mathématicien alexandrin du IVe siècle. — Scipion du Fer, né en 1567, professeur de mathématiques à Bologne. — Louis de Ferrare (1522-1562), mathématicien, disciple de Cardan.

308. Ismaël Boulliau (1605-1694), astronome et mathématicien français, auteur d'un traité sur les spirales, paru en 1657.

309. Grégoire de Saint-Vincent (1584-1667), géomètre flamand, auteur d'un traité sur la quadrature du cercle et sur les sections coniques (1647).

310. Cf. ci-dessus, note 298.

311. Justifier, présenter sous un jour favorable. Plus bas, régale : prérogative royale.

312. Gabriel Naudé (1600-1653), célèbre érudit français, bibliothécaire de Mazarin. Ses *Lettres* ont été publiées en 1667. Les *Naudeana* sont un recueil d'anecdotes tirées de ses conversations, publié en 1701.

313. En 1512-1517.

314. Daniel Hoffmann a publié divers ouvrages entre 1580 et 1600, en particulier un traité sur la question de savoir si le syllogisme a sa place dans le domaine de la foi. Corneille Martin ou Martini (1567-1621), philosophe de tradition aristotélicienne, enseigna la logique à Anvers.

315. Il s'agit de la reine Christine de Suède. — La citation de Tertullien provient de son traité *De carne Christi*, chap. 5 ; elle s'applique à la mort et à la résurrection du Christ.

316. *I Cor.*, I, 20.

317. *I Cor.*, II, 9.

318. Christophe Stegmann, auteur d'une *Metaphysica repurgata* (1635) restée inédite. — Josua Stegmann (1588-1632), auteur d'un traité intitulé *Photinianismus* (1626). — Les sociniens, ou partisans de Socin (1525-1562), rejetaient les principaux mystères du christianisme, la Trinité et la divinité de Jésus-Christ notamment. On les appelait également *photiniens*, du nom d'une hérésie analogue du IVe siècle.

319. Andreas Kessler (1595-1643), théologien allemand, écrivit des *Examens* de la physique, de la métaphysique et de la logique photiniennes.

320. Le P. Honoré Fabri (1606-1688), mathématicien et théologien,

correspondant de Leibniz, auteur d'une *Summula theologica* (1669) et d'une *Philosophie* publiée en 1646 sous le pseudonyme de Petrus Mosnierus. — Sur la théorie de la distinction chez Duns Scot (1266-1308), cf. par exemple E. Gilson, *La Philosophie au Moyen Age*, p. 599 et suiv.

321. L'ouvrage cité de cet auteur date de 1628 ; il porte en sous-titre : *De la nécessité et du véritable usage des principes de la raison dans les controverses théologiques*.

322. Jean Musaeus (1613-1681) ; son livre s'intitule *De l'usage des principes de la raison et de la philosophie dans les controverses théologiques, contre le* Rationale theologicum *de Nicolas Vedelius*.

323. Guillaume d'Occam (1270-1347), l'un des représentants majeurs du nominalisme. La déclaration citée se trouve dans ses *Quodlibeta* (V, I) ; elle se rattache à sa doctrine de l'indépendance de la foi et de la raison.

324. Disciples de Zwingli, le réformateur de la Suisse (1484-1531).

325. Berthold Keckermann, érudit allemand (1571-1608), auteur de nombreux traités, en particulier d'un *Systema theologiae* (1615).

326. Raymond Lulle (1235-1315), célèbre philosophe et logicien, a exposé la démonstration mentionnée dans sa *Disputatio fidei et intellectus* (Discussion entre la foi et l'intelligence) ; c'est dans l'intention de prouver rationnellement les vérités de la foi qu'il inventa la méthode universelle de découverte et de démonstration à laquelle il donna le nom de *Grand Art*.

327. Clément d'Alexandrie (vers 160-220), docteur chrétien, souligna les relations entre le christianisme et la morale des philosophes grecs. Justin (89-167), philosophe converti, tenta de présenter le christianisme comme l'accomplissement de la philosophie païenne. Saint Jean Chrysostome (344-407), l'un des plus célèbres Pères de l'Eglise, avait été l'élève du rhéteur païen Libanius à Antioche.

328. Paul Pellisson (1624-1693), homme de lettres et historien français, a été pendant de nombreuses années en contact avec Leibniz à propos des projets d'unité des Eglises.

329. Louis Vivès (1492-1540), philosophe et humaniste espagnol, ami d'Erasme.

330. Diego Payva de Andrade (1528-1575), auteur d'un livre d'*Explications orthodoxes* dirigé contre Chemnitz (1564). La citation latine signifie : « On ne peut imaginer, selon lui, cruauté plus grande. »

331. Martin Chemnitz (1522-1586), théologien protestant, disciple de Mélanchton, auteur d'un *Examen du Concile de Trente* (1585).

332. F. Collio (mort en 1640), théologien italien, auteur d'un ouvrage *Sur les âmes des païens* (1622-1633).

333. La Mothe Le Vayer (1588-1672), philosophe français, représentant du scepticisme. Son ouvrage *De la vertu des païens* date de 1642.

334. Francesco Pucci, théologien italien du XVIe siècle, auteur d'un traité *De Christi servatoris efficacitate in omnibus et singulis hominibus quatenus homines sunt* (De l'efficacité du Christ sauveur envers tous les hommes et envers chacun, en tant qu'ils sont hommes), paru en 1592.

335. Les disciples de Pélage (vers 360-vers 430) soutenaient que l'homme peut éviter le péché par ses seules forces, sans le secours de la grâce ; pour les semi-pélagiens, la grâce lui est nécessaire, mais elle lui est accordée lorsqu'il la mérite.

336. Claude Pajon (1625-1684), théologien protestant français, auteur d'un *Examen du livre [de Nicole] qui a pour titre* Préjugés légitimes contre les Calvinistes (1673) ; il niait la nécessité de la grâce.

337. « Il vaut mieux douter de choses cachées que disputer de choses incertaines. »

338. Cf. *Exode*, III, 2, et VII, 15 ; *Juges*, VI, II.

339. Citation d'Ovide, *Fastes*, VI, 5. — Plus bas, cf. Platon, *Apologie de Socrate*, 31 c-d, 40 a-c.

340. Cf. Virgile, *Enéide*, VI, 45-50.

341. Citation de Virgile, *Enéide*, IX, 184 sq. : « Sont-ce les dieux, Euryale, qui suscitent dans nos âmes cette ardeur, ou bien chacun a-t-il pour dieu sa propre passion ? »

342. Les quakers. Robert Barclay (1648-1690), quaker écossais, est l'un de leurs plus importants théologiens.

343. Antoinette Bourignon (1616-1680), mystique et illuminée française, auteur d'œuvres innombrables. Bayle lui a consacré un article de son *Dictionnaire*.

344. Nommée Rosamunde d'Assebourg.

345. Ce livre de J. Asgill, qui prétendait prouver que l'homme peut aller directement de la vie terrestre à la vie éternelle, sans passer par la mort, a paru en 1700.

346. Quirinus Kuhlmann (1651-1689), illuminé influencé par Jacob Boehme.

347. Disciples de Jean de Labadie (1610-1674), les labbadistes prônaient un retour au christianisme primitif.

348. William Penn (1644-1718), quaker, fondateur de la Pennsylvanie. La relation du voyage qu'il effectua en 1677 en Hollande et en Allemagne fut publiée en 1694.

349. Cf. note 152.

350. Citation d'Adam de Saint-Victor, poète religieux du XIIe siècle, auteur des *Séquences* : « Celui-là pour un trésor inépuisable, qui d'un bâton fait de l'or, et de cailloux des pierres précieuses. »

351. Le livre de cet auteur sur la quadrature du cercle parut en latin (1663) et en hollandais (1677).

352. Sur Comenius, cf. note 239. L'ouvrage cité parut en 1657, et contenait entre autres les révélations de Christine Poniatovia ou Poniatowska (1610-1644), illuminée polonaise, et celles de Drabez ou Drabitius (1587-1671), illuminé de Bohême. Le prince Ragozky est Georges II Rakoczy (1621-1660), qui en 1657 s'allia avec la Suède contre la Pologne, se brouillant ainsi avec la Turquie, dont relevait la Transylvanie.

353. La guerre de Hollande fut terminée par les traités de Nimègue (1678). Montausier (1610-1690) était le gouverneur du Grand Dauphin. Pomponne (1618-1699), secrétaire d'Etat pour les affaires étrangères de 1671 à 1679, négociateur des traités de Nimègue.

354. Jacques Thomasius (1622-1684), professeur à Leipzig, fut le maître de Leibniz dans ses premières années d'études universitaires. Sa dissertation *Sur le devoir de l'homme de bien à l'égard des futurs contingents* date de 1664.

355. Asiles de fous.

356. Honorius (384-423), empereur d'Occident. Le sac de Rome par les Goths d'Alaric eut lieu en 410.

357. Les choses les plus importantes, le principal.

358. « Bréviaire de l'empire » (cf. Suétone, *Vie d'Auguste*, 101, 4) ; plus bas, « manuel de sagesse ».

359. *Urim et thummim*, ornements du pectoral porté par le grand prêtre juif, utilisés comme oracles.

360. Ville de Saxe, aux portes de l'église de laquelle Luther afficha ses thèses en 1517.

361. L'Assemblée de Sandomir (Pologne) se tint en 1570 pour tenter de trouver un terrain d'entente entre les divers partis religieux.

362. Le colloque de Thorn (Saxe) se réunit en 1645 à la demande de Vladislas VII.

363. Théodore de Bèze (1519-1605), disciple et ami de Calvin.

364. Philippe Schwartzerde, dit Mélanchton (1497-1560), disciple et ami de Luther, humaniste et théologien.

365. Cf. note 320. Le livre cité date de 1661. Eustachio Divini (1620-1695), opticien, fabricant de verres de microscopes et de télescopes. Selon certains auteurs, les livres portant son nom seraient en réalité du P. Fabri.

366. Citation de l'*Enéide*, III, 72 : « Les terres et les cités s'éloignent » (pendant que le navire gagne le large).

367. Citation des *Bucoliques*, VIII, 108 : « Ceux qui aiment se forgent des chimères. »

368. *De l'utilité de la croyance*, traité de saint Augustin (391).

369. Cf. note 273.

370. Plusieurs yeux voient plus qu'un seul.

371. Henry Holden (1576-1665); l'ouvrage cité date de 1652.

372. Saint Vincent de Lérins (ve siècle), auteur d'un ouvrage intitulé *Commonitorium peregrini* (Avertissement du voyageur), dirigé contre l'hérésie nestorienne, dans lequel il affirme l'autorité de la tradition contre toutes les innovations doctrinales.

373. Dans son traité *De la perpétuité de la foi* (1669).

374. Jacques Gretser (1561-1625), philosophe et théologien.

375. Claude Acquaviva (1543-1615).

376. *Necessitate medii* : littéralement, d'une nécessité de moyen. *Necessitate praecepti* : littéralement, d'une nécessité de précepte.

377. Robert Bellarmin (1542-1621), célèbre par le rôle qu'il joua dans les démêlés de Galilée avec l'Eglise, auteur d'un *Art de bien mourir* (1620).

378. Cf. note 295.

379. Il s'agit de Ximénès de Cisnéros (1436-1517), confesseur d'Isabelle la Catholique, grand inquisiteur, archevêque de Tolède. Sa vie a été racontée par Fléchier. Plus bas, *hectique* : fièvre lente et continue.

380. J. van Beverwijck, dit Beverovicius (1594-1647), médecin hollandais, auteur d'une *Idea medicinae veterum* (Idée de la médecine des Anciens).

381. Georges Draud (vers 1572-vers 1635), érudit et bibliographe allemand, auteur d'une *Bibliotheca classica*. — Son œuvre fut poursuivie par Martin Lipenius (1630-1682), auteur d'une *Bibliotheca realis* en plusieurs volumes (1679-1685).

382. Conrad Gesner (1516-1565), encyclopédiste et polygraphe suisse, surtout connu comme médecin et naturaliste, publia en 1548-1549 un traité *Des Pandectes ou des divisions universelles* en dix-neuf livres.

383. *Observationes juris* : observations juridiques. *Miscellanea* : mélanges. *Conjectanea* : conjectures. *Electa* : morceaux choisis. *Semestria* : recueil des arrêts rendus pendant une période de six mois. *Probabilia* : choses dignes d'approbation. *Benedicta* : excellents propos.

384. Relevant du *for intérieur*.

TABLE

Chronologie 7
Introduction 15
Note sur le texte 25
Bibliographie 27

NOUVEAUX ESSAIS SUR L'ENTENDEMENT

Préface 35

LIVRE I. — DES NOTIONS INNÉES

Chapitre I. — *S'il y a des principes innés dans l'esprit de l'homme* 55
Chapitre II. — *Qu'il n'y a point de principes de pratique qui soient innés* 69
Chapitre III. — *Autres considérations touchant les principes innés, tant ceux qui regardent la spéculation que ceux qui appartiennent à la pratique* 79

LIVRE II. — DES IDÉES

Chapitre I. — *Où l'on traite des idées en général, et où l'on examine par occasion si l'âme de l'homme pense toujours* 87
Chapitre II. — *Des idées simples* 95
Chapitre III. — *Des idées qui nous viennent par un seul sens* ... 95
Chapitre IV. — *De la solidité* 96
Chapitre V. — *Des idées simples qui viennent par divers sens* .. 100
Chapitre VI. — *Des idées simples qui viennent par réflexion* ... 101
Chapitre VII. — *Des idées qui viennent par sensation et par réflexion* 101
Chapitre VIII. — *Autres considérations sur les idées simples* ... 101
Chapitre IX. — *De la perception* 105
Chapitre X. — *De la rétention* 110
Chapitre XI. — *Du discernement ou de la faculté de distinguer les idées* 111

Chapitre XII. — *Des idées complexes* 113
Chapitre XIII. — *Des modes simples et premièrement de ceux de l'espace* 115
Chapitre XIV. — *De la durée et de ses modes simples* 119
Chapitre XV. — *De la durée et de l'expansion considérées ensemble* 121
Chapitre XVI. — *Du nombre* 122
Chapitre XVII. — *De l'infinité* 124
Chapitre XVIII. — *De quelques autres modes simples*. 126
Chapitre XIX. — *Des modes qui regardent la pensée* 126
Chapitre XX. — *Des modes du plaisir et de la douleur* 128
Chapitre XXI. — *De la puissance et de la liberté* 133
Chapitre XXII. — *Des modes mixtes* 166
Chapitre XXIII. — *De nos idées complexes des substances*. 169
Chapitre XXIV. — *Des idées collectives des substances*. 176
Chapitre XXV. — *De la relation* 176
Chapitre XXVI. — *De la cause et de l'effet et de quelques autres relations* 178
Chapitre XXVII. — *Ce que c'est qu'identité ou diversité* 179
Chapitre XXVIII. — *De quelques autres relations et surtout des relations morales* 192
Chapitre XXIX. — *Des idées claires et obscures, distinctes et confuses* 197
Chapitre XXX. — *Des idées réelles et chimériques*. 204
Chapitre XXXI. — *Des idées complètes et incomplètes* 206
Chapitre XXXII. — *Des vraies et des fausses idées* 208
Chapitre XXXIII. — *De l'association des idées* 208

LIVRE III. — DES MOTS

Chapitre I. — *Des mots ou du langage en général* 213
Chapitre II. — *De la signification des mots*. 216
Chapitre III. — *Des termes généraux* 223
Chapitre IV. — *Des noms des idées simples*. 230
Chapitre V. — *Des noms des modes mixtes et des relations* 234
Chapitre VI. — *Des noms des substances* 237
Chapitre VII. — *Des particules* 258
Chapitre VIII. — *Des termes abstraits et concrets* 261
Chapitre IX. — *De l'imperfection des mots*. 262
Chapitre X. — *De l'abus des mots* 267
Chapitre XI. — *Des remèdes qu'on peut apporter aux imperfections et aux abus dont on vient de parler* 275

LIVRE IV. — DE LA CONNAISSANCE

Chapitre I. — *De la connaissance en général* 281
Chapitre II. — *Des degrés de notre connaissance* 285

Chapitre III. — *De l'étendue de la connaissance humaine*	296
Chapitre IV. — *De la réalité de notre connaissance*	308
Chapitre V. — *De la vérité en général*	312
Chapitre VI. — *Des propositions universelles, de leur vérité, et de leur certitude*	313
Chapitre VII. — *Des propositions qu'on nomme maximes ou axiomes*	320
Chapitre VIII. — *Des propositions frivoles*	337
Chapitre IX. — *De la connaissance que nous avons de notre existence*	341
Chapitre X. — *De la connaissance que nous avons de l'existence de Dieu*	343
Chapitre XI. — *De la connaissance que nous avons de l'existence des autres choses*	350
Chapitre XII. — *Des moyens d'augmenter nos connaissances*	354
Chapitre XIII. — *Autres considérations sur notre connaissance*	360
Chapitre XIV. — *Du jugement.*	361
Chapitre XV. — *De la probabilité.*	361
Chapitre XVI. — *Des degrés d'assentiment.*	363
Chapitre XVII. — *De la raison*	375
Chapitre XVIII. — *De la foi et de la raison et de leurs bornes distinctes.*	392
Chapitre XIX. — *De l'enthousiasme*	397
Chapitre XX. — *De l'erreur*	402
Chapitre XXI. — *De la division des sciences*	412
Notes	417

GF Flammarion

200304-VIII-2015 – Impression MAURY IMPRIMEUR, 45330 Malesherbes.
N° d'édition L.01EHPNFG0582.C010 – Février 1990 – Printed in France.